Beumann · Kaisergestalten des Mittelalters

KAISERGESTALTEN DES MITTELALTERS

Herausgegeben von
Helmut Beumann

Verlag C. H. Beck München

Mit 15 Kaiserdarstellungen
im Text

CIP-Kurztitelaufnahme der Deutschen Bibliothek

Kaisergestalten des Mittelalters /
hrsg. von Helmut Beumann. – 2., durchges. Aufl.
München: Beck, 1985.
ISBN 3 406 30279 3
NE: Beumann, Helmut [Hrsg.]

ISBN 3 406 30279 3
2., durchgesehene Auflage 1985
© C. H. Beck'sche Verlagsbuchhandlung (Oscar Beck), München 1984
Satz und Druck: C. H. Beck'sche Buchdruckerei, Nördlingen
Printed in Germany

Inhalt

Karl der Große (768–814) *von Josef Fleckenstein* 9
Ludwig der Fromme (814–840) *von Josef Semmler* 28
Otto der Große (936–973) *von Helmut Beumann* 50
Otto III. (983–1002) *von Helmut Beumann* 73
Heinrich III. (1039–1056) *von Rudolf Schieffer* 98
Heinrich IV. (1056–1106) *von Harald Zimmermann* 116
Heinrich V. (1106–1125) *von Carlo Servatius* 135
Lothar von Süpplingenburg (1125–1137) *von Wolfgang Petke* . . . 155
Friedrich Barbarossa (1152–1190) *von Heinrich Appelt* 177
Friedrich II. (1212–1250) *von Walther Lammers* 199
Heinrich VII. (1308–1313) *von Hartmut Boockmann* 240
Karl IV. (1346–1378) *von Reinhard Schneider* 257
Sigismund (1410–1437) *von Heinrich Koller* 277
Friedrich III. (1440–1493) *von Roderich Schmidt* 301
Maximilian I. (1486–1519) *von Hermann Wiesflecker* 332

Literaturverzeichnis 359
Register 381

Vorwort

Das mittelalterliche Kaisertum ist älter als die europäischen Nationen. Karl der Große wurde als König der Franken vom Papst zum Kaiser gekrönt; von einem deutschen Volk konnte zu seiner Zeit sowenig schon die Rede sein wie von einem französischen. Erst aus dem Zerfall des fränkischen Großreiches sind aus einem gestreckten, unterschwelligen Prozeß politischer Bewußtseinsbildung Nationen als die verschiedenen Stämme übergreifende, größere Gemeinschaften hervorgegangen. Das durch Otto den Großen 962 erneuerte Kaisertum ist noch nicht von diesem Prozeß, sondern von der fortwirkenden karolingischen Tradition geprägt worden. Der im 19. Jahrhundert unter groß- und kleindeutschem Vorzeichen geführte Historikerstreit über Nutzen oder Schaden seiner Italien- und Kaiserpolitik war im Grunde unhistorisch, weil es einen dominanten Träger der als Maßstab genommenen deutschen Interessen noch nicht gab. Das Kaisertum war, modern gesprochen, eine supranationale Größe, darin dem Papsttum zu vergleichen.

Um die Jahrtausendwende setzte sich die römische Bezeichnung für Kaiser und Reich durch und erfaßte im 12. Jahrhundert auch den Titel des von den deutschen Fürsten gewählten Königs, als Ausdruck seines Anspruchs auf die Kaiserwürde. Dieser ist auch von den Päpsten anerkannt worden, denen die Kaiserkrönung oblag. War somit das mittelalterliche Kaisertum ursprünglich keine Größe der nationalen Geschichte der Deutschen, so hat es gleichwohl seit Otto dem Großen eine konsolidierende und stabilisierende Funktion im Werdeprozeß des deutschen Volkes gehabt, da es die anfangs unzulängliche Autorität des Königtums gegenüber den weltlichen Fürsten und nicht zuletzt gegenüber der Kirche zu festigen vermochte und für die Ostpolitik eine besondere missionspolitische und staatsrechtliche Legitimation lieferte. Vor allem durch ihre feste Bindung an das deutsche Königtum sind Kaiserwürde und Kaiserpolitik zu bestimmenden Elementen der deutschen Geschichte geworden.

Der Versuch, den Zugang zum Mittelalter über eine Auswahl von Herrscherpersönlichkeiten anstelle einer Gesamtdarstellung der Reichsgeschichte zu öffnen, proklamiert nicht die Wiedereinsetzung der großen Persönlichkeit als Gestalter der Geschichte schlechthin. So war auch keine vollständige ‹Kaisergalerie› beabsichtigt. Im Lichte der modernen Forschung wird eher der begrenzte Handlungsspielraum in einem komplexen Beziehungsgeflecht der politischen und gesellschaftlichen Kräfte deutlich, in dem die Kaiser auch Getriebene statt Treibende werden konnten. Die kaiserlichen Herrscher haben jedoch die Blicke der Zeitgenossen und der Geschichtsschreibung des Mittelalters mehr als anderes auf sich gezogen; der Verzicht auf die Darstellung ihres Wirkens hieße, eine unserer Überlieferung inhärente Perspektive außer acht lassen. Nicht zuletzt war es das Amt, die Institution des Kaisertums, die seinen Inhabern – auf der Grundlage des Königtums – eine Wirkungsmöglichkeit eröffnete, die in der Persönlichkeit, selbst der außergewöhnlichen, ihren alleinigen Grund nicht haben konnte. Eine Kaisergeschichte, auf die hier in exemplarischer Weise hingeführt werden soll, kann sowenig wie jede andere historische Darstellung ein vollständiges Bild des Mittelalters geben. Doch ohne diese Betrachtungsebene bliebe das Zeitalter, mit dem unsere heutige Existenz kraft historischer Kontinuität verknüpft bleibt, als Ganzes unverständlich.

Die Autoren dieses Bandes sind für ihre Themen jeweils durch eigene Forschungen ausgewiesen, sie bieten Geschichtsschreibung aus erster Hand auf der Grundlage des aktuellen Forschungsstandes. Ein Darstellungsschema ist nicht vorgegeben worden. Die Verschiedenartigkeit des Zugriffs spiegelt auch die Mannigfaltigkeit der durch die heutige Forschungslage gebotenen Möglichkeiten. Der Herausgeber dankt den Fachkollegen für ihre Mitwirkung an dem gemeinsamen Vorhaben, dem Verlag für die allzeit verständnisvolle Zusammenarbeit.

Marburg a. d. Lahn, im Sommer 1984　　　　　　　　　　Helmut Beumann

Karl der Große
768–814

Von Josef Fleckenstein

1200 Jahre trennen uns von Gestalt und Wirken Karls des Großen, den seine eigene Zeit den ‹Vater Europas› genannt hat.

Seit seinem Tod im Jahre 814 hat sich die Welt tiefgreifend verändert, und viele, die ihm nachfolgten, sind mit diesen Veränderungen wieder aus dem allgemeinen Bewußtsein verschwunden. Nicht so Karl der Große: er gehört zu den wenigen überragenden Gründergestalten, die nie mehr in Vergessenheit geraten sind. Selbst nach dem Ausklang des Mittelalters, das sich noch in seiner unmittelbaren Nachfolge fühlte, ist er durch alle Jahrhunderte, bald als Ansporn, bald als Anstoß und Widerpart, bald auch als Legitimationsfigur, die man sich zuletzt noch im Zeitalter des Nationalismus gegenseitig streitig machte, präsent geblieben, und in unserer Gegenwart ist die Erinnerung an ihn lebendig wie nur je zuvor. Sie hat durch unsere Europa-Hoffnungen sogar verstärkte Bedeutung gewonnen, und es ist deutlich, daß es die Nachwirkung sei-

Bildnis Karls des Großen auf einem Denar der Mainzer Münzstätte, nach 804. – Paris Bibliothèque Nationale, Cabinet des Médailles (Foto: Bibliothèque Nationale).

ner geschichtlichen Leistung ist, die uns noch immer mit ihm verbindet, und zwar über die Ländergrenzen hinweg.

Mag das Bewußtsein dieses Zusammenhanges im allgemeinen auch unscharf, vielleicht auch wenig reflektiert sein, so ist es doch da, und es ist doppelt bemerkenswert in einer Zeit, deren Interessen sich von den großen Akteuren der Geschichte ab- und den gesellschaftlichen Kräften und Gruppen als den historisch bestimmenden Faktoren zugewandt haben. Das Beispiel Karls des Großen zeigt, daß beide Auffassungen nicht einfach als Gegensätze zu verstehen sind. Denn so wesentlich und unverzichtbar der Gewinn ist, den die neuere Forschung durch die intensive Erfassung der gesellschaftlichen Triebkräfte der Geschichte zu verzeichnen hat – ein Gewinn, der bekanntlich erst durch Erfahrungen und Bedürfnisse unserer eigenen Zeit ermöglicht wurde –, so kennt diese unsere Zeit doch auch die elementare Erfahrung der Wirkung von Einzelpersönlichkeiten als mächtigen Bewegern in der gegenwärtigen Weltpolitik – und also auch in der Geschichte. Ihre Macht beruht im wesentlichen auf zwei Voraussetzungen, die notwendig zusammentreffen müssen: der ungewöhnlichen Kraft ihrer Persönlichkeit und deren Übereinstimmung mit den Bedürfnissen und den drängenden und treibenden Kräften ihrer Zeit. Diese Übereinstimmung kann gleichsam durch eine glückliche Konstellation in der Weise begründet sein, daß die große Persönlichkeit von vornherein als Exponent der treibenden Kräfte ihrer Zeit hervortritt. Sie kann aber auch bereits ein Teil der Leistung dieser Persönlichkeit sein, insofern sie die Bedürfnisse erst ins Bewußtsein hebt, die entsprechenden Kräfte mobilisiert und ihnen damit zu ihrer geschichtlichen Wirkung verhilft. In jedem Fall gehören beide zusammen: die mächtige Persönlichkeit und die gesellschaftlichen Kräfte, durch deren Zusammenwirken die große historische Leistung entsteht, nämlich eine Leistung, die ihre eigene Zeit überdauert.

Eine solche Leistung ist mit dem Namen Karls des Großen verbunden, und es wird unsere Aufgabe sein, sie im einzelnen zu skizzieren. Diese Aufgabe schließt ein, daß wir der Tatsache Rechnung tragen, daß die Geschichte Karls bis auf unsere Tage nachwirkt. Das heißt, daß sie nicht abgeschlossen ist, weshalb es auch kein fertiges Karlsbild geben kann. Obwohl seine Lebensdaten längst bekannt sind und die Quellen, an die wir gebunden bleiben, sich kaum vermehrt haben, sehen wir ihn doch mit anderen Augen als frühere Generationen, weil wir – wie jede Generation – von unseren eigenen Bedürfnissen ausgehen und unsere eigenen Fragen an ihn stellen. So werden uns Gestalt und Leistung Karls des Großen, wie sich bereits aus unseren Vorbemerkungen ergibt, besonders im Zusammenhang mit den gesellschaftlichen Kräften seiner Zeit zu beschäftigen haben.

Wir nähern uns der historischen Gestalt Karls, indem wir zunächst nach den Voraussetzungen fragen, unter denen sich seine Wirksamkeit entfaltet hat, und schicken zur Verdeutlichung der allgemeinen Zusammenhänge einen kurzen Überblick über die Weltlage vor Beginn seiner Herrschaft voraus.

Die Welt, als deren Teil sich das Frankenreich der Merowinger und der frühen Karolinger empfand, stand im Schatten der versunkenen Antike. Das Imperium Romanum, das einstmals beansprucht hatte, die gesamte kultivierte Welt in seinen Grenzen zusammenzufassen, war nach dem Osten abgewandert, wo Byzanz sein Erbe hütete und unter Hinweis auf die ungebrochene Tradition, die es mit den Caesaren verband, einen Vorrang vor allen anderen Mächten auf dem Boden des alten Imperium Romanum für sich in Anspruch nahm. Es war auch ohne Zweifel allen anderen an Macht und Kultur überlegen, hatte allerdings im 7. und 8. Jahrhundert beträchtliche Einbußen erlitten, die vor allem seine Verbindungen zum Westen schwächten, und da es sich im Bilderstreit auch innerlich vom Westen entfernte, begann Italien sich zunehmend aus seinem Bannkreis zu lösen.

Die Folge war, daß das alte Rom wieder stärkeres Gewicht gewann, und zwar durch das Papsttum, das jetzt mehr und mehr über den religiös-kirchlichen Bereich hinaus als eigenständige Macht hervortrat, eine Macht, die ebenfalls Anspruch auf das Erbe der Antike geltend machte und diesen Anspruch dadurch verstärkte, daß sie ihn religiös-moralisch begründete. Es blieb jedoch zunächst noch weiter im Sog der alten Kaisermacht.

Es gab indessen neben Byzanz noch eine zweite Weltmacht, die sich seit dem 7. Jahrhundert wie ein Sturm über die gesamte Südküste des Mittelmeeres verbreitet hatte: die arabische Weltmacht des Islam, die Schöpfung Mohammeds, des Propheten, und seiner Nachfolger, der Kalifen. Sie machte Byzanz, dessen südliche Provinzen sie einfach überrannte und unterwarf, nicht nur die Führungsstellung streitig, sondern bedrohte sogar seine Existenz, als sie seine Hauptstadt Konstantinopel in langer und wiederholter Belagerung aufs äußerste gefährdete. Es war deshalb ein Sieg von weltgeschichtlichem Rang, als es Kaiser Leo III., dem Begründer der isaurischen Dynastie, im Jahre 717 gelang, den arabischen Ansturm aufzuhalten. Er setzte dem weiteren Ausgreifen des Islam im Osten eine Grenze und ermöglichte Byzanz, seinen Vorrang trotz seiner territorialen Einbußen politisch und kulturell noch weiter auszubauen.

Als der Islam darauf seine Expansion nach Westen vorantrieb und nach der Niederwerfung des Westgotenreiches in Spanien seit 730 auf das Frankenreich überzugreifen begann, nahm der fränkische Hausmeier Karl Martell im Westen die gleiche weltgeschichtliche Aufgabe wahr, die Kaiser Leo III. 717 im Osten erfüllt hatte: Er hielt durch seinen Sieg bei

Poitiers im Jahre 732 den Vormarsch der Araber auf und sicherte Europa vor ihrem weiteren Vordringen.

Der Sieg von 732 ist vor allem auch insofern weltgeschichtlich bedeutsam, als das Frankenreich mit ihm unter dem Karolinger Karl Martell sich anschickte, an die Seite der großen Mächte seiner Zeit zu treten. Das Papsttum in Rom, damals gerade von den Langobarden bedrängt und von Byzanz ohne Hilfe gelassen, bemühte sich bereits unter dem Eindruck der fränkischen Erfolge, die Franken als neue Schutzmacht zu gewinnen. Wenn der karolingische Hausmeier sich mit Rücksicht auf die Langobarden, seine alten Verbündeten in den Araberkämpfen, dieser Aufgabe noch entzog, so näherten sich die Franken, denen die Angelsachsen ihre eigene, starke Verehrung des hl. Petrus vermittelt hatten, doch dem Papsttum an, und schon wenige Jahre später, 751, leitete der Nachfolger Karl Martells, sein Sohn Pippin, der Vater Karls des Großen, seinerseits das Bündnis zwischen Franken und dem Papsttum ein, das der Geschichte eine neue Wendung gab und für das gesamte Mittelalter von grundlegender Bedeutung blieb. Als Papst Zacharias auf Pippins Anfrage die Auskunft gab, daß es besser sei, daß derjenige König heiße, der die Macht habe, als derjenige, der ohne königliche Macht bliebe, gab er den Weg zum Sturz des letzten Merowingerkönigs und zu Pippins eigener Königserhebung frei. Papst Stephan II. sanktionierte darüber hinaus bei seinem folgenden Besuch im Frankenreich (753/754) das neue Königtum durch die Salbung, die sich auch auf die Söhne, das heißt auf das ganze neue Königsgeschlecht bezog. Sie bedeutet nichts Geringeres als die Geburtsstunde des Gottesgnadentums. Andererseits ging Pippin das gewünschte Schutzbündnis mit dem Papsttum ein, das sich in erster Linie gegen die Langobarden wandte, gleichzeitig aber auch dem Papsttum Rückhalt gegen die alte Schutzmacht Byzanz bot, das sich damit plötzlich durch die Franken verdrängt und ersetzt sah. Mehr noch: das Schutzversprechen Pippins zog eine territoriale Umgruppierung in Italien nach sich, den Zusammenschluß vormals byzantinisch-oströmischer Gebiete wie des Exarchats von Ravenna und der Pentapolis mit dem Dukat von Rom, und dieses neue Territorium wurde der Herrschaft des Stellvertreters Petri unterstellt. Auch dies eine folgenreiche Neuerung: die Entstehung des Kirchenstaates. Es war nur eine Folge dieser neuen Konstellation, daß Pippin sich bereits 754 gegen die Langobarden wandte und sie in zwei Feldzügen (754 und 756) zur Anerkennung seiner Oberhoheit zwang. Schließlich hat er in seinen letzten Regierungsjahren auch noch Aquitanien erobert und damit seine Herrschaft praktisch auf ganz Gallien ausgedehnt.

Auf dieser Grundlage trat Karl der Große im Jahre 768, zunächst gemeinsam mit seinem jüngeren Bruder Karlmann, die fränkische Herrschaft an. Es war ein großes Erbe, das die beiden Brüder damit übernahmen – ein Erbe, das durch drei wichtige Komponenten bestimmt war: den Aufstieg des karolingischen Geschlechts, die fränkische Verbindung mit den Angelsachsen und das Bündnis mit dem Papsttum.

Der Aufstieg der Karolinger, der gleichsam gegenläufig zum Niedergang des merowingischen Königtums erfolgt war, hatte nicht nur das Geschlecht Stufe um Stufe in die Höhe geführt, sondern auch das Frankenreich selbst, das in dem Karolingerkönig wieder eine starke Zentralgewalt besaß, politisch neu gefestigt, so daß der Aufstieg des Geschlechts und die politische Festigung des Reiches praktisch zusammenfielen.

Die Verbindung mit den Angelsachsen, die 690 auf den Spuren der irischen Missionare in das Frankenreich gekommen waren und ihre missionarische Tätigkeit mit Unterstützung der Karolinger auf die Reform der stark abgesunkenen fränkischen Kirche ausgedehnt hatten, bewirkte, daß mit der politischen zugleich eine religiös-kirchliche Festigung Hand in Hand ging. Die Angelsachsen haben im Frankenreich den Boden dafür bereitet, daß das neue Königtum der Karolinger in der Form des Gottesgnadentums allgemeine Anerkennung fand. Wir werden sehen, daß von ihnen auch weiterhin folgenreiche Anstöße und Anregungen ausgegangen sind.

Das Bündnis mit dem Papsttum drückte dem Aufstieg der Karolinger gleichsam das Siegel auf: Es trug selbst durch die Legitimation ihres Königtums zu ihrer inneren Stärkung bei und zog sie zugleich in neue, weitere Zusammenhänge, indem es ihnen den Schutz des Papsttums und des Kirchenstaates zur Pflicht machte. Diese Schutzaufgabe war es, die bereits Pippin bewog, die Langobarden zur Anerkennung seiner Oberhoheit zu zwingen, und da der Frankenkönig mit ihrer Wahrnehmung eine alte Aufgabe des byzantinischen Kaisers auf sich nahm, deutete sich in der Ferne auch schon die Spannung zu Byzanz an, der alten, auf ihren Vorrang pochenden Kaisermacht im Osten.

So war der geschichtliche Rahmen um das neugefestigte Frankenreich beim Tode Pippins bereits weit gespannt. Es stellte eine Macht dar, die seine Nachbarn in weitem Umkreis nicht mehr ignorieren konnten, und diese Macht repräsentierte der neue karolingische König. Man kann jedoch nicht übersehen, daß er dies nur konnte, weil der fränkische Adel hinter ihm stand, wie überhaupt das ‹Wunder› des karolingischen Aufstiegs nur durch die Gefolgschaft erst des austrasischen, dann des gesamten fränkischen Adels verständlich wird. Der Adel, der sich dem erfolgreichen Karolinger anschloß, erwartete von ihm auch seinen Lohn, das heißt Grundbesitz und Teilnahme an der Macht. Dies ist ein Grundproblem, das auch für die Herrschaft Karls des Großen gültig bleibt. Ein zweites kommt hinzu: Karl Martell und auch noch König Pippin stand nur ein dürftiger Regierungsapparat zur Verfügung. Es gab nicht mehr als Ansätze herrschaftlicher Institutionen, die im wesentlichen aus den alten Hausämtern entwickelt waren. Es gab auch – selbst noch unter König Pippin – nur ein geringes Maß an Schriftlichkeit, für das der König – dies ist eine Neuerung Pippins – die Hilfe von Geistlichen in Anspruch nahm. Damit tritt die Kirche als weitere Stütze des jungen karolingischen Königtums in den Blick, und zwar in doppelter Hinsicht: in zumeist untergeordneter Position am Hof und auf der Ebene der hohen Geistlichkeit im Reich, die ihrerseits in der Regel selbst dem Adel angehörte und dementsprechend auch dem König in ähnlicher Weise wie jener gegenübertrat. So blieb der König auch in allen wesentlichen Entscheidungen an die Zustimmung des Adels wie der hohen Geistlichkeit gebunden. Ein wesentlicher Teil seiner Regierungskunst bestand deshalb darin, sie durch ihre eigenen Interessen an seinen Dienst zu binden.

Schließlich gab es noch ein weiteres erschwerendes Moment, das die Karolinger mit ihren merowingischen Vorfahren teilten und das regelmäßig bei jedem Herrschaftswechsel in Erscheinung trat: Da man das Königtum nicht auf den einzelnen Inhaber, sondern auf sein Geschlecht bezog, ergab sich daraus der Brauch, das Reich beim Tod des Königs entsprechend der Zahl seiner Söhne zu teilen, ein Brauch, der stets aufs neue Komplikationen auslöste. So auch nach dem Tod Pippins, der das Reich in der üblichen Weise mit Zustimmung der Großen unter seine beiden Söhne geteilt hatte, und zwar so, daß der ältere, damals einundzwanzigjährige Karl im großen und ganzen die nördliche, der jüngere Karlmann die südliche Hälfte erhielt. Der Konflikt der beiden Brüder, der durch einen Feldzug nach dem beiden unterstellten Aquitanien ausgelöst wurde und zugleich Weiterungen auf ihr Verhältnis zum langobardischen Königshaus hatte, wurde im Dezember 771 durch den Tod Karlmanns beendet, der Karl den Weg zur Herrschaft über das gesamte Frankenreich freigab.

Wenn man anhand der zeitgenössischen Quellen die siebenundvierzigjährige Herrschaft Karls des Großen überblickt, so springt als erstes die lange Reihe von Kriegen in die Augen, die sich durch seine ganze Herrschaft ziehen. Die offiziellen Reichsannalen widmen ihnen den größten Raum, und auch Karls Freund und Biograph Einhard schildert im ersten Teil seiner Vita unter den ‹res gestae› Karls zunächst ausschließlich seine Kriege. Sie zeigen seine Erfolge offenbar am sichtbarsten an und begründen auch nach Einhards Meinung seinen Ruhm. Doch dann geht Einhard auch auf Karls weitere Bemühungen ein und behandelt insbesondere die Verwaltung des Reiches, in der er ebenfalls Außerordentliches geleistet hat. Damit gewinnt das Bild des Kaisers Profil und Tiefe; denn es wird deutlich, daß der Krieger Karl zugleich ein unermüdlicher Förderer des kirchlichen und geistigen Lebens, ein großer Bauherr, glänzender Organisator und nicht zuletzt auf überraschend vielen Gebieten ein zielstrebiger Reformer war. Obwohl es wesentlich zu seiner singulären Leistung gehört, daß er die unterschiedlichsten Unternehmungen gleichzeitig im Auge hatte, je nach Bedürfnis oder Notwendigkeit einmal mehr diese, dann mehr jene fördernd, ohne je den Überblick über alle zu verlieren, um schließlich eine nach der anderen zum Abschluß zu bringen, folgen wir aus Gründen der Überschaubarkeit nicht der Chronologie der verschiedenartigen Unternehmungen, sondern schließen uns in modifizierter Form dem Vorgehen Einhards an, indem wir zunächst die Kriege Karls, darauf seine innenpolitischen Maßnahmen und Reformen, dann seine Bemühungen um die Erneuerung der Bildung und schließlich seine Kaiserkrönung und sein Verhältnis zu Byzanz ins Auge fassen, um zuletzt zu fragen, was gleichsam hinter diesen Leistungen steht und welcher Stellenwert ihnen im Kontext der europäischen Geschichte zukommt.

Durch seine Kriege gehört Karl zu den großen Eroberern der Weltgeschichte. Mehrere von ihnen hat er sozusagen im Keim geerbt: Sie setzten im Grunde ältere Streitigkeiten fort, waren also zunächst nur die zeitgenössische Form des Austrags von Spannungen zwischen Nachbarn, wie sie in jenen frühen Jahrhunderten überall zu beobachten sind. In anderen Kriegen freilich stieß er in Neuland jenseits der fränkischen Grenzen vor; sie dienten ihm von vornherein der Ausweitung seiner Herrschaft, die zuletzt fast das gesamte festländische Europa umspannte.

Den Anfang machte der bereits erwähnte Feldzug gegen Aquitanien – die Südwestprovinz des alten Gallien –, der durch einen Aufstand der kurz zuvor von Pippin unterworfenen Aquitanier verursacht war und zu ihrer völligen Eingliederung führte. Er gehörte also eindeutig der ersten Gruppe an, ebenso auch der folgende Feldzug, der bereits 773 gegen die Langobarden gerichtet war. Auch hier waren alte Spannungen im Spiel. Sie waren verschärft worden, als die Witwe Karlmanns mit ihren Kindern, die Karl bei der Übernahme des Reichsteils seines Bruders völlig übergangen hatte, an den Hof des Langobardenkönigs Desiderius geflohen war und dieser in einer scharfen Wendung gegen Karl Papst Hadrian I. zu bewegen suchte, die Karlmann-Söhne zu fränkischen Königen zu salben. Der Papst widersetzte sich jedoch dem langobardischen Druck und rief gegen den drohenden Desiderius Karl zu Hilfe, der sie auch umgehend leistete. Er rückte vor die langobardische Hauptstadt Pavia und zwang sie nach längerer Belagerung zur Übergabe, begnügte sich jetzt aber nicht mehr mit der erneuten Anerkennung seiner Oberhoheit, der Lösung Pippins, sondern setzte Desiderius ab und machte sich 774 selbst zum König der Langobarden. Von den Söhnen Karlmanns, die in Pavia in seine Hand fielen, sollte man nie mehr etwas hören. Noch während der Belagerung von Pavia war Karl weiter nach Rom gezogen, um sich hier als ‹patricius Romanorum› zu präsentieren: Er erneuerte bei dieser Gelegenheit die ‹donatio Pippini› und demonstrierte damit feierlich, daß er dem Titel des Patrizius einen konkreten Inhalt gab. Seit 774 nannte er sich in präziser Umschreibung seiner neu gewonnenen Machtstellung ‹Carolus gratia Dei rex Francorum et Langobardorum atque patricius Romanorum›.

Der Versuch der Langobarden, diesen Schritt wieder rückgängig zu machen, wurde von Karl 776 mühelos unterdrückt. Seitdem blieb seine Herrschaft im langobardischen Königreich im wesentlichen unangefochten.

Alte Spannungen hatte Karl auch an der Ostgrenze gegen die Sachsen geerbt. Als er sich bereits 772, durch Grenzüberfälle veranlaßt, gegen sie wandte, trug der erste Feldzug noch den Charakter einer Strafexpedition. Da aber die Sachsen bei der nächsten Gelegenheit, als Karl in Italien weilte, zurückschlugen, folgten bald weitere Kämpfe, die durch zunehmende Härte gekennzeichnet waren und bald auch weitergreifende Ziele verfolgten. Seit 776 wird erkennbar, daß es Karl um nichts Geringeres als die Unterwerfung des ganzen Stammes, seine Christianisierung und seine Eingliederung in das Frankenreich ging. Der Reichstag in Paderborn 777, der erste Reichstag auf sächsischem Boden, auf den auch die Sachsen selbst geladen waren, setzte bereits ihre Zugehörigkeit zum christlichen Glauben und zum fränkischen Reich voraus und suchte sie durch eidliche Bindung der Sachsen zu sichern. Tatsächlich waren jedoch zunächst nur Teile des sächsischen Adels gewonnen. Im übrigen aber verschärfte sich der Widerstand, den fortan der westfälische Edeling Widukind organisierte. Während der Krieg bis dahin im wesentlichen ein Burgenkrieg gewesen war, leitete Widukind in einer Art Buschkrieg eine neue, noch härtere, erbittertere Phase der Kämpfe ein, die 782 nach einem von Sachsen am Süntel aus dem Hinterhalt ausgeführten Überfall auf ein fränkisches Heer in dem berüchtigten Blutbad von Verden gipfelten, in dem auf Befehl Karls 4500 Sachsen hingerichtet worden sein sollen. Die weiteren Kämpfe standen im Zeichen der ‹Capitulatio in partibus Saxoniae›, des Reichsgesetzes von 782, das jede Empörung gegen die Reichsgewalt und jeden Rückfall ins Heidentum unter härteste Strafen stellte. Sie verstärkten immer mehr das fränkische Übergewicht und veranlaßten schließlich Widukind und seinen Kampfgefährten Abbio, 785 die Waffen niederzulegen, um sich der Forderung Karls zu beugen und in der Pfalz Attigny die Taufe zu empfangen. Karl selbst, der sich schon am Ziel der Kämpfe glaubte, fungierte als ihr Taufpate. Seit 792 setzte dann die dritte Phase der Kämpfe ein, nachdem Karl in den kampffreien Jahren die Organisation der sächsischen Kirche bereits weit gefördert hatte. Diese letzte Phase, die bis zum Jahr 804 dauerte, hat nur noch die nordelbischen Sachsen erfaßt. Auch sie trug ihr eigenes Gesicht, einerseits charakterisiert durch den verstärkten Druck der Massendeportationen, andererseits durch eine Verbesserung des Rechtsstatus der

Sachsen, verbunden mit der Abschwächung der harten Strafen der ‹Capitulatio›, zu der vor allem Alcuin geraten hatte. So endeten die Sachsenkriege nach dreiunddreißigjährigen Kämpfen mit dem folgenreichen Ergebnis, daß die Sachsen nach den Worten Einhards «den christlichen Glauben annahmen und mit den Franken *ein* Volk wurden».

Neben diesem längsten und härtesten aller Kriege Karls gingen außer den Langobardenkämpfen mehrere andere Kriege und Feldzüge einher, nämlich gegen Herzog Tassilo von Bayern, gegen die Awaren im Südosten, ferner gegen die Bretonen im Nordwesten und schließlich gegen die Omaijaden in Spanien.

Die Bayern waren längst christianisiert und auch bereits dem fränkischen Reich eingegliedert, hatten sich aber im Zusammenhang mit den fränkisch-langobardischen Differenzen wieder aus den alten Bindungen gelöst, und Herzog Tassilo glaubte sogar noch nach seiner Unterwerfung durch Karl, den er noch 787 als seinen Lehnsherrn hatte anerkennen müssen, sich mit Rückendeckung der Awaren wieder seiner Gewalt entziehen zu können, führte damit aber nur seinen Untergang herbei. Karl setzte ihn auf einer Reichsversammlung in Ingelheim 788 ab; sein Stammesherzogtum wurde beseitigt und in Bayern, wie überall im Reich, die Grafschaftsverfassung eingeführt. Bayern war damit voll in das Reich integriert.

Das Frankenreich aber übernahm nun von Bayern die Aufgabe der Grenzsicherung im Südosten, eine Aufgabe, die unter dem Machtdruck des Reiches verstärkt auf Ausweitung drängte. So stieß Karl im Gegenschlag gegen Einfälle der Awaren in Bayern in mehreren Feldzügen (791 und 795) in das Zentrum des awarischen Reiches in der Pußta-Ebene jenseits der Raab (im heutigen Ungarn) vor, eroberte ihre ‹Ringe›, in denen ein ungeheurer Reichtum an Gold und Silber gehortet war, und vernichtete nach seinem letzten Feldzug (811) ihr Reich, das spurlos unterging. Ihr Gebiet wurde von den Kirchen in Salzburg, Passau und Aquileja missioniert und als awarische Mark bis zum großen Donauknie in Abhängigkeit vom fränkischen Reich gebracht.

Hat der Osten Karl am längsten und intensivsten in Anspruch genommen, so forderte jedoch auch der Westen seine Macht heraus. Er hat hier nach dem frühen Aquitanienzug neben zwei Feldzügen gegen die Bretonen im Nordwesten (786 und 799) sich vor allem in Spanien engagiert, hier allerdings aus einem besonderen Grund, nämlich weil ihn eine arabische Partei im Streit um das Land zu Hilfe rief. Karl folgte dem Hilferuf, der ihn während der Kämpfe in Sachsen 777 auf dem Reichstag in Paderborn erreichte, bereits im Sommer 778, blieb aber schon vor Saragossa, das er vergeblich belagerte, stecken und entschloß sich daraufhin zum Rückzug, auf dem die fränkische Nachhut von christlichen Basken überfallen und vernichtet wurde. Unter den Opfern befand sich der Markgraf

Roland von der bretonischen Mark, der in Sage und Dichtung als einer der großen Paladine Karls fortleben sollte. Obwohl der Spanienzug sich auf diese Weise als Fehlschlag erwies, hat Karl, nachdem er einmal eingegriffen hatte, Spanien nicht mehr aus dem Auge verloren und in der Folgezeit von Aquitanien aus den fränkischen Einfluß auf den Norden des Landes systematisch verstärkt. So nahmen die fränkischen Stützpunkte südlich der Pyrenäen mehr und mehr zu, und seit 795 verfestigten sie sich zur spanischen Mark, die bis zum Ebro reichte. Ihre Eroberung zeigt an, daß das fränkische Reich jetzt auch dem Islam engere Grenzen zog.

Karl hat dann gegen Ende seiner Regierung auch noch den Kampf gegen die Normannen aufgenommen, die sich als neue drohende Gefahr im Norden ankündigten. Er hat ihre Überfälle zurückgeschlagen, ihre Abwehr organisiert, mußte hier allerdings die Hauptkämpfe seinen Nachfolgern überlassen.

Im ganzen ist das Ergebnis dieser zahlreichen und dauernden Kriege Karls eine unerhörte Ausweitung der fränkischen Macht, ihre Erweiterung zu einem Großreich, das sich hoch über alle frühmittelalterlichen Stammesreiche erhob und, indem es sie in seinen Grenzen vereinte, aus ihnen eine neue Einheit schuf. Sie sollte nach dem Willen Karls nicht nur eine politische Einheit sein. Es ist charakteristisch, daß er die großen Kriege gegen die Sachsen wie gegen die Awaren betont als Schützer der Christenheit führte mit dem ausdrücklichen Ziel, durch sie dem Christentum und seiner Kultur Neuland zu gewinnen. Dementsprechend formte sich auch die Einheit seiner Herrschaft als Einheit der westlichen Christenheit aus, die im Kern mit Europa identisch war, ausgenommen nur die britischen Inseln, der Großteil Spaniens und Süditalien, die gleichsam ihre Randzonen bildeten, aber auch als solche noch in ihrem Bannkreis standen.

Auf der Höhe seiner Macht war das Reich Karls des Großen gleichrangig neben die beiden anderen Weltmächte getreten: neben Byzanz, das seit der Verbindung des Papsttums mit dem Frankenreich nur noch die östliche Christenheit verkörperte, und neben den Islam, dessen stürmische Expansion zwar zum Stillstand gekommen war, der aber nach wie vor eine respektgebietende Weltmacht blieb.

Karl der Große hat das fränkische Großreich jedoch nicht nur mit dem Schwert gebaut. Er hat ihm auch eine neue innere Ordnung gegeben: eine verstärkte Mitte, eine intensivere Verwaltung und eine ebenso sorgfältige wie differenzierte gesetzliche Ausstattung, die alle darauf zielten, seinem Zusammenhalt und seiner Einheit zu dienen.

Seine Maßnahmen setzten am Hofe ein, der persönlichen Umgebung des Königs, die mit ihm, wenn er nicht im Feldlager weilte, von Pfalz zu Pfalz zog. Dabei zeichnet sich im Laufe seiner langen Regierung sowohl in räumlicher wie in persönlicher Hinsicht eine bedeutungsvolle Veränderung ab.

Nachdem der Schwerpunkt des Reiches sich bereits seit dem Aufstieg der Karolinger vom Pariser Becken weiter nach Osten verlagert hatte, pendelte er sich unter Karl allmählich nach Aachen ein, der Pfalz, die der König besonders während der langen Wintermonate wegen ihrer warmen Quellen immer häufiger aufsuchte, um sie schließlich seit 794 geradezu zu seiner Residenz zu erwählen. Wenn er daneben auch andere Pfalzen wie Ingelheim und Nimwegen ausgebaut hat, so hat er doch keine von ihnen so ausgezeichnet wie Aachen, für dessen Bauten – allen voran die Marienkapelle, seine zentrale Hofkirche – er eigens aus Rom und Ravenna Säulen herbeischaffen ließ, um ihren Glanz zu erhöhen. Es ist symptomatisch, daß die bedeutendste Pfalz Karls des Großen dank seiner persönlichen Fürsorge und der Unterstützung durch seine fähigsten Helfer, von denen wir noch hören werden, in ihren Mauern das größte Kunstwerk barg und birgt, das jene Zeit überhaupt hervorgebracht hat, eben die Marienkapelle. Trotz aller Kriege war die Kunst selbst in seinem Reich heimisch geworden.

Nicht weniger wichtig als die räumliche war die persönliche Veränderung, die der Hof Karls während seiner Regierung erfahren hat. Sie ist zunächst rein quantitativ in der Zunahme der ‹palatini› erkennbar, der Männer des Hofes, die im Laufe der Zeit immer deutlicher hervortreten. Ihren Kern bildeten nach den Mitgliedern der Königsfamilie die Inhaber der Hofämter: Kämmerer, Truchseß, Mundschenk und Marschall, Quartiermeister und Pfalzgraf, die durchweg eigene Helfer hatten und ihren Aufgabenkreis immer weiter zogen: In ihrer Tätigkeit weitete sich die Hofverwaltung zur Reichsverwaltung aus. Das heißt, sie traten neben die höchsten Adligen im Reich und wurden dementsprechend übrigens auch wie jene als Feldherren und als Diplomaten verwandt. Die Nähe zum König hob sie über die übrigen Helfer empor und sicherte ihnen den höchsten Rang, darin den großen consiliarii vergleichbar, die der König je nach Bedarf aus den Reihen des Adels an den Hof berief. Auch ihre Zahl nahm offensichtlich zu, und zwar in dem gleichen Maße, wie Karl neue Aufgaben an sich zog. So spiegelt sich in ihrer Vermehrung die Tendenz des Hofes wider, sich in zunehmendem Maße in immer weitere Bereiche des täglichen Lebens einzuschalten. Diese Einschaltung hat ihren Niederschlag in einer bis dahin unbekannten Fülle von Gesetzen und Verordnungen, den ‹Kapitularien›, gefunden.

Es wurde bereits angedeutet, daß schon Pippin neben den weltlichen auch geistliche Hofbeamte herangezogen hat. Sie waren in der sogenannten Hofkapelle organisatorisch zusammengefaßt und hatten vor allem für den herrscherlichen Gottesdienst zu sorgen, eine Aufgabe, die für den König von Gottes Gnaden von existenzieller Bedeutung war. Karl der

Große ging auch hier über seinen Vater hinaus, indem er diesen Gottesdienst in einen feierlicheren Rahmen stellte und ihn vor allem an den hohen Festtagen bewußt zur Demonstration der Rechtmäßigkeit seiner Herrschaft beging. Und wenn Pippin damit begonnen hatte, den Hofgeistlichen neben ihrer geistlichen Aufgabe auch das Urkundengeschäft zu übertragen, so hat Karl auch diese Ansätze entschieden weitergeführt, ihre Zahl – wie die ihrer weltlichen Kollegen – bedeutend vermehrt und sie grundsätzlich mit Reichsaufgaben betraut. Ihr Haupt, der oberste Kapellan, und sein vornehmster Helfer, der Kanzler, rückten in die Führungsschicht des Reiches auf, und die große Zahl der Kapelläne und Notare arbeiteten mit den übrigen Hofbeamten Hand in Hand. Wenn die außerordentliche Zunahme der Schriftlichkeit vor allem auf die schriftkundigen Geistlichen zurückgeht, so war jedoch die Verwaltung insgesamt sowohl den geistlichen als den weltlichen Hofbeamten anvertraut. Es ist das Prinzip der geistlich-weltlichen Partnerschaft, das damit dem Hof Karls des Großen sein besonderes Gepräge gab.

Diese Partnerschaft sollte sich nach dem Willen Karls im Reich wiederholen, in dem Grafen und Bischöfe den König jeweils in ihren Sprengeln repräsentierten. Wenn auch die Grafschaften andere Funktionen als die Bistümer hatten, so waren doch beide auf den Hof hin orientiert, und Karl der Große hat diese Zuordnung bewußt zu stärken versucht, indem er nicht nur Grafen und Bischöfe von Zeit zu Zeit an den Hof kommen ließ, sondern in den ‹Königsboten› eine eigene Institution, bestehend jeweils aus einem geistlichen und einem weltlichen Würdenträger, ins Leben rief mit dem Auftrag, in die einzelnen Bistümer und Grafschaften zu reisen, um sie auf die Befolgung der königlichen Anweisungen zu überprüfen. Es ist erstaunlich, wie mannigfaltig und detailliert die Anweisungen waren, um die sie sich zu kümmern hatten. Sie dienten alle dem gleichen Ziel, dem Reich, das bei der Eigenart seiner Erweiterung und bei seiner enormen Ausdehnung in sich bedeutende regionale Unterschiede aufwies, Einheit und Einheitlichkeit zu sichern.

Beispielhaft für dieses Bemühen ist Karls Fürsorge für Recht und Brauchtum der einzelnen Völkerschaften, die er nicht nur anerkannte, sondern auch aufschreiben ließ, wobei er zugleich für ihre innere Angleichung Sorge trug. Die gleiche Tendenz ist auch aus zahlreichen Kapitularien zu erkennen.

Bei alledem kann kein Zweifel bestehen, daß Karl in der Rechtspflege eine seiner höchsten Aufgaben gesehen hat. Ihr hat er sich nach dem Zeugnis Einhards bis tief in die Nächte hinein gewidmet, und was davon schriftlichen Niederschlag gefunden hat, läßt schon rein quantitativ eine überragende Leistung erkennen. Viel wichtiger ist aber, daß er sich damit nicht begnügte, die Fälle, die an ihn herangetragen wurden, zu entscheiden, sondern daß er gleichsam den Raum des Rechts im Bereich seiner Herrschaft erweitert hat, indem er die gängige Rechtspraxis entscheidend verbesserte. Sie war bisher weitgehend durch die rechtliche Selbsthilfe, das heißt die Fehde, bestimmt. Neben ihr trat der öffentliche Richter nur dann in Erscheinung, wenn er angerufen war. Indem Karl mit Hilfe seiner Königsboten im ganzen Reich sogenannte Rügezeugen einsetzen ließ, die bei ihrem Eid verpflichtet waren, alle in ihrem Bereich begangenen Verbrechen dem Königsrichter anzuzeigen, zog er die Verfolgung der Verbrechen allgemein an das öffentliche Gericht und stellte damit das Gerichtswesen auf eine neue, breitere Grundlage. Wir sprechen deshalb mit gutem Grund von einer Gerichtsreform Karls des Großen.

Reformen nehmen überhaupt einen breiten Raum in seinen Bemühungen um die innere Festigung des Reiches ein. Und auch hier ist es wiederum bezeichnend, wie vielen Feldern er dabei seine Aufmerksamkeit und Fürsorge zugewandt hat, angefangen von der Verwaltung der königlichen Grundherrschaft über die Regulierung kirchlicher Angelegenheiten bis zu den ‹litterae colendae›, der Pflege des geistigen Lebens, das uns noch besonders beschäftigen soll. Wir heben hier aus der Vielfalt dieser Bemühungen nur einige besonders eindrucksvolle Beispiele hervor: neben der erwähnten Gerichtsreform etwa die Münzreform Karls, durch die an die Stelle der vielen ungleichartigen Prägungen unter den Merowingern und den frühen Karolingern der einheitliche Karolingische Denar als neue Norm getreten ist, die – erstmals seit der Römerzeit – wieder gesetzlich garantiert war.

Dann vor allem die Heeresreform, die zu den folgenreichsten Maßnahmen Karls gehört. Sie war veranlaßt durch die fortdauernden Kriege des expandierenden Frankenreiches, die die Bevölkerung um so mehr belasteten, als sie die seit langem eingeleitete Verlagerung auf den kostspieligen Reiterkampf forcierten. Karl trug daher dieser Doppelbelastung Rechnung, indem er die Heerfolge (seit 807/808) nach der Besitzgröße staffelte. Drei bzw. vier Hufen bildeten die Norm, die ihre Inhaber zur Teilnahme verpflichtete. Wer weniger besaß, hatte sich mit anderen Freien zu einem Gestellungsverband zusammenzuschließen, der jeweils einen berittenen Krieger auszurüsten hatte. Damit blieb das allgemeine Volksaufgebot, wenn auch in reduzierter Form, in Kraft, doch ging die Hauptlast des Kampfes auf die Vasallen über, die in jedem Fall auszurücken hatten. Ihre Bedeutung nahm in der Folgezeit weiter zu, so daß man im Rückblick sagen kann, daß die Reformmaßnahmen Karls mit der Verbindung von Vasallität und Kriegertum den ersten Schritt zur Ausbildung eines berittenen Berufskriegertums und zu seiner Feudalisierung markieren, denen die Zukunft gehören sollte.

Die Feststellung ist erlaubt, daß die geschichtliche Nachwirkung Karls des Großen zu einem wesentlichen Teil auf seine unterschiedlichen, stets von der Sache bestimmten und erstaunlich weitsichtigen Reformen zurückgeht.

Im Kreis dieser Reformen kommt den Bemühungen Karls um die Erneuerung der Bildung besondere Bedeutung zu. Sie haben bewirkt, daß der Karlshof, in dem sich die Macht des Frankenreiches konzentrierte, zugleich zum Sammel- und Ausstrahlungspunkt des geistigen Lebens für ganz Europa wurde.

Auch hier ist deutlich zu erkennen, daß die Anfänge dieser Bemühungen auf Karl selbst zurückgehen. Die Begegnung mit den irischen und angelsächsischen Missionaren, die sich um die Reform der fränkischen Kirche bemühten, und die Berührung mit Italien, in dem die Verbindung mit der Antike nie ganz abgerissen war, hatten Karl vor Augen geführt, wie weit die Bildung im Frankenreich abgesunken war. Als Karl daraufhin beschloß, diesen Mangel zu beheben, war es sein erstes Ziel, durch eine bewußte Bildungspflege der Kirche zu helfen, ihren Aufgaben besser gerecht zu werden. Damit weitete sich die Kirchenreform zu einer Reform der Bildung aus.

Gleichzeitig wird jedoch erkennbar, daß der König schon früh ein persönliches Verhältnis zur Welt der Bildung gewonnen hat, und bald mehren sich die Zeichen dafür, daß ihm unbeschadet dieses Zusammenhangs, der immer gültig blieb, auch ihr Eigenwert mehr und mehr aufgegangen ist.

Spätestens seit 777 ist er bestrebt, Gelehrte, wo immer er sie fand, an seinen Hof zu ziehen. So kamen nach ersten, noch weniger festen Kontakten mit Angelsachsen und Iren wie Beornrad und Raefgot die Langobarden Petrus von Pisa, Paulinus (von Aquileja) und Paulus Diaconus, der Westgote Theodulf, die Franken Angilbert und Einhard und mehrere Angelsachsen, unter ihnen Alcuin, der größte Gelehrte der Zeit, als dauernde Helfer des Königs an den Hof. Alcuin, der im Jahre 782 erschien, trat sofort als ihr gemeinsames Haupt hervor. Um ihn schloß sich der Kreis der Hofgelehrten zu einem Freundeskreis zusammen, der sich nach angelsächsischem Vorbild mit Pseudonymen nach vorbildlichen Gestalten aus der alttestamentlich-christlichen und aus der antiken Bildungswelt benannte. Karl selbst gesellte sich ihnen als ‹David› bei. Die Mitglieder des Kreises führten in geselliger Runde gelehrte Gespräche, tauschten Rätsel und Gedichte aus und brachten als Frucht dieses einzigartigen Kontaktes eine neue höfische Dichtung hervor. Sie hatten daneben und vor allem aber auch ganz konkrete Aufgaben zu erfüllen: So verhalfen sie dem König zu einer Hofbibliothek, die alle erreichbaren Werke der Kirchenväter und der antiken Autoren umfaßte, und suchten sie zugleich in doppelter Weise nutzbar zu machen. Die erste und naheliegendste Aufgabe war, daß sie als Lehrer der Hofschule ihren Schülern diesen Schatz auf dem Wege über die ‹Sieben freien Künste› erschlossen.

Durch ihr Wirken wurde die Hofschule zur zentralen Bildungsstätte des Frankenreiches, an der die begabtesten Schüler aus dem gesamten Reichsgebiet zusammenkamen. Alcuin selbst hat für ihren Unterricht Lehrbücher verfaßt, und zwar über die Orthographie wie über jede der Sieben freien Künste. Die zweite, nicht minder wichtige Aufgabe bestand darin, daß die Gelehrten die meist verderbt überlieferten Werke überarbeiteten, sie von Fehlern befreiten und dadurch Muster schufen, die nach Karls Willen für das ganze Reich verbindlich waren. So hatte Alcuin das Alte und das Neue Testament zu emendieren, und Paulus Diaconus stellte in Karls Auftrag eine Homiliensammlung zusammen, deren Benutzung der König durch ein Rundschreiben allen Bischöfen anbefahl. Auf diese Weise sollten die neu erworbenen Bildungsgüter über die großen Bischofs- und Kloster-Kirchen schließlich dem ganzen Reich zugute kommen. In der berühmten ‹Epistola de litteris colendis›, einem Rundschreiben, das Alcuin um 784/85 im Auftrag und Namen Karls verfaßt hatte, wurden die Prinzipien erläutert, die diesen Bemühungen zugrunde lagen und die sie nach der Auffassung Karls und seiner Helfer notwendig machten. Sie gründen in der Überzeugung, daß das rechte Leben (recte vivere) und das rechte Sprechen (recte loqui) zusammengehören; das eine setze das andere voraus. Falsches, fehlerhaftes Reden oder Schreiben schließe falsches Denken in sich ein; im Gebet verbaue es den Zugang zu Gott. Darum sei es nötig, die ‹studia litterarum› mit Eifer zu betreiben, und es ergeht die Anweisung, an allen großen Kirchen und Klöstern Schulen einzurichten und für sie geeignete Lehrer zu wählen. In seinem großen, die Reformen zusammenfassenden Erlaß von 789, der ‹Admonitio generalis›, wurden diese Anweisungen wiederholt und präzisiert und um die Forderung erweitert, daß die Mönche die für sie unentbehrlichen Bücher mit aller Sorgfalt abschreiben sollten – eine der folgenreichsten Vorschriften Karls des Großen. Durch sie wurde das Kopieren wie das monastische Gebet den karolingischen Mönchen zur Pflicht gemacht. Ihrem Fleiß verdankt Europa den Grundstock seiner Bibliotheken und in ihnen die Bewahrung der geistlichen und weltlichen Bildung der alten Welt.

Es war der Wille zur Reform, der alle diese Maßnahmen beseelte, und es war Karls persönliches Verdienst, daß er von der Kirchenreform auf das weite Feld der Bildung übergriff. Das Ergebnis dieser Bildungsreform war beträchtlich: eine noch aus dem Abstand eines Jahrtausends sofort erkennbare correctio der lateinischen Sprache und der Schrift, die Schöpfung der sogenannten karolingischen Minuskel, und die Sammlung und Emendation der Überlieferung im Bereich der geistlichen und weltlichen Wissenschaften, der ‹sacrae› und der ‹saeculares litterae›.

Sie hat darüber hinaus Anstöße gegeben, die in neue Bereiche führen. Die Arbeit der Gelehrten sollte nach Karls Wunsch auch der heimischen

Überlieferung zugute kommen. So begannen sie, eine germanische Grammatik zu erarbeiten und die germanischen Heldenlieder aufzuschreiben. Vor allem aber haben einige dieser Gelehrten wie etwa Angilbert, Einhard oder Theodulf Werke geschaffen, in denen der Kontakt mit der Antike einen neuen, überzeugenden Ausdruck fand.

Im Hinblick auf diese Werke, die in den Gedichten Theodulfs und in der Karlsvita Einhards gipfelten, sprechen wir von der karolingischen Renaissance – einer Erscheinung, die nicht (wie oft fälschlich unterstellt) identisch ist mit der Bildungsreform Karls des Großen, wohl aber ihr Ergebnis darstellt, ihre schönste Frucht. In ihr erweist sich das Erbe der Antike zum erstenmal in der europäischen Geschichte als eine mächtige, das geistige Leben der Zeit immer neu befruchtende Wirklichkeit.

Es ist kein Zufall, daß die Hofgelehrten, denen die alte römische Welt vor Augen stand, Karl den Großen bereits vor der Kaiserkrönung mit imperialen Attributen bedachten. Das Kaisertum verkörperte noch immer die höchste Würde der Welt, und da die Gelehrten Karl auf der Höhe seiner Erfolge als ‹caput orbis› (Haupt der Welt) feierten, nahm er in ihren Augen bereits vor 800 eine kaisergleiche Stellung ein. Es war ganz in ihrem Sinne, wenn Notker von St. Gallen zwei Menschenalter später erklärte, daß Karl der Sache nach (re ipsa) bereits Kaiser vieler Völker gewesen sei, als ihm der Papst das ‹nomen imperatoris›, den Kaisertitel, verlieh. Tatsächlich stand er um 800 auf dem Gipfel seiner Macht. Er war als ‹König der Franken und Langobarden und Patrizius der Römer› der unbestrittene Herr der westlichen Welt, der auch nach außen als deren Repräsentant in Erscheinung trat. So war er 794 auf der Synode von Frankfurt dem Basileus von Byzanz als Verteidiger der Rechtgläubigkeit entgegengetreten, und der sagenumwobene Kalif Harun-al-Raschid hatte mit ihm freundschaftliche Beziehungen aufgenommen, deren Auswirkungen bis nach Jerusalem reichten. Der Papst hatte Grund, in ihm seinen mächtigsten Schützer zu sehen.

So waren alle Voraussetzungen gegeben, um Karl den Weg zur ‹Anerkennung als Kaiser› zu ebnen. Sein Kaisertum lag gleichsam in der Luft, als im Jahre 799 Vorgänge in Rom die Entwicklung schnell vorantrieben. Persönliche Feinde hatten im Mai dieses Jahres den neuen, von Karl bereits anerkannten Papst Leo III. überfallen. Leo hatte sich jedoch mit Hilfe fränkischer Königsboten seinen Feinden entziehen können und seine Zuflucht bei Karl gesucht, den er im Spätsommer in Paderborn antraf. Alle Wahrscheinlichkeit spricht dafür, daß bei dieser Begegnung, bei der Karl dem Papst die erbetene Hilfe zusagte, auch schon die Kaiserfrage eine Rolle spielte. Den Vereinbarungen entsprechend wurde der Papst durch ein fränkisches Geleit nach Rom zurückgeführt und die Untersuchung gegen die Verschwörer eingeleitet. Im November erschien darauf Karl selbst in Rom, wo er mit kaiserlichen Ehren empfangen wurde. Da die Gesandten mit dem Prozeß nicht vorangekommen waren, nahm Karl jetzt als Patrizius die Angelegenheit in seine Hand und begann zunächst die Anklagen zu überprüfen, worauf der Papst sich auf einer Synode am 23. Dezember 800 durch einen Reinigungseid von der ihm zur Last gelegten Schuld befreite. Am folgenden 24. Dezember setzte daraufhin Papst Leo III. während der Weihnachtsmesse dem betenden Karl eine goldene Krone auf, während die Römer ihn in feierlichem Zuruf als Kaiser akklamierten. Damit war nun auch im Westen das vor mehr als dreihundert Jahren verschwundene Kaisertum wieder erneuert, war das mittelalterliche Kaisertum begründet.

Für das neue Kaisertum war bezeichnend, daß es – wie das alte – mit Rom zusammenhing; es stellte eindeutig eine römische Würde dar, die rechtlich durch die Akklamation übertragen war. Die Kaiserkrönung hatte nur den Anstoß dazu gegeben, doch zeigt bereits der Titel, den Karl nach gründlicher Überlegung wählte, daß die Krönung in den Augen der Franken höhere Bedeutung gewann als die Akklamation. Den Grund dafür nennt die Formel «a Deo coronatus», die besagt, daß Gott selbst der Kröner war und das Kaisertum in ihm gründete.

Wie wir aus den Lorscher Annalen wissen, sind der Krönung Vorverhandlungen vorausgegangen; Vorbereitungen setzte auch die liturgische Handlung, insbesondere die kunstvolle Form der Akklamation voraus. Wenn wir demgegenüber von Einhard erfahren, Karl habe erklärt, daß er dem Gottesdienst ferngeblieben wäre, wenn er die Absicht des Papstes gekannt hätte, so ist diese Nachricht, wie neuere Forschungen zeigen konnten, nur auf den ersten Blick widersprüchlich: Die Ablehnung findet sich nämlich bereits in der Vorlage Einhards, den Kaiserviten von Sueton; sie war danach Konvention: ein Ausdruck der Demut, die man vom neuen Kaiser bei seinem Amtsantritt erwartete. Bei Karl kommt außerdem noch Rücksicht auf Byzanz hinzu, eine Rücksicht, die anschließend noch bei der Wahl seines neuen Titels eine Rolle spielte. Dieser Titel sah nämlich in auffälligem Gegensatz zur Form der Akklamation, die dem ‹imperator Romanorum› gegolten hatte, von dieser naheliegenden Formel ab, um statt dessen – nach dem Vorbild ravennatischer Urkunden – eine komplizierte Umschreibung zu wählen. Er lautet: «Karolus serenissimus augustus a Deo coronatus magnus et pacificus imperator Romanum gubernans imperium qui et per misericordiam Dei rex Francorum et Langobardorum» «Karl, der allergnädigste, erhabene, von Gott gekrönte, große und friedebringende Kaiser, der das Römische Reich regiert und der auch durch das Erbarmen Gottes König der Franken und Langobarden ist».

Daran ist dreierlei auffällig und wesentlich: Die Betonung der Gottunmittelbarkeit der neuen Würde, die Beibehaltung des Königstitels als Hinweis auf die Grundlagen ihrer Macht und die Bezeichnung als «Kaiser, der das Römische Reich regiert». Diese Kaiserformel umschreibt das Problem, das Karls Kaisertum auf Byzanz verweist, ein Problem, das in den folgenden Jahren Gegenstand langwieriger Verhandlungen werden sollte, wobei eben diese Formel sich als eine gute Grundlage erwies.

Der neue Kaiser mußte seine erste Aufgabe darin sehen, die Gegner des Papstes vor sein Gericht zu ziehen; er verurteilte sie denn auch sogleich nach römischem Recht. Dann kehrte er nach Aachen zurück und gab hier sofort zu erkennen, daß er das Kaisertum als eine Intensivierung der Herrschaft verstand. Hier reden vor allem die Kapitularien eine deutliche Sprache: Sie nehmen nach der Kaiserkrönung außerordentlich zu und zeigen, daß die Betonung des Kaisertums mit einer forcierten Verchristlichung der Herrschaft Hand in Hand ging. Das Kaisertum hat damit vor allem die theokratischen Züge in Karls Herrschaft verstärkt.

Der Intensivierung im Innern entsprach die Steigerung der fränkischen Macht nach außen: Das Kaisertum verkörperte den höchsten Rang der Herrschaft, es hob das fränkische Reich über alle Königreiche empor, allerdings nicht über das ältere Kaiserreich von Byzanz, dessen Herrscher, der Basileus, vielmehr an dem Anspruch festhielt, der alleinige legitime Nachfolger der römischen Caesaren zu sein. Obwohl der – wie sich jetzt erwies – klug gewählte Titel Karls bereits die Lösung des Problems in sich enthielt, bedurfte es langer und langwieriger Verhandlungen, bis man sich im Jahre 812 zu gegenseitiger Anerkennung durchrang. Sie erfolgte in der Weise, daß die byzantinischen Gesandten Karl als ‹imperator›, die fränkischen hingegen dem Basileus als ‹imperator Romanorum› akklamierten. Karl verzichtete damit in aller Form auf das römische Attribut seines Kaisertums – das er auch vorher nicht in Anspruch genommen hatte – und verlangte dafür seine Anerkennung durch den Basileus. Diese Anerkennung war ihm wesentlich. Sie schloß die stillschweigende Abgrenzung der beiden Kaisertümer ein, welche die fränkische Kanzlei jetzt mit den zutreffenden Formeln ‹imperium orientale› und ‹imperium occidentale› bezeichnete. Ihr Nebeneinander leitet eine neue Phase in der Geschichte des Kaisertums ein. Das ‹imperium occidentale›, das Kaisertum Karls, setzte sich deutlich von der Universalität des alten römischen Kaisertums ab und beanspruchte stattdessen, die Einheit des Okzidents, der westlichen Welt, zu verkörpern, wobei es gleichzeitig das byzantinische Kaisertum zwang, sich auf die Welt des Orients, des Ostens zu beschränken. Diese Scheidung hat sich auf die Dauer durchgesetzt.

Auch im Westen selbst hat das Reich Karls des Großen tiefe Spuren hinterlassen. Obwohl es schon bald nach seinem Tod im Jahre 814 zunehmend von inneren Spannungen und äußeren Bedrohungen heimgesucht wurde und noch im 9. Jahrhundert auseinanderbrach, ist das kulturelle Erbe, das es hinterließ, als ein Ferment der Einheit unter seinen

Nachfolgestaaten wirksam geblieben. Die kulturelle Gemeinsamkeit, die im Karlsreich begründet war, hat den politischen Zerfall überlebt und die Grundlage für die weitere Existenz Europas gebildet. Die Geschichte hat den Zeitgenossen Karls des Großen recht gegeben, die erklärten, daß er der Vater Europas sei.

Ludwig der Fromme
814–840

Von Josef Semmler

Wohl zwischen dem Juni und dem August 778 schenkte die Königin Hildegard, von ihrem Gemahl Karl dem Großen in der Pfalz Chasseneuil nördlich Poitiers zurückgelassen, Zwillingsbrüdern das Leben. Von ihnen überlebte nur einer, Ludwig, den der Vater erstmals den 751 verdrängten Merowingern nachbenannte. In nachkarolingischer Zeit wurde ihm, wie es den Gepflogenheiten des zeitgenössischen Herrscherlobs entsprach, der Beiname ‹der Fromme› beigelegt.

Karl der Große nutzte den Italienzug des Jahres 781, bei dem er mit dem Papste zusammen in Rom Ostern feierte, um die Verwaltung Aquitaniens einem König karolingischen Geblütes anzuvertrauen; gleichzeitig beschränkte Karl seine Nachfolge auf seine in Vollehe geborenen Söhne. Papst Hadrian I. salbte den knapp dreijährigen Ludwig und krönte ihn zum König. Noch im gleichen Jahr entzog der Frankenherrscher den Sohn der Mutter, die Ludwig wahrscheinlich nie mehr wiedergesehen hat, und schickte ihn in sein aquitanisches Unterkönigreich, das weite Gebiet zwischen Atlantik und Rhône, zwischen Loire, Massif Central und der Pyrenäenkette, das nach jahrzehntelangen Kämpfen erst 768 endgültig der karolingischen Herrschaft unterworfen worden war.

Ludwigs Erziehung vertraute der Vater einem ‹baiulus› – Haushofmeister, militärischer Ausbilder und Hauslehrer in einem – an und bestellte einen Regentschaftsrat aus fränkischen Großen. Mitglieder dieses Gremiums begleiteten den jungen König 785, 790 und 791 zu den Reichsversammlungen nach Sachsen, Worms und Ingelheim, wohin der Vater ihn berufen hatte. 789 und 790 umgaben sie ihn auf den Versammlungen, zu denen Ludwig selbst nominell die Großen Aquitaniens und Septimaniens entboten hatte.

791 erschien Ludwig wieder vor dem Vater in Regensburg, der ihn eigenhändig mit dem Schwert des Volljährigen umgürtete und ihn alsbald in sein Königreich entließ. Erst von 794 an, nachdem ihn Karl der Große mit Irmingard verheiratet hatte, die hohem fränkischem – bezeichnenderweise nicht aquitanischem – Adel entstammte, erhalten wir gelegentliche Einblicke in die Verwaltung Aquitaniens. Der Herrscher, ‹von Gottes Gnaden König der Aquitanier›, verfügte über einen Regierungsapparat, von dem wir nur die Kanzlei, offenbar eingebettet in eine

Bildnis Ludwigs des Frommen in einem Figurengedicht. Hrabanus Maurus, De laudibus sanctae crucis, Fulda, um 825/30. – Rom, Biblioteca Vaticana, Reg. lat. 124, fol. 4ᵛ (Foto: Biblioteca Vaticana).

eigene Hofkapelle, in Umrissen erkennen können, während die Kammer als oberste Finanzbehörde nur einmal erwähnt wird. Die ökonomische Basis des Königtums bildete das Königsgut, zentriert um vier im Nordteil des Königreichs gelegene Pfalzen, die Ludwig mit Familie und Hofstaat nach festgelegtem Turnus aufsuchte. Es stand dem aquitanischen Herrscher frei, Königsgut an Kirchen und Private zu schenken, Abgaben zu erlassen, Immunitätsprivilegien zu verleihen. Besitzbestätigungen bedurften offenbar der Genehmigung des Vaters. Das einzige Kloster, das Ludwig in den königlichen Schutz aufnahm, bildete ohnedies die Dependenz einer großen außeraquitanischen Königsabtei. Da Karl der Große das Gesetzgebungsrecht für Aquitanien nicht aus der Hand gab, obwohl er das Unterkönigreich selber nicht betrat, faßten Reichsversammlungen, die unter Ludwigs des Frommen Vorsitz zusammentraten, keine weitreichenden Beschlüsse. Die Außenpolitik, selbst die Beziehungen zum muselmanischen und christlichen Spanien, blieben dem König entzogen: Dieser sorgte im wesentlichen für sicheres Geleit ausländischer Gesandtschaften in seinem Reiche. Karl der Große dagegen war es, der Krongut zurückforderte, das sich fränkischer und aquitanischer Adel widerrechtlich angeeignet hatte. Er allein nahm die Kommendation prominenter Flüchtlinge aus dem islamischen Spanien entgegen. Die Königsboten machten an den Grenzen des aquitanischen Teilreiches nicht halt. Die Grafen, fast ausnahmslos fränkischer Herkunft, bestimmte der Frankenherrscher sowohl für Aquitanien als auch in dem seit etwa 800 eroberten Katalonien bis hin zu einer Grenzlinie, die auf halbem Wege zwischen Barcelona und Tarragona aufs Mittelmeer traf. Durch seine Schutzverleihungen erhob er vom Adel gegründete Klöster in den Rang von Königsabteien. Mit innerkirchlichen Problemen, insbesondere mit der für weite Teile des Reiches Ludwigs des Frommen hochaktuellen dogmatischen Frage, ob Christus wesensgleicher Sohn Gottes dank eines Adoptionsaktes des Vaters sei, befaßte Karl der Große den aquitanischen König überhaupt nicht. Er ordnete die kriegerischen Aktionen an, bot den aquitanischen König zu seinen Feldzügen auf und schickte ihn unter Umständen vorzeitig nach Hause. Erst zu Beginn des zweiten Jahrzehnts des 9. Jahrhunderts scheint Ludwig die Entscheidung, die ‹Spanische Mark›, das transpyrenäische Hoheitsgebiet, bis zum Ebro vorzuschieben, selbständig getroffen zu haben, ohne deswegen aber an allen Feldzügen persönlich teilzunehmen.

Freie Hand ließ Karl der Große seinem Sohne nur auf einem Gebiete, dem er selbst innerlich fernstand. Ludwig und seine Gemahlin pflegten engen Kontakt mit dem westgotischen Grafensohne Witiza, der durch Klostergründung und Namensänderung programmatisch das Ziel seines Wirkens umriß: Benedikt, Stifter und Abt von Aniane, nahm die Erneuerung der Mönchsklöster im aquitanischen Königreich in Angriff, indem er alte und sich neuformierende Gemeinschaften auf die Regel St. Benedikts als in allen Einzelheiten zu beobachtendes ‹Grundgesetz› monastischer Existenz (‹una regula›) verpflichtete und die exklusiv benediktinische Prägung der Konvente durch einheitliche ‹Ausführungsbestimmungen› (‹una consuetudo›) absicherte. Daß der Reformer in zwölf Gemeinschaften dank Ludwigs Hilfe seine im Frankenreiche neuartigen Ideale verwirklichen konnte, berichtet Benedikts Lebensbeschreibung; die ‹Vita Hludowici imperatoris› nennt ungefähr die doppelte Anzahl erneuerter Klöster.

Im Sommer 813 – die älteren Brüder Ludwigs des Frommen hatten bereits das Zeitliche gesegnet, so daß als einziger vollbürtiger Erbe Karls des Großen der aquitanische König verblieb – entschloß sich der alternde Vater auf Zureden seiner Umgebung, seine Nachfolge zu regeln. Ludwig der Fromme drängte nicht, aber auch Karls des Großen Zögern läßt sich nicht übersehen. In kleinem Kreis fiel die Entscheidung, Ludwig zum Mitregenten für das gesamte Frankenreich zu erheben und ihm den kaiserlichen Namen zu übertragen. Die im September 813 zu Aachen zusammengetretene Reichsversammlung stimmte einhellig zu. Doch Karl der Große klammerte Italien aus Ludwigs ‹Erbschaft› aus und bestätigte entgegen seinem eigenen Nachfolgegesetz von 806 seinen Enkel Bernhard als italienischen König.

Am Sonntag, dem 11. September 813, krönte Karl der Große mit eigener Hand den Sohn im Rahmen eines feierlichen Gottesdienstes. Er nahm Ludwig das Gelöbnis ab, als gerechter, als christlicher Herrscher regieren zu wollen, und unterließ es nicht, ihn an die konkreten Pflichten zu erinnern, die ihm als Haupt der karolingischen Dynastie erwüchsen, besonders gegenüber seinen Schwestern und seinen Halbbrüdern. Alle Anwesenden akklamierten den zweiten karolingischen Kaiser gemäß dem von Byzanz entlehnten Zeremoniell, das auf den Bischof als Coronator zu verzichten erlaubte.

Oströmisch-byzantinischem Brauch entsprach es, wenn Karl der Große den nunmehrigen Mitkaiser in der zweiten Septemberhälfte in dessen aquitanisches Reich entließ, ohne ihm Funktionen und Befugnisse einzuräumen, die sich auf das ganze Frankenreich bezogen hätten. Als aber Karl der Große nach kurzer Krankheit am 28. Januar 814 starb, trat Ludwig der Fromme automatisch in alle Rechte und Pflichten des Vaters ein. Er zählte jetzt 35 Jahre und blickte auf eine verhältnismäßig lange aquitanische Regierungszeit zurück. In die Leitung des Gesamtreichs war er freilich nicht eingeführt worden.

Vom Tode des Vaters benachrichtigt, zog Ludwig auffallend langsam aus dem Anjou nach Aachen, Widerstände der Vertrauten seines Vaters und der Spitzen des Hofes befürchtend. Sie blieben aus. Trotzdem besetzte der Kaiser einige Schlüsselpositionen mit zuverlässigen Männern. Eine strenge Hofordnung sollte dem anstoßerregenden Treiben in der Pfalz zu Aachen ein Ende bereiten. Seine Schwestern, die sich darin hervortaten, verwies Ludwig vom Hofe; die unmündigen Halbbrüder bestimmte er für den kirchlichen Dienst. Auch die kaiserlichen Vettern Adalhard, Abt von Corbie, und Wala, die Karl dem Großen zuletzt nahegestanden hatten, vertauschten ihre Würden mit dem klösterlichen Exil. Zwar wechselte nicht die Leitung der Hofkapelle, die in der Fertigung kostbarer Handschriften einen neuen Höhepunkt erreicht hatte, jedoch trat Ludwigs aquitanischer Kanzler Helisachar an die Spitze der kaiserlichen Kanzlei. Von Ludwig dem Frommen gerufen, verließ Benedikt von Aniane seinen süd- und mittelfranzösischen Reformkreis für immer. Der Kaiser vertraute ihm das elsässische Maursmünster an, bis er ihm zu Cornelimünster eine Aachen nahegelegene Musterabtei zur Verfügung stellen konnte.

Es läßt sich nicht von der Hand weisen, daß vornehmlich jene beiden Männer das Regierungsprogramm Ludwigs des Frommen entwarfen und schlagwortartig in der ursprünglich vielleicht die Abgrenzung gegenüber Byzanz signalisierenden Umschrift der kaiserlichen Metallsiegel zusammenfaßten: ‹Renovatio regni Francorum› – Erneuerung des Frankenreichs. Demzufolge erstreckte sich die kaiserliche Herrschaft, als Dienst (‹ministerium›) aufgefaßt, über Reich *und* Kirche im festländischen Europa; sie überwölbte, wie es Ludwigs beim Regierungsantritt übernommener Titel (‹divina ordinante providentia imperator augustus›) ausweist, die einzelnen Regna, faßte die Rechtstitel zusammen, die des Vaters komplizierter Kaisertitel (intitulatio) noch aneinandergereiht hatte.

An die Spitze der peripheren Regna traten karolingische Prinzen, die der kaiserlichen Oberleitung unterstanden: Bernhard von Italien bestätigte Ludwig der Fromme noch im August 814 nach Huldigung und Eidesleistung in seiner Würde; im gleichen Jahre teilte der Kaiser seinem ältesten Sohn Lothar I. Bayern, seinem Zweitgeborenen Pippin I. sein eigenes bisheriges ‹regnum› zu.

Die neue Führungsmannschaft nahm sich der inneren Verhältnisse des Reiches an. Fränkische Kirchen erhielten, ließen sie sich ihre Immunitätsurkunden bestätigen, seit dem Frühjahr 814 in ihrer juridischen Qualität veränderte Privilegien. Die kaiserliche Kanzlei fügte der Immunität, die die Kirche von steuerlicher Belastung und von Abgaben an nachgeordnete Gerichtsinstanzen befreite, den herrscherlichen Schutz bei, der wiederum der Kirche im fränkischen König den Herrn setzte. Erlangten seit Ende April 814 aquitanische Klöster solche Privilegien, die sie unter die Königskirchen einreihten, und folgten alsbald altberühmte Mönchsniederlassungen wie Saint-Denis und Marmoutier bei Tours, so zogen vom Juli 814 an Bischofskirchen wie Bordeaux, Halberstadt, Worms, Langres, Orléans nach. Noch bestimmten freilich Zufall und Gelegenheit solche Absicherung der verfassungsmäßigen Position.

Außenpolitisch-militärisch drohte keine ernsthafte Gefahr. Zwei regional begrenzte Feldzüge, die Sachsens Grenze gegen Dänemark sichern sollten, hatten bestenfalls einen Abschreckungseffekt, während 816 ein baskischer Aufstand einmal mehr niedergerungen werden mußte. Das repressive Vorgehen des Papstes, dessen Gegner 815 ohne kaiserliche Intervention überführt und hingerichtet wurden, machte jedoch offenkundig, daß das Verhältnis der römischen Kirche und ihres Oberhauptes zum karolingischen Kaiser dringend der Klärung bedurfte. Eine Untersuchung, mit der Ludwig der Fromme seinen Neffen Bernhard von Italien betraute, erwies sich als undurchführbar, da der Aufstand der Campania Romana gegen Leo III. nur mühsam unterdrückt werden konnte.

Die Reformergruppe um Kaiser Ludwig sah die Zeit gekommen, die Renovatio des Reiches, wie sie Karl der Große 802 auf Teilgebieten einzuleiten versucht hatte, umfassend anzupacken. Das Reformwerk wurde nicht – wie noch 813 – vom Kaiserhof weg auf fünf Regionalsynoden verlagert, sondern es nahm von in der herrscherlichen Vorzugsresidenz fast stets im Beisein des Kaisers tagenden synodalen Reichsversammlungen seinen Ausgang. Sein erstes Ziel stellte die formende Strukturierung des kirchlichen Gemeinschaftslebens dar. Was die konziliare und herrscherliche Gesetzgebung seit mindestens drei Generationen immer wieder versucht hatte, realisierte das in der zweiten Augusthälfte 816 zu Aachen tagende Konzil: Hinfort durften sich im Frankenreich mit Fug und Recht nur noch die Angehörigen solcher klösterlichen Gemeinschaften ‹Mönche› nennen, die ihr kommunitäres Leben nach der Regel des hl. Benedikt ausrichteten; die Mitglieder aller übrigen Konvente galten als ‹Kanoniker›. Für die Mönche und für die ‹Kanoniker› entwarf die hohe Versammlung eigene Satzungen: Die Regel des hl. Benedikt erhob sie zum reichsgesetzlich verankerten monastischen Grundgesetz, das Ergänzungsverordnungen (consuetudines) des näheren ausdeuteten. Von den Kirchenvätern her begründete ‹Institutionen› galten fortan als im ganzen Frankenreich verbindliche Lebensordnungen für Kanoniker (canonici) und deren weibliche Entsprechung (sanctimoniales). Diese ‹Institutionen› verlangten den nicht-monastischen Gemeinschaften geringere asketische Leistungen ab als jenen, die in der benediktinischen Profeß außer dem Gehorsam gegenüber den Oberen auch den dauernden Aufenthalt im Kloster und damit die beständige Abkehr von der ‹Welt› gelobten. Der Kaiser goß die monastische Satzung, die consuetudines, in die Form eines Kapitulars, einer vom Herrscher durch Publikation in Kraft zu setzenden Verordnung. Die Institutionen für Kanoniker und

Sanktimonialen übersandte er den Spitzen der kirchlichen Hierarchie zur Weiterverbreitung. Zugleich nannte die Aachener Versammlung den 1. September 817, von welchem Stichtag an vom Herrscher abgeordnete Königsboten in den monastischen und den kanonikalen Gemeinschaften die Befolgung der Benediktinerregel und der sie ergänzenden Satzung und die buchstabengetreue Anwendung der Institutionen für die nichtmonastischen Kommunitäten überprüfen würden.

Auch wenn es die Quellen nicht unumwunden zum Ausdruck brächten, dürften wir behaupten, daß die schwerwiegenden Eingriffe der synodalen Reichsversammlung des Juli 816 in die kirchliche Lebensordnung ein Kernstück der Erneuerung des fränkischen Reiches bildeten: Die Einheitlichkeit des kirchlichen Lebens, die Uniformität in der Struktur aller religiösen Gemeinschaften im ganzen Frankenreich stellten für die Reformer und zweifellos auch für den Kaiser eine Klammer dar, die das Reich zusammenhielt. In ihrem Verständnis äußerte sich die ‹renovatio regni Francorum› in der re-formatio des Einzelnen und der ihn bergenden Gemeinschaft, in der Regelung des Verhältnisses zu allen Vorgesetzten bis hin zum Kaiser nach den Grundsätzen christlicher Ethik, in der engeren Bindung von Individuum und Kommunität an Gott.

Gemeinschaftliches Leben nach der neuen, reichsgesetzlich verankerten Ordnung setzte freilich auch die Erfüllung gewisser materieller Bedingungen voraus. In Einzelfällen nannte der Kaiser den geistlichen Kommunitäten maximale Mitgliederzahlen, um die Konvente nicht durch Überbesetzung in Not und Mangel geraten zu lassen. Nicht nur die Neugründung Cornelimünster stattete Ludwig der Fromme damals aus, auch kanonikalen Gemeinschaften wies er Grund und Boden zu, damit sie die erforderlichen Bauten errichten oder ausweiten könnten. Denn die neuen Satzungen des geistlichen Gemeinschaftslebens und die straffer nach Rom oder der Benediktinerregel ausgerichteten Liturgiefeiern verlangten Um- und Neubauten in bestehenden Niederlassungen, für die man, wie es scheint, an zentralem Ort Planskizzen entwarf und verbreiten ließ, von denen uns eine in dem berühmten ‹St. Galler Klosterplan› erhalten blieb, einem einmaligen Dokument, das noch immer voller Rätsel steckt.

Entweder im Rahmen des synodalen Reichstages des Sommers 816 oder erst auf der Versammlung im Herbst des gleichen Jahres publizierte Ludwig der Fromme zwei Kapitularien, die dem geltenden Gesetz beigefügt wurden (‹capitula legi addita›), in denen die gerichtliche Beweisaufnahme geordnet, die Schuldhaftung geregelt und die Kriterien fixiert wurden, kraft derer ein Vasall seinen Lehensherrn legal verlassen durfte.

Im Frühjahr 816 trat mit dem Tode Leos III. und dem Pontifikatsantritt Stephans IV. (V.) erstmals seit der Erneuerung des westlichen Kaisertums im Jahre 800 ein Papstwechsel ein. Es stand dahin, ob dem karolingischen Kaiser das Recht der Bestätigung der Wahl des römischen Bischofs zukäme, wie es der oströmisch-byzantinische Kaiser bis weit ins 7. Jahrhundert hinein geübt hatte. Stephan IV. (V.) schob seine Weihe nicht auf, bis die kaiserliche Bestätigung eingetroffen war; er konnte sich infolge der Parteiungen unter seinen Wählern auf eine Art Notstandsrecht berufen, das seine Vorgänger im 7. und 8. Jahrhundert in vergleichbaren Situationen immer wieder geltend gemacht hatten. Doch zeigte der Papst Ludwig dem Frommen seine Erhebung an. Offenbar um seine Position in Rom zu stärken, nahm er den Römern einen Treueid für den karolingischen Kaiser ab und bat Ludwig um eine persönliche Zusammenkunft.

Zu dieser kam es im Oktober 816 in Reims. Dort entstand offenbar ein beide Seiten zu Freundschaft und Gewährung aktiver Hilfe verpflichtender Vertrag (‹pax et amicitia›), in dessen urkundliche Fixierung der Kaiser wohl noch sein eidliches Gelöbnis einbrachte, die Besitzungen der römischen Kirche schützen zu wollen. Um welche Besitzungen es sich handelte, stand in einem weiteren Vertrag, einem ‹pactum›, wie es erstmals Ludwigs des Frommen Großvater 754 abgeschlossen hatte. Erst das erhaltene ‹pactum› von 817 liefert die uns interessierenden Einzelheiten. Sicher gestand Ludwig der Fromme bereits 816 den ehemals byzantinischen ‹ducatus Romanus› zu, verzichtete in diesem Gebiet auf die – normalen – kaiserlichen Gerichtsrechte, ohne deswegen die sich in einem Interzessionsrecht konkretisierende Oberhoheit aufzugeben. Während die päpstliche Seite das ganze Gebiet, dessen Nordgrenze der Vertrag von 817 grosso modo von La Spezia nach Parma verlaufen läßt, als Territorium der römischen Kirche reklamierte, folgerte der Kaiserhof aus den ‹pacta› von 816 und 817 nur, daß die Patrimonien der römischen Kirche südlich dieser Linie dem hl. Petrus bzw. seinem Nachfolger überstellt worden seien. Sie sowie die Besitzungen der römischen Kirche auf Korsika bezog Ludwig der Fromme in seine Verteidigungspflicht (defensio) ein.

Am Sonntag, dem 11. September 816, salbte und krönte der Papst in der Marienkathedrale zu Reims Kaiser Ludwig und seine Gemahlin. Freilich besaß diese Zeremonie keine konstitutive Wirkung; die sakramentale Weihe, die Ludwig der Fromme aus päpstlicher Hand empfing, rief dennoch den römischen Ursprung des okzidentalen Kaisertums und seine päpstliche Urheberschaft in Erinnerung, auch wenn der Papst den für die römische Kirche befriedigenden Abschluß der Verträge mit dem Kaiser noch nicht zur Vorbedingung der Vergabe der Kaiserkrone machen konnte.

Die ‹römische Frage› blieb für Ludwig den Frommen und seinen Beraterstab bis zum Juli 817 auf der Tagesordnung, starb doch Papst Stephan IV. (V.) bereits im Januar 817, um in Paschalis I. einen Nachfolger zu erhalten, der binnen 24 Stunden die Weihe empfing. Auch dieser zeigte dem Kaiser seine Erhebung an und ließ durch eine zweite Gesandtschaft um die Erneuerung der ‹pax et amicitia› sowie der in den ‹pacta› niedergelegten Besitzgarantien nachsuchen. Spätestens jetzt wies der Kaiser auch dem Papst den ihm bei der ‹renovatio regni Francorum› zukommenden Platz an. Im Juli 817 erneuerte er die bilaterale ‹pax et amicitia› mit dem römischen Bischof, konkretisierte sie durch das Schutzversprechen und wiederholte die schon 816 ausgesprochenen Besitzgarantien. Zugleich aber untersagte er allen Nicht-Römern die Teilnahme an der Wahl des Papstes. Er selbst verzichtete auf die Bestätigung der Wahl, sofern der Gewählte in die Hände eines kaiserlichen Abgesandten einen öffentlichen Treueid für den Kaiser ablegte. Die Freiheit des Wählergremiums, aus seinen eigenen Reihen, jedenfalls aber aus dem Bistum Rom, den künftigen Oberhirten auszusuchen, stellte den Papst verfassungsrechtlich auf gleiche Stufe mit den königsunmittelbaren Prälaten im Frankenreich und in Italien, wenn auch die für den römischen Bischof gefundene privilegienrechtliche Lösung erst fast 20 Monate später in ein für die übrigen Kirchenfürsten des Frankenreiches bestimmtes Gesetz Eingang fand.

Das wichtigste Problem, das im Juli 817 der Lösung harrte, bildete die Thronfolgefrage. Inzwischen konnten drei aus vollgültiger Ehe hervorgegangene Söhne des Kaisers ihr Erbteil beanspruchen, theoretisch je ein Drittel des Frankenreiches. Am 9. April 817 erlitt der fast vierzigjährige Kaiser einen Unfall, der tödlich hätte ausgehen können, bei dem jüngste Forschung sogar ein Attentat nicht mehr ausschließt.

Die Nachfolgeordnung Karls des Großen von 806 mußte es nahelegen, das eigentliche ‹regnum Francorum› nicht der Teilung zu unterwerfen, den jüngeren Kaisersöhnen nur periphere Herrschaftsbereiche gleichsam als Apanagen zuzuweisen. Da jedoch der Vertrag mit dem Papste den Schutz der römischen Kirche mit dem Kaisertum verknüpft hatte, ließ sich dieses nicht mehr wie 806 völlig ausklammern, sondern stellte das vornehmlich zu vererbende Objekt dar. Das Kaisertum aber war aus seinem Wesen heraus und kraft seiner Zuordnung zur universalen Kirche essentiell unteilbar. Ein unverzeihlicher Verstoß gegen die gottgesetzte Weltordnung, ein ‹scandalum› wäre es gewesen, das ‹imperium›, die politische Form, in der sich die eine Kirche entfaltete, zu zerlegen. Dreitägiges Fasten und Gebet riefen kraft göttlicher Eingebung der Aachener Versammlung diese Zusammenhänge wieder in Erinnerung.

So sprach das Thronfolgegesetz von 817 den jüngeren Söhnen Ludwigs des Frommen zwar Aquitanien bzw. Bayern mit den jeweiligen Nebenländern zu; selbständig sollten die beiden in diesen Regna die Kirchenhoheit wahrnehmen, Ämter und Würden vergeben. Die gesamte Außenpolitik aber legte das Gesetz in die Hände des ältesten Bruders, der die Könige von Bayern und Aquitanien regelmäßig zur Berichterstattung zu empfangen, ihre Amtsführung zu kontrollieren und sogar ihre Eheschließung zu genehmigen hatte. Bei ihrem Ableben sollte beim Vorhandensein erbberechtigter Söhne nicht weiter geteilt, vielmehr nur einer der Söhne vom Adel gewählt und vom ältesten Bruder zum Nachfolger im Teilreich bestellt werden. Bei erbenlosem Tode war der Anfall des jeweiligen Regnum an das des Seniors vorgesehen. Diesem sollte außerdem Italien in der gleichen Weise wie vordem Karl dem Großen und nunmehr Ludwig dem Frommen untertan sein.

Seinen ältesten Sohn Lothar I. erhob Ludwig der Fromme zum Mitregenten, ernannte ihn zum Kaiser und setzte ihm selbst nach Karls des Großen Vorbild das kaiserliche Diadem aufs Haupt, zweifellos im Rahmen eines festlichen Gottesdienstes, aber wiederum ohne die konstitutive Mitwirkung eines hohen Kirchenfürsten.

Das Thronfolgegesetz von 817, die sogenannte ‹ordinatio imperii›, die dem fränkischen Reich eine nicht mehr verhüllte hierarchische Struktur verlieh, behandelte nur das Folgerecht der Söhne Ludwigs des Frommen. Bernhard von Italien, dessen man überhaupt nicht gedachte, obwohl er doch regierender Herrscher war, ließ sich von seiner Umgebung, die um ihren Einfluß bangte, zur Rebellion drängen. Da auch geistliche und weltliche Große im Frankenreiche selbst zu seinen Sympathisanten, wenn nicht zu seinen Parteigängern zählten, dürfen wir auf oppositionelle Kreise schließen, deren Widerspruch nicht zuletzt zu der gerade beschlossenen Thronfolgeordnung die offiziellen und offiziösen Quellen vertuschen.

Dank einer im einzelnen nicht zu erhellenden Reform des Rekrutierungssystems stand der Kaiser bereits im Spätherbst 817 an der Spitze eines mächtigen Heeres. Unter dem Eindruck dieser ungewohnt schnellen Mobilmachung brach Bernhards Aufstand zusammen, ehe noch Ludwig an die Überquerung der Alpen dachte. Des Kaisers Gericht entsetzte die beteiligten Bischöfe ihres Amtes, über die Laien, König Bernhard eingeschlossen, sprach es das Todesurteil, das der Herrscher ‹in seiner Milde› in Blendung umwandelte, an deren Folgen Bernhard am 17. April 818 starb. Die in den Quellen bezeugte Reue Ludwigs über das grausame Vorgehen gegen den Neffen scheint nicht so bald in des Kaisers Seele eingedrungen zu sein, ließ er doch jetzt auch seine Halbbrüder definitiv in den geistlichen Stand versetzen und sie damit als Miterben der eigenen Söhne disqualifizieren.

Im Frühjahr und Sommer 818 waren die Bretonen Ziel eines Feldzugs Ludwigs des Frommen; sie unterwarfen sich nach dem Tode ihres Fürsten, und einige ihrer Kirchenführer entschlossen sich zur Übernahme der fränkischen Observanzen. Gegen Ende des Jahres empfing der Kaiser Gesandte des Herzogs von Benevent, der slawischen, dalmatinischen und karantanischen Anrainer des Imperiums, die gutnachbarliche Beziehungen jeder noch so lockeren Oberhoheit vorzogen. Fürsten der Obodriten und Basken, deren fränkische Grenzgrafen hatten habhaft werden können, gingen als Aufrührer ins zeitweilige Exil.

Die synodale Reichsversammlung, die um die Jahreswende 818/819 zu Aachen tagte, führte die Reformgesetzgebung der ersten Jahre der kaiserlichen Regierung Ludwigs des Frommen ihrem Höhepunkt zu und brachte in umfassender Weise legislatorisch die ‹renovatio regni Francorum› zu einem vorläufigen Abschluß. Drei Themenkomplexe nahm sie in Angriff: die Situation der Kirchen, die Verhältnisse der klösterlichen Niederlassungen und die Novellierung einiger Gesetze.

Da der Aachener Versammlung wohl die ersten Berichte der Königsboten vorlagen, die am 1. September 817 ihre Tätigkeit hatten aufnehmen sollen, versteht es sich, daß sie die strikte Beobachtung der kanonikalen Institutionen von 816 erneut allen Gemeinschaften einschärfte, die diese Lebensordnung übernommen hatten. Wenn nicht alles trügt, unternahm es der Reformreichstag von 818/19, die Kapitularien vom 23. August 816 und vom 10. Juli 817 für die Mönche benediktinischer Formung in einer Gesamtredaktion zusammenzufassen und für ihre Verbreitung zu sorgen. Die klösterlichen Niederlassungen, die mit der Beachtung der Regel des hl. Benedikt und der von 816 an reichsgesetzlich verfügten Ergänzungsbestimmungen Ernst machten, erhielten kraft synodalen Beschlusses das Privileg, den Oberen aus den eigenen Reihen wählen zu dürfen. Damit das klösterliche Leben nicht durch überhöhte Leistungen für Kaiser und Reich behindert werde, teilten sie sich auf drei augenscheinlich nach ihrer wirtschaftlichen Potenz gebildete Gruppen einer Klosterliste auf.

Kaiser und Reichssynode sicherten den Bischofskirchen, Stiften und größeren Klöstern zu, daß künftig der Entzug von Kirchengütern zum Zwecke der Ausstattung herrscherlicher Vasallen und Amtsträger (divisiones) unterbliebe. Der Klausurbezirk der an Domkirchen und Stiften amtierenden Kanoniker wurde von jeder Abgabe für Herrscher und Reich befreit. Den wahlberechtigten Diözesanen stellte die Synode anheim, den künftigen Oberhirten aus dem eigenen Bistum durch Wahl zu bestimmen.

Das Aachener Reichskonzil befaßte sich auch mit den Niederkirchen, insbesondere mit den Pfarrkirchen unter ihnen, die im Eigentum der Kirchengründer verblieben. Ihre vermögensrechtliche Teilung unter den Erben des Stifters wurde untersagt; zumindest eine agrarwirtschaftliche Grundeinheit (mansus) sollte frei von jeglicher Belastung allein dem Unterhalt der Pfarrgeistlichen, des Kirchengebäudes und kultischen Zwecken dienen. Die Priester, die als Seelsorger an solchen Eigenkirchen angestellt waren, durften auf ein vereinfachtes Freilassungsverfahren hoffen und sich vor erneuter Verknechtung sicher fühlen. Sie sollten vom Eigenkirchenherrn nur im Einvernehmen mit dem zuständigen Bischof eingesetzt und nur von diesem abgesetzt werden können.

Schließlich sorgte die Synode, die ja auch als Reichstag fungierte, für einen wirkungsvolleren Rechtsschutz der Geistlichen, Witwen, Waisen, Büßer und arbeitete auf eine verbesserte Rechtsprechung und rationale Rechtspflege hin. Im gerichtlichen Beweisaufnahmeverfahren verbot sie Kreuzes- und Kaltwasserproben, ohne sich zur Abschaffung des gerichtlichen Zweikampfes als Beweismittel durchringen zu können.

Am 3. Oktober 818 begrub Ludwig der Fromme seine Gattin Irmingard, nachdem er schon einen Monat zuvor den langjährigen Erzkaplan Hildibald von Köln verloren hatte. Nach dem 1. Oktober 819 gab Helisachar die Leitung der Königskanzlei ab, ohne indes ganz dem Hof den Rücken zu kehren. Am 11. Februar 821 starb Benedikt von Aniane, der große Reformabt.

Der Kaiser entschloß sich zu einer zweiten Ehe. Nach einer Art Schönheitskonkurrenz fiel seine Wahl auf Judith aus vornehmstem alemannischen Geschlecht, die Ende Februar 819 zur vollgültigen Gattin aufstieg. Im Mai des gleichen Jahres erscheint Abt Hilduin I. von Saint-Denis als Erzkaplan. Seit dem 19. Oktober 819 ist Abt Fridugisus als Leiter der Kanzlei nachzuweisen. Bald schoben sich die Grafen Matfrid von Orléans und Hugo von Tours in den Vordergrund, von denen Hugo 821 des jungen Kaisers und Mitregenten Schwiegervater wurde. 822/23 stieß zu dieser Gruppe Ebbo, Erzbischof von Reims, der trotz seiner niedrigen Herkunft einst Ludwigs kindlicher Spielgefährte und langjähriger Mitschüler gewesen war. Vor allem zog der Kaiser den verbannten Adalhard von Corbie wieder an seinen Hof, um ihn, wenn nicht alles trügt, in die Vertrauensstellung Benedikts von Aniane hineinwachsen zu lassen. Mit ihm erschien auch sein Bruder Wala, der 826 als Nachfolger Adalhards die Abtei Corbie übernehmen sollte.

Läßt man die wohl kaum mit der Rigidität Benedikts von Aniane zentral weitergeführte monastische Bewegung außer acht, so führte der Beraterstab, mit dem sich Ludwig der Fromme nun umgab – trotz seiner unorganischen Zusammensetzung aus Männern, die Karl dem Großen in seiner Spätzeit gedient hatten, aus ‹homines novi›, die in Kanzlei und Hofkapelle tätig wurden, sowie aus Vertretern der höchsten frankischen Aristokratie, die auf eine Kaiserin trafen, die zum Herrschen geboren und erzogen war – das im zweiten Jahrzehnt des 9. Jahrhunderts begonnene Werk der ‹renovatio regni Francorum› weiter. Die Bahnen waren vorgezeichnet, die bereits erzielten Resultate konnten nicht mehr übertroffen werden. Doch sollte es dem Kaisertum Ludwigs des Frommen bis gegen 830 vergönnt sein, Aufgaben anzupacken, für die sich bislang weder Gelegenheit noch Mitarbeiter boten, nämlich seine Aktivität kraft der Mitregentschaft Lothars I. auf Italien auszudehnen und das Papsttum enger, als es bisher möglich gewesen war, an das Imperium anzubinden.

Auf den Reichsversammlungen des Frühjahrs und Herbstes 821 ließen der Kaiser und seine Umgebung die Thronfolgeordnung von 817 erneut beschwören. Beschränkte sich die außenpolitische und militärische Aktivität im wesentlichen auf die Sicherung der Grenzen des Frankenreiches gegenüber Dänen, Mauren und Basken, so suchte sich die Reichsregierung in die Auseinandersetzungen um die Herrschaftsnachfolge im dänischen und mehreren slawischen Fürstentümern einzuschalten. Nur gegen die Bretonen zog der Kaiser 824 persönlich zu Felde.

Den Brüdern Adalhard und Wala ist die Errichtung und innere Formung des ersten großen Mönchsklosters auf sächsischem Boden zu danken. Zwischen 820 und 826 sorgte die Regierung Kaiser Ludwigs für die reichliche Dotation und generöse Privilegierung Corveys, in dessen Bannkreis gleichzeitig das Nonnenkloster Herford entstand. Die fragmentarischen Quellen verbieten, einzelne Phasen im Ausbau der sächsischen Bistumsorganisation herauszuheben, die vielfach erst im 10. Jahrhundert ihren Abschluß fand.

Dennoch trugen die sächsischen Kirchen, vereint mit innerfränkischen, in Sachsen engagierten Kräften, die Ausbreitung des christlichen Glaubens über die Reichsgrenzen hinaus. Von Kaiser und Papst entsandt, unternahm Erzbischof Ebbo von Reims 821 bis 823 zwei Missionsreisen zu den Dänen. Nach den Zahlen der Täuflinge zu urteilen, war der Erfolg beträchtlich. Feste Missionsstationen vermochte er nicht einzurichten und keine noch so rudimentäre kirchliche Organisation aufzubauen, da die Rivalitäten in der dänischen Fürstendynastie sich mit dem Gegensatz zwischen profränkischer und autonomer Ostseepolitik und dem Ringen zwischen Christentum und Heidentum verquickten. An diesen fundamentalen Gegebenheiten änderten auch die feierliche Taufe Harald Klaks, eines der dänischen Prätendenten, samt seiner Familie wohl am Johannistag 826 zu Mainz und die eindrucksvollen Festfeiern zu Ingelheim nichts, die das fränkische Kaisertum bei seiner vornehmsten Aufgabe, der Sorge für die Erfüllung des Missionsauftrages Christi, in Erscheinung treten ließen. Noch der damals nach Dänemark entsandte Corbie-Corveyer Mönch und Glaubensbote Anskar mußte sich diesen Verhältnissen beugen.

Im September 822 ordnete Ludwig der Fromme den Sohn und Mitregenten nach Italien ab, wo gesetzgeberische Maßnahmen zur Wahrung des kirchlichen Besitzstandes, der Stellung geistlicher Personen, der persönlichen Freiheit, zur Besserung der kirchlichen und der weltlichen Verwaltung Lothars I. harrten. Zu Ostern 823 folgte der junge Kaiser der Einladung Papst Paschalis' I. Wie 816 den Vater zu Reims salbte der römische Bischof den Sohn zu Rom und krönte ihn zum Kaiser. Wenn

Lothar I. Übergriffe des Hl. Stuhles auf das in der Sabina gelegene Kloster Farfa zurückwies, der Papst die ‹pacta Ludoviciana› von 816 und 817 in diesem Punkte widerwillig anerkennen mußte, so stellt der rückschauende Betrachter doch fest, daß Paschalis I. durch die an Lothar vollzogene, gewiß nicht konstitutive Kaiserkrönung Rom als den rechten Ort für eine solche bekräftigt hat. Denn Lothar sollte 850 darauf verzichten, den Nachfolger mit eigener Hand zu krönen, und spielte so dem Papst die exklusive Befugnis zur Krönung des Kaisers zu.

Trotz der wiederholten Krönung Lothars I. unternahm der Papst nichts dagegen, daß Leute seines eigenen Gefolges gegen Personen vorgingen, die dem karolingischen Hof eng verbunden waren. Da man die Schuld daran Paschalis I. persönlich zuschrieb, reagierten die beiden Kaiser höchst ungnädig. Eine repräsentative Gesandtschaft aus Rom traf bei Ludwig dem Frommen ein, der allerdings darauf bestand, die Vorgänge an Ort und Stelle durch Königsboten gründlich zu untersuchen. Noch ehe die Ermittlungen abgeschlossen waren, beendete der Papst das Verfahren, indem er mit zahlreichen Eidhelfern einen feierlichen Reinigungseid ablegte und die Vorfälle als einen notwendigen Akt der Gerechtigkeit darstellte.

Als wenige Wochen darauf der Papst verstarb, brachen anläßlich der Neuwahl die gewaltsam unterdrückten inner-römischen Auseinandersetzungen wieder auf. Der im Mai 824 erhobene Eugenius II., der der frankophilen Partei nahestand, notifizierte jedenfalls den Kaisern seine Wahl und Weihe und verband damit ein persönliches Treuegelöbnis und das Versprechen, nicht in die kaiserliche Rechtssphäre eingreifen zu wollen. Lothar I. erschien in väterlichem Auftrag in Rom und garantierte in einer im August 824 erlassenen Konstitution die Sicherheit aller, die dem kaiserlichen Schutz unterstanden, bestellte je einen kaiserlichen und päpstlichen Beauftragten, die künftig die Rechtspflege der päpstlichen Beamten und ihres Dienstherrn zu überwachen hatten. Die bekräftigte Beschränkung des aktiven Rechtes der Papstwahl auf die Stadtrömer verknüpfte der junge Kaiser mit einem allen Wählern abverlangten Eid, kraft dessen sie neben dem Papst auch den Kaisern Treue schuldeten und die Weihe des Gewählten so lange aufschieben mußten, bis ein kaiserlicher Abgesandter dem künftigen Papst einen ebensolchen Treueid abgenommen habe, wie ihn Eugenius II. freiwillig leistete. Damit überschritt Lothar I. den Rahmen der ‹pacta› von 816 und 817: Der kaiserliche Schutz und der von den Römern geleistete Treueid lieferten nunmehr den Rechtsgrund, daß die Kaiser faktisch eine Wahlbestätigung aussprachen. Der Treueid des neugewählten Papstes rückte diesen in die Nähe eines jeden fränkischen Bischofs, der einen solchen Eid bei der zu Beginn des zweiten Viertels des 9. Jahrhunderts erstmals bezeugten Investitur ablegte.

Wenn auch die Römer im August 827 nach dem Tode Eugenius' II. dem von ihnen Gewählten ohne Rücksicht auf diese ‹constitutio› Lothars I. die Weihe erteilen ließen und den den Kaisern geschuldeten Treueid ‹vergaßen›, so wurde schon einen Monat später eine erneute Papstwahl erforderlich. Diesmal bestand der neugewählte Gregor IV. auf der strikten Einhaltung der geltenden Abmachungen. Ein kaiserlicher Beauftragter zog mit der die Wahl anzeigenden römischen Gesandtschaft in die Ewige Stadt, prüfte Gregors IV. Wahl, nahm den Römern den den Kaisern geschuldeten Treueid ab und gab erst dann die Weihe frei. Rom schien sich damit abfinden zu wollen, mit den fränkischen Bischofssitzen gleichbehandelt zu werden.

Das Werk der ‹renovatio regni Francorum› durfte selbst über das jederzeit mögliche Ableben Ludwigs des Frommen hinaus als gesichert gelten, da der Vater den ältesten Sohn seit dem 1. Dezember 825 auch in den Urkunden als Mitregenten bezeichnete und alle Verlautbarungen unter beider Kaiser Namen hinausgingen. Äußere Feinde bedrohten dieses Werk nicht, und selbst die Einbeziehung des Papsttums schien sich bei der ersten Belastungsprobe bewährt zu haben. In einem programmatischen Kapitular, der 825 erlassenen ‹admonitio ad omnes regni ordines›, legte Ludwig der Fromme noch einmal den Wesensgehalt dieser ‹renovatio› dar. Danach bedingten die Ehre der hl. Kirche und die Struktur und die Lage des Reiches einander. Für sie läge die Verantwortung beim Träger der Kaiserkrone, der den Schutz der Kirche und ihrer Diener, Recht und Frieden im ganzen Reiche schaffe, sichere und garantiere. Dennoch müsse jeder nach seinem Stande und Vermögen an dieser Aufgabe mitwirken, die Bischöfe durch peinlich genaue Erfüllung ihrer Amtspflichten, durch Kontrolle der geistlichen Gemeinschaften in ihren Sprengeln, durch die Errichtung von Schulen, wie sie Kaiser Lothar inzwischen in Italien im Anschluß an die dort kontinuierliche Tradition in zentral gelegenen Städten wiederbelebt hatte, die Grafen durch strikte Wahrung von Recht und Gerechtigkeit in Justiz und Kriegswesen und in engstem Einvernehmen mit den Bischöfen, die Laien, indem sie ihren gottgewollten Aufgaben in Kirche und politisch verfaßter Gesellschaft nachkämen.

Ein solches Programm verlangte dank seiner theologischen Fundierung ein hohes Abstraktionsvermögen im politisch-staatlichen Denken. Da es das politische und soziale Verhalten des Einzelnen lediglich auf die Grundsätze christlicher Ethik zurückführte, persönlich-materielle Interessen nicht gelten ließ, das Problem der Macht, insbesondere der des Bösen gänzlich ausklammerte, stand ihm die Erprobung in der Konfrontation mit der Wirklichkeit des fränkischen 9. Jahrhunderts noch bevor.

Um 820 kündigte sich die außenpolitische Bedrohung des Frankenreiches an, die bislang ignoriert werden durfte. Seit spätestens 818 überfielen die Normannen – anfangs sporadisch – Kirchen an der Loire-Mündung, um 820 begannen sie, flandrische Küstenorte zu plündern und die Seine hinaufzufahren, die bald ihr Einfallstor ins Frankenreich werden sollte. 828 kehrten sie wieder; nach der Zerstörung Dorestedes, des Hauptumschlaghafens für den Englandhandel, unternahmen sie jährlich kühnere Raubfahrten in friesisches und flandrisches Land. Den Moslems in Spanien kündigte die kaiserliche Regierung 820 den prekären Friedensvertrag. Daß sie 827 Barcelona belagerten, brauchte niemanden zu überraschen. 832 drangen sie ins Rhône-Delta ein und suchten Marseille heim. Ebenfalls 827 vertrieben die Dänen Harald Klak, Ludwigs des Frommen Täufling von 826, für immer aus seiner Heimat. Da der Kaiser vertragliche Abmachungen mit den Bulgaren aufschob, gerieten die Slawen an der Drau in tributäre Abhängigkeit vom bulgarischen Reich. Trotzdem scheinen sich in den letzten 15 Jahren der Regierung Ludwigs die diplomatischen Kontakte zu Byzanz, zu den Kalifen von Baghdad, nicht zuletzt zu den lateinischen Mönchen im Kloster am Ölberg zu Jerusalem verdichtet zu haben.

Abwehrmaßnahmen der fränkischen Zentrale liefen geradezu sträflich langsam und unentschieden an. Des Aufstandes des baskisch-gotischen Grafen Aizo wurde man 826 faktisch nicht Herr. Die kaiserlichen Feldherren Hugo und Matfrid ermöglichten es ihm zu entkommen, obwohl er mit den Arabern zusammenging, und Lothar I. drehte 827 ab, ehe sein Heer die Araber überhaupt gesichtet hatte. Auch der Markgraf von Friaul hielt es nicht für nötig, Istrien gegen slawische Einfälle zu schützen.

In dieser Krisenstimmung appellierte die kaiserliche Regierung an die moralische Autorität der Bischöfe. Aber nicht mehr am Kaiserhofe tagten die Oberhirten, sondern auf vier mehrere Kirchenprovinzen umgreifenden Synoden zu Mainz, Paris, Lyon und Toulouse. Die Aktion des fränkischen Episkopats stieß an regionale Grenzen; ihre Bedeutung für Einheit und Zusammenhalt des Reiches verblaßte.

Die in Gnaden Wiederaufgenommenen, etwa seit 820 des Kaisers Berater, drangen in Ludwig, das Unrecht, das er seinen Verwandten angetan, in öffentlicher Kirchenbuße vor zahlreicher zum Reichstag im August 822 nach Attigny zusammengeströmter Zeugenschaft zu bereuen. Der Kaiser erbat die Absolution für Bernhards von Italien Verstümmelung und frühzeitigen Tod, für Adalhards und Walas Verbannung. Die anwesenden Bischöfe, die sich selbst nachlässiger Amtsführung bezichtigten, erteilten sie dem Büßer.

Der Vorgang zeigt, bis zu welcher Konsequenz die führenden Kreise das Frankenreich als christliche Gemeinschaft begriffen. Zwar wollten sie dem Herrscher keine Neuerung zumuten und kein Präjudiz schaffen, sondern sie ermahnten ihn, David und Theodosius nachzueifern. Die Kirchenbuße schloß jedoch die Bitte um die Verzeihung einiger in sich, die in des Kaisers Kreis zurückkehrten, und zugleich eine vorsichtige Distanzierung von den ursprünglichen Trägern der ‹renovatio regni Francorum›.

Am 13. Juni 823 schenkte Kaiserin Judith ihrem Gatten ein Kind, Ludwigs vierten vollbürtigen Sohn. Sah für ihn die Thronfolgeregelung von 817 weder ein Teilreich noch eine Abfindung vor, konnte man sich ausrechnen, wann auch er, gestützt auf das fränkische Privatrecht und die karolingische Teilungspraxis, ein Erbteil fordern würde oder ließ. Die kluge Mutter bat Kaiser Lothar I., Taufpate ihres Sohnes zu werden. Lothar überließ es dem Vater, das Patengeschenk in Gestalt eines Reichsteils zu bestimmen.

Obgleich die zweimal beschworene Thronfolgeordnung es nicht vorsah, wagte es der Kaiser 829, seinem Letztgeborenen ein respektables Teilreich zuzuweisen, indem er Kernstücke aus Lothars I. Regnum herausschnitt. Zwar sprach Ludwig dem ältesten Sohne die 817 reichsgesetzlich verankerte Vorrangstellung nicht ab; indem er jedoch eine Reichsteilung zu gleichwertigen Teilen unter sämtlichen vollbürtigen Söhnen durchzusetzen versuchte, warf er das Prinzip der Thronfolgeordnung von 806 und erst recht jener von 817 über Bord.

Lothar I. nahm eine solche Ausweitung des 823 eidlich zugesagten Taufgeschenks an den Stiefbruder nicht hin. Sein Vater schob ihn indes nach Italien ab und strich seinen Namen als den des Mitregenten aus den Urkunden. Die Kaiserin holte als Erzieher ihres Sohnes Bernhard von Septimanien an den Hof, der den Herrscher unerwünschten Einflüssen der übrigen geistlichen und weltlichen Großen schnell zu entziehen wußte.

Infolge eines taktischen Fehlers Ludwigs des Frommen gewann die entmachtete Hofpartei mühelos Pippin I. von Aquitanien, der im Aufstand gegen den Vater im Jahre 830 Bernhard von Septimanien zur Flucht zwang. Als Lothar I. zu den Rebellen stieß, richtete der alte Kaiser, nur noch nominell regierend und von der Gattin getrennt, die Mitregentschaft des Ältesten wieder auf.

Lothars I. Regiment entbehrte der sittlichen Grundlage, des ausgewogenen Programms und des die Rache überwindenden Horizonts. Pippin I. von Aquitanien und Ludwig von Bayern verständigten sich, als Ludwigs des Frommen wohl poitevinische ‹Beschützer› auftragswidrig den Kontakt herstellten. Es gelang dem Kaiser, den Reichstag des Herbstes 830 nach Nimwegen einzuberufen. In wohlgesonnenem Milieu, angesichts der offensichtlichen Isolation der Aufständischen, leitete Ludwig der Fromme die Reaktion von 831 ein. Die führenden Geistlichen unter den Rebellen des Vorjahres gingen ins Exil oder durften ihre Kirche vorerst nicht mehr verlassen. Nur einen Bischof traf die Absetzung; Lothar I. verlor erneut die Mitregentschaft. Mit der Kaiserin kamen Männer von unerschütterlicher Loyalität an den Hof. Die Thronfolgeordnung von 817 strich der Kaiser nun völlig: Er hatte Pippin I. von Aquitanien und Ludwig von Bayern nicht zuletzt dadurch gewonnen, daß er ihnen die Abänderung jenes Gesetzes versprach. 831 vergrößerte er ihre Reiche, so daß bei Ludwigs des Frommen Tod das Frankenreich in drei ungefähr gleichwertige Regna zerlegt worden wäre. Nichts darüber verlautete, wie der Sohn aus zweiter Ehe zu beteiligen sei. Vielleicht wies Ludwig das Mißtrauen, das er gegen Pippin I. von Aquitanien hegte, der sich zuerst für die Empörung hatte gewinnen lassen, die Richtung zur Lösung dieses Problems.

Schon um die Jahreswende 831/32 ließ der Vater seinen zweiten Sohn derart seine Ungnade fühlen, daß dieser entfloh und sich in seinem aquitanischen Reich auflehnte. Durch einen Feldzug wollte ihm der Kaiser die in seinen Augen verdiente Züchtigung erteilen, als in den ersten Wochen des Jahres 832 auch der König von Bayern aufstand, sich gleicherweise von Vater und Stiefmutter zurückgesetzt fühlend. Noch konnte der Kaiser die Söhne politisch-militärisch niederringen: Ludwig der Deutsche (von Bayern), inzwischen Ludwigs und Judiths Schwager, blieb auf Bayern beschränkt; Pippin I. von Aquitanien verlor sein Regnum zugunsten Karls des Kahlen.

Pippin I., aus der kaiserlichen Haft entwichen, nahm sofort Fühlung mit Ludwig dem Deutschen und Lothar I. auf. Im Namen der überholten Ordnung von 817 marschierten Ludwigs des Frommen Söhne aus erster Ehe gegen den Vater. Mit Lothar I. erschien Papst Gregor IV. im Frankenreich, dazu ausersehen, die intendierte Absetzung des Vaters als durch die höchste moralische Autorität auf Erden bestätigtes und von den Grundsätzen christlicher Ethik getragenes Gottesurteil zu verkünden, das Ludwigs Gegenargumente, daß seine Söhne ihm als ihrem Vater Gehorsam, als ihrem Kaiser Treue und Vasallenpflichten schuldeten, nicht widerlegen konnten: Wiederholte Eidesleistung für wechselnde Fürsten, Eidverletzung, Vertragsbruch, ungerechte Behandlung Getreuer, als Verstöße gegen das christliche Sittengesetz gewertet, ließen sich um so eher gegen Ludwig den Frommen kehren, als die Frage nach dem sittlichen Verhalten und der moralischen Qualifikation der Ankläger wohlweislich nicht gestellt wurde.

Die Rechnung ging auf: Auf dem ‹Lügenfeld› bei Colmar verließen den alten Kaiser Ende Juni 833 nahezu alle seine Anhänger. Der Papst konnte dieses Urteil ‹durch Verlassung› nur bestätigen und kehrte eilends nach Rom zurück. Ludwig den Frommen brachte Lothar I. ohne die Gattin und Karl den Kahlen nach dem Medardus-Kloster zu Soissons, wo er systematischem Druck ausgesetzt sein sollte, damit er der Kaiserwürde entsage und die monastischen Gelübde ablege.

Noch durfte Lothar I. auf die Zustimmung seiner Brüder zählen, die auch keinen Widerspruch erhoben, als er den Vater unter Mitwirkung gefügiger fränkischer Bischöfe erneut der Kirchenbuße unterwarf mit dem Ziel, Ludwigs Herrschaftsunfähigkeit bestätigen zu lassen. Wenn Ludwig der Fromme auch im Oktober 833 bereitwillig alle ihm zur Last gelegten Verbrechen eingestand, die Insignien seiner Würde niederlegte, so bewirkte die zweite zu Soissons vollzogene öffentliche, augenfällig erzwungene Kirchenbuße nicht die dauernde Amtsunfähigkeit, implizierte aber nach dem Willen ihrer Akteure die Verurteilung der gesamten bisherigen Politik.

Wieder ‹konspirierten› die konventualen Bewacher Ludwigs des Frommen mit des Kaisers jüngeren Söhnen. Diese litten es nicht, daß sich Lothar I. zu ihrem Oberherrn aufwarf. Anfang 834 ergriffen Pippin von Aquitanien und Ludwig der Deutsche gemeinsame Maßnahmen, die sie als uneigennützige Helfer des bedauernswerten Vaters erscheinen lassen mußten. Dank ihrer militärischen Drohung ließ Lothar I. in den letzten Februartagen 834 Ludwig in Saint-Denis zurück und entwich selbst nach Süden. Schon am folgenden Tag, am 1. März 834, absolvierten ihn die meisten Bischöfe, die ihn zur Kirchenbuße verurteilt hatten, und gestatteten, daß er Insignien und Würde des Kaisers sowie die Regierung des Reiches wieder übernahm, daß Gattin und Sohn wieder zu ihm stießen. Ludwigs des Frommen Rache traf nur einen Bischof: Ebbo von Reims, der die Kirchenbuße zu Soissons geleitet hatte, erlangte nie mehr die Verzeihung seines einstigen Gefährten.

Die ihm erneut zuteil gewordene göttliche Gnade, woran Ludwig hinfort in der Titulatur seiner Urkunden erinnerte, konnte nicht darüber hinwegtäuschen, daß sich das karolingische Kaisertum im Sohne Karls des Großen der sittlichen Normenkontrolle durch den Episkopat unterworfen hatte und daß dessen Bewertungsmaßstäbe bei allem Bezug auf das in Christus gründende oberhirtliche Amt ‹manipulierbar› geworden waren.

Aufs neue änderte Ludwig der Fromme das Thronfolgegesetz. Lothar I. ging – von Italien abgesehen – leer aus. Mit seinen prominentesten geistlichen und weltlichen Anhängern, darunter Wala von Corbie, Matfrid und Hugo, zog sich dieser trotz mehrerer Siege über Ludwigs Partei und trotz seiner förmlichen Unterwerfung unter den Vater zu Blois auf die Apenninenhalbinsel zurück. Diesmal teilte der Kaiser auch das Kerngebiet des Reiches, die sich zwischen Loire und Rhein dehnende Francia.

Die Lothar gewährte väterliche Verzeihung dürfte die Voraussetzung dafür gebildet haben, daß Ludwig 837 Karl den Kahlen mit dem gesamten Nordteil des einst Lothar I. zugedachten Reichsteils ausstattete und die fälligen Treueide forderte. Da sich dadurch vor allem Ludwig der Deutsche benachteiligt fühlte, tat er sich mit Lothar I. zusammen. Nach einer Strafaktion des Vaters mußte er sich mit Bayern zufriedengeben, während Karls des Kahlen Anteil an der zu erwartenden Herrschaft noch einmal nach Aquitanien hin, dessen Unterkönig Pippin I. verstorben war, ausgeweitet wurde. Dieser seiner Entscheidung verlieh der Kaiser 838/39 trotz Krankheit und Alter durch einen Feldzug Nachdruck.

Im Jahre 839 söhnte sich der Kaiser mit Lothar I., dem Ältesten, aus. Die von der Kaiserin bereits 823 hergestellte Konstellation kehrte wieder: Mit Ausnahme Bayerns teilte Ludwig der Fromme das Imperium zu gleichwertigen Teilen zwischen Lothar I. und Karl dem Kahlen. Während Lothar I. die Kaiserwürde mit dem Schutz der römischen Kirche seinem ältesten Sohne Ludwig II. mit Genehmigung des Großvaters hinterlassen sollte, faßte Ludwig der Fromme die überfällige Neuordnung der personellen und administrativen Verhältnisse Aquitaniens zugunsten Karls des Kahlen ins Auge.

Ludwig der Deutsche aber nahm seine Zernierung nicht hin. Der über sechzigjährige Vater zog noch einmal gegen ihn ins Feld. Während der Expedition erkrankte er auf den Tod und starb am 20. Juni 840 auf einer Rheininsel vor Ingelheim. Die sein Totenbett umstanden, setzten ihn in der karolingischen Familiengrablege St. Arnulf zu Metz neben seiner Mutter bei. Die Klammer, die das seit einem guten Jahrzehnt brüchige Gefüge des Reiches Karls des Großen noch notdürftig zusammengehalten hatte, war nunmehr zersprungen.

Es fällt nicht leicht, die Persönlichkeit Ludwigs des Frommen zu beurteilen: Ein Herrscher weiß um die Schwere seiner Pflicht, ist durchdrungen von einem skrupulösen Verantwortungsbewußtsein für sein öffentliches Tun unmittelbar vor Gott, trägt die das Überkommene hinter sich lassende Fundierung seiner Herrschaft in sublimen Axiomen der Theologie und alle daraus entspringenden Konsequenzen mit. Eine solche Haltung erfordert entweder einen seine Zeit weit überragenden Geist, der dem Kaiser gewiß nicht zu Gebote stand, oder ein fast grenzenloses Vertrauen in die Berater; ihnen überließ es Ludwig der Fromme, die möglichen Folgen politischer Maßnahmen, Projekte und Handlungen einzukalkulieren. Oft tauschte er die bestimmenden Persönlichkeiten in seiner Umgebung aus, so daß das Urteil jener zu Recht besteht, die Karls des Großen dritten Sohn als bis zu sträflicher Nachlässigkeit beeinflußbar (‹le débonnaire›) bezeichnen. Damit aber gehen Hand in Hand seine unangemessene Aktivität einerseits, wenn es kleinliche Rachsucht zu befriedigen galt, seine Passivität andererseits, wenn man Führung von ihm erwartete.

Ludwig der Fromme ließ es zu, daß die hierarchische Struktur der

Spitze des fränkischen Reiches abgebaut wurde, daß die Herrschaftsnachfolge in Reichsteilungen einmündete, deren Rechtsgrund in dem alle männlichen Erben ehelicher Geburt gleichbehandelnden Genossenschaftsrecht ruhte und die dem jeweils Begünstigten einen möglichst großen Anteil am Kernraum des Großreiches, der Francia, zusicherten.

Angesichts solchen bloßen Reagierens unterlag nicht nur die kaiserliche Stellung ethischer Normenkontrolle seitens des Episkopats, vielmehr verlor das aus einem Guß geschaffene, im Kaisertum gipfelnde Programm der ‹renovatio regni Francorum› allen Bezug zur Wirklichkeit des fränkischen 9. Jahrhunderts. Dennoch versank es nicht, ohne kommende Zeiten nachhaltig zu beeinflussen, zu prägen – zwar nicht als Gesamtkonzeption, sondern gleichsam in einzelnen Blöcken, die spätere Generationen in ihre jeweiligen Gestaltungen integrieren mußten.

Die ersten 15 Jahre der Regierung Ludwigs des Frommen entschieden darüber, daß allein dem Papst in Rom das Recht zustehe, die Kaiserkrone im Abendland zu vergeben. Für die Krönung übernahm der Kaiser, dem der Papst seine Erhebung anzeigte, den Schutz der Besitzungen der römischen Kirche, des werdenden Kirchenstaates, der sich über die von Pippin dem Jüngeren und Karl dem Großen gezogenen Grenzen hinaus noch nicht auszudehnen vermochte.

Wenn auch das großartige Konzept der Einheit und Unteilbarkeit des hochkarolingischen Frankenreiches trotz seiner Verknüpfung mit dem wesenhaft unteilbaren Kaisertum, das letztlich im dreieinigen Gott ruhte und dem die Kirche als ungeteilte Glaubensgemeinschaft und umfassendste Verkörperung der fränkischen Gesellschaft zugeordnet war, an den Sachzwängen eines mit rudimentären Strukturen staatlicher Organisation ausgestatteten Großreiches, an eigennützigem Machttrieb, an allzu menschlichen Schwächen und Rücksichtnahmen scheiterte, so rekurrierte man doch zu Beginn des 10. Jahrhunderts auf das Wesen des unteilbaren Kaisertums der Zeit Ludwigs des Frommen und auf die Einheit der Kirche, als es galt, nicht mehr die Unteilbarkeit des karolingischen Imperiums, sondern die der aus ihm entstandenen Nachfolgestaaten zu begründen und durchzusetzen, zumindest derer, in denen sich mehrere karolingische Teilreiche zusammenfügten (Westfranken – Frankreich, Ostfranken – Deutschland).

Auf dem Boden des Frankenreiches traten kraft der Gesetzgebung Ludwigs des Frommen, die keineswegs in allen Punkten und gleichförmig appliziert wurde, die kirchlichen Stände der Kanoniker und der Mönche auseinander. Die Mönche erkannten als Norm ihrer Existenz einzig die Benediktinerregel an, um die sich freilich eine bunte Vielfalt von Ergänzungs- und Durchführungsbestimmungen lokaler, regionaler und überregionaler Geltung rankte. Bis zum Auftreten der Bettelorden zu Beginn des 13. Jahrhundert sollte sich daran grundsätzlich nichts ändern: Die Regel St. Benedikts blieb *die* abendländische Mönchsregel. Die Kanonikergemeinschaften, die die Satzungen von 816 formten, paßten zwar ihre Lebensordnung im Laufe des Mittelalters und der Neuzeit veränderten Umständen an, in ihrer Struktur bestehen sie aber in den katholischen und anglikanischen Domkapiteln sowie in einzelnen lutherischen Landeskirchen bis auf den heutigen Tag fort.

Die neuen Satzungen der klösterlichen Niederlassungen verlangten funktional zweckdienliche Bauten: Das beginnende 9. Jahrhundert mußte den Grundtypus der abendländischen Klosteranlage entwickeln.

Jene kanonikalen und monastischen Gemeinschaften brachte der königliche Schutz, der seit 814/15 das Immunitätsprivileg erweiterte, in unmittelbare Beziehung zum Herrscher und seinem Rechtsnachfolger in allen karolingischen Nachfolgestaaten. Solange sie – deren Keimzelle der von Ludwig dem Frommen eingeräumte abgabenfreie Raum, die sogenannte ‹Engstimmunität›, die ‹Domfreiheit› der Bischofskirchen, bildete – über dieses Privileg sowie über die durch General- und Einzelprivileg garantierte Befugnis, den Vorsteher, Bischof oder Abt, aus der eigenen Gemeinschaft zu wählen, verfügten, blieben sie königliche Kirchen, die, wenn es wie in Deutschland die verfassungsrechtliche Entwicklung erlaubte, zu geistlichen Fürstentümern aufstiegen, eine Entwicklung, der der französische König vom hohen Mittelalter an durch Neuinterpretation des ludovizianischen Königsschutzes die Spitze abbrach, die die italienische Kommune aber schon im 12. Jahrhundert unterband.

In einer grandiosen, umfassenden Konzeption, entworfen zwischen 814 und 819, fanden alle angesprochenen Einzelphänomene den ihnen organisch zukommenden Platz. Wenn diese Konzeption des Baus der geistlichen und der politisch verfaßten Gemeinschaft bald auch mit den Realitäten des 9. Jahrhunderts kollidierte, einmal entwickelte das Frühmittelalter doch die Idee eines von den jeweiligen Trägern abstrahierenden Gemeinwesens, in dem Staat und Kirche unlösbar einander zugeordnet waren, und zwar in jenem Jahrfünft, da Karls des Großen das Kerngebiet Europas umspannendes Imperium den Zenit seiner Entfaltung erreicht hatte. Einer solchen transpersonalen Staatsidee galt das Ringen des ganzen Mittelalters, und erst heute, nach fast 1200 Jahren, nimmt dieses Bemühen wieder europäische Dimensionen an.

Otto der Große
936–973

Von Helmut Beumann

«Er, der Herr der Welt, der älteste und beste unter den Brüdern, zeichnete sich vor allem durch Frömmigkeit aus. In seinen Unternehmungen ist er unter allen Sterblichen der beständigste, abgesehen vom Schrecken der königlichen Strafgewalt stets liebenswürdig, im Schenken freigebig, im Schlafen mäßig; und während des Schlafes redet er immer etwas, als ob er ständig wache. Den Freunden schlägt er nichts ab und hält ihnen über Menschenmaß hinaus die Treue. Denn wie wir gehört haben, hatten einige Angeklagte, die des Verbrechens überführt waren, in ihm ihren Anwalt und Fürsprecher, der an ihre Schuld durchaus nicht glauben wollte und sie auch nachher behandelte, als ob sie sich niemals gegen ihn vergangen hätten. Geradezu erstaunlich sind seine Geistesgaben; denn nach dem Tode der Königin Edgith hat er die Schrift, die er vorher nicht kannte, so weit erlernt, daß er Bücher durchaus lesen und verstehen kann. Außerdem weiß er in romanischer und slawischer Sprache zu reden; doch selten geruht er, davon Gebrauch zu machen. Auf die Jagd geht er häufig, liebt das Brettspiel, übt zuweilen mit königlichem Anstand das anmutige Reiterspiel. Hinzugekommen ist der gewaltige Körperbau, der die volle königliche Würde zeigt, und das graue Haupthaar. Die funkelnden Augen strahlen blitzartig bei plötzlich treffendem Blick einen wahrhaften Glanz aus. Das Gesicht ist rötlich, der Bart reichlich lang, und dies gegen den alten Brauch. Die Brust ist wie mit einer Löwenmähne bedeckt, der Bauch maßvoll, der einst rasche Schritt jetzt gemessener; seine Kleidung die heimische, eine fremde hat er niemals benutzt. So oft er aber die Krone zu tragen hat, bereitet er sich, wie man für wahr berichtet, stets durch Fasten darauf vor.»

Dieses Porträt des Kaisers hat noch zu dessen Lebzeiten der Corveyer Mönch Widukind in seine ‹Sachsengeschichte› eingetragen. Trotz der formalen Anlehnung an Einhards Charakteristik Karls des Großen und an deren poetische Bearbeitung durch einen Corveyer Anonymus – ein stiller Vergleich mit dem großen Frankenkaiser – sind die Einzelzüge des Persönlichkeitsbildes, gerade weil sie durchaus abweichen, glaubwürdig. Den Vergleich mit Karl dem Großen hat der erste Kaiser aus sächsischem Hause selbst gesucht. Das Ehrenprädikat ‹der große Kaiser›, mit dem ihn seine Kanzlei auszeichnete, geht auf den Kaisertitel Karls zurück, und wie dieser in seiner Aachener Pfalzkapelle ließ Otto in die Kathedralkirche bei seiner Lieblingspfalz Magdeburg antike Säulen einfügen. Papst Johannes XIII. hat ihn 967 wegen seiner Leistungen für die römische Kirche in eine Reihe mit Konstantin dem Großen und Karl dem Großen gestellt. Widukind von Corvey mißt ihn allerdings eher an Heinrich I., seinem Vater, dem ‹größten der Könige Europas›, der einen noch größeren Sohn hinterlassen habe und für diesen ein großes und weites Reich, das nicht von den Vätern ererbt, sondern aus eigener Kraft und allein mit Gottes Hilfe erworben worden sei.

Kaiser Otto I. als Stifter übergibt dem thronenden Christus ein Modell des Magdeburger Domes. Elfenbeintafel, 2. Hälfte 10. Jh., H. 14 cm. – The Metropolitan Museum of Art, New York (Foto: Metropolitan Museum).

Die Urteile der Mitlebenden gehören selbst zur Geschichte ihrer Zeit und unterliegen wie sie der historischen Kritik. Diese vermag jedoch auch heute den rühmenden Vergleichen mit Heinrich I. und Karl dem Großen kaum etwas anzuhaben. Der Corveyer Mönch stand unter dem Eindruck des beispiellosen Aufstiegs seines sächsischen Stammes zur europäischen Hegemonie schon in der zweiten Generation des Königshauses, das Papsttum würdigte die Erfolge der Mission und Kirchenorganisation bei den slawischen Nachbarn. Die damit zusammenhängende Erneuerung des Kaisertums im Jahre 962, das seit der Jahrhundertwende in den Händen rivalisierender Könige Italiens dahingekümmert und 924 faktisch erloschen war, drängt auch uns den Vergleich mit Karl dem Großen auf. So wird es verständlich, daß dessen Beiname ‹der Große› auch dem Wiederbegründer des Kaisertums beigelegt worden ist, als festes Namensattribut spätestens in der Weltchronik Ottos von Freising (1143–1146). Dieser hat den Urteilen der Zeitgenossen ein nicht weniger wichtiges hinzugefügt: Otto der Große und nicht Heinrich I., wie andere fälschlich behaupteten, sei der erste ‹König der Deutschen› gewesen, erst unter Otto sei auf das fränkische das deutsche Reich gefolgt, weil er das Kaisertum zurückgewonnen habe. In der Tat haben Ottos Italien- und Kaiserpolitik zu einer so dauerhaften Bindung der Kaiserwürde an das deutsche Königtum geführt, daß sie zu einem prägenden Element der deutschen Geschichte geworden ist. Die Salzburger Überlieferung aus dem 10. Jahrhundert über ein ‹Reich der Deutschen› bereits 919, im Jahr der Erhebung Heinrichs I., ist allerdings vom Freisinger Geschichtsschreiber aus apologetischen Gründen zurückgewiesen worden, um den deutschen Anspruch auf das Kaisertum zu stützen. Für die Bildung einer deutschen Nation aus den Trümmern des zerfallenen karolingischen Großreichs hat das Kaisertum keine konstitutive, eher eine mitbedingende Rolle gespielt; der Beitrag Heinrichs I. darf nicht übersehen werden. Auch sonst läßt sich die Geschichte Ottos des Großen nicht ohne einen Rückblick auf seinen Vorgänger verständlich machen.

Das ostfränkische Reich, dessen Königswürde 919 – nach dem Tode Konrads I. – dem Sachsenherzog Heinrich zugefallen ist, verdankte seine Entstehung dem fränkischen Thronfolgerecht der Erbteilung, den Reichsteilungen seit dem Vertrag von Verdun im Jahre 843. Aus Reichsteilen waren immer selbständiger werdende Teilreiche geworden, ein langgestrecktes linksrheinisches Mittelreich für den Kaiser, dem auch Italien zugewiesen wurde, flankiert von einem West- und einem Ostreich. Doch auch diese Reiche wurden vom fortwirkenden Prinzip der Erbteilung erfaßt und von der Auflösung in ein Konglomerat kleinerer Königreiche (Regna) bedroht, wie sie sich zeitweilig in Bayern und Alemannien auf alter Stammesgrundlage, im linksrheinischen ‹Lotharingien› aus dem Teilreich Lothars II. formierten. Handelte es sich bei den

Lothringern um eine Neubildung, so sind rechts des Rheins trotz der Beseitigung des alten Stammesherzogtums bei den Bayern, Alemannen und Thüringern sowie der ‹republikanischen› Stammesverfassung der Sachsen durch die Karolinger die Stämme als solche erhalten geblieben, konnten sich unter einem neuen Fürstentum politisch regenerieren. Das Land der Sachsen, die unter Karl dem Großen als letzte zum Christenglauben bekehrt und dem Frankenreich eingegliedert worden waren, hat bis zum Ende der ostfränkischen Karolinger zu den königsfernen Gebieten gehört. Die Zentren der Königsherrschaft hatten am Mittelrhein und nicht zuletzt im Süden gelegen, wo Regensburg fast die Rolle einer ‹Hauptstadt› hatte spielen können. So war beim Aussterben der ostfränkischen Karolinger 911 das rechtsrheinische Frankenland, Ergebnis einstiger fränkischer Ostwanderung, ja Staatssiedlung, die nächstliegende Alternative für die Begründung eines ersten nachkarolingischen Königtums, das wenigstens ein fränkisches bleiben sollte, gewesen. Als dessen Inhaber hatte sich Konrad I. trotz der Unterstützung durch die Geistlichkeit, die sich für die Einheit zwar nicht mehr des alten Großreichs, wohl aber seines ostfränkischen Teiles einsetzte, allerdings weder im Süden noch im Norden behaupten können. Als er vor dem Tode seinen Bruder Eberhard zum Thronverzicht zugunsten des Sachsenherzogs bestimmte und dieser in Fritzlar zunächst von den fränkischen Großen, dann auch von einer fränkisch-sächsischen Versammlung zum König erhoben wurde, war ein Bruch mit der süddeutschen Tradition des ostfränkischen Königtums vollzogen. Die Süddeutschen haben sich dabei nicht nur ferngehalten, vielmehr erhoben die Bayern im Bunde mit einer anderen fränkischen Fraktion im gleichen Jahr ihren Herzog Arnulf zum Nachfolger Konrads: Am Anfang der ottonischen Königsherrschaft steht eine Doppelwahl. Die Erhebung des Sachsenherzogs bedeutete für die Reichseinheit ein äußerstes Wagnis. Lief sie doch darauf hinaus, die traditionelle Anordnung der politischen Gewichte auf den Kopf zu stellen.

Mit den Franken, die Heinrich in Fritzlar zum König und damit wohl auch zum Franken gemacht haben, weshalb der deutsche König fortan nach fränkischem Recht lebte und Otto der Große zu seiner Aachener Königserhebung in fränkischer Tracht auftrat, war auch der Mainzer Erzbischof Heriger, der faktische Primas des Reichs, erschienen. Sein Vorgänger hatte bei den beiden letzten Königserhebungen den bestimmenden Einfluß ausgeübt. Er hat auch Heinrichs Erhebung sanktioniert, wenn auch nicht durch Salbung und liturgische Krönung, wie sie Konrad I. empfangen hatte. Vielleicht gehörte auch dies zu der prekären Ausgangslage eines Königtums, das seine Anerkennung durch die süddeutschen Herzöge mit der Abtretung des Königsrechts auf Kirchenherrschaft erkaufen mußte. Heinrichs Erfolg bei der Konsolidierung, ja Ausweitung seines Reichs und der Abwehr äußerer Gefahren wäre nicht zu erklären ohne begünstigende, positive Aspekte. Dazu gehört das Bündnis mit Eberhard als dem Repräsentanten der fränkischen Konradiner, durch das der fränkisch-sächsische Gegensatz, der das Königtum bis dahin gelähmt hatte, aufgehoben wurde, aber auch die fränkische Legitimation als solche. Als Heinrich 921 mit Karl dem Einfältigen, dem karolingischen König des Westfrankenreichs, der 911 Lotharingien okkupiert hatte, bei Bonn einen Freundschaftspakt schloß, standen Heriger von Mainz und drei Konradiner, darunter Eberhard selbst, an Heinrichs Seite. Diese Demonstration mag zu seiner protokollarischen Anerkennung als König der östlichen Franken im Vertragstext beigetragen haben. Heinrich verzichtete vorerst auf Lotharingien, doch vier Jahre später war das einstige Regnum – das Teilreich Lothars II. – wieder mit dem ostfränkischen vereinigt, seine Verwaltung wurde niemand anderem als Eberhard übertragen.

Nachdem Eberhard seinen Auftrag der Befriedung und Sicherung Lotharingiens erfüllt hatte, konnte der König 928 dem mächtigsten Magnaten des Landes, Giselbert, das Herzogsamt anvertrauen. Er gab ihm seine Tochter Gerberga zur Frau und band ihn obendrein durch Freundschaftspakt an sich. Hatte er unter geschickter Ausnutzung einer Krise des westfränkischen Königtums das nach Lothar II. benannte Regnum mit so wichtigen Plätzen wie Köln, Aachen, Lüttich, Trier und Metz seinem Reich angegliedert, so vermochte er 926 bei einem Wormser Hoftag nicht minder weitreichende Verfügungen zu treffen. Als Nachfolger Herzog Burchards von Schwaben, der als Bundesgenosse König Rudolfs II. von Burgund in Italien ums Leben gekommen war, bestellte er, wiederum auf der Linie des Fritzlarer Paktes, den Konradiner Hermann. Der Amtswechsel war wohl die günstige Gelegenheit, mit dem in Worms erschienenen Burgunderkönig eine folgenreiche Beziehung aufzunehmen. Gegen Anerkennung der schon von Burchard hingenommenen burgundischen Herrschaft über das schwäbische Gebiet zwischen Jura und Reuß mit Einschluß Basels kommendierte sich Rudolf dem deutschen König durch Übergabe der heute in Wien aufbewahrten Heiligen Lanze des Mauritius – des Schutzheiligen Burgunds –, der vor allem wegen der eingearbeiteten Kreuznagelreliquien siegbringende Kräfte zugeschrieben wurden.

Der Lanzenhandel paßt zum reichsverbindlichen Wormser Beschluß einer Burgenbauordnung als defensiver Vorkehrung gegen die militanten Beutezüge der ungarischen Reiternomaden während eines neunjährigen Waffenstillstandes, der auch zur Bildung einer Reitertruppe genutzt wurde. Die siegreiche Abwehrschlacht an der Unstrut hat 933 dem Übel nur zeitweilig abgeholfen, läßt aber die solidarisierende Wirkung der gemeinsamen Gefährdung erkennen, da Bayern und die übrigen Stämme an der Seite der Sachsen kämpften. Schon 929 hatte Arnulf von Bayern einen Feldzug Heinrichs nach Böhmen, Missionsgebiet des Bistums Regensburg seit dem 9. Jahrhundert, unterstützt. Der christliche Böhmenfürst Wenzel fügte sich, Böhmen wurde tributpflichtig. Der Zug nach Prag hatte durch das Gebiet der Daleminzier zwischen Saale und Elbe geführt, vorausgegangen war ein Winterfeldzug gegen die Heveller bis zu deren Feste Brandenburg. Nimmt man die Unterwerfung des dänischen Unterkönigs Chnuba, des Herren von Haithabu (Schleswig) hinzu, der sich taufen ließ, so scheint Heinrich von allen Nachbargebieten nur Italien unberührt gelassen zu haben, das traditionelle Interessengebiet der transalpinen Anrainer von der Provence über Hochburgund und Schwaben bis Bayern. Alpenübergreifende Unternehmungen zunächst Burchards von Schwaben, dann Arnulfs von Bayern hat er nicht behindert, doch erstreckte sich sein Interessenbereich seit der Einsetzung des Konradiners Hermann in Schwaben und der Kommendation Rudolfs von Burgund, der sich seinen Anspruch auf das italische Regnum erst 932/33 abkaufen ließ, bis tief in die alpine Kontaktzone. Hugo von der Provence, der 926, nach Rudolfs Rückzug, die Königswürde des einstigen Langobardenreichs erlangte, hat sich alsbald seinerseits erfolgreich um ein Freundschaftsverhältnis zu Heinrich bemüht. Eine ‹Reichsbildung rittlings der Alpen› (Th. Schieffer) wie die burgundische unter Rudolf und nun die provenzalisch-niederburgundische unter Hugo drohte von Bayern aus beim allerdings vergeblichen Griff Arnulfs und seines Sohnes Eberhard 933/34, der zur Erneuerung der alpenübergreifenden Herrschaft Karlmanns hätte führen können. Dieser Erbe Ludwigs des Deutschen hatte sein bayerisches Teilreich mit dem italischen Regnum vereinigen können (877–879). Es war die Frage, ob sich das Königtum dem eingewurzelten Interesse der Bayern und Schwaben an Italien auf die Dauer würde entziehen können, wenn die Reichseinheit gewahrt werden sollte. Mit seiner Burgundpolitik hatte Heinrich einen Anfang gemacht. Bei einem ‹Dreikönigstreffen› an der lothringisch-westfränkischen Grenze kam es 935 zu Freundschaftspakten der beteiligten Herrscher, des Westfranken Rudolf, Rudolfs von Burgund und Heinrichs. Auf diesem Hintergrund erscheint die Nachricht Widukinds von Corvey, Heinrich habe vor seinem Tode einen Romzug geplant, nicht gänzlich aus der Luft gegriffen, wenn man als ihren sachlichen Kern die Absicht einer Intervention in Oberitalien annimmt, vielleicht, wie einst in Böhmen, an der Seite Arnulfs von Bayern.

Sorge um die Reichseinheit hatte die Konradiner zum Thronverzicht zugunsten Heinrichs und zum Bündnis mit den Sachsen bewogen. In welchem Maße der neue König den Erwartungen gerecht geworden ist, hat sich bei der Abwehr der Ungarn, in noch höherem Maße bei seiner Thronfolgeregelung gezeigt. Heinrichs Entscheidung für Otto, den Erstgeborenen aus seiner zweiten Ehe mit Mathilde, ist schon 929 anläßlich der Vermählung dieses Sohnes mit der angelsächsischen Königstochter Edgith gefallen. Entscheidend und zugleich bahnbrechend war seine letztwillige Bestimmung zum alleinigen Thronfolger im Gesamtreich. Das bedeutete die Preisgabe des altehrwürdigen fränkischen Erbteilungsrechts bei der Thronfolge zugunsten der Individualsukzession, der Unteilbarkeit des Reichs. Der gleiche Wandel ist im Westfrankenreich und anderwärts zu beobachten. Das Vordringen des Wahlprinzips bei wachsender Adelsmacht und die in der Geistlichkeit fortlebende karolingische Reichseinheitsidee gehören zu den Ursachen. Der Einheitsgedanke triumphierte bei der Wahl und Krönung Ottos in der Aachener Pfalz Karls des Großen 936, da sich diesmal alle Stämme mit ihren Herzögen und Großen beteiligten.

Schon die Wahl des Krönungsortes war ein Signal, ein Bekenntnis zur Tradition der Karolinger in deren Heimatland und namentlich zu Karl dem Großen in dessen wichtigster Pfalz, eine Bekräftigung der Reichszugehörigkeit Lothringens wenige Wochen nach der Krönung Ludwigs IV. des Überseeischen zu Laon, der Wiedereinsetzung eines legitimen Karolingers im Westfrankenreich. Im Atrium der Pfalzkapelle machten die weltlichen Großen Otto durch Thronsetzung, Handgang und Treueid ‹auf ihre Weise›, wie es heißt, zum König. Hatte in Fritzlar Eberhard den neuen König dem Volk zur Akklamation präsentiert, so übernahm dies jetzt Erzbischof Hildebert von Mainz im Inneren der Marienkirche. Es folgten die Übergabe der Insignien sowie Salbung und Krönung durch Hildebert und eine zweite Thronsetzung auf dem noch heute erhaltenen Stuhl im Obergeschoß. Den Abschluß bildete ein rituelles Krönungsmahl in der Pfalz, bei dem die Herzöge Giselbert von Lothringen, Eberhard von Franken, Herman von Schwaben und Arnulf von Bayern als Kämmerer, Truchsess, Mundschenk und Marschall dienten. Die Betonung des fränkischen Elementes, durch Ottos Kleidung eigens hervorgehoben, knüpfte an Fritzlar an. Weit darüber hinaus führten die Anerkennung durch alle Stämme und die liturgische Weihehandlung, eine neue Qualität des königlichen Herrschaftsanspruchs, der auch mit den Hofdiensten der Herzöge zur Anschauung gebrachte Amtsgedanke.

Nicht die in Aachen bestätigte Einzelthronfolge und die Unteilbarkeit sind fernerhin angefochten worden, wohl aber die Entscheidung für Otto, den am 23. November 912 geborenen ältesten Sohn Mathildes. Zurückgesetzt wurden dessen Stiefbrüder Thankmar aus des Vaters erster Ehe mit Hatheburg sowie der jüngere, in der Königszeit geborene Bruder Heinrich. Brun, der jüngste, war 929 im Alter von 4 Jahren, als der Vater sein Haus ordnete und für den Thronfolger um die Hand der angelsächsischen Königstochter Edgith werben ließ, für den geistlichen Stand bestimmt und dem Bischof Balderich von Utrecht zur Erziehung anvertraut worden. Gegen Thankmar und Heinrich, den Thronkandidaten Mathildes, der sogar von Aachen ferngehalten worden war, mußte Otto sein Königtum kämpferisch durchsetzen. Thankmar erhob sich, als der König eine an der Saale und mittleren Elbe gebildete Mark dem Grafen Gero übertrug. Er fand in Wichmann, Mathildes Schwager, einen Bundesgenossen, weil nicht dieser, sondern sein Bruder Hermann Billung zum Markgrafen an der unteren Elbe bestellt worden war. Ihnen schloß sich Herzog Eberhard von Franken wegen eines lehnrechtlichen Streitfalles im fränkisch-sächsischen Grenzbereich an. Vielleicht hat Otto dabei das Fritzlarer Übereinkommen von 919 angetastet. Die Aufständischen versicherten sich der Person Heinrichs, dem Eberhard, erneut in der Rolle des Königsmachers, die Krone in Aussicht stellte. Doch Thankmar kam in der Eresburg ums Leben, seine Partner versöhnten sich mit dem König.

Wie sich bald zeigen sollte, war nur eine Atempause gewonnen, die für die Neuordnung der Stellung Bayerns zur Krone genutzt wurde. Der Tod Herzog Arnulfs, der in Aachen gehuldigt hatte und dessen Tochter Judith mit Ottos Bruder Heinrich vermählt worden war, legte 937 die Revision des fast autonomen Status nahe, den Heinrich I. hatte einräumen müssen. Arnulfs Söhne, die die militärische Gefolgschaft verweigerten, unterwarfen sich nach zwei Feldzügen dem König. Mit der Bestellung von Arnulfs Bruder Bertold zum Herzog wurde eine Lösung gefunden, die zwischen Rücksichten auf die einheimische Dynastie und dem Amtsgedanken vermittelte. Das Recht der Bischofseinsetzung wurde für das Königtum zurückgewonnen.

Schon im folgenden Jahr, 939, brach der Streit um die Thronfolge erneut aus und nahm diesmal gefährliche Ausmaße an. An die Spitze einer genossenschaftlich organisierten Adelsopposition trat jetzt Ottos Bruder Heinrich selbst im Bunde mit den Herzögen Eberhard von Franken und Giselbert von Lotharingien, dem Gemahl seiner und Ottos Schwester Gerberga, zwei führenden Repräsentanten des Frankentums. In Birten nahe Xanten siegte Ottos Aufgebot über die von Lotharingien aus operierenden Gegner, während der König, durch den Rhein vom Schlachtfeld getrennt, sich darauf beschränken mußte, im Gebet vor der Heiligen Lanze den Sieg der Seinen zu erflehen. Doch nun zog der Konflikt weitere Kreise: Die Aufständischen verbündeten sich mit dem westfränkischen Karolinger Ludwig IV., Otto mit dessen Gegnern Hugo von Franzien, Heribert von Vermandois und anderen Großen des Westreichs. Während Lotharingien in der Hand der Verschwörer blieb, suchte der König einer Invasion Ludwigs IV. in das Elsaß zu begegnen. Er belagerte Breisach, den strategischen Schlüsselpunkt, als die Gegner von Metz aus zum Vorstoß über den Rhein ansetzten, um die Rückzugswege nach Sachsen abzuschneiden. Ein Teil des Episkopats unter Friedrich von Mainz schloß sich den Verschwörern an. Die Wende brachte der Abwehrsieg Herzog Hermanns von Schwaben und der Vettern Eberhards, der Konradiner Udo und Konrad Kurzbold, bei Andernach. Eberhard fiel, Giselbert ertrank im Rhein. Durch Vermählung mit dessen Witwe Gerberga wurde Ludwig IV. der Schwager Ottos. Der Konflikt fand eine politische Lösung mit der Restitutierung Friedrichs – nach vorübergehender Festnahme – in seinem Mainzer Amt und als Erzkapellan sowie mit einer Beteiligung Heinrichs an der Herrschaft als Herzog von Lotharingien. Franken wurde dem König unmittelbar unterstellt. Nach einem letzten Versuch Heinrichs, die Krone an sich zu reißen, söhnte sich Otto endgültig Weihnachten 941 in Frankfurt mit seinem Bruder aus.

Diese Maßnahmen bilden den Auftakt zu Ottos erstem Regierungssystem, der Beteiligung der Königssippe an der Herrschaft auf der zweiten Ebene. Die Herzogtümer wurden an Mitglieder des Königshauses vergeben oder durch Eheverbindungen an dieses gebunden. Nach dem Tode des Bayernherzogs Bertold 947 rückte Heinrich in dessen Stellung ein, auf die er durch seine Ehe mit der Luitpoldingerin Judith wohl schon eine gewisse Anwartschaft erworben hatte. In vergleichbarer Weise erlangte Liudolf, Ottos zum Thronfolger designierter Sohn, als Gemahl Idas, der Tochter des söhnelosen Hermann von Schwaben, nach dessen Tod 949 die schwäbische Herzogswürde. Konrad den Roten, seit 944 Herzog von Lotharingien, band der König durch die Ehe mit seiner Tochter Liudgard an sein Haus.

Die Ausstattung des vormaligen Thronkandidaten der Mutter und einer gewichtigen Adelsgruppe mit Bayern, wo die Tradition des einstigen karolingischen Teilkönigreichs (Regnum) ebenso fortlebte wie in Lotharingien (Regnum Lotharii), erscheint wie das Schattenbild der überwundenen Reichsteilungspraxis. Denkt man an die Doppelwahl von 919 und die nahezu autonome Stellung Arnulfs unter Heinrich I., so ist dessen gleichnamiger Sohn mit einer für die Stabilisierung der Reichseinheit entscheidenden Schlüsselstellung abgefunden worden. Ein kaum geringeres Gewicht für die Integration der Teile zum Ganzen hatte die Einsetzung des Thronfolgers in Schwaben: Die Anbindung des Südens an den Norden, an den sächsisch-fränkischen Komplex, war für eine dauerhafte Zentralgewalt von wesentlicher Bedeutung. Dem Ziel, die Stämme unter Würdigung ihrer Eigeninteressen gleichwohl an die Krone zu binden, diente auch Ottos zeitweilige Behandlung des höchsten geistlichen Hofamtes, des Erzkapellanats. Diese Würde hatten seit 945 die Erzbischöfe von Mainz, Köln, Trier und Salzburg ganz gegen das Herkommen gleichzeitig inne, wobei durch Mainz die Germania, durch Trier und Köln Lotharingien als Gallia, durch Salzburg Bayern (Noricum) repräsentiert erscheinen konnten. Nur das erst 948 zur Kirchenprovinz ausgebaute Erzbistum Hamburg/Bremen, das zur Germania gehörte, blieb unberücksichtigt.

Die Sicherung des Reichs in den vom Vater überkommenen Grenzen erforderte überdies einen hinreichenden Einfluß auf die Nachbarländer. Dies hatten bereits die Erfahrungen der Vorgänger mit den Großen Lotharingiens gelehrt, zuletzt 939 die Huldigung des aufständischen Giselbert gegenüber dem Karolinger Ludwig IV. Im Gegenzug intervenierte Otto 940 in Westfranken und ließ sich zu Attigny von Ludwigs großem Gegenspieler, dem Robertiner Hugo von Franzien – seit 937 mit Otto versippt als Gemahl von dessen Schwester Hadwig –, die Huldigung leisten. Doch nicht einseitige Parteinahme in einem Ringen, aus dem später (987) Hugos gleichnamiger Sohn als Begründer der kapetingischen Dynastie hervorgehen sollte, war Ottos Ziel, sondern eine schiedsrichterliche Stellung über den Parteien, zu der ihn auch Papst Stephan VIII. drängte und die durch die Ehe seiner Schwester Gerberga mit dem Karolinger erleichtert worden sein mag. Diesen traf er 942 an der Maas bei Visé und unternahm, als Ludwig Gefangener Hugos geworden war, einen eher demonstrativ gemeinten Feldzug bis vor die Tore von Paris und Rouen (946). Im Anspruch, aber auch in der Beschränkung dieser hegemonialen Westpolitik erkennt man das Vorbild Kaiser Arnulfs (887–899) und Heinrichs I.

Dies gilt auch für Ottos Burgundpolitik, in der er unverzüglich an seinen Vater anknüpfte. Ein erstes deutliches Zeichen setzte er bei der Gründung eines Benediktinerklosters bei seiner Magdeburger Pfalz, die er seiner Gemahlin Edgith als Morgengabe übertragen hatte. Am 21. September 937 stellte er die Kirche unter den Schutz des hl. Mauritius, des Schutzheiligen der Burgunderkönige. König Rudolf II. hatte ihm kurz vor seinem Tode Reliquien des Innocentius, eines Gefährten des Mauritius, zukommen lassen. Den Charakter einer Mauritius-Reliquie dürfte bereits die vom Vater erworbene Heilige Lanze in Saint-Maurice d'Agaune, dem Zentralheiligtum des hochburgundischen Reichs, angenommen haben. Die Minderjährigkeit des burgundischen Thronfolgers Konrad schuf ein Machtvakuum, in das alsbald König Hugo von Italien einzudringen suchte. Seine niederburgundischen Ansprüche hatte er – wohl 933 – an Rudolf gegen dessen förmlichen Verzicht auf Italien abgetreten. Nunmehr erstrebte er eine neuerliche alpenübergreifende Herrschaftsbildung. Er heiratete Rudolfs Witwe Berta und verlobte mit deren Tochter Adelheid seinen Sohn Lothar. So drohte außer dem Bruch des Abkommens von 933 eine vormundschaftliche Hegemonie Hugos über Hochburgund im Zusammenspiel mit dem Westfranken Ludwig IV., dessen Herrschaft im Viennois und Lyonnais sowie im Doubsgebiet sich stabilisierte. Die Frage Italiens, die schon Heinrich I. beschäftigt haben dürfte, stellte sich Otto spätestens jetzt, im zweiten Jahr nach dem Dreikönigstreffen von 935, dessen Teilnehmer in rascher Folge verstorben waren. Kurzentschlossen nahm er den jungen Konrad an seinen Hof und vereitelte damit Hugos Absichten. Nach Kaiser Arnulf und Heinrich I. wurde Burgund wahrscheinlich zum dritten Mal lehnsrechtlich an das Reich gebunden. Von Otto unterstützt, vermochte Konrad seine Herrschaft durchzusetzen und bis 942 auch jenseits des Jura, ja sogar auf Kosten Ludwigs IV. in Lyon und Vienne zu etablieren. Selbst in den unteren Rhônelanden ist seine Hoheit schließlich weitgehend anerkannt worden. Diese für das Hochmittelalter bestimmend gewordene Ordnung bedeutete für Otto die Ausdehnung seiner Hegemonie von Basel über Besançon bis zur unteren Rhône und bis zur Grenze des italischen Regnum nunmehr auch in den Westalpen. Beachtliche Indizien sprechen dafür, daß er in diesem Zusammenhang 941 einen Feldzug gegen Hugo von Italien unternommen hat.

Auf einem ersten Höhepunkt seiner europäischen Stellung sah sich Otto bei der von ihm und Papst Agapet II. 948 zur Pfalz Ingelheim einberufenen Generalsynode. Den Anlaß bildete der fortdauernde Konflikt König Ludwigs IV. mit Hugo von Franzien, den Otto 946 durch seinen zugunsten Ludwigs unternommenen Feldzug nicht hatte beilegen können. Begleitet wurde die Auseinandersetzung von einem Streit um den Reimser Erzstuhl, den vornehmsten Westfrankens, der den Papst auf den Plan rief, an den sich beide Parteien gewandt hatten. In der Remigiuskirche zu Ingelheim führte Bischof Marinus von Bomarzo als päpstlicher Legat den Vorsitz des Konzils in Gegenwart beider Könige. Im Streit Ludwigs IV. mit Hugo von Franzien stellte sich die Versammlung vor den König, im Reimser Schisma entschied sie sich für dessen Kandidaten Artold gegen Hugo, den Favoriten Hugos von Franzien.

Von der Ingelheimer Synode fällt schließlich Licht auf einen der wichtigsten Aufgabenbereiche Ottos des Großen, seine Kirchen- und Missionspolitik. Zu den Konzilsvätern gehörten auch die Bischöfe von Ripen, Schleswig und Aarhus, Suffragane des Hamburger Erzbischofs, die hier erstmals genannt werden. Die Inhaber der erst im gleichen Jahr begründeten drei dänischen Bistümer dürften zu Ingelheim im Beisein Ottos und des päpstlichen Legaten ordiniert worden sein. Neben dem jütländischen wurde zugleich das slawische Missionsgebiet jenseits der Elbe durch die Einrichtung der Bistümer Brandenburg und Havelberg in Angriff genommen. Die bestimmende Mitwirkung des Legaten Marinus ist hier ausdrücklich bezeugt. Da sie der Mainzer Kirchenprovinz zugeschlagen wurden, bestand der Plan einer eigenen Missionsmetropole für die heidnischen Slawen damals noch nicht. Die nahezu gleichzeitige Errichtung von fünf Missionsbistümern verrät gleichwohl, welches Gewicht Otto, anders als sein Vater, der Mission beizulegen gewillt war. Als Vorbild hatte sich bei den Sachsen die Gestalt Karls des Großen eingeprägt, den vor seiner Kaiserkrönung Papst Leo III. in Paderborn aufgesucht hatte. Hier ist Karl ein Jahrhundert später als ‹Sachsenapostel› gerühmt worden. Die Beteiligung des römischen Legaten zeigt, daß Otto von vornherein neben der seinigen die Zuständigkeit des Papstes bei der Bistumserrichtung berücksichtigte.

Das Beispiel Karls des Großen stand dem König erweislich vor Augen, als er 951 nach Italien aufbrach. Um König Hugo in Schach zu halten, hatte Otto seit 941/42 dessen mächtigsten inneren Gegner, den Markgrafen Berengar von Ivrea, ebenso unterstützt wie Hugo von Franzien gegenüber Ludwig IV. Beides ist der Sicherung Burgunds zugute gekommen, doch hier wie dort wurde ein Kurswechsel erforderlich. Berengars Rolle, die er zunächst erfolgreich gespielt hatte, entfiel, als sich dieser nach dem Tode Hugos und dessen Sohnes Lothar 950 in Pavia krönen ließ und Lothars Witwe Adelheid, die Schwester Konrads von Burgund, gefangensetzte. Das Hilfeersuchen ihrer Anhänger an Otto, den Schutzherrn des burgundischen Königshauses, war der unmittelbare Anlaß für die Expedition, in deren Verlauf Otto selbst die Königsherrschaft in Pavia antrat. Nach dem Tod Edgiths seit 946 Witwer, sicherte er die Herrschaft über das italische Regnum durch die Ehe mit Adelheid, wodurch zugleich die Verbindung mit dem burgundischen Königshaus verstärkt wurde.

Zu den Motiven des Unternehmens, das die deutsche Italienpolitik in folgenreicher Weise eingeleitet hat, gehört auch das Verhalten der süddeutschen Herzöge. Ottos Sohn Liudolf, designierter Thronfolger und Herzog von Schwaben, suchte dem Vater ohne dessen Wissen in Italien zuvorzukommen. Der Erfolg blieb ihm versagt, weil Heinrich von Bayern, sein Oheim, die Italiener hatte warnen lassen. Dies paßt zu der Nachricht, Heinrich habe seinerseits Aquileja besetzt. Die Sympathie, die ihm Adelheid geschenkt hat, könnte von ihren eigenen Anhängern geteilt worden sein, die sie schon befreit hatten, als Otto eintraf. Schwerlich ohne Zustimmung der legitimen Erbin des italischen Regnum hat schließlich Otto seinem Bruder zum bayerischen Dukat Verona, Aquileja und Istrien verliehen. Wie schon unter Heinrich I. erwies sich das Interesse der Schwaben und Bayern an Italien als ein Moment, das der König zu beachten hatte.

Von den Großen Italiens in Pavia ohne besondere Krönung als König anerkannt, führte Otto vorübergehend wie Karl der Große den Titel ‹König der Franken und Langobarden› und wollte nach dessen Vorbild von dieser Basis aus die Romfahrt antreten. Dies hätte sich folgerichtig an Ingelheim und die missionspolitischen Maßnahmen des Jahres 948 angeschlossen. Doch seine Gesandtschaft unter Führung Friedrichs von Mainz kehrte erfolglos aus Rom nach Pavia zurück. Neben der Stadtherrschaft des ‹Senators› Alberich, des Exponenten einer stadtrömischen

Erneuerungsbewegung, war damals kein Platz für einen abendländischen Kaiser. Der Mißerfolg belastete Ottos Verhältnis zu Friedrich von Mainz, der an der Seite des ebenfalls enttäuschten Liudolf den Rückweg antrat, bevor der König selbst im Frühjahr 952 heimkehrte. Die Auseinandersetzung mit Berengar überließ er seinem Schwiegersohn Konrad dem Roten.

Eines ungetrübten Erfolges konnte sich in Italien allein Heinrich von Bayern erfreuen, freilich um den Preis eines folgenreichen Bruches mit Liudolf, dem er in den Arm gefallen war. Nicht so sehr die neue Ehe des Vaters als vielmehr das als Verrat empfundene Verhalten des Oheims trieb diesen in eine Empörung, die sich alsbald zur letzten schweren inneren Krise des Reichs ausweiten sollte. Wie 939 trafen sich die Verschwörer in Saalfeld und bekräftigten ihren Bund bei einem Gastmahl. Als Konrad der Rote nach getroffener Übereinkunft mit Berengar in Magdeburg vor den König treten wollte, wurde er von diesem desavouiert, nachdem obendrein Berengar von Anhängern Liudolfs ein königlicher Empfang bereitet worden war. Offensichtlich trennte Heinrich und Adelheid sowie den König die Frage nach dem künftigen Status Berengars von der Opposition, der sich nun auch Konrad anschloß. Die Entscheidung über Berengar wurde auf einen Augsburger Tag im August 952 verschoben. Dort erhielten er und sein Sohn Adalbert gegen Leistung eines Vasallitätseides die Königsherrschaft in dem um die Abtretungen an Bayern verkürzten italischen Regnum: ein Kompromiß, der außer Heinrich niemanden befriedigen konnte. Friedrich von Mainz erreichte zwar einen vertraglichen Ausgleich zwischen den Parteien, den Otto jedoch bald widerrief, so daß sich nun auch der Mainzer Metropolit den Aufständischen anschloß. Vergeblich belagerte der König dessen Stadt und zog gegen Regensburg, nachdem die Opposition auch in Bayern Zulauf gewonnen hatte. Selbst in Sachsen fehlte es ihr nicht an Anhängern, zu denen der Billunger Wichmann der Jüngere und, wenigstens als Sympathisant, Markgraf Gero zählten.

Überwunden wurde die Krise schließlich durch neue Einfälle der Ungarn seit 954, die durch die Lähmung des Reichs angelockt wurden. Unter dem Druck der von außen hereingebrochenen Not schmolz der Kreis der Aufständischen bald zusammen, zumal der Verdacht einer Konspiration mit dem Landesfeind nahelag und von seiten des Königs alsbald erhoben wurde. Friedrich von Mainz gewann Ottos Vertrauen zurück, Konrad der Rote unterwarf sich, am Ende auch Liudolf selbst. Beide wurden in Gnaden aufgenommen, büßten jedoch ihre Herzogsämter ein. In Schwaben griff Otto auf die einheimische Herzogsfamilie zurück und erhob Burchard II., der durch die Ehe mit Hadwig, der Tochter Heinrichs von Bayern, dem Herrscherhaus verbunden wurde. In Lotharingien hatte der König schon 953 eine zukunftweisende, aus der

Reichskrise geborene neuartige Lösung von grundsätzlicher Bedeutung gefunden: Sein Bruder Brun, zum Geistlichen erzogen, Mitglied der Hofkapelle und Kanzler, war bereits seit 951 Erzkapellan, als er 953 zum Erzbischof von Köln und zugleich zum Oberherzog Lotharingiens aufstieg. Mit seiner Doppelfunktion steht Brun an der Nahtstelle zweier einander ablösender Herrschaftssysteme: Als Oberherzog (archidux) wurde nun auch der jüngere Königsbruder wie zuvor Heinrich an der Herrschaft beteiligt, in der Verbindung mit dem geistlichen Amt kündigt sich das die innere Ordnung bis zum Investiturstreit prägende ‹Reichskirchensystem› an. Den Mainzer Stuhl verlieh Otto nach Erzbischof Friedrichs Tod im Dezember 954 seinem vorehelichen Sohn Wilhelm.

Die Entscheidungsschlacht gegen die Ungarn zeigte das Reich am 10. August 955 auf dem Lechfeld bei Augsburg auf einem Höhepunkt innerer Geschlossenheit. Selbst ein böhmisches Aufgebot hatte sich eingefunden, und Konrad der Rote rehabilitierte sich an der Spitze einer fränkischen Abteilung, fand jedoch in der Schlacht den Tod. Der Feind erlitt eine so vernichtende Niederlage, daß die Ungarnplage für den westlichen Kontinent endgültig gebannt war. Bei den Ungarn hat sie den Übergang zu Seßhaftigkeit und Staatsbildung, ja binnen eines halben Jahrhunderts zum Anschluß an die christliche Kultur des lateinischen Europa geführt. Otto konnte sich als den Retter der Christenheit betrachten. In den Augen mancher Zeitgenossen, auch des Papsttums, hatte er die Kaiserwürde verdient. Zwei Schutzheiligen dankte er für ihre Sieghilfe, Laurentius als dem Tagesheiligen der Schlacht, dem er am Vorabend im Falle des Sieges die Hergabe seiner Merseburger Pfalz für die Gründung einer Bischofskirche zu dessen Ehren gelobt hatte, und dem heiligen Mauritius; seiner Lanze, die der König beim Kampf ergriff, wurde die Rettung aus kritischer Lage zugeschrieben. Noch vom Schlachtfeld aus sandte er Abt Hadamar von Fulda zu Papst Agapet nach Rom, um die Zustimmung zur Gründung des Merseburger Bistums und zur Umwandlung des Magdeburger Mauritius-Klosters in ein Erzstift zu erwirken. Sein größtes und kühnstes missionspolitisches Vorhaben, die Errichtung einer Missionsmetropole für die Slawenwelt jenseits von Elbe und Saale bei seiner Lieblingspfalz in Magdeburg, ist also unter dem unmittelbaren Eindruck des Ungarnsieges konzipiert und eingeleitet worden.

Das Thema der Elbslawen war zur Zeit der Ungarnschlacht ohnehin von großer Aktualität, da Liudolfs Aufstand und die Bindung der militärischen Kräfte im Süden den sächsisch-slawischen Grenzraum, vornehmlich die Nordmark, destabilisiert hatten. Zwei Neffen Hermann Billungs, Wichmann der Jüngere und Ekbert, Anhänger Liudolfs, hatten wendische Bundesgenossen gefunden. So mußte der König an den Ungarnsieg sogleich einen Feldzug gegen die Abodriten, Circipanen und Tolensanen in Mecklenburg anschließen. Erneut von böhmischen Kräften, aber auch von Rügenslawen unterstützt, errang er an der Recknitz einen von Zeitgenossen mit dem Ungarnsieg verglichenen Erfolg. Dabei trat ein wesentlicher Unterschied der Ostpolitik gegenüber Heinrich I. und dessen karolingischen Vorgängern zutage. Denn Otto wies das dem älteren Herkommen entsprechende wendische Angebot der Tributpflichtigkeit bei Wahrung politischer Autonomie zurück, um eine unmittelbare deutsche Herrschaft auf Kosten der slawischen Eigenstaatlichkeit durchzusetzen. So war im Südabschnitt, bei den Sorben, schon ein System von Burgwarden mit deutscher Besatzung eingerichtet worden, das langsam nach Norden ausgedehnt wurde und auch der Bistumsorganisation einen Rückhalt bieten sollte. Deutlicher als auf dem Boden des Altreichs treten hier die Züge einer auf direkte Königsherrschaft gerichteten Politik hervor. In der Intention vergleichbar erscheinen die in den Herzogtümern als Organe der Zentralgewalt eingesetzten Pfalzgrafen, ein Institut, das an die Königsboten Karls des Großen erinnert.

Ottos Bruder Heinrich, während der Lechfeldschlacht bereits auf dem Krankenlager, starb am 1. November 955. Die bayerische Herzogswürde ging an seinen minderjährigen gleichnamigen Sohn unter der Vormundschaft seiner Mutter Judith über, so daß die Verbindung von Königssippe und einheimischer Herzogsfamilie erhalten blieb. Als letzter aus dem sächsischen Hause sollte 1002 der Sohn dieses Heinrich als Heinrich II. die Thronfolge im Reich antreten. Brun von Köln, unter dessen oberherzoglicher Gewalt sich die künftige Teilung des ‹Regnum Lotharii› in ein oberlothringisches und ein niederlothringisches Herzogtum anbahnte, sorgte 954 nach dem Tode Ludwigs IV. von Westfranken an der Seite seiner Schwester, der Königinwitwe Gerberga, für die Nachfolge des minderjährigen Sohnes Lothar, dessen Reimser Krönung er beiwohnte, und sicherte so den Thron für die Karolinger. Als kurz danach auch Hugo von Franzien dahinschied und seine Witwe Hadwig, Gerbergas und Bruns Schwester, für die unmündigen Söhne das Erbe verwalten mußte, wuchs Brun im Westreich nahezu in die Rolle eines Mitregenten hinein.

Das Eingreifen in Italien hat Otto in diplomatische Berührung mit der Welt des Islam gebracht. Die Sarazenenfeste Fraxinetum (La Garde-Freinet nahe St-Tropez), die Italien und die Westalpenpässe bedrohte, unterstand dem Kalifen Abderahman III. von Cordoba, dem Gegner der nordafrikanischen Fatimiden. Dieser trug Otto 951 ein Freundschaftsbündnis an. Er dürfte im neuen Herrn Italiens einen Bundesgenossen bei der Verfolgung seiner mediterranen Interessen gesucht haben. Erst 954 erwiderte der König die Gesandtschaft. Er betraute den Mönch Johannes von Gorze mit der gefährlichen Mission, die dieser standhaft, wenn auch ohne greifbares Ergebnis, erfüllte, indem er am Hof des Kalifen seinen Herrn als den Repräsentanten der lateinischen Christenheit vertrat. Die Wahl seines Gesandten belegt Ottos enge Beziehung zu der von Gorze ausgegangenen lotharingischen Klosterreform. Bereits sein Vater hatte sie gefördert, und Brun von Köln stand ihr nahe. Schon das Magdeburger Mauritius-Kloster war mit Trierer Mönchen der Gorzer Observanz besiedelt worden.

Liudolf kehrte nach dem Tode seines Oheims Heinrich gänzlich in die Huld des Vaters zurück und wurde von ihm 956 zur Bekämpfung Berengars nach Italien geschickt. Binnen Jahresfrist war dort die ottonische Herrschaft wiederhergestellt, doch erlag Liudolf auf dem Rückmarsch am 6. September 957 einem Fieber. Zum Thronfolger wurde nunmehr Adelheids 955 geborener Sohn Otto ausersehen. Neue Opposition regte sich im Kreis der Königsfamilie bei Wilhelm, Ottos Sohn von einer slawischen Fürstentochter. Auch diese Herkunft mochte ihn zum Oberhirten der um zwei Wendenbistümer erweiterten Mainzer Kirchenprovinz prädestiniert haben. Um so heftiger protestierte er beim Papst wegen der Genehmigung des Magdeburger Erzbistumsplans, der unmittelbar in seine Metropolitanrechte eingriff, ohne daß er, obendrein päpstlicher Vikar im Reich, dazu gehört worden wäre. Sein Einspruch hat das Vorhaben zunächst blockiert.

Wilhelms Brief, einzigartiges Dokument schärfster Kritik an der ottonischen Kirchenpolitik, geißelt die Vermischung weltlicher und geistlicher Befugnisse: «Herzog und Graf nehmen die Aufgaben des Bischofs, der Bischof die des Herzogs und Grafen in Anspruch». Er brandmarkt das unkanonische Verfahren seines Oheims Heinrich von Bayern gegen Erzbischof Herold von Salzburg, der geblendet und aus dem Amt gejagt worden war, wegen Rebellion und Untreue gegen den König, wie später Papst Johannes XIII., das Verfahren deckend, bestätigt hat; er zielt aber wohl auch auf Bruns geistlich-weltliches Doppelamt und die damit einsetzende neue Kirchenpolitik, die ersten Anfänge des in den kommenden Jahren ausgestalteten ‹Reichskirchensystems›. Otto hat das von den Karolingern begründete kooperative Verhältnis von Kirche und Königtum nach den Erfahrungen mit seiner bisherigen, vornehmlich auf Königssippe und Laiengewalten gestützten Politik, vielleicht auch in Reaktion auf den partiellen Verzicht seines Vaters auf die Kirchenhoheit, nicht nur wiederhergestellt, sondern zu einer kräftigen und, wie sich zeigen sollte, stabilen zweiten Säule des Reichs weiterentwickelt. Durch großzügige Ausstattung nicht nur mit Gütern, sondern auch mit Hoheitsrechten wie Banngewalt, Gerichtsbarkeit, Zoll- und Münzregal, auch Marktrecht, am Ende sogar mit Grafschaften wurden die ‹Reichskirchen› zum Reichsdienst (servitium regis) befähigt und verpflichtet, ohne aus dem Obereigentum des Reichs auszuscheiden. Dabei kam dem Königtum auch die Überlegenheit der kirchlichen Verwaltung zugute. Überdies entfielen die erbrechtlichen Nachteile des Laienadels.

Zur Kirchenherrschaft legitimierte den König vornehmlich die mit der Krönung verbundene liturgische Herrschersalbung, die ihn als Stellvertreter des Himmelskönigs über den Adel und die fürstlichen Standesgenossen erhob. Dem korrespondierte die schon von den Karolingern als Gemeinschaft der Hofgeistlichkeit eingerichtete Hofkapelle, der auch die vom Kanzler geleitete Königskanzlei angehörte. Im Zusammenhang mit Liudolfs Aufstand ist die Zahl der Erzkapellanate reduziert worden. Salzburg verlor es mit dem Sturz Herolds endgültig, Trier seit der Einsetzung Bruns in Köln, der es seit dem Tode Friedrichs von Mainz zunächst allein versah. Dies mag Ottos Ziel gewesen sein, doch vermochte er es nicht zu erreichen. Es kennzeichnet seine Zwangslage in der Magdeburger Frage, daß Wilhelm von Mainz schon bald nach seinem Protestschreiben ebenfalls als Erzkapellan erscheint, nach Bruns Tod (965) sogar als einziger Inhaber dieser Würde. Fortan blieb das Amt des Erzkapellans und -kanzlers dem Mainzer Stuhl als Vorrecht seiner Inhaber reserviert. Voraussetzung für die Heranziehung vornehmlich der Bischofskirchen zu den Aufgaben von Königtum und Reich war nicht allein des Königs bestimmender Einfluß bei der Bischofseinsetzung, sondern auch die Heranbildung eines geeigneten und verläßlichen Nachwuchses. Durch überwiegend vom Hof geförderte Domschulen wie in Köln unter Brun selbst, in Würzburg, Hildesheim und Trier, die neben die klösterlichen Bildungszentren aus der Karolingerzeit traten und diese schließlich in den Hintergrund drängten, wurde das Reichskirchensystem schon in den fünfziger Jahren vorbereitet. Den Anfang hatte allerdings das Magdeburger Pfalzkloster gemacht, aus dem die spätere Domschule hervorging. Aus diesen Schulen rekrutierte sich die Hofkapelle, aus ihr mit den Jahren mehr und mehr der Episkopat. Beim Aufbau dieses auf die politischen Bedürfnisse des Hofes zugeschnittenen Bildungssystems standen der sächsisch-fränkische Raum und Lotharingien bezeichnenderweise im Vordergrund.

Diese kirchenpolitische Konzeption, zu der auch die Missionspolitik als Element der Ostpolitik gehörte, erforderte das Zusammenwirken mit dem Papst, von dem die Erzbischöfe das Pallium zu empfangen hatten und der allein Bistümer kanonisch errichten konnte. Dies hatte Otto bereits 948 bei den dänischen und wendischen Bistumsgründungen beachtet. Der Einspruch Wilhelms von Mainz gegen den Magdeburger Plan, dem sich Bischof Bernhard von Halberstadt anschloß, da Magdeburg zu seiner Diözese gehörte, war vollends nur im Bunde mit dem Papst zu überwinden. Es galt, die römische Kirche, freilich ohne Minderung ihres universalen Status, mit dem Reichskirchensystem zu verknüpfen. Als Lösung bot die karolingische Tradition das Kaisertum an.

Ottos Kaiserpolitik war keine Alternative zur Ostpolitik, sondern eine ihrer Voraussetzungen. Das Unternehmen von 951/52, bei dem auch süddeutsche und burgundische Interessen ihre herkömmliche Rolle gespielt hatten, war nicht nur bei der Kaiserfrage gescheitert. Nach Liudolfs Tod hatte Berengar seine Herrschaft restauriert. Doch gerade seine Erfolge arbeiteten Otto in die Hände. Denn als Berengar schließlich die päpstliche Landesherrschaft im ‹Kirchenstaat› selbst bedrohte, wandte sich Papst Johannes XII., Sohn des Senators Alberich, nach dem Muster Stephans II. und Leos III., die die fränkische Macht angerufen hatten, seinerseits zugleich mit italischen Gegnern Berengars um Hilfe an Otto den Großen.

Bevor der König im August 961 nach Italien aufbrach, ließ er zur Sicherung der Thronfolge seinen sechsjährigen Sohn Otto in Worms zum Mitkönig wählen und in Aachen, wo die Lotharingier der Wahl beitraten, von den Erzbischöfen Wilhelm, Brun und Heinrich von Trier salben und krönen. Anders als 936 ist der Mainzer Anspruch auf das Krönungsrecht gegen die beiden Rivalen, vor allem gegen Brun, nicht durchgesetzt worden. Die Leitung der Reichsgeschäfte wurde diesem für den Westen, Wilhelm für das übrige Gebiet anvertraut. In seiner Obhut befand sich auch der junge König während des Vaters Abwesenheit. Vielleicht hat Wilhelm schon dieser Vertrauensbeweis bewogen, die Opposition wegen Magdeburg aufzugeben, denn fortan befürwortete er selbst Zuwendungen an das Mauritius-Kloster. Mit seiner Stellvertretung in Sachsen betraute der König den Markgrafen Hermann, aus dessen wiederholten ‹Prokurationen› das spätere Herzogsamt der Billunger erwachsen sollte. Über Pavia erreichte Otto am 2. Januar 962 Rom. Vor seinem Einzug leistete er dem Papst den üblichen Sicherheitseid. Johannes XII. salbte und krönte ihn noch am gleichen Tage zum Kaiser, Adelheid zur Kaiserin. Vielleicht ist bei dieser Erneuerung des 924/28 erloschenen Kaisertums bereits die heute in Wien aufbewahrte Reichskrone gebraucht worden, die mit Sicherheit der ottonischen Zeit zuzuschreiben ist und wie die Heilige Lanze und der Aachener Thron zu den permanenten, auf das Amt, nicht nur auf die Person bezogenen Herrschaftszeichen zählen sollte. In ihrem Bildprogramm und der Symbolsprache ihrer Perlen und Edelsteine hat die Herrschaftstheologie des Zeitalters einen klassischen Ausdruck gefunden.

Auf die Krönung folgten zähe Verhandlungen, bei denen der Kaiser zunächst für die deutschen Erzbischöfe das Recht erwirkte, seine Sieghelfer auf dem Lechfeld, Laurentius und Mauritius, an deren Festtagen durch Anlegen des Palliums zu ehren. Sodann wurde wegen Wilhelms Rechtsbeschwerde über Agapets Verfügung von 955 ein neues Dekret über die Errichtung des Magdeburger Erzbistums und des Merseburger Bistums ausgehandelt. Darin erscheint Ottos Kaiserkrönung als Konsequenz seiner Heidenkämpfe, vornehmlich des Ungarnsieges. Wilhelms Einspruch führte zur Unterstellung Magdeburgs und des weiteren Ausbaus seiner Kirchenprovinz unter die kollektive Verantwortung aller deutschen Erzbischöfe als Repräsentanten der ‹Reichskirche›. Erst danach, am 13. Februar, bestätigte Otto im sogenannten Ottonianum die Privilegien seiner karolingischen Vorgänger für die römische Kirche, ohne freilich über den Status quo des ‹Kirchenstaates› trotz der ihm vorgelegten angeblichen Schenkungsurkunde Konstantins des Großen hinauszugehen. Er präzisierte erneut die herkömmlichen Bestimmungen über die Papstwahl und das vor der Weihe dem Kaiser zu leistende Treueversprechen des Gewählten.

Für die Notwendigkeit gerade dieser Bestimmungen lieferte Johannes XII. selbst, kaum daß der Kaiser zur weiteren Bekämpfung Berengars den Rücken gekehrt hatte, den drastischen Beleg. Unter Bruch seines Treueides wechselte er das politische Lager und nahm sogar Berengars Sohn Adalbert in Rom auf. Beide ergriffen allerdings die Flucht vor dem herannahenden Kaiser, der die Stadt besetzte, die Römer schwören ließ, hinfort keinen Papst ohne seine und seines Sohnes Zustimmung zu wählen, und den Papst, obwohl dieser nach kanonischem Recht keinem irdischen Richter unterstand, durch ein von ihm einberufenes und geleitetes Konzil absetzen ließ. Der mit seiner Zustimmung erhobene Leo VIII. konnte sich unter mancherlei Wechselfällen nur dank der kaiserlichen Waffen behaupten. Erst in Johannes XIII. (965–972) sollte Otto den zuverlässigen apostolischen Partner für seine Missionspolitik finden.

Sobald es die Lage in Rom und in Reichsitalien, wie das bisherige Regnum fortan genannt werden darf, zu erlauben schien, im Januar 965, kehrte Otto nach Deutschland zurück, nicht zuletzt, um in der Magdeburger Frage weiterzukommen. Das Dekret Johannes' XII. ermächtigte ihn, innerhalb der Reichskirche mit den Betroffenen einen Ausgleich zu suchen. Hierzu bot sein Magdeburger Hoftag im Juli Gelegenheit, wie die Teilnahme der Erzbischöfe Wilhelm von Mainz und Adaldag von Hamburg/Bremen mit mehreren sächsischen Bischöfen, darunter dem unmittelbar betroffenen Bernhard von Halberstadt, ferner Annos von Worms als vormaligen Abtes des Mauritius-Klosters und Adalberts, des späteren ersten Magdeburger Erzbischofs, erkennen läßt. Adalbert von St. Maximin zu Trier, der Heimat des Magdeburger Gründungskonvents, ‹Gorzer› Reformmönch wie der nach Cordoba entsandte Johannes, war 961 auf Wilhelms Rat als Missionsbischof zur Großfürstin Olga von Kiew entsandt worden. In Byzanz getauft, wollte sie sich nun kirchlich nach Westen orientieren. Bevor Adalbert eintraf, fiel jedoch in diesem ersten russischen Reich die historisch folgenreiche, endgültige Entscheidung für Byzanz. Enttäuscht mußte der ‹Rugenbischof› die Heimfahrt antreten. Inzwischen hatte sich jenseits der Oder unter dem Fürsten Mieszko (Miseko) ein neues slawisches Reich, das polnische, gebildet, das sich bald dem lateinischen Kulturkreis anschließen sollte. Mieszkos Tributpflicht ‹bis zur Warthe› und sein Freundschaftspakt mit dem Kaiser sind die letzten bedeutenden Leistungen Markgraf Geros vor seinem Tode am 20. Mai 965 gewesen. Als Gatte der christlichen Tochter Boleslavs von Böhmen nahm Mieszko auch die Taufe, und bald folgte ihm darin der Dänenkönig Harald Blauzahn. So war das Gebiet der heidnischen Elbslawen, das unmittelbare Missionsfeld des geplanten Erzbistums, rings von christlichen Staaten umgeben.

Wilhelm hat in Magdeburg der Überführung seiner Suffragane Brandenburg und Havelberg in die künftige Magdeburger Kirchenprovinz zugestimmt und wurde vom Kaiser mit der weiteren Verfolgung des Projektes betraut. Wahrscheinlich ist ihm als Entschädigung die Angliederung des erst 976 ins Leben getretenen Bistums Prag in die Mainzer Provinz zugesichert worden. Auch spricht manches dafür, daß ihn Otto nach der Kaiserkrönung vom Papst zum Primas der deutschen Reichskirche mit dem Recht der Königskrönung hatte ernennen lassen. Bis zu seinem Tode verharrte jedoch Bernhard von Halberstadt in kanonischer Resistenz. Bereits Ende 966 nach Italien zurückgekehrt, führte Otto an der Seite Johannes' XIII. den Vorsitz einer von römischen, italischen und deutschen Bischöfen besuchten Synode zu Ravenna und partizipierte so schon zum wiederholten Male als Kaiser an der apostolischen Amtsgewalt. In einem auch vom Kaiser unterzeichneten Dekret, dem dritten in der Magdeburger Frage seit 955, verfügte Johannes XIII. die Errichtung des Erzbistums für das transelbische Missionsgebiet. Er berief sich dabei auf die apostolische Autorität, mit der angeblich auch der Patriarchat der Kaiserstadt Konstantinopel errichtet worden sei, und beschrieb damit in der Tendenz nicht ganz unzutreffend die Rolle, die Otto seiner Lieblingspfalz zugedacht hat. Dementsprechend sollte die neue Metropole entgegen den Bestimmungen von 962 in ihrem Rang nunmehr den älteren gleichgestellt sein. Als Suffraganbistümer wurden Brandenburg und Havelberg sogleich, für den weiteren Ausbau Merseburg, Zeitz und Meißen zugewiesen. Die wegen des Halberstädter Widerspruchs offengebliebenen Fragen sind erst 968, nach Bernhards und Wilhelms Tod, geregelt worden.

Wilhelms Nachfolger Hatto war als Abt von Fulda wie Hadamar Ottos Verbindungsmann zur Kurie gewesen und unterstützte die Ravennater Beschlüsse ohne Vorbehalte. In Halberstadt wurde jedoch auf Bernhards Empfehlung Hildeward, Sohn des als Verschwörer 941 umgekommenen Grafen Erich, gewählt. Nur widerwillig hat er sich dem Kaiser und seinem Metropoliten soweit gefügt, daß der Papst dem ‹Rugenbischof› Adalbert am 18. Oktober 968 das Pallium erteilen und ihn damit als Magdeburger Erzbischof ordinieren konnte. Die päpstliche Autorität scheint die Mängel des Verfahrens zunächst überdeckt zu haben. Erst als Kaiser und an der Seite Johannes XIII., seines gleichgestimmten Partners auf dem Stuhle Petri, hat Otto somit die Widerstände überwinden können, die sich ihm gerade auch in sächsischen Kreisen entgegenstellten. Die Opposition reichte in die Sippe Hermann Billungs hinein, der selbst Hildewards Wahl bestätigt hatte. Adalbert gehörte ihr an und ist Otto – wohl aus diesen Kreisen – schließlich als Kandidat sogar aufgenötigt worden. Endlich hat der Kaiser auch den Gedanken an eine einzige Missionsmetropole für das gesamte transelbische Slawenland fallen lassen und der Unterstellung des erst nach 968 für die Abodritenmission gegründeten Bistums Oldenburg unter das Erzbistum Hamburg zugestimmt. Die für 968 bezeugte Gründung eines polnischen Bistums in Posen erscheint aus zeitlichen Gründen eher als ein kirchenpolitischer Gegenzug Mieszkos denn als das Ergebnis einer Magdeburger Initiative.

Bei seinem letzten Italienzug war Otto einem Hilferuf des aus Rom vertriebenen Papstes gefolgt. Doch Johannes XIII. konnte von Capua schon zurückkehren, als der Kaiser nahte, um in Rom ein drakonisches Strafgericht zu halten. So waren Papst und Kaiser aufeinander angewiesen. Otto hat seine imperiale Aufgabe als Schutzherr der römischen Kirche und der lateinischen Christenheit ernstgenommen und sich von ihr nunmehr sechs Jahre in Italien festhalten lassen. Zunächst galt es, den ‹Kirchenstaat› gegenüber dem byzantinischen Süditalien zu sichern. Hier fand er in den Brüdern Pandulf und Landulf, den Herren der langobardischen Fürstentümer Capua und Benevent, treue Bundesgenossen. Pandulf von Capua huldigte dem Kaiser und wurde obendrein mit den Markgrafschaften Spoleto und Camerino belehnt, Landulf folgte für Benevent dem Beispiel des Bruders. Johannes XIII. erhob die Kirchen von Capua und Benevent, diese wiederum unter Mitwirkung des Kaisers, der das Palliumsprivileg unterzeichnete, zu Metropolitansitzen. Das Auftreten der westlichen Kaisermacht an der Grenze des byzantinischen Hoheitsgebietes rief alsbald die östliche auf den Plan. Es kam zum bewaffneten Konflikt, bei dem Berengars Sohn Adalbert an der Seite Ostroms ein letztes Mal vergeblich sein Schicksal zu wenden suchte. Erfolglos blieb aber auch der Kaiser bei der Belagerung von Bari. Die Kämpfe blockierten schwebende Verhandlungen über ein Ehebündnis der beiden Kaiserhäuser, die Otto eingeleitet hatte. Auch um der Gleichrangigkeit willen hat er am Weihnachtstag 967 seinen gleichnamigen Sohn und Mitkönig nach karolingischem Vorbild vom Papst zum Mitkaiser krönen lassen. Vergeblich ließ er um eine Tochter Kaiser Romanos' II. als Braut für seinen Sohn werben. Erst nach einer Palastrevolution, bei der Kaiser Nikephoros Phokas ermordet wurde und Johannes Tzimiskes auf den Thron gelangte, kam es zum Friedensschluß. Theophanu, eine Nichte des Johannes, wurde Ottos Hof zugeführt. Am 14. April 972 wurde sie in Rom vom Papst mit Otto II. vermählt und gekrönt.

Während so vieler Jahre war es dem Kaiser nicht ganz gelungen, die sächsische Politik aus der Ferne zu lenken. Hodo, Markgraf der Ostmark, hatte eigenmächtig Mieszko von Polen angegriffen und eine schwere Niederlage hinnehmen müssen. Otto gebot beiden Parteien Frieden. Sein schriftlicher Befehl, den Redariern keinen Frieden zu gewähren, wurde von einem Landtag zu Werla unter Vorsitz Hermann Billungs verworfen, dieser selbst ließ sich in Ottos Magdeburger Pfalz von Erzbischof Adalbert mit königlichen Ehren empfangen. In Kreisen, die sich am Aufstand Liudolfs beteiligt hatten, begann es wieder zu gären. Ottos lange Abwesenheit mag auch den Stammesstolz auf das eigene Königtum verletzt haben. Hinzu kamen die tiefen Eingriffe von Kaiser und Papst in die kirchlichen Verhältnisse. All dies belastete in Sachsen die Rompolitik als solche. Der sonst loyale, dem Ottonenhaus ergebene Geschichtsschreiber Widukind von Corvey läßt in seiner Sachsengeschichte deutliche Vorbehalte gegenüber Magdeburg und dem Romkaisertum erkennen. So konnte zu Ottos Motiven, von einem geplanten Unternehmen gegen die Sarazenenfeste Fraxinetum abzusehen und im August 972 vorzeitig nach Deutschland zurückzukehren, auch das Gerücht über einen drohenden sächsischen Aufstand gehören.

Zu Ingelheim versammelte sich um den Kaiser im September ein Großteil des deutschen Episkopats mit allen sechs Erzbischöfen. Hier dürfte das Bistum Oldenburg mit dem abodritischen Missionsfeld der Hamburger anstelle der Magdeburger Metropole unterstellt worden sein, vielleicht auch aus Enttäuschung des Kaisers über Erzbischof Adalbert, den er wegen der unpassenden Ehrung des Billungers bereits mit empfindlicher Buße belegt hatte. Über Frankfurt, wo er Weihnachten feierte, eilte Otto nach Sachsen und besuchte Magdeburg zum ersten Male nach Gründung des Erzbistums. Mit großem Gepränge feierte er hier den Palmsonntag und bedachte die Kathedrale mit vielen kostbaren Geschenken. Den Höhepunkt der triumphalen Heimreise bildete der große Osterhoftag zu Quedlinburg. Auf Befehl des Kaisers fanden sich die Herzöge Boleslav von Böhmen und Mieszko von Polen ein, dazu kamen Gesandte der Griechen, Beneventaner, Ungarn, Bulgaren, Dänen und slawischer Stämme. Gesandte der in Afrika und Sizilien herrschenden Fatimiden erreichten den Hof in Merseburg um Christi Himmelfahrt. Glänzender hätte die Weltgeltung des Kaisers kaum in Erscheinung zu treten vermocht. Mit Genugtuung konnte Otto der Große auf sein Lebenswerk zurückblicken, als er, kaum eine Woche später, am 7. Mai 973, in der Pfalz Memleben, wo schon sein Vater gestorben war, von einem Fieber ergriffen wurde und «ohne Klagelaut in großer Ruhe» verschied. Im Magdeburger Dom, den er selbst erbaut und zu seiner Grablege bestimmt hatte, wurde er unter der schlichten Marmorplatte beigesetzt, die noch heute seine Tumba bedeckt.

Otto III.

983–1002

Von Helmut Beumann

Als «Wunder der Welt», als einer, der «Großes ersann, ja sogar Unmögliches», erschien er der Nachwelt bald nach seinem Tode. Als groß, ja unmöglich galt sein Gedanke, der Stadt Rom ihre alte Stellung als Haupt des Erdkreises wiederzugeben und das Römerreich zu erneuern. Vor allem in Sachsen kritisierten schon Zeitgenossen diese neue Kaiserpolitik. Der Himmel möchte es ihm verzeihen, daß er den Polenherrscher Boleslaw Chrobry aus einem Tributabhängigen zu einem Herren gemacht habe, urteilte der dem Kaiser sonst gewogene Bischof Thietmar von Merseburg. Hat Otto III., der Sohn Ottos II. und seiner griechischen Gattin Theophanu, als Ideologe und religiöser Schwärmer das politische Erbe der Väter leichtfertig aufs Spiel gesetzt und bei seinem vorzeitigen Tod einen Trümmerhaufen hinterlassen? So jedenfalls erscheint sein Bild in der deutschen Geschichtsschreibung seit dem 19. Jahrhundert. Den Polen und Ungarn gilt er allerdings als Geburtshelfer der eigenen nationalen Existenz. Doch liefert der nationalgeschichtliche Gesichtspunkt den zeitgerechten Beurteilungsmaßstab? Wir wissen heute, daß die Bildung europäischer Nationen erst mit dem Zerfall des fränkischen Großreiches im 9. Jahrhundert eingesetzt hat und als ein langer und noch während des 10. Jahrhunderts eher unterschwelliger Prozeß der Entwicklung eines überstammlichen Gemeinschaftsbewußtseins, einer neuen Identität, angesehen werden muß. Da kann es nicht mehr überraschen, daß sich die ottonischen Herrscher als Nachfolger der ostfränkischen Karolinger in ihrem politischen Handeln weiterhin an karolingischen Mustern orientiert haben. Dies gilt vor allem für die Kaiserpolitik und für die mit ihr komplementär verbundene Missionspolitik. In der gleichen Tradition steht zunächst auch Otto III., der sogar in seiner Verehrung für Karl den Großen von keinem Vorgänger übertroffen wird. Doch nicht darauf zielt die zeitgenössische wie die moderne Kritik, sondern auf die besondere Weise, in der er, eine Devise Karls des Großen aufgreifend, die ‹Erneuerung des Römerreichs› in bis dahin unerhörter Buchstäblichkeit zu seinem Programm gemacht hat.

983, bei seinem Reichstag zu Verona, ließ Otto II. den dreijährigen Sohn zum Mitkönig wählen. So hatte schon Otto der Große durch Mitkönigtum (961) und Mitkaisertum (967) seines gleichnamigen Sohnes nach karolingischem und byzantinischem Vorbild die Thronfolge gesichert. Wie 961 folgten auch jetzt Königssalbung und -krönung in der Aachener Pfalzkapelle Karls des Großen. Galt Aachen, wo Otto der Große 936 zum König gewählt und gekrönt worden war, als der rechte Krönungsort, so ist die Veroneser Wahl die einzige deutsche Königswahl geblieben, die nicht auf ‹fränkischer Erde› stattgefunden hat, wenn auch auf dem Boden des deutschen Reiches, dem Verona mit seiner Mark seit 952 angehörte. Ebenso singulär war die Beteiligung italienischer Großer an der Wahl und des Erzbischofs von Ravenna an der Aachener Krönung. Das Programm eines Einheitsreiches aus Deutschland und Italien

Herrscherbild Ottos III. Evangeliar Ottos III., Reichenau, um 1000. – Bayerische Staatsbibliothek München, Cod. lat. 4453, fol. 24ʳ (Foto: Bayerische Staatsbibliothek).

zeichnete sich ab. Bei Otto III. scheint dieser Gedanke nachgewirkt zu haben, als er 998 die bisher getrennten Ämter des Kanzlers für Deutschland und Italien in der Hand seines deutschen Kanzlers Heribert vereinigte.

Dem Reichstag von Verona war die Niederlage vorausgegangen, die Otto II. im Kampf mit den Sarazenen zu Cotrone in Calabrien hatte hinnehmen müssen. Schwerer wog im Sommer 983 der große Aufstand des elbslawischen Stammesbundes der Liutizen, von dem auch die Abodriten, ihre nördlichen Nachbarn, mitgerissen wurden. Zwar konnte Magdeburg, die Missionsmetropole Ottos I., gehalten werden, doch brachen große Teile des politischen und missionarischen Werkes jenseits der Elbe bis in die Altmark hinein zusammen. Zu den Opfern gehörten die Bischofskirchen von Havelberg und Brandenburg. Als den Kaiser die Hiobsbotschaft in Italien erreichte, waren seine Tage bereits gezählt. Am 7. Dezember 983 starb er zu Rom im Alter von 28 Jahren. Als einziger deutscher Herrscher ist er dort, im Atrium von St. Peter, beigesetzt worden. Ein Mosaik, das Christus zwischen Petrus und Paulus zeigte, schmückte den antiken Sarkophag: Wie die Wahl zu Verona auch dies von programmatischer Bedeutung, ein Bekenntnis zur Apostelstadt, die neben Aachen zum Brennpunkt der Lebensbahn des Sohnes werden sollte.

De iure herrschte nach der Rechtsgewohnheit auch der minderjährige König selbst, und mit kindlicher Hand vollzog Otto III. die in seinem Namen ausgestellten Diplome. Wohl aber bedurfte er eines Vormundes bis zur Erreichung der Volljährigkeit mit 15 Jahren. Darüber kam es zu einer politischen Krise, doch gelang es dem Erzbischof und Erzkanzler Willigis von Mainz, die Ansprüche der beiden Kaiserinnen Theophanu und Adelheid, der Mutter und der Großmutter des Kindes, gegen den Bayernherzog Heinrich den Zänker und König Lothar von Frankreich, beide Vettern Ottos II., durchzusetzen. Heinrich der Zänker, der einstige Gegner Ottos II., dem sein bayerisches Herzogtum entzogen worden war, hatte jetzt den königlichen Knaben in der Hand. Erst nach wechselvollen Kämpfen übergab er ihn im Mai 984 der Mutter. Anfangs hatte ihn ein Großteil der Fürsten, auch der geistlichen, unterstützt. Es schadete ihm jedoch, daß er bald selbst offen das Königtum für sich beanspruchte. Ostern 983 ließ er sich in Quedlinburg sogar von seinen Anhängern förmlich wählen. In Lotharingien wurde ihm der westfränkische Karolinger Lothar III., Sohn Gerbergas, der Schwester Ottos I., entgegengestellt. Die Stunde für eine Rückgewinnung Lotharingiens schien gekommen, und schließlich ist auch Heinrich der Zänker, da ihm Bayern zunächst weiterhin vorenthalten wurde, bereit gewesen, diesen Reichsteil als Preis für die Unterstützung seines Kampfes um das deutsche Königtum zu zahlen. Erst als für den ‹Zänker› aufgrund eines umständlichen Revirements der bayerische Herzogstuhl freigemacht worden war, löste sich die Krise. In Quedlinburg, der ottonischen ‹Osterpfalz›, wo Heinrich drei Jahre zuvor nach der Königswürde gegriffen hatte, kam zu Ostern 986 das konsolidierte Reich zu festlicher Selbstdarstellung: An eine ‹Festkrönung› des königlichen Knaben schloß sich, wie einst bei der Aachener Krönung Ottos I. 936, ein Krönungsmahl an, bei dem wieder, nur in anderer Verteilung, die Hofämter von den Herzögen wahrgenommen wurden. Boleslav von Böhmen und Mieszko von Polen, die am gleichen Ort 983 Heinrich dem Zänker gehuldigt hatten, erwiesen das gleiche nunmehr Otto III.

Ein großer Tag vor allem auch für die Griechin Theophanu, die ihre Schwiegermutter bereits vom Hofe verdrängt hatte. Die gemeinsame Regentschaft der in den Fünfzigern stehenden Adelheid und der etwa um die Hälfte jüngeren Theophanu war durch eine Aufgabenteilung abgelöst worden. Adelheid übte die Reichsherrschaft in Italien, dessen Königin sie gewesen war, aus. Willigis, die wohl bedeutendste Gestalt jenes Jahrhunderts auf dem Mainzer Stuhl, mochte die Doppelregentschaft der Kaiserinnen auch deshalb geschaffen haben, weil er mit Vorbehalten der deutschen Fürsten gegen die Griechin rechnete. Doch die Nichte des Kaisers Johannes Tzimiskes, die 972 anstelle einer ‹echten›, purpurgeborenen Prinzessin eingetroffen war und insofern zunächst enttäuscht hatte, zeigte sich der Herausforderung, vor die sie das Schicksal stellte, gewachsen.

Inzwischen war nach dem Tode des Johannes Tzimiskes 976 die legitime Makedonendynastie mit Basileios II. auf den Thron zurückgekehrt. Es folgte eine fast zehnjährige innere Krise, bevor sich der neue Kaiser durchsetzen und als glänzende Herrschergestalt bewähren konnte. Sie bildet den Hintergrund für die Invasion der Sarazenen in das byzantinische Süditalien wie für den Kriegszug Ottos II., der an der Seite Theophanus Apulien besetzte und Tarent einnahm. Das Ehebündnis der beiden Kaisermächte hatte seit dem oströmischen Thronwechsel seine politische Funktion verloren, wenn es nicht die Beziehungen gar belastete. Ausgerechnet vor Tarent, auf byzantinischem Reichsboden, erweiterte Otto II. seinen Herrschertitel um den Römernamen (‹Romanorum imperator augustus›), im Widerspruch zur Kanzleitradition des Westens seit Ludwig dem Frommen, wenn nicht schon seit dem Ausgleich Karls des Großen mit Byzanz 812, bei dem der Franke zugunsten Ostroms auf den Römernamen verzichtet haben dürfte. Demonstrativ stellte jetzt Otto II. an der Seite Theophanus, der ‹Teilhaberin seiner Kaiserherrschaft›, den exklusiven Anspruch Ostroms auf das römische Kaisertum in Frage.

Als ‹Teilhaberin der Kaiserherrschaft› war schon Adelheid in den Diplomen Ottos des Großen bezeichnet worden. Die Doppelregentschaft beider Kaiserinnen mag sich auch darauf gestützt haben. Auf jeden Fall hat Theophanu staatsrechtliche Konsequenzen gezogen. Im Herbst 989 zog sie ohne ihren Sohn nach Rom und nahm dort eigene Herrschaftsrechte als Kaiserin, ja sogar als ‹Kaiser› (imperator augustus), als ‹Herr Kaiser Theophanius› (Dominus Theophanius imperator) in Anspruch.

In die Zeit ihrer Regentschaft fällt ein Vorgang von grundlegender Bedeutung für die Geschichte Frankreichs: die endgültige Ablösung des karolingischen Hauses durch die Kapetinger. Nach wie vor belastete der karolingische Anspruch auf Lotharingien das Verhältnis zum Reich. Seit Lothar III. sich um die Vormundschaft Ottos III. bemüht hatte, herrschte an der Westgrenze Deutschlands Kriegszustand. Doch eine Schlüsselfigur des westfränkischen Episkopats, Erzbischof Adalbero von Reims, gehörte zu den Freunden des ottonischen Hauses. Er wurde zum Hauptakteur bei der Regelung der Thronfolge, als Ludwig V., Sohn und Nachfolger Lothars, 987 einem Jagdunfall erlag. Vor den zur Wahl versammelten Fürsten erklärte er Karl, den Bruder Lothars, der als Herzog von Niederlothringen Vasall des deutschen Königs war, für ungeeignet und erreichte die Erhebung des mächtigsten westfränkischen Kronvasallen, des Herzogs von Franzien, Hugo Capet. Noch konnte niemand die geschichtliche Tragweite der Entscheidung erkennen. Denn der Ausgang des Kampfes, den Karl alsbald um sein Erbe antrat, war ungewiß.

Der Kapetinger beeilte sich, durch einen bedingungslosen Friedensschluß mit der Reichsregierung Entlastung und politischen Rückhalt gegenüber dem Rivalen zu gewinnen. Doch schon bald gab er der Kaiserin das Motiv, die Partei zu wechseln und dem bewaffneten Kampf des Karolingers um seinen Anteil am westfränkischen Erbgut des eigenen Hauses zuzustimmen. Denn kaum hatte Hugo Weihnachten 987 nach ottonischem Vorbild seinen Sohn Robert zum Mitkönig krönen lassen, als er auch schon in Byzanz bei Kaiser Basileios um die Hand einer Prinzessin für den Thronfolger werben ließ und damit das Angebot eines gegen das Ottonenreich gerichteten Bündnisses verband. Keines von beidem ist zustande gekommen, doch mußte die bloße Absicht die Kaiserin in empfindlichster Weise treffen. Die Folgen zeigten sich beim Streit um das Reimser Erzbistum, der nach dem Tode Adalberos 989 ausbrach. Nachfolger wurde mit Zustimmung König Hugos der illegitime Karolinger Arnulf, der auch vom Papst bestatigt wurde, jedoch alsbald auf die Seite Karls von Lothringen trat. Hugo beantwortete den Treubruch mit rücksichtsloser Kriegslist, durch die er beide Karolinger in seine Hand brachte. Karl starb in der Haft, dem Erzbischof wurde vor einem Nationalkonzil auf Betreiben des Königs der Prozeß gemacht. Hier kam es zu vehementen Angriffen gegen die römische Kirche und das Papsttum, zu einem Höhepunkt der mittelalterlichen Romkritik, nachdem Johannes XV. es abgelehnt hatte, die geplante Absetzung Arnulfs zu sanktionieren. König und Konzil wagten den Konflikt mit Rom und erhoben anstelle Arnulfs einen Mann, den schon Adalbero zu seinem Nachfolger ausersehen hatte: Gerbert von Aurillac. Auf eine Bestätigung durch die Kurie konnten er und sein König nach der offenen Kampfansage um so weniger hoffen, als sein auf unkanonische Weise gestürzter Vorgänger Arnulf nicht nur Rom, sondern auch die Reichsregierung und den Primas des deutschen Episkopates, Willigis von Mainz, weiterhin auf seiner Seite hatte.

Gerbert, der berühmteste Gelehrte seiner Zeit, war beim Kaiserhof kein Unbekannter. Seine ungewöhnlichen Kenntnisse in Mathematik, Musik und Astronomie hatten bereits die Aufmerksamkeit Papst Johannes' XIII. und Ottos I. erweckt, doch zog es den Aquitanier an die Reimser Domschule, wo er unter Adalbero ein Lehramt erhielt. Auf Einladung Ottos II. und in dessen Gegenwart hat er 980 zu Ravenna mit Ohtric, dem berühmten Leiter der Magdeburger Domschule, ein Streitgespräch über die Einteilung der Philosophie geführt. Der Kaiser belohnte ihn mit der Abtei Bobbio, doch strebte Gerbert trotz der einzigartigen Bücherschätze des Klosters 984 wieder nach Reims und wurde Adalberos wichtigster Ratgeber und ständiger Verbindungsmann zum Kaiserhof. Der Reimser Streit und der Frontwechsel Arnulfs stürzten ihn dann freilich in einen schweren Loyalitätskonflikt. Er ergriff schließlich die dargebotene Hand des Kapetingers und trat in Hugos Hofkapelle ein, wohlwissend, daß er sich damit von der Kaiserin trennte. Doch waren Theophanus Tage schon gezählt. Am 15. Juni 991 erlag sie zu Nimwegen einer Krankheit. Indessen stellte Gerbert seine gewandte Feder in den Dienst der antipäpstlichen Kampagne König Hugos und seines Episkopats. Auf dem Reimser Erzstuhl, den er auf diesem Wege erlangte, mußte er freilich erfahren, was die Kooperation selbst eines durch römische Adelsherrschaft geschwächten Papsttums mit einer nur vormundschaftlichen Reichsregierung und mit Willigis von Mainz an der Spitze des deutschen Episkopats vermochte.

Auf ähnliche Erfahrungen konnte die ottonische Missionspolitik zurückblicken. Namentlich bei den Metropolitansitzen, bei der Gründung von Erzbistümern und ihrer Besetzung waren die jurisdiktionellen Zuständigkeiten des Papstes unbestritten. Schon 948, bei der Gründung von Missionsbistümern in Dänemark und im Slawenland zwischen Elbe und Oder, hatte sich Otto I. der Mitwirkung eines päpstlichen Legaten versichert. Für seinen nach der Lechfeldschlacht 955 gefaßten Plan, die organisatorische Lücke an der Missionsfront zwischen den Erzbistümern Hamburg-Bremen im Norden und Salzburg im Süden zu schließen und in Magdeburg eine Missionsmetropole für die slawische Welt jenseits von Elbe und Saale zu schaffen, hatte Otto I. zuallererst die Zustimmung Roms gesucht. Als Kaiser hatte er im Bunde mit dem Papst die deutschen Widerstände gegen das namentlich die Mainzer Interessen verletzende Vorhaben überwunden. Gerade die Kaiserwürde war hier zum entscheidenden Hebel geworden. Die beiden zur Magdeburger Frage vorliegenden päpstlichen Synodaldekrete lassen daran keinen Zweifel. In dem einen werden als Voraussetzung der erst zehn Tage zurückliegenden Kaiserkrönung die Heidensiege und Missionserfolge des Königs bezeichnet, 967 wurde Otto der Große in seinen Leistungen für die römische Kirche mit Konstantin dem Großen verglichen. Diesen Vergleich hatte sich Otto vor allem durch sein großes Privileg für die römische Kirche verdient. Er bezog sich auf das zu Rom in der zweiten Hälfte des 8. Jahrhunderts entstandene angebliche ‹Constitutum Constantini›, die berühmte ‹Konstantinische Fälschung›, die dem Kaiser 962 in Form eines eigens hergestellten fingierten Originals vorgelegt worden war. Nach dieser Urkunde hatte Konstantin dem Papst Silvester I. und seinen Nachfolgern kaiserliche Rechte und Insignien, sogar die eigene Kaiserkrone übertragen, ferner die Herrschaft über Rom, Italien und die sonstigen ‹westlichen Regionen›. Er selbst habe seinen Sitz nach Byzanz verlegt, da es nicht recht sei, daß der irdische Kaiser dort Amtsgewalt übe, wo der ‹Prinzipat der Priesterherrschaft› und das Haupt der christlichen Religion vom himmlischen Kaiser eingesetzt seien.

Die missionspolitische Bedeutung der Kaiserwürde war deutlich geworden, der sicherste Weg in das weite östliche Missionsfeld führte über Rom. Doch dieses Feld selbst hatte sich während der zwölf Jahre seit dem Ungarnsieg verändert. Jenseits der Oder herrschte Mieszko I. über das von ihm geschaffene polnische Reich. Nach seiner Ehe mit Dobrava aus dem christlichen Hause der böhmischen Přemisliden hatte er seinerseits die Taufe genommen. Ein polnisches Bistum mit Sitz in Posen entstand 968, im Jahr der Einsetzung Adalberts als des ersten Magdeburger Metropoliten. Obwohl die Magdeburger Kirche nach dem Willen des Kaisers für alle schon bekehrten und noch zu bekehrenden Slawenvölker zuständig sein sollte, verlautet von einer Unterstellung Posens nichts. Die einzige Einschränkung des umfassenden Magdeburger Programms ist dies nicht geblieben. Das 972 gegründete Abodriten-Bistum Oldenburg ist nicht Magdeburg, wie vom Kaiser ursprünglich beabsichtigt, sondern Hamburg-Bremen unterstellt worden, das Bistum Prag der Mainzer Kirche als Entschädigung für die durch Magdeburg erlittenen Einbußen. Dies ging zu Lasten Salzburgs, dessen Regensburger Suffraganbistum seit dem 9. Jahrhundert für Böhmen zuständig gewesen war. Doch seit der Zeit Heinrichs I. konkurrierte in Böhmen sächsischer Einfluß mit Regensburg. Dafür spricht der auf das Kloster Corvey zurückgehende Vitus-Kult in der von Wenzel auf der Prager Burg errichteten Kirche, der im Veitsdom weiterleben sollte. Während 967/68 die Gründung des Magdeburger Erzbistums zur Entscheidung kam, erging aus

Corvey ein leidenschaftlicher Appell zugunsten des Vitus-Kultes an den Kaiserhof. Dies läßt sich um so eher auf Prag beziehen, als vielleicht schon der erste Prager Bischof, mit Sicherheit aber der dritte aus dem Corveyer Vitus-Kloster hervorgegangen ist. Die scharfe bayerische Opposition gegen Otto II. mußte ohnehin für die Etablierung eines wenigstens kirchenpolitischen Gegengewichts gegen die traditionellen bayerisch-böhmischen Verbindungen sprechen. Die kirchliche Eingliederung Böhmens in die Mainzer Kirchenprovinz erklärt sich aber auch aus der überragenden Stellung des Erzbischofs Willigis, des Erzkanzlers Ottos II., dem der Papst 975 den Vorrang vor allen Erzbischöfen und Bischöfen Deutschlands und das Recht, den König zu krönen, verliehen hatte.

Für Böhmen selbst handelte es sich um einen wichtigen Schritt auf seinem geschichtlichen Wege, der es immer enger mit dem Reich verbinden sollte bis hin zur Aufnahme seiner Herrscher in den Kreis der Reichsfürsten. Der Vergleich mit Polen, das diesen Weg eben nicht gegangen ist, läßt die Bedeutung der Kirchenpolitik hervortreten. Dabei ist es gerade der Pole Mieszko, von dem uns zum Quedlinburger Hoftag Ottos III. von 986 berichtet wird, er habe dem König die Lehnshuldigung geleistet, nicht jedoch der gleichfalls erschienene Boleslav II. von Böhmen. In den letzten Jahren Ottos III. ist Boleslav III. von Böhmen sogar Vasall des Markgrafen Ekkehard von Meißen gewesen, während Polen damals in ganz ungewöhnlicher Weise an das Imperium gebunden wurde.

Der große Aufstand der Elbslawen im Jahre 983, der Rückfall des mächtigen Stammesbundes der Liutizen ins Heidentum hatte die Lage im Osten grundlegend verändert. Eine Allianz des unmittelbar betroffenen Nachbarn, des christlichen Polenherrschers, mit dem Reich lag nahe. Dementsprechend beobachten wir mannigfaltige Eheverbindungen des polnischen Piastenhauses mit dem sächsischen Adel. Mieszko I. verband sich in zweiter Ehe mit Oda, Tochter des Markgrafen Dietrich von der Nordmark. Sein Sohn Boleslaw Chrobry heiratete eine Tochter des Markgrafen Rikdag von Meißen aus dem Hause der Ekkehardiner, in dritter Ehe verband er sich 987 mit Emnildis, wiederum einer Ekkehardinerin mütterlicherseits, einer Tochter Dubromirs, der als Fürst des Milzener Landes um Bautzen eine politische Schlüsselstellung in den Beziehungen Polens, Böhmens und des Reiches eingenommen zu haben scheint. Ihre Schwester heiratete gleichzeitig den Ekkehardiner Gunzelin. Das den Herrn des Milzener Landes einschließende Bündnis der Piasten mit den Ekkehardinern hatte eine antiböhmische Spitze und diente der Wahrung gemeinsamer Interessen im Bereich der Mark Meißen und ihres östlichen Vorfeldes, der Lausitz. Denn 984 sehen wir Boleslav von Böhmen im Besitz Meißens und der angrenzenden Landschaften, vielleicht mit Billigung des damals von ihm unterstützten deutschen Prätendenten Heinrich. Eine noch weitergehende Kooperation ergab sich für die Nordmark, wo Mieszko vermutlich seinem Schwiegervater Dietrich von Haldensleben 985 im Amt des Markgrafen gefolgt ist.

So hat die Reichsregierung unter Theophanu nach dem Liutizen-Aufstand von 983 zunächst mit den Polen zu Lasten des böhmischen Nachbarn kooperiert. Der erste Sachse auf dem Prager Bischofsstuhl sah sich dann auch bald manchen Schwierigkeiten ausgesetzt; sein Nachfolger Adalbert, dessen spätere Begegnung mit Otto III. bedeutende Folgen haben sollte, ein Absolvent der Magdeburger Domschule, war zwar Tscheche, konnte sich aber stets nur vorübergehend in Prag halten. Er gehörte zur deutschfreundlichen Adelsgruppe der Slavnike, die zu den herrschenden Přemisliden in Opposition standen und von ihnen ausgerottet worden sind. Schließlich hat Boleslav II. von Böhmen das deutsch-polnische Bündnis durch ein solches mit den Liutizen beantwortet. Seine Hauptursache dürfte der polnisch-böhmische Gegensatz im expansiven Vordringen der Piasten in die böhmische Interessensphäre Schlesiens und Krakowiens gehabt haben. Auf die Dauer war allerdings eine einseitige Option des Reiches für Polen nicht ratsam, sie hätte die in Böhmen erreichten Erfolge untergraben müssen. So kam es 990 unter Theophanu einerseits zu einem deutsch-böhmischen Freundschaftsvertrag, andererseits zu Mieszkos Schenkungsakt, mit dem er sein Reich unter den Schutz der römischen Kirche stellte. Die dazu überlieferte Grenzbeschreibung umschloß mit Krakowien, Schlesien und Pommern rechts der Oder ein polnisches Großreich. Geschah dies im Einvernehmen mit dem Reich? Mit einer Unterstellung des Bistums Posen unter den Magdeburger Erzbischof war der Schenkungsakt nicht zu vereinbaren. Eine Billigung oder gar Unterstützung dieser Rompolitik des Piasten durch die Reichsregierung hätte ihre Beziehungen zu Erzbischof Giselher von Magdeburg gefährdet. Giselher erhielt für seine Kirche ein Drittel des vom Böhmenherrscher dem Reich zu leistenden Tributes, was übrigens die Normalisierung der deutsch-böhmischen Beziehungen bestätigt. Sollte Magdeburg damit für den polnischen Schenkungsakt entschädigt werden?

Zur selben Zeit war Unger, der zweite Posener Bischof, gleichzeitig Abt des von Otto II. gegründeten Reichsklosters Memleben. Er besaß also das Vertrauen der Reichsregierung, und wir wissen, daß er den Magdeburger Erzbischof als seinen Metropoliten angesehen hat, wenn auch eine päpstliche Zustimmung nicht erreicht worden ist. Offenbar hat die Regentschaft unter Theophanu und unter Adelheid, weit davon entfernt, eine kirchliche Emanzipation Polens vom Reich zu fördern, alles getan, um die über die Oder hinausgehenden Magdeburger Metropolitanansprüche zu stützen. Schließlich hat auch Otto III. selbst, seit

September 994 mündig und der Regenschaft ledig, diese Politik sogar in besonders nachdrücklicher Weise bekräftigt. Im Dezember 995 gewährte er dem Bistum Meißen ein ungewöhnliches Privileg. Der Sprengel dieses Magdeburger Suffraganbistums wurde um Schlesien links der Oder bis zu deren Quelle und um das rechts der Elbe gelegene böhmische Gebiet erweitert. Hinzu kam der Fiskalzehnt aus dem so umschriebenen Sprengel. Dies ist das wohl wichtigste Dokument für die erste Phase der Ostpolitik des jungen Königs nach dem Ende der Vormundschaft, und es überrascht zugleich durch die bemerkenswerte Kühnheit der Maßnahme. Mit Schlesien wurde in einen Bereich eingegriffen, den der polnische Schenkungsakt unter römischen Schutz gestellt hatte. Es handelte sich wohl um den Versuch, ein zwischen Böhmen und Polen strittiges Gebiet kirchenpolitisch zu neutralisieren. Von einer Übereinstimmung mit der polnischen Rompolitik kann keine Rede sein. Es kennzeichnet allerdings die Lage, daß dieses Diplom toter Buchstabe geblieben ist. Die Absicht dürfte sich als undurchführbar erwiesen haben. Zeigt sich gerade darin die Handschrift des zu eigener Herrschaft gelangten Königs? Doch noch war der Einfluß des Erzbischofs Willigis von Mainz bei Hofe ungebrochen, und schwerlich ist die seine eigene Kirchenprovinz in Böhmen berührende Verfügung ohne seine Zustimmung ergangen. Ein Wandel trat erst 997 ein, wie das jähe Abbrechen der bisher dichten Reihe der Königsurkunden zugunsten Magdeburgs und seines Erzbischofs Giselher erkennen läßt. Dies war das Jahr, in dem Otto III. seine neue Reichsidee konzipiert hat.

Die Romfahrt des mündig gewordenen Königs hatte keinen Aufschub geduldet. Bei der drückenden Stadtherrschaft des Crescentius bedurfte der Papst eines Kaisers. Beim Aufbruch wurde dem König die heilige Lanze vorangetragen. Ihr hatte Otto I. seinen Ungarnsieg zugeschrieben, und als Mauritiuslanze war sie eine Reliquie des Magdeburger Kathedralpatrons, verkörperte also auch das ottonische Missionsprogramm im Osten. Demonstrativ wurde so der auf Heidensieg und Missionserfolge gestützte Anspruch auf die Kaiserwürde betont. Nach ihrer Herkunft konnte die Lanze aber auch ihren Besitzer als Herrscher des Langobardenreiches ausweisen. Solchem Bekenntnis zur Tradition der Väter folgte auf dem Wege nach Rom, in Verona, ein in die Zukunft weisender Schritt. Nach hier hatte der König den Sohn des Dogen Petrus II. Orseolo von Venedig kommen lassen und ihn unter seiner eigenen Patenschaft das Sakrament der Firmung und den Namen des Paten empfangen lassen. Die Herstellung einer geistlichen Verwandtschaft war als Mittel der Politik zwar auch im Abendland nicht ungebräuchlich, gehörte aber vor allem zu den Gepflogenheiten Ostroms, zu dessen System einer ‹Familie der Könige›. Venedig, die see- und handelsmächtige Lagunenstadt, stand im Vasallenverhältnis zu Byzanz, seit alters aber auch in einem Vertragsverhältnis zu dem langobardisch-italischen Königreich, wie es die festländischen Wirtschaftsinteressen geboten. Jetzt griff der Sohn Theophanus mit einem Mittel byzantinischer Politik in die oströmische Interessensphäre ein.

In der Hauptstadt Pavia, wo die Großen Italiens die Huldigung leisteten, traf die unerwartete Nachricht vom Tode Papst Johannes' XV. ein, gefolgt von der Bitte der Römer um die Benennung eines Nachfolgers. Otto bestimmte seinen Hofkapellan Brun, den Sohn Herzog Ottos von Kärnten, Urenkel Ottos des Großen, für das höchste Kirchenamt. Als Gregor V. wurde Brun der erste deutsche Papst. Indem sich der König für einen seiner Hofkapelläne entschied, handelte er, als wenn es um die Vergabe eines Reichsbistums ginge. Denn die Besetzung der Bistümer mit Männern der königlichen Hofkapelle war eine schon von Otto I. ausgebildete Gewohnheit, ein charakteristisches Merkmal des sogenannten ottonischen Reichskirchensystems, mit dem sein Schöpfer die Königsherrschaft auf eine neue und – bis zum Investiturstreit – solide Grundlage gestellt hatte. Das System stieß jedoch auf Grenzen, wo die Königsherrschaft über die Reichskirchen die kirchlich-jurisdiktionellen Befugnisse des Papstes berührte. So lag auch die Kaiserpolitik als solche in der Konsequenz dieser Konzeption, ebenso aber auch die Befreiung des apostolischen Stuhls aus den Fesseln der römischen Adelsherrschaft. Fragt man, wer diese Entscheidung des jungen Königs mitbestimmt und -getragen haben könnte, so stößt man auf seinen Erzkanzler Willigis und seinen Kanzler Hildibald, die den Hofkapellan Brun nach Rom geleitet und seine Erhebung auf den päpstlichen Stuhl bewirkt haben. Auch sonst hat Otto III. seiner Hofkapelle große Bedeutung beigelegt, die Zahl ihrer Mitglieder nahezu verdoppelt.

Aus den Händen Gregors V. empfing Otto III. am 21. Mai 996 die Kaiserkrone. Schon am nächsten Tage erging ein Diplom mit dem Titel ‹Kaiser der Römer›, der sich bis zum Ende des Jahres vollständig durchsetzte. In einem anderen Diplom vom gleichen Tage berief sich der Kaiser auf die Zustimmung und den Rat des Papstes Gregor, der Römer, Franken, Bayern, Sachsen, Elsässer, Schwaben und Lothringer. Der Völkerkatalog interpretiert die Kaiseridee dieses Augenblicks. Die Spitzenstellung der Römer vor den Franken und den übrigen deutschen Stämmen zeigt, daß der Römername auch im Kaisertitel nicht nur, wie schon beim Vater, die Rivalität mit Ostrom betonen sollte, sondern die Römer zum Reichsvolk des Kaisers erhob.

An der Seite des Papstes hatte einst auch schon Otto I. einer Synode präsidiert. Der Begründer der ‹Zweigewaltenlehre›, Papst Gelasius I. (492–496), hatte an solche Konsequenzen schwerlich denken können. Er hatte der Amtsgewalt (potestas) des weltlichen Herrschers die priesterliche Autorität (auctoritas) gegenübergestellt und deren prinzipielle Überlegenheit betont. Eine saubere Trennung weltlicher und geistlicher Befugnisse stieß auf wachsende Schwierigkeiten, je mehr den Kirchen weltliche Aufgaben zuwuchsen und, auf der anderen Seite, das seit 751 bestehende Weihekönigtum ‹von Gottes Gnaden› sich als unmittelbares Organ Christi, des ‹Königs der Könige› verstand und legitimierte. Schon als König hatte Karl der Große gegenüber dem Papst eine Zuständigkeit auch in Glaubensfragen beansprucht und danach gehandelt. Zu einer weitergehenden Integration führte das ottonische Reichskirchensystem. Die sakrale Sonderstellung des Königs, die dessen Kirchenherrschaft rechtfertigte, wurde gerade während der Ottonenzeit erheblich ausgebaut und vertieft. Otto III. ist auf diesem Wege fortgeschritten. Noch im Jahre seiner Kaiserkrönung erteilte er ‹seinem› Papst in Sachen eines ungenannten Klosters ein Mandat und begründete diese Form damit, daß Absender wie Empfänger gleichermaßen nicht nur durch Blutsverwandtschaft, sondern auch durch ihre Sonderstellung gegenüber allen Sterblichen einander verbunden seien, so daß sie in ihrem Eifer um den christlichen Kult nicht voneinander abweichen dürften. Hatte schon Otto I. päpstliche Synodaldekrete signiert, so unterschrieb der Enkel eigenhändig mit vollem Namen, und zwar ohne Rücksicht auf die politischen Grenzen seiner Kaiserherrschaft, auch ein Dekret über die Besetzung des spanischen Bistums Vich (998). Solcher Teilhabe des Herrschers an der universalen Zuständigkeit des Papstes entspricht die verstärkte Heranziehung der Reichskirchen zum Königsdienst, ihre personelle Verflechtung mit der wachsenden Hofkapelle sowie eine besonders bezeichnende Neuerung, nämlich die auf Otto III. zurückgehende Institution des ‹Königskanonikates›, die Mitgliedschaft des Königs in mehreren Domkapiteln aufgrund einer von ihm selbst gestifteten Pfründe. So war Otto III. Kanoniker in Hildesheim, der Domkirche seines Lehrers und treuen Gefährten Bernward, sowie in Münster, wahrscheinlich auch im Aachener Pfalzstift.

An keinem Ort nördlich der Alpen hat Otto III. häufiger und länger geweilt als in Aachen, während Magdeburg, wo sich Otto I. am häufigsten aufgehalten hatte, sich nun mit Ingelheim in den zweiten Platz teilen mußte. An Aachen band ihn seine ungewöhnliche Verehrung Karls des Großen, des Gründers der Pfalz. Er hat zuerst den damals vor dem Westportal der Pfalzkapelle stehenden Herrschersitz, auf dem Otto I. 936 inthronisiert worden war, als «seinen von Karl dem Großen gegründeten Thron» bezeichnet. Unter seinen zahlreichen Gunsterweisen ist das von ihm selbst bei Papst Gregor V. bewirkte und an den Kaiser gerichtete Privileg hervorzuheben, demzufolge je sieben Diakone und Priester des Aachener Pfalzstiftes den Kardinalsrang erhalten sollten. So wurde die Aachener Kirche zu einem Abbild der römischen in einer Weise erhoben, für die es bis dahin nur an den Kathedralen von Ravenna und Trier

Vorbilder gab. In allgemeiner Fassung war der Gedanke einer Imitatio Roms wesentlich älter. Schon in der Umgebung Karls des Großen hatte man von Aachen als ‹Neurom› gesprochen, wie es sonst nur für Konstantinopel üblich gewesen war. Mit Konstantinopel hatte der Papst unter Otto I. Magdeburg verglichen. Doch auf Kosten Magdeburgs, wie sich bald zeigen sollte, erlangte Aachen die höchste Gunst des Kaisers nächst Rom, dem der ‹Kaiser der Römer› den absoluten Vorrang einräumte.

Nirgends stieß Otto III. allerdings auf größere Widerstände, erlitt seine Politik schlimmere Rückschläge, als gerade in Rom. Kaum war er nach Deutschland zurückgekehrt, als sich auch schon der ‹Dux und Senator› Crescentius mit seinem starken Anhang erhob, um erneut die Macht an sich zu reißen. Der Papst mußte in Spoleto den Schutz des kaiserlichen Grafen Konrad suchen. Zur Wiederherstellung des Status quo war den Crescentiern auch byzantinische Hilfe willkommen. Soeben war Johannes Philagathos, ein hochgebildeter Grieche aus Calabrien, in Rom eingetroffen und wurde alsbald von den Crescentiern zum Gegenpapst erhoben. Mit kluger Berechnung war die Wahl auf einen Mann gefallen, der schon seit den Tagen Theophanus am deutschen Hof in hoher Gunst stand. Den jungen König hatte er in der griechischen Sprache unterwiesen. 988 hatte er das Bistum Piacenza erhalten, das eigens aus diesem Anlaß zum Erzbistum erhoben worden war. 994 war er als Brautwerber für Otto III. an den griechischen Hof gereist und gerade jetzt, Ende 996, in Begleitung des griechischen Gegengesandten Leo zurückgekehrt. Schwerlich war dieser autorisiert, die Machtergreifung des römischen Senators und dessen Gegenpapst zu decken, doch scheint er gleichwohl die volle Unterstützung des Kaisers Basileios in Aussicht gestellt zu haben, und die nach Byzanz geschickte Erfolgsmeldung sollte Ostrom zu einem Restaurationsversuch einladen. Immerhin läßt sich aus diesen Vorgängen erschließen, wie man in byzantinischen Kreisen über den neuen ‹Kaiser der Römer› dachte. Auf das angetragene Ehebündnis wollte sich Basileios jedenfalls nicht ohne weitere Verhandlungen einlassen.

Die byzantinische Karte stach freilich nicht. Auch stieß der Gegenpapst außerhalb Roms und erst recht in Deutschland auf schroffe Ablehnung. Auf die Römer war ohnehin kein Verlaß, und so brachte ein neuerlicher Italien- und Romzug des Kaisers die Herrschaft des Crescentius wie ein Kartenhaus zum Einsturz. Nach der Einnahme der Engelsburg, in der er sich verschanzt hatte, wurde der Rebell enthauptet, seine Leiche auf dem Monte Mario gekreuzigt. Ein grausames Strafgericht ereilte den auf der Flucht ergriffenen Gegenpapst. Vergeblich trat Abt Nilus von Rossano, der wegen seiner Frömmigkeit auch beim Kaiser höchstes Ansehen genoß, für seinen unglücklichen Landsmann ein, den er einst selbst vor dem nun gescheiterten Abenteuer gewarnt hatte. In einer Schandprozession dem Gespött der Römer preisgegeben, durch Verstümmelung und Blendung amtsunfähig gemacht, verschwand Philagathos in einem römischen Kloster.

Schon bevor der Kaiser im Dezember 997 von Aachen aus aufbrach, um seine Herrschaft über Italien und Rom neu zu festigen, hatte seine Idee einer ‹Erneuerung des Römerreiches› Konturen angenommen. Als Reichsverweserin für die Zeit seiner Abwesenheit von Deutschland bestellte er die Äbtissin Mathilde von Quedlinburg, als Tochter Ottos I. seine Tante. Er verlieh ihr das Amt einer ‹matricia›, wie es die Inschrift auf ihrem Sarg in Quedlinburg bezeugt. Dies ist der früheste Beleg für die Verleihung teils römischer, teils griechischer Amtstitel, die, in ihrer praktischen Bedeutung von ganz unterschiedlichem Gewicht, ein bezeichnendes Element dieser Erneuerungspolitik bilden. ‹Matricia› war die weibliche Form von ‹patricius›, eines Titels, den am Hofe Ottos III. der Sachse Ziazo geführt hat. Es war das wichtigste und traditionsreichste unter den neuen Ämtern. In spätantiker Zeit war ‹patricius› der höchste Ehrentitel gewesen, den der Kaiser vergab. Ihn hatten auch die in Ravenna residierenden Statthalter Ostroms regelmäßig geführt, der Ehrentitel war hier Funktionsbezeichnung gewesen. Die gleiche Würde hatte Papst Stephan II. dem Vater Karls des Großen, Pippin, 754 verliehen, doch erst Karl selbst hat sich, allerdings nur bis zu seiner Kaiserkrönung, ‹Patricius der Römer› genannt. Dieser Patriziat des ‹Königs der Franken und Langobarden› hatte sich allein auf Rom und das römische Gebiet bezogen und ist von der Kaiserwürde absorbiert worden. Im 10. Jahrhundert lebte der Titel in Rom selbst als Amtsbezeichnung der römischen Stadtherren aus dem Hause der Crescentier wieder auf, wie der senatorische Titel Ausdruck einer lokalen, stadtrömischen ‹Erneuerungsbewegung›. Hat Otto III. sich von dieser auch literarisch bezeugten stadtrömischen Ideenwelt mitreißen lassen, hat er das Programm seiner römischen Gegner zu dem seinigen gemacht? Manches spricht dafür, daß er die Römer auf diese Weise hat gewinnen wollen, und am ehesten könnte aus seiner Umgebung Leo von Vercelli von solchen Erwägungen bestimmt worden sein. Doch mächtigere geistige Antriebe haben aus anderer Richtung gewirkt; dies gilt vor allem für die universalen Aspekte des Programms, die den stadtrömischen Horizont der Crescentier weit hinter sich ließen. Die neuen Titel sollten offensichtlich ihre Inhaber als Funktionsträger der kaiserlichen Gewalt in Rom selbst, in Italien, in Deutschland und schließlich, wie im Falle des Patricius Ziazo, im gesamten Imperium kennzeichnen. Was Otto in Rom vorgefunden hat, kommt nur als eine unter mehreren Quellen des größeren Stromes in Betracht, von dem er sich tragen ließ.

Entscheidend für seine neue Konzeption war die Begegnung Ottos III.

mit Gerbert von Aurillac schon bei der Krönungssynode 996, wo dieser seine aussichtslose Reimser Stellung in glänzender Rede verteidigte und auf Otto einen tiefen Eindruck gemacht haben muß. Der Kaiser erlöste ihn aus seinem Dilemma durch Berufung in die eigene Hofkapelle. Um die Jahreswende 996/997 bestellte er ihn zu seinem Lehrer in der griechischen Weisheit und zu seinem politischen Berater. Begeistert zustimmend antwortete Gerbert, der Kaiser bedürfe neben der griechischen auch der römischen Weisheit, da Otto zwar griechischer Abstammung, durch das Imperium jedoch Römer sei. Auf dem universalen, nicht dem stadtrömischen Aspekt, auf dem antiken, nicht auf dem aktuellen Römertum liegt der Nachdruck. In einem weiteren Brief präzisierte er den Gedanken: Italien möge nicht glauben, der Kaiserhof lebe in Stumpfsinn, und Griechenland solle sich nicht allein kaiserlicher Philosophie und römischer Macht brüsten. «Unser, unser ist das römische Imperium». Es folgt ein Katalog der kräftespendenden Länder oder Provinzen: Italia, Gallia und Germania (Deutschland) und die Reiche der ‹Skythen› (Slawen oder Ungarn, vielleicht beide). Die Pointe liegt zunächst im Postulat geistiger und politischer Gleichheit beider Imperien sowie in der Emphase, mit der die römische Natur des ottonischen Kaisertums behauptet wird. Sie beruht auch hier nicht auf der Herrschaft über die zeitgenössischen Römer. Denn, wie Gerbert fortfährt, Otto, selbst von höchster griechischer Abstammung, übertreffe die Griechen durch das Imperium, herrsche über die Römer nach Erbrecht und sei Griechen wie Römern durch Geist und Beredsamkeit überlegen. Das Kaisertum gründet vielmehr in der Herrschaft über die aufgezählten Länder, an deren Spitze allerdings, wie auch sonst schon, Italien genannt wird. Die Grenzen Ostroms werden respektiert.

Die Vorstellung der kräftespendenden Länder findet sich wie ein wörtliches Zitat aus Gerberts Brief im Widmungsbild des berühmten, aus der Hofbibliothek Ottos III. über Bamberg nach München gelangten Evangeliars. Das aufgeschlagene Buch zeigt auf der rechten Seite den thronenden Herrscher mit Krone, Stab und Reichsapfel zwischen je zwei geistlichen und weltlichen Würdenträgern. Auf der Gegenseite nähern sich in demütiger Haltung vier Frauengestalten mit Geschenken. Nach den Beischriften sind es, in der Reihenfolge vom Thron aus gesehen, Roma, Gallia, Germania und Sclavinia. Eine zweite Version des Bildes, aus der gleichen Reichenauer Malerschule stammend, nennt an erster Stelle statt der Roma die Italia und kommt damit Gerberts Katalog am nächsten. Um eine zufällige Übereinstimmung kann es sich nicht handeln.

998 ging die Kanzlei des Kaisers dazu über, die Diplome nicht mehr mit den herkömmlichen Wachssiegeln, sondern, wie es die Päpste, aber vor allem auch die oströmischen Kaiser taten, mit Metallsiegeln zu versehen. Ottos III. Metallbulle trug die Devise ‹Erneuerung des Imperiums

der Römer› («Renovatio imperii Romanorum›») und zeigte auf der Rückseite außerdem die Roma, wie auf dem Widmungsbild des Evangeliars als allegorische Figur, aber hier in Waffen. Auf den ersten Blick überwiegt das Vorbild Karls des Großen, dessen Metallbulle eine entsprechende Erneuerungsformel getragen hatte. Sie dürfte die Vorlage auch für den Herrscherkopf auf der Vorderseite gewesen sein. Neu war vor allem der nunmehr ausschließliche Gebrauch des Metallsiegels, das Karl nur bei besonders wichtigen Anlässen, namentlich im Verkehr mit Byzanz, verwendet hatte. Wer es jedoch im Sinne Gerberts den Griechen gleichtun, ja sie übertreffen wollte, durfte auf halbem Wege nicht stehenbleiben. Auch der Länderkatalog Gerberts und des Münchener Evangeliars geht in einem sogar entscheidenden Punkt über Karl den Großen hinaus. Nach einem zeitgenössischen Bericht ist Karl dem Großen die Kaiserwürde angeboten worden, weil er bereits über Italien, Gallien und Germanien herrschte sowie über Rom und die anderen antiken Kaiserresidenzen verfügte. In seiner Karlsbiographie hatte Einhard die Germania als einen Raum beschrieben, der von der Donau bis zum Meer, vom Rhein bis zur Weichsel reichte. Das war das ‹freie Germanien› der römischen Kaiserzeit gewesen, in karolingischer Zeit längst in ethnographischer Hinsicht durch die slawische Westwanderung, die die Elb-Saale-Linie und Böhmen erreicht hatte, überholt. Doch während des 9. und 10. Jahrhunderts trat ein Bedeutungswandel ein. Germania wurde auch zum Namen für das ostfränkisch-ottonische Reich. Mit Rücksicht auf Lothringien, das zur Gallia gerechnet wurde, setzte sich namentlich im kirchlichen Sprachgebrauch der Doppelname ‹Gallia und Germania› als Bezeichnung für Deutschland durch, während der deutsche Name selbst nur zögernd an Boden gewann. Auch Gerbert ist eindeutig diesem Sprachgebrauch gefolgt, hat jedoch die ‹Skythenreiche› hinzugefügt, denen im Evangeliar die Sclavinia, das Slawenland, entspricht. Dieses neue Glied in der Reihe der Länder des Imperiums lief auf eine Anpassung des Germania-Begriffs an die ethnischen Realitäten hinaus, ebensosehr aber auch auf eine Theorie des Imperiums, die den östlichen Nachbarreichen einen den Ländern der karolingischen Trias entsprechenden legitimen Platz, wenn auch an letzter Stelle, einräumte. Nicht die kirchliche und politische Ausdehnung der Germania in die slawische Welt hinein, sondern die Erweiterung des Imperiums um ein neues Glied stand auf dem Programm. Bald sollte sich zeigen, in welchem Maße Otto III. diese Theorie in praktische Politik umzusetzen wußte.

Auch für die neue Ostpolitik gab der Aufenthalt des Kaisers in Deutschland 997 den Auftakt. Giselher von Magdeburg mußte seit diesem Jahr nicht nur auf die gewohnten reichen Gunsterweisungen für sich und seine Kirche verzichten; er wurde obendrein unter päpstlicher Mitwirkung in ein Verfahren verwickelt, das auf seinen Amtsrücktritt zielte.

Eine kirchenrechtliche Handhabe war bald gefunden. Vor seiner Berufung auf den Magdeburger Stuhl 981 war Giselher Bischof von Merseburg gewesen. Bei seinem Wechsel nach Magdeburg hatte Otto II. die Auflösung des Merseburger Bistums erwirkt, die Aufteilung des Sprengels auf die Nachbardiözesen. Auf diese Weise konnte ohne Verstoß gegen das kanonische Translationsverbot für den Magdeburger Erzstuhl nach dem Tode seines ersten Inhabers Adalbert ein besonders fähiger Mann gewonnen werden. Giselher hatte sich mit der Magdeburger Kirche und den Aufgaben, die ihr Otto I. gestellt hatte, identifiziert und war darin auch nach der Katastrophe von 983 durch die Reichsregierung, durch Theophanu, Adelheid und Willigis von Mainz voll unterstützt worden. Mit seinem Diplom für Meißen hatte sich auch Otto III. dieser Politik angeschlossen. Erst unter dem von Gerbert beratenen Kaiser setzte das Kesseltreiben ein, und bald sah sich auch Willigis um den bis dahin bestimmenden Einfluß am Hofe gebracht.

Die Gründe für die Entfremdung des Kaisers von seinem Erzkanzler sind leicht zu erschließen. Als unter dem Vorsitz von Papst und Kaiser bei der römischen Krönungssynode von 996 die Reimser Frage verhandelt wurde und Gerbert mit seiner glänzenden Verteidigungsrede den Kaiser für sich einnahm, war es Willigis, der nach wie vor unbeirrt an der Seite des Papstes die Ansprüche Gerberts zurückwies. Zwar war mit Gerberts Berufung an den Kaiserhof der bisherige Streit erledigt, doch Gerberts Stellung als politischer Berater mußte den Erzkanzler in eine delikate Lage bringen. Die römische Krönungssynode hatte Otto III. aber auch mit dem Prager Bischof Adalbert zusammengeführt. Zum zweiten Male hatte dieser sein Bistum verlassen müssen, hatte am ungarischen Hof der Arpaden der Mission den Weg zu bereiten gesucht und wollte nunmehr, wie schon nach seiner ersten Flucht, im römischen Bonifatius-Kloster auf dem Aventin als Mönch Ruhe finden. Doch wiederum, wie schon im ersten Fall, setzte Willigis als sein Metropolit bei der Synode die Rückkehr auf den Prager Stuhl durch. Den Kaiser muß jedoch auch Adalbert wie schon Gerbert, wenn auch aus ganz anderen Gründen, in seinen Bann gezogen haben. Die religiöse Leidenschaft, mit der dieser die Entbindung von seinem Bischofsamt und den Auftrag zur Heidenmission bei den östlichen Völkern forderte, hat offenbar noch eine andere Saite im Wesen des jungen Kaisers zum Klingen gebracht. Bald sollte beide innige Freundschaft verbinden.

Wir stehen vor der Frage, ob der kaiserliche Jüngling, der eine Welt verändert hatte, bevor ihn im Alter von 21 Jahren der Tod ereilte, nur eine Marionette in der Hand überragender Freunde und Ratgeber gewesen ist. Sie muß verneint werden. Gerbert und Adalbert waren gewiß die hellsten Sterne, zu denen er aufblickte, doch lassen sich größere Gegensätze schwerlich vorstellen. Als sie ihm begegneten, war jeder von ihnen im Begriff, das bischöfliche Amt aufzugeben, aber wie verschieden waren die Gründe! Der eine kämpfte bis zuletzt mit den ihm eigenen Mitteln des Geistes und der Eloquenz um eine aussichtslos gewordene Position und gab erst auf, als sich ihm im Dienste des Kaisers neue und glänzendere Aussichten eröffneten. Der andere hat zunächst vergeblich versucht, sein bischöfliches Amt gegen das strengere Leben des Mönchs einzutauschen und erlitt schließlich als Heidenmissionar das Martyrium. Der Stern Gerberts, den sein kaiserlicher Bewunderer 998 zum Erzbischof von Ravenna und im Jahr darauf zum Papst erheben ließ, verblaßte jäh nach dem Tode seines Herrn. Adalbert, der im Dienste des Polenherrschers Boleslaw Chrobry den heidnischen Preußen das Evangelium predigte und von diesen am 23. April 997 umgebracht wurde, hat posthum das Denken und Handeln des Kaisers wohl am stärksten bestimmt. Der Kult des auf sein Betreiben alsbald heiliggesprochenen Preußenmissionars, dessen Leib Boleslaw Chrobry geborgen hatte, knüpfte ein festeres Band zwischen Kaiser und Polenherzog, als es politisches Kalkül vermocht hätte. Die Todesnachricht erreichte den Kaiser in Aachen am Jahresende 997 vor seinem zweiten Aufbruch nach Italien, muß also den Motiven zugerechnet werden, die den in diese Zeit fallenden politischen Kurswechsel bestimmt haben.

Gerbert und Adalbert verkörperten in besonders hervorragendem Maße die beiden großen Potenzen der mittelalterlichen Welt, das geistige und politische Erbe der Antike auf der einen, die christliche Religion und den Missionsauftrag auf der anderen Seite. Zwar war auch Gerbert ein Mann der Kirche, doch faszinierte den Kaiser vor allem der Meister der ‹Artes liberales›, der Vermittler antiker Bildung und Wissenschaft. Gerberts Erneuerungsprogramm bezog sich auf das antike Imperium. Zwischen Antike und Gegenwart stand freilich auch und gerade im Bewußtsein Ottos III. die durch Karl den Großen begründete und inzwischen zu zahlreichen Varianten ausgeprägte Kaisertradition. Die neue Wendung, die ihr Otto III. gab, läßt in charakteristischen Motiven den gelehrten, literarischen Ursprung erkennen. Hierher gehört die Figur des Patricius, die gerade nicht an den stadtrömischen Patriziat anschließt, vielmehr einem merowingerzeitlichen Traktat über die Ämterhierarchie des römischen Reiches entspricht. Die gelehrt-literarische Provenienz dieser Erneuerungsidee erklärt auch die spekulativen Züge, insbesondere die Rolle, die der Stadt Rom als Kaiserresidenz des ‹Kaisers der Römer› zugewiesen wurde. Auf dem Palatin, bei den Ruinen der antiken Kaiserpaläste, ließ Otto III. sich eine Pfalz bauen. Die Stadt der Apostel sollte zugleich wieder Kaiserstadt und Haupt der Welt werden, Gerberts Papstname Silvester II. rückte den Kaiser unausgesprochen in die Beleuchtung eines ‹neuen Konstantin›.

Radikal, wie man dieses Programm vor dem Hintergrund der karolingisch-ottonischen Tradition nennen darf, war aber auch Ottos Religiosität, die Seite seines Wesens, die ihn unwiderstehlich zu Adalbert und seinem Kreise zog. Sie äußerte sich in seiner Wallfahrt zur Michaelsgrotte des Monte Gargano und in den Bußübungen zu S. Clemente in Rom. Romuald, dem Begründer des monastischen Reformordens der Camaldulenser, und dem Kreis seiner im Sumpfgebiet des Po-Deltas zu Pereum in strenger Anachorese lebenden Anhänger hat sich der Kaiser eng verbunden. Die Idee asketischer Weltabwendung und der Drang zur Heidenmission waren hier eine enge Verbindung eingegangen.

Fragen wir nach der Persönlichkeit dieses Kaisers, so ist von den beiden grundverschiedenen geistigen Welten auszugehen, in denen er sich bewegt hat. Gab es einen gemeinsamen Nenner? Als Grundmotiv kommt wohl nur die Suche nach Wahrheit, nach dem richtigen Wege in Frage. Als Erkenntnisquellen boten sich die Weisheit des griechisch-römischen Altertums und die christliche Lehre an. Für das eine gewann er in Gerbert den größten Gelehrten seines Jahrhunderts, für das andere Adalbert und einen weiteren Kreis, der ein Leben in der Nachfolge Christi, auch in Opposition zur Hierarchie, auf seine Fahne geschrieben hatte. Wenn in Ottos Kaiserpolitik beide Welten zur Geltung, ja zu einer Synthese auf höchster Ebene gelangt sind, so muß dies in seiner Persönlichkeit seinen letzten Grund gehabt haben.

Eine solche Synthese hat sich 997 angebahnt und im Jahre 1000 bei Ottos Zug nach Gnesen verwirklicht, bei seiner Wallfahrt zum Grabe Adalberts, die zugleich ein entscheidender Schritt auf dem Wege zur Erneuerung des Römerreiches werden sollte, zur Eingliederung der Sclavinia in das Imperium. Mit Boleslaw Chrobry schloß der Kaiser einen Freundschaftspakt und übereignete ihm eine mit Kreuznagelreliquien versehene Mauritiuslanze, eine noch heute im Krakauer Domschatz erhaltene Nachbildung der eigenen heiligen Lanze. Als Gegengabe empfing er ein Armreliquiar des hl. Adalbert. Den Polenherrscher ernannte er zum ‹Bruder und Mitarbeiter des Imperiums› und zum ‹Freund und Bundesgenossen des römischen Volkes›. Er konzedierte ihm alle kaiserlichen Rechte in Angelegenheiten der Kirchen innerhalb Polens sowie in den eroberten und künftig noch zu erobernden heidnischen Gebieten. Die Einrichtung eines Erzbistums in Gnesen mit unterstellten Bistümern in Kolberg, Krakau und Breslau wurde auch vom Papst bestätigt. Da Bischof Unger von Posen kanonischen Widerspruch einlegte, wurde sein Bischofssitz zunächst von der Unterstellung ausgenommen. Von einschneidender Bedeutung war die kirchliche Emanzipation vom Reich und damit von der Magdeburger Metropole, der das Posener Bistum, wie Ungers Einspruch erkennen läßt, jedenfalls zu diesem Zeitpunkt zugeordnet gewesen sein muß. Die Formulierungen, mit denen die neue

Stellung Boleslaws innerhalb des Imperiums in der zitierten polnischen Quelle definiert wird, tragen den Stempel des Renovatio-Programms; die Abtretung der Kirchenhoheit an Boleslaw erhöhte allein schon dessen Stellung über die eines jeden deutschen Stammesherzogs, wenn auch nicht bis zum königlichen Rang, den Boleslaw erst 1025 erreicht hat. Bezogen auf Ottos neues Ämterwesen entsprach diese Position der eines Patricius, und wenn es auch keine Quelle meldet, ist die Vermutung nicht von der Hand zu weisen, daß der Kaiser dem Polenherrscher gerade dieses Amt verliehen hat. Im übrigen schloß der Gnesener Akt an Mieszkos Schenkung von 990 geradlinig an, das Schutzverhältnis zur römischen Kirche wurde ausgebaut, um das unmittelbare Verhältnis zum ‹Kaiser der Römer› ergänzt. Insofern wurde Boleslaw zum ‹Teilhaber des Imperiums›, wie es eine andere polnische Quelle ausdrückt. Der Kaiser hat während der Gnesenfahrt und bis zu seiner Rückkehr nach Italien seine urkundlichen Titel um die Worte ‹Knecht Jesu Christi› (Servus Iesu Christi) ergänzt, sich also in der Rolle eines kaiserlichen Apostels gesehen.

Auf der Rückreise gab Boleslaw dem Kaiser mit dreihundert Panzerreitern bis Magdeburg das Geleit, wahrscheinlich sogar bis nach Aachen. Während in Magdeburg Erzbischof Giselher mit dem für seine Kirche folgenreichen Gnesener Ergebnis konfrontiert und zugleich wegen des gegen ihn schwebenden Verfahrens weiterhin unter Druck gesetzt wurde, könnte in Aachen das Ehebündnis zwischen Kaiser- und Piastenhaus vereinbart worden sein, die Ehe zwischen Boleslaws noch unmündigem Sohn Mieszko und Richeza, einer Nichte des Kaisers als Tochter seiner Schwester Mathilde und des rheinischen Pfalzgrafen Ezzo. Hinzu trat, wie schon im Falle des venezianischen Dogensohnes, die geistliche Verwandtschaft. Der Kaiser übernahm die Patenschaft für Boleslaws jüngsten Sohn und gab auch ihm den eigenen Namen.

In höchst ungewöhnlicher Form hat der Kaiser bei diesem Besuch Aachens seiner Verehrung Karls des Großen Ausdruck verliehen. Er ließ das verschollene Grab suchen, und als es «im Königsstuhl», also wohl vor dem Westportal der Pfalzkapelle unter dem dortigen «Karlsthron», gefunden wurde, ließ er es in aller Heimlichkeit öffnen, entnahm ein goldenes Brustkreuz und Teile der unverwesten Gewänder und legte das übrige «mit großer Verehrung» zurück. Thietmar von Merseburg, wegen der Schädigung der Magdeburger Interessen durch den Gnesener Akt ein Kritiker auch der Renovatiopolitik, führt die Öffnung des Karlsgrabes als Beispiel für die «Erneuerung der alten Gewohnheiten der Römer» an. Tatsächlich las man bei Lukan, daß Caesar in Alexandria zuerst das Grab Alexanders des Großen besucht habe, bei Sueton, wie Kaiser Augustus es sogar habe öffnen lassen. Wieder hatte Literarisches das Verhalten bestimmt. Ungewöhnlich war nicht so sehr die Inanspruchnahme Caesars und des Friedenskaisers Augustus als normative Leitbilder. Schon Widukind von Corvey hatte zur Aachener Krönung Ottos I. den Schatten Caesars beschworen und die Sachsen zu Nachfahren aus dem Heere Alexanders erklärt. Als Gründer Magdeburgs ist Julius Caesar reklamiert worden, um den durch die Gnesen-Politik Ottos III. geschmälerten Rang der Elbmetropole zu stützen. Anstoß erregte jedoch die Form solcher ‹Imitatio›. In Hildesheim herrschte Empörung über die Grabesschändung. Man betrachtete Ottos baldigen Tod als Strafe des Himmels.

In seine römischen Pfalz zurückgekehrt, genügte Otto III. endlich der seit seiner Kaiserkrönung erhobenen Forderung der römischen Kirche, die acht Grafschaften der Pentapolis zu ‹restituieren›. Die Forderung stützte sich auf das große Privileg Ottos I. für die römische Kirche von 962, mit dem sich der erste Ottonenkaiser an die Privilegien seiner karolingischen Vorgänger seit Pippin und Karl dem Großen angeschlossen hatte. Nach wie vor umstritten waren das Gebiet von Ravenna und der südlich anschließende Küstenstreifen der Pentapolis. Es ist höchst aufschlußreich, daß Otto III. anscheinend von Anfang an zu keinem Entgegenkommen bereit gewesen ist. Das Ravennater Gebiet sprach er nicht der römischen, sondern der Ravennater Kirche zu, in der Pentapolis betraute er den Herzog von Spoleto mit der Wahrnehmung der Reichsgewalt. Den Text des Diploms vom Jahre 1001 verfaßte Leo von Vercelli unter Mitwirkung des Papstes Gerbert-Silvester selbst. Auf diesen dürfte es zurückgehen, daß der seit Beendigung der Gnesenfahrt vermiedene ‹apostolische› Titel zum ersten Mal in der Fassung ‹Knecht der Apostel› (Servus apostolorum) erscheint. Denn dies entsprach der herkömmlichen sinngleichen päpstlichen Legitimationsformel ‹Knecht der Knechte Gottes› (Servus servorum Dei). Einem Bekenntnis des Kaisers zu Rom als Haupt der Welt, zur römischen Kirche als der Mutter aller Kirchen folgt eine schroffe Verurteilung der Mißwirtschaft früherer Päpste, die den Glanz «unserer Königsstadt» verdunkelt habe. Die Konstantinische Schenkung wird als Fälschung angeprangert. Die übrigen Kaiserprivilegien seien daher als erschlichen zu betrachten und somit ungültig. Der Kaiser ‹restituiert› also nichts, er übereignet die Grafschaften der Pentapolis dem hl. Petrus aus eigenem Recht, aus Liebe zu Silvester, seinem Lehrer, den er selbst zum Papst erhoben hat, und zwar zum Nutzen des päpstlichen Amtes und «unseres Imperiums». «Wir schenken dem hl. Petrus, was unser ist und übertragen ihm nicht, was ihm gehört, als wäre es das Unsrige»: Das war ein radikaler Bruch mit den seit der Karolingerzeit anerkannten Rechtsgrundlagen. Der auf dem Palatin residierende Nachfolger der antiken Kaiser, der bei staatspolitisch relevantem Anlaß in Anlehnung an altrömischen und byzantinischen Brauch an einer erhöhten, halbkreisförmigen Tafel getrennt von der übrigen Gesellschaft speiste, beanspruchte das uneingeschränkte Herrschaftsrecht über Rom und die römischen Territorien. Als neuer Konstantin an der Seite seines Silvester schob er die Konstantinische Schenkung und deren Gebot, in der Stadt der Apostel sei kein Platz für den Kaiser, beiseite.

In der Romkritik des Privilegs erkennen wir einerseits den Gerbert der Reimser Zeit wieder, ebenso aber auch Leo von Vercelli in der Verknüpfung des römischen Erneuerungsgedankens mit einem apostolischen, der auf die Wiederherstellung der römischen Kirche in ihrer ursprünglichen Reinheit zielte, nicht zuletzt aber Otto III. selbst, den «Kaiser der christlichen Religion und des römischen Reichs», wie man ihn ebenfalls einmal tituliert hat.

Indessen wandte sich der ‹Knecht der Apostel›, wie er sich weiterhin nannte, erneut und abermals auf den Spuren Adalberts den Aufgaben des Missionsfeldes zu. Dem Andenken seines Märtyrers hatte er in Aachen und Rom Kirchen gewidmet, eine weitere stiftete er nun bei der Eremitensiedlung Romualds in Pereum. Vor allem brachte er aber jetzt zum Abschluß, was Adalbert in Ungarn begonnen hatte. Aus seiner Hand dürfte Waik, Sohn des Fürsten Geisa und dessen Nachfolger seit 997, die Taufe auf den Namen Stephan empfangen haben. Auch dessen Ehebund mit Gisela, der Tochter des Bayernherzogs Heinrich und damit Angehörigen des ottonischen Hauses, war wohl Adalberts Vermittlung zu verdanken. Vor einer wieder von Papst und Kaiser gemeinsam geleiteten Ravennater Synode erschien im Frühjahr 1001 eine ungarische Gesandtschaft. Vermutlich wurde damals Ungarn wie zuvor Polen dem päpstlichen Schutz unterstellt. Anastasius (Aschericus) war bereits Missionserzbischof von Ungarn. Er erhielt nun seinen Sitz in Gran, das, analog zu Gnesen, Metropole Ungarns wurde. Anastasius wurde beauftragt, König Stephan im Namen des Papstes zu weihen und zu krönen. Die Krone dürfte freilich der Kaiser verliehen haben. Daß Stephan nicht nur nach Rom, sondern auch auf den Kaiser blickte, zeigte sich in der Ausgestaltung seines Stuhlweißenburger Herrschersitzes zu einem Abbild von Aachen.

Als «nach dem Willen Jesu Christi der Römer Kaiser und der heiligen Kirchen ergebenster und getreuester Verbreiter» – so die unmittelbare Vorstufe des Titels ‹Knecht der Apostel› – hatte Otto III. nach der polnischen nun auch die ungarische Kirche, hier zum Nachteil des Erzbistums Salzburg und seines an der Ungarnmission besonders interessierten Suffraganbistums Passau, verselbständigt. An eine Entlassung der beiden östlichen Nachbarn aus dem Reichsverband war nicht gedacht. Zwar hat zu den tatsächlichen Folgen die nationale Selbständigkeit Polens und Ungarns gehört, und diese ist durch die kirchliche Emanzipation entscheidend gefördert worden. Das Gegenbeispiel bildet Böhmen. Doch die böhmische Alternative, die Einbeziehung in eine deutsche Kirchenprovinz, ist im Falle Polens am unmittelbaren Zusammenspiel der Piasten mit der römischen Kirche gescheitert. In Ungarn scheint die Lage ähnlich gewesen zu sein. Seit den Tagen Gregors des Großen war Christi Missionsbefehl «gehet hin und lehret alle Heiden (gentes)» auf die ‹Völker› bezogen worden. Das westliche Kaisertum, das seit Karl dem Großen die Ausbreitung des christlichen Glaubens zu seiner eigenen wesentlichen Aufgabe gemacht hatte, hat das Papsttum in einen missionspolitischen Zielkonflikt gebracht. Es bedurfte des Schutzes, den der Kaiser der römischen Kirche selbst und den Kirchen des Imperiums gewähren konnte. Doch sollte, ja konnte Rom das Missionsfeld dem deutschen Herrscher auch dann überlassen, wenn dort christliche Herrscher von sich aus ein unmittelbares Verhältnis zur ‹Mutter aller Kirchen› erstrebten? Überdies entzog ein Herrscher wie Boleslaw Chrobry, indem er selbst in der Heidenmission die Initiative ergriff, dem Versuch seiner politischen Unterwerfung unter die unmittelbare ottonische Reichsgewalt die religiöse Legitimation.

Die Konzeption Ottos III. lief auf den Versuch hinaus, das Problem dort zu lösen, wo alle Fäden zusammenliefen: in Rom selbst. Dies setzte das engste Einvernehmen, die vollkommene Kooperation der beiden ‹Himmelslichter›, des Papstes und des Kaisers, ja eine Teilhabe des Kaisers am apostolischen Auftrag der römischen Kirche voraus. Bedingung war aber auch ein neues Modell des Imperiums. Wieder bot der erwähnte merowingische Ämtertraktat, wie schon bei der Figur des kaiserlichen Patricius, einen Fingerzeig. Er definierte das Kaisertum als universale Suprematie über Könige anderer Reiche. Die Suprematie über weder kirchlich noch politisch in das deutsche Reich integrierte Nachbarländer erforderte eine Kaisergewalt eigenen Rechts, vergleichbar dem oströmischen Kaisertum, mit dem zu wetteifern Gerbert den Sohn Theophanus aufgefordert hatte. Der angebliche Verzicht Konstantins des Großen auf Rom und den Westen mußte verworfen, die Apostelstadt auch Kaiserstadt werden.

Doch gerade in Rom erlitt der Kaiser, kaum daß er der römischen Kirche ihr Privileg gegeben hatte, einen dramatischen Rückschlag. Ein Aufstand der Römer brachte ihn in seiner Pfalz in Bedrängnis, erst nach dreitägiger Belagerung gelang der Ausbruch. Den Führern des Aufstandes, die sich nun zu Verhandlungen einfanden, hat der Kaiser nach dem Bericht des Hildesheimer Augenzeugen Thangmar eine Rede gehalten, die den Kern des Problems enthüllt: «Seid ihr nicht meine Römer? Um euretwillen habe ich mein Vaterland und meine Verwandten verlassen. Aus Liebe zu euch habe ich meine Sachsen und alle Deutschen, mein Blut, hintangesetzt, euch habe ich in die entlegenen Gebiete unseres Imperiums geführt, wohin eure Väter, als sie über den Erdkreis geboten, niemals den Fuß gesetzt haben. Und dies, um euren Namen und Ruhm bis an die Grenzen der Welt zu verbreiten. Euch habe ich als Söhne angenommen, euch allen vorgezogen. Um euretwillen, da ich euch allen voranstellte, habe ich aller Neid und Haß gegen mich erregt ...». Die Identifikation Ottos III. mit den Römern, von seinen Vorgängern seit Karl dem Großen peinlich vermieden, hatte die Frage nach dem Reichsvolk des Kaisers zum akuten Problem werden lassen.

Zu einer verläßlichen Wiederherstellung der Lage ist es in Rom nicht mehr gekommen. Der Kaiser hielt es für geraten, die Stadt an der Seite des Papstes vorerst zu verlassen, wenn auch in der festen Absicht, sie nach dem Eintreffen von deutschen Verstärkungen bald zurückzugewinnen. Die Nachricht, er habe in Pereum, wo er im Kreise Romualds sich erneuten Bußübungen unterwarf, diesem nunmehr resignierend gelobt, die Kaiserwürde nach drei Jahren niederzulegen und Mönch zu werden, ist kaum ernst zu nehmen. Denn eben damals fielen unter seinem und des Papstes Vorsitz zu Ravenna die Entscheidungen über Ungarn, kam es zu dem abenteuerlichen Kaiserbesuch Venedigs, der mit Rücksicht auf Byzanz in aller Heimlichkeit geschehen mußte. Venedig hatte vor kurzem erfolgreich an der dalmatinischen Küste Fuß gefaßt, schon hatte sich die päpstliche Mission eingeschaltet. Es spricht manches dafür, daß der Kaiser den venezianischen Dukat als ein weiteres Glied seines Imperiums gewinnen wollte. Auch die Brautwerbung am byzantinischen Hof war endlich von Erfolg gekrönt. Eine Prinzessin aus der legitimen Makedonen-Dynastie wurde nach Bari eingeschifft. Doch ehe sie den Hof des Kaisers erreichte, setzte dessen plötzlicher Tod am 24. Januar 1002 allen weiteren Plänen ein Ende. In der Burg Paterno bei Città Castellana, in Erwartung der aus Deutschland heranrückenden Streitkräfte zur Wiedergewinnung Roms, bis zuletzt mit Fragen der Ostmission beschäftigt, erlag der Kaiser der Krankheit, die er bereits geraume Zeit in sich trug, wahrscheinlich der Malaria, die schon den Vater dahingerafft hatte. Ihn an dessen Seite in Rom beizusetzen, war ausgeschlossen. Nach seinem eigenen Wunsch ist er in der Aachener Pfalzkapelle, der Grabeskirche Karls des Großen, zur letzten Ruhe gebettet worden.

Rom und Italien waren fürs erste verloren. Deutschland stürzte in die Krise eines Thronfolgestreites, doch abermals meisterte Willigis von Mainz die Lage und sicherte dem ottonischen Hause, jetzt in seiner bayerischen Linie, das Königtum. Heinrich II., Sohn des ‹Zänkers›, empfing aus seiner Hand die Krone. In den Beziehungen zu Polen wurde zunächst die Gnesener Linie fortgesetzt. Boleslaw Chrobry empfing die Lausitz und das Milzener Land als Lehen aus der Hand Heinrichs II. Zum Konflikt kam es, als der Polenherrscher ganz Böhmen in seine Hand brachte und dem König dafür die Huldigung verweigerte. Dieser schloß jetzt gegen die nunmehrige polnische Großmacht ein Bündnis mit den heidnischen Liutizen. Dies war der endgültige Bruch mit der Gnesen-Politik

Ottos III. und führte zu einem Krieg, der erst 1018 beendet werden konnte.

Die ‹Erneuerung des Römerreiches› ist eine Vision geblieben. In ihrem Horizont hatte der gesamte nichtbyzantinische Kontinent gelegen, bis hin zum russischen Reich von Kiew, wo schon die Missionspolitik Ottos I. der byzantinischen begegnet war. Selbst der Gedanke an eine Vereinigung beider Imperien auf Grund des Ehebundes kann nicht ausgeschlossen werden. Der schwächste Punkt des kühnen Entwurfs war die der Apostelstadt zugewiesene Schlüsselfunktion. Mehr als anderwärts hat sich hier diese Theorie von den Realitäten entfernt. Für die Ostpolitik scheint dies nicht in gleichem Maße zu gelten. Es ist fraglich, ob es hier angesichts des mächtig aufstrebenden polnischen Reiches, dessen Herrscher die Mission auf die eigene Fahne geschrieben hatte, zur Gnesen-Politik eine Alternative gab außer der Heinrichs II., einer Politik der Konfrontation unter Verzicht auf die ‹apostolische› Legitimation. Doch die sublime imperiale Ebene, auf der allein Otto III. in Gnesen operiert hatte, erwies sich als eine zu dünne Eisdecke. Ein abschließendes Urteil müssen wir uns ohnehin versagen, da wir nur einen Torso vor uns haben, dessen Schöpfer vorzeitig abberufen wurde.

Bei einer Bilanz darf aber das Bleibende nicht übersehen werden. Auch die Nachfolger wurden Königskanoniker an Kathedralkirchen und haben das Reichskirchensystem weiter ausgebaut. Heinrich III. hat systematisch deutsche Bischöfe auf den römischen Stuhl erheben lassen. Der römische Kaisertitel hat sich durchgesetzt. Wenn sich schließlich Polen und Ungarn vom Reich gelöst haben, so hat sich gleichwohl die lateinische Staatenwelt Europas um zwei wichtige Glieder erweitert: ein Schritt von großer Tragweite auf dem Wege zur Bildung Europas als einer Familie von Nationen.

Heinrich III.
1039–1056

Von Rudolf Schieffer

Als ‹Hoffnung des Reiches› (spes imperii) wurde der gerade Zehnjährige auf den Bullen der väterlichen Urkunden vorgestellt; mit etwas mehr als zwanzig Jahren kam er zu alleiniger Herrschaft; noch keine dreißig Jahre alt, empfing er die Kaiserkrone, und bereits ein Jahrzehnt später ereilte ihn ein jäher Tod: Wer ein Bild Heinrichs III., des zweiten Kaisers aus salischem Hause, zu entwerfen sucht, hat es mit einem kurzen, intensiven und vor der Zeit abgebrochenen Leben zu tun, das in der beständigen Spannung zwischen hohen Zielen und widriger Wirklichkeit verlief.

Bei Heinrichs Geburt am 28. Oktober 1017 schien ein solcher Weg durchaus nicht vorherbestimmt. Der Vater Konrad, Urenkel des 955 auf dem Lechfeld gefallenen Konrad des Roten, entstammte einem hochangesehenen rheinfränkischen Adelsgeschlecht, dessen Besitz und gräfliche Rechte schon seit Generationen in der Gegend um Worms und Speyer lagen; die Mutter Gisela, zum dritten Male verheiratet, trug als Tochter und Witwe schwäbischer Herzöge der Familie zusätzlichen Glanz ein. Gleichwohl war es alles andere als zwangsläufig, daß gerade Konrad von einer Mehrheit der deutschen Fürsten an die Spitze des Reiches berufen wurde, nachdem Kaiser Heinrich II. 1024 kinderlos gestorben war. Die Wahl von Kamba wurde zur entscheidenden Wendemarke auch im Leben des kleinen Heinrich, denn nach den staatsrechtlichen Vorstellungen der Zeit galt er seitdem als der natürliche Anwärter auf die Nachfolge des Vaters im Königtum. Immerhin war er noch jung genug, um fortan mit Umsicht und Sorgfalt für die große Aufgabe herangebildet zu werden. Bischof Brun von Augsburg (gest. 1029), der Bruder Heinrichs II., und später Bischof Egilbert von Freising (gest. 1039) sind als seine Erzieher bezeugt; wesentlichen Einfluß scheint daneben die Mutter genommen zu haben, in deren Begleitung Heinrich 1027 das Kloster St. Gallen besuchte, damals wohl das bedeutendste literarische Zentrum Deutschlands. Anscheinend durch Giselas Vermittlung wurde auch der Hofkapellan Wipo hinzugezogen, der dem Königssohn eine geistliche Sittenlehre in Form von hundert Sinnsprüchen (und später die berühmte Lebensbeschreibung seines Vaters Konrad) widmete. Ohne Zweifel fielen alle derartigen Anregungen bei Heinrich auf fruchtbaren Boden, denn zeitlebens bewahrte er sich einen wachen Sinn für Kunst und Dichtung – in

Heinrich III., von zwei Äbten geleitet. Evangelistar Heinrichs III., um 1040. – Bremen, Universitätsbibliothek, Inv. Nr. b. 21, fol. 3ᵛ (Faksimilevorlage: Verlag Ludwig Reichert, Wiesbaden).

lateinischer wie deutscher Sprache –, für geistliche und weltliche Wissenschaft.

Neben der schulmäßigen Ausbildung des Thronfolgers verlangte die rechtliche Sicherung der dynastischen Kontinuität zeitige Aufmerksamkeit, ist doch das mittelalterliche Königtum trotz aller Kraft des Geblütsrechts niemals durch bloßen Erbgang weitergegeben worden. Den ersten Schritt unternahm Konrad II. bereits im Frühjahr 1026, indem er seinen noch nicht neunjährigen Sohn «nach Rat und Bitten der Fürsten» förmlich als künftigen König benannte. Ein Jahr später sorgte der – inzwischen zum Kaiser gekrönte – Vater dafür, daß die gerade vakante Herzogswürde Bayerns an Heinrich fiel, und zur Karwoche des Jahres 1028 berief er dann eine Reichsversammlung nach Aachen, die den Kaisersohn rechtsgültig zum deutschen König wählte. Der folgende Ostertag, an dem ihn Erzbischof Pilgrim von Köln mit heiligem Öl salbte, mit Szepter, Stab und Krone ausstattete und auf den schon damals Karl dem Großen zugeschriebenen Thron erhob, gab Heinrich ein unauslöschliches Bewußtsein von der Hoheit des Herrscheramtes, zu dem er nach Gottes Willen bestellt war; noch Jahrzehnte später hat er sich ausdrücklich auf dieses Ereignis berufen. Auch die standesgemäße Verheiratung, deren es zum Fortbestand des neuen Königsgeschlechts bedurfte, hat Konrad II. offenbar schon früh bedacht, denn zum selben Jahr 1028 wird von einer Gesandtschaft berichtet, die in Byzanz um die Hand einer der Töchter des Kaisers Konstantin VIII. anhalten sollte, was sich jedoch zerschlug. So vergingen noch einige Jahre, ehe man sich am deutschen Hof für eine Eheverbindung mit dem damals England und Norwegen umgreifenden Reich des Dänenkönigs Knut des Großen entschied: Gunhild, die wohl eben siebzehnjährige Tochter des nordischen Herrschers, wurde zu Pfingsten 1035 in Bamberg mit Heinrich verlobt; im nächsten Jahre fand, wiederum an Pfingsten, die Hochzeit in Nimwegen statt.

Obgleich er seit 1028 rechtlich bereits König war, mußte Heinrich naturgemäß doch erst im Laufe der Zeit mit der Praxis der Herrschaftsausübung vertraut gemacht werden. Dies geschah ganz zwanglos im Umgang mit dem kaiserlichen Vater, in dessen Urkunden ‹der geliebte Sohn, König Heinrich› mit steigender Häufigkeit als Fürsprecher der jeweils Begünstigten genannt wird. Daneben ergab sich für den Thronfolger ein Bereich begrenzter eigener Verantwortung durch das bayerische Herzogsamt, das er anfänglich wohl unter der Obhut der erziehenden Bischöfe von Augsburg und Freising wahrnahm. Als erste selbständige Handlung ist ein Friedensschluß mit den Ungarn überliefert, der 1031 unter Gebietsverlusten zwischen Fischa und Leitha die Konsequenz aus einem im Vorjahr gescheiterten Vorstoß Konrads II. zog. Den Vater begleitete Heinrich dann im Winter 1032/33 bei seinem Zug nach Burgund, der nach dem Tode des letzten dortigen Herrschers den endgültigen Heimfall dieses Reiches an Konrads Imperium einbrachte. Wenig später sehen wir den jungen Heinrich wieder an der Spitze eines bayerischen Aufgebots bei einem erfolgreichen militärischen Unternehmen gegen den böhmischen Herzog Bretislav (1033/34). Ein eigener, vom Kaiser abweichender politischer Wille wird 1035 spürbar bei seinem Widerspruch gegen die Absetzung des Herzogs Adalbero von Kärnten, führte aber zu keiner dauerhaften Entfremdung. 1038 weilten Vater und Sohn gemeinsam in Italien, wo es am 18. Juli geschah, daß die junge Königin Gunhild einem plötzlichen Fieber zum Opfer fiel, kurz nachdem sie Heinrich eine Tochter (Beatrix, gest. 1062 als Äbtissin von Quedlinburg) geboren hatte. Mit der Nachfolge des damals ebenfalls verstorbenen Schwabenherzogs Hermann wandte der Kaiser seinem Sohn eine weitere Machtposition zu, und als besonderen Akt dynastischer Vorsorge ließ er Heinrich im September jenes Jahres in Solothurn auch noch eigens zum König des jüngst erworbenen burgundischen Reiches ausrufen.

Vielseitig gebildet, rechtlich gesichert und praktisch erfahren, war somit trotz seines jugendlichen Alters ein vielversprechender Erbe zur Stelle, als Konrad II. am 4. Juni 1039 in Utrecht dahinschied. Besser vorbereitet hatte seit Otto II. kein deutscher König seine Bahn betreten.

Nach dem reibungslosen Thronwechsel, dem ein mehrmonatiger Umritt des neuen Herrschers von Aachen über Lothringen, Sachsen, Bayern und Schwaben zurück an den Rhein folgte, standen Heinrichs erste Regierungsjahre im Zeichen einer fortgesetzten Hegemonialpolitik gegenüber den werdenden Nationen im östlichen Vorfeld des Reiches. Veranlassung zum Eingreifen gab erneut Bretislav von Böhmen, der in Polen eingefallen war und, dortige Thronwirren nutzend, die Reliquien des hl. Adalbert von Gnesen nach Prag verbracht hatte. Ein erster Feldzug des deutschen Königs gegen ihn schlug 1040 fehl, aber im nächsten Jahre gelang es mit gemehrter Heeresmacht, den Böhmenherzog zu bezwingen. Bretislav unterwarf sich und wurde mit Teilen Schlesiens abgefunden auf Kosten Polens, wo mit Heinrichs Hilfe der Herzog Kasimir, ein Sohn der Ezzonin Richeza, die Oberhand gewann. Größere Schwierigkeiten ergaben sich mit Ungarn, nachdem dort 1041 König Peter I., der Neffe Stephans des Heiligen (gest. 1038), durch eine Revolte vertrieben worden war; ihr Anführer Samuel-Aba griff als neuer König auf die bayerische Ostmark über und forderte die Gegenwehr Heinrichs III. heraus. 1042 ging der deutsche Vorstoß zunächst ins Leere, aber bereits 1043 wurde eine Revision der Grenzkorrektur von 1031 erkämpft. Im folgenden Jahre zog Heinrich abermals gegen Ungarn und errang am 5. Juli 1044 bei Menfö an der Raab einen entscheidenden Sieg, der den Untergang Samuel-Abas besiegelte und die Rückführung König Peters nach Stuhlweißenburg erlaubte, wo dieser dem deutschen Herrscher den Vasalleneid leistete. Erstmals war damit eine Lehnshoheit über alle drei östlichen Nachbarländer des Reiches aufgerichtet.

Am Abend jenes siegreichen Tages von Menfö bot sich bei der Rückkehr von der Verfolgung des geschlagenen Feindes ein ungewohntes Bild: Man sah König Heinrich barfuß und im härenen Gewand vor einer Reliquie des heiligen Kreuzes in die Knie sinken, und die Umstehenden, die dies spontan nachahmten, vernahmen aus dem Munde ihres Königs, er wolle jedem, der irgendwie gegen ihn gefehlt habe, verzeihen und fordere alle auf, auch untereinander zu Frieden und Versöhnung zurückzukehren. Das Geschehen ist durch mehrere Quellen bezeugt, hat also bereits damals ebenso wie bei den modernen Historikern Beachtung gefunden, zumal es sich um keinen Einzelfall handelt: Schon im Vorjahr hatte Heinrich bei einer Synode in Konstanz die Kanzel bestiegen, um in eindringlichen Worten zum allgemeinen Frieden zu mahnen, und an Weihnachten 1043 war von ihm in Trier geradezu als ‹Gesetz› verkündet worden, daß jeder jedem zu vergeben habe.

Der König als oberster Friedenswahrer: das war keine neue Idee, sondern in der antiken Tradition und mehr noch im christlichen Herrscherethos längst vorgezeichnet, aber es wurde doch von Heinrich III. in einer sehr persönlichen und derart konkreten Weise aufgenommen und vorgelebt, daß unter den Zeitgenossen das Erstaunen allgemein war – und auch gelegentliche Kritik nicht ausgeblieben ist. Man hat erklärend auf die gleichzeitige Gottesfriedensbewegung in Frankreich hingewiesen, die dort angesichts eines schwachen Königtums mit kirchlicher Unterstützung durch zeitlich befristete Fehdeverbote der verbreiteten Gewalttätigkeit Herr zu werden suchte. Dabei ist jedoch bezeichnend, in welcher Weise Heinrich jenen Impuls in seinem Reich aufgriff und zugleich umgestaltete: Nicht im genossenschaftlichen Schwurverband, sondern kraft seiner rechtlichen und persönlichen Autorität als König sollte der Friedensgedanke in Deutschland Fuß fassen. Hier wird erstmals etwas spürbar von dem idealistischen Schwung und dem religiösen Ernst, mit dem Heinrich sein Herrscheramt ansah: Die einsame Höhe, zu der ihn Weihe und Salbung erhoben hatten, befähigte und verpflichtete ihn, als der irdische Vertreter des höchsten Herrn – ‹vicarius Christi› nennt Wipo den König – alle Macht einzusetzen, um Gerechtigkeit und Erbarmen zu verbreiten, ja um ganz allgemein den christlichen ‹virtutes› den Weg zu ebnen. Die ostentativen Gebärden persönlicher Demut, mit denen Heinrichs Friedensbemühungen verbunden waren, sind insofern nichts anderes als der konsequente Ausdruck des Bewußtseins, daß die höchste Würde vor Gott auch die schwerste Verantwortung bedeutete.

Die elementare Voraussetzung solcher hochragenden Konzeptionen, ein starkes und allseits unangefochtenes Königtum, hatte Heinrich vom Vater übernehmen können. Neben Bayern und Schwaben fiel ihm noch

1039 durch den kinderlosen Tod seines Verwandten Konrad von Kärnten ein drittes Herzogtum zu, so daß er nun im ganzen Süden des Reiches zugleich als König und Herzog gebot. Diese Zusammenballung staatlicher Macht in einer Hand ist in der mittelalterlichen Geschichte Deutschlands einmalig geblieben; sollte Heinrich III. je daran gedacht haben, sie auf Dauer zu behaupten, so mußte er bald einsehen, daß mit einer derartigen Aufsaugung der mittleren Instanzen die politisch-administrativen Möglichkeiten der Zentralgewalt überfordert waren. So hat er schon 1042 bei Beginn der Ungarnkämpfe Bayern an den Lützelburger Heinrich (VII.) ausgegeben, einen Neffen des letzten dortigen Herzogs. Schwaben erhielt 1045 der rheinische Pfalzgraf Otto (II.), ein Bruder des Kölner Erzbischofs Hermann aus dem Ezzonen-Hause, und Kärnten kam 1047 an Welf III., den Letzten aus der älteren Linie dieses Geschlechts. Die rechte Balance der Gewichte hatte Heinrich auch gegenüber Burgund zu finden, das er im Winter 1041/42 – und danach noch mehrmals – als ‹rex Burgundionum› bereiste. Seine Herrschaft stieß hier zwar ebenfalls auf keinen grundsätzlichen Widerspruch, aber er war doch gut beraten, die eigenständige Tradition des Landes durch Einrichtung einer besonderen burgundischen Kanzlei zu betonen. An ihre Spitze ließ er als Erzkanzler den Erzbischof Hugo von Besançon (gest. 1066) treten, der selber noch Kapellan des letzten einheimischen Königs Rudolf III. gewesen war und nun als Heinrichs maßgeblicher Berater zum eigentlichen Regenten in Burgund wurde.

Über die westliche Reichsgrenze hinaus griff der König mit dem Plan seiner Wiederverheiratung, als er erstmals an Pfingsten 1042 mit der Absicht hervortrat, Agnes von Poitou zu ehelichen, die Tochter des verstorbenen Herzogs Wilhelm V. von Aquitanien, deren Mutter Agnes später die Gattin des Grafen Gottfried Martell von Anjou(-Poitou) geworden war. Deutlich ist, daß diese Eheverbindung einer weiteren Sicherung der deutschen Herrschaft in Burgund dienen sollte, denn der Großvater der Braut – Vater der älteren Agnes – war niemand anders als jener Graf Otto-Wilhelm gewesen, der zu Zeiten Kaiser Heinrichs II. das Vermächtnis Rudolfs III. von Burgund am heftigsten bekämpft hatte. Ungewiß mochte freilich sein, ob die Ehe mit der Stieftochter eines der mächtigsten kapetingischen Kronvasallen den deutschen Herrscher bei König Heinrich I. von Frankreich ins Zwielicht bringen würde. Offenbar deshalb kam es zu einer Zusammenkunft beider Könige im April 1043 im Grenzort Ivois an der Chiers, bevor Heinrich III. dann im November zu Besançon mit seiner künftigen Gemahlin zusammentraf und gegen Ende desselben Monats in Mainz deren Krönung sowie danach in Ingelheim die Hochzeit feierte. Kirchenrechtliche Bedenken, die wegen zu naher Verwandtschaft gegen die Ehe angemeldet wurden, sind jedenfalls ohne nachhaltige Wirkung geblieben. Die neue Königin wird als eine Frau geschildert, die durch Bildung und fromme Wesensart in vielem dem Gatten ähnelte; es mag daher auch ihrem gemeinsamen Empfinden entsprochen haben, wenn der König die Spielleute und Gaukler von der Hochzeitsfeier verwies. Zu Heinrichs Lebzeiten hat Agnes keinen erkennbaren Einfluß auf die Regierung genommen; sie gebar dem König fünf Kinder: zunächst drei Töchter, nämlich 1045 Mathilde (gest. 1060 als Gattin des Herzogs Rudolf von Schwaben), 1047 Judith/Sophie (gest. 1093/95 als Herzogin von Polen, zuvor Königin von Ungarn) und 1048 Adelheid (gest. um 1095 als Äbtissin von Gandersheim), dann 1050 den Thronfolger, den späteren Kaiser Heinrich IV., und 1052 einen zweiten Sohn namens Konrad (gest. 1055).

Der Tod des Herzogs Gozelo (I.) von Lothringen, der im letzten Jahrzehnt die beiden Hälften des seit Generationen geteilten Herzogtums in einer Hand vereinigt hatte, löste 1044 im Westen des Reiches langwierige Erschütterungen aus. König Heinrich, der schon im selbstbewußten Umgang mit den süddeutschen Herzogtümern sein amtsrechtliches Verständnis solcher Würden hervorgekehrt hatte, war nicht gewillt, den umfassenden Erbansprüchen von Gozelos Sohn und langjährigem Mitregenten Gottfried ‹dem Bärtigen› zu folgen, und beschränkte dessen Nachfolge auf das mosselländische Oberlothringen, während er den niederlothringischen Norden nominell an Gottfrieds jüngeren, aber anscheinend nicht regierungsfähigen Bruder Gozelo (II.) übertrug. Da Gottfried diese Entscheidung nicht hinnahm und Heinrich die Empörung mit gerichtlichem Entzug des Herzogtums beantwortete, kam es zu einem militärischen Konflikt, bei dem unversehens Grundsatzfragen der Reichsverfassung auf dem Spiel standen. Fürs erste war der König dabei im Vorteil, denn als er im Winter 1044/45 nach Lothringen einrückte, zeigte sich bald die Schwäche von Gottfrieds Anhang, der dem traditionellen Bündnis von Reichsepiskopat und Krongewalt nicht gewachsen war. Der abgesetzte Herzog mußte sich unterwerfen, wurde aber – nach einjährigem Gewahrsam auf dem Giebichenstein – von Heinrich III. bei der Neuordnung der lothringischen Verhältnisse im Frühjahr 1046 wieder mit Oberlothringen betraut; das nördliche Herzogtum ging dagegen seiner Familie ganz verloren und fiel an den Lützelburger Friedrich (gest. 1065), einen Bruder des Bayernherzogs. Auch die Krise im Westen schien damit im Sinne des Königs bereinigt, so daß sich Heinrich neuen, höheren Zielen zuwenden konnte.

Mit seinem ersten Italienzug und dem Eingreifen in Rom um die Wende 1046/47 hat Heinrich III. die sichtbarsten Spuren in der Geschichte hinterlassen. Wieweit dabei Absicht und Wirkung zusammenfielen, ist für seine Beurteilung nicht unwichtig, im einzelnen aber nur schwer abzuschätzen. Als sicher darf unterstellt werden, daß der König die Reichsherrschaft südlich der Alpen sieben Jahre nach dem Tode des Vaters auch persönlich wieder zur Geltung bringen wollte, wenngleich dazu keine akute Veranlassung etwa durch offene Unruhen bestand, wie noch in der letzten Zeit Konrads II. Ganz zweifellos ging es ihm nicht minder darum, in Rom aus des Papstes Hand die Kaiserkrone zu empfangen und damit vollends gleichrangig in die Reihe seiner Vorgänger zu treten. Unübersehbar ist aber auch, daß der Aufenthalt in Italien eine nachdrückliche Hinwendung zur Kirchenreform brachte.

Damit ist eine Grundströmung des Zeitalters bezeichnet, die von Heinrich III. gewiß nicht ausgelöst, aber durch ihn in ihrem Verlauf maßgeblich bestimmt worden ist. Das verbreitete, zunächst noch ziemlich diffuse Bestreben nach Erneuerung von Kirche und Welt hatte seine ältesten – aber nicht alleinigen – Wurzeln im klösterlichen Bereich, wo sich schon seit über einem Jahrhundert mancherlei Reformkräfte regten. Mit der Abtei Cluny im französischen Burgund, die in dieser Hinsicht besonderen Rang und Einfluß hatte, waren auch frühere deutsche Herrscher in nähere Beziehung getreten, aber Heinrich III. gestaltete die Bande enger als je zuvor, indem er seine zweite Gattin Agnes aus dem Geschlecht der Gründer dieses Klosters nahm und später Abt Hugo von Cluny (1049–1109) zum Taufpaten seines Thronerben wählte. Dennoch hat er nicht die Ausbreitung des spezifisch cluniazensischen Mönchtums in seinem Reich betrieben; ähnlich der Gottesfriedensbewegung – die ebenfalls wesentliche Anstöße aus Cluny empfangen hatte – wußte er auch die Klosterreform seinem Herrschaftsgefüge einzupassen, das heißt in Deutschland die Befreiung der Mönche von der Bedrückung durch Episkopat und Adel vor allem durch verstärkte Bindung an ihren königlichen Schutzherrn zu gewährleisten. Jüngeren Ursprungs und eigentlich erst in der Generation Heinrichs breiter hervorgetreten war dagegen die umfassendere Forderung nach einer Reform der Kirche insgesamt; sie richtete sich an Weltklerus wie Laien und zielte im Kern auf eine strengere Beachtung des überlieferten kanonischen Rechts, dem die Praxis des kirchlichen Alltags in vielfältiger Weise zuwiderlief. Ihr Wellenschlag hatte den König bereits gestreift, als Kritik an seiner Eheschließung mit Agnes von Poitou laut wurde, doch von diesem Sonderfall abgesehen stand Heinrich gemäß seiner ganzen Erziehung und Wesensart dem Streben nach kirchlicher Erneuerung mit warmer Aufgeschlossenheit gegenüber. Schon 1040 zollte er der kanonischen Norm sichtbaren Respekt, indem er die Strafmaßnahmen seines Vaters gegen den Erzbischof Aribert von Mailand (gest. 1045) zurücknahm; später ließ er sich darauf ein, daß der zum Erzbischof von Lyon erhobene Abt Halinard von Dijon (gest. 1052) mit dem Hinweis auf sein Mönchsgelübde ihm den üblichen Treueid verweigerte. Auf italischem Boden angelangt, machte sich der König im Oktober 1046 bei einer Synode in Pavia sogleich ein zentrales Anliegen der Reformer zu eigen: die Bekämpfung des kirchlichen Ämterkaufs, der sogenannten Simonie. Gegen diesen verbreiteten Übelstand hielt er damals, wie berichtet wird, eine flammende Rede, die in dem Gelöbnis gipfelte: «Wie Gott mir die Krone des Reiches aus reinem Erbarmen und ohne Entgelt gegeben hat, so will auch ich das, was seine Verehrung betrifft, umsonst austeilen. Ich möchte, daß ihr ebenso handelt.»

Wohl nicht ganz zufällig fehlte unter den zahlreich in Pavia Versammelten der Papst. Nicht als ob in Italien der Ruf nach Reform bis dahin ausgeblieben wäre, aber in Rom hatte er doch nur schwachen Widerhall gefunden. Immerhin war Gregor VI., der seit dem Vorjahr auf dem Apostolischen Stuhl saß, von ernsthaften Neuerern wie Petrus Damiani, dem Eremiten von Fonte Avellana, schon als Hoffnung auf eine Wende zum Besseren begrüßt worden. Er reiste nun Heinrich III. entgegen und traf ihn Anfang November 1046 in Piacenza, wo beide gemeinsam ins Gebetsgedächtnis des Klosters San Savino eintraten; diese erst jüngst entdeckte Begebenheit läßt darauf schließen, daß der König der Person des Papstes nicht von vornherein ablehnend gegenübergestanden hat. Erst beim weiteren Vorrücken auf Rom mag sich ihm die ganze Vorgeschichte von Gregors Pontifikat enthüllt haben: Der Vorgänger Benedikt IX. (ab 1032) aus dem seit 1012 in Rom vorherrschenden Adelsgeschlecht der Tuskulaner war zwar keine Gestalt von solcher Verkommenheit gewesen, wie die Polemik späterer Quellen glauben machen will, aber er stand doch allein schon durch seine Herkunft in der unrühmlichen Tradition jener, die im Papsttum kaum mehr als die Landesherrschaft über Rom und Mittelitalien erstrebt und erstritten hatten. Noch ganz in diesem Rahmen war es im Herbst 1044 zu einem städtischen Aufstand gekommen, bei dem die Gegenpartei der Crescentier (Stephanier) einen der Ihren, den Bischof Johannes von Sabina, als Silvester III. zum Papst erhob (Januar 1045). Benedikt IX. vermochte zwar nach kurzer Vertreibung zurückzukehren und den Widersacher zu verdrängen (März 1045), resignierte aber doch vor den wachsenden Schwierigkeiten des Stadtregiments. Am 1. Mai 1045 verzichtete er auf die päpstliche Würde zugunsten seines Taufpaten Johannes Gratianus, des Erzpriesters von S. Giovanni a Porta Latina, von dem er sich freilich eine hohe Entschädigung zahlen ließ. Gregor VI., wie sich der neue Pontifex nannte, dürfte selber von untadeligem Charakter und besten Absichten gewesen sein, doch mußten ihn die Umstände seiner Amtsübernahme mit dem damals wohlfeilen Vorwurf der Simonie belasten. Daß es offenbar aussichtslos war, die kirchlichen Mißstände im Rahmen des hergebrachten Milieus überwinden zu wollen, hatte schon einige Jahre zuvor einen reformeifrigen italischen Bischof zu dem grimmigen Ausspruch veranlaßt, er würde 1000 Pfund für das Papsttum zahlen, um imstande zu sein, die verfluchten Simonisten überall auf der Welt zu verjagen...

Heinrich III. beschloß, sein künftiges Kaisertum nicht auf diesen Papst zu gründen. Zwei Tagereisen vor Rom ließ er am 20. Dezember 1046 in Sutri eine Synode zusammentreten, zu der Gregor VI. samt den beiden ehedem rivalisierenden Vorgängern geladen wurde. Sichtlich waltete hier das Bestreben, die verwickelte Situation als ein Schisma zwischen drei Päpsten erscheinen zu lassen, das den bereinigenden Zugriff der weltlichen Gewalt erforderte. Außer Silvester III., der ohnehin schon früher verzichtet hatte, wurde in Sutri vor allem Gregor VI. unter der Beschuldigung der Simonie förmlich abgesetzt, während gegen Benedikt IX., der nicht erschienen war, erst drei Tage später in Rom verhandelt wurde, nachdem der König und die Versammlung dort ihren Einzug gehalten hatten. In Abwesenheit wurde nun auch Benedikt noch eigens der päpstlichen Würde enthoben, die er bereits im Vorjahr weggegeben hatte. Im übrigen blieb er freilich unbehelligt, wie auch Silvester/Johannes in sein sabinisches Bistum zurückkehren durfte, während man den abgesetzten Gregor in Gewahrsam nahm und später zur Verbannung nach Deutschland (anscheinend nach Köln) schickte; begleitet wurde er von einem jungen Kleriker namens Hildebrand, der nach Jahrzehnten als Papst Gregor VII. rückschauend meinte: «Widerwillig bin ich mit dem Herrn Papst Gregor über das Gebirge fortgegangen».

Der freigewordene Stuhl Petri bedurfte dringend eines neuen Inhabers, und die Art, wie die Besetzung erfolgte, machte vollends klar, daß Heinrich einen grundlegenden Wandel in Rom erstrebte. Als Papst präsentierte er nämlich den Römern zur akklamatorischen Wahl einen seiner Vertrauten, den sie zuvor nie gesehen hatten: den Sachsen Suidger, seit 1040 Bischof von Bamberg, der sich in Rückbesinnung auf die Urkirche, das Ideal der Reformer, den Namen Clemens II. beilegte. Seine erste Amtshandlung war es, König Heinrich und seiner Gemahlin Agnes am Weihnachtstag 1046 in St. Peter die Kaiserkrönung zu gewähren. Dabei verband man das althergebrachte Zeremoniell mit einem neuartigen Rechtsakt, der offenbar dazu bestimmt war, das soeben betätigte Aufsichtsrecht des Herrschers über das Papsttum dauerhaft zu befestigen: Die Würde eines Patricius, die sich Heinrich zusätzlich zum Kaisertum von ‹den Römern› verleihen ließ, griff in gewandelter Form einen Ehrentitel früherer Jahrhunderte auf und bedeutete konkret wohl ein entscheidendes Mitspracherecht bei künftigen Papstwahlen. Die neue Ära kirchlicher Reformpolitik von Rom aus, die damit gesichert werden sollte, eröffnete Clemens II. im übrigen gleich nach Neujahr mit einer ersten Synode, bei der er dem Kaiser den Platz zu seiner Rechten einräumte und Beschlüsse gegen die Simonie und andere Mißstände herbeiführte.

Das weltgeschichtliche Ergebnis der Tage von Sutri und Rom war der Wiederaufstieg des Papsttums zu universaler Geltung und Wirksamkeit. Den Anstoß dazu hatte allein ein Machtwort der höchsten weltlichen

Gewalt gegeben, die ihren Anspruch auf Schutz und Herrschaft gegenüber der Kirche kaum je entschlossener wahrnahm und zugleich sichtbarer zu legitimieren vermochte. Bei näherem Hinsehen enthüllt sich, daß Heinrich III. dabei weniger einem vorgefaßten Plan als den Herausforderungen des Augenblicks gefolgt ist, die er als verpflichtenden Appell an sein herrscherliches Gewissen empfand. Sein Entschluß zum markanten Neubeginn in Rom entwickelte sich gleichsam aus der Situation heraus und nötigte daher zu mancher Improvisation, deren Tragfähigkeit sich erst noch zu erweisen hatte. Dazu gehört etwa der erwähnte Patriziat des Kaisers in seinem rechtlich schwer faßbaren Gehalt, aber auch die stilbildende Entscheidung des neuen Papstes, seine Bamberger Bischofswürde beizubehalten. Gewiß sollten damit kirchenrechtliche Bedenken gegen seine Translation in ein anderes Bistum umgangen und der einzigartige Vorrang des Apostolischen Stuhles gegenüber allen übrigen Bischofssitzen betont werden; zugleich war jedoch bewirkt, daß der Inhaber der höchsten geistlichen Gewalt nun persönlich in die vom Kaiser beherrschte Reichskirche einbezogen und somit in herausgehobener Weise zu gemeinsamer Sorge für Kirche und Reich berufen wurde. Große Perspektiven waren es, die sich geradezu über Nacht aufgetan hatten, und die Zukunft mußte lehren, wieviel sich davon realisieren ließ.

Von Rom aus wandte sich der neue Kaiser zunächst nach Süden. Zusammen mit Papst Clemens besuchte er das Kloster Montecassino – dessen ‹Wiedergeburt› unter dem deutschen Reformabt Richer von Niederaltaich eben damals sichtbar wurde –, und Anfang Februar 1047 beschied er dann die Fürsten Unteritaliens zu einem Hoftag nach Capua. Neben Waimar von Salerno und Pandulf von Capua nahm er auch die Normannenführer Rainulf von Aversa und Drogo von Apulien als Vasallen an und tat damit von seiten der Reichsgewalt den ersten Schritt zur Sanktionierung dieser neuen zukunftsträchtigen Macht, die binnen zweier Generationen aus landfremdem Söldnertum zu eigenständiger Herrschaftsbildung aufgestiegen war. Nachdem er noch erfolglos versucht hatte, die widerspenstige Stadt Benevent zu bezwingen, trat Heinrich einen raschen Rückzug nach Deutschland an, wo er gegen Ende Mai wieder eintraf.

Ungünstige Nachrichten von dort hatten ihn bereits in Italien erreicht. Vor allem war es in Ungarn zu einem erneuten Aufstand gekommen, der die deutschen Erfolge der letzten Jahre zunichte machte. An die Stelle König Peters, der geblendet wurde, setzte sich Andreas I. aus einer Seitenlinie des Arpadenhauses, der anfangs sogar einer heftigen heidnischen Reaktion Einhalt gebieten mußte. Zwar bemühte auch er sich um gutes Einvernehmen mit dem Kaiser, doch dieser zeigte sich spontan entschlossen, seinen Vasallen zu rächen. Was ihn vorerst daran hinderte, war eine gleichzeitige schwere Bedrohung seiner Autorität in Lothringen, wo sich die Regelung von 1046 nicht als haltbar erwies. Herzog Gottfried fand sich mit seiner Beschränkung auf den Süden des Landes um so weniger ab, als er erfahren mußte, daß Heinrich III. ihn als einzigen von der allgemeinen Indulgenz aus Anlaß der Kaiserkrönung ausgenommen hatte, und so beschloß er, erneut loszuschlagen, diesmal jedoch nach umsichtigerer Vorbereitung. Zwar besteht wohl kein Zusammenhang mit unklaren Nachrichten, die von einem nur mit knapper Not verhinderten Vorstoß des französischen Königs auf Aachen im Winter 1046/47 wissen wollen, aber sicher ist, daß Gottfried sich die Unterstützung der Grafen von Holland, Flandern und Hennegau zu verschaffen wußte. Vom Spätsommer 1047 an wird ein planvolles Vorgehen der Verbündeten erkennbar, die von Nimwegen bis Verdun große Erfolge erzielten. Der Kaiser, der die Gefahr zunächst wohl unterschätzt hatte, war zeitweilig zu direkter militärischer Gegenwehr nicht mehr imstande und begnügte sich damit, im Laufe des Jahres 1048 den Aufstand diplomatisch einzukreisen: durch ein weiteres Treffen mit Heinrich I. von Frankreich in Ivois und durch Absprachen mit den Dänen und den Angelsachsen, die Flottenhilfe zusagten. So gelang es im folgenden Jahre, die Wende herbeizuführen; im Januar fiel Dietrich von Holland, im Juli unterwarf sich Gottfried der Bärtige, und im Herbst 1049 war auch Balduin von Flandern bezwungen. Das oberlothringische Herzogtum hatte der Kaiser schon 1047 an die einheimische Familie Châtenois vergeben, die es fast 700 Jahre hindurch innehaben sollte und bis heute im Haus Habsburg-Lothringen fortlebt.

Im Westen hatte Heinrich die ernsteste Erschütterung seiner Herrschaft gemeistert, aber sie war doch nur ein Symptom für die wachsende Schwierigkeit gewesen, den kraftvoll aufstrebenden Hochadel überall im weiträumigen Imperium unter der festen Kontrolle der Krongewalt zu halten. Am ehesten schien dies noch im Süden gesichert, wo der Kaiser nach dem frühen Tod der Herzöge Otto und Heinrich 1048 Schwaben an den fränkischen Babenberger Otto (III.) und 1049 Bayern an den rheinischen Ezzonen Konrad vergab, also dort wiederum die Dynastien wechselte; dagegen trennte ihn im sächsischen Norden ein kühles Verhältnis von dem schon seit 1011 amtierenden Billunger-Herzog Bernhard (II.), dessen Bruder Thietmar sogar 1047 eines mühsam vereitelten Anschlags auf den Kaiser beschuldigt wurde. Die Macht des sächsischen Herzogs suchte Heinrich indirekt einzudämmen durch einen energischen Ausbau des Reichsgutes im Harzgebiet, wo das silberreiche Goslar sein bevorzugter Aufenthaltsort wurde. Hier entstand als erstes nachkarolingisches Pfalzstift St. Simon und Juda, dem eine zentrale Stellung in der Reichskirche und ebenso in der Verwaltung der umliegenden ‹Königslandschaft› zugedacht war. Außerdem förderte Heinrich durch großzügige Schenkungen die Bischöfe von Halberstadt und Hildesheim, allen voran aber den Metropoliten Adalbert von Bremen-Hamburg (seit 1043; aus thüringischem Grafenhaus), der mit seiner tatkräftigen Territorialpolitik zum eigentlichen Gegenspieler des Sachsenherzogs wurde und mit seinen weitgespannten skandinavischen Missionsplänen über den Rahmen der deutschen Geschichte hinausragt.

Den Episkopat – nicht nur in Sachsen und Lothringen – als Garanten für Königtum und Reichseinheit wirken zu lassen, entsprach dem ‹ottonischen System›, das durch Heinrich III. seine höchste Steigerung erfuhr. Ganz konsequent sicherte er sich das entscheidende Wort bei der Besetzung der Bischofsstühle und gab dieser Prärogative zeremoniellen Ausdruck im Brauch der sogenannten Investitur, die von ihm zur Überreichung nicht allein des bischöflichen Stabes, sondern auch des Ringes fortentwickelt wurde. Anders als sein Vater mied er aber peinlich jeden Anschein simonistischer Gegenleistungen, empfand im übrigen jedoch bei der Vergabe hoher geistlicher Würden keinen Widerspruch zum Geist der kirchlichen Reform. Im Gegenteil: Nur wenn es ihm als dem geweihten und gesalbten Herrscher kraft seiner moralischen Autorität gelang, dem Episkopat seinen Stempel aufzudrücken, konnte er hoffen, soviel an Charakter, Bildung und Religiosität um sich zu scharen, wie erforderlich war, um die eingewurzelten kirchlichen Mißstände zu überwinden. In diesem Sinne galt seine besondere Sorge der Hofkapelle, die er als Pflanzstätte künftiger Bischöfe weiter ausbaute und auf das neue Zentrum Goslar orientierte; stärker als alle Vorgänger hat er sie seiner unmittelbaren Aufsicht unterstellt und so eine ganze Generation bedeutender Reichsbischöfe geprägt. Fraglos kam diese Form des persönlichen Kirchenregiments einem autokratischen Grundzug in Heinrichs Wesen entgegen, aber sie war für ihn doch beileibe kein Selbstzweck, sondern ergab sich aus der sittlichen Verantwortung, die er als Gehalt seines sakralen Herrschertums begriff. Dem Kampf um Reinheit des kirchlichen Lebens seinen starken Arm zu leihen, oblag eben niemandem mehr als ihm und erschien daher abseits allen ‹politischen› Kalküls jeder Anstrengung wert.

In Rom freilich geriet das Erneuerungswerk zunächst ins Stocken. Papst Clemens II. starb nach nur neunmonatigem Pontifikat am 9. Oktober 1047 in der Nähe von Pesaro und wurde in seiner Bamberger Bischofskirche bestattet. Sein Tod machte deutlich, auf wie schwachem Fundament die Reformer standen, denn unversehens kehrte der vertriebene Tuskulaner Benedikt IX. nach Rom zurück, unterstützt nicht nur von Teilen des städtischen Adels, sondern auch dem mächtigen Markgrafen Bonifaz von Tuszien. Kaiser Heinrich, der gegen Jahresende den Bischof Poppo von Brixen zum neuen Papst bestimmt hatte, mußte erst in drohendem Ton an Bonifaz schreiben, ehe im folgenden Juli für Damasus II. – wie sich der Pontifex nannte – der Weg nach Rom offenstand; drei Wochen später schon ist er jedoch am 9. August 1048 in Praeneste der Sommerglut des Südens erlegen. Wie nach Clemens' Tod ging wiederum eine Gesandtschaft aus Rom an den Kaiser und Patricius ab, der diesmal Bischof Bruno von Toul, einen Seitenverwandten der Salier aus dem elsässischen Grafenhause von Egisheim, als Nachfolger benannte. Mit ihm, der mehr als zwanzig Jahre (seit 1026) Erfahrung im Bischofsamt besaß und eben noch den Kaiser beim Ausgleich mit Frankreich unterstützt hatte, war ein Mann von ungewöhnlicher Tatkraft und Ausstrahlung gefunden, der als Leo IX. zum eigentlichen Wegbereiter des Reformzeitalters geworden ist. Gemäß altem Kirchenrecht erbat er nach seiner Designation eine förmliche Wahl durch die Römer, bevor er im Februar 1049 den Stuhl Petri bestieg. An den Tiber brachte er bewährte Helfer aus den Klöstern und Domstiften Lothringens mit – auch Hildebrand kehrte damals nach Rom zurück –, die gemeinsam mit reformeifrigen Geistlichen aus Italien Leos engeren Mitarbeiterkreis bildeten und zur festen Institution des Kardinalskollegiums zusammenwuchsen. Was in der Erneuerung und Selbstbehauptung des Mönchtums begonnen hatte, griff nun auf die ganze Kirche über. Entschlossen nahm man den Kampf gegen Simonie und Priesterehe auf, die als permanente Verstöße gegen die kirchliche Norm das sakramentale Leben und damit das Seelenheil vieler Menschen gefährdeten. Neu waren diese Ziele im Grund nicht – wie überhaupt Leos Reformstreben rückblickend als konservativ gewertet werden muß; ungewohnt war eher die Art, wie dieser Papst seine Anliegen vertrat und durchsetzte: nicht bloß durch Synoden und Verlautbarungen von Rom aus, sondern durch ausgedehnte Reisen, auf denen er mehr als die Hälfte seines Pontifikates zubrachte. Ähnlich den weltlichen Herrschern ließ er seine Autorität von Ort zu Ort sichtbar und vernehmlich zur Geltung kommen und gab damit der alten Primatsidee einen neuartig konkreten Inhalt.

Sein wichtigster Partner und Beistand war dabei Kaiser Heinrich III. Als Leo im Oktober 1049 aus Reims kam, wo er wegen eines Boykottaufrufs des französischen Königs nur gerade ein Dutzend Bischöfe hatte versammeln können, traf er zwei Wochen später in Mainz auf den so gut wie vollzählig erschienenen deutschen Episkopat mit dem Kaiser an der Spitze. Die folgenden Tage wurden zum machtvollen Auftakt der Kirchenreform in Deutschland: Unter dem gemeinsamen Vorsitz von Papst und Kaiser verurteilte die Synode feierlich den Kauf geistlicher Würden und gebot die Ehelosigkeit der Kleriker, prüfte Beschwerden wegen einzelner Verstöße und schlichtete allerlei Streitigkeiten. Heinrich setzte als erster seinen Namen unter Leos Dekrete und blieb ihm auch auf seiner weiteren Reise eng verbunden; ähnlich geschah es bei mehrmonatigen Visiten des Papstes zu Jahresbeginn 1051 und im Herbst und Winter 1052/53. Der Gleichklang von geistlicher und weltlicher Gewalt an der Spitze des Imperium Christianum fand vielfachen Ausdruck, so etwa in der Verleihung des Erzkanzleramtes der römischen Kirche an den Erzbischof Hermann von Köln, den Erzkanzler des Kaisers für Italien. Sogar konkret politisch wirkte sich das Bündnis mit dem Papst aus: Hatte Leo schon 1049 bei der Überwindung des lothringischen Aufstandes mitgeholfen, indem er Heinrichs Widersacher mit dem Bann belegte, so gestaltete sich seine Beteiligung an dem mehrfach verschobenen Kriegszug gegen Ungarn im Herbst 1052 eher im Sinne einer Friedensvermittlung, die freilich im Ergebnis auf eine Lösung der ungarischen Lehnsbande zum Kaiser hinauslief.

Den Papst beschäftigten um diese Zeit längst selber militärische Pläne, die veranlaßt waren durch das gewaltsame Vordringen der Normannen in Süditalien. Um ihnen Einhalt zu gebieten und um insbesondere die Stadt Benevent für den Kirchenstaat zu gewinnen, ging Leo den Kaiser Ende 1052 um Hilfe an. Heinrich sagte ein Reichsheer zu, ließ sich dann aber von seinem Kanzler, dem Bischof Gebhard von Eichstätt, umstimmen, so daß der Papst darauf angewiesen war, selber in Deutschland ein bewaffnetes Aufgebot anzuwerben. Obwohl nur mangelhaft gerüstet, wagte Leo im Vertrauen auf byzantinische Unterstützung den Kampf, erlitt aber am 18. Juni 1053 bei Civitate, westlich des Monte Gargano, eine vernichtende Niederlage, bei der er selbst in die Gefangenschaft der Normannen geriet. Lange Monate mußte er danach in ehrenvoller Haft in Benevent zubringen und konnte erst im Frühjahr, körperlich gebrochen, wieder nach Rom zurückkehren. Dort starb er am 19. April 1054: trotz seines unglücklichen Endes sicherlich der bedeutendste unter den deutschen Päpsten des Mittelalters.

Es mag erstaunen, daß der Kaiser ‹seinem› Papst auch in dessen Bedrängnis nicht zu Hilfe kam, doch hatte Heinrich damals bereits mit neuen Schwierigkeiten im Innern zu kämpfen. Ein zeitgenössischer Chronist berichtet zu 1053 von wachsender Unzufriedenheit mit seinem Regiment, das den selbstgesetzten Ansprüchen nicht gerecht geworden sei. Als der Salier jedenfalls im Herbst 1053 auf einer Reichsversammlung in Tribur die Königswahl seines eben dreijährigen Sohnes Heinrich (IV.) forderte, machten die Großen ihre Zustimmung abhängig von der bezeichnenden Bedingung, daß dieser «sich als gerechter Herrscher zeigen» werde; immerhin konnte der kleine Heinrich im nächsten Jahre in Aachen gekrönt werden, womit seine Thronfolge gesichert schien. Bedenklich war zumal, daß sich die Mißstimmung nun auch vom Süden her ausbreitete. Der Bayernherzog Konrad stieß im Lande auf deutliche Ablehnung – wohl wegen seiner zurückhaltenden Ungarnpolitik – und wurde im April 1053 vom Kaiser abgesetzt. Während er prompt zu den Ungarn floh, gab Heinrich das bayerische Herzogtum formal an seinen eigenen gleichnamigen Sohn weiter, 1054 nach dessen Königskrönung an seinen zweiten, erst 1052 geborenen Sohn Konrad und, als dieser bereits 1055 starb, schließlich sogar an seine Gemahlin Agnes. Kaum war diese notdürftige Regelung getroffen, da machte des Kaisers alter Gegner Gottfried der Bärtige wieder von sich reden. Er war nach Italien entkommen und heiratete dort Mitte 1054 Beatrix, die Witwe des 1052 ermordeten Markgrafen Bonifaz von Tuszien. Ein Jahr nach der Niederlage des Papstes gegen die Normannen schien damit die kaiserliche Herrschaft über weite Teile Italiens in Frage gestellt.

Heinrich hielt die Lage für so bedrohlich, daß er sich entschloß, zum zweiten Mal über die Alpen zu ziehen. Zuvor jedoch bestimmte er Anfang 1055 Bischof Gebhard von Eichstätt, seinen Kanzler und hauptsächlichen Berater während der letzten Jahre, zum Nachfolger Leos IX. im Papsttum; als Viktor II. ist er am Gründonnerstag in Rom eingezogen und inthronisiert worden. Der Kaiser weilte um diese Zeit ebenfalls bereits in Italien und hielt ostentativ Hof im tuszischen Gebiet. Gottfried entwich rasch in seine lothringische Heimat, und Beatrix samt ihrer nachmals berühmten Tochter Mathilde wurde gefangen nach Deutschland abgeführt. Bei der Neuordnung Italiens setzte Heinrich nun erst recht auf Papst Viktor, dessen Herrschaftsbereich er um Fermo und Spoleto vermehrte und mit dem gemeinsam er zu Pfingsten 1055 eine neue, stark besuchte Reformsynode in Florenz abhielt. Der Festigung kaiserlicher Macht in Italien sollte es wohl auch dienen, daß damals die Verlobung des Thronfolgers Heinrich mit Berta, der Tochter des Markgrafen Otto von Turin und Savoyen, verabredet wurde.

Indessen bahnte sich schon wieder Unheil in Deutschland an. Nicht nur, daß Gottfried der Bärtige auch weiterhin keine Ruhe gab und nun zusammen mit Balduin von Flandern das von Herzog Friedrich verteidigte Antwerpen angriff, es kam hinzu, daß der Ezzone Konrad, abgesetzter Herzog von Bayern, aus seinem ungarischen Exil eine Verschwörung mit Herzog Welf von Kärnten und Bischof Gebhard von Regensburg einging, angeblich um den Kaiser zu beseitigen und selbst an seine Stelle zu treten. Hintergründe und Aussichten des Vorhabens sind nur schwer auszumachen, jedenfalls aber kam es nicht wirklich zu offener Gewalttat, da Welf und Konrad im November/Dezember 1055 kurz hintereinander starben. Kaiser Heinrich, der um diese Zeit aus Italien heimkehrte, vermochte schnell seine Autorität in Bayern wiederherzustellen und rückte im neuen Jahre nach Lothringen vor, wo er auch mit Gottfried offenbar eine Aussöhnung erreichte. Bald nach Pfingsten hatte er, abermals in Ivois, eine Zusammenkunft mit König Heinrich von Frankreich, zu dem sich die Beziehungen in den letzten Jahren erneut verschlechtert hatten. Schuld daran waren der Streit um die 1052 aufgefundenen Regensburger Dionysius-Reliquien, die Saint-Denis bei Paris den Rang abzulaufen drohten, und ebenso Kontakte des Kaisers mit innerfranzösischen Gegnern des Kapetingers. Unter Umständen, die wiederum undeutlich sind, endete das Treffen der beiden Herrscher in offenem Streit; unversöhnt ging man auseinander. Neue Sorgen traten hinzu, als im September der sächsische Heerbann unweit der Havelmündung eine schwere Niederlage durch die Liutizen bezog. Um die nach wie vor ungeklärte Normannenfrage zu beraten, traf gleichzeitig Viktor II., aus Rom kommend, bei Hofe ein.

In diesem Augenblick warf den Kaiser die tödliche Erkrankung nieder. Er konnte eben noch seinen sechsjährigen Sohn und Nachfolger der Obhut des Papstes anempfehlen und starb am 5. Oktober 1056 in der Pfalz Bodfeld im Harz. In der Gruft des Speyerer Domes wurden seine Gebeine beigesetzt am 28. Oktober, seinem neununddreißigsten Geburtstag.

Der Vorhang fällt also gleichsam mitten im Akt, und ebendies ist es, was das historische Urteil über Heinrich III. so sehr erschwert. Im Banne des späteren Geschehens hat rückblickende Betrachtung immer wieder die Frage aufgeworfen, ob der zweite Salier ungewollt die Katastrophe des Investiturstreits heraufbeschworen hat oder ob gerade er sie bei längerer Regierung hätte verhüten können. Offensichtlich ist ja der Aufstieg des Papsttums zum geistig-politischen Widerpart des sakralen Königtums, wie er sich dann im Pontifikat Gregors VII. (1073–1085) ereignet hat, nicht denkbar ohne den Tag von Sutri, ohne Heinrichs III. kühnen Entschluß, dem Stuhl Petri ein neues, gesamtkirchliches Fundament zu geben. Daß dem Kaisergericht über drei Päpste schon dreißig Jahre später die Szene von Canossa gefolgt ist, umschreibt nun freilich eine Entwicklung, die sich kaum allein aus der inneren Dynamik kirchlicher Reformideen ergab, sondern daneben von einer Kette persönlicher Fehlentscheidungen und äußerer Mißgeschicke begleitet war; ganz gewiß kommt darin dem frühen Tod Heinrichs III. ein herausragender Platz zu, denn er nahm der weltlichen Gewalt auf viele Jahre die Fähigkeit zu verantwortlich maßvollem Handeln. Verständlicherweise hat man aber auch sorgsam nach Anzeichen und Vorboten des beginnenden Zerfalls geforscht, die bereits früher, zu Heinrichs Lebzeiten, sichtbar wurden, und dabei etwa auf den Bischof Wazo von Lüttich (gest. 1048) hingewiesen, der gegenüber dem Kaiser den prinzipiellen Vorrang der priesterlichen, zur Sakramentenspendung berechtigenden Weihe vor der Salbung weltlicher Herrscher betonte, oder auf den anonymen Verfasser der Schrift ‹Über die Einsetzung des Papstes›, der aus ähnlichen Erwägungen das Vorgehen Heinrichs in Sutri und Rom scharf mißbilligte. Abgesehen davon, daß dem auch sehr positive Urteile aus Kreisen ernsthafter Reformer gegenüberstehen, war allenfalls der Ton, kaum aber der Gehalt solcher Kritik neuartig, erinnerte sie doch nur daran, daß die kaiserliche Suprematie nach dem Maßstab des alten Kirchenrechts nicht die endgültige Lösung der drängenden Reformprobleme sein konnte. Wie Heinrich III. sich die weitere Entwicklung vorgestellt hat, wissen wir nicht, aber es wäre doch wohl unhistorisch gedacht, wollte man von ihm im nachhinein verlangen, zwischen ‹staatlichen› und ‹kirchlichen› Erfordernissen zu differenzieren und die einen den anderen voranzusetzen. Vielmehr war ihm die enge gegenseitige Zuordnung, ja Abhängigkeit beider Sphären durch die Tradition der Vorgänger, durch den Auftrag der Weihe und durch persönliche Neigung vorgezeichnet und damit eben auch die Aufgabe, Kirche und Reich zu gemeinsamer und zugleich wesensgemäßer Entfaltung zu führen. Keiner seiner Vorgänger und Nachfolger ist diesem Ideal so nahe gekommen wie Heinrich III., aber vielleicht war dies auch nur einen geschichtlichen Augenblick lang möglich.

Der Mensch, der sich hinter dem historischen Geschehen verbirgt, ist uns so wenig wie die meisten anderen Herrschergestalten des früheren Mittelalters durch verbürgte eigene Äußerungen faßbar. Soweit die indirekten Zeugnisse seines Handelns einen Einblick gewähren, war der Sohn Konrads II. eine ernste, nachdenkliche Natur von weitgespannter Bildung und tiefempfundener Frömmigkeit. Als er mit knapp 22 Jahren die Regierung übernahm, hatten ihn bereits politische Aufgaben und menschliche Erfahrungen vor der Zeit reifen lassen. Sein Königtum verstand er ganz analog dem geistlichen Amt als einen göttlichen Auftrag, von dessen rechter Erfüllung nicht nur sein eigenes Seelenheil abhing. Von daher erklärt sich das scheinbar Zwiespältige in seinem Auftreten: die demonstrative, unter der Last der Verantwortung in die Knie sinkende Devotion vor Gott und daneben das herrische, bis zur Schroffheit gesteigerte Selbstbewußtsein im Umgang mit anderen. Als König und Kaiser hat ihn dies zu kraftvollen Taten befähigt, die Mit- und Nachwelt in Erstaunen setzten, aber es hat ihm auf die Dauer auch viele Menschen entfremdet, deren Unterstützung er bedurft hätte. Sein unzeitiger Tod läßt das Urteil über den letztlichen Erfolg seines Tuns in der Schwebe und verklärt alles mit dem Nimbus des tragisch Unvollendeten. Ein jäher Absturz vom höchsten Gipfel – das war bereits die Empfindung der Zeitgenossen, unter denen ein Ungenannter seine berühmte Totenklage auf den Kaiser mit den Worten begann:

> Caesar, tantus eras, quantus et orbis,
> At nunc in modico clauderis antro...
>
> Kaiser, groß wie die Welt bist du gewesen,
> Nun umfängt dich im Grab einsame Enge...

Heinrich IV.
1056–1106

Von Harald Zimmermann

«Keyser Heinrychs des vierdten, Hertzogen zu Francken vnd am Rhyn etc., fünfftzigjärige Historia: von seinem läben vnd thaaten: was sich bey seinen zeyten zugetragen: was schwären widerstands er auch von etlichen Päbsten vnd wider in erwelten Künigen erlitten hat. Allen liebhabern alter Geschichten gar anmütig vnd nutzlich zeläsen. Durch Johann Stumpffen auß den alten waarhafftigen Latinischen Geschichtschreybern fleyssig zusamen in Teütsch spraach gezogen, mit schönen Figuren beziert vnd in vier Bücher geteilt, deren Argument vnd innhalt in nachuolgenden dritten blatt verzeichnet werdend.» Unter diesem nach Zeitgeschmack wortreichen Titel ist 1556 in der berühmten Züricher Offizin von Christoph Froschauer (1490–1564) aus der Feder des bekannten Schweizer Humanisten, Theologen und Historikers Johannes Stumpf (1500–1578) die erste moderne Biographie Heinrichs IV. (1056–1106) im Druck erschienen. Der Regierungsantritt des Königs lag damals gerade 500 Jahre und sein Tod just 450 Jahre zurück. Wie angekündigt, ist das rund 150 Blatt starke Opus reich mit Holzschnitten illustriert, welche die Vorstellungen der frühen Neuzeit vom fernen Mittelalter spiegeln, und natürlich findet sich auch manches Bild des Herrschers in den diversen Situationen seines bewegten Lebens. Sicher am eindrucksvollsten ist im zweiten Buch die Canossa-Szene, die erste bildliche Darstellung der aufsehenerregenden und geschichtsmächtig nachwirkenden Buße Heinrichs IV. in Canossa 1077 überhaupt. Barfuß und im Büßerhemd steht der bärtige König im äußeren Burghof, die Reichsinsignien, Krone, Szepter und Reichsapfel, im Schnee zu seinen Füßen, die Hände flehend zum Söller erhoben, wo man klein (wie er tatsächlich war) und unwichtig Papst Gregor VII. (1073–1085) neben der Schloßherrin Mathilde von Tuszien (gest. 1115) entdeckt. In solch erniedrigender oder demütiger Haltung ist der König und Kaiser der Nachwelt in Erinnerung geblieben als einer, der sich und die Ehre des Reiches vor einem feindseligen Papst und einem Weib, einer ungehorsamen Fürstin, würdelos preisgegeben habe. Wenn später die Historienmalerei auch manch andere Bilder Heinrichs hervorgebracht hat, die ihn im besseren Lichte zeigen, so ist doch Canossa populär geworden in ganz bestimmtem Sinne, woran selbst Richtigstellungen der Geschichtsforschung kaum etwas ändern konnten. Allerdings erregt man sich heute über jene Szene nicht mehr so wie etwa vor hundert Jahren, als noch ein deutscher Kaiser aus freilich anderer Dynastie die Nachfolge des Saliers Heinrich beanspruchte, oder wie in der Reformationszeit, als der reformierte Pfarrer und frühere katholische Ordensmann Johannes Stumpf seine Kaiserbiographie in deutlich apologetischer Tendenz und mit antirömischer Emphase schrieb.

Nun war des Schweizers Werk nicht die älteste Lebensbeschreibung des Königs und Kaisers. Er konnte sich vielmehr nebst vielen anderen, sorgsam und kritisch genutzten Quellen auf die erst kurz vorher von einem anderen Humanisten und Historiker, von dem Bayern Johannes Turmair, genannt Aventin (1477-1534), im Regensburger Benediktinerkloster St. Emmeram noch im Widmungsexemplar entdeckte und 1518 edierte ‹Vita Heinrici IV. caesaris augusti› stützen. Sie ist bald nach des Herrschers Tod von einem Anonymus verfaßt worden, laut Johannes Stumpf «einem gar glerten mann selbiger zeyt», den man gern mit dem Bischof Erlung von Würzburg (1105-1121) identifizieren möchte, des Kaisers früherem Kanzler. Unter Tränen hatte er seinen Nachruf auf den Imperator geschrieben, auf «Roms Ruhm, die Zierde des Reiches, das Licht der Welt», und er ist auch davon überzeugt, daß niemand im ganzen Römerreich den Bericht vom Geschick des Kaisers ohne Tränen werde lesen können. Das hier vom Autor verwendete Wort ‹fortuna› erscheint als Leitmotiv eines offensichtlich vom launischen Glück bewegten Lebens, nur für die Augen der Frommen überstrahlt von einem anderen Glück und dahin mündend.

Ob Heinrich IV. fromm war, so mildtätig und demütig fromm, wie ihn sein Biograph zuweilen schildert, ist natürlich oft und nicht nur von der historischen Forschung gefragt worden, weil das Verhalten des Königs zu Canossa in anderem Licht erscheint, wenn es aus frommer Gesinnung und echter Religiosität erwuchs. So fehlt es in jüngerer Zeit nicht an wissenschaftlichen Studien über den frommen Kaiser Heinrich IV., und unter den zahlreichen poetischen und literarischen Behandlungen des Heinrich- und Canossa-Themas in den letzten zwei Jahrhunderten finden sich ebensoviele, die einen bußfertigen Herrscher wie einen bloßen Politiker als Widerpart des Papstes auf die Bühne oder den Lesern vor Augen gestellt haben. Jener erste Biograph des Königs vermied hingegen eine Schilderung der Canossa-Szene und sprach bezeichnenderweise nur von einem «schlauen Plan», den Heinrich damals verfolgte. Das sollte zu denken geben.

Vielleicht liegt es am zwiespältigen Charakter des ‹Canossa-Kaisers›, daß es von ihm nicht allzuviele Lebensbeschreibungen gibt, daß man lieber einzelne Episoden seiner langen Regierung wissenschaftlich untersucht als ein Bild seiner Persönlichkeit zu wagen, eines Herrschers in einer von wichtigen historischen Wandlungen charakterisierten Epoche, in der das Einzelschicksal ohnehin weniger als das Gesamtgeschehen zu interessieren scheint. Die jüngste wissenschaftliche Biographie nennt 1979 Heinrich IV. zutreffend einen «Herrscher an einer Zeitenwende», aber ein noch jüngerer Roman von 1983 popularisiert «das wildbewegte Leben Kaiser Heinrichs IV.» und schematisiert ihn zum «Herrscher im härenen Hemd». Der Canossa-Gang prägt das Geschichtsbild durchaus.

Als der frühere Heidelberger Mediävist Karl Hampe (1869–1936) Heinrich IV. in seinen ‹Herrschergestalten des deutschen Mittelalters› (1927) porträtierte, hat er aus der Kenntnis der hochmittelalterlichen Kaisergeschichte mit ihren Vergleichsmöglichkeiten dem unglücklichen, weder nach seinen Erfolgen noch nach seinem Charakter zu beurteilenden König bescheinigt, daß er zu den bedeutenderen Herrscherpersönlichkeiten gezählt werden darf, auch weil sich in ihm das Schicksal seines Volkes vollzog. Wiederum wird damit dem aufregenden Geschehen jener Zeiten größere historische Relevanz zugemessen als ihren Repräsentanten, die darin verstrickt und höchstens illustrative Beispiele für Situationsbewältigung sind. Daß aber Hampes Heinrich IV. 1935 noch unter den Großen Deutschen figurieren durfte, zwanzig Jahre später jedoch bei einer Neuauflage dieser Deutschen Biographie nicht mehr, ist gewiß signifikant.

Vom ‹Canossa-Kaiser› sollte man übrigens nicht reden und nur mit Einschränkungen von Heinrich IV. als Kaisergestalt des Mittelalters. Erst sieben Jahre nach der spektakulären Januarbuße von 1077 gelang dem König im Verlauf seines eine Zeitlang erfolgreichen Kampfes gegen den Papst zu Ostern 1084 die Eroberung Roms, wo er dann sogleich von dem Gegenpapst Clemens (III.) im Petersdom zum Kaiser gekrönt wurde. Ob das gültig war, kann immerhin gefragt werden; für Gregor VII. und die Gregorianer damals und heute war und ist es kein Problem. Zu Canossa aber hatte der Papst von Heinrich nur als dem ‹König der Deutschen› (rex Teutonicorum) gesprochen und damit demonstrativ die ererbten Rechte des deutschen Königs auf Rom und auf das Kaisertum zurückgewiesen. Daß damals eigentlich erst die Idee eines deutschen Reiches entstand, im Gegensatz zu universalen und imperialen Ansprüchen, ist in jüngster Zeit sicher nicht ganz zu Recht behauptet worden. Eine Krise des Kaisertums aber war der Kirchenkampf der gregorianischen Ära ganz zweifellos.

Über die Gestalt, das physische Aussehen des Mannes, der sich wohl immer und stets als Kaiser gefühlt hat, über Heinrichs IV. Kaisergestalt also, gibt es natürlich nur wenige zeitgenössische Quellen oder zuverlässige Persönlichkeitsschilderungen. Seine hochgewachsene, imponierende Erscheinung läßt sich kaum in der thronenden Figur der Majestätssiegel ausmachen, die freilich Zeugnisse vom beginnenden Individualismus jener Zeiten sind, wenn sie sich schon ein wenig um Porträttreue bemühen und im Laufe der langen Regierung den jungen Herrscher als bartlosen Jüngling von dem schnurrbärtigen Mann der späteren Jahre unterscheiden. Sicher wichtiger ist es in Worten den Eindruck festzuhalten, der sich dem Historiker aus der Lebensgeschichte des Königs und Kaisers ergibt, aus seinem Schicksal, seinen Taten, um so die historische Gestalt Heinrichs zu rekonstruieren und nachzuzeichnen.

Begonnen werden muß mit der für die Persönlichkeitsbildung gewiß entscheidenden Kinder- und Jugendzeit, die auch bereits Königsjahre waren. Sieht man dann auf das persönliche Geschehen, so folgt auf eine kampferfüllte Herrschaft ein tragischer, vom Generationenkonflikt gekennzeichneter Ausklang in Auseinandersetzungen mit den eigenen Söhnen und Mitregenten.

Heinrich IV. war am 11. November 1050 geboren und schon als Kind König geworden, mit drei Jahren vorsorglich gewählt und gekrönt, knapp sechsjährig Herr eines riesigen, gar aus drei Königtümern – Deutschland, Italien und Burgund – bestehenden Reiches. Kaiser Heinrich III. (1039–1056) hatte auf seinem frühen Sterbebett dem von ihm seinerzeit eingesetzten, aus einem deutschen Grafenhaus stammenden Papst Viktor II. (1054–1057), zugleich Bischof von Eichstätt, den königlichen Knaben anvertraut. Die vormundschaftliche Regierung aber übernahm notgedrungen die Mutter, die fromme Kaiserin Agnes von Poitou (gest. 1077), mit viel gutem Willen aber wenig Talent. Wie hätte auch eine Französin und Frau, deutschen Landen noch nach einem Dutzend Ehejahren innerlich fremd, ihren kraftvollen Mann ersetzen und die politischen Schwierigkeiten nach dem vorzeitigen Tod des Kaisers meistern können? Als sie aus Protest und Resignation den Schleier nahm, ohne sich jedoch in ein Kloster zurückziehen zu wollen, kam es zu einer Verschwörung der über das Weiberregiment längst unzufriedenen Fürsten und dann im April 1062 zum Staatsstreich von Kaiserswerth. Der junge König wurde aus der Inselpfalz am Rhein auf ein Schiff des Kölner Erzbischofs gelockt und so seiner Mutter entführt; es nützte dem Knaben nichts, daß er kopfüber in den Strom sprang; man zog ihn heraus und brachte ihn nach Köln. Während die Kaiserin, auch der Reichsinsignien beraubt, bald nach Rom pilgerte, ging die Regierung auf den herrischen und hochmütigen Erzbischof Anno von Köln (1056–1075) über und auch die Erziehung des Königskindes, bis der noch nicht fünfzehnjährige Heinrich zu Ostern 1065 in Worms durch die Schwertleite für mündig erklärt wurde. Dem Kölner war in dem ehrgeizigen Erzbischof Adalbert von Hamburg-Bremen (1043–1072) ein Rivale erwachsen, und vielleicht war es nicht nur dessen ganz andere Art, sondern auch die zornige Erinnerung an den Gewaltakt von Kaiserswerth, die nun den nordischen Metropoliten zum bevorzugten Ratgeber des Königs werden ließ. Doch schon Anfang 1066 erzwang der Neid der Fürsten Adalberts Entlassung und die selbständige Regierung Heinrichs, wozu dieser natürlich noch nicht fähig war. Viele wollten davon profitieren und niemand einem anderen Einfluß auf den König gönnen. Dieser aber umgab sich lieber mit gleichaltrigen Höflingen niederen Standes, von denen schmeichlerischer Gehorsam statt lästige Zurechtweisung zu erwarten war. Auch von seiner ihm schon vom Vater verlobten Frau Bertha von Savoyen-Turin (gest. 1087) wollte er sich 1069 nach kaum vierjähriger Kinderehe trennen, um die Freiheit der Jugend zu genießen, welcher Skandal nur mit Mühe verhindert werden konnte. So ist das Bild des jungen Königs zwiespältig. Daß er eine hervorragende Ausbildung genossen hatte, die ihm auch die damals bei Laien noch seltenen Künste des Lesens und Schreibens in der lateinischen Sprache vermittelte, ist gut bezeugt und verwundert im Hinblick auf seine Vormünder nicht. Daß die aquitanische Mutter eine Nachkommin der Gründer des Reformklosters Cluny war und Abt Hugo der Große von Cluny (1049–1109) Heinrichs Patenschaft übernahm, läßt ebenso wie die erzbischöflichen Erzieher eine frühe Einübung in die zeitgenössische Frömmigkeit so selbstverständlich erscheinen wie bei fast allen Menschen jener Tage. Aber prägende Kraft hat diese Religiosität für den König offenbar nicht gewonnen, und zur Milderung eines in schwerer Jugend hart, schroff, rücksichtslos, ehrbewußt und verletzlich gewordenen Charakters hat sie kaum beigetragen.

Wie Heinrich nach langer Vormundschaft auf die Wahrung seiner königlichen Autorität und Unabhängigkeit bedacht war, so wollte er auch das unter den Regenten verschleuderte oder sonst entfremdete Königsgut zur Stärkung seiner territorialen Machtbasis wiedergewinnen. Eine Möglichkeit schien sich in Sachsen zu bieten, wo die Salier im Harzgebiet das reiche Erbe der ottonischen Dynastie beanspruchen durften. Die gewaltsame Rekuperation und die Sicherung des Besitzes durch Zwingburgen mit landfremden, schwäbischen Ministerialen als Besatzung erregten natürlich bei allen Betroffenen Mißstimmung, und als sich der König gegen den mächtigen sächsischen Grafen Otto von Northeim wandte, seine Güter einzog und ihn als Herzog von Bayern (1061–1070) absetzte – alles unter der fadenscheinigen Anklage eines verratenen Attentatsplanes –, machte sich Otto zum Führer des sächsischen Freiheitskrieges gegen den König. Auch süddeutsche Fürsten solidarisierten sich mit den Sachsen, sogar der neue Bayernherzog Welf IV. (1070–1101) und Heinrichs Schwager, der Schwabenherzog Rudolf von Rheinfelden (1057–1080). Man dachte an des Königs Absetzung. Heinrich war zwar im Kampf nicht ohne Erfolge, kam aber in äußerste Bedrängnis. Berühmt ist seine Flucht aus der Harzburg nach Hessen und an den Rhein, wo die Wormser ihn aufnahmen und ihren zur Opposition gehörigen Bischof verjagten. Der König lohnte es ihnen Anfang 1074 mit der Verleihung städtischer Freiheiten und setzt damit ein Zeichen für eine neue Politik im Bunde mit dem aufstrebenden Bürgertum. Der Friede von Gerstungen im Februar 1074 bedeutete hingegen noch eher eine Kapitulation vor den Wünschen der Sachsen. Als der König die Friedensbedingungen nicht rasch genug ausführte und mit der versprochenen Schleifung der Zwingburgen zögerte, griff das Volk zur Selbsthilfe, wobei sich aber der plündernde Pöbel Übergriffe bis hin zu Grabschändungen zuschulden kommen ließ und dadurch den Adel wieder auf die Seite des Königs trieb, sogar den auf Vermittlung bedachten und auf sein altes Herzogtum hoffenden Otto von Northeim. Ein Reichskrieg im Sommer 1075 und der blutige Sieg über das ungenügend bewaffnete Bauernheer bei Homburg an der Unstrut führte zur Unterwerfung der Sachsen. Freilich konnte das Land nicht befriedet werden und blieb der Rückhalt der Königsgegner.

Illustriert schon diese erste Etappe von Heinrichs Auseinandersetzungen das politische Kräftespiel im damaligen deutschen Reich, so fällt doch auch ein besonderes Licht auf den König und sein Verhalten. Man sieht ihn in Konfrontation mit eigennützigen und unbotmäßigen Fürsten auf die allerdings noch schwachen antifeudalen Potenzen des neuen Ministerialenstandes und des Bürgertums gestützt, während der Bund der Fürsten mit dem Volk nicht von Dauer ist. Man lernt einen zielbewußten, auf seinen Vorteil bedachten Herrscher kennen, mit diplomatischem Geschick begabt, aber auch verschlagen und skrupellos in der Anwendung seiner Mittel. Man traut ihm Mordpläne gegen die Herzöge zu, wie er umgekehrt das Gerücht von einem gegen ihn gerichteten Mordkomplott geschickt zu nützen weiß. Das Duell dient zur Wahrheitsfindung, und natürlich hört man nicht nur von der heimlichen Flucht des Königs aus der Harzburg, sondern auch von seiner Tapferkeit in der Schlacht.

Leichtsinnige Überschätzung der eigenen Kräfte mag es gewesen sein, die den König nach dem Sachsensieg den Krieg mit dem römischen Papst aufnehmen ließ. Der Konflikt war damals freilich schon alt und hatte prinzipielle Bedeutung, weil die vom Papsttum geführte kirchliche Reformbewegung auf eine geistliche Wandlung aller Lebensbereiche zielte und dem Königtum als einer laikalen Institution kirchliche Befugnisse bestritt, wie sie seit alters als Ausfluß königlicher Theokratie ausgeübt wurden. Die römische Kirche hatte sich während der Minderjährigkeit Heinrichs IV. dem Eingriff des deutschen Königtums im Papstwahldekret von 1059 fast ganz entzogen, und auf derselben römischen Synode soll unter Papst Nikolaus II. (1058–1061) dem Klerus verboten worden sein, aus Laienhand kirchliche Würden zu empfangen. Man wußte, daß aufgrund damaliger Regierungsnotwendigkeiten, wozu als zentrales Element die Heranziehung der Geistlichkeit zur Reichsadministration gehörte, der König nicht uneigennützig handeln konnte. Daher sah man in der sogenannten Laieninvestitur den Handel mit geistlichen Gaben, wie ihn in apostolischer Zeit der Ketzer Simon zu betreiben versucht hatte – also in der Simonie –, eine Häresie. Daß sich Heinrich IV. durch wiederholte Investiturverbote aus Rom nicht beeindrucken ließ und etwa für die seit Jahrzehnten durch Bürgerkriege zerrissene Stadt Mailand 1071 nach Abdankung des Erzbischofs einen neuen einsetzte, führte nicht bloß zu einem Schisma zwischen diesem königlichen Metropoliten und einem vom Volke unter Aufsicht eines römischen Kardinals gewählten Erzbischof, sondern auch 1073 zur Bannung einiger königlicher Räte durch Papst Alexander II. (1061–1073), um den jungen, schlecht beratenen König zu warnen. Heinrich IV. hat damals in seiner Bedrängnis durch den Sachsenaufstand eingelenkt und an den eben gewählten Papst Gregor VII. (1073–1085) ein demütiges Schuldbekenntnis gesandt voll Unterwürfigkeit und Gehorsamsversprechungen, so daß solche, bisher in Rom von einem König nie gehörte Sprache selbst den Empfänger in Erstaunen versetzte. Der vom Vorrang des Geistlichen überzeugte, ebenso herrschbewußte wie reformwillige Papst muß sich dadurch in seinen Ideen bestärkt gefühlt haben.

Als freilich 1075 die Wende im Sachsenkrieg eingetreten war und günstigere Voraussetzungen in Mailand wiederum ein Eingreifen des Königs samt neuerlicher Nomination eines Erzbischofs möglich machten, meinte Heinrich, sich gegen päpstliche Anmaßungen stellen zu müssen. Ein im scharfen Tone gehaltenes Mahnschreiben des Papstes erreichte den König Anfang 1076 in Goslar just nach einem glänzenden Hoftag, auf dem die siegreiche Wiederherstellung von Friede und Ordnung im Reich gefeiert und Heinrichs kleiner Sohn Konrad von den Fürsten zum Nachfolger des Vaters und künftigen König gewählt wurde. So in seiner königlichen Position gestärkt, ließ Heinrich die päpstliche Depositionsdrohung auf einer rasch einberufenen Wormser Synode Ende Januar 1076 mit einer freilich teils erzwungenen Gehorsamsaufkündigung des deutschen Episkopates beantworten und mit der Aufforderung an den nur mehr mit seinem Taufnamen Hildebrand angesprochenen Papst, er möge von seinem usurpierten Thron herabsteigen, sich also selbst absetzen. Diese Sentenz konnte nur gefällt werden, weil ein von Gregor abgefallener Kardinal, der Lothringer Hugo Candidus (gest. 1098), in Worms Anklagen gegen des Papstes Lebens- und Amtsführung erhoben und von Unregelmäßigkeiten bei der letzten Papstwahl berichtet hatte, die ohnehin seinerzeit nicht vom Reichsoberhaupt als Schutzherr der Kirche bestätigt worden war. Aufgrund von Nachrichten über eine römische Revolte gegen den Papst hoffte man weiter auch auf die Hilfe der Römer, die brieflich gebeten wurden, das Synodalurteil notfalls mit Gewalt zu vollstrecken, falls Gregor dem königlichen Abdankungsbefehl

Heinrich IV. (1056–1106)

nicht gehorche, den ein Konzilsbote nach Rom brachte. Er wurde auf der römischen Fastensynode 1076 unter größter Entrüstung aller Anwesenden verlesen und von Gregor mit der Exkommunikation und Suspension Heinrichs erwidert, propagandistisch höchst geschickt verkündet in Form eines Gebetes an den Apostelfürsten Petrus.

Die folgenden Auseinandersetzungen zwischen Papst und König sollen nicht im einzelnen geschildert werden. Nur Heinrichs Verhalten interessiert, wo es um sein Persönlichkeitsbild geht. Wir finden den König vom Unglück verfolgt in verzweifelter Abwehr eines drohenden politischen Debakels. Zu Ostern nahm er noch in Utrecht unter Mißachtung des Papstbannes in vollem Königsornat am Gottesdienst teil und hörte ruhig der Verlesung der Papstbulle zu, zumal gleich anschließend als Hoftagsbeschluß verkündet wurde, daß die Sentenz des längst vorher verdammten Pseudopapstes natürlich keine Gültigkeit habe. Aber bald später starb der als Sprachrohr des königlichen Willens dienende Bischof Wilhelm von Utrecht (1054–1076), was vielen als Gottesurteil erschien. Nicht anders beurteilte man, daß Herzog Gottfried III. von Niederlothringen (1069–1076) in privater Fehde ermordet worden war, der nach dem Scheitern aller Hoffnungen auf die Römer ein Reichsheer gegen Rom hätte führen sollen. Zwar verbreitete die königliche Propaganda nun in wirkungsvoll abgeänderter Form den Wormser Königsbrief an «Hildebrand, den falschen Mönch» mit dem Befehl: «Descende, descende, per secula dampnande!» Aber ein für Pfingsten wiederum nach Worms zur Durchführung eines kanonischen Prozesses gegen Gregor einberufenes Konzil kam aus Mangel an Beteiligung nicht zustande und nichts konnte auch eine Mainzer Versammlung am Peter- und Paulstag vollbringen. Schon hatte der Abfall vom gebannten König eingesetzt, gefördert durch päpstliche Gnadenverheißungen und durch die Selbstsucht der Fürsten. Schon wollte man im Herbst auf einem Fürstentag in Tribur in Anwesenheit päpstlicher Legaten einen neuen, gefügigeren König wählen statt des gebannten und daher regierungsunfähigen Heinrich, doch da hat dieser rasch eingelenkt. Das Wormser Urteil gegen Gregor wurde aufgehoben und die Fürsten aufgefordert, dem Papst zu gehorsamen. Heinrich selbst erklärte sich in Oppenheim gegenüber den Papstlegaten zur Bußleistung vor dem Papste bereit. Entsprechende Botschaften gingen nach Rom. Während aber die Fürsten zur Entscheidung über den Königsthron und zur Schlichtung ihrer Streitigkeiten mit Heinrich den Papst nach Deutschland einluden und sich somit alles höchst peinlich auf einer für Februar 1077 nach Augsburg anberaumten Reichsversammlung hätte abspielen sollen, nahm der König rasch direkte Verbindung mit Gregor auf, und obwohl seine Bitte abgelehnt wurde, in Rom die Buße vollbringen zu dürfen, zog er im härtesten Winter mit Frau und Kind und wenigen Getreuen in einer Gewalttour über die tiefverschneiten Alpen, um noch vor Ablauf der gestellten Jahresfrist die Absolution zu erzwingen.

So konnte Heinrich des Papstes Deutschlandreise schon in Oberitalien stoppen, wo sich Gregor in gründlicher Verkennung der Absichten des Königs nach Canossa flüchtete, in die Burg seiner getreusten Anhängerin, der Markgräfin Mathilde von Tuszien, der Witwe des Lothringerherzogs Gottfried. So sahen Ende Januar 1077 und beginnend vom kirchlichen Gedenktag der Bekehrung des Paulus, dem 25. Januar, die Mauern der Apenninenfeste die dreitägige Buße des Königs in härenem Gewande ohne königlichen Schmuck und hörten die Fürsprache manch vornehmer Frauen und Herren für Heinrich bei dem zögernden und mit sich ringenden Papst, an ihrer Spitze Heinrichs Pate Hugo von Cluny und die Burgherrin Mathilde, die der König durch einen demütigen Kniefall zur Übernahme der Vermittlerrolle gewonnen hatte. Endlich öffneten sich die Tore der Burg, konnte sich Heinrich dem Papste zu Füßen werfen, wurden die ausgehandelten Vertragsartikel namens des Königs beschworen, der selbst in herrscherlicher Autorität vom Eid befreit war, und vollzog sich in rührender Szene die Versöhnung von Papst und König.

Viel, sehr viel ist schon über dies Geschehen geschrieben worden, seit Papst Gregor selbst noch aus Canossa den deutschen Fürsten entschuldigend darüber berichtete, in welcher Notlage er sich angesichts der Bußfertigkeit des Königs und der Kritik seiner eigenen Umgebung befunden habe. Viel ist auch an den Ereignissen schon von den Zeitgenossen aus Informationsmangel und Parteilichkeit retouchiert worden, etwa daß Heinrich noch in Oppenheim durchaus königliche Würde gewahrt und auch vom Papst eine Rechtfertigung seines Handelns gefordert, oder daß Gregor in der Schloßkapelle von Canossa jene absurde Abendmahlsprobe veranstaltet habe, die ihn selbst als unschuldig am Konflikt erscheinen ließ, während sich der König umgekehrt gar des Sakraments unwürdig bezeichnet haben soll, nicht aus Frömmigkeit, sondern aus Furcht vor Gottes Strafe, die den Heuchler treffen würde. Viel ist endlich über die aktuelle und welthistorische Bedeutung der Buße und Absolution nachgedacht worden, ob Heinrich damals auch wieder in sein Königsamt eingesetzt worden sei oder nicht, ob diese eher weltliche Sache in Canossa überhaupt zur Debatte gestanden habe. Und immer wieder rätselte man darüber, wer dort triumphierender Sieger geworden sei, der Papst oder der König, ob Canossa ein Ereignis der Frömmigkeitsgeschichte war oder der politischen Historie und was mehr, ob man etwa mit Karl Hampe Heinrich als glänzenden Taktiker bewundern dürfe, oder ihn mit anderen im Hinblick auf sein ganzes Verhalten zwischen Worms und Canossa als Hasardeur und Bankrotteur verachten müsse, der sich dem päpstlichen Urteil unterwarf, nachdem er vorher mit Em-

Der Kniefall Heinrichs IV. vor der Markgräfin Mathilde von Tuszien, 1077. Aus der ‹Vita Mathildis› des Donizo von Canossa, 1114. – Biblioteca Vaticana, Cod. lat. 4933, fol. 49ʳ (Foto: Biblioteca Vaticana).

phase behauptet hatte, Gott allein verantwortlich zu sein und nur dessen Gericht zu unterstehen. Johannes Stumpf meinte den «jamersälig Künig» einfach bedauern zu sollen. «Die wort warend zu beiden seyten süß vnnd gut, das hertz aber allein Gott bekannt», urteilt er über die Versöhnungsszene, und ebendas macht die Entscheidung der Streitfrage so schwer, ja gar unmöglich. Es ist auch wohl etwas anderes, ob man aus unmittelbarem Erleben oder aus größerem zeitlichem Abstand über das

Geschehen zu urteilen hat. So haben die Zeitgenossen je nach ihrer Einstellung die Sache anders gesehen als die Historiker der Reformationsepoche und des beginnenden Nationalgefühls, und damals urteilte man wieder anders als in der Ära der Aufklärung oder des Kulturkampfes, als Canossa zum politischen Schlagwort wurde. Es gibt eine höchst interessante Wirkungsgeschichte des Canossa-Geschehens über viele Jahrhunderte hinweg, und im Rückblick spricht man für die Reichs- und Kirchengeschichte zutreffend von einer «Wende von Canossa».

Die Zeitgenossen sahen zunächst die Auseinandersetzungen zwischen den beiden obersten Gewalten weitergehen. Es war kein Zweikampf, denn hier wie dort gab es zahlreiche Anhänger, die sich für diese oder jene Sache engagierten. So erhoben die deutschen Fürsten im März 1077 auf einem Fürstentag in Forchheim trotz des Abratens anwesender Papstlegaten und ohne Rücksicht auf Canossa in der Person des devoten Rudolf von Rheinfelden einen Gegenkönig. Zwischen ihm und Heinrich hätte der Papst entscheiden sollen, aber anders als einer seiner Legaten, der rasch eine neue Bannsentenz gegen Heinrich schleuderte, als dieser Maßnahmen gegen Rudolf ergriff, sah der Papst größere Vorteile in mehr oder weniger strikter Neutralität und zögerte seinen Spruch immer wieder hinaus. Vielleicht war ihm ein Canossa-Heinrich lieber als ein noch so unterwürfiger Rebellenkönig. Erst als Rudolf längst aus seinem Herzogtum Schwaben vertrieben war, das die Staufer bekamen, und als er fast nur mehr bei den neuerlich aufständischen Sachsen Rückhalt hatte, erst als Rudolfs Bedrängnis und weitere Erfolge Heinrichs den noch immer unentschlossenen Papst den Verlust vieler Sympathien aus der kirchlichen Reformpartei befürchten ließ, die in Rudolfs Lager stand, erklärte sich Gregor auf der Lateran-Synode von März 1080 gegen Heinrich, der wiederum dem Bann verfiel, weil er angeblich stets das päpstliche Schiedsgericht verhindert habe. Seinen Canossa-Spruch interpretierte der Papst dahingehend, daß Heinrich damals zwar vom Banne gelöst, aber nicht in sein Königsamt wiedereingesetzt worden sei, was allerdings nicht verstehen läßt, wieso Heinrich in Canossa und danach vom Papst als ‹rex› betitelt worden war.

Die Entscheidung zwischen den beiden Königen fiel noch im selben Jahr am Schlachtfeld an der Elster im östlichsten Sachsen. Nach siegreichem Kampf starb Rudolf noch am Schlachttag, den 15. Oktober 1080, an einer von den Zeitgenossen vielfach als zeichenhaft gedeuteten Verwundung, dem Verlust der rechten Schwurhand. Über sein prächtiges Grabmal im Merseburger Dom mit der ganzfigurigen Darstellung Rudolfs auf der bronzenen Grabplatte, was für jene Zeit der beginnenden Hochschätzung der Persönlichkeit charakteristisch ist, soll Heinrich bemerkt haben, er wünsche alle seine Feinde so ehrenvoll bestattet. Erst nach zehn Monaten entschloß sich die deutsche Fürstenopposition wieder zur Wahl eines Gegenkönigs und stellte Heinrich den unbedeutenden Luxemburger Hermann von Salm (1081–1088) entgegen. Damals schon in Italien, ließ sich aber der Salier durch ihn von seinem Zug nach Rom und gegen den Papst nicht abhalten. Heimgekehrt vertrieb er den ‹König von Sachsen› zuerst über die deutschen Grenzen und dann in die Enge seiner lothringischen Lande, wo Hermann schließlich resigniert seinen Frieden mit dem Sieger machte und bald später eines schmählichen Todes starb.

Längst war zu jener Zeit auch Heinrichs größerer Gegner tot, Papst Gregor VII. Auf einem vom König einberufenen Brixner Konzil deutscher und lombardischer Bischöfe war er im Juni 1080 aufgrund schwerer Anklagen neuerlich für abgesetzt erklärt worden, und an seiner statt hatte man den Erzbischof Wibert von Ravenna gewählt, der wie einst der erste deutsche Reformpapst den Namen Clemens (III.) (1080–1100) annahm. Der von Gregor abgefallene Kardinal Hugo Candidus hatte wiederum als Kronzeuge der Anklage gedient und dann das Brixner Dekret als erster und ausdrücklich im Namen des ganzen wahlberechtigten Kardinalkollegiums unterschrieben, als dessen Sprecher er sich gerierte. Den Synodalspruch gegen Gregor zu vollstrecken und den neuen Papst mit Waffengewalt in seine Residenz zu führen, sah Heinrich nun mit Recht als seine wichtigste Aufgabe an. Aber vor den verschlossenen Stadttoren Roms blieb ihm zu Pfingsten 1081 nichts anderes übrig, als in politischen Manifesten einer geheuchelten Verwunderung oder seinem Ärger über den schlechten Empfang Ausdruck zu verleihen, um dann später während der langen Belagerung der Ewigen Stadt in den Jahren 1082 und 1083 die Römer immer wieder zu umschmeicheln. Dabei zeigte sich, daß Clemens (III.) kaum mehr als eine Spielfigur für den König war, der ihn und die Brixner Wahl sogar preiszugeben bereit war, um nur die Römer zu gemeinsamem Handeln gegen Gregor zu gewinnen. Schließlich verstanden sie sich tatsächlich dazu, diesen soweit unter Druck zu setzen, daß er gemäß den Vereinbarungen zwischen dem König und den Römern ein Konzil zur Fällung eines schiedsgerichtlichen Urteils einberief, und als dies aus beider Teile Verschulden nicht gelang, schrieb man doch Gregors Halsstarrigkeit in erster Linie das Scheitern zu. Es kam zum Abfall der Römer und sogar vieler Kardinäle von Gregor, der König konnte triumphalen Einzug in Rom halten, wo im Petersdom die Brixner Depositionssentenz bestätigt und am Ostersonntag, den 31. März 1084, Heinrich IV. von dem nun endlich inthronisierten Papst Clemens (III.) zum Kaiser gekrönt wurde. Dann hielt man es allerdings doch für besser, das unruhige und wankelmütige Rom bald wieder zu verlassen, um lieber auf dem Land als in der Stadt zu residieren. Tatsächlich gewannen noch im Juni die süditalienischen Normannen teils mit Gewalt, teils kampflos die Tore Roms und befreiten den in die

Engelsburg geflüchteten Papst Gregor. Aus Furcht vor der über manche Ausschreitungen der Befreier empörten Bevölkerung zog er jedoch mit ihnen ins Exil und ist knapp ein Jahr später, am 25. Mai 1085, in Salerno gestorben. Seine berühmten, einen Psalmvers paraphrasierenden Sterbeworte sind lange als Ausdruck von Verzweiflung und Resignation gedeutet worden und man hat sie erst jüngst besser als Zeugnis ungebrochenen Erwählungsbewußtseins zu verstehen versucht. Allen seinen Feinden, nur nicht dem Kaiser und dem Gegenpapst, hatte Gregor am Totenbett Verzeihung gewährt.

Wie Heinrich auf die Nachricht vom Tode dieses seines Gegners reagiert hat, verschweigen diesmal die Quellen. Man weiß aber, daß er eine neuerliche Exkommunikation durch einen Papstlegaten auf einem zu Ostern 1085 in Sachsen veranstalteten Konzil propagandistisch geschickt pariert hat, indem er nach seinen römischen Erfolgen und nach seiner Heimkehr aus Italien auf einem Mainzer Reichstag Anfang Mai 1085 einen Gottesfrieden verkünden und der Unversöhnlichkeit seiner Feinde entgegensetzen ließ. Anders als sie machte er sich also die damals nach jahrelangen kriegerischen Auseinandersetzungen schon weitverbreitete Friedenssehnsucht zu eigen, mitsamt ihren religiösen Forderungen. Das konnte nicht ohne Wirkung bleiben.

Freilich sollte es auch in den folgenden Jahren an Kampf und Streit nicht mangeln. Zwar war Gregors Nachfolger Viktor III. (1086–1088), früher Abt von Montecassino und auch als Papst meist im Kloster und nur selten in Rom, eher auf Ausgleich bedacht, aber dann gingen die Auseinandersetzungen zwischen Kaisertum und Papsttum unter dem geschickten Urban II. (1088–1099) und dem energischen Paschalis II. (1099–1118) mit unverminderter Härte weiter. Zwar war Heinrich des deutschen Gegenkönigtums und der aufständischen Sachsen nach Ottos von Northeim Tod (1083) und der Ermordung des letzten Sachsenführers, des Markgrafen Ekbert von Meissen (1090), durchaus Herr geworden, aber in Italien kam er bald später in ärgste Bedrängnis. Es gelang ihm hier nicht, die längst verhängte Reichsacht über die Gräfin Mathilde zu vollstrecken und deren Macht zu brechen. Dabei hatten die militärischen Aktionen zunächst vielversprechend begonnen. Ein Großteil der Mathildischen Güter waren eingenommen worden, und deren Hauptort Mantua kapitulierte endlich nach elfmonatiger Belagerung im April 1091. Die Feste Canossa aber konnte nicht erstürmt werden, und geschlagen mußte sich das kaiserliche Heer im Oktober 1092 von dort zurückziehen. Man kann von einer ‹Wende von Canossa› ein zweites Mal sprechen.

Es war nicht bloß ein Prestigeverlust, er hatte Folgen in einer weitgehenden Abfallbewegung, und so ungut gestaltete sich bald des Kaisers Situation, daß er gar an Selbstmord gedacht haben soll. Am Gardasee und bei Verona glich sein Residieren eher einer Gefangenschaft als einer kaiserlichen Hofhaltung, denn nirgendwo gab es Bewegungsfreiheit. Im Süden drohte die ungebrochene Macht Mathildens, und den Heimweg nach Norden über die Alpen versperrten die Welfen, seit des Bayernherzogs Sohn Welf V. 1089 auf Anstiften Papst Urbans II. sich in durchaus politischer Ehe mit der reichen Gräfin verbunden hatte. Im Westen bildete sich 1093 ein antikaiserlicher Städtebund in der Lombardei, geführt von einem neuen Mailänder Erzbischof, der sich trotz kaiserlicher Investitur mit dem Papst arrangiert hatte. Durch Mathilde wurde Anfang 1093 auch des Kaisers Sohn und Mitregent Konrad für Urban gewonnen und dann vom abtrünnigen Mailänder Metropoliten zum Lombardenkönig gekrönt, während ihm der Papst gar voreilig die Kaiserkrone versprach. Endlich ging auch die Kaiserin, Heinrichs zweite Frau Praxedis-Adelheid (gest. 1109), eine russische Prinzessin, ins Lager der Gegner über und soll sich nicht geschämt haben, in Piacenza 1095 vor versammelter Synode und vor dem Papst ihren Mann wegen unerträglichen ehelichen Verhaltens zu verklagen. Daß der Kaiser in verzweifelter Stimmung war und der bei ihm weilende Papst Clemens (III.) angeblich an Rücktritt dachte, wen wollte es wundern? Und wenn sich dann auch unvermutet die Lage änderte, als der junge Welf, in seinen Erbhoffnungen enttäuscht, seiner ältlichen Gattin davonlief und dadurch 1096 ein Abkommen mit den Welfen zustande kam, das im nächsten Jahr Heinrich die Heimkehr ermöglichte, Italien hat der Kaiser nie wieder gesehen.

Die letzte Phase seiner Regierung stand weiterhin unter dem Vorzeichen vor allem familiärer Auseinandersetzungen. Seinen ältesten Sohn Konrad hatte Heinrich 1087, noch vor Überwindung des Gegenkönigtums, in Aachen zum deutschen König krönen lassen, nicht nur um dem längst zum Nachfolger Gewählten die Erbfolge endgültig zu sichern, sondern um nun den Jüngling endlich zur Mitregierung heranziehen zu können. Nur nominell hatte er bis dahin das niederlothringische Herzogtum innegehabt, jetzt ging er im Auftrag des Vaters nach Italien, wo ihm als Machtbasis vor allem das Erbe der piemontesischen Großmutter Adelheid (gest. 1091) zugedacht war. Aber als Bundesgenosse des Papstes und der Markgräfin Mathilde, verheiratet mit einer normannischen Prinzessin aus dem süditalischen Lehensstaat des Papstes, ist Konrad 1101 in Pisa gestorben. Dem Abfall des Sohnes war dessen Absetzung durch den tief enttäuschten Vater gefolgt und 1098 die Wahl seines jüngeren Bruders Heinrich V., der freilich beim Mainzer Wahlakt und zu Epiphanias 1099 bei der Aachener Krönung schwören mußte, in seiner Mitregierung nichts gegen den Vater zu unternehmen. So hoffte Heinrich IV. seine und seiner Dynastie Zukunft sichern zu können. Um so bitterer mag dann die Erkenntnis des Irrtums gewesen sein.

Nach Italien zurückzukehren hatte der Kaiser nicht aufgegeben, und daß just 1101 eine Fahrt nach dem Süden geplant wurde, geschah wohl nicht zufällig. Auch mit dem neuen Papst Paschalis II. sollte in Rom ein Zusammentreffen arrangiert werden, jedoch scheint nur dem Kaiser daran gelegen gewesen zu sein, nicht dem Papst, der damit einige Befürchtungen verband und der vor allem Heinrich ohne Grund beschuldigte, für die Fortdauer des wibertinischen Schismas nach dem Tode Clemens (III.) und für die Aufstellung eines neuen Gegenpapstes verantwortlich zu sein. So kam es auf der römischen Fastensynode 1102 zu einer neuen Exkommunikation des Kaisers. Dieser wollte sich dagegen vor aller Welt als frommer Herrscher zeigen, wenn er Anfang 1103 eine Kreuzfahrt nach Palästina gelobte, wo er im Heidenkampf seine Sünden zu tilgen hoffte und zugleich der alle Christen begeisternden Aufgabe der Befreiung und Sicherung des Heiligen Landes imperialen Glanz und kaiserliche Unterstützung leihen wollte. Auch durfte er mit viel Sympathie rechnen, wenn er damals einen allgemeinen Reichsfrieden mit höchster herrscherlicher Autorität verkünden ließ. Für die Dauer seiner Abwesenheit war selbstverständlich niemand anderer als Heinrich V. zum Reichsregenten ausersehen worden. Daß dann der Kreuzzug doch nicht zustande kam und sich wieder die Opposition speziell der Sachsen gegen den gebannten Kaiser regte, hat den Sohn um sein sicheres Erbe fürchten lassen. Er setzte sich 1104 heimlich von der sächsischen Heerfahrt des Kaisers ab und erbat vom Papste die gern gewährte Lösung der seinerzeit dem Vater geleisteten Eide. Von einem Generationenkonflikt kann man ruhig reden, denn verschiedene Ansichten über aktuelle politische Probleme hatten den Zwist veranlaßt: Der Sohn mißbilligte nämlich, daß Heinrich IV. die Bürger von Regensburg zu strafen zögerte, als sie und einige Ministerialen ihren gräflichen Vogt erschlugen, daß er sich also nicht ohne weiteres auf die Seite des empörten Adels stellte.

Als Gegenkönige standen sich nun die beiden Heinriche gegenüber, und wiederum war ein päpstliches Schiedsgericht zur Streitschlichtung vorgesehen, war dazu ein Papstlegat nach Deutschland gekommen und ein Reichstag nach Mainz für Weihnachten 1105 anberaumt worden. Der Sohn hatte Grund, des Vaters Auftreten hier zu fürchten, und es gelang ihm auch, den alten, allzu gutgläubigen Kaiser bei einem Zusammentreffen in Koblenz zu überlisten und als seinen Gefangenen auf Burg Böckelheim zu schaffen. In der nahen Pfalz Ingelheim mußte sich dann der Kaiser zu Silvester 1105 demütigen und zugunsten des jungen Königs abdanken, die Reichsinsignien ausliefern und auf die Regierung verzichten, ohne jedoch vom Papstlegaten die Bannlösung zu erreichen, die dem bereits nach Deutschland eingeladenen Papst Paschalis II. vorbehalten bleiben sollte. Das Geschehen von 1076 und 1077 schien sich zu wiederholen und wiederum ein anderes Canossa für den Kaiser bevorzustehen, der ein Schuldbekenntnis in aller Öffentlichkeit abgelehnt hatte. Im Januar 1106 aber glückte Heinrich IV. die Flucht nach Köln, dann unternahm er demonstrativ eine Bußwallfahrt barfuß nach Aachen, in die Kaiserstadt, und fand schließlich Aufnahme in Lüttich, von wo er in eindringlichen Manifesten alle Welt über das ihm angetane Unrecht informierte und seine Anhängerschaft aufbot. Wie vor dreißig Jahren wurde auch der greise Abt Hugo von Cluny um Vermittlung beim Papst gebeten. Mit dem Sohn kam es zu Verhandlungen, aber schon kreuzten auch kaiserliche und königliche Truppen an der Maas und anderswo die Waffen. Da ist dem Reich innerer Krieg erspart worden, als Heinrich IV. am 7. August 1106 nach kurzer Krankheit in Lüttich plötzlich starb, durch den Ortsbischof absolviert, nachdem er gebeichtet und allen seinen Feinden fromm verziehen, auch Befehl gegeben hatte, dem ungetreuen Sohn Ring und Reichsschwert zur Herrschaftsbestätigung zu überbringen. Des Kaisers letzter Wunsch, in der Kaiserkrypta des von ihm kunstverständig vollendeten Speyrer Domes beigesetzt zu werden, ist erst fünf Jahre später erfüllt worden, als auch Heinrich V. (1106–1125) schon mit dem Papst in Konflikt geraten war und auf römische Verbote nicht mehr hören wollte.

Was an Briefen und Manifesten unter Heinrichs IV. Namen in dessen letzten Regierungsjahren verbreitet wurde, hatte natürlich wie früher auch publizistische Tendenz und war wohl von versierten Räten nach des Kaisers Anweisungen stilisiert worden. Gleichwohl handelt es sich um höchst brauchbare Geschichtsquellen, die viel von Heinrich verraten. Erstaunlich ist schon, mit welch offener Freimütigkeit dem benachbarten Franzosenherrscher 1106 die inneren Kalamitäten des eigenen Reiches aufgedeckt wurden, doch handelt es sich bei König Philipp I. (1060–1108) gleichsam um einen ebenfalls vom eigenen Sohn in den Schatten gedrängten Leidensgenossen, der wie der Kaiser manch schwere Auseinandersetzungen mit Papsttum und Kirche hinter sich hatte, manche Demütigungen auch, die sich durchaus mit der Canossa-Buße Heinrichs IV. vergleichen lassen. Mehr als um den erbetenen Freundesrat mag es dem Kaiser um die Verhinderung eines Bündnisses zwischen dem rebellierenden Sohn und dem benachbarten König zu tun gewesen sein und um eine wirkungsvolle Demonstration der Solidarität von Herrschern etwa auch gegenüber Rom. Interessanter noch ist ein bald nach Ausbruch des Zwistes zwischen Vater und Sohn an Papst Paschalis II. 1105 abgesandter Brief, weil er im historischen Rückblick das Verhältnis zwischen Reich und Rom seit den Anfängen der Regierung des Kaisers resümiert, ja bis in die glanzvollen Tage Heinrichs III. zurückverfolgt. Dabei erscheinen beschönigend die Pontifikate vor Gregor VII. als eine ideale Epoche des Friedens und der Einheit, gefolgt freilich von Zeiten, in denen friedliche Kontakte unmöglich waren, weil in Rom düstere Strenge und Haß gegen den König und Kaiser herrschten und von hier aus immer wieder zum Kampf gegen ihn aufgewiegelt wurde. Alle Schuld am Zerwürfnis trifft demnach den allerdings konsequent nicht mit Namen genannten Papst Gregor VII. und liegt zutiefst in der Nichtachtung der königlichen und kaiserlichen Würde begründet, denn von dem nicht minder düsteren Paschalis II. erhofft Heinrich allzu optimistisch, daß sich das alte herzliche Verhältnis von Liebe und Freundschaft wiederherstellen lasse, und garantiert die Unverletzlichkeit des apostolischen Ansehens, wenn ihm nur umgekehrt ebenfalls die seinem hohen Rang gebührende Achtung wie in früheren Zeiten gezollt werde. Im Brief an den väterlichen Freund und Paten, den Abt Hugo von Cluny, aus dem Jahre 1106 begegnet aber am Schluß ein Bibelzitat aus dem Gleichnis vom Verlorenen Sohn, das sich ähnlich 1073 und somit in den Anfängen des Konfliktes mit Rom in jenem Schreiben an Gregor VII. findet, das damals den Papst so sehr erstaunt hatte, daß er zu ewigem Gedenken eine Kopie für sein Briefregister anzufertigen befahl. Wenn sich der alte Kaiser wie einst der junge König mit jenem vor Gott und den Menschen sündig gewordenen und des Vaters Verzeihung erstrebenden Sohn identifiziert hat und identifizieren ließ, so wirft das ein bezeichnendes Licht auf die Kontinuität in Heinrichs Denken und wohl auch auf seine Frömmigkeit. Freilich war die Wahrung seiner Würde anscheinend ebenfalls ein durchgehender Zug seiner Gesinnung. Er zeigt sich noch deutlicher als in dem eben zitierten Friedensangebot an Paschalis II. von 1105 in der publizistisch geänderten Fassung des Wormser Abdankungsbefehls an Hildebrand, ‹den falschen Mönch› von 1076, wo das Gottesgnadentum und die Unantastbarkeit des von Gott gesalbten und nur Gott allein verantwortlichen, nur dessen Gericht unterstehenden, rechtgläubigen Herrschers stark herausgestrichen wird, um dadurch die Maßnahmen gegen den Papst noch besser begründet zu rechtfertigen als durch eine Berufung auf das Amt eines römischen Patricius, wie im echten Schreiben geschehen.

Beides war damals freilich sehr umstritten. Vom Patricius-Amt ist im Papstwahldekret von 1059 kaum zufällig keine Rede mehr, und das darauf beruhende Mitspracherecht des Kaisers in Rom erscheint bloß als eine jeweils vom Papst zu erbittende Konzession. Gegen die kaiserliche Theokratie aber wandten sich damals manche gregorianisch und kirchenreformerisch gesinnte Publizisten aus der Befürchtung, daß eine absolutistische Herrschaft leicht zur Tyrannei führen könne, wie man aus alten Schriften weiß, und niemand tat dies entschiedener als der elsässische Scholaster Manegold von Lautenbach (gest. um 1103) mit seiner das Charisma des Herrschers leugnenden These, dieser sei nichts anderes als ein vom Volke beauftragter Beamter, der bei Pflichtverletzung auch wieder abgesetzt werden könne, wie man eben auch einen nichtsnutzigen Schweinehirten davonjage. Während Heinrich IV. den Gregorianern als zweiter Nero erschien, trat am Ravennater Hofe des Gegenpapstes Clemens der Jurist Petrus Crassus (um 1084) für ihn ein, geschult am altrömischen Recht und von der Unkündbarkeit des Herrschaftsvertrages überzeugt. In seiner Umgebung dürften damals auch Fälschungen entstanden sein, welche die kaiserliche Oberhoheit über das Papsttum schon auf Papstkonzessionen an die Reichsgründer Karl den Großen (768–814) und Otto den Großen (936–973) zurückführen. Man braucht sich nicht lustig zu machen über so ungeschickte und untaugliche Versuche einer Apologie des Kaisertums. In deutschen Landen verdient vor allem die fast beschwörende Parteinahme eines namentlich unbekannten Hersfelder Mönches für Heinrich IV. aus den frühen neunziger Jahren des 11. Jahrhunderts im ‹Liber de unitate ecclesiae conservanda› erwähnt zu werden; diese Schrift hat der Humanist Ulrich von Hutten (1488–1523) im Kloster Fulda 1519 entdeckt und unter dem zitierten Titel 1520 publiziert. Aber selbst der Antiheinrizianer Lampert von Hersfeld (gest. 1088), gegen den der Anonymus schrieb, zeigte sich doch auch von der Herrscherpersönlichkeit Heinrichs IV. beeindruckt, wenn er ihm in allem Mißgeschick königlichen Sinn bescheinigt und den Willen, lieber zu sterben als zu unterliegen.

Im Hin und Her der kontroversen Meinungen um die Würde von Papsttum und Kaisertum seit den Zeiten des Investiturstreites und der beginnenden Scholastik, eine den Geist stimulierende und historisch notwendige Auseinandersetzung, ist es gewiß nicht verkehrt, nach dem politischen Wollen Heinrichs IV. zu fragen. Freilich fehlen zumeist programmatische Regierungserklärungen, die am tatsächlichen Geschehen gemessen werden könnten. Vielmehr ist der Historiker genötigt, aus Daten und Fakten seine Schlüsse zu ziehen, und erhält aus den historischen Quellen gleich auch die Kritik parteiischer Zeitgenossen geliefert, findet sich also sofort im Widerstreit der Meinungen. Zumeist wird dem König und Kaiser eine total verfehlte Personalpolitik vorgeworfen, nicht nur in seinen ersten Jahren, als sich Fürsten- und Adelsstolz über die unstandesgemäße Umgebung des Jungherrn erregte. Auch später mußte die Heranziehung gar niedergeborener Dienstleute zu administrativen Aufgaben oder die offensichtliche Begünstigung der Bürger in einer hochadeligen Welt befremden. Anscheinend hat Heinrich den wirtschaftlichen Nutzen des städtischen Bürgertums besser als seine Vorgänger erkannt. Wahrscheinlich ging es dem Salier wie seinen staufischen Nachfolgern schon darum, mit Hilfe von Ministerialen statt adeliger Lehensleute Reichsterritorien unter unmittelbarer und effektiver Königsherrschaft zu schaffen. Solche Bezirke mit Burgen zu schützen, erschien laut zeitgenössischer Kritik einem Ratgeber des Königs wichtiger als der Bau von Kirchen und Klöstern. Welcher Skandal in einer kirchenfrommen und von der monastischen Erneuerungsbewegung geprägten Epoche! Daß Heinrich von der Reform des klösterlichen Lebens überhaupt nicht berührt war, wird man nicht behaupten dürfen, gibt es doch urkundliche Zeugnisse gar für eine Förderung, freilich eher dort, wo dies der eigenen Herrschaft nicht schaden konnte. Mag man das späte Kreuzzugsgelübde des Kaisers als Finte werten; sein starkes Engagement für den populären Friedensgedanken wollte zugleich dem Reiche nützen wie dessen Regierung konsolidieren. Am häufigsten wird Heinrich IV. wegen der Einsetzung untauglicher Bischöfe getadelt, welche den Widerstand des Volkes geradezu herausforderten, doch muß hier auch die leidenschaftliche Parteilichkeit jener Zeiten in Rechnung gestellt werden, und es war etwa der von Heinrich unterstützte Gegenpapst Clemens (III.) ein gelehrter und unanstößiger, der Kirchenreform durchaus zugetaner Mann. Daß Gregor VII. eher konservativ gewesen wäre und Heinrich IV. der eigentliche Neuerer, ist eine gewiß überspitzte Formulierung, die so nicht haltbar ist, zumal sie das Wesen der Reform verkennt. Doch findet man sich am Ende der Betrachtung der Kaisergestalt Heinrichs IV. und seiner Epoche keineswegs vor klaren Erkenntnissen, sondern inmitten einer immer noch fortdauernden Diskussion, weil es im Grunde um mehr als bloß um diese Herrscherpersönlichkeit geht. Ihr möchte man gönnen, was am Ende der ‹Vita Heinrici imperatoris› zu lesen steht, nämlich aus der Turbulenz der irdischen Existenz zur ewigen Ruhe gelangt zu sein: «Felix es, imperator Heinrice!»

Heinrich V.
1106–1125

Von Carlo Servatius

Sohn, Enkel und Urenkel deutscher Könige und Kaiser zu sein, jedoch ohne Aussichten auf deren Amtsnachfolge, erschien zunächst als das Los des zweitgeborenen, gleichnamigen Sohnes Kaiser Heinrichs IV. Deshalb vermutlich hat die zeitgenössische Chronistik kaum Notiz von Geburt und Jugend des letzten salischen Herrschers genommen; erst als dieser wider Erwarten doch zum Erben und Nachfolger bestimmt wurde, haben die verlorenen Mainzer Annalen von St. Alban eine Nachricht über die Geburt des nun schon als ‹Heinricus rex› bezeichneten Kaisersohnes nachgetragen. Daß dem Annalisten dabei wahrscheinlich ein Fehler unterlief und er das Ereignis zum 11. August 1081 statt richtig zum Jahr 1086 verzeichnete, wurde erst in jüngerer Zeit nachgewiesen.

Mit knapp zwölf Jahren wurde Heinrich V. gegen manche Widerstände unter den Fürsten im Mai 1098 als Nachfolger seines abgesetzten Bruders Konrad in Mainz zum König gewählt und im Januar 1099 in Aachen gekrönt. Heinrichs Mitregentschaft war durch besondere Sicherheitseide bestimmt, die ihm der nach dem Abfall Konrads mißtrauisch gewordene Vater abverlangte. Dennoch wurde Heinrich V., nun häufiger im Gefolge des Kaisers nachweisbar, durch seinen Erzieher Bischof Konrad von Utrecht offenbar zielgerichtet auf seine künftige Rolle vorbereitet und auch schon mit kleineren hoheitlichen Aufgaben betraut. Heinrich lernte in diesen Jahren das Wesen des «deutschen Reisekönigtums aus dem Sattel» (H. Fuhrmann) kennen, er erfuhr am Beispiel des Vaters die Konkretisierung salischen Herrschaftsverständnisses in der Durchsetzung des königlichen Investiturrechts, in der Ausübung der Strafgewalt auch gegenüber Prälaten, in der Inanspruchnahme des ‹servitium regis›: Mehr und mehr war der Aufenthalt des Hofes in den Königspfalzen durch Gastnahme in den Bischofsstädten ersetzt worden – ein Brauch, den Heinrich V. so konsequent fortsetzte, daß über Dreiviertel seiner Urkunden an Bischofssitzen ausgestellt sind.

Noch vor Vollendung des 15. Lebensjahres wurde Heinrich im April 1101 auf einem Lütticher Hoftag für mündig und waffenfähig erklärt. Unmittelbar danach wurde er Zeuge, wie sein Vater in Niederlothringen um Frieden und Rechtswahrung kämpfte, wie er aber zugleich auch den Fehdewillen und Selbständigkeitsdrang der Fürsten zu brechen suchte.

Heinrich V. und Papst Paschalis II. bei der Kaiserkrönung, 1111. Anonyme Kaiserchronik für Heinrich V., 1115. – Cambridge, Corpus Christi College, Ms. 373, fol. 83ʳ (Foto: Corpus Christi College).

Nach Kaiser und Episkopat, aber an der Spitze des weltlichen Adels unterzeichnete Heinrich V. das auf einem Mainzer Hoftag im Januar 1103 verabschiedete Reichsfriedensgesetz; er erhielt dabei Impulse für seine eigene – leider nur dürftig überlieferte – Gesetzgebung aus den Jahren 1119, 1121 und 1125, einem Verbindungsglied zum bedeutenderen Reichsfriedenswerk Kaiser Friedrichs I. von 1152. Heinrich V. verspürte aber auch die Opposition im Adel gegen die ständenivellierende Strafrechtsvereinheitlichung, mehr noch gegen die verstärkte kaiserliche Kontrolle über die Hochgerichtsbarkeit durch den Ausbau königlicher Blutbannleihe. Zudem waren allenthalben im Reich die Folgen des jahrzehntelangen Investiturkonflikts spürbar, ein Ende der Auseinandersetzungen nicht in Sicht. Im Zusammenwirken von Adelsopposition und kirchlichen Gegnern sah der junge König eine in der Person des Kaisers begründete bedrohliche Gefährdung der salischen Dynastie. Bei einem eher lokalen Konflikt in Regensburg zeigten sich zur Jahreswende 1103/1104 dann erstmals politische Gegensätze zwischen Vater und Sohn. Ein knappes Jahr später kam es zum offenen Bruch, als der König Mitte Dezember 1104 das kaiserliche Heer verließ; er erzwang damit den Abbruch einer Strafexpedition nach Sachsen, wo Graf Dietrich III. von Katlenburg kurz zuvor die Erhebung eines kaiserlichen Gegenbischofs verhindert hatte. Heinrich V. schloß sich der schon in Regensburg erkennbaren bayerischen Adelsopposition an und leitete damit eine weitreichende Abfallbewegung auch in Sachsen ein.

Die Verbindung zwischen den beiden Zentren des Aufstands war bereits geknüpft. Der Katlenburger gehörte nämlich zu den Zeugen, welche wenig früher die Einführung der Hirsauer Reform im Kloster Lippoldsberge an der Weser durch Nonnen aus Schaffhausen (Bistum Konstanz) urkundlich bestätigt hatten. Weitere Zeugen des Vorganges waren neben eindeutig Hirsau-freundlichen Bischöfen und Äbten genau dieselben sächsischen Fürsten, die sich dann um die Jahreswende 1104/05 brieflich an den gerade vom Vater abgefallenen Heinrich V. und an dessen bayerische Kampfgefährten gewandt haben. Die Empfänger des sächsischen Fürstenschreibens gehören ihrerseits der Gründersippe um das hirsauisch reformierte Nordgaukloster Kastl bei Amberg an, in dem die von Kaiseranhängern vertriebenen Mönche von Petershausen (Bistum Konstanz) Zuflucht fanden. Nicht nur der mit den Kastler Klostergründern weitläufig verwandte König Heinrich V., sondern auch der ebenfalls mit dem Grafenkreis verschwägerte Bischof und päpstliche Legat Gebhard III. von Konstanz, ein ehemaliger Hirsauer Mönch, war von dem Adelsbund aufgenommen worden; über Gebhard – von dessen Diözese aus Kloster Lippoldsberge reformiert worden war – und die Hirsauer Bewegung dürften die Kontakte zwischen dem sächsischen und dem bayerischen Oppositionszentrum gelaufen sein. Die allgemein in dieser Epoche feststellbare «Verbindung von Adel und Reformmönchtum [im gemeinsamen] Streben nach Unabhängigkeit und Selbständigkeit» (K. Schmid) und die daraus resultierende Interessengleichheit boten eine wichtige Voraussetzung für die Konspiration von 1104/05. Der nun rasch fortschreitende Erfolg des Königs in Bayern und Sachsen ist ein Indiz dafür, daß die Revolte kaum spontan, sondern nach vorbereitenden Sondierungen eingeleitet worden ist.

Als Ergebnis erster Verhandlungen des aufständischen Königs mit Papst Paschalis II. (1099–1118) konnte Heinrich V. die Lösung der dem Vater geschworenen Eide und seine Versöhnung mit der Kirche verbuchen. Der in lokale Auseinandersetzungen mit dem römischen Adel verstrickte Papst taktierte angesichts der noch offenen Situation in Deutschland nicht geschickt genug, um nun endlich kirchenpolitische Zugeständnisse durchzusetzen. In der strittigen Investiturfrage, auf die sich der viel grundsätzlichere Konflikt des 11. Jahrhunderts zwischen ‹Regnum› und ‹Sacerdotium› weitgehend reduziert hatte (Th. Schieffer), wurden in der Anfangsphase der Revolte keine substantiellen Verhandlungen geführt. Die politische und militärische Auseinandersetzung des nunmehr von allen kirchenrechtlichen Beschränkungen befreiten Königs mit dem noch immer gebannten Kaiser jedoch war päpstlich legitimiert.

Die Vorgänge des Jahres 1105 beweisen das große Geschick Heinrichs V., die Ausweitung seiner persönlichen Machtbasis und die Ausdehnung der kirchlichen Obödienz Paschalis' II. miteinander zu verbinden, ja fast kongruent werden zu lassen. Verbal propagierte der König die Notwendigkeit kirchlicher Neuregelung und der Befriedung der Bistümer durch Rückführung bzw. Einsetzung Rom-treuer Bischöfe. De facto waren die politischen Implikationen bedeutsam: Heinrich V. schuf sich damit zunächst ergebene Anhänger für seinen Kampf gegen den Kaiser, und über die finanziellen und militärischen Mittel der Bistümer stand ihm dringend benötigtes Machtpotential zur Verfügung. Vor allem in Sachsen und Thüringen konnte eine breite Mehrheit im Episkopat für Heinrich V. und Paschalis II. gewonnen werden. Auf einer unter seinem Vorsitz stattfindenden Synode zu Nordhausen (21. Mai 1105) gelang dem König die Selbstdarstellung als ergebener Sohn der Kirche. Aber auch außerhalb der Oppositionszentren konnte Heinrich V. Anhänger unter dem Episkopat gewinnen, so den Trierer Erzbischof Bruno, der bei den späteren Verhandlungen mit der Kurie als engagierter Vertreter des Königtums auftrat. Offensichtlich unwidersprochen akzeptierten sogar ausgewiesene Anhänger der Reformbewegung die königliche Investitur, und selbst der päpstliche Legat, Gebhard III. von Konstanz, war – wenn auch in einigen Fällen zögernd – an diesen Vorgängen beteiligt. Dabei kam dem König neben seinem Geschick bei der Auswahl neuer Bischöfe auch zugute, daß gerade die sächsischen Fürsten

Heinrich V. förmlich zur Vornahme von Bischofseinsetzungen aufgefordert hatten: Ein Beispiel für die in einer Übergangsepoche mögliche Vereinbarkeit ‹revolutionären› Verhaltens mit konservativer Gesinnung.

Die weltlichen Reichsfürsten waren neben dem hohen Klerus der zweite Personenkreis, dessen Mithilfe Heinrich V. zur Machterringung bedurfte. Auf vielfache Weise hatte sich Kaiser Heinrich IV. auch die Laienfürsten entfremdet. Versuche, alte Königsgutbezirke zu Landesherrschaften auszubauen, die Bevorzugung von Ministerialen als «militärischen Staatsbeamten» (K. Bosl), die ständenivellierende und die Selbständigkeit des Adels einschränkende Landfriedenspolitik bauten Spannungen und Gegensätze auf. Die Reaktion Heinrichs V. auf die erwähnten Regensburger Vorfälle von 1103/04 ließ hingegen auf gemeinsame Interessen von König und Fürsten schließen. Heinrich V. gab sich dementsprechend auch den Fürsten gegenüber zuvorkommend. Den Sachsen, die vielleicht am stärksten unter seinem Vater zu leiden hatten, sicherte er die Wahrung sächsischen Volksrechts zu, traf vielleicht auch bereits feste Lehnsvereinbarungen. Obwohl formalrechtlich bereits König, nahm Heinrich V. in Erfurt im April 1105 eine neuerliche Wahlhuldigung entgegen. Der praktische Nutzeffekt rechtfertigte diese Maßnahme: Unangefochten präsidierte der König einem Landtag in Goslar, konnte im Zuge eines Teilumritts die Anerkennung sächsischer Städte entgegennehmen. Es gibt Hinweise, daß die Fürsten Heinrich V. in der Person des Trierer Erzbischofs Bruno einen ‹vicedominus› zur Seite gestellt haben, einen Vertreter in Verwaltung und Herrschaftsführung; der junge König hat daraus keine Regentschaft entstehen lassen, sondern das Amt auf eine Beraterrolle verkürzt. Es war eine der großen Fähigkeiten Heinrichs V., einen formal vorgegebenen Rahmen in seinem Sinne inhaltlich auszufüllen.

Während Sachsen für den König gefestigt schien, blieben vergleichbare Fortschritte in anderen Reichsteilen aus. Erst nach der Einnahme Nürnbergs gegen Herbstanfang begab sich Heinrich V. mit geringer militärischer Begleitung nach Regensburg, wo er nur knapp einem handstreichartigen Überfall des Kaisers entging. Unweit der Stadt, am Regen, standen sich wenig später wieder zwei Heere gegenüber. Durch Zuzug aus Böhmen und der bayerischen Ostmark verfügte der Kaiser über die stärkere Streitmacht; doch die Führer dieser beiden entscheidenden Truppenkontingente konnte Heinrich V. durch beredte Darstellung seiner Kampfmotive, mehr noch durch geschickt eingeleitete Heiratspolitik zum Parteiwechsel veranlassen. Wie schon bei früheren Gelegenheiten führten allerdings auch hier die Fürsten beider Lager selbständige Sondierungs- und Verhandlungsgespräche – ein Vorgang, der sich gegen Ende von Heinrichs V. Herrschaft in ähnlicher Form wiederholen sollte. Es kam nicht zur Schlacht. Ein Zusammentreffen zwischen Kaiser und

König in Koblenz kurz vor Weihnachten endete scheinbar versöhnlich und mit der beiderseitigen Einwilligung, auf dem bevorstehenden Mainzer Hoftag eine Lösung des Thronstreits herbeizuführen. Doch gegen alle Vereinbarungen ließ Heinrich V. den Vater inhaftieren und erzwang am 31. Dezember 1105 in der Pfalz Ingelheim in Anwesenheit nur eigener Parteigänger und eines päpstlichen Legaten die Abdankung des Kaisers; die Aussöhnung Heinrichs IV. mit der Kirche scheiterte an der Forderung des vom König unterstützten Kardinallegaten nach bedingungsloser Unterwerfung unter ein kanonisches Bußverfahren nebst Ablegung einer vorgegebenen Confessio.

Heinrich V. datiert seine Herrschaftsjahre vom 6. Januar 1106 an, dem Tag, an dem er in Mainz nach der rechtssymbolisch bedeutsamen Übergabe der Reichsinsignien im Rahmen einer universellen Huldigung Fidelitätseid und Kommendation der anwesenden Fürsten entgegennahm. Die Aussöhnung zwischen deutschem Königtum und Papsttum wurde augenfällig dokumentiert durch die von Kardinallegat Richard von Albano vorgenommene Handauflegung. Fürsten und Kirche hatten Heinrichs Herrschaft legitimiert. Unangefochten war das Königtum des Thronfolgers jedoch erst nach dem Tod des Vaters am 7. August 1106.

Heinrich V. hat mit den beiden bedeutendsten Gegnern seines Vaters paktiert, mit Reformepiskopat und Reformmönchtum Hirsauer Prägung sowie mit Angehörigen des um seine Selbständigkeit fürchtenden Adels. Aus beiden Personengruppen sind dem König nach 1110/11 entschiedene Gegner erwachsen. Heinrichs Anschluß an die oppositionellen Kreise von 1104/05 war nämlich nicht, wie es zunächst schien, aufgrund gleicher politischer Zielsetzung erfolgt, er war vielmehr taktisch bedingt. Der König sollte bald nach Erringung der Alleinherrschaft in fast allen staatlichen Bereichen die Politik Heinrichs IV. wiederaufnehmen, um eine den gewandelten Verhältnissen angepaßte Machtbasis für das deutsche Königtum zu schaffen. Frühzeitig hatte Heinrich V. in Ekkehard von Aura einen schreibgewandten Anhänger gewonnen (auch in späteren Jahren legte der König Wert darauf, die öffentliche Meinung durch sorgfältig vorbereitete Publizistik zu beeinflussen): Durch Ekkehard ließ Heinrich V. kundtun, daß allein die Sorge um das Reich ihn zum Aufstand bewogen habe. Taktische Allianzen und skrupellose Brutalität, verborgen unter dem Deckmantel kirchlicher Gesinnung und hinter der Maske eines gewinnenden Äußeren, charakterisieren den Griff des damals achtzehnjährigen Königs nach der Alleinherrschaft. Daß er dabei Opfer einer systematischen Verführung geworden sei, wie zunächst in der kaiserlichen Publizistik verkündet wurde, ist angesichts des starken Führungswillens Heinrichs eher unwahrscheinlich. ‹Graue Eminenzen› sind neben Heinrich V. nicht groß geworden. Mit der gleichen Zielsicherheit wie bei der Auswahl brauchbarer Helfer, etwa seines langjährigen Kanzlers Adalbert, wechselte er auch seine Berater aus, wenn ihr Einfluß gefährlich zu werden drohte; nicht selten erwuchsen ihm aber daraus hartnäckige Gegner.

Durch die allgemeine Anerkennung der Herrschaft Heinrichs V. waren allerdings die alten Probleme nicht aus der Welt geschafft: Der Ausgleich mit der Kirche stand noch aus, die Investiturfrage war noch immer ungelöst. Die tatsächliche Machtverteilung zwischen Königtum und Hochadel mußte sich jetzt erneut erweisen. Während Heinrich V., der die ideologische Herrschaftsbegründung vom Vater übernahm, sich als ‹rex Romanorum› titulierte, als imperialer König, wollte das Reformpapsttum ihn wie schon den Vater als einen ‹rex Teutonicorum› einstufen, dessen Herrschaft auf das deutsche Reich nördlich der Alpen eingegrenzt war. Die Frage nach Reichsstruktur und Herrschaftsmittel stellte sich unverändert. Während man Heinrich IV. trotz seines letztlichen Scheiterns zu Recht als «genialen Staatsreformer» (H. Hirsch) bezeichnet hat, muß sein Nachfolger demgegenüber eher als politisch konservativer ‹Technokrat der Macht› gelten: konservativ in dem Sinne, daß er die richtungweisenden Ansätze seines Vorgängers konsequent fortführte und damit entscheidende Voraussetzungen für die Erfolge des staufischen Königtums schuf, und technokratisch, weil er die geistigen Impulse seiner Zeit – etwa die Hirsauer Bewegung oder den Rekurs auf das Römische Recht – allenfalls unter dem Gesichtspunkt machtpolitischer Brauchbarkeit rezipierte, andere – wie etwa die aufkommende Scholastik – gar nicht erst verstand.

Auf ein Minimum an ‹Bürokratie› konnte selbst das mittelalterliche Reisekönigtum nicht verzichten; der Name ‹Reichskanzlei› für das Beurkundungsinstrumentarium Heinrichs V. ist angesichts der tatsächlichen Größenordnung irreführend; von einer durchorganisierten Behörde kann immer noch keine Rede sein. Neben dem Kanzler, der zugleich Vorsteher der Hofkapelle war, sind zwischen 1105 und 1125 nur drei Notare nachweisbar. Zwar richtete auch Heinrich V. im Verlauf seiner Regierungszeit für jedes der drei Reichsteile Burgund, Italien und Deutschland formal eine Kanzlei ein, doch arbeiteten diese ausschließlich mit dem unteren Personal der deutschen Kanzlei; zudem waren für die zeitweilige Einsetzung eines italienischen, besonders aber für die eines burgundischen Kanzlers politische Motive maßgebender als Bedürfnisse der Verwaltung. Wegen des politischen Gegensatzes zu Kaiser Heinrich IV. mußte Heinrich V. seine Kanzlei personell völlig neu schaffen; er fand hier in seinem Kanzler Adalbert von Saarbrücken einen kongenialen Organisator und intelligenten Textstilisten. Kanzleibetrieb sowie inhaltliche und formale Gestaltung der Diplome orientierten sich demgegenüber am Vorbild der Kanzlei Heinrichs IV.

Gegenüber der Reichskanzlei trat die Bedeutung der Hofkapelle, des traditionellen «Bindegliedes zwischen Hof und Reichskirche» (J. Flekkenstein), wie schon unter Heinrich IV. infolge personellen und strukturellen Wandels weiter zurück. Nur noch vereinzelt ernannte Heinrich V. ehemalige Kapelläne zu Bischöfen. Bei schwindender Pfründenbasis waren Angehörige des Hochadels immer seltener zum Eintritt in die königliche Kapelle bereit. Durch die größere Abhängigkeit der neuen Kapellansgeneration wurde die Hofkapelle andererseits zu einem leichter einsetzbaren Herrschaftsinstrument: Die Verwendung des ehemaligen Würzburger Scholasters David als offiziellem Historiographen beim Romzug 1110/11 ist nur ein Hinweis darauf. Die religiösen Aufgaben der Kapelle sind für die faktische Machtausübung immer bedeutungsloser geworden. Desungeachtet war Heinrich V. noch Kanoniker verschiedener Domkirchen, so in Lüttich – als Zeichen der Aussöhnung mit der Stadt, die Kaiser Heinrich IV. bis zuletzt gegen den Sohn treu geblieben war – oder in Utrecht, wo der König verstarb und wo seine Eingeweide neben denen Konrads II. (gest. 1039) beigesetzt sind. Aber dieses alte, bereits auf Otto III. und Heinrich II. zurückgehende Amt hatte durch die geistigen Veränderungen des Investiturstreits seine frühere Symbolkraft eingebüßt: Mit Abbau der Vorstellungen von Gottesgnadentum und Gottesunmittelbarkeit des Herrschers, der aufgrund seiner dem Bischofsweihritus nachempfundenen Salbung und seiner sakralen Stellung als den Bischöfen übergeordnet galt, setzte die Kirche die Einstufung des Königs und künftigen Kaisers als niederen Klerikers durch und erreichte damit seine hierarchische Einordnung unterhalb von Priester und Bischof. Der deutsche König wurde parallel zu dieser Entwicklung mit einem stetig sich emanzipierenden Episkopat konfrontiert, der sich der Verfügungsgewalt durch das Königtum zu entziehen trachtete. Auch Heinrich V. mußte um eine neue Form der Herrschaftslegitimierung und um eine neue Machtbasis für sein Königtum kämpfen, obwohl er im Formular seiner Urkunden auf das «göttliche Mandat» (G. Koch) rekurrierte.

Die deutsche Innenpolitik Heinrichs IV. hatte auf der Erkenntnis beruht, daß selbständige und dauerhafte Königspolitik nur noch auf der Basis straffer Reichsgutsverwaltung und gezielter Ausnutzung königlicher Hoheitsrechte, der Regalien, möglich war. Seine Helfer hatte er vor allem in der zielstrebig geförderten Reichsministerialität gefunden. Heinrich V. ist zunächst im Kampf gegen die mit dem Kaiser verbündeten Reichsdienstmannen zur Macht gelangt, hat aber dann sehr bald die väterliche Politik fortgesetzt. Reichsministerialen stellten das Hauptkontingent königlicher Heere, etwa beim Feldzug gegen Flandern (1107) oder beim ersten Romzug 1110/11. Ihre Verdienste brachten sie in den Genuß auch bislang nur hochadlig besetzter Ämter, ermöglichten ihnen allmählich den Aufstieg zu Freiheit und Lehensfähigkeit. Der Ausbau von Königslandschaften und deren Absicherung durch Burgen mit ministerialischer Besatzung geschah ganz bewußt in Konkurrenz zur Territorialpolitik des Hochadels und zunehmend auch des Episkopats, dem während des Investiturstreits die Entwicklung zum geistlichen Reichsfürstentum ermöglicht wurde. Nicht zufällig entzündete sich der für Heinrichs V. weitere Regierung höchst gefährliche Konflikt mit Erzbischof Adalbert von Mainz an dessen Ansprüchen auf Reichsburgen; die Mainzer Bestrebungen im Hunsrück, in der Pfalz und am Mittelrhein galten eindeutig dem eigenen Territorialausbau zu Lasten alter salischer Zentren. Ganz gezielt baute daher Heinrich V. Reichsfestungen an Mittel- und Niederrhein sowie in der Eifel aus, beauftragte die Staufer mit Reichsgutspolitik im Königsdienst am Oberrhein mit Elsaß und Pfalz und begünstigte so entscheidend die Bildung einer territorialen Machtbasis des späteren staufischen Königtums. Mit besonderer Konzentration geschah der Burgenausbau nach väterlichem Vorbild in Thüringen und Ostsachsen, hier zur Bekämpfung des von Heinrich V. selbst erhobenen Herzogs Lothar von Süpplingenburg.

Wie der Adel begann auch die Ministerialität sich nach der als Dienstsitz zugewiesenen Burg zu benennen. Die Entwicklung eines eigenen Standes- und Gruppenbewußtseins der Reichsministerialen wurde wie bereits unter Heinrich IV. auch durch die Einrichtung von Reichsvogteien gefördert: Dienstmannen wurden nun neben Verwaltungs- und Militäraufgaben auch zu Hochgerichtsfunktionen herangezogen. Die in den Urkunden Heinrichs V. häufig vorkommende Bezeichnung der Dienstmannen als ‹ministeriales regni›, als *Reichs*ministerialen, deutet auch auf Ansätze eines sich wandelnden Staatsbegriffs hin: Der auf Hochadel und Hochkirche basierende, auf die Person des gesalbten Herrschers als Mittelpunkt zugeschnittene Personenverbandsstaat hat die Tendenz zur Umwandlung in einen Flächenstaat, in dem nicht mehr der ‹rex›, sondern das ‹regnum› vorrangiger Bezugspunkt und Ursprung legitimer Staatsgewalt ist. Eine ähnliche Entwicklung zeichnet sich auch für die Definition der Regalien ab. Im Zusammenhang mit den Verhandlungen um die Investiturfrage zwischen Heinrich V. und Papst Paschalis II. wurde nicht nur eine gültige Umschreibung dieser finanziell nutzbaren Hoheitsrechte erarbeitet; es wurde auch deutlich, daß die Regalität, der bestimmende Charakter der Einzelrechte, nicht von ihrer «Provenienz vom König», sondern von ihrer «Pertinenz zum Reich» (J. Fried) herrührt. Es ist ein Charakteristikum der deutschen Reichsgeschichte, daß eine Zusammenfassung der vielen partikularen Territorialstaaten auf Reichsboden zu einem einheitlichen Flächenstaat dennoch nicht gelingen sollte. Heinrich V. hatte bei seinem Herrschaftsantritt über kein Herzogtum verfügt. Um so mehr mußte er um Sammlung und Sicherung des zerstreuten Reichsgutes bemüht sein; dies war aber nur in beständiger

Konkurrenz zu den parallelen territorialpolitischen Bemühungen von Laien- und Kirchenfürsten möglich.

Ein weniger eindeutiges Bild zeigt die Städtepolitik Heinrichs V. Speyer etwa, die Grablege der Salier, erhielt 1111 ein kaiserliches Privileg, das mit seinen privat-, straf- und finanzrechtlichen Bestimmungen einen einheitlichen Rechtsstatus für alle Stadtbürger anstrebte. Worms wurde 1114 durch den Kaiser privilegiert, der zudem über die Vergabe von Hochvogtei und Burggrafenamt bestimmenden Einfluß auf die oft von ihm besuchte Stadt ausübte. Gleichwohl rebellierten die Wormser zweimal, 1111 und 1124, gegen ihren Herrn. Mainz hingegen, die langjährige Stütze Heinrichs IV., verdankte seine Entwicklung zur geschlossenen Gerichtsgemeinde der Privilegierung (1118) durch Erzbischof Adalbert: Die Mainzer hatten zuvor in Rebellion gegen den Kaiser die Haftentlassung ihres Erzbischofs erpreßt. Auch Köln, eine der letzten Stützen Heinrichs IV., war dem Nachfolger nicht immer wohlgesonnen. Nach dem Tod Heinrichs IV. hatte Köln sich den Frieden mit dessen Sohn gegen einen ansehnlichen Tribut erkaufen müssen; in einer ‹coniuratio› dokumentierten Kölns Bürger ihre Unabhängigkeit gegenüber Heinrich V., bekämpften ihn seit 1114 offen, nahmen ihn aber 1119 wieder gegen den erzbischöflichen Stadtherrn in ihre Mauern auf. Eine städtepolitische Konzeption Heinrichs V. ist bei solcher Mannigfaltigkeit der Erscheinungen nicht feststellbar; wohl aber zeigt sich das konkurrierende Ringen von Bischof und König um die Stadt, die durch ihre wirtschaftliche und rechtliche Position immer attraktiver auch für den nach persönlicher Freiheit strebenden Grundhörigen wurde.

Die Wahrung der Reichsinteressen galt Heinrich V. auch in seinen Beziehungen zu den Fürsten als vorrangig. Selbst wichtige Helfer aus der Phase des Thronstreites wurden dabei nicht geschont. So mußte Graf Otto von Ballenstedt, einer der beiden nächsten Erben des letzten Billungerherzogs (gest. August 1106), auf das sächsische Herzogtum verzichten. Um die Zerschlagung des billungischen Herrschaftskomplexes und seine Trennung von der Herzogswürde zu erreichen, wurde Graf Lothar von Süpplingenburg erhoben, der für die königliche Reichsgutspolitik weniger gefährlich erschien. Im Dezember 1107 wurde ein anderer Kampfgefährte, Graf Heinrich von Zütphen, mit der Grafschaft Friesland belehnt, und zwar im Austausch gegen das Lehensgut Alzey; das Tauschgeschäft diente besonders der Rückgewinnung eines der größten geschlossenen Reichsgutskomplexe innerhalb salischen Einflußgebiets. Auch der Zütphener reihte sich später in die Front der Gegner Heinrichs V. Beide Seiten der heinrizianischen Innenpolitik lassen sich an diesen Beispielen ablesen: der Versuch, hochadeligen Einfluß zu beschneiden und die Grundlagen zentraler Reichsgewalt zu erweitern. Nur selten ist daher unter Heinrich V. die Schenkung von Reichsgut nachweisbar: Konsequent hielt der Herrscher zusammen, was früher in großem Umfange aus religiösen oder politischen Motiven vergabt wurde. Auch militärische Siege nutzte Heinrich V. zur Vermehrung des Reichsguts: Graf Wiprecht von Groitzsch – erst Anhänger, dann erbitterter Gegner des Königs – konnte im Jahre 1110 seinen Sohn erst gegen Auslieferung strategisch wichtiger Burgen aus königlicher Haft freikaufen; Graf Wiprecht selbst wurde später nur gegen Übergabe seines umfangreichen Besitzes vom Todesurteil begnadigt. Auch Graf Ludwig von Thüringen konnte seine Freilassung (1113) nur im Austausch gegen die Wartburg erlangen. Mehr noch als solche objektiv im Reichsinteresse begründeten Maßnahmen war Heinrichs häufig brutale oder zutiefst demütigende Behandlung politischer Gegner geeignet, unversöhnliche Feinde zu schaffen. So erzwang der König im Jahr 1107 die Übergabe einer Festung dadurch, daß er mit der Hinrichtung des Burgherrn drohte. Papst Paschalis II. wurde 1111 im Petersdom verhaftet, um Investiturrecht und Kaiserkrönung erpressen zu können. Der ehemalige Kanzler und Reichserzkanzler Adalbert von Mainz wurde derart geschwächt aus kaiserlicher Haft (1115) entlassen, daß er nach den Worten eines Chronisten nur noch Haut und Knochen war. Auch der früher begünstigte Herzog Lothar von Süpplingenburg vergaß dem Kaiser die demütigende Form der Unterwerfung nicht, zu der er auf dem Mainzer Reichstag von 1114 gezwungen wurde.

Trotz vielerorts spürbarer Bemühungen um den Ausbau königlicher Herrschaftsgrundlagen durch planvolle Reichsgutspolitik, durch die beginnende Ausweitung des Tax- und Bedewesens nach angelsächsischem Vorbild (man hörte bereits das Schlagwort vom ‹unersättlichen Maul des königlichen Fiskus›), durch die Einflußnahme auf die dynastisch geprägten Klöster Hirsauer Observanz mittels königlicher Blutbannleihe und Privilegierung, also trotz einer umfassend gegen Hochadelsinteressen gerichteten Innenpolitik, blieben die Differenzen mit den Fürsten bis zur Rückkehr Heinrichs V. vom ersten Romzug (1111) auf eher lokale Auseinandersetzungen begrenzt. Gerade auch sächsische Große fanden sich in den ersten Jahren nach der Revolte häufig am Königshof ein und genossen das Vertrauen Heinrichs V. Man findet sie als Angehörige königlicher Delegationen für die Synode von Guastalla (1106) und für die Investiturverhandlungen mit Papst Paschalis II. zu Châlons-sur-Marne (1107) oder als Unterhändler, die 1109 in Rom über Investiturfrage und Kaiserkrönung berieten und 1111 an der Ausarbeitung des Vertrags von S. Maria in Turri beteiligt waren, der eine Radikallösung des Investiturproblems vorsah. Auch für die Feldzüge gegen Niederlothringen (1106) und Flandern (1107) war fürstliche Unterstützung nötig. Die Wiederaufnahme einer deutschen Ostpolitik machte Expeditionen gegen Ungarn (1108) und Polen (1109) erforderlich, an denen der sächsische Adel zahlreich beteiligt war; letztlich militärisch erfolglos, konnte Heinrich V. allerdings auch das politische Ziel nicht erreichen, nämlich Ungarn und Polen wieder unter die Lehnshoheit des Reiches zu zwingen. Das gewaltsame Eingreifen in die böhmischen Thronwirren Anfang 1110 sicherte dem Reich zwar die Zugehörigkeit Böhmens, doch Heinrich V. handelte sich durch seine Entscheidung für einen der Thronprätendenten die folgenschwere Feindschaft von Angehörigen des sächsischen Hochadels ein.

Der erste Romzug führte König Heinrich V. von September 1110 bis Juni 1111 von Deutschland fort; in Begleitung eines glänzend gerüsteten Reichsheeres erneuerte er in Oberitalien die Reichsautorität, die sein Vater 1093 verloren hatte; Heinrich V. erwarb die Kaiserkrone, verschaffte sich ein Investiturprivileg und stellte die Weichen für den Erwerb der sogenannten Mathildischen Güter, der Erbmasse des tuszischen Fürstenhauses. Doch die gewaltsam erpreßte Verständigung mit der Kirche war nur ein Scheinfrieden, der nach des Kaisers Abzug eine radikalkirchliche Opposition wiedererweckte; die latent vorhandene Unzufriedenheit innerhalb des Hochadels fand einen Koalitionspartner für die nun offen ausbrechende Auseinandersetzung mit dem mittlerweile wieder exkommunizierten Herrscher.

Daß es wegen der Einsetzung von Bischöfen und Äbten auch zwischen Heinrich V. und Papst Paschalis II. zum Konflikt kommen würde, war schon bald nach der Revolte des Königs abzusehen. Zwar schienen die von reformkirchlichem Gedankengut geprägten weltlichen und geistlichen Anhänger des jungen Herrschers anfangs einen neuen kirchenpolitischen Kurs zu gewährleisten. Paschalis II. war 1105 zunächst von innerrömischen Wirren in Anspruch genommen und befand sich zudem inmitten einer kritischen Phase des englischen Investiturstreits. Doch ein Papstschreiben vom November 1105 an Erzbischof Ruthard von Mainz deutet die Grundlinien seiner künftigen Politik gegenüber Heinrich V. an. Simonie und Investitur werden in dem Brief kausal miteinander verknüpft, und die Formulierungen zeigen, daß man eine Einigung mit dem König im Rahmen alter gregorianischer Forderungen, also eines Investiturverzichts, erwartete. Aber unter den Augen eines mittlerweile nach Deutschland entsandten Kardinallegaten praktizierte Heinrich V. weiterhin die Prälateneinsetzung in alter Form durch Übergabe von Ring und Stab; diese Symbole rechnete man auf Seiten der Kurie ganz eindeutig der kirchlichen Sphäre zu und (miß-)verstand ihre Verwendung als Anmaßung einer Spiritualieninvestitur, als Einweisung in das geistliche Amt. Ein deutscher Hoftag beschloß daraufhin Anfang 1106 eine Delegation, die in Rom über die päpstlicherseits erhobenen «Vorwürfe ordnungsgemäß Rechenschaft legen» sollte. Es war jetzt schon unübersehbar, daß Heinrich V. unverändert an altem Reichsrecht festhielt, sowohl am Einsetzungs- wie am Absetzungsrecht gegenüber Bischöfen und Äbten. Denn viele geistliche Gesandtschaftsmitglieder waren durch deutsche Herrscher erhoben worden oder hatten an der Weihe Investierter mitgewirkt; die Zusammensetzung der Gesandtschaft allein hatte schon programmatische Bedeutung. Paschalis II. zog daraus die Konsequenz und lehnte die ihm übermittelte Einladung zu einem Deutschlandbesuch ab.

Eine am 22. Oktober 1106 im oberitalischen Städtchen Guastalla eröffnete Synode sollte nach päpstlichem Plan die Folgen des Papalschismas und der Episkopalschismen bereinigen und den Investiturkonflikt definitiv beilegen. Deutsche Konzilsbesucher waren zahlreich, wenngleich zumeist aus persönlichen Motiven anwesend. Heinrich V., durch den Tod des Vaters innenpolitisch gestärkt, ließ die Prälateninvestitur ausdrücklich als ‹ius regni› bezeichnen. Die Dekrete von Guastalla zeigen, daß auch Paschalis II. seinerseits unverändert starr am Investiturverbot festhielt, daß er zwar aus pastoralen Motiven schismatischen Klerikern aller Ordines die Versöhnung mit der Papstkirche anbot, aber nicht in allen Fällen auf kirchenrechtliche Sanktionen verzichtete. Darüber hinaus nahm der Papst persönlich die Weihe mehrerer zuvor vom deutschen König investierter Prälaten vor, ohne daß allerdings die Rekonziliationsbedingungen bekannt wären.

Statt nach Deutschland begab sich Paschalis II. nach Frankreich in die Umgebung der Könige Philipp I. und Ludwig VI. Ein in St. Denis geschlossenes Bündnis zwischen Königshof und Kurie bestätigte die stillschweigende Beilegung des französischen Investiturstreits. Paschalis II. sah sich daher in seiner Absicht bestärkt, bei den Mitte 1107 in Châlons-sur-Marne stattfindenden deutsch-kurialen Verhandlungen kompromißlos zu bleiben. Wie bereits in Guastalla vertrat auch in Châlons Erzbischof Bruno von Trier die Interessen Heinrichs V., der in der Gegend von Verdun die diplomatischen Kontakte mitverfolgte – nicht ohne wenige Tage zuvor durch die Einsetzung eines Bischofs in Metz seine Position betont zu haben. Der durch Bruno vorgeschlagene Erhebungsprozeß sah unter Garantie freier kanonischer Wahl ein faktisches Mitspracherecht des Herrschers durch Regalieninvestitur (mit Ring und Stab) sowie Entgegennahme von Treu- und Lehnseid vor. Man suchte von deutscher Seite verständlich zu machen, daß die Beteiligung des Königs nicht als Einmischung in die geistlichen Aspekte des Bischofsamts verstanden werden dürfte, sondern als rein weltlicher Akt: eben nur insofern, als der künftige Prälat Träger reichsrechtlicher Hoheitsfunktionen war und die Investitur ein lehnsrechtliches Verhältnis charakterisierte. Die Verhandlungen von Châlons trugen damit spürbar zur Präzisierung des Regalienbegriffs bei. Doch die päpstliche Seite zeigte sich noch unbeeinflußt von den gedanklichen Fortschritten jener Theoretiker, die Spiritualia und Temporalia, Amt und Besitz, geistliche und weltliche Seite des Bischofsamts, auseinanderzuhalten gelernt hatten. Hominium und Investitur blieben weiterhin für Deutschland untersagt als angeblich unvereinbar mit dem Gegensatz von Laien und Klerikern sowie mit der ‹Freiheit der Kirche›, jenem großen Schlagwort vor allem aus der Frühzeit der Auseinandersetzungen zwischen Regnum und Sacerdotium.

Angehörigen des Reichsepiskopats ließ Heinrich V. den Besuch der kurz nach Châlons eröffneten Synode von Troyes verbieten. Ein dort verabschiedetes verschärftes Investiturverbot war offen gegen die deutsche Reichskirchenpolitik gerichtet; mit konkreten Strafmaßnahmen gegen deutsche Prälaten reagierte der Papst auf die verhärtete Situation. Dennoch konnte der König nach Châlons und Troyes für gut drei Jahre die Investiturfrage ignorieren und sich Problemen der Innen- und Ostpolitik zuwenden. Heinrichs Position gegenüber der Reichskirche schien gefestigt und die Investiturfrage selbst für den Reformklerus von sekundärer Bedeutung geworden zu sein. Erst 1109 wieder, nach Beendigung seines Polenfeldzugs, nahm der König Kontakt mit dem Papst auf; er ließ neue Lösungsvorschläge vortragen, die uns höchstwahrscheinlich im ‹Traktat über die Investitur der Bischöfe› überliefert sind. In differenzierter historisch-juristischer Argumentation begründet der Verfasser «dieses Auftragswerks des Hofes» (J. Beumann) – wenn auch unter Verwendung gefälschter Investiturprivilegien – die Rechtmäßigkeit des königlichen Anspruchs auf Investitur, Hominium und Treueid der Reichsprälaten. Die Ablehnung dieser Königsrechte implizierte die Negation der in konstantinischer Zeit einsetzenden Privilegierung der Kirche, der Übertragung vielfältiger Hoheitsrechte an den hohen Klerus und der daraus resultierenden verfassungsrechtlichen Konsequenzen. Als die königliche Delegation im März 1110 wieder bei Heinrich V. eintraf, der in Lüttich die Ankunft seiner Braut Mathilde von England erwartete, waren keine Fortschritte in der Investiturfrage zu vermelden, wohl aber die Zusage der Kaiserkrönung.

Paschalis II. hatte im März 1110 auf einer Lateransynode noch einmal Investiturverbot und Sanktionsandrohungen verkündet. Heinrich V. hätte am Beispiel seines englischen Schwiegervaters sehen müssen, daß ein Herrscher trotz Aufgabe formaler Positionen die Stellung der Krone wahren konnte. Doch diplomatische Elastizität ging dem deutschen Investiturstreit ab. Als Heinrich V. mit einem starken Heer Anfang 1111 auf Rom zumarschierte, war der Papst – ohne Hilfe durch die zuvor gegen den König eingeschworene normannische Schutzmacht – dem deutschen Zugriff preisgegeben. Erste Vorverhandlungen zeigten, daß der Papst manche Anregungen aus dem ‹Investiturtraktat› übernommen hatte. Paschalis' II. gleichermaßen idealistischer wie radikaler Plan sah die ersatzlose Rückgabe der nun zwar präziser definierten, aber immer noch zwischen Kurie und Königshof kontrovers interpretierten Regalien an das Reich vor. Paschalis II. hatte damit den Zusammenhang von Investitur und Regalienleihe als Grundlage deutschen Reichskirchenrechts anerkannt. Er strebte nun aber eine über den bloßen Investiturverzicht hinausgehende grundsätzliche Neuordnung im Verhältnis zwischen Regnum und Sacerdotium an: Die deutschen Prälaten sollten auch die aus der Regalienleihe abgeleiteten Hoheitsaufgaben im Königsdienst einstellen. Während in Deutschland die Entwicklung eines geistlichen Reichsfürstenstandes in vollem Gange war, empfahl der Papst eine Rückkehr zu beinahe urkirchlichen Zuständen. Am einmütigen Protest der Anhänger Heinrichs V. und des deutschen Episkopats scheiterte der Abschluß des bereits ausformulierten Vertrags; die Kaiserkrönungsliturgie im Petersdom wurde unterbrochen. Eher spontan als geplant ließ Heinrich V. den Papst festsetzen und erpreßte nach sechzigtägiger Haft ein bedingungsloses Investiturprivileg, die Kaiserkrönung und die eidliche Zusicherung, daß Paschalis II. ihn niemals wegen der jüngsten Vorfälle exkommunizieren würde.

Was zunächst wie ein Triumph schien, entpuppte sich als Pyrrhussieg. Denn von nun an sollte die nach der Machtübernahme Heinrichs V. fast selbstverständliche Einheit von deutschem Episkopat und Königtum wieder zerbrechen. Paschalis II. stand zu seinem Eid und unternahm nichts gegen den Herrscher, obwohl er selbst Ziel schwerster Anklagen wurde und im Zentrum erregter publizistischer Diskussionen stand; angesichts offenen Häresievorwurfs geriet zeitweilig sogar sein Papsttum in Gefahr. Allerdings erklärte Paschalis auch die Exkommunikation des Kaisers durch das Konzil von Vienne (September 1112) nicht für illegitim, und ebensowenig verhinderte er die antikaiserliche Agitation des Kardinallegaten Kuno von Praeneste. Heinrich V., trotz allem immer noch im Vollgefühl seiner Stärke, griff energischer als je auf die innenpolitischen Prinzipien Heinrichs IV. zurück. Der machtpolitisch motivierte Widerstand, auf den er dabei stieß, fand zusätzliche ideologische Begründung in den Propaganda-Aktionen der Gregorianer. Zu der moralisch-ethischen Verurteilung der römischen Vorgänge von 1111 gesellte sich der Vorwurf der Tyrannei. Heinrichs ehemaliger Kanzler, der gerade erst zum Mainzer Erzbischof investierte Adalbert von Saarbrücken, wurde wegen territorialpolitischer Differenzen verhaftet. Gegen die vom Kaiser betriebene Reorganisation der Reichsrechte und die Revindikation von Reichsgut in Sachsen opponierte vor allem Herzog Lothar von Süpplingenburg: Im Abwehrkampf gegen die Slawen, in der Annexion des königlichen Heimfallrechts und in der selbständigen Vergabe von Grafschaften, in Ansätzen zu einer eigenen Außen- und Missionspolitik dokumentiert sich das Selbstbewußtsein des sogenannten jüngeren Herzogtums. Aber noch behielt der Kaiser die Oberhand: Herzog Lothar wurde 1112 abgesetzt, 1113 gelang die Zerschlagung einer Widerstandsgruppe um Bischof Reinhard von Halberstadt. Ein glänzend besuchter Hoftag zu Mainz erlebte im Januar 1114 die Vermählung Heinrichs V. mit Mathilde von England und die Unterwerfung Lothars von Süpplingenburg. Barfuß und mit einem Wollmantel bekleidet leistete der Herzog den Fußfall, eine Szene, die fast als symbolische Rache für den durch Fürstengewalt erzwungenen Canossa-Gang Heinrichs IV. (1077) erscheint.

Doch bereits während des Reichstages bildeten sich neue Widerstandszentren. Die Jahre 1114 und 1115 sind gekennzeichnet von einer quer durchs Reich verlaufenden Aufstandsbewegung mit Schwerpunkten in Niederlothringen und am Niederrhein, in Westfalen und Ostsachsen. Die treibenden Kräfte dieser Revolte waren dabei nicht nur durch gemeinsame politische Interessen miteinander verbunden, sondern auch durch weitläufige verwandtschaftliche Beziehungen. Die Stadt Köln gab das Signal zum Abfall, als sich der Kaiser um die Jahresmitte 1114 auf einem Feldzug gegen Friesland befand. Heinrich V. fand kein rechtes Rezept für die Bekämpfung des Aufstands, an dem unter Führung des Erzbischofs Friedrich von Köln zahlreiche Dynasten und Städte beteiligt waren. Während die Empörer etwa mit dem Einsatz von Bogenschützen militärische Neuerungen aufgriffen, zeugen die offensichtlich schlecht koordinierten Maßnahmen Heinrichs V. von der strategischen Konzeptionslosigkeit des militärisch nicht sonderlich begabten Kaisers, der bei Andernach eine aufsehenerregende Niederlage erlitt. Auch in Ostsachsen, das seit Jahresende 1114 zum Hauptkriegsschauplatz wurde, war der Episkopat an der Rebellion beteiligt. Die vernichtende Niederlage des kaiserlichen Heeres in der Schlacht am Welfesholz (11. Februar 1115) gegen die vereinigten Truppen der niederrheinisch-westfälischen und der ostsächsischen Opposition zwang Heinrich V. zum fluchtartigen Rückzug an den Oberrhein. Welfesholz ‹als Wende›!

Militärisch in die Enge getrieben, sah sich der persönlich kaum religiös interessierte Kaiser auch ständig härteren Angriffen seitens der kirchlichen Reformpartei ausgesetzt. Ohne formalen päpstlichen Legationsauftrag hatte sehr früh bereits Kardinal Kuno von Praeneste den Kaiser gebannt und seine Sentenz auf der Synode von Beauvais (Dezember 1114) wiederholt. Nach der Schlacht am Welfesholz agitierten zeitweise gleich zwei päpstliche Legaten am Rhein und in Sachsen. Bemühungen Heinrichs V. um einen Verhandlungsfrieden mit den deutschen Gegnern blieben ebenso erfolglos wie über Abt Pontius von Cluny laufende Kontakte mit der Kurie. Während einer von stark antikaiserlichen Emotionen geprägten Lateransynode (März 1116) sah sich Papst Paschalis II. gezwungen, alle bisherigen kirchenrechtlichen Maßnahmen gegen den deutschen Herrscher zu sanktionieren.

Das Ableben der Gräfin Mathilde von Tuszien (gest. 1115) eröffnete dem fast bis zur Bewegungslosigkeit eingeengten Kaiser neue politische Chancen. Die Übernahme der Mathildischen Erbgüter und Reichslehen verlief reibungslos, doch die Gegensätze zum Papsttum verschärften sich bis zu Erneuerung des Schismas. Weder der im Januar 1118 verstorbene Paschalis II. noch sein Nachfolger Gelasius II. (1118-1119) zeigten Konzessionsbereitschaft. Der Gegenpapst Mauritius von Braga (1118-1121) war ein Verlegenheitskandidat, mehr bespöttelt als geachtet und politisch bedeutungslos. Zufällig in Rom anwesend und persönlich von Paschalis II. enttäuscht, hatte er sich zunächst bereitgefunden, Königin Mathilde zur Kaiserin zu krönen, dann selbst die Tiara angenommen. Seine Erhebung hatte dennoch weitreichende Folgen: Vor den stadtrömischen Anfeindungen war Gelasius II. in das sichere Frankreich geflüchtet; sein überraschender Tod im Januar 1119 führte den Mann auf den Papstthron, der endlich den langersehnten Ausgleich zwischen Papsttum und Reich ermöglichen sollte. In Cluny, dem Ausgangsort der Kirchenreform des 11. Jahrhunderts, wurde der Weltkleriker Erzbischof Guido von Vienne als Papst Calixt II. (1119-1124) ausgerufen. Selbst Angehöriger des burgundischen Hochadels, war er mit dem deutschen Königshaus verwandt. Nach 1111 gehörte er zu den konsequentesten Gegnern Heinrichs V., strebte in seinem neuen Amt jedoch den Kompromiß an.

Als Heinrich V. im September 1118 auf Druck der Fürstenopposition nach Deutschland zurückkehrte, stand seine Sache schlechter denn je. Noch im November 1115 hatten Mainzer Bürger die Entlassung ihres Erzbischofs aus kaiserlicher Haft erzwungen. Adalbert war umgehend in Verbindung zur kirchlichen Reformpartei und zur Fürstenopposition getreten. Das mainzisch-sächsische Bündnis wurde zur bestimmenden Komponente in dem eskalierenden Ringen zwischen partikularer Fürstengewalt und zentraler Königsmacht. 1118 war ein Jahr gesteigerter Aktivität innerhalb der antikaiserlichen Opposition; eine nach Fritzlar einberufene Synode erlebte die neuerliche Bannung des Kaisers und seines Gegenpapstes. Dann kam es infolge von diplomatischen Aktivitäten Calixt' II. zu einer ersten Auflockerung der Fronten. Im Juni 1119 fanden bei Mainz Kontaktgespräche zwischen Vertretern der beiden politischen Lager in Deutschland statt: Im Herbst akzeptierte Heinrich V. die Vorschläge der päpstlichen Mittelsmänner Bischof Wilhelm von Champeaux und Abt Pontius von Cluny für eine Regelung der Investiturfrage nach französischem Vorbild. Eine Einigung schien greifbar nahe. Für den 24. Oktober 1119 war ein persönliches Treffen zwischen Papst und Kaiser in Mouzon angesetzt; eine parallel tagende Synode in Reims hätte Ort der feierlichen Friedensverkündung sein können.

Die erweiterten Investiturverbote des 12. Jahrhunderts schlossen auch die Klerikerkommendation und die Temporalieninvestitur ein. Doch selbst Paschalis II. hatte die ungeschmälerte Leistung des Reichsdienstes durch die Kirchen zugesichert, bevor er 1111 im Sinne der reinen Lehre eine weit radikalere Lösung anbot. Trotz mehrfach bekundeter Einigungsabsicht erprobte man aber auch 1119 noch die Grenzen gegenseitiger Kompromißbereitschaft. An der Frage der Temporalieninvestitur, der symbolischen Einweisung der Prälaten in Kirchengut und Regalien, scheiterte die Paraphierung der bereits vorbereiteten Vertragstexte, und die in Reims versammelten Synodalen erneuerten das Investiturverbot und die Exkommunikation Heinrichs V. Erst mit dem Abschluß des Wormser Konkordats (1122) sollte sich der wahre Wert der Vertragstexte von 1119 erweisen.

Auf die gescheiterten Verhandlungen von 1119 folgten lange Monate einer innenpolitischen Pattsituation. Doch im Herbst 1121 wurde vor Würzburg ein Friedensvertrag erarbeitet, der nicht nur die faktische Machtstellung eines mittlerweile emanzipierten Fürstentums dokumentiert, sondern den Hochadel in verfassungsrechtlich bedeutsamer Formulierung gleichberechtigt neben dem König als Repräsentanten des Reiches ausweist. Das Reichsfürstentum präsentiert sich als dritte, Ausgleich vermittelnde Gewalt neben Kaiser und Papst.

Daß die im Sommer 1122 wieder im Reich wirkenden päpstlichen Legaten zum Abschluß des in Würzburg vereinbarten Friedens zwischen Kaiser und Papst eine Synode nach Mainz einberufen haben, mußte Heinrich V. als Brüskierung auffassen. Denn eben erst hatten die päpstlichen Gesandten zweimal gegen den Kaiser zugunsten Adalberts von Mainz entschieden: in der Frage der Würzburger Bischofsnachfolge und im Streit um die von Adalbert angeordnete Befestigung Aschaffenburgs. Es war der Erfolg der damals äußerst regen kaiserlichen Diplomatie, daß nicht der gegnerische Bischofssitz, sondern die kaiserliche Stadt Worms zur Unterzeichnung ausgewählt wurde. Am 23. September 1122 verzichtete Heinrich V. auf die Investitur mit Ring und Stab, doch wurde ihm eine Regalienleihe mit dem Szepter zugestanden. Die Anwesenheit des Königs bei der Prälatenwahl und die Temporalieninvestitur – in Deutschland vor der Weihe, in Reichsitalien und Burgund spätestens sechs Monate danach vorzunehmen – garantierten den königlichen Einfluß auf die Person des Elekten, der sich zusätzlich durch einen Lehenseid verpflichten mußte. Die Kurie konnte als Erfolg verbuchen, daß von nun ab auf die Verwendung der mit religiösem Sinngehalt belegten und durch die Publizistik des Investiturstreits belasteten Symbole von Ring und Stab verzichtet wurde; die weltliche und die geistliche Komponente bei der Prälatenerhebung waren nun deutlich gegeneinander abgesetzt. Nicht alles, was die Publizisten beider Parteien in langem Ringen theoretisch erarbeitet hatten, konnte in die Vertragstexte eingehen; das Wormser Konkordat ist als Kompromißlösung «ein Dokument nicht der politischen Theorie, sondern des praktischen Friedens» (P. Classen). Es konnte daher auch einen sich schon länger abzeichnenden verfassungsrechtlichen Wandel nicht aufhalten: Der für das ottonisch-salische Reichskirchensystem charakteristische Typ des nicht selten mit dem Königshaus verwandten Reichsbischofs, der dem mit sakraler Dignität ausgestatteten Herrscher unterstellt war, wurde abgelöst durch die neue Generation geistlicher Reichsfürsten. Einem entsakralisierten Königtum, das sich zunehmend der säkularen Grundlagen seines Amts bewußt wurde, standen für die Zukunft in das Lehenssystem eingegliederte Bischöfe gegenüber, deren «territorialpolitisch gewordenes Interesse an den exteriora ihres Amtes» (O. Köhler) oft bestimmender wurde als die geistliche Aufgabe.

Die an der Wormser Vereinbarung nicht beteiligten Fürsten erklärten noch 1122 auf einem Bamberger Reichstag ihr Einverständnis, auf der Lateransynode von 1123 gab die Ecclesia Romana trotz gewisser Bedenken ihre Zustimmung. Die Leistung Heinrichs V. beim Zustandekommen dieser Friedensordnung abzuschätzen, fällt schwer. Sein Beharren auf den Reichsrechten 1105/06 anstelle eines schnellen Verzichts bildete sicher die politische Basis für einen Verhandlungsfrieden. Während die brutale Härte von 1111 ein folgenschwerer Fehler war, bereiteten die Argumente der königlichen Vertreter bei den Investiturverhandlungen von Guastalla (1106), Châlons (1107) und Rom (1109 und 1111) die spätere Lösung vor. Die letzte, zum Abschluß des Wormser Konkordats führende Phase ist jedoch das Werk einer kompromißbereiten Fürstengruppe, die zwischen dem Kaiser und seinen schärfsten, durch Adalbert von Mainz repräsentierten Gegnern vermittelte und dadurch die innenpolitischen Voraussetzungen für die Einigung mit Rom schuf. Der Anspruch der Fürsten auf Teilhabe am Reichsregiment – schon mehrfach während der Regierung Heinrichs IV. und Heinrichs V. angeklungen – konnte zunächst bei den Würzburger Verhandlungen von 1121, dann aber entscheidend bei der Wormser Vereinbarung praktisch durchgesetzt werden. Das Wormser Konkordat markiert nicht nur das Ende des sogenannten ottonisch-salischen Reichskirchensystems, sondern kündigt auch das Aufkommen einer neuen Herrschaftsform an.

In den letzten Lebensjahren Heinrichs V. unterbrechen nur wenige Höhepunkte seine fast monotonen Aufenthalte am Oberrhein. Noch einmal, im Sommer 1123 und Anfang 1124, rüstete der Kaiser gegen die Friesen, und auch hier sah er sich seinem zähen Gegner Lothar von Süpplingenburg konfrontiert. Sachsen selbst mußte seit der Schlacht am Welfesholz für den Salier als verloren gelten; als die Markgrafschaften Meißen und Niederlausitz neu zu vergeben waren, setzte nicht der Kaiser, sondern der Herzog seinen Kandidaten durch. Ein weiterer Versuch Heinrichs V., innerdeutsche Schwächen durch außenpolitische Erfolge zu kompensieren, sollte am plötzlich erwachten Selbstbewußtsein Frankreichs scheitern. Berechtigte Hoffnungen, einmal die Krone seines Schwiegervaters Heinrichs I. von England zu erben, verleiteten den Kaiser zur Einmischung in die englisch-französischen Konflikte um die Normandie. Angesichts einer nationalen Begeisterung bislang unbekannten Ausmaßes und eines übermächtigen französischen ‹Volksheeres› erhielt das vor Metz stehende kaiserliche Expeditionskorps den Befehl zum Rückmarsch. Deutschland war weit von ähnlicher Einigkeit entfernt. Als Heinrich V. am 23. Mai 1125, knapp neununddreißigjährig und kinderlos, vermutlich an einem Krebsleiden starb, sollte ihm auch sein politisches Testament unerfüllt bleiben: Denn nicht der als Privaterbe und Thronfolger vorgesehene Neffe Friedrich von Schwaben, sondern der Sachsenherzog Lothar von Süpplingenburg wurde auf Betreiben des ehemaligen königlichen Kanzlers Adalbert von Mainz in Ausübung fürstlichen Wahlrechts zum König erhoben. Die Fürsten zogen dabei den im Königsdienst mächtig gewordenen Staufern einen Adeligen vor, der wie so viele seiner Zeitgenossen in Auseinandersetzung mit den salischen Herrschern aufgestiegen war.

Lothar von Süpplingenburg
1125–1137

Von Wolfgang Petke

Mit dem Tod Heinrichs V. am 23. Mai 1125 erlosch die salische Dynastie in männlicher Linie. Die anläßlich der Beisetzung des Kaisers in Speyer versammelten Fürsten sagten für den 24. August 1125 eine Versammlung in Mainz an, damit dort der Nachfolger gewählt würde. Als aussichtsreichster Bewerber durfte sich der Staufer Friedrich von Schwaben, der damals 35 Jahre alte Neffe Heinrichs V., betrachten: Ihn hatte der Kaiser zum Erben des salischen Hausguts bestimmt und mit der Sorge für die Kaiserinwitwe Mathilde von England betraut. Jedoch hatte er ihn nicht zum Nachfolger designiert. Es ist allerdings auch wenig wahrscheinlich, daß eine solche Designation bei den fürstlichen Wählern von 1125 etwas verschlagen hätte.

Fürstenherrschaft und Königsherrschaft lagen seit den Tagen Heinrichs IV. im Widerstreit. Im Verein mit einer Aufstandsbewegung des Adels hatte Heinrich V. 1105 seinen Vater vom Thron verdrängt. Eine Gruppe von Fürsten, die sich als gleichberechtigt dem Kaiser gegenübertretendes Reich verstand, zwang 1121 den letzten Salier zu jenen Verhandlungen, die in den Abschluß des Wormser Konkordats von 1122 mündeten. Daß die weltlichen und geistlichen Fürsten das ihnen seit jeher zustehende Wahlrecht wahrnehmen würden, war 1125 zu erwarten, nachdem sich ihre Stellung während der letzten Jahrzehnte in bis dahin unbekanntem Ausmaß gefestigt hatte.

Zu welchem Ziele sie es gebrauchen wollten, darüber gibt das Einladungsschreiben zur Mainzer Versammlung hinreichend Aufschluß. Mit nicht zu überbietender Taktlosigkeit rief es dazu auf, es möge ein Herrscher gefunden werden, unter dem Kirche und Reich frei sein würden von der bis zu diesem Tage erlittenen Knechtschaft. An der Spitze der Absender dieses Briefes standen die Erzbischöfe Adalbert von Mainz und Friedrich von Köln. Diese beiden Reichsbischöfe waren nicht gewillt, den geblütsrechtlichen Anspruch zu respektieren, den Herzog Friedrich von Schwaben auf den deutschen Thron erheben durfte. Friedrich von Köln trat in Unterhandlungen mit Graf Karl dem Guten von Flandern. Der Versuch, ihn für eine Kandidatur zu gewinnen, schlug jedoch fehl. Daß Adalbert von Mainz dem erbrechtlichen Anspruch Friedrichs von

Schwaben ebenfalls nicht zur Anerkennung verhelfen wollte, ergibt sich aus seinem Verhalten während der Mainzer Tage. Dieses wiederum konnte vor dem Hintergrund seiner Beziehungen zu Heinrich V. und zu dessen staufischen Neffen Friedrich und Konrad von Schwaben nicht überraschen. Einer der wichtigsten Verbündeten Adalberts in seinem

Lothar III. Skulptur in der Klosterkirche Hecklingen (DDR), nach 1160. (Foto: Bildarchiv Foto Marburg).

Kampf gegen Heinrich V. und dessen staufischen Anhang war von 1112 bis zum Jahre 1123 Herzog Lothar von Sachsen.

Lothar wurde 1075 geboren. Sein Vater Gebhard hatte eine Grafschaft inne, die sich nördlich des Harzes über Teile des Harz-, Derlin- und Nordthüringgau erstreckte und seit 1052 ein Lehen vom Bistum Halberstadt war. Gebhards Ehe mit Hedwig von Formbach (gest. vor 1100) eröffnete seinem Sohn die Anwartschaft auf das Erbe der sogenannten Grafen von Haldensleben, aus deren Haus Hedwig mütterlicherseits stammte. Der Erbfall trat tatsächlich ein, als Lothars Großmutter Gertrud von Haldensleben starb. Aus Haldenslebener Besitz kam wahrscheinlich das Stift Königslutter am Elm, das Lothar 1135 in eine Benediktinerabtei umwandelte und zu seiner Grablege bestimmte. Ob die sieben Kilometer nordwestlich von Helmstedt gelegene Süpplingenburg aus Haldenslebener Erbe herrührt oder aber schon in den Händen von Lothars Großvater väterlicherseits war, ist ungewiß. Den Namen dieser Burg, den erst Historiker des 19. und 20. Jahrhunderts zu ‹Supplinburg› entstellt haben, legten zwei sächsische Autoren des 12. Jahrhunderts Lothar III. als Herkunftsbezeichnung bei und geben damit zu erkennen, daß nach ihrem Verständnis diese Burg der Stammsitz des Herzogs war. Wahrscheinlich gehört Lothars Großvater, der von 1043 und 1062 bezeugte Graf Bernhard, in die billingische Tradition der Unwan-Sippe, die bis in die Karolingerzeit zurückzuverfolgen ist. Damit waren Lothars Vorfahren auch von der Vaterseite her keineswegs Emporkömmlinge, sondern Angehörige des Hochadels, welche sich auf erlauchte Ahnen berufen konnten.

Die Besitzkomplexe, über die Lothar gebot, auch nachdem er im Jahre 1100 Richenza von Northeim, die Tochter Graf Heinrichs des Fetten von Northeim, geheiratet hatte, werden als eher bescheiden eingeschätzt. Seine Erhebung zum Herzog in Sachsen im Jahre 1106 hatte er wohl in erster Linie dem Rang seiner Familie zu verdanken. Daneben dürfte auch eine Rolle gespielt haben, daß Lothar den sächsischen Fürsten und Heinrich V. als Herzog annehmbar erschien, weil seine Herrschaftsstellung nicht überragend gewesen ist.

Die drei glücklichen Erbfälle, welche seinen Machtbereich in Sachsen entscheidend erweiterten, traten erst nach seiner Herzogserhebung ein. An ihn beziehungsweise an seine Gemahlin Richenza fielen von 1115 bis 1117 der größte Teil der Besitzungen Heinrichs des Fetten von Northeim, sodann das Erbe seiner Schwiegermutter Gertrud von Braunschweig (gest. 1117) und schließlich die schon erwähnten Güter und Herrschaftsrechte seiner Großmutter Gertrud von Haldensleben (gest. 1116). Zusammen mit den ihm von den Billungern überkommenen Grafschafts- und Vogteirechten besaß er damit seit 1117 den stärksten Machtkomplex in Sachsen. Er erstreckte sich vom oberen Unstrut-,

Weser- und Leinetal über das nördliche Harzvorland bis nach Lüneburg. Sein Schwerpunkt lag im Bereich von Braunschweig, Helmstedt und Halberstadt.

Während der ersten Jahre seiner Herzogszeit trat Lothar kaum hervor. Das änderte sich, als er 1112 einer sächsischen Verschwörung gegen den Kaiser beitrat, seine Herzogswürde verlor, sodann wiedererlangte und noch während desselben Jahres erneut abfiel, als der ostsächsische Adel mit dem Kaiser um das Erbe des Grafen Ulrich von Weimar in Konflikt geriet. Auch Adalbert von Mainz stand mit der sächsischen Opposition in Verbindung, bis er im Dezember 1112 verhaftet wurde. Der Aufstand brach zusammen. 1114, während der Hochzeitsfeierlichkeiten Heinrichs V. mit Mathilde von England, unterwarf sich Lothar im Büßergewand dem Kaiser. Die Einführung einer bis dahin unbekannten Steuer trieb jedoch noch 1114 die sächsischen Hochadligen erneut in die Opposition. Ihr Haupt wurde jetzt Lothar. Als er am 11. Februar 1115 östlich des Harzes am Welfesholz (Kreis Hettstedt) das kaiserliche Heer geschlagen hatte, war die faktische Herrschaft Heinrichs V. über weite Teile Sachsens beendet.

Hatten die sächsisch-salischen Kämpfe von 1112 bis 1115 territorialpolitische Fragen zur Ursache, so traten jetzt reformkirchliche Ziele hinzu. Während Heinrich V. gebannt wurde, weihte am 1. September 1115 der Kardinalpriester Dietrich von S. Grisogono im Beiscin Lothars das gertrudische Aegidienkloster in Braunschweig. Der strenge Reformer Erzbischof Konrad von Salzburg, der sich in seiner Diözese nicht halten konnte, fand für vier Jahre Aufnahme im von Lothar beherrschten Ostsachsen. Die Opposition gegen Heinrich V. verband Lothar und Adalbert von Mainz zu militärischen Aktionen. Vor Limburg an der Haardt und vor Worms standen sie Friedrich von Schwaben, dem Sachwalter Heinrichs V., 1116 unmittelbar gegenüber. Die sich seit 1119 ausbreitende allgemeine Friedenssehnsucht ließ Lothar unberührt. Am Abschluß des Wormser Konkordats, dem schließlich, wenn auch voller Enttäuschung, Adalbert von Mainz zustimmte, war der sächsische Herzog nicht beteiligt. Während der Erzbischof von 1122 bis 1125 ein leidliches Auskommen mit dem Kaiser fand, blieb Lothar dem Salier bis zum Ende feindlich gesinnt. Gegen den Willen Heinrichs V. setzte er 1123 Konrad von Wettin in der Mark Meißen und Albrecht von Ballenstedt in der Mark Lausitz ein. Damit machte er sich sogar den Mainzer Erzbischof zum Gegner. Zu gleicher Zeit entspannen sich Kämpfe zwischen dem Kaiser und der Gräfin Petronilla von Holland, einer Halbschwester des Süpplingenburgers. Ein gegen Lothar von Heinrich V. für Anfang August 1124 geplanter Feldzug kam nicht mehr zustande.

Die von Erzbischof Adalbert einberufene Wahlversammlung trat am 24. August 1125 in Mainz unter Anwesenheit zweier päpstlicher Legaten, des Kardinaldiakons Romanus von S. Maria in Portico und des Kardinalpriesters Gerhard von S. Croce in Gerusalemme, zusammen. Ein offenbar einstimmig gewählter Ausschuß von vierzig Fürsten einigte sich nicht auf die Wahl eines Kandidaten, sondern nominierte Herzog Friedrich von Schwaben, den Babenberger Markgraf Leopold III. von Österreich und Herzog Lothar von Sachsen. Als Adalbert die drei fragte, ob jeder von ihnen dem schließlich Gewählten gehorsam sein wollte, leisteten Lothar und Leopold das geforderte Versprechen und sagten überdies, daß sie die Königswürde nicht anstrebten. Dagegen verweigerte Friedrich von Schwaben die Antwort und verließ die Wahlversammlung; denn er hatte erkannt, daß die Frage des Erzbischofs darauf abziele, von ihm die öffentliche Erklärung zu erhalten, daß er auf seine Thronansprüche verzichte. Am darauffolgenden Tag erschien er nicht, und auch sein Schwiegervater, Herzog Heinrich der Schwarze von Bayern, blieb der Versammlung fern. Es kam zu einer tumultuarischen Erhebung Lothars. Gegen diese Form der Wahl verwahrten sich jedoch in großer Erregung vor allem bayerische Bischöfe, an ihrer Spitze Erzbischof Konrad von Salzburg und Bischof Hartwig von Regensburg. Sie erklärten, ohne Heinrich den Schwarzen keiner Wahl zustimmen zu können. Nachdem der Bayernherzog zurückgekehrt war, wurde endlich am 30. August 1125 Lothar von Süpplingenburg zum König gewählt. Das Prinzip der freien Wahl war gegen den salischen Familienerben Friedrich von Schwaben durchgesetzt. Auch der Staufer leistete noch in Mainz dem neuen Herrscher Treueid und Mannschaft.

Die Salier- und Staufergegner, an ihrer Spitze die Erzbischöfe von Mainz, Köln und Salzburg, wußten, welche Persönlichkeit sie mit Lothar auf den Thron erhoben. Lothar war zur Zeit seiner Wahl 50 Jahre alt. Als sächsischer Herzog hatte er sich als Politiker und militärischer Führer ausgezeichnet. Seine Machtstellung war im Westen bis weit gegen Köln ausgebaut. Der sächsische Grenzsaum im Osten war durch seine Slawenfeldzüge gesichert. Seine verwandtschaftlichen Beziehungen reichten weit über Sachsen hinaus. Sein Halbbruder Simon war Herzog in Oberlothringen, seine Halbschwester Petronilla führte die Regentschaft in Holland. Über die Northeimer Verwandten seiner Gemahlin Richenza reichten seine Beziehungen über die Grafen von Rheineck und Luxemburg in den rheinisch-moselländischen Raum. Es ist undenkbar, daß Lothar ohne den festen Vorsatz, sich wählen zu lassen, nach Mainz gekommen ist. Den weltlichen und geistlichen Fürsten empfahl er sich vor allem dadurch, daß er kein Staufer war, und vielleicht auch deshalb, weil er keinen männlichen Erben hatte. Die wahrscheinlich während der Mainzer Verhandlungen verabredete Eheschließung seiner einzigen Tochter Gertrud mit Heinrich dem Stolzen dürfte jedoch nicht nur dessen Vater, Herzog Heinrich von Bayern, für die Kandidatur des Süpplingenburgers gewonnen, sondern auch die an einer in Zukunft freien Königswahl interessierten Fürsten mit Bestürzung erfüllt haben. Es kündigte sich an, daß die Welfen in das Erbe Lothars III. eintreten würden.

Ob Lothars Stellung zur Bischofsinvestitur und zur monastischen Reform ihn einem Teil seiner Wähler empfahl, ist nicht sicher zu beurteilen, weil sein Verhältnis zu den beiden Problemkreisen vor 1125 nur schwach bezeugt ist. Als Lothar das Aegidienkloster in Braunschweig nach 1117 von seiner Schwägerin, der rheinischen Pfalzgräfin Gertrud, tauschweise erwarb, blieb es unter der Leitung des aus dem Reformkloster Ilsenburg stammenden Abtes Goswin. Einen vermutlich von St. Blasien ausgehenden Reformversuch in Ilsenburg unterband Lothar Anfang der dreißiger Jahre. Es ist darum zweifelhaft, ob er als Herzog die sanblasianische Reform von St. Michael in Lüneburg, welche der dort spätestens seit 1119 amtierende Abt Anno durchführte, gefördert hat. Als Kaiser hat Lothar die hirsauische Reform in Königslutter, in Oldenstadt-Uelzen und Homburg durchgesetzt und in den Gandersheimer Eigenklöstern Clus und Brunshausen unterstützt. Beziehungen zu den gerade in der Diözese Halberstadt wichtig gewordenen Augustiner-Chorherren-Stiften sind erst nach 1125 überliefert.

Lothars Verhältnis zur Bischofswahl ist nur im Falle der Erhebung Bischof Ottos von Halberstadt (1123) mit einiger Deutlichkeit zu erkennen. Der Vorschlag, den Magdeburger Domherrn Otto zu wählen, ging offenbar von ihm und Wiprecht von Groitzsch, nicht jedoch von den Halberstädter Klerikern aus. Die darauf folgende Investitur des Elekten mit Ring und Stab durch den Halberstädter Klerus verletzte die Rechte Adalberts von Mainz, der deshalb auch über den Vorgang Klage führte. Es scheint, daß sich Lothar in diesem Fall selbstbewußt über die Bestimmungen des Wormser Konkordats hinweggesetzt hat. Daß Lothar bei den seit 1116 in Sachsen anstehenden Bischofswahlen seinen Einfluß geltend gemacht hat, ist denkbar, aber nicht zu beweisen. Auf jeden Fall mußte seinen Wählern klar sein, daß er nicht schon deshalb ein Freund der Kirchenreformer war, weil er sich als Gegner Heinrichs V. bewährt hatte.

Drei Jahre nach dem Abschluß des Wormser Konkordats war das Verhältnis des deutschen Königs zum Reichsepiskopat ein zentrales politisches Thema. Der Investiturstreit war mit dem Jahre 1122 nicht beendet. Wenn auch vergeblich, forderte Lothar zweimal – 1131 in Lüttich und 1133 in Rom – eine Revision des Konkordats zugunsten des Königtums. Wunschvorstellungen eines Reformers aus der Salzburger Kirchenprovinz schlugen sich in der ‹Narratio de electione Lotharii› nieder, einem Bericht, demzufolge Lothar in Mainz in einem Vertrag mit den Fürsten zugestanden hätte, daß die kanonische Wahl der Bischöfe und

Reichsäbte ohne Anwesenheit des Königs erfolgen und die Weihe der Elekten ihrer Investitur durch den König vorangehen solle. Dieses angebliche Pactum, das den Verzicht auf die im Konkordat verbrieften königlichen Rechte bedeutet hätte, ist nie geschlossen worden, hat jedoch in der Forschung gleichwohl das Bild des Herrschers als eines sogenannten Pfaffenkönigs begründen helfen.

Daß der Elekt Reinbert von Brixen in Mainz noch vor der Wahl Lothars – also während der Thronvakanz – die Bischofsweihe empfing, war eine ausdrückliche Demonstration seines Metropoliten Konrad von Salzburg für die Freiheit der Kirche von der königlichen Gewalt. Jeder Thronbewerber, der sich gegen diesen Vorgang verwahrt hätte, wäre seiner Aussichten, gewählt zu werden, verlustig gegangen. Verständlicherweise ist darum von einem Einspruch Lothars gegen die ohne vorausgegangene Investitur erfolgte Weihe des Brixener Bischofs nichts bekannt. In Mainz gab Lothar den Reformkreisen lediglich in der strittigen Frage nach, in welcher Form Bischöfe und Äbte einem neuen Herrscher zu huldigen hätten. Auf den Handgang, der bislang wohl üblich war, der aber den geistlichen Theoretikern jetzt anstößig erschien, hat er verzichtet. Er bestand jedoch auf dem Treueid, den ihm bis auf Konrad von Salzburg die 24 in Mainz versammelten Bischöfe leisteten. Von den Laien dagegen empfing er sowohl den Treueid als auch die Mannschaft.

Bei den 36 Bischofserhebungen, welche innerhalb der deutschen Reichskirche während Lothars Regierung anstanden, mußte sich zeigen, ob der König und die einzelnen Kirchen die Bestimmungen des Wormser Konkordats als bindend anerkannten. Allerdings lassen sich von diesen 36 Sedisvakanzen aufgrund der Überlieferung nur 17 des näheren untersuchen. Es zeigt sich, daß Lothar von dem Recht, bei der Bischofswahl anwesend zu sein, nachweislich in acht Fällen Gebrauch gemacht hat. Aus solcherart unter der Mitwirkung des Herrschers stehenden Wahlen sind Erzbischof Norbert von Magdeburg (1126–1134), Bischof Albero von Verdun (1131–1156), Bischof Liethard von Cambrai (1131–1135), Bischof Adalbero von Basel (1133/34–1137) und Bischof Nikolaus von Cambrai (1136–1167) hervorgegangen. Die Regelung des Wormser Vertrags, daß in der deutschen Reichskirche die Investitur der Weihe vorauszugehen habe, wurde nachweislich bei zwölf Bischofserhebungen respektiert. Nur Erzbischof Albero von Trier und Bischof Heinrich von Regensburg empfingen 1132 die Weihe vor der Investitur, und in beiden Fällen hat Lothar mit einem geharnischten Protest reagiert. Albero von Trier erhielt erst die Regalien, nachdem er dem König geschworen hatte, von Papst Innozenz II. im Mai 1132 zur Weihe gezwungen worden zu sein. Dem Konsekrator Heinrichs von Regensburg, Erzbischof Konrad von Salzburg, erklärte der Kaiser, daß im Hinblick auf die weltlichen Herrschaftsrechte das Regensburger Bistum voll und ganz das seine sei, weshalb bis zur Investitur eines Elekten die Regalien in seinen Händen lägen. Einen um des Prinzips willen geführten Kampf nahm Lothar wie in der Trierer Angelegenheit auch in diesem Fall nicht auf. Am 8. September 1133 erteilte er schließlich in Würzburg Heinrich von Regensburg die Investitur; der Kaiser sah sich der Tatsache gegenüber, daß sein Schwiegersohn Heinrich der Stolze bereits ein Lehen von dem noch nicht investierten Bischof empfangen hatte.

Obwohl die Quellen nur für einen Teil der Bischofserhebungen einen gewissen Einblick gestatten, ist anzunehmen, daß Lothar die ihm nach dem Konkordat von 1122 zustehenden Rechte wahrnahm beziehungsweise wahrzunehmen suchte und dabei gelegentlich auf Widerstand von kirchlicher Seite stieß. Daß ihm die durch das Konkordat eingeschlagene Richtung nicht behagte, ist evident.

Im März 1131 traf er in Lüttich mit Papst Innozenz II. zusammen, der vor den Anhängern des Gegenpapstes Anaklet II. aus Rom hatte fliehen müssen. Innozenz bot die Kaiserkrönung an und forderte damit den König zum Romzug auf, von dem er sich die Vertreibung seines Widersachers erhoffen durfte. Den Zeitpunkt der Lütticher Verhandlungen hielt Lothar für geeignet, mit heftigen Worten den Verlust zu beklagen, den das Reich 1122 erlitten habe. Zum Entsetzen des Papstes forderte er für sich die Investitur der Bischöfe mit Ring und Stab, also die Aufhebung des Konkordats. Das war eine Forderung, die angesichts der prekären Lage Innozenz' II. nicht ohne einen gewissen Kalkül war. Dennoch war sie ein Ausdruck politischer Naivität. Ein Zurückgehen auf die Verhältnisse vor Worms hätte innerhalb der Reichskirche den erbitterten Widerstand der kirchlichen Reformer, an ihrer Spitze die Erzbischöfe Konrad von Salzburg und Adalbert von Mainz, zur Folge gehabt. Es war der Zisterzienser Bernhard von Clairvaux, der sich in Lüttich für die kirchliche Sache einsetzte und den Süpplingenburger von seinem Ansinnen abbrachte. Jedoch hat Lothar zwei Jahre später – unmittelbar, nachdem er am 4. Juni 1133 in der Lateranbasilika zum Kaiser gekrönt worden war – nochmals über das Investiturproblem verhandelt. Dabei soll er erneut die Vollinvestitur mit Ring und Stab gefordert haben; er scheint diesmal jedoch von dem Gründer des Prämonstratenserordens, Erzbischof Norbert von Magdeburg, zum Einlenken bewegt worden zu sein. Jedenfalls schlossen Kaiser und Papst am 8. Juni 1133 das Römische Konkordat, dessen Text zwar geschickt die heikle Frage der Reihenfolge von Investitur und Weihe umging, jedoch gegenüber dem ‹Calixtinum› eine dort nicht ausdrücklich garantierte Rechtsposition bestätigte: Kein Bischof oder Reichsabt sollte jetzt die Regalien verwalten dürfen, bevor er sie nicht vom Herrscher erbeten hätte. Für die weltlichen Herrschaftsrechte hatte der Gewählte – wie es schon das Wormser Konkordat vorsah – dem Kaiser Mannschaft und Treueid zu leisten. Mit dem Römischen Konkordat hatte das Königtum die Vollinvestitur nicht zurückgewonnen. Aber es bestätigte, daß die weltliche Macht der Reichskirche vom König abzuleiten war. Die Bischöfe waren Lehensträger der Krone geworden.

In Aachen empfing Lothar durch Erzbischof Friedrich von Köln am 13. September 1125 die Königskrönung. Wie es üblich war, zeigte er dem Papst seine Wahl und Krönung an. Ungewöhnlich war es, daß Papst Honorius II. die Wahl bestätigte. Es ist umstritten, ob Lothar durch seine Bevollmächtigten, den Kardinalpriester Gerhard von S. Croce und die Bischöfe Burchard von Cambrai und Heinrich von Verdun, um diese Konfirmation hat bitten lassen oder ob sie der Papst einfach usurpierte. Sicher ist, daß der König es nicht für erforderlich hielt, eine besondere Gesandtschaft für die Überbringung der Wahlanzeige abzufertigen. Er bediente sich des nach Italien zurückgehenden Legaten und der beiden Bischöfe, die bereits in eigenen Angelegenheiten auf dem Weg nach Rom waren. Daß der König sich gegen die Konfirmation seiner Wahl verwahrte, ist nicht überliefert und auch wenig wahrscheinlich; denn gelegentlich waren er und seine Ratgeber gegenüber der Kurie zu arglos. In der Frage des im Februar 1130 ausgebrochenen römischen Schismas entschied er sich jedoch erst nach eingehender Beratung mit den Fürsten.

Spannungen innerhalb des Kardinalskollegiums hatten noch am Todestag Honorius' II. (gest. 14. 2. 1130) zu einer Spaltung geführt. Eine Minderheit meist jüngerer norditalienischer und französischer Kardinäle wählte den der Familie der Papareschi angehörenden Kardinaldiakon Gregor von S. Angelo als Innozenz II. zum Papst; dagegen erhob eine schwache Mehrheit von älteren, zumeist süditalienischen Kardinälen Anaklet II. aus der stadtrömischen Familie der Pierleone. Die beiden Gruppierungen hatten sich mehr oder minder zufällig aufgrund ihrer Beziehungen zu Haimerich, dem Kanzler der römischen Kurie, gebildet. Sie waren keine Exponenten römischer Adelsparteien und unterschieden sich auch nicht durch ihre Haltung gegenüber den Laiengewalten oder der Reformbewegung, die sich in den neuen Orden der Regularkanoniker, Zisterzienser und Prämonstratenser Ausdruck verschafft hatte. Mehrere Kardinäle Innozenz' II. waren Gelehrte von Rang und haben während des Pontifikates ihres Papstes zur Verrechtlichung der römischen Kirche beigetragen, indem sie eine große Zahl von Prozessen an die Kurie zogen. Die Frage, welcher der beiden Erwählten der rechtmäßige Papst sei, wurde nicht entschieden durch die Würdigung der Wahlvorgänge, nach der Innozenz II. hätte verworfen werden müssen, sondern dadurch, wer sich die Anerkennung durch das Abendland verschaffen konnte.

Während sich Anaklet II. auf weite Teile des Kirchenstaats, auf Mailand und vor allem auf den Normannen Roger II. stützen konnte, dessen Länder Apulien, Kalabrien und Sizilien er im September 1130 zu einem Königreich erhob, zählte Innozenz II. zu seiner Obödienz Norditalien ohne Mailand, Frankreich mit Ausnahme von Aquitanien, die Königreiche der Iberischen Halbinsel, seit 1131 England und schließlich auch Deutschland. In Frankreich wirkten für Innozenz II. Abt Bernhard von Clairvaux, der mit dem Kanzler Haimerich befreundet war, sowie Petrus Venerabilis, Abt von Cluny, und Suger, Abt von St. Denis. An Lothar wandte sich Innozenz erstmals mit einem Schreiben vom 18. Februar 1130, worin er – begreiflicherweise ohne das Schisma zu erwähnen – zur Kaiserkrönung einlud und den Kardinal Gerhard von S. Croce als seinen Legaten beglaubigte.

Weitere Schreiben, die nun auf die Umstände der Wahl eingingen, folgten am 11. Mai und 20. Juni 1130. Zu dieser Zeit warben in der deutschen Kirche schon längst die Erzbischöfe Konrad von Salzburg und Norbert von Magdeburg für Innozenz, von dessen Wahl diese beiden Prälaten durch Erzbischof Walter von Ravenna unmittelbar nach dem 14. Februar 1130 unterrichtet worden waren. Die Intensität, mit der Norbert in Deutschland für Innozenz gewirkt hat, ist durchaus mit der Förderung vergleichbar, welche Bernhard von Clairvaux in Frankreich der Sache seines Papstes angedeihen ließ. Anaklet II. konnte dagegen in Deutschland kaum Fuß fassen. Seine vom 24. Februar datierende Wahlanzeige ließ er durch den gerade in Rom weilenden Erzbischof Adalbero von Bremen überbringen. Um einen Romzug bat er nicht. Als zeitweilige Anhänger konnte er vor allem Adalbero von Bremen und Bischof Bruno von Straßburg gewinnen.

Als Lothar die ersten Schreiben der Päpste etwa Anfang April in Händen hatte, wartete er zunächst einmal ab. Bei seiner Entscheidung hatte er die innenpolitische Situation in Deutschland, also vor allem den Kampf gegen die Staufer, sodann die Stellungnahme der deutschen Bischöfe und schließlich das Verhalten der übrigen abendländischen Kirche in Anschlag zu bringen. Wenn er zuwartete, dann bedeutete das allerdings, daß er keinen oder einen nur geringen Preis für seine Parteinahme würde fordern können. Als Gegenleistung für eine Anerkennung eines der beiden Päpste wäre die Gewährung der vollen Bischofsinvestitur denkbar gewesen. Lothar hat aber diese Forderung nicht erhoben und wird deshalb bis heute getadelt. Jedoch hat der König völlig richtig erkannt, daß das Schisma eben nicht die günstige Gelegenheit bot, das Problem der Bischofsinvestitur im Sinne des deutschen Königtums zu regeln. Denn der Gegner in dieser Frage war ja nicht nur die römische Kurie, sondern auch der der Reform anhängende Reichsepiskopat.

Lothar dürfte genauere Nachrichten aus Rom und von den deutschen Bischöfen im Juni 1130 erhalten haben. Die Legaten Innozenz' II., den

Kardinal Gerhard und Walter von Ravenna, nahm er in diesem Monat freundlich auf, bedeutete ihnen aber, daß eine Entscheidung erst nach der Beratung mit den Fürsten gefällt werden könnte. Auf der Synode von Würzburg im Oktober 1130 erkannten der König und 16 deutsche Bischöfe Innozenz II. als rechtmäßigen Papst an. In Frankreich war Innozenz II., der sich inzwischen nach Cluny begeben hatte, wohl bereits am 25. Mai auf der Synode von Etampes anerkannt worden. Im Dezember 1130 vereinbarten er und Lothar für den März 1131 ein Treffen in Lüttich.

Am 22. März 1131 zog Innozenz II. in Lüttich ein, wo Lothar ihm einen Empfang bereitete, dessen Zeremoniell vorher abgesprochen worden sein muß. Auf einem Zelter sitzend, erreichte der Papst den Platz vor der Kathedrale. Dort erwartete ihn Lothar, umgeben von der Menge der Bischöfe, Äbte und Fürsten. Der König eilte dem Papst einige Schritte entgegen, ergriff mit der einen Hand einen Stab, um die herandrängenden Menschen abzuwehren, und mit der anderen den Zaum des Pferdes. Dann geleitete er den Papst eine Wegstrecke und half ihm schließlich beim Absitzen, indem er ihm den Steigbügel hielt.

Das Führen des Pferdes, den Stratordienst, leistete Lothar im Sinne der Konstantinischen Schenkung; zuletzt hatte sich Konrad, der abtrünnige Sohn Heinrichs IV., 1095 dazu bereitgefunden. Der Marschalldienst eines deutschen Königs, das Halten des Steigbügels, ist dagegen erstmals hier in Lüttich bezeugt. Er wurde in den Kaiserkrönungsordo Cencius II übernommen und 1155 in Sutri von Friedrich I. dem Papst Hadrian IV. geleistet. Die Darbringung des Strator- und Marschalldienstes war ein Akt der Ehrerbietung des Königs gegenüber dem rechtmäßigen kirchlichen Oberhaupt. Daß die Kurie, wie sich bald herausstellen sollte, die Ehrenbezeugung von Lüttich zur Anerkennung eines zwischen Papst und Kaiser bestehenden Lehensverhältnisses umdeuten könnte, haben Lothar und seine Umgebung nicht bedacht.

Das in Lüttich gegebene Versprechen, den Papst nach Rom zurückzuführen, löste Lothar 1133 ein. Mit einem kleinen Heer, das vornehmlich aus Sachsen bestand, kämpfte er sich gegen verschiedene lombardische Städte den Weg durch Reichsitalien frei und empfing in der Lateranbasilika – die Peterskirche hielt Anaklet II. mit seinen Anhängern besetzt – am 4. Juni 1133 die Kaiserkrone. Am 8. Juni schloß er mit Innozenz das schon erwähnte Konkordat, und am gleichen Tag ließ er sich vom Papst durch den Empfang eines Ringes, eines geistlichen Investitursymbols, in den Besitz der Mathildischen Güter einweisen.

Das strittige Obereigentum des Papsttums an den Mathildischen Gütern, das die Kurie nicht hervorzukehren gewagt hatte, als Heinrich V. 1111 von der Markgräfin Mathilde von Tuszien (1060–1115) als Erbe eingesetzt worden war, hat Lothar damit anerkannt. Das war eine Konzession zu Lasten des Reiches, die um so weniger nötig scheint, als der Versuch Konrads von Schwaben, als Erbe Heinrichs V. während der Jahre 1128 bis 1130 in den Besitz der Mathildischen Güter zu gelangen, gescheitert war. Wahrscheinlich ließen sich Lothar und Richenza von dynastischen Gesichtspunkten leiten, denn der Vertrag vom 8. Juni sah vor, daß die Mathildischen Güter auf Lebenszeit an Heinrich den Stolzen übergehen sollten. Der Welfe war gehalten, sein Lehensverhältnis zum Papst durch Treueid und Mannschaft zu begründen. Eine solche Lehenshuldigung leistete Lothar nicht. Dennoch zog Innozenz II. das Abkommen von 1133 und den Vorgang in Lüttich zusammen und ließ nach dem Ableben des Kaisers im Lateran ein Wandgemälde anbringen, welches Lothar als Lehensmann des Papstes zeigte. Darunter wurde die Inschrift angebracht «Vor dem Tore beschwört der König die Rechte der Römer, / Wird dann des Papstes Vasall; von ihm empfängt er die Krone». Während des Benefizienstreits von 1157, in dem es um die Behauptung der Gottesunmittelbarkeit des Kaisertums gegen die hierokratischen Ansprüche der päpstlichen Gewalt ging, setzte Friedrich I. die Tilgung der Inschrift durch. Das Gemälde blieb bis zum ausgehenden 16. Jahrhundert erhalten. Es veranschaulichte, in welchem Maße sich die Kurie durch «Lothars kurzsichtiges Entgegenkommen in den Formen äußerer Ergebenheit» (Hampe) zu gewagten Interpretationen ermutigt fühlte.

Noch 1125 wurde offenbar, daß Herzog Friedrich von Schwaben sich mit dem süpplingenburgischen Königtum nicht abfinden würde. Er und sein Bruder Konrad waren unstreitig die rechtmäßigen Erben des salischen Hausguts. Dieses Hausgut, das zum Teil im Gemenge mit Reichsgut lag, fiel ihnen zu. Das Reichsgut dagegen war grundsätzlich an den neuen Herrscher auszuliefern. Dazu verstanden sich die Staufer jedoch nicht. Vielmehr brachten sie weitere Reichsbesitzungen, darunter Nürnberg, gewaltsam in ihre Hand. Der von ihnen entfesselte Kampf um das Reichsgut war ein Kampf um das Reich, der Deutschland zehn Jahre lang in Atem halten sollte.

In einem ersten Schritt gegen die Staufer erwirkte Lothar im November 1125 in Regensburg ein Weistum der Fürsten, das scharf zwischen Haus- und Reichsgut schied und damit die Rechtsgrundlage für ein Vorgehen gegen die Staufer verstärkte. Da Friedrich Verhandlungen ablehnte, wurde er auf dem Straßburger Hoftag während der letzten Dezembertage des Jahres 1125 geächtet. Als im Januar 1126 in Goslar der Feldzug gegen ihn beschlossen wurde, war Adalbert von Mainz als Gegner des Staufers dem Ziel seiner Wünsche ein gutes Stück nähergerückt.

Adalbert von Mainz gilt als derjenige Fürst, der Lothar maßgeblich in seinen Entschlüssen bestimmt haben soll. Diese Einschätzung, die aufgrund der gemeinsamen antisalischen Haltung von Erzbischof und Herzog und wegen der Mainzer Ereignisse vom August 1125 nahelag, schien durch die Stellung bestätigt zu werden, welche Adalbert in der Kanzlei Lothars angeblich errungen hat. Es war ungewöhnlich, daß während der ganzen Regierung Lothars III. auf die Berufung eines Kanzlers verzichtet wurde, welchem die eigentliche Leitung der Geschäfte oblag. In der Tat war die allerdings nur im Einvernehmen mit Lothar zu treffende Entscheidung, die Kanzlerstelle unbesetzt zu lassen, ein an den Verhältnissen der Jahre 1111/12 orientierter Versuch Erzbischof Adalberts, sich eine bestimmende Rolle bei Hofe zu sichern. Dieser Plan scheiterte jedoch, denn es ist Adalbert nicht gelungen, seinen Einfluß bei der Ernennung des Kanzleipersonals zur Geltung zu bringen. Abgesehen von Embricho von Erfurt, den möglicherweise der Erzbischof für die Kanzlei gewonnen hat und der schon im Dezember 1125 wieder ausschied, wurden alle Kapelläne und Kapellan-Notare vom König in den Hofdienst berufen. Sie stammten zumeist aus Sachsen und waren Lothar zum Teil bereits aus seiner Zeit als Herzog bekannt.

Der Erzbischof und der König waren sich einig im Kampf gegen die Staufer. Nicht einverstanden konnte Adalbert mit der Reichskirchenpolitik Lothars sein, wenn auch der Dissens in dieser Frage erst in den dreißiger Jahren ausdrücklich zur Sprache kam. Im Hinblick auf die Haltung des Herrschers im römischen Schisma zogen Norbert von Magdeburg und Konrad von Salzburg, nicht Adalbert von Mainz, die Fäden. Der Erzbischof, der 1130 sogar die seinen territorialen Interessen zuwiderlaufende Einrichtung der Landgrafschaft Thüringen hinnehmen mußte, hat den Platz, den er sich unter Lothar erhoffen mochte, nicht einnehmen können.

Vor der Eröffnung des Krieges gegen die Staufer glaubte Lothar, die böhmischen Thronwirren, welche bereits den Regensburger Hoftag beschäftigt hatten, im Vorbeigehen entscheiden zu können. Im schneereichen Februar 1126 führte er ein Heer über den Kamm des Erzgebirges. Beim Abstieg nach Kulm geriet er in einen Hinterhalt Herzog Sobeslaws I. Obwohl der Böhmenherzog das sächsische Heer eingekesselt hatte, spielte er seinen Erfolg nicht aus. Er erschien im deutschen Lager und leistete Lothar die Lehenshuldigung für Böhmen. Der König hatte eine empfindliche militärische Niederlage erlitten; doch gewann er in Sobeslaw einen treuen Bundesgenossen im Kampf gegen die Staufer und für die Auseinandersetzungen mit Polen.

Der erste Feldzug gegen Friedrich von Schwaben vom Jahre 1126 schlug fehl, weil der Staufer sich nicht zur Schlacht stellte. Erst im Juni 1127 kam es zu neuen Kämpfen, die um den Besitz Nürnbergs ausgetragen wurden. Obwohl Lothar von Heinrich dem Stolzen, der sich am 29. Mai 1127 auf dem Gunzenlee bei Augsburg mit Gertrud von Süpplingenburg vermählt hatte, und von böhmischen Hilfstruppen unterstützt wurde, mußte er nach mehrwöchiger Belagerung vor der staufischen Burgbesatzung weichen. Er zog sich nach Würzburg zurück, vor dessen Mauern die ihn verfolgenden staufischen Ritter seinen Truppen ein Kampfspiel (turniomentum) lieferten. Es ist die älteste Erwähnung der Frühform des Turniers in Deutschland. Hier vor Würzburg mochten Spiel und blutiger Ernst noch durcheinandergehen. Grundsätzlich bestand kein Zweifel, daß Lothars militärische Mißerfolge bedenklich wurden. Am 18. Dezember 1127 riefen fränkische und schwäbische Anhänger Konrad von Schwaben zum König aus. Damit wurde jedermann offenbar, daß der staufische Widerstand von Anfang an den Erwerb der Königswürde zum Ziel gehabt hatte.

Lothar und seine Anhänger gingen sofort gegen Konrad vor. Noch um die Jahreswende 1127/28 verkündeten die in Würzburg um den König versammelten Bischöfe den Kirchenbann über Konrad; im April 1128 sprach Honorius II. die Exkommunikation über ihn aus. Konrad begab sich nach Italien und empfing am 29. Juni 1128 in Monza aus der Hand Erzbischof Anselms von Mailand die Salbung zum italienischen König. Der Erwerb der Mathildischen Güter, um derentwillen er über die Alpen gezogen war, glückte ihm jedoch nicht. Wahrscheinlich im Frühjahr 1130 kehrte Konrad unverrichteterdinge nach Deutschland zurück.

Hier wendete sich das Blatt allmählich zuungunsten der Staufer. Schon im September 1127 hatte Lothar Herzog Konrad von Zähringen durch die Verleihung des Rektorats Burgund für sich gewonnen und damit eine Verbindung des schwäbisch-alemannischen Herrschaftsbereichs der Zähringer mit dem der Staufer verhindert. Brennpunkte des Kampfes zwischen Lothar und den Staufern waren Speyer und Nürnberg. Speyer fiel 1128 in die Hand Friedrichs von Schwaben, wurde jedoch im November 1128 von Lothar mit Hilfe Adalberts von Mainz und Sobeslaws von Böhmen zurückerobert. Als 1129 Speyer erneut von den Staufern besetzt worden war, wurde es wiederum belagert und Anfang Januar 1130 endgültig dem König unterworfen.

Vor Nürnberg war Lothar 1127 gescheitert. Jedoch noch in demselben Jahr schuf er sich in Ostfranken einen zuverlässigen Vorposten, als er seinen ehemaligen Kanzleileiter Embricho von Erfurt zum Bischof von Würzburg erheben ließ und ihm die Herzogswürde verlieh. Während der Jahre 1128 und 1129 scheint Würzburg die staufischen Kräfte in Ostfranken gebunden zu haben; denn erst 1130 zog Lothar wieder vor Nürnberg, das nach längerer Einschließung wohl im September 1130 fiel. Als schließlich 1131 ein gegen die staufischen Besitzungen im Elsaß gerichteter Feldzug abgeschlossen war, beschränkte sich die Macht Konrads und Friedrichs auf die schwäbischen Stammlande. Hier warf sie im Spätsommer 1134 ein vernichtender Kriegszug des Kaisers und Heinrichs des Stolzen nieder. Friedrich ergab sich noch 1134 und erlangte am 17. Mai

1135 durch die Vermittlung Bernhards von Clairvaux volle Verzeihung. Konrad versöhnte sich mit dem Kaiser Ende September 1135 in Mühlhausen/Thüringen. Aus dem knapp ein Jahrzehnt währenden Kampf war Lothar als Sieger hervorgegangen. Er beließ den Staufern die Herzogstitel sowie die territoriale Stellung in Schwaben, im Elsaß und auch – mit Ausnahme von Nürnberg, das Heinrich dem Stolzen übergeben wurde – in Ostfranken. Angesichts des bereits geplanten zweiten Italienzuges genügte es ihm, daß die Staufer sein Königtum anerkannten.

Die Wahl Lothars von Süpplingenburg machte Sachsen zum letzten Mal zu einer Kernlandschaft des Reichs. Das seit Heinrich V. unzugänglich gewordene Königsgut im Umkreis des Harzes stand jetzt wieder der Krone zur Verfügung und hat in Verbindung mit dem lotharischen Erbgut Sachsen gleichsam zur Hausmacht des Königs werden lassen. Bezeichnenderweise hat sich Lothar an keinem Ort so oft und so lange aufgehalten wie in der Pfalz Goslar. Seine Beziehungen zu den übrigen Teilen des Reichs wurden getragen von Parteigängern aus dem Hochadel, von den Reichsministerialen, der Reichskirche und schließlich von der Darstellung seines Königtums durch persönliche Anwesenheit. Seine Umritte führten ihn immer wieder in die ostfränkischen Bistumssitze Würzburg und Bamberg, nach Regensburg, in die rhein-fränkischen und schwäbisch-alemanischen Plätze Mainz, Worms, Speyer, Straßburg und Basel und in den niederrheinisch-niederlothringischen Raum mit Köln und Aachen. Unzugänglich blieb ihm bis 1134 nur der staufische Kernraum in Schwaben. Die für die spätsalische und staufische Zeit charakteristische Teilung des Reiches in einen entweder von der Opposition beherrschten oder ganz beiseite stehenden Norden und einen dem königlichen Einfluß geöffneten Süden war zur Zeit Lothars noch einmal aufgehoben.

Sachsen war der Ausgangspunkt von Lothars Politik gegenüber den slawischen Nachbarvölkern. Sie hat an der Nordostgrenze des Reichs die Voraussetzungen für den Beginn der deutschen Ostsiedlung geschaffen. Die Regelung der sowohl kriegerischen als auch friedlichen Beziehungen zu den Elbslawen war seit der zweiten Hälfte des 11. Jahrhunderts ausschließlich eine Angelegenheit des sächsischen Stammes geworden. Daher war Lothar als sächsischer Hochadliger in die Auseinandersetzung mit dem Slawenproblem geradezu hineingeboren. Seine Stellung als sächsischer Herzog und die ihm seit 1125 zur Verfügung stehenden Machtmittel ermöglichten eine kraftvolle Einwirkung auf die slawischen Siedlungsgebiete östlich und nördlich der Elbe.

Über Wagrien und Mecklenburg erstreckte sich das Großreich der Abotriten. Sein Samtherrscher Heinrich (1090–1127) brachte, teilweise mit Unterstützung durch Herzog Magnus von Sachsen, die liutizischen Stämme der Ranen, Kessiner und Zirzipanen sowie die Pomeranen in tributäre Abhängigkeit. Er öffnete seine Residenz Alt-Lübeck vermutlich auch deutschen Kaufleuten sowie dem aus Hameln gebürtigen Slawenprediger Vizelin, der sein Missionswerk in Wagrien 1126/27 aufnehmen konnte. Im südlich gelegenen Liutizenland hatten sich kleinere slawische Herrschaften ausgebildet. Auf der Brandenburg saß der Wende Meinfried, dem 1127 der christliche Hevellerfürst Pribislaw-Heinrich nachfolgte. In Havelberg herrschte der 1128 bezeugte slawische Burgherr Widukind. Die zwischen Saale und Neiße ansässigen sorbischen Stämme hatten dagegen ihre politische Selbständigkeit längst verloren. Zu Beginn des 12. Jahrhunderts unterstanden sie der Herrschaft der Markgrafen der sächsischen Ostmark (Lausitz) und der Mark Meißen.

Persönlich hat Lothar vor allem bei den Abotriten und den nördlichen Liutizenstämmen eingegriffen. Als Graf Gottfried von Hamburg am 2. November 1110 bei einem slawischen Angriff ums Leben gekommen war, unternahm Lothar noch 1110 einen Vergeltungszug in vermutlich abotritisches Gebiet. Um dieselbe Zeit belehnte er Graf Adolf I. von Schaumburg mit der Grafschaft in Holstein und Stormarn, wobei er offensichtlich nicht an einen kolonisatorischen Auftrag an die Grafen gedacht hat. Denn noch 1134 beschränkte er die Herrschaft der sich bis dahin lediglich auf Hamburg stützenden holsteinischen Grafen durch die Errichtung der Burg Segeberg, in die er eine königliche Burgmannschaft legte. Erst als 1143 Adolf II. von Schaumburg von Lothars Enkel Heinrich dem Löwen Segeberg und Wagrien empfing, entfaltete sich die kolonisatorische Tätigkeit der Grafen. Die Belehnung von 1110/11 sollte daher nicht der Expansion, sondern der Verteidigung des holsteinischen Siedlungsgebietes dienen und ist insofern nicht mit der Berufung Albrechts des Bären in die Nordmark und Konrads von Wettin in die Marken Meißen und Lausitz zu vergleichen.

An die Existenz des Abotritenreiches wollte Lothar zunächst offensichtlich nicht rühren. Allerdings stieß er in Räume vor, welche bis dahin zur abotritischen Einflußsphäre gehört hatten. 1114 unterwarf er den Kessinerfürsten Dumar und zwang die auf Rügen und dem gegenüberliegenden Festland sitzenden Ranen zur Zahlung von Tributen. 1121 eroberte er die Burg Kessin bei Rostock und verpflichtete den Fürsten Sventipolk zur Stellung von Geiseln. Einen erneuten Feldzug gegen die Ranen unternahm er gemeinsam mit dem Abotritenfürsten Heinrich im Winter 1124/25, doch konnte das deutsch-abotritische Heer nicht nach Rügen übersetzen, weil ein Wetterumschwung das Eis auf dem Strelasund hatte schmelzen lassen.

Der Tod Fürst Heinrichs am 22. März 1127 hatte starke Erschütterungen des Abotriten-Reichs zur Folge. Die Ranen überfielen Alt-Lübeck. Heinrichs zeitweise miteinander im Kampf liegende Söhne Knut und Sventopolk kamen 1128 ums Leben. Als spätestens 1129 auch Sventopolks Sohn Svineke ermordet wurde, war die Sippe der Nakoniden erloschen. Lothar, der sich während des Kampfes gegen die Staufer stabile Verhältnisse an der Elbgrenze wünschen mußte, dürfte an der Beseitigung der abotritischen Fürstenfamilie unbeteiligt gewesen sein. Als er sich jedoch vor vollendete Tatsachen gestellt sah, regelte er die Nachfolgefrage.

Knut Laward, Sohn des 1103 verstorbenen Dänenkönigs Erich Ejegod, Herzog in Schleswig und Verwandter des verstorbenen Heinrich von Alt-Lübeck, bewarb sich um die Nachfolge. Nachdem er eine große Geldsumme gezahlt hatte, wurde er wohl 1129 von Lothar zum König der Abotriten gekrönt und als Lehensmann angenommen. Zu derselben Zeit, etwa 1128/29, verlieh Lothar auch dem Hevellerfürsten Heinrich-Pribislaw die Königskrone. Hinter diesen Lehenskrönungen stand das politische Konzept, wichtigen Teilgebieten der bisherigen Marken – der Billungermark nördlich und östlich der Elbe und der über die Elbe nach Osten greifenden Nordmark – durch unmittelbar von der deutschen Krone abhängige slawische Klientelkönigtümer eine neue Ordnung zu geben.

Dieser Ansatz wurde jedoch bald von der politischen Entwicklung überholt. Knut Laward fiel im Januar 1131 einem Mordanschlag seines Vetters Magnus zum Opfer. Einen neuen Abotritenherrscher setzte Lothar nicht mehr ein. Vielmehr faßte er jetzt die unmittelbare Beherrschung des abotritischen Stammesgebiets ins Auge. Der erste Schritt in diese Richtung war der schon erwähnte Ausbau der Grenzfeste Segeberg, mit dem 1134 nach Beendigung des ersten Romzugs begonnen wurde.

Die Lehenskrönung Heinrich-Pribislaws von Brandenburg sollte diesen fähigen Slawenfürsten offenbar auf Kosten der damaligen Markgrafen der Nordmark an das deutsche Königtum binden. Im Jahre 1128 war nicht abzusehen, daß wegen plötzlicher Todesfälle, die einen schnellen Wechsel der Markgrafen zur Folge hatten, schließlich doch kein Weg an Albrecht dem Bären vorbeiführen würde. Albrecht der Bär war 1123 von Lothar gegen den Willen Heinrichs V. zum Markgrafen der Niederlausitz erhoben worden. Da sich seine Eigengüter von Aschersleben und Ballenstedt wahrscheinlich schon bis an das Havelgebiet herangeschoben hatten, gehörte jedoch eher die Nordmark als die sächsische Ostmark zu seiner Interessensphäre. Seine Beziehungen zu Heinrich-Pribislaw waren so vorzüglich, daß er zwischen 1127 und 1130 den Hevellerfürsten als Paten für seinen ältesten Sohn Otto gewann.

Nach dem Tod Markgraf Heinrichs von Stade (gest. 1128) belehnte Lothar Udo von Freckleben mit der Nordmark. Udo wurde jedoch schon im März 1130 von Gefolgsleuten Albrechts des Bären erschlagen. Wegen dieser Fehde verlor Albrecht der Bär die Lausitz, die Lothar 1131 an Heinrich von Groitzsch austat. Die vakante Nordmark erhielt Konrad von Plötzkau, der 1133 während des Italienzugs ums Leben kam. Damit hatte Lothar zum drittenmal innerhalb von fünf Jahren über die Nordmark zu verfügen. 1134 gab er sie unter ausdrücklicher Anerkennung der Verdienste, die sich der Askanier während des Italienzugs erworben hatte, endlich an Albrecht den Bären, der seitdem zu seinen engen Vertrauten zählte. Damit war die Voraussetzung geschaffen, welche über die spätere Gründung der Markgrafschaft Brandenburg zur deutschen Besiedlung des slawischen Raums zwischen mittlerer Elbe und Oder führen sollte.

Derselbe historische Rang kommt der 1123/24 – ebenfalls gegen den Willen Heinrichs V. – vorgenommenen Belehnung Konrads von Wettin mit der Mark Meißen zu. Als Lothar III. nach dem Tod Heinrichs von Groitzsch (gest. 1135) Konrad von Wettin auch noch zum Markgraf der Lausitz erhob, konnten die Wettiner mit der Ausbildung ihres Landesstaats zwischen Saale, Spree und Neiße beginnen. Lothar hat das jeweilige Gewicht der slawischen Herrschaftsbildungen, die sich verschiebenden Kräfte innerhalb des ostsächsischen Adels und die Interessen des Königtums sorgfältig gegeneinander abgewogen. Schließlich stellte er befähigte Fürsten an die Spitze der sächsischen Marken und wurde damit zum Wegbereiter der deutschen Ostsiedlung.

Spätestens seit 1131 stellte Lothar seine Politik gegenüber den Elb- und Ostseeslawen in einen erweiterten Rahmen, der die Polen, Dänen, Böhmen und schließlich sogar die Ungarn umfaßte. Damit zog er die Konsequenz aus der Tatsache, daß der slawische Raum zwischen Elbe und Oder nicht nur von deutscher, sondern auch von polnischer Seite bedrängt wurde. Um 1120 brachte Boleslaw III. von Polen mit der Eroberung Stettins die Unterwerfung der noch heidnischen Pommern zum Abschluß. Ihre Christianisierung übertrug er dem deutschen Reichsbischof Otto von Bamberg, der sich 1124 zu seiner ersten Missionsreise nach Cammin und Stettin aufmachte. Als wahrscheinlich in demselben Jahr die römische Kurie den Kardinallegaten Aegidius nach Polen entsandte, deutete sich an, daß ein zu gründendes Pommernbistum dem Erzbistum Gnesen unterstellt werden sollte. In die Zeit dieser Legation fällt wahrscheinlich auch die Errichtung des Gnesener Suffraganbistums Lebus am Westufer der mittleren Oder. Damit griff die polnische Kirchenprovinz, wenn auch nur in beschränktem Maße, nach Westen über die Oder. Boleslaw III. hatte einen von kirchenorganisatorischen Maßnahmen begleiteten Vorstoß nach Westen und an die Ostseeküste vorgetragen, womit das Interessengebiet der deutschen Ostexpansion und die missionspolitischen Ansprüche des Erzbistums Magdeburg berührt waren. Als überdies 1129 Boleslaw III. durch die Vermählung seiner Tochter Richeza mit Magnus von Dänemark, dem Sohn von König Niels, ein polnisch-dänisches Bündnis schloß, verhärtete sich der deutsch-polnische Gegensatz.

In mehreren Etappen und auf verschiedenen Schauplätzen ging Lothar gegen Boleslaw vor. Die Ermordung seines Lehensmannes Knut Laward durch den Niels-Sohn Magnus veranlaßte ihn, in Dänemark einzugreifen. Statt nach Italien zog er im Spätsommer 1131 gegen das Danewerk, wo König Niels sich ihm unterwarf. Diesen Erfolg suchte Lothar zu sichern, indem er sich die Forderungen Erzbischof Adalberos von Hamburg-Bremen zu eigen machte, dem dänischen Lund den 1104 auf Kosten Hamburgs verliehenen Rang eines Erzbistums wieder abzuerkennen. Da bereits Anaklet II. sich 1130 gegenüber entsprechenden Wünschen geneigt gezeigt hatte und Lothar zugunsten Adalberos intervenierte, hob Innozenz II. am 27. Mai 1133, eine Woche vor Lothars Kaiserkrönung, das Erzbistum Lund auf und unterstellte es wie die übrigen skandinavischen Bistümer der Hamburger Kirchenprovinz. Die kirchliche Sprengeleinteilung wurde in den Dienst der deutschen Politik gegenüber Dänemark gestellt.

Dort waren, während Lothar die Kaiserkrone empfing, deutsche Kaufleute in Roskilde den Kämpfen zwischen der Niels-Sippe und dem Gegenkönig Erich Emune zum Opfer gefallen. Als Lothar 1133 mit einem neuen Zug gegen Dänemark drohte, lenkten Niels und sein Sohn Magnus, der zum Mitkönig erhoben war, ein. Zu Ostern 1134 erschien Magnus auf dem Halberstädter Hoftag. Diesmal zahlte er nicht nur wie 1131 eine Geldbuße, sondern versprach für sich und seine Nachfolger, nur mit Billigung des Kaisers von der Herrschaft in Dänemark Besitz zu ergreifen. Er leistete Treueid und Mannschaft und wurde von Lothar mit einer Krone und den übrigen Königsinsignien investiert. Dänemark war ein Lehen des Reiches geworden. Am Ostertag trug Magnus in vollem Königsornat bei der feierlichen Festkrönung dem Kaiser das Reichsschwert voran. Daß es sich um ein unerhörtes Schauspiel handelte, haben zahlreiche zeitgenössische Autoren empfunden.

Noch 1134 unterlagen Niels und Magnus ihrem Gegner Erich Emune und kamen ums Leben. Wenn Erich auch über das päpstliche Privileg zugunsten Bremens hinwegschritt, indem er vor dem 6. Januar 1135 Asker von Lund als Erzbischof anerkannte, so verneinte er doch nicht die Bindungen Dänemarks an das Reich. Gesandte begaben sich zu Pfingsten 1135 auf den Magdeburger Hoftag und dürften um die Bestätigung seiner Herrschaft gebeten haben. Boleslaw von Polen dagegen hatte mit Niels und Magnus seine dänischen Bundesgenossen verloren.

Polnischen Interessen strikt zuwider liefen die Privilegien, welche Erzbischof Norbert von Magdeburg 1131 und 1133 von Papst Innozenz II. empfing. Während 1131 lediglich das Bistum Posen der Metropolitangewalt Magdeburgs unterworfen werden sollte, sprach die am Tage von

Lothars Kaiserkrönung ausgefertigte Papsturkunde, indem sie vorgab, das im Jahre 1000 gegründete Erzbistum Gnesen habe niemals existiert, sämtliche polnischen Bistümer der Erzdiözese Magdeburg zu. Es ist wenig wahrscheinlich, daß Innozenz II., Lothar III. und Norbert von Magdeburg der Auffassung waren, im Hinblick auf die östlich der Oder gelegenen polnischen Bistümer das Rad der Geschichte um mehr als hundert Jahre zurückdrehen zu können. Das Privileg von 1133 steckte vielmehr den Rahmen für Verhandlungen ab, in deren Verlauf das eigentliche Ziel, die Sicherung der westlich der Oder gelegenen Gebiete gegen eine Zuweisung an die Erzdiözese Gnesen, durchgesetzt werden sollte. Wie schon im Falle Dänemarks stellte Lothar die Frage der Diözesanorganisation in den Dienst von Herrschaftsansprüchen, welche hier auf Pommern und die liutizischen Stämme zwischen der Ostseeküste, der Oder, der Brandenburg und dem Müritzsee gerichtet waren.

Die unmittelbare Konfrontation mit Herzog Boleslaw III. von Polen hat Lothar vermieden. Die Bereinigung des deutsch-polnischen Verhältnisses besorgte Herzog Sobeslaw von Böhmen, der wie Boleslaw von Polen in den ungarischen Thronstreit verwickelt war. Nach dem Tod König Stephans II. (gest. 1131) rangen sein Halbbruder Boris und sein Vetter Bela II. um die Nachfolge im Arpadenreich. Bela II. gewann die Hilfe seines Schwagers Sobeslaw von Böhmen, der Boleslaw von Polen, den Verbündeten seines Widersachers Boris, 1132 bis 1134 durch wiederholte Feldzüge nach Schlesien schwer bedrängte. In offener Schlacht unterlag Boleslaw III. 1133 und 1134 König Bela von Ungarn. Auf dem Magdeburger Hoftag zu Pfingsten 1135 suchten Gesandte sowohl Belas II. als auch Boleslaws III. sowie der persönlich anwesende Sobeslaw von Böhmen die Vermittlung des Kaisers. Lothar erkannte Bela II. an und beschied die polnischen Gesandten, daß Herzog Boleslaw am 15. August 1135 in Merseburg vor ihm zu erscheinen habe. Offensichtlich sah Boleslaw seine Lage als so bedenklich an, daß er der Ladung folgte. Ein böhmisch-polnischer Waffenstillstand wurde vereinbart, der schließlich am 30. Mai 1137 zum Frieden von Glatz führte. Auch ungarisch-polnische Friedensverhandlungen dürften eröffnet worden sein. Vor allem aber wurde das deutsch-polnische Verhältnis geregelt: Boleslaw III. verpflichtete sich, den seit 1123 schuldig gebliebenen Tribut von jährlich 500 Pfund Silber nachzuzahlen; sodann hatte er um die Belehnung mit Pommern und Rügen einzukommen und dafür dem Kaiser die Lehenshuldigung zu leisten. Schließlich mußte er, wie schon sein Schwiegersohn Magnus von Dänemark zu Ostern 1134 in Halberstadt, dem Kaiser beim Zug zum Dom das Reichsschwert vorantragen.

Mit dem Jahre 1135 hatte Lothar den Höhepunkt seiner Herrschaft erreicht. Jetzt konnte er sich dem Hilfsersuchen Papst Innozenz' II. zuwenden, der sich in Rom nicht zu behaupten vermochte und vom Herbst

1133 bis zum Februar 1137 in Pisa Zuflucht fand. König Roger II. von Sizilien, der mächtige Bundesgenosse des Gegenpapstes Anaklet II., rückte nach Norden vor und unterwarf 1134 das Fürstentum Capua und Benevent. Die Legaten Papst Innozenz' und Bernhard von Clairvaux, der am 17. März 1135 den Bamberger Hoftag besucht hatte, erinnerten Lothar an seine Schutzpflicht gegenüber der römischen Kirche und legten dar, daß Roger II. durch die Usurpation des Königstitels die Ehre des Reiches verletzt habe. Als schließlich am 15. August 1135 eine Gesandtschaft des Kaisers Johannes Komnenos in Merseburg erschien und sich die Möglichkeit einer deutsch-griechischen Allianz abzeichnete, wurde spätestens im Oktober 1135 der Italienzug beschlossen.

Das diesmal beträchtliche Heer, in dem sich die Erzbischöfe von Köln, Trier und Magdeburg sowie die Herzöge Heinrich von Bayern und Konrad von Staufen befanden, brach im August 1136 in Würzburg auf und erreichte im November 1136 die Ronkalischen Felder bei Piacenza in der Poebene. Dort verkündete Lothar eine von römischem Recht beeinflußte Konstitution, welche den Vasallen verbot, ohne Erlaubnis ihrer Lehensherren Lehen weiterzugeben oder zu veräußern. Den Winter nutzte Lothar, um seiner Herrschaft in der Lombardei Anerkennung zu verschaffen.

Der Kriegszug nach Süden wurde im Februar 1137 eröffnet. Heinrich der Stolze wandte sich gegen die Toskana, wo sich ihm Innozenz II. Anfang März anschloß, und zog – ohne Rom zu berühren – über Montecassino und Benevent nach Troia. Lothar rückte entlang der adriatischen Küste vor und erreichte im April am Tronto die Grenze Apuliens, wohin seit Heinrich II. kein deutscher Kaiser mehr den Fuß gesetzt hatte. Siponto und Monte Sant' Angelo wurden genommen, Trani öffnete die Tore. Als Lothar III. und Innozenz II. mit dem wieder vereinigten deutschen Heer am 30. Mai 1137 in Bari das Pfingstfest begehen konnten, hielt sich Roger II. für geschlagen. Er bot Friedensverhandlungen an und erklärte sich bereit, einen seiner Söhne als Geisel zu stellen und einen anderen vom Kaiser mit dem Herzogtum Apulien belehnen zu lassen. Lothar ging darauf jedoch nicht ein. Nicht zur Durchsetzung der Oberherrschaft des Reiches über Apulien, sondern zur Vernichtung Rogers, der Stütze des schismatischen Papstes Anaklet, hatte er den Zug nach Süditalien unternommen.

Lothar überschätzte jedoch die Ausdauer seiner Truppen. Als in den Bergen vor Melfi der Plan bekannt wurde, daß weiter nach Kalabrien und möglicherweise sogar bis nach Sizilien vorgestoßen werden sollte, widersetzten sich Teile des Heeres und richteten ihren Zorn gegen den Papst und die ihn begleitenden Kardinäle. Lothar mußte den Rückzug einleiten. Nachdem Salerno Anfang August 1137 genommen war, wurden Spannungen zwischen Kaiser und Papst, die schon im Juli beim

Streit um die Rechtsstellung der Abtei Montecassino zu Tage getreten waren, erneut sichtbar. Jetzt ging es um die schwierige Frage, ob dem Papst oder dem Kaiser die Oberherrschaft über Apulien zustünde. Da eine Einigung nicht zu erzielen war, nahmen Innozenz und Lothar die nun fällige Belehnung Rainulfs von Alife mit Apulien gemeinsam vor: Die Fahnenlanze, die Rainulf als Investitursymbol übergeben wurde, faßten Innozenz an der Spitze und Lothar am Ende des Schaftes. Zur Unterstützung des neuen Herzogs blieben zahlreiche deutsche Ritter in Süditalien zurück.

Noch im Oktober 1137, während der Kaiser durch die Lombardei nach Norden zog, wurde offenbar, daß seinem Unternehmen in Süditalien kein dauernder Erfolg beschieden war. Roger II. verließ Sizilien; Salerno, Benevent und Capua fielen ihm wieder zu. Rainulf von Alife konnte sich lediglich im östlichen Apulien behaupten. Innozenz II. geriet am 22. Juli 1139 in die Hände der Normannen und kam erst frei, als er Rogers Königtum anerkannte und ihn und seine Söhne mit Sizilien, Apulien und Capua belehnte.

Das deutsche Heer hatte bereits den Alpenkamm überschritten, als Lothar am 4. Dezember 1137 in Breitenwang bei Reutte in Tirol starb. In der Klosterkirche von Königslutter, deren Bauplastik und großquadriges Mauerwerk den kaiserlichen Rang ihres Stifters augenfällig machen, wurde er am 31. Dezember 1137 beigesetzt.

Zu seinem Nachfolger hatte Lothar seinen Schwiegersohn Heinrich den Stolzen ausersehen. Ein mächtiges welfisches Königtum, das auf die gefestigten Reichsrechte, die Herzogtümer Bayern und Sachsen sowie die Markgrafschaft Tuszien gegründet war, stand zu erwarten. Der staufische Staatsstreich von Koblenz machte solche Hoffnungen zunichte. Ohne Rücksicht auf den für Pfingsten angesetzten Wahltermin ließ sich Herzog Konrad von Staufen am 7. März 1138 zum deutschen König wählen. Der Kampf zwischen Staufern und Welfen brach aus und bestimmte die Geschichte Deutschlands bis weit ins 13. Jahrhundert.

Der Dynastiewechsel nach dem Tod Lothars läßt gelegentlich in Vergessenheit geraten, daß Deutschland 1138 vor der Verwirklichung eines welfischen Königtums stand. Als dessen Begründer hätte dann zu Recht Lothar von Süpplingenburg zu gelten. Seine Ordnung des Reiches war auf seinen Schwiegersohn Heinrich den Stolzen und seinen Enkel Heinrich den Löwen als zukünftigen Trägern der deutschen Königskrone angelegt. Darum kann Lothars Regierung nur von einem engen dynastisch-staufischen Standpunkt aus als Zwischenspiel beurteilt werden. Seine Politik gegenüber geistlichen und weltlichen Fürsten, gegenüber der Kurie und den Staaten nördlich und östlich der Reichsgrenze hat Wege gewiesen, auf denen seine staufischen Nachfolger weiterschritten oder hätten weiterschreiten können.

Friedrich Barbarossa
1152–1190

Von Heinrich Appelt

Nur wenige Kaisergestalten unseres deutschen Hochmittelalters üben immer wieder aufs neue eine so starke Anziehungskraft auf den historischen Betrachter aus wie Friedrich Barbarossa. Glanzvoll hebt sich seine Epoche von der unruhigen Regierungszeit seines weniger glücklichen Vorgängers Konrad III. ab. Noch einmal scheint sich in seiner Persönlichkeit die Kraft und die Herrlichkeit des Reiches darzustellen, bevor sie der Vielfalt partikularer Tendenzen für immer erliegt. Das Rittertum hat gewissermaßen in seiner idealsten Ausprägung mit Friedrich I. den kaiserlichen Thron bestiegen. Die düsteren Züge der Härte und Grausamkeit, die ihre Schatten auf den erbitterten Kampf gegen Mailand und gegen die Lombarden werfen, treten rasch zurück gegenüber dem alles beherrschenden Gesamteindruck der ‹milte› und ‹maze›. Strenggenommen können wir uns allerdings von dem Denken und Fühlen des Kaisers nur schwer ein rechtes Bild machen, und sein Portrait bleibt uns unbekannt, obwohl wir über seine äußere Erscheinung nicht schlecht unterrichtet sind. Trotzdem verbindet sich mit dem Namen gerade dieses Kaisers sofort eine ganze Fülle konkreter Vorstellungen, die wir von vornherein als gegeben annehmen. Das ist im Grunde genommen von Anfang an so gewesen; es mag letzten Endes irrationale Gründe haben, die wir nicht enträtseln können, die aber doch in der Persönlichkeit wurzeln dürften. Auch wir Heutigen vermögen uns ihnen nicht ganz zu verschließen, obgleich wir gewiß die Gestalt Friedrich Barbarossas mit größerer Nüchternheit betrachten als die Generationen vor uns. Nicht Menschen machen die Geschichte, aber ihr Verlauf bliebe unverständlich ohne das Wirken großer Persönlichkeiten.

Im 12. Jahrhundert kam die Kultur des Hochmittelalters auf allen Gebieten zur vollen Entfaltung. Nichts wäre verfehlter als der Versuch, den großen Wandel aus einer einzigen Ursache herzuleiten. Wie immer in der Geschichte haben die verschiedensten Komponenten zusammengewirkt, um die Welt zu verändern. Das am deutlichsten ins Auge springende Symptom der tiefgreifenden Neuerung ist der Investiturstreit, der die Kirche von der Herrschaft der Laiengewalten zu befreien versucht und das Papsttum als geistliche Führungsmacht an die Spitze der abendländischen Völkergemeinschaft stellt. Zur gleichen Zeit vollziehen sich ande-

Cappenberger Barbarossa-Kopf. Westdeutschland, um 1160, Augäpfel im 19. Jh. ergänzt. Vergoldete Bronze, H. 31,4 cm. – Cappenberg, Kath. Pfarrkirche (Foto: Ann Münchow, Aachen).

re Wandlungen. Die Kreuzzüge erweitern den Horizont und den Machtbereich der westlichen Nationen. Der Handel wird in ungeahntem Ausmaß wiederbelebt, das mittelalterliche Städtewesen kommt zur vollen Ausbildung, der Ritterstand entwickelt einen neuen, christlich-laienhaften Lebensstil, das Lehenswesen durchdringt alle Bereiche staatlicher Ordnung, die Universitäten entstehen, die Scholastik, das kanonische Recht und die gotische Kunst sind Ausdrücke eines neuen Geistes. Die italienischen Kommunen und die deutschen Fürsten treten dem Kaisertum immer stärker als eigenständige politische Kräfte gegenüber, die Monarchien des Westens nehmen ihren Aufstieg, aber auch andere Staaten kräftigen ihren inneren Aufbau so sehr, daß sich das von den Ottonen und Saliern ererbte Kaisertum der Staufer einer völlig veränderten Situation gegenübersieht. Das gleichzeitig in den verschiedensten Richtungen wirksame Spiel all dieser Kräfte aber ermöglicht es dem Papsttum, die Stellung zu behaupten und auszubauen, die es seit den Tagen Gregors VII. zu erringen verstanden hatte.

In dieser Lage befand sich Europa, als Barbarossa die Herrschaft im Reich übernahm. Der Ausgangspunkt war wirklich kein günstiger für den Staufer. Es ist ein Beweis politischer Genialität, daß es ihm gelang, die Autorität des Kaisertums in so hohem Maß wiederherzustellen.

Konrad III. hatte vor seinem Tode erkennen müssen, daß sein minderjähriger Sohn Friedrich keine Aussicht auf den Thron besaß; so entschloß er sich, selbst den einzig geeigneten unter den deutschen Fürsten, seinen Neffen Barbarossa, zu seinem Nachfolger vorzuschlagen. Dieser empfahl sich durch seine ungewöhnliche staatsmännische und militärische Tüchtigkeit; als Sohn der Welfin Judith schien er zudem berufen, den langandauernden Streit zwischen den beiden mächtigsten deutschen Fürstenhäusern zu überbrücken. Die Sehnsucht nach einem starken Herrscher, der endlich den Frieden wiederherzustellen vermochte, war vor allem bei den geistlichen Fürsten des Reiches ungemein stark. Heinrich der Löwe scheint durch die Aussicht auf die Rückgabe des Herzogtums Bayern gewonnen worden zu sein. Nach kurzen Verhandlungen, die der Kurie keine Zeit ließen, auf den Gang der Dinge Einfluß zu nehmen, wurde Friedrich einmütig gewählt. Der Plan des Erzbischofs Heinrich von Mainz, im Namen des unmündigen Königssohnes Friedrich die Regierung des Reiches in die Hand zu nehmen, gewann offenbar keinerlei konkrete Gestalt; niemand konnte eine solche Lösung wünschen, die nur eine weitere Schwächung der monarchischen Gewalt und eine endlose Fortdauer innerer Zwistigkeiten mit sich gebracht hätte.

Die Erhebung Friedrichs zum König war eine echte Wahl; der Gedanke, daß das Imperium ein Wahlreich sei, fand in entscheidender Stunde seine ausdrückliche Bekräftigung. Aber nicht nur der Geeignetste wurde erkoren, sondern zugleich der Träger eines besonders gearteten dynastischen Anspruchs: Der Enkel der Agnes, der Tochter Kaiser Heinrichs IV., war ein Vertreter der imperialen Tradition, von dem die Fortsetzung der Politik des salischen Hauses zu erwarten stand. Der maßvolle Grundcharakter Barbarossas schien die Gewähr dafür zu bieten, daß dies nicht in radikalen Formen geschehen werde. Die für die deutsche Reichsverfassung charakteristische Verbindung zwischen erblichem Anspruch und fürstlichem Wahlrecht blieb bestehen.

Für Deutschland eröffnete die Thronbesteigung des neuen Herrschers die Aussicht auf innere Befriedung. Zielbewußt und klar schlug er von vornherein den Weg des Ausgleichs mit den mächtigsten Laienfürsten ein, um eine feste Ausgangsbasis für eine kraftvolle Wiederaufnahme imperialer Zielsetzungen zu schaffen. Seinem Vetter Heinrich dem Löwen stellte er nicht nur das von Konrad III. den Babenbergern verliehene Herzogtum Bayern in Aussicht; er ließ ihm auch auf weite Strecken freie Hand im Norden und in den nordöstlichen Grenzgebieten, wo er ihm sogar das sorgsam gehütete Königsrecht der Investitur dreier – wenn auch unbedeutender – Bistümer in die weltlichen Hoheitsrechte (Regalien) einräumte. Das andere Haupt des Welfenhauses, Herzog Welf VI., gedachte er unmittelbar an der Italienpolitik zu beteiligen, indem er ihm die Markgrafschaft Tuszien mit den Gütern der Markgräfin Mathilde, ferner das Herzogtum Spoleto und die Inseln Sardinien und Korsika verlieh. Herzog Berthold aus dem Hause der Zähringer, die lange mit den Staufern im alamannischen Südwesten konkurriert hatten, betraute er gegen das Versprechen, Hilfstruppen zur Romfahrt zu stellen, mit der Ausübung von Herrschaftsrechten in Burgund und in der Provence. Das alles vertrug sich sehr wohl mit einer energischen Fortsetzung der von den Saliern eingeleiteten Reichs- und Hausgutpolitik, die sich in machtvollem Bogen vom Elsaß und von Schwaben über den Raum von Nürnberg und Eger ins Vogtland und ins thüringisch-meißnische Gebiet erstreckte. Die Reichsministerialen waren ihre Träger, Burgenbau und Städtegründungen, zum Teil auch Rodung und Siedlungstätigkeit ihre wichtigsten Werkzeuge. Auch die in die Spätzeit Heinrichs IV. zurückreichende Landfriedensgesetzgebung nahm Barbarossa gleich zu Beginn seiner Regierung wieder auf. Vor allem aber erblickte er, ganz im Sinne des Herkommens, in den deutschen Bischöfen wichtige Stützen seiner kaiserlichen Macht, indem er alle dem Herrscher nach dem Wormser Konkordat verbliebenen verfassungsmäßigen Rechte klug und konsequent ausbaute. Aus den Reihen der Reichsbischöfe kamen seine hervorragendsten staatsmännischen Helfer. Man darf also sagen, daß alle in Deutschland um die Mitte des 12. Jahrhunderts lebenskräftigen gesellschaftspolitischen Faktoren in den Dienst der erneuerten Kaiserpolitik gestellt wurden.

Es entsprach der Natur der Verhältnisse, daß der neue Herrscher sofort nach der Thronbesteigung die Gewinnung der Kaiserkrone ins Auge fassen mußte. In seiner Wahlanzeige, die er dem Zisterzienserpapst Eugen III. sandte, stellte er sich ganz auf den Boden der traditionellen Lehre von den zwei Gewalten, die – unbeschadet der dem Träger der höchsten geistlichen Autorität vom Haupt des Imperiums geschuldeten religiöskirchlich motivierten Ehrerbietung – gemeinsam die Welt zu regieren haben. In seinem Antwortschreiben bestätigte der Papst die Wahl, obwohl der König nicht darum gebeten hatte. Verhandlungen über eine gemeinsam zu verfolgende Politik wurden eingeleitet. Sie führten im Frühjahr 1153 zum Abschluß des Vertrages von Konstanz, in welchem sich Barbarossa verpflichtete, weder mit den Römern noch mit den Normannen ohne päpstliche Zustimmung Frieden zu schließen, die aufständischen Römer der weltlichen Gewalt des apostolischen Stuhles zu unterwerfen und dessen Hoheitsrechte wiederherzustellen. Als Gegenleistung stellte Eugen III. die Kaiserkrönung in Aussicht. Beide Parteien kamen ferner überein, den Bestrebungen des byzantinischen Kaisers Manuel aus dem Hause der Komnenen entgegenzutreten, der danach strebte, wieder auf dem Boden Italiens Fuß zu fassen. Unberührt blieb in dem der Form nach bilateral aufgebauten Vertragswerk das große Problem der drohenden Auseinandersetzung der Reichsgewalt mit der mächtig emporstrebenden mailändischen Kommune, deren lombardische Erbfeinde sich hilfesuchend an den künftigen Kaiser gewandt hatten.

An der Spitze eines verhältnismäßig schwachen Aufgebotes, dem allerdings Heinrich der Löwe angehörte, erschien Friedrich im Herbst 1154 in der Lombardei. Er konnte dort seine Autorität insofern zur Geltung bringen, als er die mit Mailand verbündete Stadt Tortona nach längerer Belagerung einnahm und zerstörte. Für einen entscheidenden Schlag gegen die lombardische Metropole selbst aber reichte weder die Zeit noch die militärische Kraft des Herrschers. Immerhin konnte er damals auf den Feldern von Roncaglia Heerschau halten, ein Lehensgesetz verkünden und in Bologna mit der berühmten Rechtsschule jene Verbindung anknüpfen, die für die Ausgestaltung der ideellen Grundlagen seiner Anschauungen vom Kaisertum so wichtig werden sollte. Wahrscheinlich bereits damals wurde die Authentica ‹Habita› erlassen, das älteste Privileg einer mittelalterlichen Universität.

An der Kurie hatte unterdessen seit der Thronbesteigung Hadrians IV., des einzigen Engländers auf dem apostolischen Stuhl, dem als Berater der Kanzler Roland, der spätere Papst Alexander III., zur Seite stand, eine härtere politische Richtung immer stärker an Boden gewonnen. Durch die bisher niemals ausgesprochene Verhängung des Interdiktes gegen die Ewige Stadt zwang Hadrian die Römer, den Wortführer der antikurialen Opposition, Arnold von Brescia, auszuweisen. Freilich war nur Friedrich imstande, den Papst gegen die rebellischen Römer und gegen die vorrückenden Truppen des Königs von Sizilien zu schützen. Hadrian zog dem Staufer nach Sutri entgegen, um ihn zur Kaiserkrönung feierlich einzuholen. Dabei kam es zu einem Zwischenfall, der die Problematik des Verhältnisses zwischen Sacerdotium und Imperium schlagartig beleuchtete. Friedrich weigerte sich, dem Papst den geforderten Dienst eines Marschalls und Strators zu leisten, weil dies in den Augen der feudalen Gesellschaft jener Tage der Anerkennung einer Lehensabhängigkeit des Imperiums von der römischen Kirche gleichgekommen wäre. Erst nach der ausdrücklichen Feststellung, daß dieser Zeremonie keinerlei lehenrechtliche, sondern nur religiöse Bedeutung zukomme, fand er sich dazu bereit. Nach dem Scheitern eines Versuches, eine Einigung mit den Römern herbeizuführen, vollzog der Papst die Kaiserkrönung in der Peterskirche, während in der Ewigen Stadt heftige Kämpfe tobten.

Einen Augenblick hatte es den Anschein, als wäre das volle Einvernehmen zwischen den Häuptern der Christenheit hergestellt. Allein Friedrich mußte sich angesichts der Sommerhitze und mit Rücksicht auf die ablehnende Haltung der deutschen Fürsten dazu entschließen, den Plan eines Feldzuges gegen die Normannen fallenzulassen, und kehrte verhältnismäßig schnell nach Deutschland zurück, ohne die römische Kirche gegen ihre politischen Gegner genügend abgesichert zu haben. Die Erwartungen, die die Kurie beim Abschluß des Konstanzer Vertrages auf seine Intervention gesetzt hatten, waren nur in sehr beschränktem Maß in Erfüllung gegangen.

Nach Überwindung einer gefährlichen militärischen Krise vermochte König Wilhelm von Sizilien Hadrian IV. unter so starken Druck zu setzen, daß dieser eine politische Schwenkung vornahm, die zweifellos den Intentionen einer einflußreichen Partei innerhalb des Kardinalskollegiums entsprach. Im Vertrag von Benevent (1156) kam es zu einer endgültigen Anerkennung des Bestandes des normannisch-sizilischen Königtums durch den Papst, das als Lehen der römischen Kirche staatsrechtlich legalisiert wurde und eine Bestätigung seiner einzigartigen kirchenpolitischen Privilegien erhielt. Am Kaiserhof sah man in dieser Wendung der Dinge sicherlich nicht mit Unrecht eine offene Preisgabe der seinerzeit im Konstanzer Vertrag festgelegten gemeinsamen politischen Linie. Das mußte um so schwerer ins Gewicht fallen, als ungefähr um die gleiche Zeit unter den Ratgebern Friedrich Barbarossas jene Persönlichkeit immer stärker in den Vordergrund trat, die dem Papsttum gegenüber den radikalsten Kurs vertrat: Rainald von Dassel.

In der Tat wuchsen allenthalben die Spannungen. Der erste Italienzug hatte dem Herrscher zwar die Kaiserkrone gebracht, war aber ansonsten doch nur ein Anfangserfolg geblieben. Noch bevor Friedrich den Boden Italiens verließ, hatte er in der Veroneser Klause eine militärische Schlappe gegen seine lombardischen Gegner mit Mühe vermieden. Man wird nicht fehlgehen in der Annahme, daß sich sein Entschluß, einen entscheidenden Schlag gegen Mailand zu führen, in der Folgezeit rasch immer mehr festigte. Demgegenüber trat der Gedanke eines Feldzuges gegen Normannen oder Byzantiner in den Hintergrund. Auch der Plan einer Heirat mit einer oströmischen Prinzessin, der nach der Scheidung von der ersten Gattin Adela von Vohburg aufgetaucht war, wurde nicht verwirklicht. Zu Pfingsten 1156 feierte Barbarossa in Würzburg seine glanzvolle Hochzeit mit Beatrix, der Tochter des Grafen Rainald von Burgund. Die ansehnlichen Besitzungen, die ihm diese kluge und gebildete Prinzessin zubrachte, verstärkten seine Stellung in den nördlichen Gebieten des arelatensischen Königreiches, ja sie eröffneten ihm überhaupt erst so recht die Möglichkeit, in dieser bisher vom Kaisertum wenig beachteten Zone eine energische Machtpolitik einzuleiten.

Um dieselbe Zeit gelang nach langwierigen Verhandlungen, an denen der Kaiser selbst lebhaften Anteil genommen hatte und deren günstigen Ausgang er als seinen persönlichen Erfolg betrachtete, die endgültige Beilegung des Zwistes zwischen Welfen und Babenbergern. Auf dem Hoftag zu Regensburg im September 1156 verzichtete Heinrich Jasomirgott zugunsten Heinrichs des Löwen auf das Herzogtum Bayern und wurde dafür gemeinsam mit seiner Gattin, der byzantinischen Prinzessin Theodora, mit dem neuerrichteten Herzogtum Österreich belehnt, das mit einzigartigen Vorrechten ausgestattet wurde. Der Babenberger erwirkte die Gewährung der weiblichen Erbfolge und des Rechtes, im Falle kinderlosen Todes dem Reichsoberhaupt einen Nachfolger zur Belehnung vorzuschlagen. Die Hoffahrtspflicht wurde auf Bayern, die Heeresfolge auf Österreichs Nachbarländer beschränkt, die Ausübung von Gerichtsbarkeitsrechten im Sprengel des Herzogtums ohne herzogliche Erlaubnis untersagt. Das alles bedeutete zwar keine wirkliche Einschränkung der Macht des Kaisertums, aber es war damit doch von seiten des Reiches ein neuer Typ territorialer Fürstengewalt anerkannt, der sich verfassungsgeschichtlich sehr deutlich von dem Stammesherzogtum der Vergangenheit abhob und die Möglichkeiten erkennen ließ, die sich den auf den Ausbau der Landeshoheit hinzielenden Bestrebungen der führenden Dynastenfamilien hier wie anderwärts eröffneten. Dem Kaiser ging es gewiß zunächst darum, die politische Lage des Augenblicks zu meistern; aber welche künftigen Entwicklungen sich damit anbahnten, kann seinem Weitblick kaum völlig entgangen sein. Jedenfalls rühmt der Geschichtsschreiber Otto von Freising, der selbst dem Hause der Babenberger entstammte, die Beilegung des Streites um das Herzogtum Bayern als sichtbaren Ausdruck der Herstellung des Friedens in Deutschland.

Von dieser gesicherten Basis aus suchte der Kaiser seine Stellung nach verschiedenen Seiten hin auszubauen. Im Jahre 1157 griff er zugunsten des mit dem staufischen Hause verwandten, vertriebenen Piastenherzogs Wladyslaw in die inneren Verhältnisse Polens ein. Das hatte zur Folge, daß wenige Jahre später (1163) ein eigener Zweig der polnischen Dynastie in Schlesien eingesetzt wurde, der die Einwanderung deutscher Siedler in die Wege leitete und dieses Land bald in wachsendem Ausmaß dem deutschen Kultureinfluß zu eröffnen begann.

Kurz darauf zog Barbarossa nach Burgund, um dort die Möglichkeiten auszuwerten, die ihm seine Heirat mit Beatrix eröffnet hatte. Es gelang ihm in der Tat, die kaiserliche Autorität in diesem Reichsteil zu kräftigen. Auf dem Hoftag, den er im Herbst 1157 in Besançon abhielt, ereignete sich ein Zwischenfall, der die Beziehungen zwischen Sacerdotium und Imperium vorübergehend aufs schwerste belastete. Zwei Legaten, unter ihnen der Kanzler Roland, der spätere Alexander III., überbrachten ein Schreiben Papst Hadrians IV., das über die rücksichtslose Behandlung des offenbar von kaiserlichen Parteigängern überfallenen und gefangengesetzten Erzbischofs Eskil von Lund lebhafte Klage führte. Dabei erinnerte Hadrian den Kaiser an die ehrende Aufnahme, die ihm die römische Kirche bereitet habe, insbesondere an die Kaiserkrönung; sie gereue den Papst nicht, ja es wäre für ihn eine Freude, wenn es ihm möglich gewesen wäre, ihm noch größere ‹Wohltaten› (beneficia) zu verleihen. Dieses Wort war doppeldeutig, denn es konnte auch Lehen bedeuten. Niemand anderer als der Kanzler Rainald von Dassel übersetzte das päpstliche Schreiben vor dem versammelten Hofe ins Deutsche. Seine Interpretation verwandelte den schillernden Ausdruck in einen offenen Affront. Wollte Hadrian das Reich als ein Lehen der Kirche bezeichnen? Man muß das kaiserliche Selbstbewußtsein, die feudale Denkungsart der Zeit und die kirchenpolitische Einstellung des Reichsepiskopats in Rechnung stellen, wenn man den Sturm der Entrüstung verstehen will, der damit ausgelöst wurde. In einem äußerst scharf formulierten Rundschreiben legte Barbarossa – offenbar unter dem unmittelbaren Einfluß Rainalds – seinen Standpunkt dar: Im Sinne der Lehre von den zwei Schwertern stammt das Königtum und das Kaiserreich kraft der Wahl durch die Fürsten unmittelbar von Gott. «Wer behauptet, wir hätten die kaiserliche Krone vom Papst zu Lehen empfangen, der widerspricht der göttlichen Unterweisung und der Lehre des Petrus; er macht sich der Lüge schuldig». Da die Reichsbischöfe entschieden auf die Seite des Kaisers traten, sah sich Hadrian veranlaßt, nachträglich eine harmlose Interpretation seiner Formulierung zu bieten. Der Heiligen Schrift gemäß bedeute ‹beneficium› im Sprachgebrauch der römischen Kirche nicht Lehen, sondern Wohltat (bonum factum). Damit war das Problem für den Augenblick aus der Welt geschafft, aber in Wahrheit hatten sich die Gegensätze weiter verschärft.

Das Einlenken der päpstlichen Diplomatie hatte gute Gründe, denn es war bekannt, daß der Kaiser eine militärische Machtentfaltung großen Stils südlich der Alpen vorbereitete. Im Sommer 1158 trat er mit starken Kräften den zweiten Italienzug an. Schon nach wenigen Wochen kam es zur Kapitulation der belagerten Stadt Mailand, die durch Hunger und Seuchen in die Knie gezwungen wurde; sie anerkannte den Anspruch des Herrschers auf die Regalien, behielt aber dafür immerhin eine gewisse Selbstverwaltung und das Recht der Wahl der vom Kaiser zu investierenden Konsuln. Abermals demonstrierte Barbarossa auf den Feldern von Roncaglia in feierlicher Heerschau seine Macht. Er ließ von den führenden Rechtslehrern der Universität Bologna die Regalien definieren, um klarzustellen, welche finanziellen Hoheitsrechte er von den Kommunen zu fordern hatte. Weitere Gesetze betrafen die Herleitung aller Gerichtsbarkeit vom Kaiser, sein Recht, in den Städten Pfalzen zu bauen, und seinen Anspruch auf Besteuerung. Dabei vermengt sich das Streben nach Wahrung der herkömmlichen Prärogativen der fränkisch-deutschen und der langobardischen Könige mit römischrechtlicher Gelehrsamkeit, die das römische Recht als das alte Kaiserrecht auffaßte und dem Imperator die Fülle der obersten Gewalt zuschrieb. Gleichzeitig wurde ein Landfriede und ein Lehensgesetz erlassen. Diese typisch mittelalterlichen Satzungen standen in den Augen des Hofes keineswegs im Gegensatz zum römischen Recht; das letztere diente überhaupt nicht so sehr der Praxis der Rechtspflege, sondern der ideellen Untermauerung des Kaisergedankens gegenüber der kurialen Lehre und den von den italienischen Kommunen tatsächlich geschaffenen Verhältnissen.

Die Kämpfe, die nun einem Höhepunkt zustrebten, lassen sich nicht vereinfachend auf den Gegensatz zwischen der deutschen feudalen Monarchie und den aufblühenden Stadtrepubliken Italiens reduzieren. Die letzteren waren nicht allein vom Bürgertum, sondern auch von dem innerhalb der städtischen Mauern ansässigen Adel getragen. Die wirtschaftspolitischen Konkurrenzkämpfe der Städte untereinander entzweiten das Land zutiefst, so daß der Kaiser zeitweilig geradezu als das Haupt einer Gruppe verbündeter Kommunen erschien, die mit der anderen leidenschaftlich verfeindet war. Vielfach verlagerten sich die Kämpfe auf die rein territoriale Ebene. Mehr als ein halbes Jahr belagerte Barbarossa die verhältnismäßig unbedeutende Stadt Crema, um sie schließlich zu zerstören. Andererseits wurde immer offenkundiger, daß die Kurie ihre Beziehungen zu den kaiserfeindlichen Lombarden ausbaute und daß das in Roncaglia verkündete Programm des kaiserlichen Anspruchs auf die Regalien, sobald es auf Mittelitalien und die zum Kirchenstaat gehörenden Gebiete Anwendung fand, die Beziehungen zwischen Sacerdotium und Imperium aufs schwerste belasten mußte.

Persönliche Momente traten verschärfend hinzu. Rainald von Dassel, seit Anfang 1159 erwählter Erzbischof von Köln, gewann immer stärkeren Einfluß. Als im Herbst des gleichen Jahres Hadrian IV. starb, wählte die Mehrheit der Kardinäle den Führer der kaiserfeindlichen Richtung, den Kanzler Roland, einen gewiegten Diplomaten und gelehrten Kanonisten bürgerlicher Abkunft, der die Traditionen des Reformpapsttums repräsentierte, als Alexander III. zum Papst, während sich eine Minderheit für den deutschfreundlichen, aus altrömischem Stadtadel stammenden Kardinal Oktavian entschied, der als kaiserlicher Gegenpapst den Namen Viktor IV. annahm. Obwohl die Haltung Barbarossas zu diesem Schisma von vornherein klar war, berief er zunächst eine allgemeine Kirchenversammlung nach Pavia, die die beiden Gewählten vorladen und die Frage der Besetzung des apostolischen Stuhles formal nach den Prinzipien des Kirchenrechtes entscheiden sollte. Das mußte Alexander grundsätzlich ablehnen, da er sich für den rechtmäßigen Papst hielt, der als solcher nach der Lehre der römischen Kirche von niemandem gerichtet werden durfte. Das Konzil, das praktisch von den deutschen Reichsbischöfen beherrscht, von Alexander aber nicht anerkannt war, fällte die Entscheidung, die von ihm zu erwarten war; es erklärte sich für Viktor IV. und bannte seinen Gegenspieler. Der Gegenschlag konnte nicht ausbleiben. Alexander exkommunizierte seinerseits den Gegenpapst, den Kaiser und dessen Ratgeber. Damit war die Spaltung der Kirche vollzogen. Auf der Seite Viktors standen allerdings außer der überwiegenden Mehrheit der Bischöfe des Reiches nur die vom Staufer beeinflußten Länder Böhmen, Dänemark und Polen, während die meisten anderen Staaten der Christenheit, insbesondere der Klerus von Frankreich und England, für Alexander III. eintraten.

Für die kaiserliche Politik ergaben sich aus dieser Situation zwei Hauptziele: die militärische Niederwerfung der lombardischen Gegner und die Herbeiführung der allgemeinen Anerkennung Viktors IV. Nur das erste dieser beiden Ziele war zeitweilig realisierbar. Der Plan Rainalds, der Christenheit einen kaiserlichen Parteigänger als Papst aufzunötigen, erwies sich jedenfalls als Utopie. Eine so eigenständige geistige Kraft, wie sie die aus der gregorianischen Ideenwelt erneuerte Kurie darstellte, ließ sich nicht einfach zum Werkzeug der staufischen Politik machen. Auch hätten die immer deutlicher nach Ausgestaltung ihres nationalen Eigenlebens strebenden Staaten des abendländischen Kulturkreises eine vom Kaisertum abhängige zentrale Kirchenregierung nicht geduldet. Nur vorübergehend, aus taktischen Rücksichten, zeigten sie sich bereit, den Tendenzen Rainalds entgegenzukommen.

Durch härteste Blockademaßnahmen wurde Mailand nach einjährigem Widerstand im Frühjahr 1162 zur bedingungslosen Kapitulation gezwungen. Die Stadt fiel der Zerstörung anheim, ihre Befestigungen wurden geschleift, ihre Bewohner ausgesiedelt, auf vier Dörfer verteilt und einem kaiserlichen Podestà unterworfen, dem sie als Bauern Naturalleistungen und Dienste zu entrichten hatten. Formalrechtlich handelte es sich um die Vollstreckung eines Strafurteils, das von den lombardischen Feinden der Stadt als Vergeltung für die Zerstörung Lodis und Comos gefordert wurde. Der Schrecken bewog die anderen Gegner des Kaisers zur Unterwerfung unter das von Rainald von Dassel aufgerichtete Regiment, das nun die reichsten und blühendsten Gebiete Oberitaliens umspannte. Im Hochgefühl dieses Triumphes nahm Barbarossa den Plan eines entscheidenden Angriffs auf das Normannenreich wieder auf. Durch Verträge sicherte er sich die Hilfe der Seemächte Genua und Pisa. Die verworrene Lage in Rom schien das Unternehmen zu begünstigen, dessen Gelingen die politische Position des alexandrinischen Papsttums auf der Apenninenhalbinsel vernichtet hätte.

Dem Beispiel seiner Vorgänger folgend hatte sich Alexander in dieser äußersten Notlage hilfesuchend nach Frankreich gewandt, das er fliehend auf dem Seewege erreichen konnte. Auch diesmal stellten sich dem Plan des Feldzuges gegen die Normannen bald die verschiedensten Hindernisse entgegen; vor allem die Konkurrenz der Seemächte Pisa und Genua, die beide die handelspolitische Vormacht in den zu erobernden Gebieten erstrebten, machte sich hemmend bemerkbar. Da die Beilegung des Schismas in den Augen Barbarossas den Vorrang gegenüber den süditalienischen Problemen besaß, entschloß er sich, den Gedanken des Vorstoßes gegen den Süden fallenzulassen, und begab sich in sein burgundisches Herrschaftsgebiet in der Absicht, die Anerkennung Viktors IV. durch König Ludwig VII. von Frankreich im Verhandlungswege zu erreichen. Die politische Entwicklung schien dieses Vorhaben zu begünstigen. Ludwig war in Gegensatz zu Alexander geraten, der damals gute Beziehungen zu Heinrich II. von England unterhielt. Der Kaiser gedachte gemeinsam mit dem französischen König an der Grenze beider Reiche, an der Brücke über die Saône bei Saint-Jean-de-Losne, eine Versammlung geistlicher und weltlicher Großer abzuhalten, die das Schisma durch Einsetzung eines Schiedsgerichtes entscheiden sollte. Doch weigerte sich Alexander weiterhin, sich einem derartigen Verfahren zu unterwerfen. Im letzten Moment kam die Zusammenkunft der beiden Monarchen nicht zustande, wohl nicht zuletzt deshalb, weil der französische Klerus nicht geneigt war, Ludwig auf diesem Wege zu folgen. Daraufhin kam es zu einem schroffen Abbruch der Verhandlungen; der Kaiser ließ von sich aus durch eine Synode die Verurteilung Alexanders erneuern. Rainald vertrat dabei den Standpunkt, daß die Könige («reguli») des Westens in der Frage der Besetzung des apostolischen Stuhles keine Kompetenz besäßen. In Wirklichkeit hatte die kaiserliche Sache keine Fortschritte erzielt.

Friedrich begab sich im Herbst 1162 nach Deutschland, um Kräfte für die Fortführung seiner Italienpolitik zu sammeln. Allein die in Deutschland herrschenden Gegensätze wirkten sich lähmend aus. Über die Mainzer Bürgerschaft hielt Barbarossa wegen der Ermordung des Erzbischofs Arnold von Selehofen ein hartes Strafgericht. Es gelang ihm, die Wahl Konrads von Wittelsbach zum neuen Erzbischof durchzusetzen; um so größer war seine Enttäuschung, als sich dieser dann später immer mehr der alexandrinischen Richtung zuwandte.

So konnte Barbarossa zwar im Herbst 1163 seine italienischen Unternehmungen wiederaufnehmen, aber er mußte sich dabei auf seine Anhängerschaft im Lande selbst stützen. Dort war es zwar Rainald von Dassel gelungen, zeitweilig eine sehr starke Position aufzubauen. Aber der Tod Viktors IV. und die einseitige Einsetzung eines neuen Gegenpapstes (Paschal III.), der auch in Deutschland weit geringeren Anhang fand als sein Vorgänger, schwächte die Stellung der Reichsgewalt. Dazu kam, daß die Venezianer an die Spitze einer kaiserfeindlichen Bewegung unter den oberitalienischen Städten traten. Mit Verona, Vicenza und Padua schlossen sie sich zum Veroneser Bund zusammen, dessen weitere Ausbreitung Friedrich nur dadurch zu verhindern vermochte, daß er in ausgesprochenem Gegensatz zu seinen einst in Roncaglia verkündeten Grundsätzen einzelnen Städten in der Regalienfrage großzügige Zugeständnisse gewährte. Schließlich trat er den Rückmarsch nach Deutschland an, ohne den geplanten Feldzug nach Süden ausgeführt oder einen militärischen Erfolg gegen den Veroneser Bund erzielt zu haben (1164).

In dieser keineswegs günstigen Lage schien sich noch einmal eine Aussicht auf Beilegung des Schismas mit Hilfe einer der beiden Westmächte zu eröffnen. Mit dem Erlaß der Konstitutionen von Clarendon (Anfang 1164) hatte sich der Konflikt zwischen König Heinrich II. von England und Thomas Becket, dem Primas der Kirche seines Landes, aufs äußerste zugespitzt. Dieser war nach Frankreich geflohen; Alexander suchte zwar den völligen Bruch mit der englischen Krone zu vermeiden, aber seine Beziehungen zu Heinrich II. waren naturgemäß schwer belastet. Rainald verstand die Lage zu nützen, indem er sich persönlich an den englischen Hof nach Rouen begab. Es kam zum Abschluß eines deutsch-englischen Bündnisses; Heinrich II. stellte die Anerkennung des kaiserlichen Gegenpapstes in Aussicht. Zu Pfingsten 1165 hielt Barbarossa in Würzburg einen Reichstag ab, auf dem auch Abgesandte des Königs von England erschienen. Sie verpflichteten sich gemeinsam mit Friedrich und den versammelten geistlichen und weltlichen Fürsten durch Eid, Alexander niemals anzuerkennen und stets an der Obödienz Paschals III. oder seines Nachfolgers festzuhalten. Unter Androhung des Verlustes aller Lehen und Ämter sollten die Großen des Reiches gezwungen werden, diesen Eid gleichfalls zu leisten. Man hoffte, auf diesem Wege die Opposition gegen die kaiserliche Kirchenpolitik in die Knie zu zwingen. Die Absetzung des Erzbischofs Konrad von Mainz und die Verhängung der Reichsacht gegen Konrad von Salzburg zeigten die Entschlossenheit des Kaisers. Der bisherige Kanzler Christian von Buch, ein fähiger Staatsmann und Feldherr, dessen Persönlichkeit wenig geistliche Züge trug, trat an die Spitze der Mainzer Kirche. Die Heiligsprechung Karls des Großen in Aachen (Ende 1165) bildete einen propagandistischen Höhepunkt dieser Politik. Angesichts der überragenden Territorialmacht, über die der englische König auf französischem Boden verfügte, konnte es scheinen, als müßte der Kirchenstreit durch den politischen Zusammenschluß der beiden stärksten Reiche der Christenheit entschieden sein. In höchster Besorgnis kehrte Alexander III. aus dem Westen nach Rom zurück, um bei den Normannen Rückhalt zu suchen. Aber das englische Bündnis zeitigte nicht die von Rainald erhofften Früchte. Der englische König, dem die Geistlichkeit seines Herrschaftsbereiches auf seinem Wege keine Folge leistete, benützte die neue Situation eher als politisches Druckmittel dem Papst gegenüber. Es kam wiederum darauf an, eine militärische Entscheidung in Italien zu suchen.

Diesmal (1166) standen dafür ausreichende Kräfte zur Verfügung, obgleich sowohl Heinrich dem Löwen als auch dessen Gegnern die Teilnahme an der Italienfahrt erlassen wurde. Dafür wurden erstmals Soldtruppen (Brabanzonen) in größerem Ausmaß herangezogen. Die Entscheidung suchend drangen zwei Heersäulen im Frühjahr 1167 gegen Süden vor. Der Kaiser selbst konnte das zu den Byzantinern abgefallene Ancona einnehmen, während Rainald von Dassel und Christian von Mainz über Tuszien in das päpstliche Gebiet einfielen und bei Tusculum die an Zahl überlegenen Römer entscheidend schlugen. Bald darauf trat Friedrich zum Sturm gegen die Leostadt bei St. Peter an, die er nach erbittertem Kampf zu nehmen vermochte. Der Gegenpapst Paschal III. wurde in der Peterskirche inthronisiert; er wiederholte die Kaiserkrönung an Barbarossa, während es Alexander mit knapper Not gelang, zu entfliehen.

Der Staufer schien sein Ziel erreicht zu haben. Da trat eine Wendung ein, die von den Zeitgenossen als unmittelbares Eingreifen Gottes gedeutet wurde. Im Lager vor Rom brach infolge der Sommerhitze eine Seuche aus, der ein großer Teil des kaiserlichen Heeres erlag. Unter den Opfern befanden sich Rainald von Dassel, des Kaisers Vetter Friedrich von Rothenburg, der junge Welf VII., die Bischöfe Hermann von Verden und Daniel von Prag. Es blieb nichts übrig als schleuniger Rückzug.

Schon vorher war in der Lombardei eine neue kaiserfeindliche Bewegung ausgebrochen. Cremona und einige andere Städte hatten sich in einer geschworenen Einung zusammengeschlossen, die nun zu einer allgemeinen Empörung anschwoll. So entstand der lombardische Bund, dessen Programm die Brechung der kaiserlichen Herrschaft und die Erneuerung der kommunalen Freiheiten war. Daß Friedrich die Reichsacht gegen die Städte schleuderte, half wenig; er mußte froh sein, wenn es ihm gelang, den Rückzug über die Alpen zu bewerkstelligen (1168).

Der Rückschlag war schwer, doch waren die Grundlagen der Reichsgewalt in Deutschland keineswegs erschüttert. Mit zäher Energie und mit dem Geschick eines erfahrenen Staatsmannes ging Friedrich daran, sie neu zu festigen. Das Einvernehmen mit Heinrich dem Löwen blieb weiterhin aufrecht. Dem Kaisersohn Friedrich wurde das Herzogtum Schwaben verliehen, das durch den Tod Friedrichs von Rothenburg, des Sohnes Konrads III., vakant geworden war. Die Herrschaft der staufischen Dynastie im Reich wurde dadurch sichergestellt, daß es gelang, die Fürsten für die Wahl des noch im Kindesalter stehenden späteren Kaisers Heinrich VI. zum König zu gewinnen. An den Würzburger Eiden, die die Anerkennung Alexanders III. ausschlossen, hielt Barbarossa fest, obwohl es mehrfach zu diplomatischen Fühlungnahmen mit der Kurie kam. Als Nachfolger Rainalds von Dassel wurde ein tatkräftiger Verfechter der staufischen Politik, Philipp von Heinsberg, zum Erzbischof von Köln und Erzkanzler für Italien erhoben. Die Widerstände der alexandrinischen Partei im Erzstift Salzburg konnten allerdings trotz energischen Durchgreifens des Kaisers nicht gebrochen werden. Auf territorialer Ebene sind gerade damals, während des längsten Aufenthaltes, den Barbarossa als Herrscher in Deutschland genommen hat, sowohl im alamannischen Südwesten als auch im mitteldeutschen Osten beachtliche Machterweiterungen erzielt worden, während Christian von Mainz als Reichslegat in Italien eine erfolgreiche Tätigkeit zu entfalten vermochte. Ein neuer Feldzug gegen Polen führte zur abermaligen Anerkennung der Lehenshoheit des Reiches und zur Einsetzung des kaiserlich gesinnten Piastenherzogs Boleslaw in Schlesien.

Im Jahre 1174 hielt Barbarossa den Augenblick für gekommen, einen neuen Zug nach Italien zu unternehmen. Obwohl Heinrich der Löwe fernblieb, war die kaiserliche Streitmacht doch eine beträchtliche. Das Ziel war zunächst die Eroberung und Zerstörung der Stadt Alessandria, die die Lombarden als Trutzfeste gegen die staufische Herrschaft errichtet und nach dem Papst benannt hatten. Es gelang nicht, sie zu nehmen; die militärische Lage blieb unentschieden, und man einigte sich im Vertrag von Montebello (1175) auf einen Kompromiß, der formal die Unterwerfung der Aufständischen vorsah, in der Sache aber die Beilegung des Konfliktes durch ein Schiedsgericht beziehungsweise durch einen Spruch der Konsuln von Cremona in Aussicht nahm. Die Verhandlungen blieben jedoch ergebnislos, weil Barbarossa auf der Zerstörung der Stadt Alessandria beharrte, deren Anerkennung die Lombarden forderten, und weil der Kaiser nicht bereit war, den Papst in das Friedenswerk mit einzubeziehen. So kam es zur Wiederaufnahme der Feindseligkeiten.

Da Friedrich größere Truppenkontingente, vor allem in Italien angeworbene Söldner, entlassen hatte, benötigte er dringend Zuzug aus Deutschland. In dieser für ihn recht bedrohlichen Lage wandte er sich an Heinrich den Löwen mit der Bitte um Hilfe. Die berühmte Zusammenkunft in Chiavenna (1176), über deren Verlauf wir nur Vermutungen anstellen können, obwohl nicht bezweifelt werden sollte, daß sie tatsächlich stattfand, führte nicht zu dem von Friedrich gewünschten Ergebnis, denn er weigerte sich, der Forderung des Welfen nach Abtretung der Stadt Goslar, die sowohl wegen des reichen Silberbergbaues als auch wegen ihrer territorialpolitischen Bedeutung besonders begehrenswert war, stattzugeben. Damit war der endgültige Bruch zwischen Barbarossa und dem Löwen vollzogen. Die unmittelbare Folge war eine empfindliche Niederlage des staufischen Heeres im Kampf gegen die Lombarden bei Legnano (Ende Mai 1176). Es handelte sich gewiß nicht um eine militärische Katastrophe, aber doch um einen gewaltigen Prestigeverlust, denn wann war seit Menschengedenken die Streitmacht des Kaisers von dessen italienischen Gegnern aus dem Felde geschlagen worden? Der Fahnenwagen (carroccio) der Mailänder, das Symbol der Widerstandskraft der lombardischen Metropole, hatte dem Angriff der deutschen Ritterschaft getrotzt. Neue Verhandlungen, die daraufhin eingeleitet wurden, blieben trotz verhältnismäßig großzügiger Angebote des Kaisers abermals ergebnislos.

In dieser Krise bewährte sich die Gabe Friedrichs, staatsmännisch durchdachte Schwenkungen vorzunehmen und sich einer veränderten Lage anzupassen. Da der Friede mit den Lombarden nicht zustande kam, entschloß er sich, einen Ausgleich mit dem Papst zu suchen. Die notwendige Voraussetzung dafür schuf er selbst, indem er sich bereitfand, die Politik der Würzburger Eide preiszugeben und den Gegenpapst fallenzulassen. Im Vorvertrag von Anagni (November 1176) sprach er die Anerkennung Alexanders III. aus und versprach, die der römischen Kirche entzogenen Besitzungen und Hoheitsrechte zurückzuerstatten, auf das Erbe der Markgräfin Mathilde von Tuszien zu verzichten und sowohl mit den Lombarden als auch mit Sizilien Frieden zu schließen. Die Gegenleistung der Kurie bestand in der Lösung des Kaisers vom Bann, die mit der Anerkennung seiner Herrschaft verbunden war, und in der Zusage, die Einsetzung kaiserlich gesinnter Bischöfe in Deutschland weitestgehend zu tolerieren.

Der diplomatische Erfolg des Kaisers bestand darin, daß damit die bisherige Einheitsfront zwischen Alexander und den Lombarden in Frage gestellt war. Unter den letzteren breiteten sich Mißtrauen und Unsicherheit aus. Der zähen Verhandlungstaktik Barbarossas gelang es, der Kurie einige nicht unwesentliche Zugeständnisse abzuringen, die über die ursprünglichen Vereinbarungen von Anagni hinausgingen. So konnte der schwere Konflikt, der durch achtzehn Jahre Sacerdotium und Imperium entzweit hatte, im Sommer 1177 durch den Frieden von Venedig beigelegt werden. Auf dem Platz vor der Markuskirche fand die öffentliche Szene der Versöhnung statt, die man oft mit Canossa verglichen hat. Man konnte sie als einen Triumph der Ideen Gregors VII., aber doch auch als Bestätigung der kaiserlichen Auffassung von der Nebenordnung der zwei Gewalten interpretieren, an der Barbarossa seit seiner Thronbesteigung stets konsequent festgehalten hatte. Mit den Lombarden kam ein sechsjähriger, mit Sizilien ein fünfzehnjähriger Waffenstillstand zustande. Die deutsche Reichskirche konnte nun durch Beilegung der Konflikte, die das Schisma mit sich gebracht hatte, endlich befriedet werden.

Der Vergleich mit Canossa hinkt vor allem deshalb, weil durch den Frieden von Venedig die Autorität des Kaisers wesentlich gestärkt, Ruhe und Sicherheit im Reich ungemein gefestigt wurden. Insbesondere hatte Friedrich freie Hand gewonnen, das Problem zu lösen, das seit der Zusammenkunft von Chiavenna offengeblieben war. Als er über Burgund nach Deutschland zurückkehrte, wurde die Auseinandersetzung zwischen Heinrich dem Löwen und dessen Gegnern vor seinen Richterstuhl getragen. In völliger Abkehr von seiner früheren Haltung nahm er nun eindeutig gegen den Welfen Stellung. Die Klage wegen Landfriedensbruches gegen ihn wurde zugelassen; da er sich mehrfach weigerte, vor Gericht zu erscheinen, wurde wegen hartnäckiger Nichtachtung der Ladung vor den Lehensherrn (contumacia) die Acht über ihn verhängt. Ein Versuch, die Sache durch Entrichtung einer hohen Geldbuße beizulegen, schlug fehl. So nahm der Prozeß seinen Lauf, der darin gipfelte, daß dem Majestätsverbrecher nach Lehenrecht seine Herzogtümer Sachsen und Bayern, nach Landrecht seine Eigengüter aberkannt wurden. Die Verhängung der Oberacht kam der Eröffnung des Krieges gegen den mächtigsten Fürsten des Reiches gleich (1180).

Erstaunlich rasch brach die Macht Heinrichs des Löwen zusammen. Der Abfall in den sächsischen Kerngebieten war allgemein und griff auch in das Land jenseits der Elbe über. Nachdem sich Lübeck ergeben und König Waldemar von Dänemark dem Kaiser gehuldigt hatte, sah sich Heinrich zur Unterwerfung gezwungen (1181); er ging in die Verbannung zu seinem Schwiegervater, dem König Heinrich II. von England. Schon vorher war über die Reichslehen verfügt worden. Bayern kam an Otto von Wittelsbach, einen der treuesten Parteigänger Barbarossas; dabei wurde die Steiermark, ähnlich wie Österreich 1156, aus dem alten stammesherzoglichen Verband gelöst und in ein eigenes Herzogtum umgewandelt. Sachsen wurde geteilt; die herzogliche Gewalt in Westfalen innerhalb des Bereiches der Diözesen Köln und Paderborn empfing der Erzbischof Philipp von Köln, das so verkleinerte sächsische Herzogtum wurde dem Askanier Bernhard, einem Sohn Albrechts des Bären, verliehen. Die Vorgänge waren von großer Tragweite für die Verfassungsentwicklung des Reiches; an die Stelle der alten stammesherzoglichen Verbände waren endgültig die jüngeren territorialen Gewalten getreten. Gleichzeitig wandelte sich das Wesen des Reichsfürstenstandes, dem von nun an nicht mehr alle Grafen, sondern nur diejenigen Großen des Reiches angehörten, die ihr Lehen aus der Hand des Königs empfingen. Damit war ein weiterer Schritt auf dem Wege der Umgestaltung des Reiches in einen lehensstaatlichen Verband getan. Von großer Tragweite für die politischen Geschicke Deutschlands war es schließlich, daß der Kaiser die Reichslehen nicht etwa in der Hand behielt oder an Angehörige seiner eigenen Familie ausgab, sondern Fürsten aus anderen Häusern mit ihnen belehnte.

Das unmittelbare Nahziel der Politik Barbarossas war bei alledem die Herstellung eines politischen Gleichgewichts in Deutschland bei gleichzeitigem Ausbau der kaiserlichen Machtstellung. Ganz ähnlich ist der Friede mit dem Lombardenbund zu beurteilen, der im Jahre 1183 in Konstanz geschlossen wurde. Die Stadt Alessandria, deren bloße Existenz als Beleidigung der kaiserlichen Ehre empfunden worden war, unterwarf sich der Form nach und wurde unter dem Namen Caesarea, den sie freilich praktisch kaum je getragen hat, neu gegründet; es war daran gedacht, sie geradezu in einen Stützpunkt kaiserlicher Macht umzuwandeln. Friedrich anerkannte den Lombardenbund, räumte den Städten die Regalien innerhalb ihrer Mauern ein und gewährte ihnen das Recht der freien Wahl ihrer Konsuln. Sie sollten allerdings vom Kaiser investiert werden und ebenso wie die Bürger zur Leistung eines Untertaneneides verhalten sein. Eine Appellation an das Reichsgericht blieb weiterhin möglich. Gleichzeitig aber verfolgte Barbarossa die Absicht, die Lombarden den Zielen seiner Politik dienstbar zu machen. Er verstand es, ihnen bedeutende Zugeständnisse abzuringen: die Zahlung einer hohen Geldsumme, die Ablösung von Regalienrechten außerhalb der Stadtmauern durch erhebliche weitere Beträge, die beschworene Verpflichtung, dem Herrscher bei der Rückgewinnung und Wahrung der Reichsrechte zur Seite zu stehen, und die Entrichtung des ‹Fodrums›, einer Abgabe für die Verproviantierung des durchziehenden kaiserlichen Heeres. Damit ergab sich eine neue Situation; aus den unversöhnlichen Gegnern waren potentielle Verbündete der staufischen Macht geworden, deren Schwergewicht sich nunmehr von Oberitalien nach der Mitte der Halbinsel verlagerte. Verhandlungen mit Papst Lucius III., dem Nachfolger Alexanders, über einen Verzicht der Kurie auf die Mathildischen Güter und über eine Kaiserkrönung Heinrichs VI. zu Lebzeiten des Vaters scheiterten allerdings.

Während des letzten Italienzuges, den Barbarossa im Jahre 1184 antrat, kam es abermals zu einer überraschenden Wende. Noch immer waren ja die Beziehungen zum normannisch-sizilischen Königreich nicht bereinigt. Nun wurde ein Übereinkommen geschlossen, das die Verheiratung des jugendlichen Königs Heinrich mit der mehr als zehn Jahre älteren Tante des Königs Wilhelm II. von Sizilien, Konstanze, in Aussicht nahm. Daß dies zur Vereinigung beider Reiche führen werde, konnte damals vom dynastischen Standpunkt aus nicht vorausgesehen werden. Auf der gleichen Linie lag es, wenn Friedrich jetzt auch mit der Erbfeindin Mailand ein Bündnis einging. Als eine Demonstration der neuen Konstellation mußte es aufgefaßt werden, daß im Jahre 1186 gerade in Mailand die Vermählung Heinrichs mit Konstanze festlich begangen wurde. Der junge König empfing aus der Hand des Patriarchen von Aquileja die italienische Krone; ob er damals auch den Titel Caesar erhielt und dadurch ohne päpstliche Mitwirkung mit imperialer Würde ausgezeichnet wurde, ist ungewiß.

Das alles belastete die Beziehungen zur Kurie, zumal der Kaiser unterdessen seine territorialen Positionen in Mittelitalien immer energischer ausbaute und durch deutsche Amtsherzoge und Amtsmarkgrafen die Hoheitsrechte des Kirchenstaates empfindlich einengte. Als mit Urban III. ein Mailänder zum Papst erhoben wurde, führte dies zum Bruch. Nachdem sich ein Konflikt um die Besetzung des Erzbistums Trier aufs äußerste zugespitzt hatte, ließ der Kaiser seinen Sohn Heinrich in den Kirchenstaat einrücken und die päpstlichen Territorien größtenteils besetzen. In dieser gefährlichen Lage wandte sich Urban III. scharf gegen Forderungen der weltlichen Gewalt, die nach den Prinzipien des kanonischen Rechtes unberechtigte Übergriffe darstellten; er verurteilte den Anspruch des Herrschers auf den beweglichen Nachlaß der geistlichen Fürsten (Spolienrecht) und auf die weltlichen Einkünfte der Bistümer während der Sedisvakanz (Regalienrecht). Gleichzeitig nahm er Verbindung mit Friedrichs deutschen Gegnern auf, um auf diesem Wege die kaiserliche Machtentfaltung in Italien zu hemmen.

So sah sich Barbarossa genötigt, nach Deutschland heimzukehren (1186). Er war aus territorialpolitischen Gründen in einen heftigen Gegensatz zu Erzbischof Philipp von Köln geraten, der einst zu seinen treuesten Helfern gezählt hatte, nun aber eine stauferfeindliche Koalition zusammenzubringen versuchte. Das gelang nicht; Philipp wurde isoliert und mußte sich schließlich unterwerfen (1188). Begünstigt wurde dieser diplomatische Erfolg durch den Abschluß eines Bündnisses mit König Philipp II. August von Frankreich (1187). Die Zusammenarbeit zwischen der staufischen und der kapetingischen Politik sollte sich in der Folgezeit immer wieder bewähren. In dieser Position der Stärke beendete Barbarossa im Jahre 1189 seinen letzten Konflikt mit der Kurie durch einen Vertrag, der die Herausgabe aller von Heinrich VI. okkupierten Gebiete des Kirchenstaates unter Vorbehalt der Reichsrechte und die Kaiserkrönung Heinrichs in Aussicht nahm, während die Rechtslage des in staufischer Hand verbleibenden Erbes der Markgräfin Mathilde von Tuszien offenblieb.

Inzwischen war im Orient eine Entwicklung eingetreten, die mit einem Schlage das Kreuzzugsproblem erneut in den Mittelpunkt des politischen Bewußtseins rückte. Der ägyptische Sultan Saladin errang bei Hittin einen entscheidenden Sieg über die Christen und nahm die Stadt Jerusalem ein (1187). Der Hilferuf aus dem Heiligen Land fand in der Christenheit starken Widerhall. Im Jahre 1188 nahm Barbarossa selbst auf dem ‹Hoftag Jesu Christi› in Mainz das Kreuz. Seinem Beispiel folgten sein Sohn, Herzog Friedrich von Schwaben, und viele Große des Reiches. Die Lage in Deutschland begünstigte diesen kühnen Entschluß. Heinrich der Löwe war wieder in den Machtbereich des Königs von England in die Verbannung gegangen, die Regierung des Reiches konnte während der Abwesenheit des Kaisers der starken Hand Heinrichs VI. anvertraut werden, der Ausgleich mit der römischen Kirche lag unter diesen Umständen nahe.

Allenthalben überbrückte der Kreuzzugsgedanke – wenn auch nur zeitweilig – die bestehenden Gegensätze; die Christenheit war von dem Gedanken fasziniert, unter kaiserlicher Führung mit vereinter Kraft das Heilige Land zu befreien. Barbarossa mochte die Erfüllung seines Lebenswerkes darin erblicken, an der Spitze der christlichen Ritterschaft seinen Einzug in Jerusalem zu halten. Wäre es ihm vergönnt gewesen, dieses Ziel zu erreichen, dann hätte die Autorität des Kaisertums einen ungeahnten Höhepunkt erreicht.

Daß es nicht dazu kam, ist freilich kein Zufall. Zwar unterschied sich der Kreuzzug Barbarossas von allen früheren Unternehmungen dieser Art durch die gründliche Planung, die sich von den diplomatischen Vorbereitungen bis zur Vorsorge für die Verproviantierung des Heeres erstreckte. Die Disziplin war ausgezeichnet, die Einheitlichkeit der Führung durch die Person des Kaisers sichergestellt. Verträge mit Ungarn und Serbien, mit Byzanz und dem Sultan von Ikonium sollten alle erdenklichen Schwierigkeiten aus dem Wege räumen. Trotzdem ließ der endlose Landmarsch die Kräfte ermatten. Von tiefstem Mißtrauen erfüllt, um den Bestand ihres Reiches bangend, schwankte die Haltung der Byzantiner zwischen undurchsichtigem Ränkespiel, offener Feindseligkeit und halber Hilfsbereitschaft. Schon tauchte der Gedanke auf, Konstantinopel selbst zu besetzen, als es im letzten Moment gelang, einen Vertrag mit dem oströmischen Kaiser zu schließen, der die Überfahrt nach Kleinasien garantierte. Dort begannen freilich bald noch größere Schwierigkeiten. Unter den größten Entbehrungen schlug sich das Kreuzheer durch das Gebiet des Sultans von Ikonium durch, der entscheidend geschlagen werden konnte. Unaufhaltsam ging der Vormarsch über die Berge Kilikiens weiter in das christliche Königreich Kleinarmenien. Da erwies sich der alternde Herrscher den unerhörten Strapazen, die er wochenlang zu ertragen vermochte, nicht mehr gewachsen; am 10. Juni 1190 ereilte ihn im Flusse Saleph der Tod.

Er wurde gleichsam seiner irdischen Mission entrückt, ohne sie vollendet zu haben, allerdings auch, ohne an ihr gescheitert zu sein. Seiner Gestalt bemächtigte sich die politisch-historische Legende, indem sie ihn seit der frühen Neuzeit mit seinem gleichnamigen Enkel vermengte und ihn gewissermaßen als den letzten großen Vertreter der Kaiserherrlichkeit ansah. Nicht dieser späteren Verklärung hat der Historiker Raum zu geben; es ist seine Aufgabe, das geschichtlich getreue Bild Kaiser Friedrichs I. so zu zeichnen, wie es gewesen ist.

Die Voraussetzungen dafür liegen nicht so ungünstig, wie es im ersten Augenblick scheinen mag. Wir besitzen von Barbarossa kein Porträt; der Cappenberger Kopf gibt zwar offensichtlich einzelne Züge seiner äußeren Erscheinung zutreffend wieder, aber er ist kein individuelles Bildnis in unserem Sinne. Hingegen liegen mehrere authentische Äußerungen vor, die es uns gestatten, bestimmte Aussagen über die Persönlichkeit des Kaisers zu machen. Abt Wibald von Stablo, der erfahrene Staatsmann, hat ihn anläßlich seiner Thronbesteigung in einem Schreiben an Papst Eugen III. kurz charakterisiert, und Rahewin, der Mitarbeiter und Fortsetzer Ottos von Freising, schließt das Werk, das seine Taten erzählt, mit einer Schilderung seiner Persönlichkeit, die für den Umkreis des Hofes bestimmt war und daher zwar gewiß nicht frei von schmeichlerischer Schönfärberei bleibt, aber doch auch nichts Unrichtiges aussagen kann. Andere Quellen geben ein ähnliches Bild.

Demnach war der Kaiser von mehr als mittelgroßer Gestalt. Sein gelocktes Haupthaar war der Sitte gemäß in würdiger Weise gepflegt, wie es der Cappenberger Kopf erkennen läßt. Rahewin spricht von seiner ‹barba subrufa›; aus dieser Angabe scheint sich der italienische Beiname Barbarossa herzuleiten, der jedenfalls nicht zeitgenössisch ist. Der Kaiser war eine fürstlich-ritterliche Erscheinung im Sinne seines Jahrhunderts; seine Lebensart und seine Anschauungen einschließlich seiner Vorstellungen vom rechten Verhältnis zwischen Sacerdotium und Imperium entsprachen durchaus dem Zeitgeist, den er auf seine Weise repräsentierte, ohne ihn vorauseilend zu überragen. Ein tüchtiger Staatsmann und Heerführer, leutselig und freigiebig, von strengstem Rechts- und Ehrgefühl beseelt, hatte er die übliche Erziehung eines Fürsten genossen. Daß er ein ausgezeichneter Jäger war, versteht sich von selbst. Seine Beredsamkeit in seiner Muttersprache wird gerühmt; er verstand zwar Latein, war aber nicht befähigt, es selbst gewandt zu sprechen, so daß er sich bei Verhandlungen eines Dolmetschers bediente. Persönlich fromm und keineswegs kirchenfeindlich gesinnt, pflegte er allmorgendlich allein oder mit geringem Gefolge den Gottesdienst zu besuchen. Daß er sich Bischöfen und Klerikern gegenüber ehrerbietig verhielt, hebt Rahewin eigens hervor; er meint sogar, die Italiener könnten sich daran ein Beispiel nehmen. Dem entsprach ein lebhaftes Interesse an kirchlich-religiösen Angelegenheiten, das allerdings nicht durch eigene Studien, sondern durch Belehrung genährt war, die er gerne entgegennahm. Andererseits hat der Kaiser keine großen, repräsentativen kirchlichen Stiftungen ins Leben gerufen; die Pfalzen sind die wichtigsten Zeugen seiner Bautätigkeit. Friedrich stand fest auf dem Boden der Lehre von den zwei Gewalten; wenn sie gemeinsam regieren, war nach seiner Überzeugung die rechte Ordnung in der Welt garantiert. Nur war das Reich kein Lehen aus der Hand des Papstes, sondern es stammte unmittelbar von Gott. Darin liegt der letzte und tiefste Sinn des vielschichtigen Begriffes ‹honor imperii›, der alle Aspekte der ritterlich-feudalen Weltordnung umspannte.

Friedrich stand naturgemäß aufs stärkste unter dem Einfluß seiner geistlichen Ratgeber, ohne daß wir im einzelnen abzuschätzen vermögen, inwieweit sein Urteil ihnen gegenüber ein selbständiges war. Man wird nicht fehlgehen in der Annahme, daß Rainald von Dassel radikaler dachte als sein kaiserlicher Herr und daß Barbarossas eigene Anschauungen in den Tagen des Friedens von Venedig milder und abgeklärter waren als in der Stunde des Triumphes über Mailand. Seine persönlichen Vorstellungen dürften sich etwa in der Wahlanzeige an Papst Eugen III., in dem Schreiben an Otto von Freising, das diesem den Auftrag zur Abfassung der ‹Gesta› erteilt, oder in situationsbedingter Zuspitzung in dem nach dem Zwischenfall von Besançon erlassenen Manifest widerspiegeln.

Barbarossas Interesse an der Geschichte äußerte sich besonders darin, daß er sich mit Vorliebe historiographische Werke vorlesen ließ. Man wird dabei in erster Linie an die Chronik Ottos von Freising denken. Ebenso hörte er es gern, wenn ihm die berühmtesten Juristen der Universität Bologna Vortrag über die Stellung hielten, die dem Imperator nach römischem Recht zukam. Er wird die Regaliendefinition von Roncaglia ebenso persönlich gebilligt haben wie die in seinem Namen erlassenen Landfriedenssatzungen. Grundsätzlich brachte er auch den Canones des Kirchenrechtes die höchste Achtung entgegen, ja er betrachtete es sogar als seine besondere Pflicht, sie als Vogt der römischen Kirche nach dem Beispiel seiner Vorgänger einzuhalten und ihnen Geltung zu verschaffen. Im Einklang mit ihnen gedachte er gegen Alexander III. vorzugehen und das Schisma beizulegen. Als rechtgläubiger Kaiser war er bereit, gegen Arnold von Brescia einzuschreiten und Gesetze gegen die Ketzer zu erlassen. Konstantin und Justinian, deren Rechtsnachfolger er nach der in der Chronik Ottos von Freising niedergelegten Geschichtsauffassung war, standen ihm dabei als Vorbilder vor Augen.

Barbarossa folgte einer Tendenz seiner Zeit, wenn er politische Entscheidungen mit ganz besonderer Vorliebe in die Form gerichtlicher Urteile kleidete, die er von seiner fürstlichen Umgebung finden ließ. Dabei galt ihm das römische Recht als das alte Kaiserrecht; es stand in seinen Augen nicht im Gegensatz zum Lehenrecht, denn beide Systeme leiteten die oberste staatliche Gewalt vom Herrscher ab und gipfelten in den Anschauungen des Gottesgnadentums. Wibald beurteilte den jungen Herrscher sehr zutreffend, wenn er sagte, er dulde kein Unrecht («iniuriae omnino impatiens»). Wenn er als zürnender Richter und Rächer auftreten zu müssen meinte, konnte sich seine Strenge zu unmenschlicher Grausamkeit steigern; die Verletzung seines überempfindlichen kaiserlich-ritterlichen Ehrgefühls vermochte ihn dazu zu verleiten, die maßvolle Grundhaltung seines Wesens zu vergessen. So hat er in der glanzvollsten Epoche seiner langen Regierung unter dem Einfluß Rainalds von Dassel mitunter den Bogen überspannt und Ziele angestrebt, die realpolitisch nicht erreichbar waren. Aber inmitten der Schwierigkeiten, die sich daraus ergaben, kam sein ausgleichender Gerechtigkeitssinn wieder zur Geltung. Seine überlegene Staatskunst verstand es, ein wohlausgewogenes System des Gleichgewichts aufzubauen, in dessen Rahmen der Kaiser zielbewußt Schritt für Schritt seine Positionen neu zu festigen wußte. Die staatsmännische Weisheit, die er vor allem in der zweiten Hälfte seiner Regierung entfaltete, verdient unsere Bewunderung.

Friedrich II.
1212–1250

Von Walther Lammers

Kaiser Heinrich VI. brach am 12. Mai 1194 von Trifels auf, um seine Rechte im Königreich Sizilien zu sichern. Den Kaiser begleitete seine Gemahlin Konstanze, die sizilische Erbin. Was bei Aufbruch noch nicht deutlich gewesen, ja unwahrscheinlich erschienen war, hatte sich während des Aufenthaltes in Italien als sicher erwiesen. Die Kaiserin war schwanger und blieb zurück. Am 26. Dezember 1194 wurde sie in Jesi in der Mark Ancona von einem Sohn entbunden. Unterdessen hatte Heinrich VI. die Eroberung Siziliens zu Ende geführt und war am Weihnachtstage in Palermo gekrönt worden.

Als der Kaiser die Nachricht von der Geburt eines Sohnes erhielt, muß ihm das als eine wunderbare Bestätigung seines Strebens erschienen sein. Neun Jahre war die eheliche Gemeinschaft kinderlos geblieben, und die

Bildnis Friedrichs II. auf einem Augustalis, Messina ab 1231. Gold, D. 1,8 cm. Im Anschluß an ein Vorbild aus augusteischer Zeit zeigt die Münze den Kaiser nicht mit der Krone, sondern mit Lorbeerkranz und Feldherrnmantel (Paludamentum). (Foto: Museum für Hamburgische Geschichte, Münzkabinett).

Aussichten auf einen Nachfolger waren immer geringer geworden; Konstanze war bei der Geburt ihres Sohnes bereits vierzig Jahre alt, über zehn Jahre älter als Heinrich VI. Jetzt aber war dem kaiserlichen Haus der Stammhalter geboren und eine wesentliche Voraussetzung für Heinrichs weitgreifende Entwürfe gegeben. Sein Plan zielte auf die Vereinigung des römisch-deutschen Imperiums mit der Krone von Sizilien, des Wahlreiches mit dem Erbkönigtum.

Konstanze nannte ihren Sohn Konstantin. Es war ein Name, fremdartig in der Reihe deutscher Könige. Dabei ist schwer zu entscheiden, ob die Kaiserin die Absicht hatte, den Spätgeborenen im Anklang an den eigenen Namen zu benennen, oder ob sie ihn in die Nachfolge Konstantins des Großen stellen wollte; wie dem auch war, in der Taufe erhielt der Prinz andere Namen. Man darf darin die Entscheidung des Kaisers vermuten. Der Erbe wurde Friedrich Roger genannt. Mit den Namen seiner beiden Großväter, des Staufers und des Normannen, erhielt der Knabe das Programm seines Lebens vorgezeichnet. Es hieß: Aufbau eines geschlossenen Herrschaftsverbandes, der sich von der Eider bis in die Tiefe des Mittelmeerraumes erstreckte. Von den beiden Namen ist Roger nicht haften geblieben. Dadurch erscheint Friedrich II. den Späteren vorzüglich als Staufer. Sein Vater aber und das Schicksal wollten, daß Sizilien für ihn ebenso zum Erbe wurde wie der Anspruch der Staufersippe auf das Imperium.

Seine früheste Kindheit verlebte Friedrich nicht bei seiner Mutter. Er wurde in Foligno nahe Assisi bei der Herzogin von Spoleto in Pflege gegeben. Der Herzog, Konrad von Urslingen, ein Schwabe, war einer der zuverlässigsten Gefolgsleute des Kaisers in Italien. Heinrich VI. benutzte die Jahre nach der Geburt des Sohnes, um in Verhandlungen mit den deutschen Fürsten und dem Papst die Umwandlung des Imperiums in ein Erbkaisertum zu erreichen. Wenn sich das schließlich auch nicht durchsetzen ließ, so gelang es dem Kaiser doch, daß die Fürsten seinen Erben zum König wählten. Das geschah im Dezember 1196 in Frankfurt. Der Gewählte war knapp zwei Jahre alt.

Nach Sicherung der Krone für den Sohn konnte der Kaiser an die Durchführung des anstehenden Kreuzzuges gehen. Das Unternehmen war im einzelnen ebenso sorgfältig geplant wie weitgreifend in seinen Zielen bestimmt worden. Nicht nur um die heiligen Stätten ging es, sondern um die Einbeziehung des Orients in den Herrschaftsbereich des Westens. Die Eroberung von Byzanz und die Vereinigung von Ost- und Westrom schienen im Augenblick möglich; das staufische Kaisertum hatte den Zenit seiner Geltung erreicht.

Zur Eigenart der Zeit gehörte jedoch, daß der Tod des Einzelnen katastrophale Folgen für das gesamte Herrschaftsgefüge nach sich ziehen konnte. Nach einem Fieberanfall starb am 28. September 1197

Heinrich VI., noch nicht 32 Jahre alt. Ein Erdrutsch, ja ein Erdbeben der Macht ging durch Europa. Die in Reichsitalien und Sizilien aufflammenden Aufstände offenbarten, daß der Gigantenplan Heinrichs VI. mit seinem Tode gegenstandslos geworden war.

Der Knabe Friedrich befand sich, als die Katastrophe eintrat, bei seinen Pflegern in Foligno. Von dort wollte ihn sein Onkel Philipp abholen, um den zum römischen König Erwählten zur Krönung nach Aachen zu bringen. Die Nachricht vom Tode des Bruders erreichte Philipp, als er in der Nähe von Viterbo lagerte. Nur noch weniger Tage hätte es bedurft, um nach Foligno zu gelangen, aber, bedrängt von der neuentstandenen Lage, kehrte Philipp um. Friedrich blieb in Italien und wurde bald nach Sizilien gebracht. Es ist einer der Augenblicke, wo sich der Gedanke einstellt: Was wäre geschehen, wenn ..., wenn nämlich Philipp von Schwaben einige Tage früher in Italien erschienen wäre und den Knabenkönig nach Deutschland hätte bringen können. Friedrich II. wäre ein schwäbischer Staufer geworden, und die Geschichte des Königtums hätte einen anderen Verlauf nehmen müssen.

Niemand war froher als die Kaiserin Konstanze, daß Philipps Reise abgebrochen worden war. Bald demonstrierte sie, welche Politik sie mit Friedrich verbunden sehen wollte. Am 17. Mai 1198, zu Pfingsten, wurde der Knabe in Palermo zum König von Sizilien gekrönt. Aus Friedrichs Urkunden verschwand der Titel ‹rex Romanorum›. Konstanze, die die Deutschen nicht liebte, die sich wahrscheinlich auch von der rücksichtslosen Art ihres Gatten abgestoßen fühlte, wollte nicht, daß die Zukunft ihres Sohnes durch das staufische Erbe, das Unmaß väterlicher Pläne und die Fesseln der imperialen Politik belastet würde. Die Deutschen in Sizilien, die ‹Reichspartei›, wurden aus dem Lande gewiesen. Eine Reihe der verhaßten Männer konnte sich jedoch im Königreich halten, so Markward von Anweiler, Reichsministerialer und Reichstruchseß. Er beanspruchte, in Vollzug von Heinrichs VI. letztem Willen, das Amt des Regenten in Sizilien.

Für Friedrich vollendete sich rasch das Schicksal seiner Kindheit. Ein Jahr nach dem Tode seines Vaters starb seine Mutter am 28. November 1198. Das Kind war noch nicht vier Jahre alt. Das Testament bestimmte, daß der Papst Vormund des Königs werden sollte. Damit trat Innocenz III., eine der großen Figuren des Hochmittelalters, bestimmend in Friedrichs Leben ein.

Was die Obsorge für Friedrich betraf, waren die Interessen Konstanzes und des Papstes zusammengegangen. Für die Kurie war es nach dem Abgang Heinrichs VI. ein Grundsatz der Politik, die Union Siziliens mit dem Imperium zu verhindern. Denn eine Umfassung des Patrimoniums Petri durch ein Staatsgebilde, das von der Nordsee bis Sizilien reichte, hätte auf Dauer das Ende eigenständiger Herrschaft im Kirchenstaat bedeutet. Der Verlust des weltlichen Hoheitsgebietes mußte aber auch die Stellung des Papstes in der abendländischen Kirche gefährden.

Noch unter Konstanzes Regentschaft wurde ein Staatsrat gebildet. Zum Kanzler wurde Walter von Palearia, Bischof von Troia, bestellt. Dieser Mann galt als Gegner der normannischen Dynastie und hatte schon unter Heinrich VI. das Kanzleramt verwaltet; nach dem Tode des Kaisers hatte er gehen müssen. Der Papst verwendete sich wieder für ihn. Schon das Schicksal Walters läßt ahnen, wie nach Konstanzes Tod Parteien die sizilische Bühne wechselnd bestimmten. Das päpstliche Konzept wurde vor allem von den ‹Imperialen›, den im Königreich verbliebenen Deutschen, durchkreuzt.

Aus dem Ablauf der Kämpfe ist eine Szene überliefert, die den kaum siebenjährigen König in einer ‹Nahaufnahme› zeigt. Die Schilderung steht in einem Brief des Erzbischofs Rainald von Capua an Innocenz III. vom November 1201. Markward war am 18. Oktober 1201 gewaltsam in Palermo eingedrungen. Der junge König war im Schloß in Sicherheit gebracht worden. Durch Verrat gelangten die Deutschen auch in das Kastell und spürten Friedrich auf. Entsetzt wurde dem Knaben bewußt, daß Widerstand gegen seine Gefangennahme aussichtslos war. Da brach er in Tränen aus und ging auf den Mann, der ihn fangen wollte, los, wehrte sich erbittert mit seinen kindlichen Kräften, warf den Königsmantel von sich, zerriß seine Kleider und zerkratzte sich. Der Briefschreiber wollte im Benehmen des Kindes den Schmerz verletzter Majestät erkennen und bezeichnete den Vorgang als gutes Omen für die Qualität des künftigen Herrschers.

Wir wissen wenig aus der Jugend Friedrichs. Während das Königsgut zu großen Teilen verlorenging, sollen sich um den Knaben bis zu seinem siebenten Lebensjahr einzelne Bürger von Palermo gekümmert haben. Es heißt, daß sie ihn im Wechsel eine Zeitlang bei sich aufnahmen.

Eine oft gestellte Frage, auf die nur mit Vermutungen geantwortet werden kann, betrifft die ‹Schulbildung› Friedrichs. Kantorowicz meinte, daß Friedrich keiner gelehrten Erzieher bedurfte. Wenn auch nicht gut denkbar ist, daß der junge König ohne Anleitung aufwuchs, so ist doch unverkennbar, daß hier ein Hochbegabter seinen eigenen Weg fand. Dafür stellten Sizilien und Palermo einen einzigartigen Schauplatz bereit. Hier begegneten sich Deutsche, Normannen, Sizilianer, Griechen, Araber, Juden, Genuesen, Pisaner – und wie die politischen und wirtschaftlichen Ansprüche aufeinandertrafen, durchkreuzten sich die Kulturkreise. Friedrich muß schon als Kind ein Bewußtsein von der Vielschichtigkeit der ihn umgebenden Überzeugungen, Sitten, Künste und Sprachen gewonnen haben. Angesichts der Vielfalt und der Bösartigkeit dieser Welt wurde er zu einem ‹Versteher› und Realisten eigener Art.

Auch aus den Jahren bis zu Friedrichs Mündigkeitserklärung erfahren wir von seinem Schicksal wenig. Nur so viel sei bemerkt: Als Markward von Anweiler 1202 starb, hörte die Einwirkung der deutschen Kapitäne im Königreich Sizilien nicht auf. Erst Anfang des Jahres 1208 schienen die deutschen ‹Imperialen› ausgeschaltet. Im Juni erschien der Papst auf einem Landtag in S. Germano bei Montecassino und erließ einen Landfrieden. Innocenz ordnete die sizilischen Verhältnisse in Hinsicht auf den 26. Dezember 1208. Das war der Tag, an dem der Papst aufhörte, Vormund des Königs zu sein. Vorbereitende Entscheidungen betrafen vor allem die Heiratspolitik des sizilianischen Hauses.

Wie aber würde Friedrich ohne Vormund regieren? Eine Neuwahl des Erzbischofs von Palermo im Januar 1209 bot dem in die Mündigkeit Entlassenen sogleich Gelegenheit, sich, wie man heute sagen würde, zu profilieren. Als das Domkapitel mit der Wahl beginnen wollte, waren drei Kanoniker damit nicht einverstanden. Sie appellierten an den Papst. Der König faßte das als Affront auf. Er verwies die drei aus dem Königreich. Die erste Möglichkeit eines Konflikts wurde also benutzt, um den eigenen Standpunkt zu markieren. Hier handelte ein reizbares Temperament, das sofort zuschlug, wenn seine Rechte gefährdet schienen, und das seine Unabhängigkeit auch gegenüber dem großen Innocenz zeigen wollte.

Was wir an den Entscheidungen des Vierzehnjährigen ablesen können, hatte ähnlich schon ein Angehöriger der Umgebung des Königs in einem Brief beschrieben. Der etwa Dreizehnjährige erscheint als frühreif und schwierig: «Aufgeweckt ist er, voll Scharfsinn und Gelehrigkeit, aber er zeigt ein ungehöriges und unschickliches Betragen, das ihm nicht die Natur mitgegeben, sondern an das ihn rüder Umgang gewöhnt hat». Nach einer Passage, die unangenehme Züge zu entschuldigen sucht, wird betont: «In Verbindung damit steht freilich, daß er, ganz unzugänglich für Ermahnungen, nur dem Triebe seines eigenen freien Willens folgt und es, soviel man sehen kann, als schimpflich empfindet, noch bevormundet und für einen Knaben, nicht aber für einen König geachtet zu werden ‹...›».

Wie mochte der Knabenkönig auf die Absicht des Papstes reagieren, ihn alsbald zu verheiraten? Schon seit Jahren gab es Verhandlungen, die auf eine Eheverbindung der Häuser von Sizilien und Aragon zielten. Schließlich war vereinbart worden, daß dem Staufer Konstanze, die Schwester des Königs von Aragon, zugeführt werden sollte. Die Absprache war ein Schachzug des Papstes, der eine Heirat Friedrichs mit einer deutschen Prinzessin verhindern wollte. Andererseits brachte die Verbindung zwei Königreiche zusammen, deren Lehnsherr bzw. Schutzherr gleichermaßen der Papst war.

Wie meist bei Fürstenhochzeiten entschieden politische Absichten. Es war ein ungleiches Paar. Während der künftige Ehegatte vierzehnjährig war, zählte die Braut mindestens zehn Jahre mehr. Sie war schon von 1198 bis 1204 mit Emerich, König von Ungarn, verheiratet gewesen und seit einigen Jahren Witwe. Am 15. August 1209 traf Konstanze mit ihrem Gefolge in Palermo ein; sogleich fanden die Hochzeitsfeierlichkeiten statt. Der König, der das Wesen der Fürstenehen von seinen Eltern her kannte, mochte die päpstliche Heiratspolitik für nützlich auch in seinem Sinne halten. Die Braut brachte nämlich eine Hochzeitsgabe eigener Art mit. Es war ein Geschwader von 500 Rittern unter Führung von Konstanzes Bruder, Graf Alfons von Provence. Die Verfügungsgewalt über einen geschlossenen Verband war in der Situation, in der sich das sizilische Königtum befand, von außerordentlichem Wert. Nach den Jahren anarchischen Verfalls benötigte der König zur Darstellung des Landfriedens und Rückgewinnung des Königsgutes eine Truppe, die überall eingesetzt werden konnte. Die Gestellung der Krieger dürfte daher einer der wichtigsten Punkte in den Verhandlungen des Ehevertrages gewesen sein.

Allerdings konnte diese Truppe nicht wie vorgesehen verwendet werden. Der König wollte mit ihr nach Kalabrien übersetzen. Durch eine plötzlich auftretende Seuche wurde der Verband kampfunfähig. Bei der Niederwerfung aufständischer Barone auf der Insel hatte der König dennoch Erfolg. Im Februar 1210 setzte Friedrich den Kanzler, Walter von Palearia, der als Mann des Papstes galt, ab. Die scharfen Proteste, die von der Kurie erfolgten, blieben ohne Wirkung.

Alles sprach nun dafür, daß die Rückschläge, die das normannische Königtum nach dem Tode Heinrichs VI. erlitten hatte, durch die Energie seines selbstbewußten Sohnes in den nächsten Jahren wiedergutgemacht sein würden. Doch das Feld der Bewährung war dem Jüngling nicht auf dem begrenzten Schauplatz Süditaliens vorbestimmt – so wie es seine Mutter gewünscht und auch Innocenz III. gewollt hatten. Der Papst selbst lenkte den Staufer mit eigentümlicher Notwendigkeit zurück in den spannungsvollen Raum des Imperiums.

Philipp von Schwaben war rasch aus Italien nach Deutschland zurückgekehrt. Sein Versuch, hier als Regent für seinen unmündigen Neffen das Königtum festzuhalten, erwies sich als nicht durchführbar. Die staufische Partei drängte ihn, die Krone selbst anzunehmen. Im März 1198 wurde Philipp in Thüringen zum König gewählt. Jedoch die Spannung im Reichsgefüge wurde deutlich, als eine Fürstengruppe im Nordwesten ebenfalls daran ging, einen König zu erheben. Als Thronanwärter wurde von dieser Seite schließlich Otto, ein Sohn Heinrichs des Löwen, gewonnen. Otto war außerhalb des Reiches aufgewachsen und von seinem englischen Onkel, Richard Löwenherz, zum Grafen von Poitou gemacht worden. Am 9. Juni 1198 wurde der Welfe in Köln gewählt und bald darauf, am 12. Juli, in Aachen gekrönt. Das bedeutete: Ottos Weihe war am rechten Platz und durch den rechten Koronator geschehen. Philipp von Schwaben dagegen wurde erst am 8. September in Mainz vom Erzbischof von Tarentaise (aus dem Alpental der oberen Isère) gekrönt. Hier entsprachen Ort und Krönender nicht der rechten Form, dafür hatte aber der Staufer die echte Reichskrone in Besitz. Der Streit um den gültigen König mußte mit Waffen entschieden werden. Damit lebte der alte staufisch-welfische Gegensatz wieder auf.

Viele deutsche Fürsten nutzten die Jahre, um durch wechselnde Parteinahme sich Vorteile zu Lasten des Reichs zu verschaffen. Doch nicht nur durch ihre Interessen wurden die Schicksale der Gegenkönige bestimmt, auch die Spannungen des europäischen Schauplatzes wirkten in den deutschen Thronstreit hinein. Der Welfe wurde vom englischen König erheblich unterstützt, während der Staufer Philipp sich mit Philipp II. August von Frankreich verbündete. Entscheidend wurde die Haltung des Papstes. Für Innocenz III. bot sich die Möglichkeit an, die oberste Gewalt im Streit der Könige zu behaupten. Dabei war es natürlich, daß sich der Papst für den Welfen entschied.

Auf die einzelnen Phasen der staufisch-welfischen Auseinandersetzung gehen wir nicht ein. Nur soviel: Nachdem sich die Stellung Philipps langsam verstärkt hatte und der Staufer 1205 nochmals in rechter Form in Aachen gekrönt worden war, schien endlich mit einem Unternehmen gegen Braunschweig 1208 der Sturz des Welfen bevorzustehen. Doch wieder wurde ein günstiger Fortgang der staufischen Königsgeschichte unterbrochen. Am 21. Juni 1208 wurde Philipp vom Pfalzgrafen Otto von Wittelsbach in Bamberg erschlagen. Das Motiv für den Königsmord war persönlicher Art. Der Wittelsbacher fühlte sich gekränkt. Seine Verlobung mit einer Tochter Philipps, die einem Neffen des Papstes zugedacht wurde, war aufgelöst worden.

Der Papst nannte den Totschlag ein Gottesurteil und war erleichtert. Für Otto von Braunschweig brachte der Tag von Bamberg die Anerkennung als alleiniger Herrscher. Am 11. November 1208 wurde er in Frankfurt nochmals gewählt. Dem Papst, der dieser Wahl sogleich zustimmte, bestätigte Otto IV. die schon früher gemachten territorialen Zusagen im Patrimonium Petri und verzichtete auf Hoheiten in Kirchensachen. Das waren Zugeständnisse, die Otto wahrscheinlich nicht einhalten wollte, aber im Augenblick glaubte machen zu müssen – denn noch benötigte er einen wohlgesonnenen Papst zum Erwerb der Kaiserkrone. Das Jahr 1209 sah den König in Italien, und am 4. Oktober setzte ihm Innocenz III. in Rom die Kaiserkrone auf.

Als der neue Kaiser wieder nach Norden abzog, erreichte ihn in Pisa eine Gesandtschaft rebellierender Barone aus Apulien und Vertreter der alten deutschen Besatzung im Normannenreich mit dem Vorschlag, in

Sizilien einzugreifen. Eine suggestive Möglichkeit imperialer Politik tat sich vor Otto IV. auf, und geradezu wie ein Zwang wirkte das Vorbild Heinrichs VI. Der Welfe begann wie ein Staufer zu handeln. Er entschloß sich zum Einmarsch in Sizilien.

Als nach einiger Zeit der Vorbereitung das Heer die Grenze überschritt, erfolgte am 18. November 1210 der päpstliche Bannfluch über Otto, der jedoch unbeirrt auf Kalabrien vorstieß. Im Herbst 1211 stellte er sich bereit, um mit Hilfe der pisanischen Flotte auf die Insel Sizilien überzusetzen. Ein Triumph des Imperiums zeichnete sich ab. Auf der Insel richtete sich Friedrich darauf ein, über See nach Afrika zu fliehen.

Innocenz III., der den Zusammenbruch seiner Pläne voller Bitternis erleben mußte – er schrieb an die deutschen Bischöfe: «Es reut mich, den Menschen geschaffen zu haben» –, erwies sich in der Krise als diplomatischer Meister. Wenn den Erfolgen des Kaisers mit militärischen Mitteln nicht zu begegnen war, dann mußte man ihn auf andere Weise ausschalten. Das hieß, Otto mußte durch die Erhebung eines Gegenkönigs gestürzt, zumindest aus Italien abgezogen werden.

Wie die Dinge lagen, kam als Anwärter nur Friedrich von Sizilien in Frage. Mochte es reichere Fürsten geben, kein Bewerber konnte sich wie er auf imperatorische Vorfahren berufen. Wie schwer mag Innocenz der Entschluß gefallen sein, den Staufer als den kommenden Kaiser anzuerkennen! Aber nachdem einmal entschieden war, geschah durch päpstliche Vermittlung alles, um den Anti-Welfen-Plan zu fördern.

Die historische Dramaturgie kann sich mitunter ironisch geben. Der Mann, der vom Papst gegen die staufische Partei angesetzt worden war, begann, als er das Kaisertum erreicht hatte, selber Stauferpolitik zu treiben. Das Papsttum wiederum sah sich gezwungen, jenen Staufer, der vom römischen Reich ferngehalten werden sollte, gegen den sich staufisch gebärdenden Welfen als künftigen Kaiser zu fördern. Was mochte wiederum daraus folgen?

Im September 1211 wurde der sechzehnjährige Friedrich II. in Nürnberg von einer Fürstengruppe, zu der der Erzbischof von Mainz gehörte, zum König gewählt. Als die Nachricht den Kaiser Otto erreichte, brach er das Unternehmen gegen Sizilien ab und begab sich nach Deutschland. Kurz danach erschien vor Friedrich in Palermo ein Bote der Fürstenversammlung von Nürnberg mit dem Angebot, die Krone des römischen Königs zu übernehmen. Friedrich, dem alle Welt abriet, sah in der Ungewöhnlichkeit des Augenblicks den Hinweis auf seine Bestimmung: Er war zum Cäsar bestellt. So unvorhergesehen die Wende kam, so glückhaft waren die ersten Erfolge.

Mit geringem Gefolge brach Friedrich Mitte März 1212 auf. Zuvor war auf Wunsch des Papstes der einjährige Sohn Heinrich zum König von Sizilien gekrönt und Königin Konstanze zur Regentin bestellt worden. Das bedeutete: Die Kurie unterstützte Friedrich in Deutschland, gleichzeitig wies sie darauf hin, daß eine Vereinigung der beiden Reiche nicht stattfinden sollte. Ein erstes Ziel der kleinen Reisegesellschaft war Rom. Wegen der Schwierigkeiten im Lande traf sie dort erst Mitte April ein. Der Empfang beim Papst war ehrenvoll; auch durch Senat und Volk wurde Friedrich als künftiger Kaiser feierlich begrüßt. Der Papst wünschte, daß bei diesem Treffen der König von Sizilien den Lehnseid leistete. Nachdem Friedrich den schuldigen Pflichten nachgekommen war und der Papst ihn mit einer guten Summe Geldes versehen hatte, verließ er die Stadt.

Abenteuerlich, voller Hemmnisse, doch immer wieder glücklich verlief die Reise durch Norditalien und die Alpen während des Sommers 1212. Von dramatischen Episoden berichten wir nur eine, die Ankunft in Konstanz. Anfang September war Friedrich in Chur eingetroffen. Hier und in St. Gallen erfuhr er herzliches Willkommen; dreihundert Reiter zogen ihm zu. Mit ihnen strebte der Staufer rasch nach Konstanz. Am anderen Bodenseeufer aber, bei Überlingen, lagerte Kaiser Otto IV., der dem Rivalen den Zutritt nach Deutschland versperren wollte. Auch der Welfe war im Begriff, in Konstanz einzurücken. Seine Quartiermacher befanden sich in der Stadt und die Köche waren bereits tätig. Da erschien der Staufer vor dem Tor und verlangte eingelassen zu werden. Der Bischof schwankte. Die Entscheidung führte der päpstliche Legat herbei, Erzbischof Berard von Bari. Er verlas den Bannfluch Innocenz' III. über den Kaiser Otto. Da ließ der Bischof das Stadttor öffnen. Drei Stunden später erschien Kaiser Otto; doch die Stadt blieb für ihn verrammelt. Es hieß bald, hätte Friedrich sich um drei Stunden verspätet, sein Aufstieg in Deutschland hätte nicht stattgefunden.

In wenigen Wochen gewann Friedrich ohne Waffengewalt die süddeutschen Gebiete. Freilich wirkten nicht nur der Glanz der Jugend und die Faszination des staufischen Namens, sehr deutlich war in den Bischofsstädten am Rhein die Verwendung des Papstes für Friedrich spürbar, und hochwillkommen waren auch die Gelder, die der König von Frankreich hergab. Mit ihnen verschaffte sich der Staufer den Ruf eines Fürsten, der sich für seine Freunde verschwendete. Man konnte es auch einfacher Bestechungspolitik nennen. Mag Friedrich selbst das Erlebnis des Einzuges in Deutschland frühreif relativiert haben, die Genugtuung des Herbstes 1212 muß dem Siebzehnjährigen zur prägenden Erinnerung geworden sein. Mit einem kleinen Trupp war er aufgebrochen, hatte sich mühsam in Italien durch die welfischen Stellungen hindurchwinden müssen; jetzt bewegte sich im Triumph der Zug des künftigen Kaisers durch die deutschen Teile des Reiches.

Am 19. November 1212 traf Friedrich in Vaucouleurs bei Toul mit dem französischen Thronfolger Ludwig VIII. zusammen. Der Vertrag, der geschlossen wurde, verpflichtete den Staufer, Frieden mit dem Welfen und England nur nach Einwilligung des Königs von Frankreich zu schließen. Damit war der innerdeutsche Streit nicht mehr von den Interessen Frankreichs zu trennen. Friedrich erfuhr nördlich der Alpen früh, daß in seiner Sache nur vorwärts zu kommen war, wenn nach außen und innen bereitwillig Zugeständnisse gemacht wurden. Dafür nahmen dann die Dinge einen raschen Verlauf. Schon wenige Wochen nach Vaucouleurs, am 5. Dezember 1212, wurde Friedrich in Frankfurt neuerlich zum römischen König gewählt. Vier Tage darauf erfolgte auch die Krönung in Mainz. Der Dank für die päpstliche Unterstützung wurde mit der Goldbulle von Eger am 12. Juli 1213 abgestattet. Friedrich II. wiederholte alle Zugeständnisse an den Papst, die Otto IV. 1209 gemacht hatte. Von kurialer Seite aus gesehen erschien das nur billig. Dem Staufer mußte seinerseits klar sein, daß er in der derzeitigen Lage mindestens das bieten mußte, was der Welfe gegeben hatte.

Doch Kaiser Otto war noch nicht ausgeschaltet. Sollte das geschehen, mußte er in jenen Gebieten, in denen er dominierte, aufgesucht und niedergeworfen werden – im Herzogtum Sachsen, in Braunschweig und am Niederrhein. Im Herbst 1213 führte Friedrich ein Heer nach Norden bis nach Thüringen und Magdeburg. Ottos Stellung wurde dadurch noch nicht ins Wanken gebracht. Die Entscheidung gegen den Welfen fiel außerhalb des Reiches, und Friedrich war an ihr nicht beteiligt. Als Hauptfeind betrachtete Otto nicht den Staufer, sondern den König von Frankreich, durch den erst Friedrich in Deutschland hatte aufkommen können. Zusammen mit König Johann von England, seinem Onkel, griff der Kaiser den Kapetinger an. In Flandern bei Bouvines, östlich von Lille, kam es am 27. Juli 1214 zur Schicksalsschlacht, die Otto IV. nicht nur eine Niederlage im Kriege, sondern die Vernichtung seiner Stellung im Reiche brachte. Der Geschlagene mußte sich in sein Stammland zurückziehen; früh, 35 Jahre alt, ist er 1218 auf der Harzburg gestorben. Die großen Reichsangelegenheiten waren in seinen letzten Jahren bereits an ihm vorbeigegangen.

Es versteht sich, daß der Streit der Gegenkönige dem Imperium selbst empfindliche Verluste brachte, nicht nur an Geltung gegenüber den Nachbarreichen, sondern auch an territorialer Substanz. So gestand Friedrich II. Ende des Jahres 1214 in einem völkerrechtlichen Vertrag die Reichsgebiete nördlich von Elbe und Elde dem König von Dänemark zu. Es war der Preis für die Parteinahme Waldemars II. zugunsten des Staufers.

Die Weggabe von Reichsteilen war ein bedenklicher Rechtsakt, auch wenn bekannt war, daß Otto IV. die Herrschaft in Nordalbingien durch den dänischen König schon seit Jahren gutgeheißen hatte. Für Friedrich war das Ergebnis der ‹Güterabwägung› dennoch klar. Dem Bewußtsein seiner Bestimmung entsprach beim Staufer die Bereitschaft, Zugeständnisse zu machen, zumal dort, wo die Lage im Augenblick eine andere Haltung nicht zuließ.

Im Jahre 1215 konnte Friedrich II. sich auch am Niederrhein bewegen. So strebte er nach Aachen, denn hier am rechten Ort wollte er nochmals gekrönt werden. Am 25. Juli, Friedrich war 21 Jahre alt, bestieg er den Thron Karls des Großen. Sofort nach dem feierlichen Akt erklärte der römische König, daß er das Kreuz nehmen wolle. Zugleich begann er für seinen Kreuzzug zu werben. Die Überraschung in seiner Umgebung war groß. Freilich war mit dem überraschenden Gelöbnis auch ein Affront gegen das Papsttum verbunden, und insofern war es ‹Politik›, denn von Rom aus wurde die Leitung eines Kreuzzuges betrieben; der Papst selbst sah sich als Veranstalter an. Friedrich aber nahm die Aufgabe in den Zuständigkeitsbereich des römischen Königs zurück. Am Tage nach der Krönung nahm der Staufer eine weitere Handlung vor, die zeigte, daß er seine Herrschaft aus der Nachfolge Karls des Großen verstand. Karls Gebeine wurden in einem neuen silbernen Sarkophag beigesetzt. Friedrich legte seinen Königsmantel ab, betrat das Gerüst und schlug die ersten Nägel in den Deckel ein.

Kurze Zeit nach der Aachener Krönung, im November 1215, fand in Rom das vierte Laterankonzil statt, die großartigste Kirchenversammlung, die je zusammengetreten war. Mit 71 Metropoliten und 412 Bischöfen (darunter den Patriarchen von Jerusalem und Konstantinopel) schien der christliche Erdkreis um den großen Innocenz vereinigt. In diesem Konzil wurde Friedrich II. als König und künftiger Kaiser anerkannt, Otto IV. dagegen wurde gebannt und für abgesetzt erklärt. Mit dem Anspruch, über die Könige zu richten, erreichte die Kirche einen Höhepunkt ihrer Geltung. An Friedrichs imperialem Beginn stand die Befähigung des Papstes, einen Kaiser abzusetzen.

Friedrichs Kaiserkrönung stand noch aus. Vorher, am 1. Juli 1216, versprach der Staufer dem Papst, daß er nach seiner Krönung zum Kaiser zugunsten seines Sohnes Heinrich auf das Königreich Sizilien verzichten werde.

Zwei Wochen nach diesem Versprechen starb Innocenz III. Alsbald ließ Friedrich seinen fünfjährigen Sohn nach Deutschland bringen. Hier erhielt dieser das Herzogtum Schwaben und das Rektorat Burgund, der Titel ‹König von Sizilien› wurde abgelegt. Im Februar 1220 wiederholte Friedrich dem Papst Honorius III. seine Zusagen, wie er sie 1216 dem Vorgänger gemacht hatte. Dann aber, im April 1220 wurde Heinrich in Frankfurt zum deutschen König gewählt. Damit waren alle Pläne, die das Papsttum mit Heinrich als Erben Siziliens gehabt hatte, durchkreuzt. Der Kurie gegenüber erklärte Friedrich, die Wahl sei in seiner Abwesenheit durch die Fürsten erfolgt; er selber sei nicht informiert gewesen.

Dennoch müsse man die Wahl als notwendig anerkennen. Er brauche bei dem bevorstehenden Kreuzzug einen Vertreter im Reich. In Deutschland war die staufische Erbfolge befestigt. Friedrich hatte sich als konsequenter Politiker in der Nachfolge seines Vaters erwiesen. Dabei hatte er den Päpsten Zugeständnisse gemacht, aber nach eigenen Maximen gehandelt.

Die weitestgehende Konzession machte Friedrich nach der Königswahl seines Sohnes den geistlichen Fürsten. In der ‹Confoederatio cum principibus ecclesiasticis› vom 26. April 1220 zog Friedrich II. aus den ‹Ländern› der geistlichen Reichsfürsten wesentliche Hoheitsrechte zurück. Eigene geistliche ‹Territorien› begannen sich auszubilden. Eine neue Periode in der Verfassungsgeschichte war eingeleitet. Für Friedrich mochte dieser Verlust nicht zu schwer erscheinen, zumal die Titel, die er weggab, zum großen Teil bereits als Gewohnheitsrechte von den geistlichen Fürsten okkupiert gewesen waren.

Mit der Sicherung der Erbfolge schienen die Verhältnisse in Deutschland für Friedrich vorerst geregelt. Er verließ diesen Schauplatz, um in Rom das Kaisertum zu erlangen und um in Sizilien die Aufgaben anzugehen, die er vor acht Jahren hatte liegen lassen müssen. Im August 1220 brach Friedrich, begleitet von der Königin Konstanze vom Lechfeld aus nach Süden auf. Als Reichsverweser für Deutschland war der Erzbischof von Köln, Engelbert, bestellt worden.

Am 22. November 1220 fand in Rom die Kaiserkrönung statt. Absprachen hatten vorher stattgefunden. Dabei ging es um den Status des Königreiches Sizilien. Friedrich erklärte, das Imperium habe keine Gewalt in Sizilien, zum Beispiel müsse der zukünftige Kaiser dort ein eigenes Königssiegel führen etc. Praktisch bedeutete das aber doch, daß der Papst mit der Personalunion im Reich und in Sizilien einverstanden war. Damit war der Staufer zufrieden.

Die Krönung verlief feierlich und ohne Störung. Zwar waren dem Zeremoniell einige altertümliche Züge genommen worden. Der priesterliche Charakter des Gekrönten trat zurück. So erhielt der Kaiser keinen Bischofsring mehr, und er wurde nicht mehr am Haupt, sondern zwischen den Schulterblättern und am rechten Arm gesalbt. Dennoch zeigten die Feierlichkeiten, daß der Gesalbte einen geistlichen Stand hatte, nicht nur ein hochgestellter Laie war. Der Kaiser trat in die Bruderschaft der Kanoniker von Sankt Peter ein. Bei der Krönung nahm Friedrich nochmals das Kreuz.

Am Krönungstage wurde eine Reihe von Gesetzen erlassen. Mit ihnen versprach der Kaiser, die Freiheit der Kirche gegen alle zu verteidigen, die sie mit Abgaben oder durch Eingriff in ihre Gerichtsbarkeit belasten oder einengen würden. Das ging vor allem gegen Ansprüche italienischer Städte. Aus den Krönungs-Abmachungen sprach weitgehendes

Einvernehmen zwischen Kirche und Kaiser. Wie in Deutschland stimmte Friedrich auch in Rom großzügig Regelungen zu. Er wollte rasch weiter. Wir glauben die Ungeduld zu spüren, mit der er in sein Erbreich strebte.

Als welch anderer Typus begegnet uns Friedrich ab Ende des Jahres 1220 auf dem Schauplatz Sizilien! Welch andere Mentalität des Staatsmannes, welche Konsequenz des Handelns gibt Friedrich nun zu erkennen. Ein erstes Programm stellen die ‹Assisen von Capua› (Dezember 1220) dar. Daraus ist zuerst das Gesetz ‹de resignandis privilegiis› zu nennen. Alle Vergabungen, die seit 1189 erteilt worden waren, mußten vorgelegt werden. Es handelte sich dabei keineswegs nur um eine Art kanzleimäßiger Kontrolle, sondern um einen Angriff auf die feudalen Herrschaftsformen. Denn wo es nötig schien, wurden Lehen und Gerechtsamkeiten eingezogen. Das geschah vor allem unter dem Gesichtspunkt des durch Festungen zu sichernden Königsstaates. Vorhandene Kastelle wurden von kaiserlichen Mannschaften besetzt; zum Teil wurden Befestigungen geschleift, andere neu errichtet. Am Ende stand ein durchgebildetes Burgensystem.

Mit der Einziehung der Güter ging der Entwurf zu einer Justizordnung parallel. Die Barone verloren ihre Gerichtsbarkeit. Das Recht war in Zukunft allein von königlich bestellten Justitiaren zu verwalten. Weiter wurde mit einem Gebot des allgemeinen Landfriedens das Fehdewesen sistiert. Den Großen im Königreich war es nicht mehr möglich, durch Eigenmacht behauptete Rechtsansprüche zu befriedigen. Wohltuend war das vor allem für die unteren Schichten; sie wurden vor den Schädigungen durch die Fehdeführenden geschützt.

Schon aus den Verfügungen von Capua möchte man eine Überzeugung des Kaisers ablesen: Der Monarch ist die Quelle der Gerechtigkeit. Sie bedeutet Fürsorge für alle. So gradlinig die Assisen den Weg vorzeichneten, so ungewiß mußten doch die Aussichten scheinen, die Barone unter die Botmäßigkeit zu zwingen. Zuerst griff Friedrich die Großen mit Hilfe der Kleinen an. Der mächtigste der Feudalherren, der Graf von Celano, wurde nach zweijährigen Kämpfen zur Emigration nach Rom gezwungen. Sein Schicksal teilten andere Große. Danach wurden auch die kleineren Herren entmachtet. Billigt man den Grundsatz des Königsprogramms – die Beseitigung lehnsadliger Eigenherrschaft –, dann mag man mit Kantorowicz meinen, «daß die härtesten und skrupellosesten Mittel auch die mildesten sind».

In den Vorstellungen des Kaisers spielten die in Sizilien siedelnden Muslime eine eigenartige Rolle. Diese Leute, die in festungsähnlichen Bergdörfern lebten, stellten durch ihre Raubzüge, wie dadurch, daß sie selbst schwer angreifbar waren, eine dauernde Störung dar. Die Unternehmen, die zur Ausschaltung der Sarazenengefahr bis 1224 angesetzt wurden, und an denen Friedrich zum Teil persönlich teilnahm, wurden auf beiden Seiten rücksichtslos, ja grausam durchgeführt. Einmal können wir – nach einer arabischen Nachricht – den Kaiser in einem Augenblick jäher Wut beobachten. Als 1222 in den Kämpfen um die Sarazenenfestung Jato der Emir Ibn-Abbad um Gnade bat und sich dem Kaiser zu Füßen warf, trat dieser ihn in den Leib und riß ihm mit dem Sporn die Seite auf. Einige Tage später wurde Ibn-Abbad gehängt.

Nach endlicher Befriedung fand der Kaiser für das Sarazenenproblem eine kennzeichnende Lösung. Er siedelte alle Muslime, etwa 16 000, auf das Festland um und zwar nach Lucera im Norden Apuliens. Hier gewährte er ihnen die Freiheit ihrer Glaubensübung und stellte sie unter seinen Schutz. Die Wirkung der Maßnahmen war erstaunlich. Die ethnische und religiöse Insellage auf der einen Seite, die Fürsorge und der kaiserliche Schutz auf der anderen, ließen eine leidenschaftliche Verbundenheit der Lucera-Muslime mit dem Imperator entstehen. Aus Sarazenen bestanden hinfort die Leibwache und ein Großteil der Dienerschaft. Auch von sarazenischen Beischläferinnen wird berichtet.

Lucera stellte eine Militärkolonie dar. Ihr Aufgebot war von einmaligem Wert; es war immun gegen den päpstlichen Bannstrahl. Daneben zog die königliche Kammer Nutzen aus der aufblühenden Wirtschaft der umgesiedelten Sarazenen. Denn nicht nur als Soldaten, sondern auch als Landwirte und Handwerker, etwa als Waffenschmiede, Teppichknüpfer und Pferdezüchter, wurden sie hoch geschätzt. Bei der Kurie in Rom erfolgten heftige Proteste gegen Lucera. Den Staufer ließ das unberührt.

Ein ‹staatlicher› Wille, der im 13. Jahrhundert das Lehnswesen abbauen wollte, mußte danach streben, durch ‹Staatsdiener›, die versetzt und abgesetzt werden konnten, die Barone aus ihren Positionen zu drängen. Dafür benötigte der ‹Staat› flüssige Mittel, denn Beamte müssen Zug um Zug entlohnt werden können. Die Beschaffung verfügbarer Geldmittel bildete daher eine Voraussetzung für den friderizianischen Staatstypus – etwas, was nördlich der Alpen, in einem weithin noch naturalwirtschaftlich bestimmten Wirtschaftsbezirk, so nicht möglich war.

Folgerichtig begann der Kaiser mit den Assisen von Capua eine entsprechende Wirtschaftspolitik einzuleiten. Sizilien, wohlhabend durch Getreidebau, bot für den Levantehandel und die Kreuzzugsunternehmungen Häfen als Zwischenstationen. Besonders Pisa und Genua waren an Handelsstützpunkten interessiert. Der Kaiser jedoch kassierte die Privilegien der Seestädte. Durch eine einheitliche Geldpolitik begannen alle Zölle in die Staatskasse zu fließen. Die Einkünfte wurden für ein Flottenbauprogramm verwendet. Durch Handelsschiffe, die in Staatswerften entstanden und durch eine Kriegsflotte geschützt wurden, mehrten sich wiederum die Einnahmen. Sizilien wuchs zur Handels- und Seemacht im Mittelmeer auf.

Neben der Wirtschafts- und Finanzpolitik erscheint die Bildungspolitik. Die Negation des Lehnswesens bedeutete, daß nicht mehr geborene Große oder geistliche Herren, sondern vom König bestellte ‹Fachleute› den Staat verwalten sollten. Dazu benötigte der Monarch qualifizierte Dienstanwärter, vor allem Juristen. Im Juni 1224 gründete Friedrich die Universität Neapel. Sorge für die Pflege der Wissenschaften und für die Lebensbedingungen der Studenten spricht aus der Stiftungsurkunde, aber ebenso der Wille, den Ausbildungsbetrieb des Königreiches in Neapel zu monopolisieren: «Alle also, die an irgendeiner Fakultät studieren wollen, sollen zum Studium nach Neapel gehen und keiner wage, auf eine Schule außerhalb des Königreiches zu ziehen oder innerhalb des Königreiches an anderen Schulen zu lehren oder zu lernen...». Durch das Studium der Natur und die Erforschung des Rechts, so heißt es, sollen die Männer herangebildet werden, die der Kaiser liebt. Ihre Aufgabe wird sein, die Gerechtigkeit zu pflegen. Des Kaisers Wille ist es, daß der Gerechtigkeit alle unterworfen sind.

Überschauen wir die ersten vier Jahre nach des Kaisers Rückkehr ins Südreich, so treten auf vielerlei Gebieten seine Energie und Anschauungskraft hervor. Vieles stand noch am Anfang, aber schon zeichnete sich ein Staatstyp ab, der ältere Wurzeln in den Schöpfungen von Friedrichs normannischen Vorfahren haben mochte, der sich dennoch vor der Tradition und in der zeitgenössischen Umgebung fremdartig ausnahm und dem Kaiser einen eigentümlichen Ruhm einbringen sollte. Doch noch hatte Friedrich, seit er zum Kaiser gekrönt worden war, nicht eigentlich kaiserliche Aufgaben angefaßt. Ab 1226 sehen wir ihn wieder aus Sizilien heraustreten.

Für Ostern 1226 wurde ein Reichstag nach Cremona einberufen. Es gab dringliche Punkte, die seitens des Imperiums geregelt werden mußten. Einmal war über den Kreuzzug zu beraten, den der Staufer 1215 gelobt und für dessen Aufschub er wiederholt Entschuldigungen hatte vorbringen müssen. Daneben sollte über das Vorgehen gegen die Ketzerbewegung beraten werden, die zu einer Gefahr für die allgemeine Kirche geworden war. In beiden Punkten handelte der Kaiser gemäß seinen Pflichten als Schützer der Kirche.

In eigener Sache beabsichtigte er, in Cremona gegen die oberitalienischen Kommunen vorzugehen, «pro honore et reformatione imperii». Ähnlich wie zur Zeit Barbarossas sollten von den Stadtstaaten die abhanden gekommenen Rechte des Imperiums wieder eingefordert werden. Wie die kaiserliche Absicht von den Städten beurteilt wurde, ist unschwer zu vermuten. Natürlich war Friedrichs Sizilienpolitik in der Lombardei beobachtet worden; Befürchtung kam auf. Doch in den Städten, besonders in Mailand, lebte auch die Erinnerung an die Erfolge fort, die die verbündeten Kommunen in der Abwehr einst errungen hatten.

Sollten die Konflikte mit der Kaisergewalt wieder aufleben, mußten die Städte in Zukunft mit noch härteren Kämpfen rechnen, denn der Kaiser konnte jetzt von einer Basis im Süden operieren und war nicht nur auf Kontingente aus Reichsitalien oder Deutschland angewiesen. Daher mußten die Städte – jedenfalls die antikaiserlich gesinnten, und das war die Mehrheit – bestrebt sein, die Absichten des Staufers zu durchkreuzen.

Zeichneten sich damit die lombardischen Kommunen als Feindgruppe ab, so trat auch das Papsttum wieder in seine Rolle als Gegenspieler der Stauferkaiser ein. Das Verhältnis Friedrichs zu Papst Honorius hatte sich seit der Kaiserkrönung verschlechtert. Zur Hauptsache lag das an der Regelung der Bischofswahlen in Sizilien. Hier gab es 21 Erzbischöfe und 124 Bischöfe; es fanden also häufig, eigentlich laufend, Bischofswahlen statt. Dem König konnte nicht gleichgültig sein, daß von der Kurie fortwährend sein Einfluß umgangen wurde, dadurch, daß sechs Monate lang die Neubesetzung eines Bischofsstuhles hinausgezögert wurde. Nach einer Vakanz von solcher Dauer beanspruchte der Papst nämlich das Recht, ohne weiteres einen ihm genehmen Priester zum Bischof zu machen. Hinzu kamen Spannungen in den ‹rekuperierten› Gebieten des Kirchenstaates, wo kaiserliche Beamte mit Forderungen aufgetreten waren. Dennoch hatten diese Unstimmigkeiten nicht die Sprengkraft, wie sie einst im Verhältnis Kaiser-Papst in der salischen oder Barbarossa-Zeit bestanden hatte.

Honorius III., ein Greis, lebte für den Plan seines Kreuzzuges. Wenn ein solches Unternehmen zustande kommen sollte, war der Ausgleich mit dem Staufer eine Voraussetzung. Mit den Aussichten auf Erfolge im Heiligen Land stand es nicht gut. Zwischen 1219 und 1221 war ein Kreuzfahrerheer, das sich nach dem Laterankonzil gebildet hatte, in Ägypten unter schmerzlichen Verlusten gescheitert. Immer dringlicher wurde Friedrich an sein Gelübde von 1215 erinnert. Endlich im Juli 1225 zu S. Germano versprach er, den Kreuzzug bis August 1227 anzutreten. Würde er das Versprechen nicht halten, sollte ihn der Kirchenbann treffen.

Daß ein Zug nach Jerusalem geplant wurde, war schon vor S. Germano zu erkennen gewesen. Friedrichs Gemahlin Konstanze war 1222 gestorben. Bald darauf hatte der Vertraute des Kaisers, Deutschordenshochmeister Hermann von Salza, eine neue Eheverbindung verabredet, die von der Kurie unterstützt wurde. Es handelte sich bei der Braut um Isabella, die Tochter des französischen Grafen Johann von Brienne, der den Titel König von Jerusalem führte. Die Erbin des Königreiches jedoch war Isabella. Die Aussicht auf den Königstitel von Jerusalem war der Grund für Friedrich, in seine zweite, im Herbst 1225 geschlossene Ehe mit der verarmten Prinzessin einzuwilligen. Einen Einfluß auf den

Kaiser hat Isabella nicht gehabt. Sie starb schon 1228, sechzehn Jahre alt, nachdem sie den Kaisersohn Konrad geboren hatte.

Durch das Aufeinander-angewiesen-Sein in den Angelegenheiten des Kreuzzuges erschienen die Spannungen zwischen Kaiser und Papst gedämpft. Das wurde anders, als im Frühjahr 1226 der Kaiser sein Südreich verließ, um den Reichstag in Cremona zu besuchen. Seine Verbände marschierten dabei durch mittelitalienisches Gebiet, das seit Innocenz III. als zum Kirchenstaat gehörig galt. Für den Durchmarsch holte der Staufer jedoch keine Erlaubnis ein. Nach kaiserlicher Auffassung handelte es sich bei Spoleto und Ancona um Gebiete, die der Papst vom Imperium zu Lehen hatte. Aus dem erbitterten Tonfall der ausgetauschten Beschuldigungsschreiben wurde deutlich, daß der Kampf der Mächte um die grundsätzlichen Positionen wiederauflebte.

Cremona, der Tagungsort des Reichstages, gehörte zu der kleinen Gruppe kaiserfreundlicher Städte. Mit der Wahl des Platzes hatte Friedrich seine Absichten signalisiert. In Mailand mußte man annehmen, daß die Kommunen jetzt in einen gelenkten monarchischen Verwaltungsstaat überführt werden sollten. Sogleich schlossen sich lombardische Städte wieder zur Liga zusammen. Bei Verona wurde die Klause gesperrt, so daß die meisten deutschen Fürsten Italien nicht betreten konnten. Der Reichstag kam nicht zustande, ein für den Kaiser beschämender Tatbestand. Obwohl der Papst die Schwierigkeiten des Staufers mit den Lombarden nicht ungern sah, mußte er sich doch gegen die Städte wenden, da der Kaiser sie anklagte, die Vorbereitungen zum Kreuzzug gestört zu haben. Die Kommunen der Liga gerieten in Kirchenbann und Reichsacht. Doch insgesamt gesehen war der kaiserliche Versuch, die oberitalienische Städtelandschaft umzuformen, erfolglos geblieben.

Also nicht überall hatte der Staufer das Glück des Siziliers. Doch er reagierte mit Überlegung. Obgleich seine Erbitterung über das verhaßte Mailand tief gewesen sein muß, stimmte er einem Vergleich, den der Papst vermittelte, zu. Im Augenblick türmten sich die Probleme des Kreuzzuges, der im nächsten Jahr angetreten werden sollte.

Zeigte sich am Kaiser bislang seine Passion als Staatsmann, so tritt er während seines Aufenthaltes in Reichsitalien 1226 in einer Szene auf, die Einsicht in eine andere Leidenschaft gewährt. Es ist sein Interesse für große Gelehrte. In Pisa empfing er den Mathematiker Leonardo Fibonaccio, der im Abendland das Rechnen mit arabischen Zahlen und mit der Null bekannt machte und hier in Gegenwart des Kaisers komplizierte mathematische Aufgaben löste. Beseelt von einer eigentümlichen Wißbegier ließ der Kaiser die Verbindung zu Leonardo nicht abreißen und förderte dessen Arbeiten.

Hatte der Zug nach Oberitalien politisch wenig gebracht, so fielen doch während dieser Monate wichtige Entscheidungen in Reichssachen.

Im März 1226 erhielt der Deutsche Orden mit der ‹Goldbulle von Rimini› die rechtliche Grundlage zu einem autonomen Staatswesen unter den heidnischen Preußen. Im Juni 1226 wurde Lübeck die Reichsfreiheit verbrieft, nachdem die dänische Herrschaft nördlich der Elbe zu schwinden begonnen hatte. 1227, in der Schlacht bei Bornhöved, brach die dänische Stellung in Nordalbingien endgültig zusammen. Mit dem Wachstum Lübecks, dem Aufstieg der Hanse und dem Beginn des Ordensstaates in Preußen begannen neue Abschnitte des deutschen Spätmittelalters; man wird jedoch nicht sagen, daß in den Sommermonaten 1226 diese Neuanfänge im fernen Nordosten des Reiches den Kaiser allzusehr beschäftigten.

Das Jahr 1227 brachte in der Kurie eine Wende. Honorius III. starb am 18. März. Sein Nachfolger wurde Hugo, Kardinalbischof von Ostia, damals 60 Jahre alt. Er war ein Verwandter des großen Innocenz III. Hugo nannte sich hinfort Gregor IX. Der Name war ein Programm. Der neue Papst zeigte an, daß er die geistliche Vormachtstellung gegenüber dem Kaisertum mit jener Unbedingtheit behaupten wollte wie weiland Gregor VII. Die Wahl des Namens im Augenblick, da der Kaiser mit den Vorbereitungen des Kreuzzuges befaßt war, mochte befremdlich wirken, zumal der Kardinal Hugo früher als Förderer Friedrichs aufgetreten war, aber inzwischen war die Gefährlichkeit des Staufers für die Kurie immer deutlicher geworden.

Im Hochsommer 1227 war beim Hafen von Brindisi ein riesiges Aufgebot von Kreuzfahrern zusammengekommen, darunter viele Deutsche. Der Kaiser traf im August ein. Zu seinem Vertreter im Kommando bestellte er den Landgrafen Ludwig von Thüringen. Da brach in der glühenden Sommerhitze unter den schlecht versorgten Menschenmassen eine fiebrige Seuche aus, die alsbald katastrophale Formen annahm. Auch der Kaiser und der Landgraf erkrankten; dennoch gingen beide am 8. September in See. Bereits nach zwei Tagen mußte das Schiff wieder in Otranto einlaufen. Der Landgraf starb. Der fiebernde Kaiser war so entkräftet, daß er das Unternehmen abbrach. Er ließ sich zu den warmen Bädern von Pozzuoli bringen. Wieder war eine Riesenanstrengung der Kreuzzugsbewegung mit schweren Verlusten in Erfolglosigkeit geendet. Hinzu kam, der Kaiser hatte sein Gelübde, im Jahre 1227 ins Heilige Land zu ziehen, nicht gehalten – nicht halten können.

Die Reaktion der Kurie auf die Ereignisse zeigte, daß Gregor IX. eine Möglichkeit sah, den Kaiser zu demütigen. Friedrichs Gesandtschaft, die von der Heimsuchung des Heeres Nachricht geben sollte, wurde von Gregor IX. nicht vorgelassen. Am 29. September verhängte der Papst den Bann über Friedrich II. Begründet wurde der Fluch unter anderem mit der Behauptung, er habe das christliche Heer im Stich gelassen.

Friedrich äußerte sich in einem Rechtfertigungsschreiben zunächst zu-

Friedrich II. (1212–1250)

rückhaltend zum Bann (6. 12. 1227). Durch sachlichen Ton suchte er den Papst ins Unrecht zu setzen. Den Kreuzzug sagte er nach seiner Genesung für 1228 endgültig an. Das Schreiben schloß mit dem Ausdruck der Hoffnung, daß dem ergebenen Sohn die Liebe der Kirche wieder zugewendet werden möge, eingedenk der Not des Heiligen Landes, und «da wir ihn [den Papst] vor seiner Berufung zu seiner hohen Würde aufrichtig geliebt haben». An der Haltung der Kurie änderten die Erklärungen des Kaisers nichts, und als dieser fortfuhr, sich endgültig für die Fahrt zu rüsten, wurde von päpstlicher Seite alles unternommen, um den Kreuzzug unmöglich zu machen. Der Bann über den Staufer wurde am Gründonnerstag 1228 erneuert.

Im Juni 1228 lief eine Flotte von 40 Schiffen mit dem Kaiser von Brindisi aus. Beim Empfang im Hafen von Akkon begrüßten nicht nur die Paladine, unter ihnen Hermann von Salza und der Marschall Richard, bewegt den Kreuzfahrerkaiser, auch die Rivalen des Deutschen Ordens, die Templer und Johanniter, dazu Gerold, Patriarch von Jerusalem, waren – wenn auch mit Bedenken – erschienen. Doch als der Kaiser seine Verhandlungen mit den Muslimen begann, traten die schweren Gegensätze unter den Christen im Heiligen Land hervor; der Patriarch begann gegen den Kaiser zu intrigieren. Verläßliche Helfer fand er außer in seinem nicht großen Heer – in dem sich auch Araber befanden – nur bei den Männern des Deutschen Ordens, Untertanen aus Sizilien und Leuten aus Genua und Pisa.

Um so erstaunlicher ist das Ergebnis der Verhandlungen, die Friedrich mit dem Sultan Al-Kāmil von Ägypten führte. Am 18. Februar 1229 bestätigte ein Vertrag, daß Jerusalem, dazu wichtige Orte wie Nazareth und Behtlehem und ein befestigter Küstenstreifen, an die Christen übergeben wurden. Ohne die Waffen einzusetzen, war erreicht, was bislang unter unerhörten Opfern nicht gelungen war.

Zwar stellte der Vertrag eine Übereinkunft mit Kompromissen dar – auch die Muslime hatten die Möglichkeit, in Jerusalem ihre Moscheen zu besuchen, und der Friede war zunächst auf zehn Jahre begrenzt –, aber erfolgreiche Diplomaten denken auch an die Grenzen des Verhandlungspartners. Friedrich kam dem Sultan so weit entgegen wie er konnte. Die arabischen Quellen lassen erkennen, daß er dem Beauftragten Al-Kāmils gegenüber eingestand, er handele unter Erfolgszwang, aber, wie er offen wäre für alle Bedenken des Sultans, rechne er auch auf dessen Verständnis für seine Lage. Der arabische Chronist Ibn Wāsil berichtet, Friedrich habe gesagt: «Wenn ich nicht fürchtete, mein Ansehen bei den Franken zu verlieren, hätte ich den Sultan nicht mit derlei belästigt. Für mich persönlich ist weder Jerusalem noch etwas anderes in Palästina ein erstrebenswertes Ziel. Jedoch muß ich darauf achten, meine Stellung bei ihnen zu bewahren.»

Meist haben die Geschichtsschreiber Friedrichs Erfolg mit dem Ansehen erklärt, das er bei den Muslimen genoß. Der Kaiser gab zu erkennen, daß er von den Wissenschaften und Glaubenslehren des Islam eine hohe Meinung, ja eine Vorliebe für sie hatte. Sicherlich hat die gegenseitige Wertschätzung beider Herrscher und das persönliche Verhältnis, das durch kostbare Geschenke gepflegt wurde, die Verhandlungen erleichtert; doch sie bildeten keineswegs allein die Erklärung für den Vertrag. Die Verhandlungen, den Status von Jerusalem betreffend, waren schon länger hin und her gegangen und hatten signalisiert, daß auch Al-Kāmil, wegen eigener Schwierigkeiten mit seinem Bruder in Damaskus, ein Übereinkommen mit dem Kaiser wünschte.

Allerdings sah sich der Sultan zum Zeitpunkt, da Friedrich in Palästina auftrat, nicht mehr so dringlich auf den Kaiser verwiesen, doch letztlich blieb auch er an einer vernünftigen Lösung des Jerusalem-Problems interessiert. Daß den Kaiser und den Sultan etwas Gemeinsames verband, mochte man auch daraus ersehen, daß bei den Zeloten, sowohl unter den Christen wie den Muslimen, der Groll und das Wehklagen über den Jerusalem-Vertrag groß waren.

Am 17. März 1229 zog der Kaiser in Jerusalem ein. Er begab sich sofort zum Heiligen Grab, um zu beten. Am folgenden Tag fand Friedrichs Krönung zum König von Jerusalem statt. Die Beratungen über das Protokoll der Feier müssen schwierig gewesen sein, da der zu Krönende kirchlich gebannt war. Als ein Dankgottesdienst am Heiligen Grab gehalten wurde, nahm der exkommunizierte Kaiser daran nicht teil. Dann aber betrat er die Kirche, nahm die Krone vom Altar und setzte sie sich aufs Haupt.

Herrschaftszeichen und Krönungsritus können etwas über Herrschaftsauffassungen aussagen. Wenn man die Selbstkrönung derart deuten will, muß man sehen, daß der Exkommunizierte, der das Verhältnis zur Kurie nicht noch mehr belasten wollte, sich auf diese ‹stille› Krönung verwiesen sah. Andererseits entsprach das Notwendige dem Grundsätzlichen in Friedrichs Vorstellung: Unter Führung Christi und entgegen den Absichten des Papstes hatte er die Befreiung des Heiligen Grabes unternommen; Christus hatte ihm den Erfolg gegeben. Christus gab nun auch die Krone; einer Vermittlung durch geistliche Hand bedurfte es nicht.

Neuerdings ist der Vorgang in der Grabeskirche nicht eigentlich als ‹Krönung› gedeutet worden, sondern nur als «unter der Krone gehen» (H. E. Mayer 1967). Doch wie man Friedrichs Auftritt auch begreifen will, er sollte zeigen, daß der Kaiser an der Stätte des befreiten Heiligen Grabes von Christus in seiner schutzherrlichen Stellung legitimiert wurde.

Am Krönungstage erging an die Christenheit ein Kreuzzugsmanifest.

Es berichtete von den Erfolgen des Zuges, erwähnte Papst und Bann nicht, schwieg auch von den Gehässigkeiten, die der Kaiser aus dem christlichen Lager erfahren hatte. Die Gewißheit, im allerhöchsten Auftrag gehandelt zu haben, sprechen aus Sätzen wie folgendem: «Seht, jetzt ist jener Tag des Heils gekommen, an dem die wahren Christen ihr Heil von ihrem Herrn und Gott empfangen, damit der Erdkreis erfahre und begreife, daß Er es ist und kein anderer, der das Heil seiner Diener wirkt, wann und wie Er will!» Der Satz ging natürlich gegen den Papst.

Der 18. März 1229 in der Grabeskirche bedeutete einen Höhepunkt kaiserlicher Selbstdarstellung. Laut dem Manifest sah sich Friedrich II. hinfort in der Nachfolge des Königs David. Glänzend war auch die stilistische Form, in der die Schriften in die Welt gingen.

Für das Urteil über Friedrich sind die Tage von Jerusalem noch aus einem anderen Grund von eigenem Interesse. Das Auftreten des Kaisers ist von arabischer Seite aufmerksam beobachtet worden. Das Kaiserbild, das die arabischen Autoren zeichnen, wirkt nicht feindselig, sondern unabhängig. Von Al-Ǧauzi stammt eine Personenskizze des fünfunddreißig-jährigen Kaisers, wie wir sie so knapp realistisch in den abendländischen Quellen nicht finden: «Der Kaiser ... hatte eine rötliche Gesichtsfarbe; er war kahlköpfig und kurzsichtig. Wäre er ein Sklave gewesen, er hätte keine zwanzig Dirham eingebracht» (Übersetzung von Gottschalk). Allgemein fiel den Arabern auf, daß dieser Herrscher die Vorzüge des Islam pries und sich über christliche Einrichtungen, etwa in der Papstkirche, mokierte. Es mochte arabische Zuhörer geben, die so etwas gerne hörten, aber gläubige Muslime empfanden doch auch Reserve gegenüber diesem ‹Freidenker›. Insgesamt entsteht aus arabischen Quellen das Bild eines Mannes, der den Kreuzzug «nicht als sakralen Auftrag aus sich erklärt, sondern als ein politisch notwendiges Teilstück der kaiserlichen Gesamtplanung, als eine Unternehmung, ohne deren erfolgreichen Abschluß der Kaiser seine Geltung im Abendland nicht behaupten kann»

Es ist nicht einfach, die Herrscherbilder, die während der Tage in Jerusalem entstanden, zusammenzubringen: einmal die Selbstdarstellung des Kaisers als von Gott bestellter Schutzherr des Heiligen Grabes und zum andern das Bild, das die Araber gewannen, nämlich eines säkularisierten Menschen, «dessen Fähigkeiten bei der Verwirklichung des Möglichen in der Politik aus seiner weltläufigen Desillusionierung kommen».

Der Kaiser verließ Jerusalem schon am dritten Tag. Gerold hatte das Interdikt über die Stadt verhängt, so daß kein Gottesdienst gehalten werden konnte. Ärger und Wut unter den Pilgern waren groß. Den Kaiser aber drängte es nach Hause. In Akkon gab es noch üble Auftritte mit dem Patriarchen und den Templern. Als der Kaiser am Abfahrtstag sein Schiff besteigen wollte, liefen aufgehetzte Leute hinter ihm her und warfen mit Kot. Mit solchen Bildern endete Friedrichs Aufenthalt in Palästina.

Schlechte Nachrichten hatten den Kaiser inzwischen erreicht. Es hieß, der Papst habe ein Bündnis mit den lombardischen Kommunen geschlossen und in Deutschland versucht, ein Gegenkönigtum einzurichten. Darauf war der Statthalter des Kaisers, Rainald, in die Mark Ancona und in Spoleto einmarschiert. Im Gegenzug ließ Gregor IX. den Schwiegervater des Kaisers, Johann von Brienne, mit päpstlichen Truppen in Apulien eindringen; Johann war zu Friedrichs Feind geworden, weil er sich in der Angelegenheit der Krone von Jerusalem übergangen fühlte. Zur ‹psychologischen Kriegführung› der Päpstlichen gehörte es, daß die Meldung verbreitet wurde, Friedrich sei tot.

Am 10. Juni 1229 lief das Schiff des Kaisers in Brindisi ein. Rasch gelang dem Zurückgekehrten die Versammlung eines Truppenverbandes. Zügig gewann er mit ihm Apulien zurück. Er vermied jedoch, in den Kirchenstaat einzudringen und gab zu erkennen, daß ihm an einem Ausgleich mit der Kurie gelegen war.

Gregor IX. mag gespürt haben, daß eine Übereinkunft mit diesem Mann, der sich den Rang eines David-Königs anmaßte, letztlich nicht möglich war. Friedrich jedoch war bereit, den Klerus der sizilischen Kirche aus der Gerichtsbarkeit des Königreiches und der Steuerverpflichtung zu entlassen. Ein deutlicheres Zeichen, daß er als getreuer Sohn der Kirche gelten wollte, konnte es nicht geben. Hermann von Salza, Kardinal Thomas von Capua und deutsche Fürsten verhandelten und wirkten für die Versöhnung. So konnte der Papst nicht mehr ausweichen. In S. Germano (23. Juli 1230) und Ceperano (28. August) wurde Friede geschlossen und der Bann vom Kaiser genommen. Friedrichs erste große Auseinandersetzung mit dem Papsttum endete für den König von Sizilien mit kirchenpolitischen Einbußen, aber der Gewinn an unmittelbarer Geltung für den Kaiser war groß.

Nach der Rückkehr vom Kreuzzug entstand das Gesetzbuch, das mit Friedrichs II. Namen immer zusammen genannt wird, der ‹Liber Augustalis›. Durch diese ‹Konstitutionen von Melfi› (August 1231) erhielt der sizilische Staat jenen Grundriß, der den Vorstellungen seines Fürsten entsprach. Mögen normannische Voraussetzungen und Vorbilder des römischen Rechts aus der Schule von Bologna die Entstehung des erstaunlichen Werkes mit erklären, Prägung und Einheitlichkeit erhielt es durch Friedrichs Person.

Programmatisch klingt die Einleitung: Nach der Vertreibung aus dem Paradiese entstand Haß unter den Nachkommen der ersten Menschen. Über den Besitz der Dinge, der nach natürlichem Recht ursprünglich gemeinsam war, entbrannte Streit. Um den auflebenden Verbrechen entgegenzutreten und als Richter zu entscheiden, wurden die Fürsten der

Völker geschaffen. Das geschah gemäß göttlicher Vorsehung. Doch vorher noch wird ein anderer Grund fürstlicher Gewalt genannt. Herrschaft entstand aus der ‹rerum necessitas›, aus der Notwendigkeit, die der Natur der Dinge entspricht, ihr unausweichlich innewohnt.

Die Vorstellung von der ‹rerum necessitas› ist Aristoteles entnommen. Denkt man weiter und sieht, daß die Aufgaben des Herrschers (neben dem Schutz der Kirche) darin bestehen, den Frieden aufzurichten und im Frieden Gerechtigkeit zu üben, dann ist das Streben nach diesen Gütern ein Gesetz des Seins, das der Welt ihre eigene ‹weltliche› Weihe gibt.

Es ist die Frage, ob die Juristen, die am ‹Liber Augustalis› arbeiteten, bemerkt haben, daß die doppelte Begründung der Herrschaft sowohl durch Gottes Vorsehung als auch durch die ‹rerum necessitas› – durch Naturnotwendigkeit – in sich widersprüchlich ist. Wie dem auch war, Friedrich wünschte, daß in seinem Gesetzbuch – neben der obligaten augustinischen Vorstellung vom Ursprung der Herrschaft – das staatliche Wesen eine aristotelische, innerweltliche Würde zugesprochen erhielt. Daraus wuchs dem Kaiser selbst ein Charakter sakraler Weltlichkeit zu. «Der Kaiser soll Vater und Sohn, Herr und Diener der Gerechtigkeit sein: Vater und Herr, indem er die Gerechtigkeit verbreitet und die verbreitete erhält; zugleich aber soll er in der Verehrung der Gerechtigkeit ihr Sohn und im Dienste ihrer Fülle ihr Diener sein». Der Satz klingt wie die vorweggenommene Maxime eines aufgeklärten Fürsten des Absolutismus.

Einzigartig ist das Institut der ‹invocatio›. Wer zu Unrecht angegriffen wurde, konnte in seiner Not den Namen des Kaisers anrufen. Der Angegriffene war damit befriedet. Wer diesen Frieden brach, wurde vor dem Hofgericht verurteilt. Durch die ‹invocatio› erhielt der Kaiser, allgegenwärtig, Züge eines schutzspendenden Halbgottes.

Aufgefunden werden soll die Gerechtigkeit durch vernünftige Einsicht. Deutlich wird das beim Verfahrensrecht. Der Zweikampf als Mittel zur Urteilsfindung verliert weithin seine Beweiskraft. Das Gottesurteil verschwindet aus dem Verfahren. Das Fehdewesen wird verboten. Die Folter tritt zurück. Ein weiteres Kennzeichen der Konstitutionen ist der Gedanke des vom Staat verfügten und prohibitiven Schutzes für alle Untertanen. Berühmt geworden sind Friedrichs Gesetze zur Gesundheitsfürsorge und zum ‹Umweltschutz›. Für Mediziner werden ein achtjähriger Studiengang und eine staatliche Prüfungsordnung verfügt; die Herstellung von Arzneien wird Apothekern übertragen. Eine ‹soziale› Gebührenordnung wird festgelegt.

Gesetze regeln die Lebensführung der Untertanen. Verfolgt werden nicht nur Leute, die Zaubertränke für Liebende herstellen, sondern ebenso Spieler, Ehebrecher, Kuppler, Gotteslästerer und Ketzer. Es mag verwundern, daß ein Herrscher, der sich mit Arabern über die Vorzüge des

Islam unterhielt oder den Zweikampf im Prozeßrecht zurückdrängte, dennoch die Ketzer dem Feuertode überlieferte. Friedrichs ‹Toleranz› galt jedoch nicht unabhängig von der Räson des Staates. Des Kaisers Vorgehen gegen die Ketzer ist einmal aus seiner Politik gegenüber dem Papsttum zu verstehen; er durfte keinen Vorwand für den Vorwurf bieten, er käme seiner Aufgabe als Schutzherr des Glaubens nicht nach. Darüber hinaus waren Ketzer eine Gefahr für das staatliche Wesen überhaupt. Wer sich aber den Ordnungen kaiserlicher Herrschaft verweigerte, den trafen schwerste Strafen.

Ziehen wir zu den in den ‹Liber Augustalis› eingegangenen Rechtsvorstellungen die Auskünfte aus Wirtschaftspolitik, Finanzwesen und Verwaltung hinzu, die schon bei Betrachtung der Assisen von Capua hervortraten, dann entsteht das Bild eines von königlichen Beauftragten verwalteten, einheitlichen Fürsorge- und Gerechtigkeitsstaates. Der Rationalität im Aufbau entsprach seine Sicherung gegen Korruption durch stetige Kontrolle der Hoheitsträger. Justitiare des Königs durften in ihrer Heimatprovinz nicht eingesetzt werden. In ihrem Amtsbereich war es ihnen untersagt, Besitz zu erwerben und zu heiraten. Durch ein Spitzelsystem wurden alle Bereiche überwacht. Der bürokratische Fürsorgestaat war gleichzeitig allgegenwärtiger Polizeistaat.

In seiner zeitgenössischen Umgebung wirkte das friderizianische Sizilien fremdartig, jedoch gerade aufgrund dieses Charakters konnte der Staat politisch und militärisch wirkungsvoll eingesetzt werden. Andererseits verrieten die grausamen Strafen – etwa gegen rebellierende sizilische Städte (1233) –, daß das ‹System› eine Überforderung in der Zeit darstellte und der Entwurf, der aus den Gesetzen spricht, nicht mit der Realität gleichgesetzt werden darf. Erstaunlich bleibt, was in kurzer Zeit durch diesen Staat möglich wurde.

Die Bauleidenschaft hatte der Staufer mit manchen Monarchen des Absolutismus gemeinsam. Besonders in den dreißiger Jahren des 13. Jahrhunderts entstand auf Sizilien und in Apulien eine Fülle von Kastellen und Schlössern, die in ihrer Klarheit, Monumentalität und Pracht den Formwillen des Kaisers auf ihre Art wiedergaben, so wie er sich im ‹Liber Augustalis› in der Sprache der Gesetze ausdrückt. Nur weniges von diesen Bauten ist auf uns gekommen. In seinen Trümmern noch wird das Brückentor von Capua als architektonisches Herrschaftszeichen deutlich; weitgehend erhalten ist das Jagdschloß Castel del Monte, einsam im Hügelland aufragend, achteckig, edel, bis heute ein kaiserlicher Schmuck Apuliens.

Zu einer Pflanzstätte der Sprachkunst wurde die Kanzlei des Königreiches. Hier wirkte der genialische Petrus von Vinea, damals höchster Richter. Die lateinische Sprache erlebte in den Verlautbarungen des Königreiches eine mittelalterliche Blütezeit. Ihr Stil, treffsicher, geschmeidig, zugleich von barocker Großartigkeit, machte die sizilische Kanzlei zum Vorbild für die Schreibstuben des Abendlandes.

Zu einem Übersetzungszentrum und einer Forschungsstätte wurde der Hof durch Friedrichs wissenschaftliche Passion. Schriften des Aristoteles mit den Kommentaren des Averroes wurden besonders gefördert. Die aus der Begegnung mit Aristoteles entstandenen Streitpunkte der Zeit, zum Beispiel ob die Welt einen Anfang durch göttlichen Schöpfungsakt genommen habe, oder ob sie von Ewigkeit ohne Anfang sei, wie Averroes nach Aristoteles lehrte, waren in der Umgebung des Kaisers bekannt wie auch die Auffassung, daß es die persönliche Unsterblichkeit nicht gäbe. Es ist kein Zweifel, daß Friedrich sich mit diesen Fragen auseinandersetzte und unter anderem darüber mit Arabern sprach und korrespondierte. So lautete etwa ein mohammedanisches Urteil über ihn, er sei ein ‹Äternist›; was wohl heißen sollte, er sei ein Anhänger des Averroes, dessen Lehren auch von der islamischen Orthodoxie verworfen wurden.

Große Gelehrte wurden an den Hof gezogen, Christen, Juden und Muslime; der bedeutendste war Michael Scotus (ab 1227), der in Toledo als Übersetzer begonnen hatte. Die Um- und Nachwelt kannte Michael vor allem als Sterndeuter. Für Friedrich waren die astrologischen Auskünfte nicht unwesentlich; das entsprach den Überzeugungen der Zeit, wichtiger aber war ihm der Gelehrte als Vermittler; so übersetzte Michael die zoologischen Abhandlungen des Aristoteles. Wir kennen einen Fragenkatalog, den Friedrich dem Michael vorlegte. So fragt er danach, worauf die Erde ruht – ob sie sich freischwebend über der Raumtiefe hält, oder ob da etwas ist, was sie trägt –, gleichzeitig möchte er wissen, wieviele Himmel angeordnet sind und wo der Thron Gottes und die Hölle ihre Stätte haben; oder er verlangt nach einer Erklärung für die Existenz und das Hervorströmen süßen und salzigen Wassers, und so fort.

Die beste Möglichkeit, den Kaiser kennenzulernen, bietet das Buch, das er selber geschrieben hat: ‹Über die Kunst mit Vögeln zu jagen›. Friedrich war sein Leben lang ein leidenschaftlicher Falkner und sammelte drei Jahrzehnte lang Unterlagen für ein Lehrbuch, das um 1240 entstanden sein dürfte. Seine ornithologischen Kenntnisse sind erstaunlich, einmal was ihre Genauigkeit, vor allem aber, was ihre Grundlagen angeht. Friedrichs Feststellungen sind empirisch durch Beobachtung und Experiment gewonnen; häufig berichtigt er Aristoteles, weil dessen Nachrichten nicht mit seinen eigenen Beobachtungen in der Natur übereinstimmen.

Im Falkenbuch finden sich keinerlei Hinweise auf göttliche Ursachen im Wirken der Natur. Wohl ist diese voller Geheimnisse; ihre Erklärung erfolgt jedoch innerweltlich und rational. Eine Aufgabe des Herrschers ist es übrigens, den Untertanen, hoch und niedrig, zur Einsicht in diese Geheimnisse zu verhelfen. Aufschlußreich ist es, wie Friedrich den Falkner beschreibt. Dessen praktische Aufgaben werden vorgestellt; darüber hinaus aber enthält die Charakterisierung Grundsätzliches über Friedrichs Herrscherbild. Am rechten Falkner ist vor allem die Erfüllung zweier Pflichten zu erkennen: einmal dauerndes Streben nach Vervollkommnung, zum anderen unaufhörliche Fürsorge für die Vögel. Ein religiöser Bezug bei der Begründung der Falknertugenden fehlt.

Der Kaiser beschränkte sich als Schriftsteller nicht auf das Fach der Falkenjagd; er schrieb Lieder in der Art der Troubadourdichtung und war umgeben von einem Dichterkreis, der diese Themen zum ersten Mal in der Landessprache, dem Volgare, behandelte. Poeten waren Beamte des Hofes. Bedeutung gewann die ‹sizilische Dichterschule› nicht so sehr durch den besonderen Inhalt ihrer Liebeslyrik, sondern durch die Prägung des Volgare zur Sprache der Poesie.

Glanz und Eigenart Friedrichs II. treten besonders angesichts seiner Schöpfungen in Sizilien hervor, und sicherlich erblickte er hier sein eigentliches Feld; doch die Aufgaben als römischer Kaiser verlangten nach Rückkehr vom Kreuzzug weiter nach Lösungen. Im Spannungsfeld der Kaiserpolitik befanden sich im wesentlichen drei kritische Größen: das Papsttum, die oberitalienischen Kommunen und – nördlich der Alpen – die deutschen Fürsten. Wir werden bemerken, daß sich Friedrichs Absichten zu allererst auf die Neuordnung des Städtewesens in Oberitalien richteten. Wenn aber in der Lombardei das Generalproblem lag, dann gebot es die Klugheit, den Ausgleich mit dem Papsttum zu suchen und, so weit möglich, Konflikten mit den deutschen Fürsten auszuweichen.

Zum November 1231 war nach Ravenna ein Hoftag einberufen worden. Mit kleinem, aber exotisch prächtigem Gefolge brach der Kaiser von Foggia in Apulien auf. Er verzichtete auf die Begleitung eines Heeres und entsprach damit den Wünschen des Papstes. Die Folgen des unbewaffneten Auftretens in Reichsitalien waren ärgerlich. Die Vorgänge von 1226 wiederholten sich. Die lombardischen Städte dachten nicht daran, Vertreter zur Reichsversammlung zu schicken; sie erneuerten ihre Liga und versperrten wieder die Klause bei Verona. Aus Deutschland eintreffende Große wurden zu Umwegen, etwa über See, gezwungen, um nach Ravenna zu gelangen. Der Hoftag mußte auf Weihnachten verschoben werden. Manche Fürsten erschienen gar nicht. Zu ihnen gehörte der Sohn des Kaisers.

König Heinrich hatte mit 18 Jahren die Regierung in Deutschland übernommen (1228). Daß er nicht in Ravenna erschien, war nicht durch die versperrten Straßen zu entschuldigen; der Kaiser mußte das Fernbleiben als unerhört empfinden. Der Vater-Sohn Konflikt, den wir hier beginnen sehen, hatte Ursachen im menschlichen Nichtverstehen. Doch hinter persönlichen Spannungen standen Unvereinbarkeiten in der Reichsführung, wie sie sich aus der universalen Planung des Kaisers und aus Heinrichs ‹nationaler› Königspolitik in Deutschland ergaben. Das Königtum des Sohnes sah sich in Deutschland von Fürsten bedrängt, die mit dem Ausbau ihrer Territorien beschäftigt waren. Der Aufstieg der Fürsten zu ‹Landesherren› war eine seit langem angelegte Bewegung, die den Auffassungen des Kaisers, wie er sie in Sizilien realisierte, direkt entgegenwirkte, mit der Heinrich gemäß väterlicher Weisung im Norden jedoch auskommen sollte. Der junge Staufer dagegen suchte für seine Königspolitik Helfer bei Städten und Reichsministerialen.

Es ist schwer zu sagen, ob es allein das Unvermögen und die Unerfahrenheit Heinrichs waren, die ihn bald scheitern ließen, oder ob in Deutschland die Tendenzen nicht mehr umzuleiten waren. Im Mai 1231 zu Worms hatte der König jedenfalls alle Fürsten gegen sich und wurde veranlaßt, das ‹Statutum in favorem principum› zu genehmigen. Mit dem Gesetz erhielten auch die weltlichen Fürsten jene Hoheiten, welche die geistlichen Großen schon seit 1220 besaßen, vor allem das Befestigungs-, Zoll-, Münz- und Marktrecht. Ergänzt wurden diese Bausteine fürstlicher Landeshoheit durch Verfügungen, die sich gegen die aufstrebenden Städte richteten. An sich schuf das Statut keine neuen Verhältnisse; was darin geschrieben stand, war meist schon üblich geworden. Dennoch war jetzt von Reichs wegen für rechtens erklärt, was einen Königsstaat, wie ihn Heinrich anstrebte und der entsprechenden Bildungen in Frankreich oder England vergleichbar gewesen wäre, unmöglich machte. Vielleicht hatte Friedrich ein gewisses Verständnis für die Vorstellungen des Sohnes, dennoch war die väterliche Verurteilung rigoros.

Der König wurde auf einen neuen Hoftag zu Ostern 1232 nach Aquileja bestellt. Der Preis für die Wiedergewinnung kaiserlicher Gnade war hoch, der Vorgang tief demütigend. In Cividale mußte Heinrich vor den Fürsten schwören, daß er dem Kaiser hinfort gehorsam sein und den Anordnungen zugunsten der Fürsten nachkommen würde. Die Großen bat er gegen ihn vorzugehen, wenn er kaiserlichen Weisungen nicht folgen würde. Einen ähnlichen Brief richtete er an den Papst; dieser möge ihn exkommunizieren, falls er sich an seine Eide nicht halten würde.

In Cividale bestätigte Friedrich das ‹Statutum in favorem principum› (Mai 1232). Etwas anderes war dem Kaiser nicht mehr möglich. Dennoch ist das Gesetz nicht Heinrich anzulasten; es entsprach der Fürstenpolitik des Kaisers. Dieses Statut, das die Entwicklung zum deutschen Einheitsstaat hinfort unmöglich machte, hat bei den nationalen Historikern des 19. Jahrhunderts zu einer bezeichnend reservierten Haltung gegenüber dem ‹italienischen› Staufer geführt. Heute wird man dem Kaiser zugestehen, daß er in der Zeit ‹berechtigt› war, der Deutschlandpolitik den Platz im Universalplan zuzuweisen, der ihm auf weite Sicht erfolgversprechend schien.

Heinrich hat die Unterwerfung, nachdem er wieder in Deutschland war, nicht anerkannt. Er beharrte in seiner Haltung. Mochten seine Unternehmungen dabei erfolglos bleiben, man kann ihnen Anteilnahme nicht versagen, besonders nicht seinen Versuchen, sich gegen die Ketzerverfolgungen zu stellen. Der Kaiser hatte im März 1232 neue strenge Gesetze gegen Häretiker erlassen; damit hoffte er sich den Papst zu verpflichten, den er gegenüber den lombardischen Städten als Bundesgenossen oder doch als wohlwollenden Unparteiischen benötigte.

In Italien und Deutschland war eine Krise mit dem unheimlichen Anwachsen ketzerischer Gruppen offenbar geworden. Daneben wurde eine neue Intensität des Zeitalters in der Ausbreitung franziskanischer Frömmigkeit sichtbar, beispielhaft deutlich im Leben der heiligen Elisabeth (gest. 1231), die sich im Dienst für Kranke und Beladene verzehrte. Aber ebenso zeigte sich eine Maßlosigkeit jener Jahre im Fanatismus der Ketzergerichte, mit denen die Häretiker ausgemerzt wurden, und am schlimmen Mißbrauch der Ketzergesetze, wie im Krieg gegen die Stedinger Bauern. Die Stedinger, die sich den Forderungen des Erzbischofs von Hamburg-Bremen widersetzt hatten, wurden 1230 zu Ketzern erklärt. Der Krieg gegen sie wurde als Kreuzzug geführt und die Streitmacht der Bauern am 27. Mai 1234 bei Altenesch vernichtet. König Heinrich hat sich im Februar 1234 auf einem Hoftag in Frankfurt gegen das Unrecht der Ketzerverfolgungen gewandt. Er konnte den Krieg gegen die Stedinger nicht mehr abwenden; wohl aber hatte er nun nicht nur den Kaiser, sondern auch die Kurie gegen sich.

Im Sommer 1234 stand für Friedrich fest, daß er seinen Sohn ausschalten mußte, er bat den Papst um Beistand. Gregor konnte sich dem nicht entziehen. Heinrich wurde am 5. Juli exkommuniziert. Der Gebannte rechnete mit dem Erscheinen des Kaisers in Deutschland und bereitete den Aufstand vor. Wenn es etwas gab, das der Vater niemals verzeihen konnte, dann war es eine Absprache des Sohnes mit den Städten in Oberitalien. Gerade dieses Bündnis, im Dezember 1234 geschlossen, benötigte Heinrich, um seinem Vater die Straßen über die Alpen zu sperren. Friedrich jedoch marschierte im Mai 1235 über Aquileja nach Deutschland ein, ohne großes Heer, aber mit einem Gefolge, das ihn als Herrscher aus einer anderen Welt erscheinen ließ. Prunkvoll war der mit Kostbarkeiten beladene Wagenpark, merkwürdig das Gefolge von Sarazenen und Äthiopiern, Staunen erregend der Zug der Kamele, Maultiere, Dromedare, Affen und Leoparden.

Die Wirkung kaiserlicher Gegenwart in Deutschland trat auf der Stelle ein. Der Aufstand des Sohnes brach zusammen. Am 2. Juli trat er in

Wimpfen vor den Kaiser, fiel nieder und wurde verhaftet. Bis 1242 blieb er gefangengesetzt; dann fand er den Tod in Kalabrien, vielleicht durch Selbstmord. In einer Todesanzeige sprach der Kaiser von der Flut der Tränen, die bei ihm hervorbrach. Er, der unbesiegte Cäsar, der hart bleiben mußte, solange sein erstgeborener Sohn lebte, wurde bei dessen Tod besiegt von der allmächtigen Natur, der auch Könige und Kaiser unterworfen seien.

Im Sommer 1235 standen bald weitere wichtige Termine an. Am 15. Juli fand in Worms die Vermählung des Kaisers mit der Schwester des Königs von England statt. Sie trug denselben Namen wie die 1228 verstorbene zweite Gemahlin: Isabella. Die Engländerin war mit einundzwanzig Jahren etwa halb so alt wie der Kaiser. Sie wird als sehr schön beschrieben. Die Feier verlief mit großem Gepränge; nicht zuletzt sollte das Fest nach Niederschlagung der Empörung die Sieghaftigkeit kaiserlicher Majestät dartun. Vollzogen wurde die Ehe nach astrologischer Auskunft erst nach dem Hochzeitstag. Auch solche ‹rationalen› Züge, wonach das herrscherliche Leben gemäß ‹wissenschaftlicher› Beratung eingerichtet wurde, gehören zum Bilde Friedrichs. Auch die zweite Isabella hat nicht lange gelebt. Sie starb 1241. Sie hinterließ dem Kaiser eine Tochter und einen Sohn.

Einen Monat nach der Hochzeit, am 15. August 1235, wurde in Mainz ein zahlreich besuchter Reichstag eröffnet. An einem der Verhandlungspunkte wurde deutlich, welche Überlegungen hinter der englischen Heirat des Kaisers gestanden hatten. In Mainz erfolgte die Aussöhnung mit dem Welfenhaus. Die Welfen hatten während ihrer Kämpfe mit den Staufern in England ihren Rückhalt gefunden. Jetzt war eine neue Lage geschaffen. Der einzige Enkel Heinrichs des Löwen, Otto ‹das Kind›, übergab seine lüneburgischen Eigengüter dem Reich. Er erhielt sie vom Kaiser als Lehen zurück. Braunschweig wurde hinzugefügt, und als Herzog wurde Otto in den Reichsfürstenstand aufgenommen. Damit war endlich das Ringen der großen Häuser abgeschlossen. Für die Welfen bedeutete das den Eintritt in ihre Territorialgeschichte; der Kaiser hatte den Ausgleich im Norden Deutschlands erreicht, den er für sein Vorgehen in der Lombardei benötigte.

Überhaupt verliefen die Verhandlungen mit den Fürsten erfolgreich, was die kaiserlichen Absichten gegenüber den oberitalienischen Städten anging. Für 1236 wurde eine Exekution gegen unbotmäßige Kommunen beschlossen; die Fürsten sagten dem Kaiser Hilfe in der Lombardei zu. Der Papst wurde von dem – ihm natürlich unwillkommenen – Vorhaben unterrichtet.

All das machte Friedrichs pragmatische Verhandlungskunst deutlich, doch es entsprach ebenso seiner Art, grundsätzliche Entscheidungen einzuleiten, das heißt, ‹sizilische› Gedanken in den deutschen Reichsteil zu verpflanzen. Das geschah mit dem ‹Mainzer Landfrieden›. Dieses Gesetz sollte verbesserte Voraussetzungen für die Wahrung des allgemeinen Friedens schaffen; darüber hinaus versuchte der Kaiser, der Reichsverfassung Züge eines Grundgesetzes zu verleihen – soweit das in der Gesellschaft der Fürsten möglich war. War die Vergabe von Reichsrechten (1220 und 1231) auch nicht mehr rückgängig zu machen, so wurde in Mainz doch erklärt, daß die Landesherren die Reichsrechte bei Zöllen, Münze und Geleit zwar verwalteten, daß die ‹Substanz› der Rechte jedoch beim Reich verblieben sei; die Fürsten erschienen nur als «Treuhänder der Regalien» (Mitteis). Damit war ein Rechtstitel formuliert, der Ansatzpunkte für eine spätere Königspolitik bieten konnte. Von anderen Verfügungen sei erwähnt, daß in Mainz wie schon in Melfi der gerichtliche Zweikampf verboten wurde.

Als Neueinrichtung in der Gerichtsorganisation wurde das Amt des Reichshofrichters geschaffen. Das sizilische Muster ist zu erkennen. Der Reichshofrichter sollte als Vertreter des Kaisers täglich Gericht halten; eine eigene Kanzlei unter einem Laien-Notar sammelte die Urteile und mochte damit zu einer zentralen Pflegestätte heimischen Rechts werden. Verglichen mit Sizilien waren die Wirkungsmöglichkeiten eines obersten Gerichtshofes in Deutschland von vornherein beschränkt. Dennoch verrieten die Ergebnisse von Mainz, daß imperiale Anschauungsformen und das Temperament des Kaisers Anstöße in den Norden brachten, die Hoffnungen auf eine kaiserliche Deutschlandpolitik versprachen.

Der Mainzer Landfriede ist das erste Reichsgesetz, das auch deutsch veröffentlicht wurde. Wir befinden uns in der Zeit, da Deutsch Urkundensprache zu werden beginnt. Dennoch entstand die Anfertigung in der Landessprache nicht von sich aus; dahinter stand Friedrichs Wunsch nach einer breiten Wirkung des Gesetzes.

Als der Kaiser den Winter 1235/36 im Elsaß in der Pfalz Hagenau zubrachte, war er mit der Mehrung und Ordnung staufischen Gutes in Schwaben – auch hier gemäß ‹sizilischen› Vorstellungen – beschäftigt. Die eigentlichen Energien richteten sich jedoch auf die bevorstehende Reichsexekution. In der Lombardei sollte endlich die Entscheidung fallen. Der Papst versuchte, die Unternehmung aufzuhalten.

Bevor der Kaiser in Italien erschien, sehen wir ihn noch einmal in Deutschland als Teilnehmer eines weithin beachteten Ereignisses: In Marburg wurden Anfang Mai 1236 die Gebeine der hl. Elisabeth in Gegenwart vieler Würdenträger und einer riesigen Volksmenge erhoben. Als die Heilige in einen kostbaren Schrein umgebettet wurde, übergab ihr der Kaiser einen Goldbecher und setzte ihr eine Krone auf. Im Zuge hinter dem Sarg folgte er im Mönchsgewand. Der Kaiser wollte gesehen werden als ein demütiger Verehrer der Heiligen, die mit ihrem Leben für die Armen die herrschende Kirche beschämte. Und weiter sollte gezeigt werden: Die hl. Elisabeth, eine Blutsverwandte des Kaisers, verband mit Krankendienst und Wundertätigkeit einen hohen angestammten Adel. Der Adel kaiserlicher Majestät erhielt aus der Verwandtschaft zu solcher Heiligkeit erhöhte Weihe und Bestätigung.

Noch vor Marburg war ein Reichstag auf den 25. Juli 1236 nach Piacenza einberufen worden. In dieser Stadt bereitete Petrus von Vinea die Ankunft des Kaisers vor und predigte vor den Einwohnern über Jesaias (9,2): «Das Volk, das im Finstern wandelt, sieht ein großes Licht, und über denen, die da wohnen im finsteren Lande, scheint es hell». Der Großhofrichter scheute sich nicht, die Erscheinung des Kaisers in Italien mit den Worten des Propheten wiederzugeben, die als Voraussage für das Kommen Christi galten. Friedrich war der erwartete Messiaskaiser.

Als der Staufer im Herbst tatsächlich nach Oberitalien kam, waren die militärischen Erfolge bescheidener als erhofft. Das lag daran, daß die Kontingente aus Bayern und Böhmen nicht in der Lombardei erschienen waren; sie wurden gegen Friedrich von Österreich, der der Reichsacht verfallen war, eingesetzt. Immerhin konnte sich der Kaiser im Raume Verona, Vicenza, Treviso durchsetzen.

Inzwischen gaben die Erfolge des Königs von Böhmen und des Herzogs von Bayern in Österreich dem Staufer die Möglichkeit, sich im Januar 1237 nach Wien zu begeben. Der Babenberger war geflohen. Wien wurde zur freien Reichsstadt erhoben. Die Lehen Österreich und Steiermark wurden eingezogen und unmittelbar dem Reich unterstellt. Ein Plan wird sichtbar, von den staufischen Besitzungen in Südwestdeutschland bis an die ungarische Grenze eine breite ‹Hausmachtlandschaft› anzulegen. Gleichzeitig wurde auf einem Reichstag in Wien im Februar 1237 die Herrschaftsnachfolge geordnet, aus der der Erstgeborene Heinrich durch den Verlust kaiserlicher Gnade ausgeschieden war. Die Fürsten wählten in Wien Friedrichs neunjährigen Sohn Konrad aus der Ehe mit Isabella von Jerusalem zum römischen König. Die staufische Thronfolge war wieder gesichert, ohne daß der Kaiser sich genötigt gesehen hatte, den Fürsten Gegenleistungen zu erbringen. Gekrönt wurde Konrad aber noch nicht; Heinrichs Exempel schreckte.

Friedrich II. blieb nach Wien zunächst in Deutschland; der Sommer verging mit neuen Rüstungsanstrengungen. Im September 1237 war dann bei Verona wieder ein Heer versammelt, wie es nur Friedrich zusammenbringen konnte. Neben deutschen Rittern sah man arabische Bogenschützen; bei Aufgeboten kaisertreuer Städte stellten sich Truppen aus der Toscana bereit; Söldner waren aus ganz Europa gekommen. Über Mantua führte der Kaiser das Heer gegen Brescia, wo sich eine starke Versammlung des Lombardenbundes befand. Das Heer der Liga stellte sich jedoch nicht zur Schlacht. Die herbstliche Jahreszeit drängte zu einer Entscheidung. Sie wurde durch eine Kriegslist herbeigeführt.

Die kaiserliche Armee zog nach Süden ab – wie es schien, ins Winterquartier. Die Truppen der reichstreuen Städte wurden entlassen. Doch dann drehte der Verband der Ritter und Sarazenen wieder nach Norden um. Was der Kaiser erwartet hatte, war auf der Gegenseite eingetreten. Die Lombarden marschierten ihrerseits in die Heimatregionen. Am 27. November stieß Friedrich II. bei Cortenuova nahe Bergamo auf das Bundesheer. Die Lombarden wurden durch den Überraschungsangriff völlig zersprengt. Furchtbar waren die Verluste; sie betrugen an Toten, Verwundeten und Gefangenen viele Tausende. Mit riesiger Beute rückte Friedrich in Cremona ein. Im Siegeszug wurde der Fahnenwagen der Mailänder mitgeführt. Ein Elefant zog ihn. Der Podestà von Mailand, Pietro Tiepolo, ein Sohn des Dogen von Venedig, war an den niedergeholten Fahnenmast gefesselt. In Rom wurde der Fahnenwagen später auf dem Kapitol zur Schau gestellt. Staatsschreiben feierten Friedrichs Sieg wie den Triumph eines Cäsaren.

Man findet über Friedrich II. häufig die Bemerkung, es habe ihm die Anlage zum Feldherrn gefehlt. Ein solches Urteil scheint nach Cortenuova wenig berechtigt. Zwar war Friedrich meistens gezwungen, große Vorhaben mit kleinen Verbänden anzugehen; selten erblicken wir ihn vor dem Hintergrund eines großen Heeres, aber wenn kühnes und konsequentes Handeln Erkennungszeichen des Feldherrn sind, dann darf man Friedrich II. in seiner Zeit als solchen bezeichnen. Doch ein anderes Manko in herrscherlicher Kunst wird nach dem Triumph deutlich, dort, wo es der Betrachter kaum erwartet. Die Städte waren bereit, auf Bedingungen zu verhandeln. Mailand bot an, einen Beamten des Kaisers aufzunehmen und Geiseln zu stellen. Friedrich wies das Angebot ab und verlangte die bedingungslose Unterwerfung. Mailand sah die Existenzfrage gestellt und entschloß sich weiterzukämpfen, notfalls bis zum Untergang.

Die Verwerfung des Mailänder Angebots war, wie sich bald zeigte, unklug im Augenblick und unheilvoll auf weite Sicht. Im Augenblick gab es keinen Frieden, und mit der Fortführung des Kampfes verschlechterte sich die Lage des Kaisers. Die nunmehr rücksichtslos verfügte Verwaltung Reichsitaliens nach sizilischem Muster – als Beamte wurden meist Apulier bestellt –, steigerte die Erbitterung in der Mailänder Partei; das führte weiter zu Kämpfen um Brescia im Jahre 1238. Sie nahmen grausame Formen an, brachten jedoch den Kaiser nicht weiter.

Es fragt sich, warum Friedrich das Angebot nach Cortenuova nicht annahm. War es der staufische Haß auf Mailand, der pragmatische Überlegungen nicht aufkommen ließ? War es angesichts des sizilischen Schemas, das Friedrich auf Reichsitalien preßte, ein Unvermögen, die Kräfte einzuschätzen? Im Umgang mit den deutschen Fürsten war der Staufer doch ‹flexibel› gewesen und hatte trotzdem ein Mögliches an Kaiserpolitik verwirklicht. Nach Cortenuova aber trat das Gegenteil dessen ein, was der Kaiser anstrebte. Auf dem Höhepunkt werden die Grenzen des Hochbegabten sichtbar.

In einer ähnlichen Situation wie Mailand sah sich die Kurie; bei den rigorosen Forderungen des Staufers ging es jetzt auch um die Existenz des Patrimonium Petri. Zwangsläufig mußte das Papsttum alle Mittel einsetzen, um die staufische Macht nicht nur zurückzuweisen, sondern auszulöschen. Der Papst schaltete sich 1238 in die lombardische Städtepolitik ein, stiftete Einvernehmen zwischen zerstrittenen Kommunen und brachte ein Bündnis zwischen Venedig und Genua gegen den Kaiser zusammen. In Rom selbst konnte der Papst sich gegen staufisch gesinnte Stadtadlige durchsetzen. Am 20. März 1239 exkommunizierte Gregor abermals Kaiser Friedrich. Bei der Verkündung des Banns wurden Friedrich vielerlei Vergehen vorgeworfen, das treibende Motiv wurde natürlich nicht erwähnt. Der Endkampf zwischen den Mächten hatte begonnen. Vielsagend erschien es, daß am Tage des Bannspruchs Hermann von Salza starb. Den Mann kaiserlichen Vertrauens, der immer zwischen Reich und Kurie vermittelt hatte, gab es nicht mehr.

Der Bann lähmte die Energien des Kaisers keineswegs; er führte zur ungeheuren Anspannung der Kräfte; so wurden die Verwaltungen in Sizilien und im italienischen Reichsteil umfassend organisiert, um in einer Art Kriegswirtschaft die letzten Mittel für die Kampfführung aus den Ländern zu ziehen. Vor allem mußte die Landverbindung zwischen dem Königreich und dem Imperium gesichert werden. Im August 1239 wurden Spoleto und die Mark Ancona, die ja als rekuperierte Teile des Patrimonium Petri galten, an das Reich gezogen. Im folgenden Jahr betrat der Kaiser diese Gebiete. Der Einzug nahm kultische Züge an. In dem Schreiben an die Städte wurde Friedrichs Kommen mit den Worten angekündigt, mit denen Johannes der Täufer die Ankunft Christi weissagte (Matthäus 3,3): «Bereitet dem Herrn den Weg und machet richtig seine Steige». Dem Zug des Kaisers wurde ein Kreuz vorangetragen, mit der Rechten segnete er die Bevölkerung. Gleichzeitig steigerten sich die Angriffe gegenseitiger Propaganda ins Maßlose: Weder Kaiser noch Papst schreckten davor zurück, den Gegner mit dem Antichrist gleichzusetzen. Die päpstliche Kanzlei schrieb von Friedrich: «Es steigt aus dem Meere die Bestie voller Namen der Lästerung», und furchtbare Behauptungen von des Kaisers Gottlosigkeit gingen in die Welt. So soll er gesagt haben, drei große Betrüger hätte es gegeben: Moses, Jesus und Mohammed. Friedrich dagegen beteuerte öffentlich seine Rechtgläubigkeit und bezichtigte den Papst der Zerstörung der von Gott gewollten Einheit der beiden Gewalten.

Das Jahr 1240 brachte dem Kaiser Erfolge bei Besetzungen im Kirchenstaat, jedoch die Ewige Stadt fiel nicht. Schwierig wurde seine Lage, als von Gregor IX. auf Ostern 1241 ein Konzil nach Rom einberufen wurde. Es war offensichtlich, daß die Absetzung des Kaisers beschlossen werden sollte. Damit wurde die Verhinderung des Konzils im Augenblick zur Hauptaufgabe kaiserlichen Handelns. Am 3. Mai 1241 griff eine kaiserlich-pisanische Flotte bei Monte Christo genuesische Schiffe an, die Würdenträger aus England, Frankreich und Spanien zum Konzil bringen sollten. Der Seesieg des Kaisers war gewaltig. Kardinäle, Erzbischöfe, Bischöfe und Äbte, zusammen über hundert, wurden gefangen abgeführt. Friedrich feierte seinen Erfolg als Gottesurteil; die Wirkung des brutalen Schlages in der abendländischen Öffentlichkeit war jedoch ungünstig.

Während sich Papst und Kaiser auszuschalten suchten, lief eine Welle des Mongolensturms gegen das Abendland. Der Kaiser sah sich bei seinen Verstrickungen nicht in der Lage, etwas gegen den furchtbaren Gegner zu unternehmen. Unter schwersten Verlusten wies ein deutsch-polnisches Heer bei Liegnitz in Schlesien einen mongolischen Verband ab; ein anderer flutete durch Ungarn. Wenn Westeuropa vor dem Schrecken der asiatischen Reiterarmeen verschont blieb – sie wurden nach Asien zurückgerufen –, so lag das nicht am Kaiser des Abendlandes.

In diesen Sommerwochen wurde der greise Papst durch den Tod abberufen (22. August 1241). Er blieb unbeugsam bis zuletzt. Die Verwirrung, die in der Kirche mit dem Abgang des Papstes eintrat, hat Friedrich nicht für ein schnelles Eingreifen genützt; im Gegenteil, er hielt still, denn er benötigte den Papst – einen genehmen Papst –, um vor der Welt die Aufhebung des Banns zu erreichen. Die Aussichten angesichts der Neuwahl erschienen auf kaiserlicher Seite nicht schlecht, denn bei den Kardinälen überwogen die Anhänger der ‹Friedenspartei›.

Die Uneinigkeit der Kardinäle veranlaßte den Senator von Rom und Kaiserfeind Matthäus Orsini, die Wähler auf dem Palatin in der Ruine Septizonium einzuschließen. Die Bedingungen dieses ersten Konklave waren für die Kardinäle qualvoll, ja unmenschlich; erst nach über zwei Monaten kam eine Einigung zustande. Am 25. Oktober 1241 wurde Cölestin IV., ein Mann des Ausgleichs, gewählt. Der neue Papst war alt und krank, er starb schon nach 17 Tagen. Um nicht wieder unter fürchterlichen Umständen eingesperrt zu werden, flohen die Kardinäle aus Rom. Es dauerte lange, bis wieder eine Papstwahl zustande kam. Am 25. Juni 1243 wurde schließlich Innocenz IV. in Anagni erhoben. Der Kaiser, der mehrfach gedrängt und auch zwei gefangene Kardinäle freigelassen hatte, begrüßte den Ausgang der Wahl, denn der neue Papst galt als Anhänger der Friedenspartei.

Mit Innocenz IV. war ein hochgebildeter Gelehrter des Kirchenrechts auf den Heiligen Stuhl erhoben worden, und Friedrich mochte meinen, daß er mit dem weltläufigen Juristen rasch zu einer Einigung kommen würde. Der Name, den der neue Papst wählte, hätte ihn warnen müssen. Friedrichs anfängliches Urteil über Innocenz IV. stellte, wie er später erkennen mußte, eine verhängnisvolle Fehleinschätzung dar. Doch die Verhandlungen gingen vorerst gut voran. Durch die Besetzung von Viterbo im September, die Kardinal Rainald, ein Erzfeind des Kaisers durchführte, wurden sie unterbrochen. Vergeblich versuchte Friedrich die Stadt wiederzugewinnen; er gab schließlich nach. Aber der Vertragsbruch der Leute von Viterbo, die viele Männer der kaiserlichen Besatzung, denen freier Abzug zugesagt worden war, erschlugen, brachte die Kaiser-Papst-Verhandlungen in eine neue Krise. Friedrich soll gesagt haben, selbst wenn er mit einem Fuß im Paradiese stünde, er würde zurücktreten, könne er Rache an Viterbo nehmen.

Schwerer als solche Emotionen wog die Belastung durch den Bann. Sie führte zur Wiederaufnahme der Verhandlungen. Auch König Ludwig von Frankreich und deutsche Fürsten drängten auf einen Friedensschluß, und am Gründonnerstag, Ende März 1244, schien in Rom auf dem Platz vor der Lateranbasilika der Friede tatsächlich erreicht. Die Vertreter des Kaisers beschworen folgendes Übereinkommen: Sollte der Bann von Friedrich genommen werden, war er bereit, Kirchenbuße zu tun. Die Besetzung des Kirchenstaates werde er aufheben; für die gefangenen Bischöfe bot er Wiedergutmachung an. Durch den Einspruch der lombardischen Städte scheiterte jedoch die Übereinkunft. Der Papst forderte nun auch das Schiedsrichteramt im Streit zwischen dem Kaiser und den Lombardenstädten. Soweit konnte der Staufer nicht gehen. Die Unterwerfung der lombardischen Rebellen blieb Hauptziel der Kaiserpolitik. Für die päpstliche Seite aber kam eine Preisgabe der Städte und ein Friedensschluß ohne sie nicht in Frage. Auch die Lombarden zeigten sich übrigens nicht willens, einen Schiedsspruch des Papstes ohne weiteres anzunehmen. Die Übereinkunft vom Gründonnerstag war gescheitert.

Um die Frage, wann der Kirchenstaat von kaiserlichen Truppen geräumt werden sollte, entstanden neue Differenzen. Der Papst verlangte den Abzug der Besatzer vor der Lösung vom Bann; Friedrich war dazu nicht bereit. Kaiserliche Truppen wurden weiter vor Rom versammelt. Um das gegenseitige Mißtrauen abzubauen, schlug Friedrich ein persönliches Treffen mit Innocenz vor. Es sollte in Narni stattfinden. Später hieß es, der Kaiser hätte den Papst verhaften wollen. Doch Innocenz hielt nur hin. Die Entschlüsse der Kurie lagen fest. Am 28. Juni 1244 floh der Papst in Verkleidung zu Schiff zunächst nach Genua, dann weiter nach Lyon, wo er im Dezember 1244 eintraf. Hier in Burgund befand sich Innocenz zwar noch auf Reichsgebiet, aber dem Zugriff des Kaisers war er entzogen. Friedrich II. war überspielt.

Für den 24. Juni 1245 wurde nach Lyon ein Konzil einberufen. Da unternahm der Kaiser einen letzten, die Welt in Erstaunen versetzenden Versuch, den Bann loszuwerden. Nachdem Jerusalem im August 1244 wieder verlorengegangen war, bot Friedrich folgendes an: Er wolle einen neuen Kreuzzug unternehmen und nur mit Zustimmung des Papstes innerhalb von drei Jahren zurückkehren. Die Besatzungen aus dem Kirchenstaat würden abgezogen. Der Papst möge in Sachen der Lombardenstädte schiedsrichterlich handeln. Würde der Kaiser nicht halten, was er versprach, sollte er alle Herrschaften verlieren.

Es schien die Bereitschaft zur Unterwerfung zu sein. Schwer sind Friedrichs Absichten bei diesem Angebot zu erkennen. Wollte er noch einmal Zeit gewinnen, oder war er matt geworden, bereit, die Entwürfe seines Lebens zu vergessen? – Eins wurde jedenfalls erreicht: Der Papst konnte diesem Angebot vor der Welt nicht ausweichen. Er verfügte die Absolution für den 6. Mai 1245. Doch die Aktionen gingen weiter, und das Angebot blieb ohne Weiterungen. Der im Augenblick offenbar unberechenbare Kaiser mag mit schlimmen Verheerungen bei Viterbo im April das Seine getan haben, um nochmals eine heftige Propagandatätigkeit gegen sich zu entfachen.

Am 26. Juni 1245 begann das Konzil in Lyon. Es war verhältnismäßig schwach besucht; aus dem deutschen Reichsteil und aus Italien waren nur wenige Teilnehmer erschienen. Doch die Spannung bei der Eröffnung war groß. Als Innocenz IV. die Anklagerede gegen den Kaiser begann, erstickte seine Rede in Tränen. Verteidigt wurde Friedrich durch den Großhofrichter Thaddaeus von Suessa. In seinem Plädoyer wies er alle Anklagepunkte ab. Formell bestritt er die Zuständigkeit der Versammlung und forderte ein wirklich allgemeines Konzil, das über die Klagen gegen den Kaiser befinden sollte. Wenn Verträge gebrochen worden seien, dann gelte das ebenso für den Papst.

So oder so, der Spruch des Papstes war nicht aufzuhalten. Am 17. Juli 1245 verkündete Innocenz IV. die Absetzung des Kaisers unter Verlust aller Würden. Papst und Priester, die Fackeln trugen, stießen diese zur Erde und löschten sie. Eine ungeheure Erregung befiel die Versammelten. Thaddaeus von Suessa rief: «Dies ist der Tag des Zorns, des Unheils und des Jammers». Dann stimmten Papst und Konzil das Tedeum an; die Gesandten des Kaisers verließen die Versammlung.

Der Kaiser erhielt die Nachricht in Turin. In einem Wutausbruch ließ er sich seine Kleinodien bringen, setzte sich eine Krone auf und rief: «Noch habe ich meine Krone nicht verloren, und ich werde sie weder durch die Feindschaft des Papstes noch durch Beschluß des Konzils ohne blutigen Kampf verlieren». In Briefen ließ er schreiben, lange genug wäre er Amboß gewesen, jetzt wolle er Hammer sein. Eine letzte Steigerung in der Grausamkeit der Kampfführung trat ein. In der Propaganda griff der Kaiser nicht mehr nur den unwürdigen Papst als Person an, sondern die Kirche selbst in ihrem Zustand. Denn so beschrieben sie die Manifeste: Die Kirche ist durch Habsucht und Korruption völlig heruntergekommen. Ihre Vertreter gieren nach Reichtum; früher aber schauten die Geistlichen die Engel, glänzten durch Wunder, heilten Kranke, erweckten Tote und triumphierten durch Heiligkeit, nicht durch Waffen, über die Fürsten. Die Rückführung der Kirche in den ursprünglichen Stand der Demut und die Wegnahme ihrer schädlichen Reichtümer sind daher ein Werk der Liebe.

Damit nahm Friedrich das Motiv der apostolischen Armutsbewegung auf und formulierte vorreformatorische Forderungen. Diese Propaganda blieb sicher nicht ohne Wirkung, und der König von Frankreich rückte zum Beispiel nicht vom Kaiser ab, doch die Eingeweihten mochten wissen, daß bei dem Staufer nicht die erlebte religiöse Verzweiflung zur Zustandsbeschreibung der Kirche geführt hatte, sondern die taktische Überlegung des Exkommunizierten. Noch wurde die allgemeine Kirche nicht in der Tiefe durch diese Angriffe erschüttert.

Innocenz IV. setzte nun die Kreuzzugspredigt gegen den abgesetzten Kaiser ein. Wer sich zum Krieg gegen Friedrich verpflichtete, erhielt den Kreuzzugsablaß. Wer sich von einem solchen Versprechen loskaufte, bekam ebenfalls Ablaß und die Kurie das Geld für die Kriegführung. Die Kreuzzugspredigt für einen Zug des französischen Königs ins Heilige Land wurde unterbunden. Als dennoch mit militärischen Mitteln nicht voranzukommen war, wurde im März 1246 durch einen Schwager des Papstes, Orlando Rossi, ein Attentat auf den Kaiser vorbereitet. An dem Komplott waren hohe Beamte beteiligt; Haupt der Verschwörung war der Generalvikar Tibald Franciscus, ein enger Mitarbeiter des Kaisers. Nachdem der Mordplan entdeckt worden war, versuchte Tibald einen Aufstand im Königreich Sizilien zu entfachen. Auch das mißlang. Die Verschwörer gaben sich schließlich in die Hand des Kaisers. Das folgende Strafgericht kennzeichnet die Bedingungslosigkeit der Kämpfe, die Zeit und die Person des Kaisers. Die Verschwörer wurden mit glühenden Eisen geblendet und verstümmelt; dann fanden sie den Tod durch die Vier Elemente. Einige wurden auf der Erde geschleift, einige verbrannt, einige gehenkt und einige in Säcken ins Meer geworfen. Tibald aber wurde geblendet und verstümmelt durchs Land geschleppt und vorgezeigt, auf der Stirn eine Papsturkunde. Schließlich wurde auch er hingerichtet.

Während die päpstliche Kriegführung in Italien nicht vorankam, hatte die kuriale Partei doch in Deutschland einige Erfolge. Im Mai 1246 gelang es geistlichen Fürsten, den Landgrafen von Thüringen, Heinrich Raspe, zum Gegenkönig zu machen. Als dieser schon im Februar 1247 starb, folgte ihm Graf Wilhelm von Holland, als Gegenkönig nach. Diese Wahlen bedeuteten zwar Einbrüche in die staufische Stellung in

Deutschland, doch als schwer gefährdet war sie noch nicht zu bezeichnen.

Erstaunlich bleibt, daß der Kaiser bei der schweren Belastung im jahrelangen Hin und Her der Anschläge, Rebellionen und Vergeltungen die Energien zur Planung eines großen Schlages nicht verlor. Im Mai 1247 brach er mit einem starken Heer von Cremona auf; Ziel des Zuges war Lyon. Die Stadt sollte eingeschlossen, der Papst zum Frieden gezwungen werden. Danach sollte nach Deutschland gestoßen werden. Doch der Vormarsch wurde angehalten, als Turin erreicht war. Enzo, des Kaisers natürlicher Sohn meldete, daß Parma abgefallen sei. Das kaiserliche Heer mußte etwa 300 km zurückmarschieren; die Belagerung von Parma begann. Trotz grausamer Kampfformen gelang es vor Einbruch des Winters nicht, die Stadt zur Übergabe zu zwingen. Da befahl der Kaiser den Bau einer eigenen Lagerstadt, Victoria genannt. Parmas Fall konnte abgewartet werden – so schien es. Am 18. Februar 1248 verließ Friedrich mit seinem natürlichen Sohn Manfred und einer kleinen Begleitung die Lagerstadt, um in der Umgebung mit Falken zu jagen. Wahrscheinlich waren die Parmenser davon unterrichtet. Mit einem schnellen Ausfall überrumpelten sie Victoria und vernichteten es. Des Kaisers Schatz, die Herrschaftszeichen, die Kanzlei, das Siegel, die Bibliothek, das Falkenbuch, der Tierpark wurden erbeutet; der Harem wurde weggeführt. Von tausenden Toten und Gefangenen berichteten die siegestrunkenen Parmenser. Unter den Gefallenen war auch einer der treuesten Gefährten des Kaisers: Thaddaeus von Suessa.

Kein Zweifel, für die weitere Planung war die Schlacht eine Katastrophe. Dennoch konnte Friedrich die Situation auffangen; mit rasch zusammengebrachten Truppen fuhr er fort, Parma zu belagern. Er schien ungebrochen, aber schwerer als die materiellen Einbußen wog der Verlust kaiserlichen Ruhmes. Wenn Friedrich erklärt hatte, er wolle hinfort Hammer sein, so streckte er doch im Juli 1248 über den König von Frankreich Friedensfühler aus. Von Innocenz wurden die Vermittlungsversuche abgewiesen.

Das Jahr 1249 brachte Ereignisse, die den Kaiser menschlich tief getroffen und ihn im Urteil über Menschen noch bitterer gemacht haben müssen, als er schon war. Sein engster Vertrauter, Petrus von Vinea, wurde schwerer Korruption überführt, danach ein Giftanschlag des Leibarztes Tibaldo gegen den Kaiser aufgedeckt. Ende Mai, der Kaiser befand sich wieder im Königreich Sizilien, bekam er die Nachricht, daß sein geliebter Sohn Enzio, Generallegat für Reichsitalien, bei Modena von den Bolognesen gefangen worden war. Dadurch wurde die militärische Lage in Italien wieder kritisch, aber schmerzlicher war der Verlust des Sohnes, für dessen Freilassung der Kaiser alles unternahm, den aber Bologna auf Jahrzehnte gefangen halten sollte.

Mußte Friedrich diese Schläge hinnehmen, die im Augenblick die persönliche Situation verdüsterten, so bahnte sich doch für 1250 eine Wende an. Die militärischen Aktionen in Reichsitalien, die weitergeführt wurden, brachten Entlastung; auch in Deutschland hatte Konrad Erfolge gegen Wilhelm von Holland. Der Papst mußte nach den Mißerfolgen Ludwigs IX. von Frankreich mit seinem Kreuzzug, daran denken, doch mit dem Kaiser zu einem Ausgleich zu gelangen. Friedrich dagegen nahm den Plan eines Zuges gegen Lyon und nach Deutschland wieder auf.

Da befiel den Ungebrochenen Ende November 1250 eine ruhrartige Krankheit, die ihn seinen baldigen Tod ahnen ließ. Im Kastell Fiorentino bei Lucera errichtete er sein Testament. König Konrad IV. erbte das Imperium und das Südreich. Manfred wurde Fürst von Tarent und Statthalter von Reichsitalien und Sizilien. Erzbischof Berard, der alte Getreue, reichte Friedrich die Sterbesakramente und erteilte ihm Absolution. Gekleidet war der Kaiser in eine graue Zisterzienserkutte. Er starb am 13. Dezember 1250. Sein Pophyrsarg steht im Dom von Palermo bei den Gräbern seiner Eltern, seines normannischen Großvaters und seiner ersten Gemahlin Konstanze.

Die Nachricht vom Tode des Kaisers erschütterte Europa. Manfred schrieb an seinen Bruder Konrad: «Untergegangen ist die Sonne der Welt, die über den Völkern schien, untergegangen die Leuchte der Gerechtigkeit ...», während die Kurie verkündete: «die Himmel freuen sich, die Erde jubelt». In Italien und Deutschland kam die Sage auf, Friedrich sei nicht tot, sondern in einen Berg entrückt. Er werde als Endkaiser wiederkehren, das römische Reich erneuern und die Kirche reinigen. Erst Jahrhunderte später wurde dieser Mythos auf Barbarossa im Kyffhäuser übertragen.

Viele Male ist es unternommen worden, den Charakter Friedrichs II. zu beschreiben. Dabei fällt die Zeichnung der Einzelzüge nicht schwer; die Quellen bieten vielerlei Beobachtungsmöglichkeiten. Schwieriger ist es, die divergierenden Züge als aus *einem* Charakter stammend zu verstehen. Man wird nicht sagen können, Friedrich wirke zerrissen, aber seltsam stehen Verhaltensweisen nebeneinander: Liebenswürdigkeit im Umgang mit Gelehrten, Großzügigkeit im freimütig-diplomatischen Verkehr im Gegensatz zu Starrsinn, Grausamkeit, cholerischer Rachsucht, irrationalem Haß gegenüber Feinden; kühle Konsequenz beim Aufbau eines ‹modernen› Staatswesens, jedoch weitgehende Anerkennung des Auflösungsprozesses der Reichsverfassung in Deutschland; empirisch-kritische, innerweltliche Haltung im naturwissenschaftlichen Bereich, daneben immer wieder die Betonung seiner katholischen Rechtgläubigkeit; Förderung eines ‹diesseitigen› Gerechtigkeitskultes, zugleich aber Anerkennung des überlieferten Weltbildes der zwei Gewalten, wobei der Papst die Rolle des geistlichen Vaters einnimmt, der Kaiser den Status des Sohnes hat; Sinnlichkeit und morgenländische Prunkliebe neben strengen Moralgeboten gegenüber den Untertanen des Fürstenstaates; unbefangener Umgang mit arabischen und jüdischen Gelehrten, Toleranz gegenüber ihren Lebensformen einerseits und rigorose Gesetze gegen Ketzer andererseits; ironische Sprechweise über Glaubensgeheimnisse unter Freunden und das große Pathos des von Gott bestimmten Herrschers, des Nachfolgers Davids, in den Manifesten.

Schließlich bewegen den Betrachter immer wieder die zwiespältigen Auskünfte über den eigentlichen Glauben des Herrschers. Er spricht im Falkenbuch über die Geheimnisse der Natur und über das Ingenium des Menschen; an keiner Stelle wird etwas wie ein göttlicher Plan erwähnt. Am Ende stirbt Friedrich in der Mönchskutte, versehen mit den Gnadenmitteln der Kirche durch Erzbischof Berard, der ihn durch ein Leben begleitete.

Friedrich gilt als Protagonist des selbstbestimmten staatlichen Wesens. Der Gerechtigkeitsstaat erhält seine Weihe aus der Natur und der diesseitigen Anlage der Dinge. Dennoch hat sich Kaiser Friedrich immer als Schutzherr und Beauftragter der Christenheit aufgefaßt. Wenn er zuletzt nicht nur die Person des Papstes, sondern auch den Zustand der Kirche anprangerte, so gab er doch niemals einen Zweifel zu erkennen, daß seine Aufgabe der Dienst an der rechten Kirche sei.

Wo aber läßt sich in dem Bild der Widersprüche etwas wie Einheit erkennen? Übersieht man den ganzen Lebenslauf, dann kommt der *vorherrschende* Eindruck nicht aus den Unverträglichkeiten und Spannungen des Charakters, sondern aus der Beständigkeit, mit der die Lebensaufgabe bis zum letzten Herzschlag festgehalten wurde. Der ‹puer Apuliae› wußte und wollte, daß er Kaiser in der Christenheit würde, und aus der Sicherheit des zur Herrschaft Bestimmten wuchs ihm das Durchstehvermögen. So trifft man nicht Friedrichs Wesen, wenn man ihn vor allem als ‹Wegbereiter› oder Vorläufer, sei es der Renaissance oder des aufgeklärten Absolutismus auffaßt. Friedrich wollte in *seiner Zeit* Kaiser des Abendlandes werden und sein. Damit gehört er ins Mittelalter. Vielen Zeitgenossen erschien er als unheimlicher Veränderer, und er wollte in der Tat vieles verändern. So wollte er die Welt vernünftiger und gerechter machen, etwa dadurch, daß er die Gottesurteile im Prozeßrecht abschaffte. Aber das europäische ‹System› der Christenheit anerkannte, ja benötigte er als den universalen Rahmen seiner Wirkungen.

Im Ringen um die, wie er meinte, gerechte Stellung des Kaisertums ist er unbesiegt geblieben. Mit seinem Abgang aber scheiterte die staufische Kaiserpolitik, schloß eine Epoche ab und ging sein Geschlecht unter, auch wenn noch einige Nachkommen eine Zeitlang weiterlebten.

Wie mag das heutige Interesse an der Gestalt Friedrichs II. zu erklären sein? Sicherlich gilt nicht mehr das übersteigerte Bild Stefan Georges, das bestimmend auf die – inzwischen fast klassische – Darstellung von Ernst Kantorowicz eingewirkt hat und das die Größe des deutschen Typus erst erreicht sah, wenn er in den Kreis des Mittelmeeres und in die Geheimnisse des Orients eingetreten war:

> «Der Größte Friedrich, wahren volkes sehnen:
> Zum Karlen- und Ottonen-plan im blick
> Des Morgenlandes ungeheuren traum,
> Weisheit der Kabbala und Römerwürde
> Feste von Agrigent und Selinunt».

Als eine Nachricht von überzeitlichem Interesse mag dagegen zum Schluß nochmals Friedrichs Ideal vom gerechten Herrscher genannt sein. In ihm ist das Bewußtsein auch der eigenen Gefährdung eingefangen. Er gab es verschlüsselt, als er den Falkner beschrieb. Dieser hegt die Vögel nicht, um riesige Beute zu schlagen, nicht um sich am eleganten Flug der Vögel zu ergötzen und nicht um den Ruhm des großen Jägers zu gewinnen. All solcher Ehrgeiz ruiniert die Falken. Der gute Falkner eifert danach, immer die besten Vögel zu hegen. Fürsorge und Streben nach Vollkommenheit sind seine Zeichen.

Heinrich VII.
1308–1313

Von Hartmut Boockmann

Am 27. November 1308 wählten die deutschen Kurfürsten in Frankfurt am Main den etwa vierzigjährigen Grafen Heinrich V. von Luxemburg zum König.
   Auch wenn diese Wahl keineswegs den Regenten eines Zwergterritoriums traf – Luxemburg war erheblich größer als der heutige Staat dieses Namens und gehörte zu den bedeutenderen deutschen Territorien – so war sie doch überraschend genug. Denn zu den Fürsten, mit deren Bewerbung um den Thron man rechnen konnte, gehörte der luxemburgische Graf nicht – oder jedenfalls erst seit kurzer Zeit.

Grabmal Heinrichs VII. im Dom zu Pisa. Tino di Camaino, 1315/18.
(Foto: Alinari).

Denn knapp ein Jahr vor seiner Wahl war er dem Thron dadurch nähergerückt, daß sein damals dreiundzwanzigjähriger Bruder Balduin zum Erzbischof von Trier gewählt, alsbald von Papst Clemens V. ernannt und damit in den Kreis der sieben Königswähler aufgenommen worden war. Noch auf der Rückreise von Poitiers, wo ihn der Papst selber zum Bischof geweiht hatte, erreichte den nunmehrigen Kurfürsten die Nachricht von der Ermordung König Albrechts am 1. Mai 1308. Und an den auf die Wahl hinführenden Verhandlungen der folgenden Monate hatte Balduin beträchtlichen Anteil. Denn die tatsächliche Entscheidung über die Person des künftigen Königs lag nicht bei allen Kurfürsten.

Einer der Wähler, der König von Böhmen, fiel ganz aus, weil der böhmische Thron umstritten war. Infolgedessen wählten im November 1308 nur sechs Kurfürsten. Strittig war auch, ob die sächsische Kurstimme dem Herzog von Wittenberg oder dem von Lauenburg zukomme. Die sächsische Stimme war also schwach, und dasselbe galt für die brandenburgische. Die Markgrafen von Brandenburg haben sich bei dieser Wahl ebenso wie bei den voraufgehenden im Hintergrund gehalten. Der vierte weltliche Kurfürst schließlich, der Pfalzgraf bei Rhein, war durch heftige Auseinandersetzungen in der eigenen Dynastie behindert. Zeitweise hat sich Pfalzgraf Rudolf selber um die Krone bemüht, aber er hatte weder ernsthafte Chancen, noch hat er aktiven Anteil an der Bestimmung des dann gewählten Kandidaten genommen. Dessen Wahl lag also ganz überwiegend bei den drei geistlichen Wählern, den Erzbischöfen von Mainz, Köln und Trier.

Die drei Erzbischöfe gehörten, ebenso übrigens wie der Graf Heinrich von Luxemburg, zu jenen westdeutschen Fürsten, die dem König von Frankreich vielfach verpflichtet waren. So konnte sich dieser beträchtliche Hoffnungen auf die Durchsetzung eines eigenen Kandidaten machen. Infolgedessen war der Thronkandidat, dessen Name in den Vorverhandlungen vor allem genannt wurde, der Bruder des französischen Königs. König Philipp IV. empfahl den Kurfürsten seinen Bruder Karl mit allem Nachdruck, und er bemühte sich nicht weniger intensiv darum, auch den Papst für diese Kandidatur zu gewinnen und wirken zu lassen. Die Wahrscheinlichkeit, daß es diesmal gelingen würde, die römische Königs- und die Kaiserkrone an einen Angehörigen des französischen Königshauses zu bringen, war groß.

Gerade aber darin lag wohl die Chance für den Grafen von Luxemburg. Da die geistlichen Kurfürsten offensichtlich fest entschlossen waren, einen Habsburger nicht zu wählen – Friedrich, der älteste lebende Sohn des ermordeten Königs, hat sich um den Thron damals auch gar nicht ernsthaft bemüht –, da zwei von ihnen, nämlich die Erzbischöfe von Mainz und Trier, aber auch nicht geneigt waren, ihre eigene Position durch die Etablierung eines Königs zu unterminieren, hinter dem die große Macht der französischen Krone stand, und da auf der anderen Seite, wie schon gesagt, die Bindungen auch dieser beiden Kurfürsten an den König von Frankreich eng waren, konnte ein Thronkandidat, der seinerseits dem französischen König eng verbunden war, als Mann der Stunde erscheinen.

In der Wahl eines Fürsten, der zu den Lehnsleuten der französischen Krone gehörte, der also in der für die Verhältnisse an der deutschen Westgrenze typischen Doppelvasallität stand, eines Mannes zudem, der in der französischen Adelskultur aufgewachsen war und dessen Muttersprache das Französische war, konnte König Philipp eine Provokation nicht erblicken. Und die Kandidatur eines solchen Mannes gab offenbar auch dem Papst trotz seiner Abhängigkeit vom französischen Hof die Möglichkeit, sich dem Drängen König Philipps zu entziehen, die Kandidatur von dessen Bruder nur scheinbar zu unterstützen, insgeheim und tatsächlich aber für die Wahl eines anderen Kandidaten, eben des ihm auch persönlich bekannten Grafen von Luxemburg zu wirken.

Dieser aber hatte nicht nur seinen Bruder, den Trierer Kurfürsten, hinter sich. Auch der Mainzer Kurfürst stand auf seiner Seite. Peter Aspelt, der einstige Leibarzt König Rudolfs, eine der politisch stärksten Gestalten unter den Fürsten seiner Zeit, hatte dank seiner Verbindung zum König eine schnelle geistliche Karriere gemacht, war Kanzler des böhmischen Königs, dann Bischof von Basel und schließlich Erzbischof von Mainz geworden, nun schon ein Gegner des Hauses Habsburg und Verbündeter der französischen Krone. Nicht nur aus diesem Grunde konnten die beiden luxemburgischen Brüder auf ihn rechnen. Er war ihnen auch wegen seiner Herkunft verbunden: Peter Aspelt war der Sohn eines luxemburgischen Ministerialen.

Der Mainzer und der Trierer und erst recht der Kölner Kurfürst, der zunächst den Wünschen des französischen Königs zu folgen bereit gewesen war, ließen sich ihre Wahlentscheidung mit politischen Zugeständnissen honorieren. Der Pfalzgraf bei Rhein erlangte ein Verlöbnis seines Sohnes, der freilich noch vor der Heirat starb, mit der Tochter des Luxemburgers.

So wurde der neue König einhellig gewählt. Die Erinnerung an den im Jahre 1235 entthronten Sohn Kaiser Friedrichs II., König Heinrich (VII.) übergehend, ließ er sich als den siebten König seines Namens titulieren. Es gelang ihm schnell, eine feste Position in Deutschland zu gewinnen.

Auf die Wahl folgte schon am 6. Januar 1309 die Krönung in Aachen – ob dabei die heute in Wien aufbewahrte Reichskrone gebraucht wurde, ob es Heinrich überhaupt gelungen war, in den Besitz des Reichsschatzes zu kommen, läßt sich nicht sagen. Anschließend unternahm der König den Umritt durch das Reich, das heißt durch jene Regionen, in denen das

Heinrich VII. (1308-1313)

Reichsgut, und das waren zu dieser Zeit vor allem die Reichsstädte, konzentriert war. Privilegien bestätigend und ausstellend, Recht sprechend, die königlichen Herrschaftsrechte wahrnehmend und sie so befestigend, reiste der König den Rhein hinauf, durch das Elsaß bis zum Bodensee und dann nach Schwaben und nach Franken. Wie unter seinen Vorgängern und Nachfolgern blieb Norddeutschland ‹königsfern›. Aber auch Mitteldeutschland und Bayern sahen den neuen König nicht.

Vom 26. August bis zum 18. September hielt Heinrich VII. seinen ersten Hoftag, und hier, in Speyer, wurde seine Situation zum erstenmal kritisch. Denn auf dem Hoftag erschien auch Herzog Friedrich I. von Österreich, nach der Ermordung König Albrechts I. das Haupt des Hauses Habsburg, begleitet, wie ein gut informierter Chronist berichtet, von 400 gleich gekleideten, also uniformierten Rittern. So viel herausfordernder Pomp («apparatus valde gloriosus et pomposus») ließ erkennen, daß Herzog Friedrich mehr forderte als bloß eine Bestätigung seiner Reichslehen. Es war auch zu klären, ob der neue König bereit sein würde, die Mörder seines Vorgängers zu verfolgen, oder ob er sich die durch den Mord entstandene Lage zunutze machen würde. Und es mußte auch entschieden werden, welche Politik der neue König in Böhmen und Mähren zu treiben beabsichtigte.

Die Chronisten lassen erkennen, daß es zu heftigen Konfrontationen zwischen dem Habsburger und dem Luxemburger gekommen ist. Aber am Ende haben sie sich geeinigt. Anders als beim Wechsel der Herrscherhäuser in der ersten Hälfte des 12. Jahrhunderts, bei den Kämpfen also zwischen Staufern und Welfen, bildeten sich jetzt noch keine festen dynastischen Fronten in Deutschland. Heinrich VII. ließ den Leichnam König Albrechts und den von dessen in der Schlacht besiegten Vorgänger Adolf von Nassau in der Königsgruft des Speyrer Doms bestatten, er bestätigte die Habsburger in ihren Besitzungen, er erklärte die Mörder König Albrechts für vogelfrei und ließ damit erkennen, daß er die Ermordung König Albrechts nicht etwa für eine legitime – Fehdehandlung ansah, er verzichtete schließlich auch auf seine bzw. des Reiches Rechte auf den Nachlaß der Mörder und das heißt auf eine Minderung der habsburgischen Herrschaftsrechte. Vor allem aber kam es auch zu einem Übereinkommen im Hinblick auf Böhmen und Mähren.

Nachdem im Jahre 1306 der böhmische König Wenzel III. kinderlos gestorben war, gab es keinen unbestrittenen böhmischen Regenten. Der Ehemann von Wenzels III. Schwester Anna, Herzog Heinrich von Kärnten, hatte, mit dem weiblichen Erbrecht argumentierend, die Nachfolge versucht, sich aber im Lande nicht behaupten können. König Albrecht dagegen hatte eine Wahl seines Sohnes Rudolf zum böhmischen König erzwungen und diese Thronfolge überdies durch eine Ehe Rudolfs mit der Witwe König Wenzels II., Elisabeth, abgesichert. Aber der Habsburger war schon ein Jahr später gestorben, auch er ohne einen Erben zu hinterlassen. Zwar hatte König Albrecht Böhmen seinem Sohn Rudolf und dessen Brüdern zu gesamter Hand verliehen, so daß mit dem Tode Rudolfs ein Erbfall eigentlich gar nicht eingetreten war. Aber realisieren ließ sich diese Belehnung nur, wenn die entsprechende Macht vorhanden war, und so war die Situation seit dem Tode König Albrechts wiederum offen. Friedrich, der nächstältere Sohn des Königs, konnte sich in Böhmen ebensowenig durchsetzen wie sein Konkurrent Heinrich von Kärnten.

Heinrich VII. aber entschloß sich, ermutigt insbesondere von den Äbten böhmischer Zisterzienserklöster und von Peter Aspelt, dem einstigen böhmischen Kanzler und jetzigen Mainzer Erzbischof, Böhmen als ein erledigtes Reichslehen für frei verfügbar zu halten. In Speyer erklärte sich Friedrich damit einverstanden. Zu den Gegenleistungen des Königs gehörte Mähren, das als Pfand an den Habsburger ging.

Böhmen verlieh der König im folgenden Jahre, nachdem er sich auf dem Frankfurter Hoftag im Juni mit den Reichsfürsten und mit den böhmischen Ständen geeinigt hatte, an seinen Sohn Johann, und er vermählte ihn mit einer jüngeren Tochter König Wenzels II., Elisabeth, das heißt, er versuchte, die lehnrechtliche Verfügung dynastisch abzusichern, und er hatte damit Erfolg. Denn obwohl das Regiment für den noch minderjährigen Johann zunächst Peter Aspelt führte, und obgleich der in Böhmen ‹König Fremdling› genannte Johann in der folgenden Zeit eine weit gespannte, oft phantastisch anmutende Politik meist außerhalb der böhmischen Grenzen betrieb: die Belehnung und die Krönung Johanns in den Jahren 1310 und 1311 begründeten dennoch eine dauerhafte Etablierung der Luxemburger in Böhmen. Ähnlich wie es König Rudolf von Habsburg gelungen war, die Verfügbarkeit Österreichs für die eigene Familie zu nutzen und dieser ein neues Machtzentrum zu geben, glückte nun Heinrich VII. die Erwerbung eines der großen mittelosteuropäischen Territorien für sein Haus. Bis zu ihrem Aussterben vor der Mitte des 15. Jahrhunderts hatten die Luxemburger das Zentrum ihrer Macht nicht in den ererbten Gebieten an der französischen Grenze, sondern in Böhmen.

Die schnelle Einigung Heinrichs VII. mit den Habsburgern ist wohl auch dadurch verursacht worden, daß der König wegen eines weiteren politischen Zieles daran interessiert war, Deutschland befriedet zu sehen. Er wollte möglichst bald nach Italien ziehen, die Herrschaftsrechte dort erneuern und sich zum Kaiser krönen lassen, und das ist ihm auch gelungen. Im Oktober 1310 passierte er die Alpen, am 29. Juni 1312 empfing er in Rom die Kaiserkrone, und bis zu seinem Tode am 24. August 1313 hat er sich in Italien aufgehalten. Heinrich VII. hat etwas mehr als die Hälfte seiner Regierungszeit in Italien verbracht. Und er war der erste

König seit den Staufern, der persönlich in Italien Herrschaftsrechte wahrnahm und zum Kaiser gekrönt wurde. Seinen Vorgängern Rudolf und Albrecht war das nicht gelungen; König Adolf hatte es nicht versucht.

Heinrich VII. dagegen hat sich schon unmittelbar nach seinem Herrschaftsantritt um die Vorbereitung des Romzuges bemüht. Schon die am Wahltage verfaßte Wahlanzeige, welche die Kurfürsten dem Papst übersandten, enthielt die Bitte, dem Gewählten Ort und Termin für die Kaiserkrönung zu bestimmen.

Die Gesandtschaft, die mit dem Papst im einzelnen zu verhandeln hatte, ist dann freilich erst im Juni des folgenden Jahres abgereist, begreiflicherweise. Denn seit dem Eingreifen Papst Innozenz' III. in den nach der Doppelwahl von 1198 enstandenen deutschen Thronstreit behaupteten die Päpste, daß die Wahl eines Königs zu ihrer Gültigkeit der päpstlichen Bestätigung bedürfe, während in Deutschland daran festgehalten wurde, daß die Fürstenwahl ohne eine solche Approbation gültig sei. Papst Bonifaz VIII. hatte den päpstlichen Anspruch noch zugespitzt und dem König jede Ausübung von Regierungsgewalt vor der päpstlichen Approbierung untersagt, und König Albrecht hatte sich diesem Anspruch am Ende unterworfen. Es war nun, nach seinem Tode, die Frage, ob der Papst auf dieser Position beharren und ob der neue König das akzeptieren würde. Man darf vermuten, daß in den Monaten zwischen der Wahl Heinrichs und der Abreise seiner Gesandtschaft formlose Verhandlungen zwischen dem König und dem Papst in dieser Sache stattgefunden haben.

Denn obwohl beide Seiten bei ihrer Position blieben, kam es doch zu einer Einigung über Romfahrt und Kaiserkrönung. Ebensowenig wie die Kurfürsten nach der Wahl bat nun der König um Approbation, aber der Papst sprach sie aus. Und er benannte einen Termin für die Kaiserkrönung: Am 2. Februar 1312 sollte Heinrich VII. in der römischen Peterskirche von Papst Clemens zum Kaiser gekrönt werden.

Der Papst war offensichtlich seinerseits an einer baldigen Krönung interessiert. Von Philipp IV., dem französischen König, bedrängt, in seiner Selbständigkeit immer wieder eingeengt, erpreßt mit der Drohung eines gegen seinen Vorgänger, Bonifaz VIII., angestrengten Häresieprozesses, hoffte er wohl, sich mit Hilfe eines Kaisers aus seiner Abhängigkeit von König Philipp befreien und nach Rom übersiedeln zu können.

Auf der anderen Seite hatte er sicherlich nicht die Absicht, den einen Bedrücker nur gegen den anderen einzutauschen. Auch wenn er einen Mächtigen brauchte, um in Italien Fuß fassen zu können – den Vertretern, die der Papst bisher dorthin gesandt hatte, war es nur selten gelungen, sich durchzusetzen –, so bestand doch die Gefahr, daß der Luxemburger mit der Wiederherstellung des Kaisertums auch jene Bedrohung erneuern würde, gegen welche die Päpste in der Stauferzeit gekämpft und am Ende im Bündnis mit Frankreich gesiegt hatten.

So sah sich der König mit einem Netz von Versprechungen und Kautelen umfangen, die ihm eine Politik im Interesse der Kirche, des Papstes und des Kirchenstaates aufnötigten. Und er mußte auch auf die materielle Hilfe der Kirche verzichten. Der Papst verweigerte ihm die für die Finanzierung erbetenen kirchlichen Einkünfte.

Aber der König beschleunigte den Aufbruch dennoch. Im Sommer 1310 versuchte er, mit Hilfe eines Vertrages das Verhältnis zu Frankreich zu bereinigen. Und er bemühte sich um ein Arrangement mit König Robert von Neapel, dem Enkel König Karls I. von Anjou, also mit jenem italienischen Herrscher, der vor allem in seinen eigenen politischen Plänen durch eine Erneuerung der kaiserlichen Herrschaft in Italien gestört worden wäre. Die nichtfranzösische Minderheit im Kardinalskollegium förderte ein Heiratsprojekt, eine Verbindung von Heinrichs Tochter Beatrix mit dem Sohn König Roberts. Doch kamen die Verhandlungen wegen der Mitgift, die Robert forderte, zu keinem Abschluß.

Um so günstiger war die Situation König Heinrichs in Deutschland. Zwar war es ihm nicht gelungen, den Grafen Eberhard von Württemberg zur Beendigung seiner aggressiven Expansionspolitik zu zwingen. Aber er konnte den Reichskrieg gegen die Grafen den schwäbischen Städten überlassen. Und er verzichtete auch darauf, seinen vierzehnjährigen Sohn, den er im August 1310 mit Elisabeth von Böhmen verheiratete und mit Böhmen belehnte, persönlich in Böhmen gegen die immer noch bestehenden Ansprüche Heinrichs von Kärnten durchzusetzen. Immerhin sicherte er sich und den Mainzer Erzbischof Peter Aspelt, der den neuen König als Regent begleitete, durch einige böhmische Geiseln ab, die in Speyer festgehalten wurden. Peter Aspelt war es auch, der im Namen Johanns von Böhmen den König in Deutschland vertrat, nachdem dieser den Italienzug begonnen hatte.

Obwohl mehr als ein Jahrhundert lang kein König persönlich die Reichsrechte in Italien wahrgenommen hatte, war doch Reichsherrschaft in Italien auch in diesen Jahrzehnten ausgeübt worden. Zunächst hatten die Päpste als Reichsvikare amtiert; dann hatte König Rudolf von Habsburg solche Vertreter des Königs ernannt. Es ist mit Recht darauf hingewiesen worden, daß bei aller Brüchigkeit der kaiserlichen Macht in Italien die norddeutschen Reichsgebiete im 14. und 15. Jahrhundert tatsächlich in keinem näheren Verhältnis zur Spitze des Reiches standen als Nord- und Mittelitalien.

Auf der anderen Seite unterschied sich das Land, das Heinrich VII. nun betrat, beträchtlich von dem Italien der staufischen Zeit. Der Unterschied bestand einmal darin, daß Süditalien jetzt in der Hand einer eigenen, mit Frankreich verbündeten und dem französischen König verwandten mächtigen Dynastie war. Aber ebenso hatten sich die politischen Strukturen in Mittel- und Norditalien verändert. Schon Friedrich Barbarossa war davon überrascht worden, daß die größeren Städte hier das politische und ökonomische Gewicht mittlerer Staaten gewonnen hatten. Ihre Macht war in der folgenden Zeit gewachsen, aber sie wurde immer wieder paralysiert: im Kampf der Städte und der Parteien gegeneinander. Zu den heftigen Auseinandersetzungen zwischen den Stadtstaaten kamen die innerstädtischen Kämpfe, kamen die Kriege der Guelfen gegen die Ghibellinen, eigentlich also der Welfen gegen die Waiblinger, nämlich die Staufer. Aber die alten Partei-Namen waren fast inhaltsleer geworden. Sie verdeckten in vielen Fällen einfach die Kämpfe mächtiger Familien um die Herrschaft in der Stadt. Im späten 13. und im frühen 14. Jahrhundert wird die republikanische Verfassung der meisten Stadtrepubliken von einer Art Monarchie, der Signorie, abgelöst.

Der politische Zustand Reichsitaliens konnte anarchisch und ein römischer König und künftiger Kaiser als der Retter aus der politischen Not erscheinen, besonders demjenigen, der einem Mächtigeren unterlegen war, wie etwa Dante. Der Dichter, der in Florenz ein hohes politisches Amt bekleidet hatte, war im Jahre 1302 beim Siege der gegnerischen Partei verbannt und zum Tode verurteilt worden. Er begrüßte den Luxemburger, begleitete seinen Zug mit tönenden Aufrufen und gab, sicherlich veranlaßt durch Heinrichs Erscheinen in Italien, in seiner ‹Monarchia› noch einmal eine theoretische Darstellung des im Sinne des Hochmittelalters universalistisch aufgefaßten Kaisertums. Ob Dante Gelegenheit hatte, Heinrich VII. selbst seine Vorstellungen bekannt zu machen, ist ungewiß.

Wie groß die Zahl der Bewaffneten war, die der König mit sich führte, läßt sich nicht genau sagen. Die Angaben der Chronisten lassen auf maximal 5000 Personen schließen. Nur wenige und zwar meistens im westlichen Grenzgebiet ansässige Reichsfürsten befanden sich im Gefolge des Königs: seine beiden Brüder, der Trierer Erzbischof und Graf Walram von Luxemburg, der Bischof von Lüttich, zwei Grafen von Flandern, zwei Grafen von Vienne sowie sein Schwager, Graf Amadeus von Savoyen. Herzog Leopold von Österreich, der jüngere Bruder Herzog Friedrichs, hatte sich verpflichtet, den König ein halbes Jahr lang mit einhundert schwerbewaffneten Berittenen – also mit mindestens 300 Mann – sowie mit noch einmal einhundert berittenen Schützen zu unterstützen. Die meisten Bewaffneten dienten dem König offensichtlich aufgrund befristeter Soldverträge, von denen wir einige kennen. Von einer allgemeinen Verpflichtung der Inhaber von Reichslehen, dem König bei der Romfahrt zu folgen, konnte nicht mehr die Rede sein. Im übrigen nahm eine Reihe von Fürsten an jenem Heereszuge teil, der den Sohn des Königs nach Böhmen begleitete. Andere waren am Reichskrieg gegen den Grafen von Württemberg beteiligt.

Der Luxemburger verfügte also nur über verhältnismäßig geringe militärische Kräfte, und er war auch nicht in der Lage, aus eigenen Mitteln in Italien Söldner anzuwerben. Jener Wagen des Trierer Erzbischofs, auf dem die Silber- und Goldmünzen mitgeführt wurden, die Balduin seinem Bruder geliehen hatte, und dem in der Bilderchronik vom Italienzug des Königs eine eigene Abbildung gewidmet ist, barg wohl den größten Teil der Kriegskasse.

Dennoch hatte der König zunächst Erfolg. Nachdem er über Bern, Lausanne und Genf reisend den Kamm des Gebirges am Mont Cenis überschritten hatte, abgesichert dadurch, daß dieses Gebiet dem ihm verwandten Grafen von Savoyen gehörte, fand er auf seinem Wege bis Mailand keinen Widerstand. Fast alle lokalen Machthaber huldigten dem König, der sich mit Erfolg bemühte, keine der Parteien zu begünstigen. Der Bischof Nikolaus von Butrinto, der zum Hof des Königs gehörte und der einen detaillierten Bericht über dessen Italienzug hinterlassen hat, berichtet, daß der König auf die Rede eines aus Vercelli vertriebenen Ghibellinenführers, der sich wegen seiner Treue zur Partei des Reiches ruiniert zu haben behauptete und dem König mit ihm noch verbliebenen Mitteln zu dienen anbot, öffentlich geantwortet habe, er habe mit ihm und den Seinen viel Mitleid, aber er glaube ihm nicht, daß ihm das wegen der Zugehörigkeit zu seiner, des Königs Partei zugestoßen sei, da er doch in der Lombardei keine Partei habe. Er wolle auch keine Partei bilden, da er nicht um eines Teils, sondern um des Ganzen willen gekommen sei. Doch ließ sich diese Position über den Parteien nicht halten.

Am 6. Januar 1311 wurde Heinrich in Mailand zum König von Italien gekrönt – wie zuletzt Heinrich VI. im Jahre 1186, vor mehr als einem Jahrhundert. Die Mailänder Krönung läßt die Schwierigkeiten erkennen, welche bei der Überbrückung einer so langen Zeit zu überwinden waren, aber sie bezeugt auch des Königs Bemühung um Kontinuität, um die Wiederherstellung der königlichen Rechte. Denn ehe sich Heinrich im Ambrosius-Dom zu Mailand die Krone aufsetzen ließ, wurden in seinem Auftrage sorgfältige Untersuchungen darüber angestellt, welche der beiden miteinander konkurrierenden Städte, Mailand oder Monza, legitimer Krönungsort sei. Ohne Ergebnis blieben dagegen die Nachforschungen nach der Krone, so daß der König ein neues Diadem anfertigen lassen mußte, aus glänzend poliertem, mit Perlen und Edelsteinen verziertem Stahl. In der Zeit seit der letzten Mailänder Krönung hatte sich nämlich die Sage gebildet, daß die lombardische Krone aus Eisen sei, die deutsche dagegen aus Silber und die römische aus Gold. Jetzt galt diese

Heinrich VII. (1308–1313)

Sage als Tradition und sie begründete eine solche. Denn mit der eisernen Krone von 1311 wurde im Jahre 1327 König Ludwig gekrönt, wahrscheinlich auch Karl IV. im Jahre 1355. 1431, bei der Krönung von Sigismund, dem Urenkel Heinrichs VII., war sie schon stark vom Rost befallen.

Die Mailänder Krönung wurde mit aller Feierlichkeit begangen. König und Königin präsentierten sich auf mit purpur- und scharlachroten Tüchern bedeckten Rossen, Geld wurde unter die Menge geworfen, während die Adligen beschenkt wurden und 160 von ihnen den Ritterschlag empfingen. Wenige Tage später, am 12. Januar, kam es jedoch auf nicht geklärte Weise zu einem Aufstand gegen den König. Guido della Torre, der guelfische Machthaber in Mailand, floh.

Der König hat sich nachhaltig um einen Ausgleich bemüht, aber das half ihm nichts. Denn fortan galt er als Partei, als Gegner der Guelfen. Auch in anderen lombardischen Städten formierte sich der Widerstand. Der Sieg des Königs über die aufständischen Mailänder machte zwar der Opposition in den meisten anderen Städten ein Ende. Doch standen Cremona, das Guido de la Torre aufgenommen hatte, und Brescia weiterhin gegen ihn, gestützt auch von einem Bündnis der toskanischen Städte mit Florenz und Bologna an der Spitze, das sich eben gebildet hatte. Der König nahm den Widerstand nicht hin, und er hatte bei Cremona Erfolg. Denn die Stadt unterwarf sich, bevor er die Belagerung begann. Er bestrafte sie dennoch – wie einst Barbarossa das aufständische Mailand.

Brescia dagegen leistete Widerstand. Heinrich belagerte die Stadt monatelang. Die Verluste auf beiden Seiten waren groß – auch des Königs Bruder Walram erlag einer Verwundung – und die Brutalität steigerte sich schnell. Der Führer der Stadt, der bei einem Ausfall in Gefangenschaft geriet, wurde als Rebell verurteilt und in bestialischer Weise hingerichtet. Die Belagerten ließen ihrerseits Gefangene auf der Stadtmauer aufhängen, und der König antwortete in gleicher Weise. Am 18. September kapitulierte die auch durch die Pest zermürbte Stadt. Auch hier ließ der König die Mauern niederlegen, beseitigte er die Herrschaftsrechte der Bürgerschaft und erzwang er eine hohe Strafsumme.

Den Winter 1311/12 hat Heinrich VII. dann in Genua verbracht. Der direkte Weg nach Rom war ihm durch den von Florenz organisierten Widerstand in der Toscana versperrt. In Genua dagegen, der mit Florenz konkurrierenden Stadt, wurde er mit beträchtlichen Summen unterstützt, und er konnte aus Deutschland kommende Verstärkungen seines vor Brescia dezimierten Heeres abwarten. Am 13. Dezember 1311 starb hier die Königin Margarethe.

Der König setzte die Reise im Februar fort, zunächst mit Schiffen bis Pisa, dann auf dem Landweg nach Rom, das er am 7. Mai 1312 erreichte.

Auch hier stieß er auf Widerstand, freilich anders als in Cremona und in Brescia.

Denn Rom war im Mittelalter keine geschlossene Stadt. In dem zerstörten, von Ruinen bedeckten Areal der antiken Weltstadt bestanden mehrere kleine Orte mit zur Zeit von Heinrichs Romzug insgesamt gegen 17000 Einwohnern: die kleine Stadt um das Kapitol, eine um den Lateran, auf der anderen Seite des Tiber dann Trastevere sowie schließlich die Leostadt bei Sankt Peter. Die weiten Ruinenflächen zwischen diesen Orten wurden teilweise landwirtschaftlich genutzt, hier fanden sich einzelne Klöster, kleine ländliche Siedlungen und vor allem Adelsburgen. Die römischen Adelsfamilien hatten sich in den Ruinen festgesetzt, die verteidigungsfähig waren, und kontrollierten die Straßen – auch jene, die der römische König auf seinem Wege zur Kaiserkrönung passieren mußte.

Heinrich VII. fand einen Teil Roms in gegnerischer Hand. Papst Clemens hatte, veranlaßt durch französischen Druck, den Abschluß der geplanten Verbindung zwischen Heinrich und Karl Robert von Neapel hintertrieben und sich seinerseits mit diesem, der sich inzwischen Florenz politisch genähert hatte, verbunden. Truppen Roberts von Neapel hielten nun, im Bunde mit den Orsini, einer der mächtigen römischen Familien, Trastevere und die Leostadt besetzt. Der Papst hatte sich zu einem Abzugs-Befehl an den Führer der Neapolitaner, einen Bruder König Roberts, bewegen lassen, ließ ihn aber nach einer Intervention des französischen Königs nicht hinausgehen. Heinrich VII. konnte nun kaum noch auf den Papst rechnen, zumal dieser mit Mißtrauen die Annäherung des Luxemburgers an Friedrich III. von Sizilien, den Hauptgegner Roberts von Neapel, verfolgte. Heinrich wiederum mußte erkennen, daß eine Einigung mit dem König von Neapel nicht zu erreichen war. Die Bedingungen, die dafür hätte erfüllen müssen, hätten faktisch die Herrschaft Roberts über Reichsitalien bedeutet. Heinrich VII. mußte die Kaiserkrönung also erzwingen.

Schon der Einzug des Königs über die Milvische Brücke am 6. Mai 1312 war durch Pfeilschüsse gestört worden, doch fand der König zunächst keinen ernsthaften Widerstand. So glückte es ihm, unter Umgehung der feindlichen Stadtteile und Festungen in den von den Colonna und den anderen ghibellinischen Familien beherrschten Lateran zu gelangen. Die nächsten Wochen brachten dem königlichen Heer einige militärische Erfolge. Der Turm, von dem aus der Übergang über den Tiber gestört worden war, wurde erobert, und einen Teil der adligen Festungen brachte der König dadurch in seine Hand, daß er ihre Besitzer zum Essen einlud und sie, die so in seine Hand geraten waren, zur Übergabe zwang. Der Besitz dieser Burgen erleichterte die Erstürmung zunächst des Franziskanerklosters Ara coeli und dann des Kapitols. Weitere blutige Kämpfe schlossen sich an – der Bruder des Königs, der Trierer Erzbischof, ließ sich in der von ihm in Auftrag gegebenen Bilderchronik beim Kampf um die Engelsburg – er spaltet einem Orsini das Haupt – darstellen. Doch gelang es dem König nicht, die Leostadt mit der Peterskirche zu erobern.

So mußte er eine Krönung an anderer Stelle, in der Lateransbasilika, vom Papst erbitten. Noch bevor dieser antworten konnte, kam es zu einem – wohl inszenierten – Tumult in den vom König besetzten Teilen Roms, der die in seiner Begleitung befindlichen Kardinäle zwang, die Krönung vorzunehmen. Am 29. Juni 1312 wurde Heinrich VII. von den drei Kardinälen in der Laterankirche zum römischen Kaiser gekrönt. Auch Lothar III. hatte im Jahre 1133 die Leostadt nicht erobern können und sich mit einer Krönung im Lateran begnügen müssen.

Aber nicht einmal dort, wo die Zeremonien stattfanden, war der Kaiser sicher. Das Krönungsmahl auf dem Aventin wurde durch die Pfeile guelfischer Schützen gestört.

Nicht wenige der deutschen Ritter haben den Kaiser nach der Krönung verlassen – das Ziel des Italienzuges war erreicht. Heinrich selber wollte sich jedoch mit der bloßen Kaiserwürde nicht begnügen, anders als seine Nachfolger, als Karl IV., Sigismund und Friedrich III. Der Kaiser versuchte vielmehr diejenigen, die sich ihm in den Weg gestellt hatten, zu unterwerfen. Er kehrte also nicht nach der Kaiserkrönung nach Deutschland zurück, sondern nahm den Kampf gegen Robert von Neapel und Florenz auf.

Gegen das zunächst bekämpfte Florenz hat Heinrich VII. noch eine Reihe von militärischen Erfolgen erreichen können, doch gelang ihm die Erstürmung der Stadt trotz einer mehrere Monate anhaltenden Belagerung nicht. So entschloß sich der Kaiser, der sich im Frühjahr 1313 nach Pisa hatte zurückziehen müssen, zunächst gegen den König von Neapel vorzugehen. Schon am 6. Juli 1312 war endlich auch die Verbindung mit Friedrich III. in der üblichen Weise abgesichert worden: Beatrix, jene Tochter des Kaisers, die zunächst einen Sohn Roberts von Neapel hatte heiraten sollen, wurde nun einem Sohn des sizilischen Königs zugesprochen. Im Sommer 1313 begann dann auch der Feldzug gegen Neapel. Dann erkrankte Heinrich VII., der schon im Herbst 1312 mit der Malaria zu kämpfen gehabt hatte, zum zweitenmal. Am 24. August 1313 ist er in Buonconvento, nahe bei Siena gestorben. Sein Heer hat sich kurz darauf aufgelöst. Sein Leichnam wurde in Pisa bestattet, wo Teile des Grabmals bis heute erhalten sind.

Heinrich VII. wollte über die Kaiserkrönung hinaus tatsächlich die kaiserliche Herrschaft Nord- und Mittelitaliens erneuern und diejenigen, die sich dieser Erneuerung entgegenstellten, bekämpfen. Und er wollte wohl auch, in Anknüpfung an die staufische Tradition, die Kaiserwürde gegenüber den Königen außerhalb des Reiches und gegenüber dem Papst zu neuer Geltung bringen. Das ergibt sich nicht nur aus den militärischen Unternehmungen des Kaisers. Das zeigen noch deutlicher seine rechtlich-politischen Proklamationen und Aktionen.

Als der Papst Heinrich VII. wenige Tage vor der Kaiserkrönung befahl, ein Jahr lang keinen Krieg gegen Robert von Neapel zu führen, hat der Kaiser, auch wenn er damals den Krieg gegen Neapel noch gar nicht führen wollte, den päpstlichen Befehl doch nicht hingenommen, sondern ihn – gestützt auf das Gutachten eines Juristen – mit einer grundsätzlichen Darlegung des päpstlich-kaiserlichen Verhältnisses beantwortet.

Der Kaiser verwahrte sich dagegen, als Partei mit dem König von Neapel auf eine Stufe gestellt zu werden. Es gehe, so heißt es, hier nicht um Krieg, sondern um die Bestrafung eines Vasallen, der eine Majestätsbeleidigung begangen habe. Der Papst sei nicht berechtigt einzugreifen und sei auch nicht – wie in dessen Mandat behauptet wurde – des Kaisers Lehnsherr. Der bekannte Streit zwischen Barbarossa und Papst Hadrian IV. schien eine Fortsetzung zu finden, ja mehr – denn unter dem Namen Heinrichs VII. gingen Texte hinaus, die ein Weltkaisertum für den Luxemburger beanspruchten, wie es diejenigen, die einst Barbarossa die Manifeste formuliert hatten, nicht zu entwerfen gewagt haben. So wie alle himmlischen Heerscharen unter einem Gott kämpften, so müßten alle Menschen, auch wenn sie nach Reichen geschieden und nach Ländern getrennt seien, doch einem Alleinherrscher (princeps monarcha) unterstehen, nämlich ihm, dem Kaiser. Und Heinrich VII. ließ solche Formulierungen nicht nur verbreiten, sondern er sandte sie auch denen zu, die von ihnen am meisten betroffen sein mußten: Fürsten außerhalb des Reiches. Heinrich VII. zeigte ihnen seine Krönung an. Das hatten die früheren Kaiser nicht getan.

Am englischen Hof hat man die anspruchsvollen Sätze des Kaisers offensichtlich für traditionelle Imperial-Rhetorik gehalten. Edward II. antwortete mit einem Glückwunsch, der den universalen Anspruch des kaiserlichen Rundschreibens nicht einmal bloß stillschweigend duldete, sondern ihn sogar andeutungsweise seinerseits aufnahm. Anders dagegen die französische Antwort. Am Pariser Hof war in den letzten Jahren die offensichtliche Tatsache, daß neben dem Reich von diesem unabhängige christliche Monarchien existierten, mit einer Art von politischer Theorie unterbaut worden, derzufolge der König von Frankreich Imperator in seinem Reiche sei. So verwahrte sich König Philipp IV. nun in aller Form gegen die Ansprüche des neugekrönten Kaisers. Wenn Heinrich, so ließ der französische König schreiben, sich die politischen Strukturen Frankreichs, die ihm ja hinreichend bekannt seien, vor Augen führe, dann werde er dieses Reich doch wohl von der mit dem

Bilde der himmlischen Heerscharen ausgedrückten allgemeinen Feststellung ausnehmen.

Wenn man das Rundschreiben des Kaisers liest und die politische Realität dagegenhält, dann drängt sich in der Tat die Frage auf, ob der Kaiser ernsthaft meinen konnte, was da in seinem Namen geschrieben wurde. Diese Frage aber ist nicht nur an dieses Manifest zu richten und auch nicht nur an Heinrich VII.

Wenn der Kaiser hier und in anderen Schriftstücken für sich das Amt des Weltherrschers beanspruchte, dann gab er nur weiter, was in den italienischen Juristenschulen täglich gelehrt wurde. Mit der Erneuerung spätantiken römischen Rechts bekam auch das Kaiseramt ein neues Profil, wurden mittelalterliches und spätantikes römisches Kaisertum noch sehr viel enger miteinander verbunden als in den früheren mittelalterlichen Jahrhunderten. Bis zu einem gewissen Grade hat Heinrich VII., beraten von italienischen Juristen, in der Tat versucht, aus den Lehren der Juristen Wirklichkeit zu machen. Auch hier fühlt man sich an Barbarossa erinnert, an die Kontakte des Kaisers mit den Bologneser Rechtslehrern. Und wie Barbarossa hat auch Heinrich VII. befohlen, seine Edikte in das Corpus iuris aufzunehmen. Er ist der letzte Kaiser gewesen, der auf diese Weise in der Kontinuität des römischen Kaisertums als Gesetzgeber handelte.

Aber Heinrich VII. hat mehr getan, als sich bloß den Lehrbüchern der Juristen anzupassen, wie schon der Gegenstand der beiden in das Corpus iuris aufgenommenen Gesetze zeigt, das Majestätsverbrechen. Das ‹crimen laesae maiestatis› war die rechtliche Waffe, die der Kaiser gegen Robert von Neapel führen wollte. Seine Gesetzgebung hatte also einen ganz praktischen politischen Sinn. In Monte Imperiale, jener in der Toscana neugegründeten Stadt Kaisersberg, die wiederum an Barbarossa erinnert und an sein antilombardisches Caesarea, ließ der Kaiser den Prozeß gegen König Robert führen. Am 26. April 1313 wurde der als Empörer und Majestätsverbrecher abgesetzt, geächtet und zum Tode verurteilt.

Eine konkrete Wirkung hat dieses Urteil nicht gehabt. Der Kaiser ist wenige Monate später gestorben, sein Heer hat sich aufgelöst und von seiner italienischen und Kaiserpolitik ist kaum mehr geblieben als das fragmentarisch erhaltene monumentale Grabmal in Pisa. Heinrichs VII. Italienzug ist, aufs Ganze gesehen, eine folgenlose Episode geblieben. Dauerhafte Wirkungen hat seine kurze Regierungszeit nur insofern gehabt, als es ihm gelang, seinen Sohn mit Böhmen zu belehnen. Daß dieser sich dort dann tatsächlich festsetzen konnte, daß Böhmen zum Zentrum der Luxemburger wurde, ist dann schon nicht mehr das Verdienst Heinrichs VII.

Infolgedessen ist Heinrich VII. immer wieder als Phantast deklariert worden, als ein unzeitgemäßen Zielen nachjagender Herrscher. Daß er sich in Italien die Kaiserkrone holte, das hat man ihm nicht vorgeworfen, aber daß er sich damit nicht begnügte, daß er sich tatsächlich auf die italienische Politik einließ, nicht auf dem schnellsten Wege nach Rom eilte, sondern vorher Widerstand brach, und daß er es dann mit der Kaiserkrone nicht genug sein ließ, sondern die Stellung des Kaisertums in Italien und vielleicht darüber hinaus erneuern wollte, das ist ihm immer wieder als Anachronismus vorgeworfen worden, begreiflicherweise. Denn die Vorsicht, mit der sich die Nachfolger Heinrichs VII. aus der italienischen Politik heraushielten, unterscheidet sich deutlich von der Italienpolitik Heinrichs VII.

Aber die ist damit noch nicht schon als unzeitgemäß erwiesen. Der banale Umstand, daß der Kaiser allzufrüh gestorben ist, wird bei solchen Urteilen nicht genug bedacht, vielleicht, weil vielen Historikern hypothetische Erwägungen als anstößig gelten. Was hätte Heinrich VII. in einem längeren Leben glücken können? Was würde in den Handbüchern über Friedrich Barbarossa stehen, wenn der beispielsweise nur bis 1157 regiert hätte? So sollte man vielleicht doch fragen, bevor man Heinrichs VII. Regierungsjahren das Etikett ‹unzeitgemäß› anheftet.

Was dem Kaiser bei einer längeren Lebens- und Regierungszeit hätte glücken können, das läßt sich selbstverständlich genau nicht sagen. Aber aussichtslos war seine Situation in Italien nicht. Der gern dargestellte Kontrast zwischen dem ehrlichen, aber etwas zu vertrauensseligen Ritter mit der Kaiserkrone und der übermächtigen Koalition aus zwei raffinierten romanischen Königen, Philipp IV. und Robert, dem Geld der Florentiner Bankiers und einem willfährigen Papst verkennt sowohl die politische Situation jener Jahre wie wohl auch die Person Heinrichs VII.

Der römische König und dann Kaiser kämpfte sich ja keineswegs allein durch Italien durch, er fand Verbündete – bzw. gehorsame Glieder des Reiches –, und jener zitierte Geldwagen des Trierer Erzbischofs ist in Italien immer wieder aufgefüllt worden – was freilich auch zum Widerstand derer führte, die Heinrich zu Zahlungen nötigte. Und die Koalition zwischen den Königen von Frankreich und von Neapel war weder unauflöslich noch übermächtig. Das Bündnis mit Friedrich III. von Sizilien war eine erfolgversprechende Abwehrwaffe.

Wenn sich der Kaiser der Argumente italienischer Juristen bediente, dann war das so weltfremd nicht, und es war auch nicht folgenlos. Die heftigen Auseinandersetzungen um den Rang und die Aufgaben des Kaisertums, die in der letzten Regierungszeit Heinrichs VII. infolge seiner Verlautbarungen und besonders des Prozesses gegen Robert von Neapel begonnen hatten, hielten in den nächsten Jahrzehnten an. Und sie waren mehr als bloß ein Streit um Prinzipien. Wenn nämlich Heinrich VII. durch seine Gesetzgebung das Verfahren gegen Majestätsverbrecher ver-

Heinrich VII. (1308–1313) 255

einfachte, wenn er den Tatbestand der Rebellion gegen das Reich neu und schärfer faßte, dann waren das nicht nur Verfahrensschritte im Prozeß gegen Robert von Neapel. Eine kontinuierliche Fortsetzung dieser Rechtspolitik hätte durchaus die Möglichkeit geboten, daß von den herrschaftsstärkenden Wirkungen, welche die Erneuerung des römischen Rechts jetzt und in der Folgezeit haben sollte, auch der römisch-deutsche Kaiser profitierte und nicht bloß der König von Frankreich, andere Monarchen außerhalb des Reiches und auch die deutschen Territorialfürsten. Die Fragwürdigkeit, welche der von Heinrich VII. praktizierten Verbindung von römischem Recht, Lehnrecht und Kirchenrecht – die Rebellion gegen das Reich wurde in die Nähe einer religiösen Verfehlung gerückt – aus späterer Sicht vielleicht anhaftet, verminderte die Chancen, die diese Rechtspolitik damals hatte, keineswegs.

Schließlich die Person dieses Kaisers. Sie bleibt schattenhaft. Sein Bruder, der Trierer Kurfürst, der freilich bis 1354 lebte, der mehr als drei Jahrzehnte nach der Wahl seines Bruders Heinrich noch einmal einen Verwandten, nämlich seinen Großneffen Karl IV., auf den deutschen Thron bringen sollte, der Fürst, der einen beträchtlichen Anteil an der Beilegung des seit der Stauferzeit geführten Streites mit dem Papsttum um das Recht der Königswahl hatte und der im übrigen der Begründer des trierischen Territoriums war – dieser Mann ist auch als Person einigermaßen deutlich auszumachen: in der Schlacht, im Kampf, wie es seiner Herkunft, aber auch seiner mit Waffen vorangebrachten Territorialpolitik entsprach, in der Kanzlei, wo er sich mit großer Energie um eine Reorganisation der schriftlichen Herrschaftsgrundlagen und -instrumente bemühte – immer wieder finden sich eigenhändige Notizen –, im Spiel mit Knappen und Kaplänen – die er im Steinestoßen, wie sein Biograph schreibt, alle übertraf – und schließlich in der Zelle des Trierer Kartäuserklosters, in das er sich oft zurückzog – ein pflichtbewußter Bischof und ein frommer Mann ohne Zweifel, anders als viele Kirchenfürsten seiner Zeit. Sein Bruder, der Kaiser, ist als Person von den Chronisten seiner Zeit nicht so beschrieben worden, wie man das vielleicht erwarten könnte, wenn man an die scharfsichtigen Charakteristiken denkt, die wir aus der Feder von italienischen Beobachtern des Kaisers Friedrich Barbarossa haben. Das Bild, das Albertino Mussato von Heinrich VII. gibt – er preist ihn als den Inbegriff französischen Rittertums – ist undeutlich. Es bleibt eigentlich nur der Rückschluß von den Handlungen auf die Person des Kaisers – und der führt fast unvermeidlich zum Zirkelschluß.

Vielleicht kann man dennoch vermuten, daß die schnelle Wandlung vom zwar nicht so kleinen, aber doch politisch nicht eben herausragenden Grafen von Luxemburg zum die Traditionen seines Amtes entschlossen erneuernden Kaiser auch in der Person ihren Grund hatte.

Wenn man nicht annehmen will, daß Heinrich VII. in Italien zum willenlosen Werkzeug von Ghibellinen, Emigranten und Juristen geworden ist, sondern daß er die Politik, die er versuchte, auch verstanden hat, dann muß man wohl mit einem energischen und lernfähigen Herrscher rechnen, der seinem Trierer Bruder nicht so völlig unähnlich gewesen sein kann. Zufall und die konkrete Situation – in Deutschland, in Böhmen, in Italien – haben sicherlich einen erheblichen Anteil an dem, was Heinrich VII. gelungen ist und was er für aussichtsreich halten konnte. Aber die Kurfürsten von 1308 hatten doch wohl, unabhängig von den unterschiedlichen Gründen, die sie für ihre Entscheidung hatten, am Ende gut gewählt.

Karl IV.
1346–1378

Von Reinhard Schneider

Als man den ersten Sohn Johanns von Böhmen zu Pfingsten 1316 im Prager Dom taufte, schien er alle Aussichten auf die römische Königs- und Kaiserkrone bereits verloren zu haben. Der am 14. Mai 1316 geborene Junge erhielt den böhmischen Königsnamen seines Großvaters mütterlicherseits, König Wenzels II. von Böhmen. Vorenthalten wurde ihm der Name des berühmten Großvaters väterlicherseits, des luxemburgi-

Porträtbüste Karls IV. im Triforium des St. Veitsdomes zu Prag. Peter Parler und Dombauhütte, 1375/85. – (Foto: Werner Neumeister, München).

schen Kaisers Heinrich VII., was recht ungewöhnlich war, den frisch Getauften aber nachdrücklich in die přemyslidische Herrschaftstradition wies, in der er als Erstgeborener dem Vater sicher auf den böhmischen Thron einmal nachfolgen würde. So manches Indiz spricht dafür, daß Johann seinen Sohn auf den Namen Heinrich hatte taufen lassen wollen und daß er noch Jahre später die in seinen Augen verfehlte Namengebung zu korrigieren trachtete. Johann selbst war nach Heinrichs VII. Tode übergangen worden, als man einen römischen König wählte. Zeitlebens versuchte er jedoch, sich selbst und später wenigstens seinem Ältesten die Reichskrone zu erwerben. Von Erfolg gekrönt war das zähe Bemühen endlich im Jahre 1346, als die Mehrzahl der Kurfürsten den böhmischen Primogenitus zum römischen König, genauer zum römischen König gegen Ludwig den Bayern, wählte. Dieser ‹Gegenkönig› trug aber keinen böhmischen Königsnamen mehr, hatte er doch wohl schon zu Beginn seines langjährigen Frankreich-Aufenthaltes im Alter von etwa sieben Jahren seinen böhmischen Taufnamen Wenzel eingetauscht gegen den Namen Karl, unter dem er sich historischen Rang erwerben sollte.

Johanns Ältester wuchs unter zum Teil sehr unglücklichen Umständen zunächst in Böhmen auf und kam dann im Alter von sieben Jahren an den französischen Königshof. Über die in Frankreich genossene Erziehung und Ausbildung ist wenig bekannt, nicht einmal, ob sie systematisch angelegt war. Dies gilt auch für des Knaben Kontakte zur berühmten Pariser Universität; er wird hier kaum regelmäßig und vor allem längere Zeit ‹studiert› haben können, und doch wiegen diese Ausbildungsphasen in der Folge schwer. In der Erinnerung des Greises, der 1378 von der Universität Paris feierlich empfangen wurde, stammten aus dieser Zeit sogar entscheidende Impulse.

In härtester Realitätsbezogenheit verlief die nächste Lebensphase, die Karl sehr oft an des Vaters Seite bei dessen verwickelten italienischen Angelegenheiten sieht. Als Johanns Sachwalter, Helfer, Feldherr und förmlicher Statthalter in Oberitalien lernt der junge Mann, sich politisch und militärisch zu behaupten. Nicht nur aus Karls Autobiographie ist der prägende Charakter dieser Jahre erkennbar. Er besteht zahlreiche Abenteuer, zeigt persönlichen Mut bis zur Tollkühnheit und lernt, auch List und Betrug, Bestechung und Verstellung erfolgreich einzusetzen. Entscheidender aber ist die Erfahrung, wie sinnlos rein militärische Eroberungspolitik wird, wenn Etappe um Etappe zwar gewonnen, jedoch noch eindrucksvoller verloren wird, sobald der Sieger seiner eroberten Burg oder Stadt auch nur den Rücken hat kehren müssen. Des späteren Königs und Kaisers tiefe Überzeugung, daß Eisen vorsichtig zu gebrauchen sei, hat hier ihren Ursprung.

Ab Ende Oktober 1333 beginnt Karls böhmische Bewährungszeit. Er ist 17 Jahre alt, spricht Lateinisch, Deutsch, Französisch und das Oberitalienische der Lombardei und muß jetzt das Tschechische seiner přemyslidischen Vorfahren erneut lernen; es geschieht mit Erfolg, so daß der (seit etwa Mitte Januar 1334) nominelle Markgraf von Mähren, der die tatsächliche Führung des Königreiches (‹capitaneatus regni›) innehatte, die Sprache des Landes alsbald beherrschte – ‹ut alter Boemus›! Dies ist (in späterer Erinnerung) wohl bewußte Anspielung des ‹zweiten Čech› auf den legendären Stammvater des Landes, zugleich sicher auch unbestrittener Anspruch, die Landessprache wie jeder andere Tscheche zu sprechen: Vorbedingung für gute Herrschaft, die selbst verstehen, hören und verstanden werden muß in der eigenen Sprache des Herrschaftsbereiches. Hier sollte für Karl eine Erkenntnis von schlüsselartiger Bedeutung liegen, die sowohl für Böhmen in der berühmten Indigenatsgewährung der ‹Majestas Carolina› wiederkehrt, als auch auf das gesamte Reich bezogen im letzten Kapitel der Goldenen Bulle von 1356, wo Karl für künftige Kurfürsten einen Pflichtkanon zu erlernender Sprachen (neben dem Deutschen Latein, Italienisch und Tschechisch – die Kenntnis der hier fehlenden ‹Weltsprache› Französisch kann vielleicht ohnehin vorausgesetzt werden –) verordnet: «Denn dies wird nicht nur für nützlich, sondern ... für höchst notwendig erachtet, weil diese Sprachen am meisten für den Gebrauch und Bedarf des heiligen römischen Reiches angewendet zu werden pflegen und weil in ihnen die wichtigsten Reichsgeschäfte verhandelt werden.»

Die böhmischen Jahre sind fast durchgängig bestimmt von gegenseitigen Reserven zwischen Vater und Sohn, die sich bis zu offenem Mißtrauen bei Johann steigern, der sehr wohl die Sympathien des Landes gegenüber dem Sohn Elisabeths und somit dem přemyslidischen Traditionsträger erkennt, was der eigenen Königsstellung selbstverständlich höchst abträglich ist. Andererseits kommt die Rivalität zwischen Vater und Sohn durchaus auch der luxemburgisch-přemyslidischen Herrschaft zugute, da man in Böhmen allmählich von einer insgesamt recht wirksamen Doppelregierung sprechen kann. Fast wie reife Früchte fallen alte přemyslidische Herrschaftsziele in den Schoß, als es im Rahmen weit ausgreifender europäischer Politik Vater und Sohn gemeinsam mit Karls Großonkel, dem Erzbischof Balduin von Trier – der überragenden geistlichen Fürstengestalt des 14. Jahrhunderts –, gelingt, die entscheidenden Fäden für Karls Erhebung auf den römischen Königsthron zu knüpfen. In Böhmen war der Herrschaftsnachfolgeanspruch für Johanns Erstgeborenen bereits am 11. Juni 1341 feierlich vom Landtag bestätigt worden, der Rücken folglich im wesentlichen frei.

Als im April 1342 Papst Benedikt XII. verstorben war und mit französischer Unterstützung Karls ehemaliger Erzieher, der jetzige Kardinal Pierre Roger, als Clemens VI. den Heiligen Stuhl bestieg, war mit dem

Papsttum zunächst ein entscheidender Bündnispartner gewonnen. Noch im Vorfeld der römischen Königsfrage ließ sich Böhmens Stellung weiter verbessern: Am 30. April 1344 wird das Prager Bistum zum Erzbistum erhoben – vor allem seit 1204 erklärtes Ziel böhmischer Politik –, fünf Tage später erhält Ernst von Pardubitz als erster Prager Erzbischof das Recht verliehen, künftig den böhmischen König zu krönen und zu salben, was bisher dem landesfremden Mainzer Erzbischof vorbehalten war. In den gleichen Zusammenhang gehört die Gründung der Universität Prag am 7. April 1348, wenngleich sie bereits in Karls römische Königszeit fiel, gehört aber auch schon das von Papst Clemens VI. am 9. Mai 1346, also noch zu markgräflicher Zeit erwirkte Privileg, den slawischen Gottesdienst in cyrillo-methodianischer Tradition in Böhmen einzuführen, was am 21. November 1347 zur Gründung des berühmten Hieronymus-Klosters in Emaus führte. Die böhmische Komponente war in Karls Politik sehr früh und planvoll angelegt.

In einem gewiß systematischen, aber doch auch verwirrenden Spiel vertraglicher Abmachungen, weitreichender Versprechungen und riskanter Schachzüge gelingt der Griff nach der römischen Krone. Hauptakteure sind der Markgraf von Mähren selbst und der Papst, erfahrener Garant des Gelingens der Trierer Erzbischof. Am 11. Juli 1346 treten in Rhens fünf kurfürstliche Wähler zusammen und wählen Karl zum römischen König: König Johann von Böhmen, Herzog Rudolf von Sachsen und die rheinischen Erzbischöfe Balduin von Trier, Walram von Köln und Gerlach von Mainz. Letzterer war gerade erst gegen den noch amtierenden Heinrich von Virneburg zum Erzbischof erhoben worden, den die Gegenseite, zu der Kaiser Ludwigs Sohn, Markgraf Ludwig von Brandenburg, und der Pfalzgraf bei Rhein, Rudolf, gehörten, nach wie vor sich zurechnete. Dem neuen König blieb bewußt, daß er Gegenkönig war, zumal ein mit maßgeblich geistlich-kurialer Unterstützung gewählter. Ockhams Urteil, er sei ein ‹rex clericorum›, ein ‹Pfaffenkönig›, entsprach also durchaus der Sachlage und muß nicht einmal als kränkend empfunden werden. Kaiser Ludwig der Bayer schien den Konkurrenten freilich kaum sonderlich ernst genommen zu haben, was falsch, aber verständlich war, wie Karls Wege nach dem Rhenser Tag erkennen lassen. Vorrangige Pflicht des Gewählten war die erste Bezahlungsrate für die Wahl durch Ausstellung von mannigfaltigen Privilegien. Der so notwendige Ritt zur Krönung nach Aachen blieb verwehrt, stattdessen machte die Landung der Engländer in der Normandie eine Waffenhilfe König Johanns und seines Sohnes Karl für den bedrängten französischen König notwendig. In der für Frankreich verheerenden Niederlage bei Crécy am 26. August 1346 ritt der blinde König Johann von Böhmen in den Schlachtentod, während sein leicht verwundeter Sohn Karl entkam. Nach böhmischem Thronfolgerecht war er jetzt König von Böhmen.

Eine Laune des Schicksals wollte es, daß der nunmehrige Doppelkönig sich in Trier Geld leihen mußte, um des Vaters Beisetzung in der Luxemburger Ahnengruft überhaupt bezahlen zu können, daß er zeitweise gar in Verkleidung durch ‹sein› Reich zu reisen gezwungen war. Immerhin erreichte der jetzt dreißigjährige Karl am 6. November 1346 die Approbation des Papstes und am 26. November die feierliche Salbung und Krönung zum römischen König in Bonn, obwohl dies eigentlich der falsche Ort war. Die feierliche Prager Krönung zum König von Böhmen mußte allerdings bis zum 2. September 1347 verschoben werden.

Trotz vieler Widrigkeiten bleibt König Karl – der Vierte, wie er sich seit der Erlangung der römischen Königswürde selbst in direkter Anknüpfung an karolingische Herrscher gleichen Namens nennt – auch mit dem Glück im Bunde. Kaiser Ludwigs des Bayern plötzlicher Tod – er war bei der Bärenjagd unglücklich vom Pferde gestürzt – machte aus dem Gegenkönig urplötzlich einen weithin unbestrittenen und nach der Wiederholung der Krönung am 25. Juli 1349 in Aachen, dem nach altem Herkommen dafür rechten Ort, einen im Reich allgemein anerkannten König. Vergessen schien bereits die Episode eines in Nachfolge Ludwigs des Bayern zum römischen König gewählten Günther von Schwarzburg, den man seinerseits als Gegenkönig zu bezeichnen sich längst angewöhnt hat. Sein Anspruch blieb kurzlebig, weil Karl ihm die Königswürde kurzerhand abgekauft hatte.

Als aber über das Jahr 1349 hinweg die prinzipiellen Voraussetzungen von Karls römischer Königsherrschaft teilweise in Frage gestellt wurden, sann Karl IV. über seine eigene Herrschaft in einer Form nach, die sich bei den bisherigen Reichsoberhäuptern nicht einmal ansatzweise findet. Er tat es literarisch und wählte das im Mittelalter so überaus selten genutzte Genus der Rückbesinnung auf den bisherigen eigenen Lebensweg. Eine schwere gesundheitliche Krise gegen Ende des Jahres 1350, als infolge einer Nervenentzündung Karl zeitweise körperlich völlig gelähmt war, verschärfte den bohrenden Charakter der Selbstprüfung; die allmähliche Genesung dürfte hingegen die Ursache dafür geworden sein, daß Karls Autobiographie insgesamt die Legitimationsbezüge stärker betonte, so daß jüngst geurteilt werden konnte, diese Vita habe gar im «historischen Kontext des Jahres 1350 ... die Züge einer politischen Propagandaschrift [erhalten], deren Autor um die allgemeine Anerkennung der neuen königlichen Politik» kämpfte (E. Hillenbrand).

Die als literarisches wie historisches Zeugnis einzigartige Autobiographie (‹Vita Caroli IV. ab eo ipso conscripta›) reicht bis an das Krönungsjahr 1346 heran und läßt eindrucksvoll erkennen, daß «der neue König das Signum des Auserwählten trägt». Für diesen Nachweis bietet Karl neben theologischen und philosophischen Reflexionen zahlreiche exempla aus seinem Leben, deren Interpretation in der Formel von der Königsherrschaft als einem Gott-Dienen gipfelt («Deo servire est regnare»). Von besonderem Reiz ist dabei, wie eng Karls eigene Herrschaftsideologie auf das Bildprogramm der berühmten Reichskrone bezogen ist, die ihm aus Kaiser Ludwigs Erbe erst kurz zuvor (12. März 1350) übergeben worden war. Samt den übrigen Reichskleinodien, die auf ihre Art das Reich darstellten, hatte sie Karl am Palmsonntag (21. März 1350) feierlich-demonstrativ auf die Prager Burg bringen und seinem Volke weisen lassen. Die berühmte Nürnberger Weisung der Heiltümer hat hier ihre frühe Parallele.

Die Autobiographie und weitere aus des Herrschers Feder stammende Schriften wie auch auf sein Diktat zurückgehende Arengen gewähren Einblick in Karls Auffassung vom Herrscheramt, von herrscherlichen Pflichten und Verhaltensformen. In der Tradition Friedrichs II., insbesondere geprägt von den Formulierungen in dessen ‹Liber Augustalis› von 1231, steht die Auffassung, daß das Herrschertum ursprünglich von Gott, der den Menschen mit freiem Willen ausgestattet habe, nicht gewollt worden sei, sondern daß erst wegen allzu mißbräuchlichen und verderblichen Gebrauchs der Willensfreiheit (libera voluntas) durch eine in den Dingen wirksame Naturnotwendigkeit und gleichermaßen durch göttliche Vorsehung das Herrschertum geschaffen worden sei. Seit Urzeiten gehöre daher zu den Aufgaben der Fürsten der Schutz vor Verbrechen, Gewährleistung von Sicherheit für alle Friedfertigen und Ruhigen, Begründung von Gesetzen und Rechten sowie die Regelung aller zwischenmenschlichen Verhältnisse nach einer gewissen Ordnung. Dazu gehöre auch der Schutz des katholischen Glaubens gegenüber Häresien im Innern und Gefährdung durch Ungläubige von außen her.

Zur Erfüllung der zentralen Herrscherpflicht des allgemeinen Friedensschutzes, der Sorge für Sicherheit, Ordnung und Pflege der Gerechtigkeit bedürfe es zweier Grundvoraussetzungen: Einmal müßten wesentliche Machtmittel vorhanden sein, ohne die jedes Bemühen bald hinfällig wäre, zum anderen müsse des Herrschers Fürsorge vorausschauende Qualität besitzen. Beispielsweise sollten zu erwartende Streitigkeiten bereits im voraus geschlichtet oder gänzlich verhütet werden. Dazu paßt der Vergleich mit dem Arzt, wenn der Herrscher für seine an innerer Instabilität kränkelnden Untertanen sorgfältig und umsichtig nach Heilmitteln suchen solle. Diesem Denken liegen weniger Vorstellungen repressiv-okkasioneller Staatstätigkeit zugrunde, obwohl der Alltag eines Herrschers in der zweiten Hälfte des 14. Jahrhunderts gewiß deren Dominanz kaum vermeiden konnte, als vielmehr durchaus ordnende Züge präventiver Politik in zu erstrebenden kontinuierlichen Bahnen. Im Prolog zur ‹Majestas Carolina› von 1355 formulierte Karl sehr klar, daß des Herrschers Blick bei seiner Tätigkeit bereits in die Zukunft zu richten sei, um künftige Entwicklungsmöglichkeiten zu berücksichtigen, denn es genüge nicht, «nur das Vergangene umzugestalten und das Gegenwärtige gut zu ordnen, wenn nicht auch mit wachem intuitivem Verstand für künftige Geschehnisse vorausschauend gesorgt wird – Klugheit heißt ja, Künftiges mitzuerwägen ...».

Es liegt nahe zu fragen, woher eine solche Klugheit des Herrschers rühren könne. Zuerst wird darauf zu verweisen sein, daß Karl IV. und sein Hof der Erziehung und geistigen Bildung hohen Rang einräumten, daß der Kaiser selbst in der Goldenen Bulle von 1356 Prinzipien der Fürstenerziehung entwickelte und dabei ansatzweise sogar didaktische Überlegungen zum Fremdsprachenunterricht fixierte. Ergänzend tritt das Element historischer Erfahrung hinzu, die jedoch nicht ausschließlich selbst erworben werden muß, sondern grundsätzlich tradierbar erscheint. Tradierbar freilich nur, wenn man dazu bereit ist, und auch nicht in Details, sondern eher in strukturierter Form. Bezeugt wird dies beispielsweise wiederum durch die berühmte ‹Majestas Carolina›, da differenzierende, vorausschauende Planung durch den Menschen ihr Grundmuster für künftige Regelungen aus vergangenem Geschehen beziehe: «Und dann kann man kommenden Wechselfällen mit geeigneten Heilmitteln entgegentreten, wenn man gewillt ist, ähnliche vorangegangene Entwicklungen sorgfältig zu betrachten!» Diese Überzeugung klingt bei Karl IV. so häufig an, daß die These merkwürdig erscheint, Karl sei ein konservativer, von zähem Beharrungswillen geprägter Politiker gewesen, dessen Pragmatismus wenig zukunftsorientierte Politik zugelassen habe. Des Herrschers Schriften lassen diesen Schluß nicht zu, und auch aus dem verwirrenden Spiel seiner politischen Fäden wird man dies bei sorgfältiger Betrachtung kaum herauslesen können.

Karls Neigung zu pragmatischer Politik tritt deutlich hervor, auch wenn sein Handeln von einem konzeptionellen Denken geprägte Züge aufweist; sie ist nicht nur an seinen Handlungen ablesbar, sondern auch aus theoretischer Reflexion zu erkennen. Um die zentralen Herrscherpflichten der Friedenswahrung und Gewährleistung von Sicherheit für die Untertanen zu erfüllen, bedürfe es eines fest gefügten Herrschaftsbereiches und insbesondere der rechten Machtmittel, die hierbei durchweg in konkreter Form verstanden werden. Auf ihrer Basis erst sei Gerechtigkeit in ihrer zweifachen Form von ‹aequitas› und ‹iustitia› zu üben, sei die Ordnung der politischen Verhältnisse zu leisten. Mit der ‹Rute der Gerechtigkeit›, die allerdings durch herrscherliche Gnade bisweilen gemildert werden könne, müsse der Herrscher die Bösen und Widerspenstigen zügeln. Dies entspricht durchaus traditioneller Auffassung; individueller mag schon die Überzeugung sein, daß die herrscherliche Gnade durch eine nicht zu überschreitende Gerechtigkeitsschwelle begrenzt sei und daß die Handhabung der Rute auch im eigenen persönlichen Interesse des Fürsten liege, falle doch der Untertanen Friede, ihr ‹status pacificus›, zusammen mit eigener Ruhe: «tunc quiete vivimus!» heißt es deshalb in der ‹Majestas Carolina›.

Dieser Aspekt leitet über zu Karls Vorstellungen von der Notwendigkeit königlicher Friedenspolitik. Abermals besticht die Parallelität von medizinischer und historisch-politischer Erfahrung, die zur Maxime eigenen Handelns führt. Gegenüber Petrarca hat Karl IV. sie elegant präzisiert, dabei freilich ein Terenz-Zitat verfremdet: «Alle Mittel sind früher zu versuchen als das Eisen; so wollen es die Ärzte, und das haben auch die Kaiser durch Erfahrung gelernt» («Omnia nam prius temptanda quam ferrum et medici volunt et Caesares didicerunt»).

Karl IV. hatte offenbar begriffen, was Augustin in seiner ‹Civitas Dei› mit den Worten, das römische Reich sei keineswegs allein durch Waffen groß geworden, gemeint hatte; es deckte sich mit den bereits angesprochenen persönlichen Erfahrungen insbesondere der Jahre vor 1346, und Karl bemühte sich noch im hohen Alter, diese politische Maxime dem eigenen Sohn und Nachfolger zu tradieren, wenn er Wenzel riet: «Sei friedsam, und wo du etwas in Güte erreichen kannst, da laß den Krieg.»

Verfehlt wäre es, in den Empfehlungen zum sparsamen Gebrauch des Eisens illusionäre oder deklamatorische Züge bloßen Theoretisierens zu sehen. Sie zielten vielmehr konkret auf ein für Karl selbst schier unerschöpfliches Arsenal politischer Instrumente, das in seinem praktischen Handeln sichtbar wird: Zähe Verhandlungen, gute Worte, die weite Skala persönlicher Beeinflussung, Drohungen und Schmeicheleien, Bestechungen, Versuche finanziellen Ausgleichs, Intrigen, Verträge mannigfaltigster Art, förmliches Abkaufen von Rechten, Handgelder und vieles andere mehr.

Insbesondere der gezielte Einsatz von Geldern für politische Zwecke charakterisiert Karls praktisches Verhalten, verursachte seinen unersättlichen Finanzbedarf und trug ihm bittere Kritik schon von Zeitgenossen ein – insgesamt wohl zu Unrecht, wie man angesichts einer überaus langen allgemeinen Friedensperiode unter Karls doppelter Herrschaft wird sagen müssen. Heinrich von Diessenhofen sah dies, wenn er zum Jahre 1361 auf den kaiserlichen wie kurialen Geldhunger Bezug nahm und als Entschuldigung für Karl und den Papst gelten ließ, beide hätten sich «Mühe um den Frieden gegeben, der kaum ohne Geld zu verteidigen ist wegen der Bösewichte, deren Zahl groß ist.»

Karls Geldbedarf war in seinen ersten Königsjahren übergroß. Dies erklärt beispielsweise die enorme Verpfändung von Reichsstädten und Reichsrechten gerade in der Zeit von 1346 bis 1349. Aber auch der noch immer als so notwendig angesehene Romzug, die ‹Fahrt über den Berg› zur Kaiserkrönung in Rom, wurde 1354 erst begonnen, nachdem Florenz, Siena und Perugia Karl eine Zahlungsgarantie (idonea caucio) versprochen hatten. Der finanzielle Rahmen wird andeutungsweise sichtbar, wenn modernere Berechnungen (A. Nuglisch) ergeben haben, daß Karl IV. bei seinen Romzügen im Namen des Reiches etwa 868000 Gulden eingenommen haben soll.

Anders als sein Großvater, Dantes Traumkaiser Heinrich VII., kam Karl ohne nennenswertes Gefolge, sich fast ausschließlich stützend auf diplomatische Vorbereitung und «wie ein Krämer» kassierend, aber auch zahlend, Ostern 1355 nach Rom: Ein ihn begleitender Kardinallegat vollzog die Krönung zum Kaiser – und am Abend des gleichen Tages (5. April 1355) verließ der Kaiser die Stadt der Erhöhung, wie er es zuvor versprochen hatte...

Das Geschehen mutet gespenstisch an, berühmte italienische Zeitgenossen waren empört. Welchen Sinn hatte diese Krönung, welchen Wert noch das Kaisertum? Die aufgeworfenen Fragen zwingen trotz aller notwendigen Kürze zu andeutender, aber systematischer Erörterung. Und doch fällt die Trennung zwischen praktischer und theoretischer Betrachtungsweise schwer. Mit der Kaiserwürde erlangte Karl IV. die Fülle der Macht (plenitudo potestatis), die der älteren Doktrin von der päpstlichen Machtfülle (plenitudo potestatis pontificis) als weltliche Parallele entsprach. Nach Ludwigs des Bayern Gesetz über die Königswahl (Licet iuris) von 1338 war jedoch die Wahl durch die Kurfürsten ausschließliche Rechtsgrundlage des römischen Kaisers, verfügte er aufgrund der Wahl allein (ex sola electione) über die volle kaiserliche Herrschaftsgewalt (administrationem et iurisdictionem imperialem et imperialis potestatis plenitudinem). Auf diese kaiserliche Machtvollkommenheit bezog sich Karl IV. auch am 10. Januar 1356 beim Erlaß der Goldenen Bulle in Nürnberg. Gerade die jüngere Forschung hat aber mit Nachdruck herausgearbeitet (E. L. Petersen), daß diese Goldene Bulle allenfalls als ein vom Kaiser mühsam errungener Kompromiß gewertet werden kann. Eine ähnliche Kluft zwischen Rechtstheorie und Realität kennzeichnet den auch von Karl selbstverständlich erhobenen Anspruch, als Herrscher «legibus solutus» zu sein. Selbst im Hochgefühl der soeben erlangten Kaiserkrönung konzedierte Karl im gleichen Atemzug, daß er als Herrscher an die Gesetze gebunden sei («alligatum se legibus principem profiteri»), und bekannte sich damit zu (in Böhmen) längst geübter Verfassungswirklichkeit.

Während Karls Großvater Heinrich VII. noch bemüht war, einen universalen Herrschaftsgedanken zu verfechten, scheint des Enkels Vorstellung von seiner Rolle «gleichsam als Herr der Welt» (tamquam monarcha mundi) auf die Lehre verkürzt worden zu sein, daß der «Kaiser als Person Herr der Welt sei» (E. Schubert). Ein weiterer Aspekt sei mit dem Majestätsrecht berührt. In der Goldenen Bulle von 1356 findet sich die Formulierung von der «Beleidigung der Majestät in ihren Kurfürsten», wobei den Königswählern der Schutz des kaiserlichen Majestätsrechts zugestanden wurde. Man wird daher die auch in der Lehre vom Majestätsverbrechen (crimen laesae majestatis) angelegten Steigerungsmöglichkeiten der kaiserlichen Autorität in der Verfassungswirklichkeit kaum überschätzen dürfen, besagt doch die reichsrechtliche Fixierung von 1356 letztlich, daß der Kaiser die Kurfürsten in seine Majestät aufnahm und gar Kaiser und Kurfürsten (nur?) *eine* Majestät seien.

Ohne daß präziser formulierte Doktrinen erkennbar wären, erwuchsen Karl aus der vollen Kaiserwürde erweiterte Möglichkeiten praktischer Politik. Das an der Westgrenze des Reiches so beliebte Rechtsinstitut der ‹garde› (Schutzherrschaft) hatte in kaiserlosen Zeiten (vacante imperio) häufig zur Anlehnung an das französische Königtum geführt. So unterschied die Stadt Toul schon 1300 präzis zwischen ‹roi d'Alemaingne› und ‹empereur›, welch letzteren allein sie anerkennen wollte, und als Karl IV. ein Jahr vor seiner Kaiserkrönung im März 1354 das reiche Metz besuchte, empfing man ihn zwar ehrenvoll, wollte aber den üblichen zeremoniellen Königsempfang (susceptio regis) verweigern. Die Metzer Begründung lautete, «sie seien allein dem Kaiser zu größeren Rechten verpflichtet» (dicentes se soli imperatori ad plura iura teneri). Auch die 1365 in der Krönung zu Arles gipfelnde Politik einer Anknüpfung an den Gedanken eines ‹regnum Arelatense› ist ohne das Kaisertum von 1355 unvorstellbar.

Schon im Reisegepäck brachte Karl Ostern 1355 wichtige vorgefertigte Privilegien nach Rom, um sie in den wenigen Stunden seines Aufenthaltes am Tage der Kaiserkrönung feierlichst zu promulgieren. Die hochbedeutsame Goldene Bulle für ‹Neuböhmen›, mit der «des keisers herrschaft zu Beyrn» der Krone Böhmens einverleibt wurde, gehört in diesen Fundus von mindestens 47 Urkunden! Finanzielle Ertragsmöglichkeiten waren bereits angedeutet worden, sie wurden ausgeschöpft. Dennoch schien Karl die mit der Kaiserwürde sich eröffnenden Chancen für die böhmische und die Reichspolitik auch überschätzt zu haben. Im frischen Glanz der Kaiserkrone riskierte er, ein altes Anliegen böhmischer Herrscher aufgreifend, den böhmischen Ständen den umfangreichen Entwurf eines Landrechts vorzulegen. Doch dieses unter dem Namen ‹Majestas Carolina› bekannte, überaus eindrucksvolle Dokument wurde von den Baronen verworfen, und Karl mußte notdürftig sein Gesicht zu wahren suchen, indem er mit Urkunde vom 6. 10. 1355 erklärte, er ziehe den Entwurf gezwungenermaßen zurück, weil das Vorlageexemplar verbrannt sei.

Fast noch einschneidender sollte – ebenfalls unmittelbar nach der Kaiserkrönung – Karls Fehlkalkulation in Fragen der Reichsverfassung sein. Einem durchaus glaubwürdigen Straßburger Sendbotenbericht ist zu entnehmen, daß Karl dem Reichstag eine Proposition aus fünf Punkten gemacht hatte. Ganz offensichtlich wurde sie auch beraten, wenngleich drei für die Reichsverfassung wesentliche Punkte bei der Fixierung der Goldenen Bulle unberücksichtigt blieben: Sowohl die vorgeschlagene Wechselkursregelung für alle im Reich umlaufenden Münzen als auch die beabsichtigte Minderung der Rheinzölle und Straßenverkehrsabgaben sowie die vom Kaiser angestrebte Friedenssicherung zu Lande und zu Wasser. Die offenbar auch im Reichstag tonangebenden Kurfürsten waren ausschließlich daran interessiert, verbindlich fixiert zu sehen, wem die weltliche Kurwürde zustehe und wie das Königswahlverfahren nach dem Mehrheitsprinzip geregelt sei. Diese beiden Propositionspunkte lagen zwar auch in Karls Interesse, zumal in seinem kurfürstlichen als König von Böhmen; als kaiserliches Reichsoberhaupt erlitt er jedoch mit seinen im allgemeinen Reichsinteresse liegenden übrigen Verhandlungsangeboten eine böse Schlappe, so daß die Goldene Bulle «bestenfalls eine Kompromißlösung [war], die vorläufig den Weg für die persönliche Politik des Kaisers versperrte» (E. L. Petersen). Dieses Urteil wird aufrechtzuerhalten sein, auch wenn aus späterer Sicht die Goldene Bulle von 1356 als des Reiches Grundgesetz über Jahrhunderte nicht nur Gültigkeit behielt, sondern als nahezu einzige Verfassungsklammer des Reiches sich hoher Wertschätzung erfreuen sollte. Dabei wird leicht übersehen, daß die in Nürnberg und Metz 1356 fixierte Position der Kurfürsten eine tiefgreifende Ausbildung allgemeiner ständischer Mitwirkung an den Reichsgeschäften verhinderte, weil die Königswähler zwar auch ständischen Einfluß übten, sich aber letztlich wirksam zwischen das Reichsoberhaupt und die Stände schoben und sie in wesentlichen Punkten aus der Reichsrepräsentanz und Reichsverantwortung verdrängten.

Welche Möglichkeiten einer wirksamen Reichspolitik verblieben dem Kaiser? Eine Antwort muß bei dem Verhältnis von Reichspolitik zur sogenannten Hausmachtpolitik ansetzen, und es scheint, als habe Karl IV. nach den desillusionierenden Rückschlägen des Kaiserjahres 1355/56 mit noch größerer Konsequenz als zuvor Hausmachtpolitik betrieben. Was unter einer solchen zu verstehen ist, sollte allgemeiner erläutert werden.

Die spätestens mit der Stauferzeit beginnende Territorialisierung der Verfassungsstruktur des Reiches erlaubte dem Reichsoberhaupt kein Reichsregiment, das Reich konnte von ihm nicht regiert werden, sondern war nur Objekt einer mehr oder weniger zielbewußt betriebenen Reichspolitik. Gerade Karl IV. ist nun das Verdienst zugeschrieben worden, «den Schein der Reichsregierung durch die Wirklichkeit einer durch Hausmacht, Bündnisse und planvolle Besetzung wichtiger Bistümer gestützten Reichspolitik» ersetzt zu haben (H. Heimpel), was im Kern sicher richtig ist – obwohl auch schon Karls Vorgänger bestrebt waren, über den bloßen Schein hinauszukommen, und obwohl die genannten Hauptelemente karlischer Reichspolitik seit jeher zu den Kernbestandteilen römischer Königsherrschaft gehörten. Freilich hat Karl IV. mit besonderem Nachdruck und beachtlichem Erfolg die Konsequenzen aus dem sich weitgehend lähmenden Verfassungsdualismus von Reich und Territorien zu ziehen gewußt. Seit dem 12. Jahrhundert ansatzweise erkennbar und im 14. Jahrhundert entscheidend forciert, vollzog sich die Entwicklung zu modernerer Staatlichkeit mit Intensivierung und Rationalisierung von Herrschaft in den Territorien, allerdings mit Unterschieden in Form und Tempo. Das Reich als politischer Körper hatte daran keinen Anteil, wurde aber auf eigentümliche Weise Gegenstand territorialer Politik. Wenn nämlich die Kurfürsten als alleinige Königswähler einen römischen König wählten, so wählten sie einen Territorialfürsten und entschieden zugleich darüber, ob der Kandidat als König stark oder schwach sein würde. Denn dessen Territorialmacht blieb die Grundlage auch seiner Königsmacht, da im Prinzip dem neuen Könige kaum nennenswerte Reichsrechte zuflossen, die in reale Macht hätten umgesetzt werden können. Dies gilt es um so mehr zu betonen, als der dignitäre, sakrale und zeremoniell-liturgische Gewinn des neu erhobenen Königs noch immer sehr beachtlich, und, wie gerade Karl IV. gezeigt hat, sogar enorm zu steigern war. Das hier jäh aufbrechende Mißverhältnis zwischen römischer Königsmacht und königlich-kaiserlichem Ansehen ist gewiß eine entscheidende Ursache dafür, daß Zeitgenossen und vor allem die Nachwelt die politischen Möglichkeiten des Reichsoberhauptes häufig überschätzt haben. Daraus resultiert auch die nicht seltene Verurteilung sogenannter Hausmachtpolitik, die einer andeutenden begrifflichen Klärung bedarf.

Das mittelalterliche Reich kannte beispielsweise keine allgemeinen Reichssteuern, und die im Spätmittelalter noch verbliebenen regulären Finanzquellen des römischen Königs, die sich aus Steuern der Reichsstädte, Abgaben von Judengemeinden und ähnlichem ergaben, sprudelten nur kümmerlich. Für den König reichten sie nicht einmal annähernd zur Erfüllung der dringendsten Verpflichtungen aus. Zu ihnen gehörte immer an erster Stelle die Einlösung der Wahlzusagen, das heißt die errungene Königswürde mußte bezahlt werden, und dies zu einem erheblichen Teil in bar.

Wenn trotzdem immer wieder Kandidaten für den römischen Thron zur Verfügung standen und Könige gewählt wurden, dann ist davon auszugehen, daß sie sich offensichtlich alle von der Königswürde und den ihr verbliebenen Möglichkeiten auch eine Stärkung ihrer territorialen Ausgangslage versprachen. Da den kurfürstlichen Königswählern dies selbstverständlich bekannt war und ihre Forderungen auf Wahlzusagen in die Höhe schraubte, wiesen Kandidateninteresse, Wählerverhalten und reale Machtmöglichkeiten jeden neuen König zwangsläufig auf den Weg königlicher Hausmachtpolitik. Diese im Grunde alternativlose

Konsequenz hat Karl IV. immer und nach den reichspolitischen Rückschlägen von 1356 besonders strikt beachtet, so daß man urteilen konnte, er sei «der am meisten zielbewußte und erfolgreichste Hausmachtpolitiker unter den deutschen Königen gewesen» (H. Heimpel).

Karl IV. hat der angedeuteten Hausmachtkomponente in seiner Stellung als Reichsoberhaupt auch formal Rechnung getragen. Während die Herrscher seit dem Interregnum nur den Titel eines römischen Königs (rex Romanorum) führten, pronocierte Johanns Sohn die Eigenständigkeit seiner böhmischen Territorialgrundlage in der Titulatur des römischen und böhmischen Königs (Romanorum et Bohemie rex). Karls Autobiographie beginnt mit dem berühmten Hinweis auf den eigenen Doppelthron («Secundis sedentibus in thronis meis binis»), der beispielsweise auch in einer deutschsprachigen Geleitsurkunde von 1348 durchscheint («unser beider reiche von Rom und von Beheim») oder am konkretesten im Kaisersiegel sichtbar wird. Gegenüber dem als Vorlage dienenden Siegel Ludwigs des Bayern führen die beiden neben dem Kaiserthron befindlichen Adler nicht nur die heraldischen Zeichen des Reiches, sondern jetzt hält nur noch der linke Adler den Adlerschild des römischen Königs, während der rechte das böhmische Wappen mit dem zweischwänzigen Löwen präsentiert (Posse 2, Tafel 3,4). Mit Karl IV. hat sich demnach ein Reichsoberhaupt erstmals im Kaisersiegel auf die eigene Hausmacht bezogen (E. Schubert) und den charakteristischen Verfassungswandel in adäquater Form berücksichtigt.

Begriffen wie Hausmachtpolitik oder Hausmachtkönigtum sollte daher a priori keine negative Wertung unterlegt werden, während andererseits von unterschiedlicher Einbindung königlicher Hausmachtpolitik in vorwiegend dynastische oder aber territorial-ständische Interessen der eigentlichen Machtbasis auszugehen ist. Kritiker Karls IV. mochten auch die Gefahr einer Hypertrophie kaiserlicher Hausmachtpolitik erkennen, wenn sie ihre oppositionelle Haltung mit dem Argument rechtfertigten, «der Keiser welle das rich ziehen an die crüne gen Behen».

Die soeben zitierte und Pfalzgraf Ruprecht dem Älteren zugeschriebene Äußerung aus den Julitagen des Jahres 1366 führt zur Frage nach dem Charakter des Reiches. In der Goldenen Bulle von 1356 wird es metaphorisch beschrieben als heiliger Bau mit hochragenden Säulen, die gleichzeitig die Funktion erhellender Leuchter haben, obwohl sie weit voneinander entfernt stehen. Gemeinsam mit dem Kaiser haben die als Säulen und Leuchter angesprochenen sieben Kurfürsten die Aufgabe, für «des heiligen römischen Reiches Erhabenheit die Gesetze und die Verwaltung verschiedenartiger, durch Sitten, Lebensweise und Sprache sich unterscheidender Völker zu regeln». Die hier genannten «diversae naciones», deren Mannigfaltigkeit in «mores, vita et ydiomate» vor allem begründet ist, werden von Karl IV., dessen persönliche Handschrift gerade in diesem 31. Kapitel der Goldenen Bulle unverkennbar ist, in ihrer grundsätzlichen Individualität anerkannt. Sie sind demnach mehr als nur territoriale Gebilde, und das Reich wird als ein verschiedenartige Nationen übergreifender heiliger Bau verstanden, dem außer Deutschen beispielsweise auch Tschechen angehörten. Seit Karl IV. am 7. April 1348 in Prag mit einem Bündel von 14 feierlichen Urkunden Böhmens eigene Staatlichkeit reichsrechtlich verbindlich zu stärken versucht hatte, ist sein Bestreben erkennbar, dieses Königreich Böhmen zu einem noch edleren Glied des römischen Reiches zu machen («ipsum regnum Boemie Romani regni membrum fore nobilius»), seine Vorrang- und Sonderstellung auszubauen. Von einem besonderen politischen System des «Bohemozentrismus» (J. Spěváček) braucht indessen nicht unbedingt geredet zu werden; die von den Zeitverhältnissen aufgezwungene Abhängigkeit königlich-kaiserlicher Reichspolitik von der eigenen Hausmacht reicht aus zur Beurteilung der böhmischen Komponente in Karls IV. politischem Denken und Handeln.

Sieht man vom Erbland Luxemburg ab, so handelte es sich bei der Hausmacht Karls IV. um ein komplexes Gebilde, das Vater Johann und sein Sohn als böhmische Könige zusammengefügt hatten. Insbesondere Karl war es in höchst kunstvoller Weise gelungen, die im böhmischen Kernland so mächtigen Stände von intensiverer Einflußnahme auf das Gesamtgefüge fernzuhalten. Dafür und als besondere Klammer für die Einzelteile diente ihm die sublime Rechtsfigur der ‹Krone Böhmens›.

In ihrer dinglichen Gestalt hatte sie Karl der Reliquienbüste des heiligen Wenzel im Prager Dom gestiftet. Sie sollte das Haupt des Landespatrons schmücken und nur für böhmische Erst- und Festkrönungen dem König gegen hohe Gebühr für wenige Stunden geliehen werden dürfen. Aus der Verbindung mit dem Wenzelskult wurde so die böhmische Königskrone «ein höherstehendes Symbol der heiligen Monarchie, als Wenzelskrone auch mit dem Landespatron in staatsideologischer Spitzenstellung verbunden» (F. Seibt). Da Böhmens König als Träger dieser Krone in die Tradition des heiligen Wenzel einbezogen wurde und seinerseits mit seinen Taten des Landespatrons Wohl und damit das aller Böhmen fördern konnte, ergab sich hieraus der gedankliche Ansatz eines gemeinsamen Dienstes und gemeinsamer Verpflichtung von König und Ständen gegenüber der ‹Krone Böhmens›. Eine solche Konzeption war geeignet, das Herrscherhaus vor möglichen Vorwürfen allzu egoistischer Politik zu schirmen, sie bot dank der dem Kronbegriff ohnehin innewohnenden Tendenz zu abstrahierendem Staatsdenken dem König aber auch die Chance, als Träger der Krone des Heiligen weitgehend mit dem böhmischen Staat identifiziert werden zu können, vielleicht sogar gleichgesetzt werden zu müssen.

Den Begriff der Krone Böhmens (corona Bohemiae) formte Karl IV.

zusätzlich zu einem rechtlichen Institut, dem die vielgliedrige Hausmacht zugeordnet wurde. Unter den Ländern der böhmischen Krone ist demnach zur Unterscheidung vom eigentlichen Kernland Böhmen der gesamte Bereich der luxemburgischen Herrschaft zu verstehen, die vom böhmischen Königtum überhöht wird und dem Mitspracherecht der böhmischen Stände entzogen werden sollte.

Konkret bestand diese ‹Krone Böhmens› aus Böhmen und Mähren, aus 13 schlesischen Herzogtümern, der Mark Bautzen und Görlitz, der Niederlausitz, der 1373 erworbenen und ebenfalls inkorporierten Mark Brandenburg, der Herrschaft Pirna und der Reichspfandschaft Eger, zu denen das oberpfälzische ‹Neuböhmen› mindestens zeitweise hinzugehörte. Die vom böhmischen Kernland ausgegangene Erwerbspolitik hatte zweifellos von Karls römischem Herrschertitel profitiert. Mit ‹Neuböhmens› feierlicher Inkorporation just am Tage der Kaiserkrönung in Rom und Karls bösem Trick, kraft kaiserlicher Strafgewalt die schwäbischen Reichsstädte zu einem gigantischen Bußgeld von 200 000 Gulden zu zwingen, mit dem er den Kauf der Mark Brandenburg bezahlen konnte, ist dies exemplarisch dokumentiert.

Karl IV. weitete seinen Hausmachtbereich systematisch und mit einer offenbar sorgfältig durchdachten Raumkonzeption aus, die schon 1349 in einer Urkunde für den Markgrafen Wilhelm von Jülich sichtbar wird. Diesem machte er territoriale Vergabungsversprechen, nahm aber ausdrücklich acht Böhmen umgebende Reichsfürstentümer davon aus: Österreich, Steier, Kärnten, Bayern, Meißen, Brandenburg, Sachsen und Tirol. Sie müssen daher als Vorbehaltsbereiche eigener Königspolitik angesehen werden. Über den hier erkennbaren Rahmen hinaus führte Karls weitgespannte Heiratspolitik, die zumeist territoriale Vorteile erstrebte, aber naturgemäß stärker von dynastischen Wechselfällen abhängig war.

An eine auch nur annähernd adäquate Außenpolitik des Reichsoberhauptes war angesichts seiner desolaten Machtgrundlage im Reiche nicht zu denken, obwohl Karls Versuche, dem Reich innerhalb Europas Geltung und Ansehen zu verschaffen, Reichsrechte an der Westgrenze – wenigstens zeitweise – wieder zu betonen und im Arelat gar neu aufleben zu lassen, nicht übersehen werden dürfen. In der Bilanz überwiegen negative Aspekte, ist vielleicht auch persönliches Resignieren erkennbar. Objektive Ursachen gab es viele. So konnte von einer auch nur annähernd wirksamen Reichswehrverfassung keine Rede sein, es blieb allenfalls der Rückgriff auf Söldnertruppen – wenn das Geld dazu reichte. Die Finanzgrundlagen des Reiches waren jedoch ruiniert. Am deutlichsten erhellt dies daraus, daß Könige und Kaiser seit der Stauferzeit Reichsgut und Reichsrechte verpfändeten und daß Ludwig der Bayer und Karl IV. diese Finanzschöpfungspolitik in unerhörtem Ausmaße steigerten. Eine wesentliche Voraussetzung für diese Intensivierung war gewiß das allgemeine Phänomen einer Mobilisierung und Kommerzialisierung von Herrschaftsrechten, welches dem 14. Jahrhundert eine charakteristische Prägung gab. Eine weitere strukturelle Ursache lag darin, daß es dem Reichsoberhaupt unmöglich war, die Reichsfinanzen grundlegend zu bessern, beispielsweise durch Erhöhung der Steuerlasten der Reichsstädte, um somit an deren gestiegener Wirtschaftskraft angemessen zu partizipieren. So blieb auch für Karl IV. wohl nur der Ausweg konsequenter Verpfändungspolitik. Die hier erzielten Erträge betrugen im Schnitt fast das Zehnfache der ohne Verpfändung erzielbaren Reichserträge, mit Geschick und unter Hintanstellung von Skrupeln war sogar noch mehr erreichbar.

Weil aber verpfändetes Reichseigentum wegen der chronischen Finanzschwäche des Reiches praktisch nie ausgelöst wurde, waren die Substanzverluste endgültig. Seinen eigenen Nachfolgern hinterließ Karl IV. an Reichsbesitz fast nichts, so daß unlängst die These entwickelt werden konnte, Karl habe «dem Reich die Nutzungen entziehen [wollen], die es brauchte, um einen König aus seiner Mitte zu bestellen. Nur der böhmische König sollte in der Lage sein, aus eigenen Mitteln das Reich zu unterhalten» (E. Schubert).

Die finanziellen Zwänge königlicher Reichspolitik zeigten sich nach den besonderen Schwierigkeiten der Anfangszeit gerade im Pestjahr 1349, obwohl sie für den damals erfolgten Bruch in der moralischen Grundhaltung Karls IV. nur unzureichende Erklärung bieten. Seit der Stauferzeit gehörte zu den besonderen Reichseinnahmen das sogenannte Judenregal, worunter der Anspruch auf die von den Judengemeinden an die königliche Kammer zu entrichtende Schutzgebühr zu verstehen ist, die den römischen König seinerseits zum Schutz für diese religiöse Minderheit verpflichtete. Als es während der Pestepidemie in weiten Teilen Europas zu schweren Ausschreitungen und Pogromen gegen Juden kam, denen man wegen angeblicher Brunnenvergiftungen die Schuld an der Beulenpest zuschrieb, sah sich Karl IV. gezwungen, weitreichende Amnestien zu gewähren, Nachlässe erschlagener Juden zu vergeben, in anderen Fällen räuberische Aneignung jüdischen Eigentums zu sanktionieren oder auf den dem Reiche zustehenden Judennachlaß pauschal zu verzichten. Ist dies trotz einer wahren Fülle von Einzelfällen noch als durchaus zeitüblich zu werten, so erreichte des königlichen Schutzherrn Haltung eine kritische Dimension, als bereits im Vorgriff auf künftigen Totschlag seiner Schutzbefohlenen Nachlaßverfügungen ergingen. Die vier Frankfurter Urkunden vom 23., 25., 27. und 28. Juni 1349, die über jüdischen Besitz in Nürnberg, Rothenburg ob der Tauber und Frankfurt am Main für den Fall verfügten, daß «die Juden daselbst nächstens erschlagen» würden, gehören zu den erschütterndsten Dokumenten moralischen Verfalls innerhalb des Reiches, für Karl selbst dokumentieren sie mindestens in dieser Herrschaftsphase eine tiefe Kluft zwischen eigenen moralischen Maximen und tatsächlichem Verhalten. Dieses Urteil wird nicht gemildert durch die unbestrittene Tatsache, daß Karl IV. in seinen unmittelbaren Hausmachtbereichen wirksamen Judenschutz gewährte, noch mit dem Hinweis darauf, daß große und kleine Schuldner in Stadt und Land die Judenverfolgungen zu umfassenden eigenen Entschuldungskampagnen zu nutzen suchten, wozu dem königlichen Kammerschutzherrn eine mehr oder weniger stillschweigende Duldung förmlich abgenötigt wurde. Der Grad der königlichen Verstrickung ist vorläufig nur vage abschätzbar, zumal ein schier unentwirrbares Knäuel unterschiedlichster politischer und ökonomischer Interessen Pest und Judenverfolgungen allenthalben im Reiche zum Begleichen vielfältiger Rechnungen zu nutzen suchte.

Der allgemeinen königlich-kaiserlichen Friedenspolitik im Reiche sind ähnliche Belastungsproben erspart geblieben. Karls Verantwortungs- und Handlungsspielraum war hier ohnehin unvergleichlich enger. Eine gesetzliche Landfriedensordnung hat er auch als Kaiser nicht mehr errichten können. Stattdessen bemühte er sich, die verbliebenen Möglichkeiten territorialer Landfriedenspolitik rührig und variabel zu nutzen: Königliche Initiativen, Aufforderungen und Anstöße mußten ersetzen, was ein fast ausschließlich zur Theorie gewordenes Herrscherrecht nicht mehr leisten konnte. Von den eigentlich wirksamen Landfriedensbündnissen, deren zeittypischer Charakter in einem losen Nebeneinander territorialer Mächte lag, wurde die Königsgewalt letztlich ausgeklammert.

Was insgesamt verblieb und Karl IV. schon von sympathisierenden Zeitgenossen das hohe Werturteil eines Friedenshüters («amator iustitiae et princeps pacis») eintrug, geht auf seinen prinzipiellen Verzicht auf kriegerische Politik, sein ausgleichendes und friedenstiftendes Verhalten und vor allem auf die friedengebietende Rolle zurück, die er in seinen Hauslanden ungleich stärker als von Reichs wegen spielen konnte. Hier erlebte seine Landfriedenspolitik mit der Gründung des Schwäbischen Städtebundes im Juli 1376 sogar ein völliges Fiasko, denn dieser aus Empörung über die mehrmalige Verpfändung der Reichsstadt Donauwörth provozierte Städtebund setzte dem alternden Kaiser und noch dessen Nachfolger militärisch erheblich zu. Damit konzentriert sich der Blick auf Karls IV. letzte Herrschaftsjahre. Sie sind von merkwürdiger Unstetigkeit, die bis zur Unsicherheit reicht, gekennzeichnet. Dem rückschauenden Betrachter bleibt fast unbegreiflich, mit welchem diplomatischen und finanziellen Aufwand, der die Zahl der Verpfändungen übrigens jäh wieder ansteigen ließ, Wenzels Wahl zum römischen König betrieben wurde. Nach dessen Aachener Krönung am 6. Juli 1376 – in Böhmen war Wenzel bereits 1363 im Alter von zwei Jahren König geworden – versuchte ihm der Vater die letzten Wege zu ebnen, beispielsweise mit einem großangelegten gemeinsamen Staatsbesuch in Frankreich im Winter 1377/78, dessen zeremoniellen Kaiserglanz der selbstbewußt-mißtrauische französische König jedoch schon im Entfaltungsansatz zu ersticken bemüht war.

Rätselhaft schließlich sind Karls IV. Erbfolgeregelungen für seinen bedeutenden Hausmachtbereich. Einem Prager Testament vom 11. Dezember 1376 fügte der Kaiser am 18. Oktober 1377 in Tangermünde an der Elbe, wo seine zweite Residenz hatte entstehen sollen, eine korrigierte Zweitfassung hinzu. Beide letztwilligen Verfügungen zerschlugen das noch immer grandiose eigene Werk, denn das Erbe wurde auf sechs Köpfe verteilt: Karls Halbbruder sollte Herzog in Luxemburg bleiben, der römische König Wenzel als ältester Sohn Böhmen, Schlesien und das Land zu Lausitz zwischen Elbe und Spree erhalten, Siegmund das Kurfürstentum Brandenburg und die Anwartschaft auf Ungarn, der jüngste Sohn Johann das Herzogtum Görlitz als böhmisches Lehen und dazu die Neumark und schließlich Karls Neffen Jobst und Prokop die Markgrafschaft Mähren. Diese Aufsplitterung barg neue Konflikte. Sollte der Kaiser bereits geahnt haben, daß Wenzel als alleiniger Fortsetzer in der Herrschaftsnachfolge ungeeignet wäre? Sollte er erst jetzt erkannt haben, daß sein politisches Lebenswerk an biologischen Unzulänglichkeiten des dynastischen Prinzips würde scheitern können, so daß in der Verteilung des Erbes bereits letzte Chancen gesehen wurden? Als Jahre nach Karls Tod kurzfristig Wenzel, Siegmund und Jobst gleichzeitig beanspruchten, rechtmäßige römische Könige zu sein, war Karls Lebenswerk schon ruiniert, und seine Herrschaftszeit schien bereits bloße Episode geblieben zu sein.

Am 29. November 1378 verstarb der Kaiser im Alter von 62 Jahren, eine der größten Kaisergestalten des mittelalterlichen Reiches, die überragende politische und geistige Figur seines Jahrhunderts und nicht nur in verklärender Erinnerung Böhmens größter Herrscher. Ein Oberschenkelhalsbruch – vermutlich als Folge eines Sturzes vom Pferde – hatte den seit langen Jahren von der Gicht Geplagten auf das Krankenlager geworfen, das zum Sterbebett wurde, als eine Lungenentzündung hinzutrat. In der böhmischen Königsgruft des Prager Veitsdomes wurde Karl IV. bestattet, tief unter der Kathedrale, die er hatte erbauen lassen, und zugleich hoch über der von ihm so geförderten und geliebten Metropole, die allenthalben noch heute die Erinnerung an ihn bewahrt.

Das Persönlichkeitsbild dieses Kaisers entzieht sich dem festen Zugriff auch der Nachwelt, obwohl die Quellenbasis im Vergleich zu allen Vorgängern einzigartig breit ist. Sofern die Bildzeugnisse frei von übergroßer Stilisierung sind, handelte es sich um einen figürlich untersetzten, leicht gebeugten Mann, der den Kopf vorgeneigt hielt. Dunkles Haar und ein ebensolcher Bart rahmten das großflächige Gesicht mit der ausgeprägten Nase und der kräftigen Kinnpartie; von beherrschendem Charakter waren offenbar die dunklen Augen, die mit großer Aufmerksamkeit und Schärfe beobachten konnten. Vermutlich noch ausgeprägter war Karls Fähigkeit zum Zuhören. Und so scheint nicht zufällig die Audienz sein vorzüglichstes Herrschaftsmittel gewesen zu sein. Der Florentiner Chronist Matteo Villani schildert, wie Karl IV. während solcher Audienzen seinen Gesprächs- oder Verhandlungspartnern nicht ins Auge sah, sondern den Blick in die Ferne oder zu Boden richtete, während seine rastlosen Hände Weidenruten schnitten oder scheinbar spielten. Er hörte aber genau zu und gab mit wenigen Worten ohne langes Überlegen oder Beraten die passende Antwort.

Wo und wie bedeutsame Entscheidungen reiften, bleibt auch den Späteren unbekannt. Es besteht aber Grund zu der Annahme, daß die Mehrzahl seiner Entscheidungen ‹einsam› gefällt wurde, und daß ohnehin kaum jemand anders als er – wenn überhaupt – einen Überblick über die verästelten Probleme, die dichten Gewebe politischer Fäden, das Gestrüpp rudimentärer und tatsächlicher Herrschaftsrechte, eine wahre Unzahl von Vergünstigungen, Privilegien, Verpfändungen und Vergabungen – aber auch über neue politische Entwicklungsmöglichkeiten – behalten konnte. Historische Forschung hat bisher 6390 entsprechende Schriftstücke erfaßt, nach vorsichtigen Schätzungen dürfte die Gesamtzahl jedoch um mindestens 2000 Vorgänge größer sein. Dieser für mittelalterliche Verhältnisse enormen Zahl entsprach offenbar kein adäquates Instrumentarium, es war wohl auch kaum beabsichtigt. Bei der urkundlichen Vergabe von Vergünstigungen schien es für Karl IV. sogar oft von sekundärer Bedeutung, ob die jeweiligen Ersuchen berechtigt waren. Daher blieben beispielsweise zahlreiche Privilegienvergabungen irrelevant, andere brachten den Kaiser später in schwierige Situationen. Und doch hat man in der Tatsache, daß Karl allen Bittstellern, zumal solchen, die ihn persönlich aufsuchten und ansprachen, freigebig seine sprichwörtlichen «pergamenenen Schätze» austeilte, auch einen positiven Aspekt sehen wollen. In weiten Teilen des Reiches war Karl IV. nämlich nach langen Jahrzehnten das erste Reichsoberhaupt, das Fürsten und Städte als solches anerkannten und konsequenterweise um Pergamente baten.

Karl IV. war tief religiös, mitnichten aber devot gegenüber Papst und Kirchenfürsten. Berühmt und zugleich gefürchtet war sein leidenschaftlicher Eifer beim Sammeln von Reliquien, mit denen – und vielen zugehörigen Kulten – er vor allem Prag überhäufte, das daraus auch für seine Funktion als Messestadt mannigfaltigen wirtschaftlichen Nutzen ziehen sollte. Von Karls Rolle als Mäzen, seiner Förderung der Künste und Wissenschaften und dem geistig-kulturellen Glanz seines Hofes künden zahllose Zeugnisse, die zugleich eindrucksvoll dokumentieren, welche Rückstrahlung auf Karls eigene Herrschaft sich daraus ergab. Dieser Kaiser besaß zudem ein besonderes Gespür für zeremonielle Erhöhung, für Herrschaftszeichen, für Staatssymbolik und für die Notwendigkeit rechter Präsentation von Staat und Herrschaft. Er hat aber auch bewußt die herrscherliche Attitüde kultiviert, selbst dann, wenn die realen Machtmittel schwanden und es «schwer abzuschätzen war, wo der bloße Schein begann». Die Demonstration kaiserlicher Autorität geschah aus Überzeugung, war nicht bloße Taktik. Denn Karl IV. «wußte sehr wohl, daß der Schein die Wirklichkeit zwar nicht ersetzen, aber durchaus beeinflussen kann, und daß ein konsequent durchgehaltener Anspruch eine Vorbedingung dafür ist, gegebenenfalls unter anderen Konstellationen die Wirklichkeit dem Anspruch anpassen zu können» (W. Janssen). Vielleicht liegt hierin eine der nachhaltigsten Ausstrahlungen Karls IV. auf die Geschicke des Reiches, dessen brüchige Baufugen er mindestens vorübergehend und in Teilbereichen zu kitten imstande gewesen war.

Sigismund
1410–1437

Von Heinrich Koller

Sigismund aus dem Hause Luxemburg, der 1410 zum Reichsoberhaupt gewählt worden war, 1433 zu Rom die Kaiserkrone erwarb und der 1437 nach langer, nicht immer glücklicher, mitunter aber dann doch erfolgreicher Regierungszeit starb, gehört zu den weniger bekannten Kaisergestalten. Wenn er in Vergessenheit geriet, so gibt es dafür einen Hauptgrund: Sigismund war der letzte seiner Familie und hatte keine Nachkommen, die sich auf ihn berufen wollten oder auf ihn verweisen mußten. Auch verfügte er die längste Zeit seiner Regierung nicht über die imposante Hausmacht, die sein Vater Karl IV. in Händen hatte, und das Kriegsglück war nicht auf seiner Seite. Das genügte, den Luxemburger in den Wertvorstellungen späterer Jahrhunderte absinken zu lassen. Erst die Gegenwart beginnt sich zu erinnern, daß Sigismund ein hervorragender und erfolgreicher Diplomat war, der 1417 eine seit Jahrzehnten bestehende, gefährliche Kirchenspaltung beseitigen half, und daß der Kaiser, obwohl er mehrere Schlachten verloren hatte, 1436 auf dem Verhandlungswege Böhmen wieder gewinnen und befrieden konnte. Hier war nach 1400 ein Unruheherd entstanden, der das gesamte Abendland gefährdete. Allein diese Leistungen rechtfertigen es, dem Luxemburger Anerkennung zukommen zu lassen.

Sigismund – am 15. Februar 1369 geboren – stammte aus der vierten Ehe Karls IV., die 1363 mit Elisabeth von Pommern geschlossen worden war. Vermutlich hat er zu Nürnberg das Licht der Welt erblickt, doch schweigen darüber die Quellen, die auch die Kindheit des späteren Kaisers übergehen. Aus jüngeren Berichten, die eine überdurchschnittliche Bildung des Luxemburgers hervorheben – er beherrschte sieben Sprachen und konnte sich überall in Europa verständigen –, dürfen wir eine gute Schulung des heranwachsenden Knaben erschließen. Er wurde wohl entsprechend den Vorschriften der Goldenen Bulle von 1356 erzogen, die bestimmte, daß die Söhne der Kurfürsten neben ihrer deutschen Muttersprache noch Latein, Italienisch und Slawisch lernen sollten. Ein Prinz wuchs demnach im 14. Jahrhundert grundsätzlich mehrsprachig auf.

Dieser weite Horizont, wie er durch die Sprachenkenntnisse offenbar wird, hatte sich aber auch ergeben, da Sigismund früh in die dynasti-

Kaiser Sigismund zu Pferde. Kolorierte Federzeichnung, um 1440.
Wien, Österreichische Nationalbibliothek, Hs. 3062, fol. 145ʳ (Foto: Österreichische Nationalbibliothek).

schen Pläne seines Vaters einbezogen und deshalb aus Böhmen weggegeben worden war. Karl IV. hatte sich zwar nach Regierungsantritt eher Schranken auferlegt und zunächst seine Aktionen auf sein Königreich und auf Mitteleuropa konzentriert; er hatte versucht, in Deutschland über den Raum um Nürnberg hinweg eine Landbrücke nach Luxemburg auszubauen. Doch nur kurze Zeit scheint ihn diese Aufgabe, ein von der Maas bis an die March reichendes Territorium zu besitzen, fasziniert zu haben. Mit Plänen dieser Art stand er damals nicht allein; auch andere Fürstenhäuser suchten ihr Herrschaftsgebiet auszudehnen. So bemühten sich die Wittelsbacher um den Aufbau eines Territoriums, das von der Salzach bis Heidelberg und Zweibrücken reichte, und die Habsburger strebten eine Herrschaft Österreichs an, die sich vom Ostalpenrand bis in die Gegend um Basel erstrecken sollte; sie kamen diesem Ziel näher, als ihnen 1363 die Erwerbung Tirols glückte.

Doch von diesem Vorhaben, Luxemburg und Böhmen zu einem geschlossenen Territorium zu vereinen, wurde Karl abgelenkt, als sich im Osten Europas bessere Möglichkeiten zur Gebietserweiterung eröffneten. Abgesehen von Schlesien, dessen engere Bindung an Böhmen bei gleichzeitiger Germanisierung früh angestrebt wurde, ergaben sich Aussichten, in näherer Zukunft vielleicht Ungarn oder Polen erwerben zu können. Karl knüpfte daher 1353 engere Beziehungen zu König Ludwig I. von Ungarn aus dem Hause Anjou. Im gleichen Jahr schloß er seine dritte Ehe mit Anna von Schweidnitz und festigte damit seine Ansprüche im schlesischen Raum.

Hier kann es nicht darum gehen, das Ausmaß der von Karl damals eingeleiteten universalen Politik mit allen wichtigen Einzelheiten darzulegen. Nur kurz soll vermerkt werden, daß sich ein neuer imperialer Machtbereich abzuzeichnen begann, der bis in das Baltikum, bis an das Schwarze Meer und bis auf den Balkan ausgriff und dem Kaisertum neue Aufgaben im östlichen Mitteleuropa wies. Kulturelle und wirtschaftliche Faktoren stärkten diese Orientierung, die eine neue Phase kaiserlicher Politik zur Folge hatte und die bis zum Jahre 1918 richtungweisend blieb. Preußen und Österreich übernahmen dann später diese Ambitionen der Luxemburger. Damit rückte ganz automatisch Prag in den Mittelpunkt dieses von Karl kontrollierten und beeinflußten Raumes, eine Stadt, die bis dahin am Rand des Imperiums gelegen war. Dadurch war auch der Ausbau der ‹Goldenen Stadt› zur kaiserlichen Metropole gerechtfertigt, und so wurde eine Prag-Politik eingeleitet, die für die Luxemburger zum Leitmotiv werden sollte. Doch diese Überlegungen waren für Sigismund erst in späteren Lebensjahren wichtig. Zunächst war die Erwerbung Polens vorrangig.

Diese Hoffnung, von Karl IV. früh gehegt, erfüllte sich jedoch nicht so bald. An seiner Stelle konnte Ludwig von Ungarn eine führende Rolle übernehmen und den Machtanspruch seines Königreiches aufwerten. Dessen Sonderstellung ist nicht leicht zu umschreiben, wird aber am besten durch das zentrale ungarische Herrschaftssymbol, durch die legendäre Stephanskrone charakterisiert. Sie wurde im 14. Jahrhundert zum Inbegriff ungarischer Superiorität über die benachbarten Reiche, über Kroatien, Dalmatien, Slawonien, Moldau, Siebenbürgen, um einige zu nennen. Keines dieser Länder besitzt ein Herrschaftszeichen, das nur annähernd an die Bedeutung der Stephans-Reliquie herankommt. An diese Sonderstellung war zu erinnern, da sie die spätere enge Bindung Sigismunds an dieses Königreich zum Teil erklärt – er hat dann von hier aus sogar Deutschland regiert –, aber auch die erfolgreiche Politik Ludwigs in Polen ein wenig verständlich macht. Dieser konnte jedenfalls dank der Überlegenheit ungarischer Ansprüche einer luxemburgischen Expansion zuvorkommen und 1370 die polnische Krone erwerben. Doch Karl fand sich damit rasch ab. Er schloß 1374 mit Ludwig einen Vertrag, der die Heirat Sigismunds mit Maria vorsah, der erbberechtigten Tochter Ludwigs, der selbst keine Söhne hatte und auch keine mehr erwarten durfte.

Sigismund wurde somit im Alter von sechs Jahren zur wichtigen Figur luxemburgischer Familienpolitik und in eine Aufgabe gedrängt, die ihn für zwei Jahrzehnte in Besitz nehmen sollte. Das war allerdings zunächst gar nicht absehbar, denn der Knabe wurde 1376 vorerst mit dem Kurfürstentum Brandenburg ausgestattet. Er sollte hier in die Verpflichtungen eines Fürsten eingeführt werden. Die damals in der Mark vorgenommenen grundlegenden Neuerungen sind kaum von dem heranwachsenden Jüngling in irgendeiner Weise angeregt worden. Man hat aber wohl gehofft, damit den jungen Mann von Anbeginn mit modernen Regierungsmethoden vertraut zu machen, und tatsächlich hat Sigismund später für Verwaltungstechniken, für neue Vorgehensweisen und für alle erdenklichen Verbesserungen immer Verständnis bewiesen.

Die Lehrzeit im Kurfürstentum war nur kurz. Bereits im Jahre 1378 starb Karl IV., und Sigismund mußte deshalb sogar noch eine Weile der Vormundschaft seines Bruders Wenzel unterstellt werden, der zunächst eiligst versuchte, wenigstens die mit Ludwig von Ungarn geschlossenen Heiratsverträge zu erfüllen. Sigismund wurde daher noch 1379 offiziell mit Maria verlobt und 1381 seinem Schwiegervater übergeben, der ihn zur weiteren Erziehung und Ausbildung nach Polen schickte. Hier sollte der Luxemburger zum Regenten heranreifen und sich als Stellvertreter seines Schwiegervaters auf die königliche Würde in Polen vorbereiten. Doch diese Pläne scheiterten, denn auch Ludwig starb verfrüht – im Jahre 1382 –, und damit entstanden neue Sorgen.

Der König hatte zwar vor seinem Tode ausdrücklich bestimmt, daß Maria den Luxemburger Sigismund heiraten und die Nachfolge in Polen antreten sollte, doch waren die Herrschaftsansprüche des Mädchens weder durch das Erbrecht noch durch die polnische Verfassung gesichert, die für bestimmte Fälle ein Wahl- oder Einspruchsrecht des Adels vorsah. Als daher Sigismund im Vertrauen auf die Verfügungen seines Schwiegervaters und die Rechte seiner Braut die polnische Krone erwerben wollte, stieß er auf den Widerstand der Großen, die Jagiello von Litauen in das Land riefen. Dieser erhielt entscheidenden Zulauf, riß die Macht an sich, heiratete später, um seine Herrschaft zu legitimieren, eine jüngere Tochter Ludwigs von Ungarn und konnte auf diese Weise den Luxemburger verdrängen.

Sigismund, inzwischen zum Manne herangewachsen, hoffte daraufhin, wenigstens Ungarn behaupten zu können, wo mittlerweile Maria zum ‹König› gekrönt, aber entgegen aller Abmachung von ihrer Mutter Elisabeth mit Herzog Ludwig von Orléans verlobt worden war, der nun seinerseits Ansprüche auf die Stephanskrone erhob. Ein Teil des Adels, der in Ungarn gleichfalls das Wahlrecht geltend machte, rief jedoch gegen Ludwig von Orléans den Karl von Durazzo in den Karpatenraum, einen Sprößling aus dem Haus Anjou und damit einen Verwandten des verstorbenen Ludwig. Karl hatte kurz vorher das Königreich Neapel erobert und trat als dritter Anwärter der ungarischen Königswürde auf. Gegen diese Übermacht bekam Sigismund endlich kräftige Hilfe von Bruder und Vettern, drang 1385 mit einem größeren Heer in Ungarn ein und erreichte Ofen, wo er mit Maria zusammentraf und sich mit ihr vermählte. Wenig später mußte er aber wieder Rückschläge hinnehmen. Karls Anhang wuchs, Sigismund mußte zurückweichen und konnte nicht verhindern, daß sein Gegner Stuhlweißenburg erreichte und hier gekrönt wurde.

In diesen Auseinandersetzungen prallten die Interessen von Familien, aber auch von Völkern und Räumen aufeinander. Dabei wurden von den einzelnen Lagern und Parteien die verschiedensten und gegensätzlichsten Auffassungen vertreten. Keine wurde allgemein anerkannt; es blieb zum Beispiel offen, in welchem Maße Testamente verbindlich waren und welche Ansprüche aus dem Erbrecht der Familien abgeleitet werden durften. Das mußte unweigerlich zum Chaos führen. Doch diese Unklarheiten sind nicht nur für Ungarn charakteristisch; sie waren im gesamten Abendland anzutreffen. In Westeuropa tobte zur gleichen Zeit zwischen England und Frankreich der hundertjährige Krieg mit einer Fülle gegensätzlicher und neuer Meinungen. In der Kirche prallten die Ansichten ebenfalls aufeinander. Man stritt über Organisationsfragen, über Pflichten und Rechte von Papst und Konzil, aber auch über Dogmen. Man erregte sich über die Theologie des John Wyclyf, und es gab die ersten großen Professoren- und Studentenrevolten, in deren Verlauf die nationalen Gegensätze zunahmen. Diese Konfusionen zogen eine hysterische Unruhe und Streitsucht nach sich, die in Ungarn bis an die Grenze des Erträglichen getrieben wurde. Es gab zwar keine direkten Zusammenhänge zwischen den Wirren im Osten und Westen, doch die Gleichzeitigkeit der Vorgänge und die Parallelen waren unübersehbar. Viele Einzelheiten des Geschehens sind jedenfalls nur unter diesen Voraussetzungen zu begreifen.

Karl von Durazzo fiel in den Wirren durch List in die Hände der Königswitwe Elisabeth, die ihn einkerkern und nach einiger Zeit ermorden ließ. Wenig später – wir wissen nur von den entscheidenden Tatsachen, Einzelheiten und Zusammenhänge liegen völlig im Dunkeln – wird Elisabeth zusammen mit ihrer Tochter Maria von ihren Gegnern ergriffen. Die Mutter wird gleichfalls umgebracht, Maria kommt aus unbekannten Gründen frei und eilt zu Sigismund, der wieder einmal mit einem Heer in Ungarn einfällt und Stuhlweißenburg erreicht, wo er am 31. März 1387 gekrönt werden kann. Seine Herrschaft ist damit noch nicht völlig abgesichert. Eine Adelsopposition hält weiterhin zu Ladislaus, dem Sohn Karls von Durazzo, und bleibt der Partei der Anjous treu, ohne verhindern zu können, daß der Luxemburger allmählich das Übergewicht gewinnt.

In diesen für Sigismund entscheidenden Entwicklungsjahren wurde die Persönlichkeit des Königs geprägt. Es ist nur zu verständlich, daß der Luxemburger während seiner Jugend in Ungarn zum gewandten, aber auch rücksichtslosen Politiker wurde. Er hat später mit unerschütterlicher Ruhe, bisweilen mit Kälte und Zynismus Schicksalsschläge ertragen und die Freuden des Lebens hemmungslos genossen, wann immer sich dazu Gelegenheit bot.

Aus diesen Jahren stammen die ersten Nachrichten über die Persönlichkeit Sigismunds; bildliche Darstellungen zeigen Sigismund im Aussehen und Auftreten als idealen Herrscher. Auch sein Biograph Eberhard Windecke betont die gute Erscheinung des Königs und meint, dieser sei wegen seiner Schönheit immer wieder gemalt worden. Die vielen Bilder verdanken jedoch eher dem Kulturverständnis einer aufkommenden Renaissance ihr Entstehen – auch wenn sie von der Kunstgeschichte der Gotik zugerechnet werden –, und sie sind nicht zuletzt mit publizistischen Überlegungen in Auftrag gegeben worden. Sigismund wußte um die Wirksamkeit des Kunstwerkes, und mit dieser Einstellung verrät er, daß er der Moderne auch als Mäzen und Förderer aufgeschlossen gegenüberstand.

Die Portraits stellen uns den König als ansehnlichen und gepflegten Mann vor; wir dürfen ihnen glauben. Seine Kleidung war nicht aufdringlich, aber kostbar. Mit viel Geschmack trug er wertvolle Textilien und teures Pelzwerk. Er war bedacht, durch sein Gewand seine Sonderstellung stets herauszustreichen. Das gewellte, dunkelblonde Haar war halblang, stets gut gekämmt und sorgfältig zugeschnitten. Der mäßig gestutzte, kräftige Vollbart war zweigeteilt und bedeckte fast die ganze Brust. Sigismunds Erscheinung entsprach damit einem weitverbreiteten Herrscherideal.

Eindrucksvoll war nach dem Zeugnis der Zeitgenossen das temperamentvolle, mitreißende Auftreten des Kaisers, bewundert wurden seine Sprachgewandtheit, sein Witz und seine Schlagfertigkeit. Geschätzt wurde, besonders von den Bürgern, sein umgängliches und anteilnehmendes Wesen, das ihm die Herzen der Untertanen gewann. Er war bis in das hohe Alter ein fröhlicher und lebenslustiger Mann, der weder durch Schicksalsschläge vergrämt war, noch wie sein Bruder Wenzel zum Alkohol Zuflucht nahm. Sigismund war daher nicht nur ein vielbewunderter, sondern auch ein beliebter Herrscher, dem die Zeitgenossen Mißerfolge ganz gern verziehen. Erst spätere Generationen verübelten dem Luxemburger die Niederlagen auf dem Schlachtfeld und stempelten ihn zum oberflächlichen Lebemann.

Das war er aber nicht, wenn ihm auch bisweilen eine Spur von Leichtsinn eigen war. Persönliche Einsatzbereitschaft, ein Kennzeichen seiner Familie – sein Urgroßvater war im Krieg geblieben, sein Großvater, König Johann von Böhmen, war sogar unter ungewöhnlichen Begleitumständen 1346 zu Crécy gefallen, wo er sich hatte als Blinder in die Schlacht führen lassen –, war auch für Sigismund selbstverständlich. Auch er hatte ein wenig von der Abenteurernatur seiner Vorfahren geerbt. Er nahm an zahlreichen Kriegszügen teil, hat dabei Gefahren kaum gescheut und kam gegen die Türken mehrmals in arge Bedrängnis. Er war bereit, für wichtige Verhandlungen weite und beschwerliche Reisen zu unternehmen, und er bewährte sich in großen Versammlungen. Er lenkte gewandt komplizierte Auseinandersetzungen und er konnte, wenn es Tumulte gab, sogar handgreiflich werden und persönlich energisch für Ordnung sorgen.

Nicht übergangen werden soll, daß der Kaiser gern aß und trank, und seine Vorliebe für Frauen war allgemein bekannt. Eines seiner galanten Abenteuer soll Enea Silvio Piccolomini zu einem freizügigen Roman angeregt haben. Doch wird immer ungewiß bleiben, ob diese persönlichen Anliegen für Sigismund vorrangig waren, wie man auf den ersten flüchtigen Blick vielleicht meinen könnte, oder ob er sie seinen diplomatischen Aktionen unterordnete. Um darauf eine vorsichtige Antwort zu wagen, müssen wir bedenken, daß die Freude am Herrschen und Regieren, aber auch am Verhandeln und Intrigieren, in allen Lebensphasen des Luxemburgers spürbar ist. Seine Regentenpflichten dürften seinem Leben Inhalt gegeben haben. Die königlichen Aufgaben und Bürden waren folglich für Sigismund in allen Lebenslagen letzten Endes wahrscheinlich dann doch ausschlaggebend.

Die Herrschaft in Ungarn war noch lange nicht gefestigt, als hier dem König von außen neue Gefahren drohten. Die Osmanen stießen auf dem Balkan vor und kämpften für die Ausbreitung des Islam. Sie konnten dabei nicht nur ihre militärische Überlegenheit einsetzen, sondern beanspruchten überdies das Recht, eine Schutzherrschaft über die Ostkirche ausüben zu können und das Erbe der byzantinischen Weltmacht antreten zu dürfen. Sie richteten damit eine heillose Verwirrung in der ohnedies bereits völlig zerrissenen Welt des Balkan an und erreichten damit manche Erfolge. 1385 fiel Sofia in ihre Hände, 1386 Nisch, 1387 Saloniki; 1388 wurde Bulgarien bis an die Donau verheert, und bereits im folgenden Jahr 1389 erlag Serbien auf dem Amselfeld ihrem Ansturm. Unter dem Eindruck dieses Vordringens der Türken flauten die Kämpfe im Inneren Ungarns ab. Man suchte Hilfe, die Sigismund aus dem Westen zu bringen versprach. Damit wuchs aber auch dessen Ansehen und Anhang, zumal er sich sogar als Kriegsherr bewährt hatte. 1389 hatte er Nikopolis eingenommen. Dieser Sieg wurde leider bald bedeutungslos, da die Türken 1391 Bulgarien endgültig überrannten und auch Nikopolis wieder verlorenging. Doch hatte der Luxemburger wenigstens bewiesen, daß man in ihn Hoffnungen setzen durfte.

Die Aussichten, großzügige Unterstützung zu finden, waren günstig. Der Schock, den die Vernichtung Bulgariens zur Folge gehabt hatte, war bis Westeuropa gedrungen und hatte den Adel aufgerüttelt. Genau zu dieser Zeit hatten sich die Großen nochmals für ritterliche Einsatzbereitschaft entschieden. Es ist bezeichnend, daß damals die Habsburger zum letzten Mal ihre Lehensritter gegen die Eidgenossen ins Feld führen konnten, zumal diese gegen die Ordnung verstießen. Verteidigung des Rechts war aber ebenso Ritterpflicht wie der Kampf gegen den Unglauben. Daher werden auch Kreuzzugsgedanken nochmals aufgegriffen, die aber in Westeuropa, wie immer in diesem Jahrhundert, wohl mit viel Begeisterung und noch mehr Worten propagiert wurden, dennoch aber ergebnislos verklungen wären, hätte nicht Sigismund eingegriffen. Er wußte nicht nur das ungarische Selbstbewußtsein zu wecken und die Verantwortung des Königreichs gegenüber dem katholischen Glauben ins rechte Licht zu rücken, er konnte auch den Abwehrwillen westeuropäischer Adliger wachrufen. Es ist zwar nicht ganz leicht, aus den spärlichen Quellen den Ablauf der Ereignisse genau zu rekonstruieren, doch werden auf den Hilferuf des Königs – und das ist wieder bekannt – bereits 1393 die ersten Zusagen gegeben, großzügige Unterstützung gegen die Türken zu leisten. 1394 erläßt der Papst Kreuzzugsbullen und im gleichen Jahr verspricht der Herzog von Burgund, Philipp der Kühne, den Kreuzzug nach Kräften zu fördern. 1395 werden weitere Vorbereitungen getroffen. Man erfährt davon auch in Ungarn und hegt hier offenbar größte Erwartungen, die auch Sigismund zugute kommen.

Dieser kann sich nämlich damals, obwohl Maria von Ungarn 1392 kinderlos gestorben war, ohne größere Mühe weiter behaupten.

Die Hoffnungen werden nicht enttäuscht. Bereits im Frühjahr 1396 ziehen zahlreiche Ritter aus Frankreich und Burgund, aber auch aus England und Deutschland, aus Spanien und Italien nach Bayern und Österreich, fahren die Donau hinab und sammeln sich zu Ofen. Hier sollen sich insgesamt 30000 Mann, viele von ihnen blendend ausgerüstet, eingefunden haben, und selbst wenn diese Zahl übertrieben ist, gibt es doch keinen Zweifel, daß der europäische Adel voll Begeisterung letztmals zu einer gemeinsamen Aktion gegen den Islam und für das Christentum aufbricht.

Der Kriegsrat, der hier abgehalten wird, offenbart jedoch schon wieder erste Gegensätze. Sigismund rät zu behutsamem Vorgehen und zur Vorsicht; die Franzosen und Burgunder, die sich dagegen weit überlegen fühlen, fordern ein rasches und ungestümes Handeln und können sich mit diesem Vorschlag durchsetzen. Das Heer erreicht auch tatsächlich, wie es die Verfechter der schnellen Offensive vorausgesagt hatten, bald Bulgarien und erstürmt ohne größere Schwierigkeiten, aber mit größten Ausschreitungen gegen Heiden und griechische Christen, die vordersten osmanischen Stützpunkte. Auf diese Nachrichten hin bricht Sultan Bayezid I., der gerade Konstantinopel berennt, diese Belagerung ab und wendet sich mit seiner gesamten Streitmacht gegen die Kreuzfahrer. Diese erleiden die erste Niederlage: Nikopolis fällt nicht und bleibt in der Hand der Heiden.

Aber auch dem Sultan mißlingt vermutlich manches. Er wollte wohl seine Operationen mit Nikopolis als Basis vortragen, doch dort sind vor ihm bereits die Christen eingetroffen und verlegen dem Sultan den Weg in die Stadt. Die Kreuzfahrer erhoffen sich unter diesen Umständen weitere Siege. Die Ungarn warnen abermals, eine rasche Entscheidung zu suchen. Die westeuropäischen Kreuzfahrer, deren Entschlußkraft sich bis dahin durchaus bewährt hatte, drängen aber wieder auf einen schnellen Angriff. Franzosen und Burgunder formieren sich daher eiligst zu einem ersten Treffen und reiten ungestüm gegen die Türken mit der Erwartung, es werde gelingen, die im zweiten und dritten Treffen zögernden Ungarn mitzureißen. Tatsächlich können die Christen die zunächst entgegentretenden Osmanen niedermachen und den Kern der heidnischen Truppen angreifen, die durch leichte Feldbefestigungen zusätzlich gedeckt sind. Doch das zweite und dritte Treffen der Christen kommt nicht nach. Daher kann Bayezid I. seine Reserven gegen die französischen und burgundischen Ritter einsetzen, die sich gerade in den türkischen Verschanzungen verhangen haben. Die Kreuzritter erliegen dem Gegenstoß und erleiden eine Niederlage, die nach Ansicht der Ungarn auf das unbedachte Vordringen der Franzosen und Burgunder zurückzuführen, nach deren Meinung aber aus dem Versagen der Ungarn zu erklären war.

Wie dem auch sei – fast alle Franzosen und Burgunder wurden gefangen. Die Ungarn flohen. Sigismund selbst entkam nur mit Mühe zu Schiff donauabwärts nach Konstantinopel. Auf Befehl des Sultans wurden die entwaffneten Ritter bis auf wenige noch auf dem Schlachtfeld hingerichtet. Das Entsetzen über dieses Massenschlachten war größer und folgenschwerer als die Niederlage selbst. Die Türken bekamen mit Recht den Ruf eines fürchterlichen, zu Unrecht den Ruf eines unschlagbaren Gegners.

Im Abendland griff jene Resignation um sich, die jeden weiteren Kreuzzug in der Art desjenigen von 1396 unmöglich machte. Niemand nahm zur Kenntnis, daß auch die Türken enorme Verluste hatten; man beklagte nur die eigenen Toten, deren Sterben sinnlos schien. Diese Meinung teilt auch die moderne Forschung, obwohl sie weiß, daß die Osmanen nach Nikopolis eine Schwächeperiode hatten; so konnten sie sich in den folgenden Jahren im Orient nur mit Mühe der Mongolen erwehren. Der Historiker der Gegenwart wird aber doch bedenken müssen, ob nicht die türkischen Verluste von 1396 zum Niedergang der osmanischen Macht beitrugen? Wenn dem so wäre, dann muß man dem Kreuzzug zubilligen, er habe mitgeholfen, Ungarn eine fühlbare Atempause zu verschaffen.

Doch davon war im Königreich keine Rede. Man lastete vielmehr die Niederlage Sigismund an, der abermals in Schwierigkeiten geriet. Eine Opposition nahm ihn sogar für kurze Zeit in Haft und rief wieder einen Gegenkönig aus dem Hause Anjou ins Land. Der Luxemburger kam aber bald frei, konnte seinen Widersacher zurückdrängen und versuchte sogar, in Böhmen einzugreifen und seinen Bruder Wenzel hier als König auszuschalten und abzulösen. Das mißlang und verursachte neue Widerstände in Ungarn, denen Sigismund unter anderem durch eine zweite Ehe begegnen wollte.

So heiratete er 1408 Barbara von Cilli, die Angehörige eines Grafengeschlechtes, das sich im Südosten des Reichs und im Süden Ungarns ein Territorium aufgebaut hatte und die Wege vom Karpatenraum und dem Balkan nach Italien kontrollierte. Sigismund gewann damit zwar Rückhalt in Südwestungarn, wurde aber gleichzeitig mehr in die oberitalienischen Konflikte hineingezogen. In diesen verursachte Venedig durch den rücksichtslosen Ausbau seines Besitzes auf dem Festland Unruhe und Kriege. Sigismund, oft zu Hilfe gerufen, konnte jedoch die venezianische Expansion letzten Endes nicht ernsthaft hindern. Er vertat damit nur Zeit, rieb sich auf, errang aber keinen nennenswerten Erfolg. Barbara war dabei ihrem Gatten kaum eine Stütze. Die schöne Königin, die mit ihrem unmoralischen und rücksichtslosen Verhalten das Entsetzen der Zeitgenossen erregte und deren unchristliche Äußerungen selbst die freizügigsten Humanisten erschreckten, schenkte zwar ihrem Gemahl eine Tochter Elisabeth, die einzige Erbin Sigismunds, führte aber ansonsten ein unstetes und eigenständiges Leben. Bisweilen waren die Gatten durch Jahre getrennt.

Die zahlreichen politischen Aktionen des Königs zu dieser Zeit sind kaum einer Erwähnung wert. Noch immer in Erinnerung sind dagegen die damaligen Bemühungen Sigismunds, den ungarischen Staat zu modernisieren, Maßnahmen, die später in dieser Art auch in Deutschland ergriffen wurden und die dem Luxemburger den Ruf eines Reformers eintrugen. Er war immer bereit, Verbesserungen vorzunehmen. Er hatte gute und enge menschliche Kontakte zu seinen Beratern und Mitarbeitern und griff gern deren Vorschläge auf; er hatte auch Verständnis für die sich allmählich ausbildende Bürokratie. Dabei können wir unter seiner Regierungszeit oft eine peinliche und kleinliche Sorgfalt nachweisen, die von Sigismund selbst angeregt sein könnte. Kein Herrscher des 15. Jahrhunderts hat seine Schriftstücke so sorgfältig herstellen lassen wie der Luxemburger. Schriftspiegel, Zeilenabstand und Faltung der Urkunden wurden sorgfältig genormt. Die Verwendung einer schönen und ordentlichen Schrift scheint dem König wichtig, ja sogar wesentlich gewesen zu sein.

Doch hat er nicht nur diese Kleinigkeiten reformiert, sondern sich in Ungarn auch bedeutenderer Anliegen angenommen. Das Königreich bot dafür günstige Voraussetzungen. Es war auf einige wenige Mittelpunkte orientiert, auf Gran als Sitz eines Metropoliten, auf Stuhlweißenburg als Krönungs- und Begräbnisort der ungarischen Könige und endlich auf Ofen als Handels- und Wirtschaftszentrum. In diese Orte zu kommen, sich hier zu versammeln, war für die Ungarn durch Jahrhunderte selbstverständlich gewesen, und nicht zuletzt durch diese ihre Zusammenkünfte wurde auch ihr Gemeinschaftsgefühl und Nationalbewußtsein gefördert. Es waren demnach alle Vorbedingungen gegeben für Reorganisationen, die, den Grundsätzen der Zeit entsprechend, stets auf einen ausgeprägten Zentralismus hinausliefen. Um dieses Ziel zu erreichen, bedurfte es in Ungarn weniger Eingriffe, die Sigismund tatkräftig vornahm. Er veranlaßte regelmäßige Versammlungen der Großen, er kümmerte sich vor allem um eine verbesserte Rechtsprechung, und man neigt dazu, das Entstehen moderner ungarischer Behörden letzten Endes auf Maßnahmen des Luxemburgers zurückzuführen.

Diese fruchtbare Tätigkeit wurde unterbrochen, als Sigismund 1410 zum römischen König gewählt wurde und nun auch für Deutschland zu sorgen hatte. Die Vorgeschichte dieser Königswahl, die einer etwas eingehenderen Erklärung bedarf, muß allerdings wenigstens kurz erläutert werden, auch wenn sie relativ weit zurückreicht, genauer gesagt bis in das Jahr 1378, als versucht worden war, das Papsttum von Avignon nach Rom zurückzuführen. Doch diese Maßnahmen – nach Meinung vieler eine entscheidende Voraussetzung für eine grundlegende Kirchenreform – verliefen unglücklich und hatten eine Kirchenspaltung zur Folge. Statt eines reformierten Papsttums hatte die Christenheit nunmehr zwei Päpste, einen zu Rom und einen zu Avignon, die sich erbittert bekämpften und das Abendland in zwei Lager trennten. In Deutschland hielt ein Teil der Fürsten zum avignonesischen Papst, andere entschieden sich für den römischen. Dieses Schisma verschärfte die latenten Gegensätze im Reich und trug dazu bei, daß sich im Jahre 1400 die rheinischen Kurfürsten sogar gegen das Reichsoberhaupt, gegen König Wenzel erhoben, den älteren Bruder Sigismunds, und Ruprecht von der Pfalz zum Gegenkönig wählten, nachdem sie dem Luxemburger den Prozeß gemacht und ihn sogar förmlich abgesetzt hatten. Doch Ruprecht wurde nur im Westen des Reichs anerkannt. Wenzel konnte sich im Osten weiter behaupten, so daß sich in Deutschland neben den beiden Partein der Gegenpäpste auch noch ein luxemburgisches und ein Wittelsbacher Lager gegenüberstanden. Zum Glück kam es wegen der völlig verworrenen Lage zu keinen größeren Kampfhandlungen, der eingetretene kriegsähnliche Zustand gab jedoch Anlaß zu andauernd aufflammenden Zwistigkeiten, ohne irgendeine Aussicht auf eine Lösung.

Die Hauptschuld an diesen Wirren wurde dem Schisma gegeben, das nach weitverbreiteter Ansicht nur durch ein Konzil zu beenden war. Im Jahre 1409 wurde daher nach Pisa eine Kirchenversammlung einberufen, die einen neuen Past wählen konnte. Da sich die Päpste in Rom und Avignon dem Gewählten jedoch nicht unterwarfen, hatte die Christenheit nun drei geistliche Oberhäupter und außerdem noch zwei Gegenkönige im Reich. Als alles hoffnungslos verfahren schien, half der Zufall: Ruprecht von der Pfalz starb 1410, und die Kurfürsten, noch unter dem Eindruck des Mißerfolges von 1409 stehend, überlegten sich eine Neuwahl gründlich. Auf keinen Fall wollten sie jetzt die Luxemburger vor den Kopf stoßen, zumal sie hofften, daß Wenzel zugunsten eines Angehörigen seiner Familie auf seine königlichen Rechte verzichten könnte. Dennoch gab es Schwierigkeiten: Gewählt konnte eigentlich nur ein Reichsfürst werden – das war aber Sigismund als König von Ungarn nicht. Dieses Königreich hatte ja, wie oben angedeutet, außerdem eine extreme Sonderstellung, die weitere Komplikationen befürchten ließ und die einer Personalunion mit dem Reich hinderlich war. Die Bedenken gegen Sigismund waren nicht von der Hand zu weisen, und es kam vorerst zu keiner Einigung. Nur ein Teil der Kurfürsten entschied sich für Sigismund, die anderen wählten dessen Vetter Jost von Mähren, der schon älter, aber Reichsfürst war und daher manchem eher wählbar schien.

In dieser heiklen Lage bewährte sich das diplomatische Geschick Sigismunds. Er nahm zunächst die Wahl nicht an und verhinderte damit ein offizielles Gegenkönigtum. Statt dessen begann er, mit Jost direkt zu verhandeln. Da entschied wieder der Zufall. Jost starb plötzlich im Jahre 1411, und damit blieb Sigismund als einziger Kandidat für die römisch-deutsche Königskrone über, zumal er sich mit Wenzel wegen der Reichsgeschäfte einigen konnte. Schwierigkeiten bereiteten allerdings die Verpflichtungen, denen er in Ungarn nachkommen mußte; sie waren mit den Regierungsgeschäften in Deutschland auch wegen der großen Entfernungen kaum vereinbar. Sigismund wußte jedoch einen Ausweg: Er erklärte, das Reich sei im letzten Jahrzehnt völlig zerrüttet worden, es bestünde nicht mehr. Daher könne er vorerst gar nichts machen, er wolle aber möglichst bald nach Deutschland kommen und ein neues Reich aufbauen.

Tatsächlich trat Sigismund als Reichsoberhaupt zunächst nicht in Erscheinung, sondern betraute lediglich 1411 den Burggrafen Friedrich von Nürnberg aus der Familie der Hohenzollern mit besonderen Aufgaben. Später übertrug er diesem das Kurfürstentum Brandenburg – mit allen Folgen für die deutsche Geschichte. Doch diese Auswirkungen waren zunächst nicht abzusehen. Das Hauptinteresse des Luxemburgers mußte nach wie vor auf die Beseitigung des Schismas gerichtet sein, wofür sich eine Chance bot, als der Konzilspapst Johannes (XXIII.) in Schwierigkeiten geriet und eine neuerliche Kirchenversammlung anregte, die unter dem Vorsitz des römisch-deutschen Königs im Reich stattfinden sollte. Da man sich auch bald auf den Ort Konstanz einigte, griff Sigismund den Plan voll Begeisterung auf, der ihm die Möglichkeit bot, dem Vorbild Kaiser Konstantins nachzueifern, der auch auf einer Kirchenversammlung, nämlich zu Nicaea, als Retter der Christenheit aufgetreten war. Doch gab es auch andere Gründe, ein Konzil einzuberufen.

Viele Gläubige prangerten nämlich damals die Mißstände heftig an und forderten, es sollte bei dieser Gelegenheit nicht nur die Kirchenspaltung beseitigt, sondern auch die Kirche allgemein reformiert werden. Abermals war der Reichtum der Kirche Gegenstand der Kritik, abermals wurde an den Lebensformen der Kleriker Anstoß genommen. Zu deren Entschuldigung darf gesagt werden, daß man den Kritikern auch praktisch nichts rechtmachen konnte. Bekannten sich zum Beispiel die Kleriker damals zum Zölibat, dann wurde dieser als unzeitgemäß verdammt; gingen sie eine Ehe ein – und verheiratete Priester sind nach 1400 wieder in größerer Zahl nachweisbar –, erregte man sich über deren Kinder. Die Reformwünsche waren zu dieser Zeit, wenn wir sie genau analysieren, oft schlecht durchdacht und ungerechtfertigt, doch waren sie deshalb nicht zu übersehen und nicht zu übergehen.

Diese Erneuerungsbewegung hatte in Böhmen – zum Teil bedingt durch soziale und nationale Probleme – radikale Formen angenommen. Schon 1409 kam es zu chaotischen Zuständen, deren sich Wenzel nicht mehr erwehren konnte. Von diesen Wirren ließ sich der beliebte Prediger Johannes Hus, der gleichzeitig auch an der Universität Prag lehrte, mitreißen und hochtragen. Ursprünglich hatte er sich lediglich gegen die Verdammung der Thesen des Engländers Wyclyf zur Wehr setzen wollen und damit, modern gesprochen, zunächst nur für die Freiheit der Wissenschaften gefochten. Der Gelehrtenstreit wäre wohl besser nicht an die Öffentlichkeit getragen worden. Doch Hus erwartete hier zu Recht mehr Anklang, obwohl er mißverstanden wurde; er hoffte auch, den Professorenzank in allgemeine Forderungen nach einer radikalen Kirchenreform überleiten zu können, für die er sich nicht zuletzt im Vertrauen auf sein vorbildliches Leben und seine Redlichkeit zuständig und auch verantwortlich fühlte. Hus hielt sich aus diesem Grunde sogar für unangreifbar.

Dennoch nahm der Erzbischof von Prag Anstoß an den Thesen von Hus, erteilte ihm zunächst Predigtverbot, das nicht eingehalten wurde, und bannte zuletzt den Eiferer. Doch damit war dieser nicht auszuschalten; er ließ sich vielmehr samt seinen Parteigängern, die laufend zunahmen, immer mehr hinreißen, weltliche und kirchliche Autorität zu mißachten. Damit war, nach Meinung des Erzbischofs, der eklatante Zustand von Häresie und Ketzerei gegeben. Neben dem Streit der Päpste und der weithin verlangten Reform war nun als weitere Belastung für die Christenheit hier in Böhmen die Frage nach der Reinheit und Rechtmäßigkeit des Glaubens aktuell geworden. Darüber sollte ebenfalls nur auf einem Konzil entschieden werden.

Noch 1413 berief daher Sigismund die Kirchenversammlung nach Konstanz, wo am Allerheiligentag, am 1. November 1414, die Väter zusammentraten. Zu diesem Zeitpunkt war aber nur Papst Johannes zur Stelle, bedeutende kirchliche Würdenträger in größerer Zahl fehlten vorerst noch. Zunächst hatten sich mehr Gaukler und Musikanten, Bettler und Dirnen eingefunden, wie die Zeitgenossen bitter vermerkten. Auch Sigismund war noch verhindert. Er befand sich im Rheinland und empfing am 8. November zu Aachen die römisch-deutsche Königskrone, reiste aber dann sofort an den Bodensee, und als er zu Weihnachten in Konstanz einzog, war das Ansehen des Konzils endlich gesichert.

Damals waren auch schon die ersten Komplikationen erkennbar. Hus, der gehofft hatte, das Konzil von seinen Ansichten überzeugen zu können, wurde von der Mehrheit abgelehnt und verweigerte nun seinerseits den Kirchenvätern die Anerkennung. Auch die Erwartungen des Papstes Johannes traten nicht ein. Dieser hatte damit gerechnet, die Kirchenversammlung werde seine Rechtmäßigkeit bestätigen. Doch wurde er aus persönlichen Gründen von vielen Kardinälen abgelehnt. Diese entschieden sich daher früh, alle drei Päpste zur Abdankung zu nötigen oder überhaupt abzusetzen. Als Johannes diese Absichten erkannte, flüchtete er aus Konstanz und versuchte, auf diese Weise die Kirchenversammlung zu sprengen. Abermals war es Sigismund zu verdanken, daß dieser Plan vereitelt wurde. Der König verhinderte eine Panik der Kirchenväter, die sich zu tatkräftigerem Agieren durchrangen, Johannes gefangennahmen und absetzten. In dieser kritischen Lage demonstrierte das Konzil aber auch seine Macht gegen Hus. Da dieser weder seine Thesen widerrief, noch sich der Versammlung unterwarf, machten die Väter kurzen Prozeß: Der Eiferer wurde zum Häretiker erklärt, in einem Schnellverfahren zum Tode verurteilt und am 6. Juli 1415 verbrannt.

Das Konzil hatte damit seine Durchschlagskraft bewiesen und wurde nun allgemein wenigstens in Mitteleuropa als Autorität anerkannt. Für einen vollen Erfolg bei der Beseitigung des Schismas war aber auch die energische Hilfe der westeuropäischen Könige unumgänglich, die sich noch immer zögernd und zurückhaltend verhielten. Um sie umzustimmen, trat Sigismund im Sommer 1415 eine lange Reise nach Frankreich und England an, wo er trotz mancher Pannen das Zugeständnis erlangte, daß auch diese Staaten die Beschlüsse des Konzils akzeptieren würden. So war es 1417 der Kirchenversammlung endlich möglich, einen neuen Papst zu wählen. Die Kardinäle entschieden sich für Odo Colonna, der sich Martin V. nannte und im Laufe seines Pontifikates nach mühevollen Verhandlungen später auch von Avignon akzeptiert wurde.

Dennoch gebührt das Hauptverdienst an der Beendigung des Schismas Sigismund, der deshalb mit Recht 1417 als überragende Herrscherpersönlichkeit und Diplomat gefeiert wurde. Darüber wurde und wird übersehen, daß der Luxemburger gleichzeitig auch eine Reichsreform einleitete, die allerdings weniger durch Neuerungen auffiel, als vielmehr bestrebt war, bewährte Einrichtungen wieder ins Leben zu rufen. In diesem Sinne wurde die Reichskanzlei reorganisiert, eine planmäßige Privilegienpolitik betrieben, und der König war bemüht, mit besonders sorgfältig gestalteten und stilisierten Urkunden die Ordnung wiederherzustellen und die Bindungen der Reichsuntertanen zu ihrem Oberhaupt zu festigen. Damit ging die Wiederaufnahme einer sauberen Registerführung einher und sogar die Neuordnung der Finanzen wurde eingeleitet.

Geldangelegenheiten interessierten aber Sigismund nie richtig. Das überließ er lieber seinen Höflingen. Dagegen dürfte er regen Anteil an einer Reform des Gerichtswesens und des Rechts genommen haben. Das Hofgericht beginnt jedenfalls nach längerer Pause 1417 wieder mit seiner Tätigkeit. Glücklich dürfte sich das, wie eingeflochten werden darf, kaum ausgewirkt haben. Das Gericht war nach wie vor völlig von den jeweiligen Klagen abhängig und sah zu oft keinen anderen Ausweg, als die Acht zu verhängen. Zu diesem bedenklichen Urteil mußte der Richter auch Zuflucht nehmen, wenn sich der Beklagte weder termingerecht noch zureichend verteidigte. Wer nicht zur rechten Zeit erschien, verfiel ganz automatisch der Acht. Offensichtlich machte das drastische Vorgehen des Konzils gegenüber den Päpsten und Hus Schule und es setzte sich auch in der Rechtssprechung durch.

Die sich gelegentlich ergebenden positiven Folgen solcher harten Maßnahmen dürften aber nicht darüber hinwegtäuschen, daß die Acht, allzuoft angewandt, ihre abschreckende Wirkung verlor und nur Fehden und Kleinkriege in größerer Zahl zur Folge hatte, da der Sieger im Prozeß gegen den Geächteten letzten Endes nur mit Gewalt und mit Hilfe einer neuen Fehde zu seinem Recht kam. Die Tätigkeit des Hofgerichtes dürfte daher die Rechtsunsicherheit eher erhöht als vermindert haben. Sigismund konnte allerdings, das sei zu seiner Entschuldigung gesagt, die Auswirkungen seiner Gerichtsreform zunächst kaum abschätzen. Deren Fehlschlag wurde erst in der Mitte des Jahrhunderts erkannt, als der Habsburger Friedrich III. 1451 das Hofgericht durch das neue Kammergericht ersetzte und sich bemühte, die Urteile durch gelehrte Juristen abzusichern und die allzuhäufige Verhängung der Acht zu vermeiden.

Mit diesen Maßnahmen von 1417 ist der Luxemburger als Regent charakterisiert, der von der Wirksamkeit hochmittelalterlicher Herrschaftsprinzipien noch überzeugt war und der Theorien vertrat, die dann erst im späteren 15. Jahrhundert aufgegeben wurden. Trotz seiner Aufgeschlossenheit für Neuerungen bleibt Sigismund somit auf dem Konzil zu Konstanz den traditionellen Ansichten verbunden, wie es zu seiner Zeit ganz allgemein üblich war. Bis zum Ende von Sigismund Lebenszeit wurde Reform ja vielfach verstanden als Rückkkehr zu Altem, Bewährtem, zu den Systemen des Hochmittelalters, vor allem der Stauferzeit!

Dennoch fehlt es nicht an Hinweisen, daß der König an dieser seiner Einstellung irre wurde, daß er sich modernen Auffassungen zuwandte. Den Anstoß gab der Tod Wenzels im Jahre 1419. Dadurch war Sigismund auch Herrscher Böhmens geworden und nach langen Umwegen und Irrwegen endlich in der Lage, die Programme seines Vaters aufzugreifen und weiterzuführen. Er war nicht mehr genötigt, von Ungarn oder Italien aus umständlich Reichspolitik zu betreiben, sondern er konnte nach luxemburgischer Tradition Prag wieder zum Mittelpunkt des Reiches machen.

Doch hier ging es noch immer drunter und drüber! Die Hinrichtung des Johannes Hus hatte der von ihm geleiteten Bewegung kaum geschadet. Die Anhänger des Reformers schlossen sich sogar, obwohl sie keine rechte Führung besaßen, zu einer schlagkräftigeren Gemeinschaft zusammen, von der schwer zu entscheiden ist, ob sie ein echtes, inneres Zusammengehörigkeitsgefühl besaß oder ob sie nicht vielleicht erst durch die Angriffe von außen zur Einheit wurde. Die wichtigsten Vorgänge sind jedenfalls, wie so oft in der Weltgeschichte, sehr schlecht dokumentiert. Gesichert ist nur, daß sich Sigismund noch 1419 in die Länder böhmischer Krone begab. Er hatte sich in Ungarn aufgehalten, brach jedoch nach Wenzels Tod sofort in Richtung Böhmen auf, kam zunächst nach Mähren und begann in Brünn mit seiner Regierungstätigkeit. Hier trat er als Wahrer des rechten Glaubens auf, stieß eine Prager Gesandtschaft vor den Kopf und setzte alsbald einige Würdenträger ab, an deren Orthodoxie er zweifelte. Zu Konzessionen gegenüber Hussiten war er jedenfalls nicht bereit, mußte daher auch sogleich deren Widerstand zur Kenntnis nehmen, kam im Sommer 1420 nur mit Mühe nach Prag und wurde hier mit der Wenzelskrone gekrönt.

Nur Teile der Stadt brachte er unter seine Kontrolle. Die wichtigsten Viertel der Metropole – genau müßten wir sagen, einige Städte, da Prag sich rechtlich ja aus mehreren Städten zusammensetzte – blieben in der Hand seiner Gegner. Sigismund zog sich daher 1421 wieder nach Ungarn zurück. Trotz dieser Schwierigkeiten regelte jedoch der Luxemburger die Nachfolge in Böhmen nach Grundsätzen, wie sie dann im 16. Jahrhundert anerkannt wurden. Der König nahm damals bereits Denkmodelle der frühen Neuzeit vorweg: Da offenkundig war, daß er keinen männlichen Thronerben zu erwarten hatte, vermählte er noch 1421 seine erbberechtigte Tochter Elisabeth mit dem zu Wien residierenden Habsburger Albrecht V., dem er auch noch 1422 die Markgrafschaft Mähren zuschob, ein Nebenland der böhmischen Krone. Als Markgraf von Mähren hatte bereits Karl IV. für seinen Vater die Regentschaft in Böhmen geführt und war in dieser Eigenschaft sogar zum römischen König gewählt worden. Den Ständen war damit die Möglichkeit genommen, nach dem Tode Sigismunds irgendein Wahlrecht geltend zu machen. Nach den Maßnahmen des Luxemburgers sollten sie sich damit abfinden, in Zukunft einmal habsburgische Untertanen zu werden.

Es ist nicht zu leugnen, daß Regelungen dieser Art Ruhe und Stetigkeit einer Herrschaft garantieren und für einen Staat günstig sein können. Im 18. und 19. Jahrhundert war es selbstverständlich, diesen Grundsätzen zu entsprechen, die damals sogar als Errungenschaften angesehen wurden. Für das ausgehende Mittelalter waren jedoch diese Rechte der Dynasten in ihrer ausgeprägten Form ungewöhnlich und wurden noch nicht als Vorteile bewertet, sondern als Verstöße gegen das geltende Recht und gegen die alten Bräuche. In führenden Kreisen Böhmens war man daher gewiß verärgert und aufgebracht über den Versuch Sigismunds, das Königreich frühzeitig seinem Schwiegersohn zu sichern. Ein Widerstand gegen den Luxemburger war auch aus diesem Grunde verständlich und muß nicht immer mit dem Hussitismus erklärt werden. Dennoch gab Sigismund für jede gegen ihn gerichtete Opposition den Hussiten die alleinige Schuld. Unter diesen Bedingungen versteiften sich die Gegensätze in den Jahren 1421/22 deutlich.

Der König scheute sich nicht, seine Gegner insgesamt als Ketzer zu deklarieren, gegen sie das Kreuz predigen zu lassen und die Hilfe des Reiches gegen die Aufständischen aufzubieten, ohne den Versuch zu unternehmen, die Beweggründe seiner Gegner genauer zu analysieren. Mit erdrückender Übermacht rückt er gegen Prag vor. Erst in diesen Kämpfen dürfte sich die militärische Kraft der Hussiten endgültig konsolidiert haben. Bis dahin waren sie zwar bisweilen schon überlegen gewesen, hatten aber doch nur relativ kleine Erfolg errungen. Von allen Seiten bedroht, bewiesen sie nun jedoch bei der Entwicklung neuer Kampfmethoden Einfallsreichtum und steigerten ihren Abwehrwillen derart, daß sie zu Ende 1421 und endlich zu Beginn des Jahres 1422 überlegen Siege erringen und in der Folge mit entlastenden Offensiven sogar weit in das Innere der Nachbarländer vorstoßen konnten.

Beeindruckt von diesen schweren Niederlagen reformierte Sigismund das Kriegswesen radikal. Im Sommer des Jahres 1422 wurde daher auf einem Reichstag zu Nürnberg eine Reichssteuer beschlossen und ein Gesetz verabschiedet, das die Finanzierung und die Stellung eines modernen Reichsheeres garantieren sollte. Vom Lehenswesen, das wenige Jahrzehnte früher noch durchaus aktuell gewesen war, von einem Ritterheer, mit dem man noch vor 1400 ins Feld zog, ist kaum mehr die Rede. Nach der neuen Reichskriegsordnung von 1422 ist nunmehr das Söldnerwesen die Grundlage, mit dessen Hilfe moderne Truppen aufgestellt werden sollen. Damals war es in vielen Teilen Europas üblich geworden, für kurzfristige, kriegerische Unternehmen Soldaten anzuwerben, und selbst von den Hussiten war bekannt geworden, daß sie viele ihrer Krieger durch Geldzahlungen für den Dienst gewonnen hatten. Es spricht für Sigismund, der in seiner Jugend mit einem Ritterheer gegen die Türken gezogen war, daß er sich diesen neuen Möglichkeiten nicht verschloß.

Schwere Ausschreitungen der hussitischen Heere hatten nicht nur eine Verschärfung der Kämpfe zur Folge, sie stärkten auch den deutschen Abwehrwillen, der mithalf, die Heeresreform Sigismunds im Reich besser durchführen zu können. Die vorgesehenen Truppen konnten daher in genügender Menge aufgestellt und mit guter Ausrüstung versehen werden. Im Vertrauen auf diese Stärke wurde der Krieg 1427 wieder nach Böhmen hineingetragen, endete jedoch abermals mit einer schweren Niederlage des Reichsheeres, dessen mangelhafte Kriegstüchtigkeit noch immer ein Rätsel ist. Es wird vermutet, das religiöse Engagement sei bei den Hussiten größer gewesen und hätte deren Überlegenheit gesichert. Befriedigen kann diese Erklärung aber kaum. Wir können nämlich im 15. Jahrhundert immer wieder beobachten, daß die hauptsächlich von den deutschen Städten gestellten Truppen trotz guter Ausrüstung durchweg versagten. Die militärische Unfähigkeit des Reiches ist in dieser Epoche demnach nicht nur in den Kriegen gegen die Hussiten nachzuweisen, sondern allgemein. Die Heeresreform, so gut sie auch gewesen sein mag, hatte die erwarteten Erfolge nicht gebracht. Die Hussiten behielten trotz mancher Rückschläge ihre militärische Überlegenheit, und Sigismund blieb keine andere Möglichkeit, als sich wieder nach Ungarn zurückzuziehen.

Was ihn dazu im einzelnen bewog, ist nicht bekannt. Er schlug sich jedenfalls 1427 und 1428 wieder in Siebenbürgen und an der unteren Donau mit den Türken herum. Hatte er die osmanische Gefahr in ihrem vollen Ausmaß erkannt? Hoffte er vielleicht, gegen die mitunter schlecht ausgerüsteten Heere der Moslems einen Erfolg erzielen zu können? Wollte er Byzanz entlasten? Oder war er gezwungen, Ungarn besser zu verteidigen, um hier die latente Opposition niederzuhalten? Oder bewog ihn seine Abenteurernatur, sich neuen Aufgaben zuzuwenden? Genaues wissen wir nicht.

Die Aktivität des Königs auf dem Balkan scheint uns jedenfalls schwer begreifbar, da hier nach wie vor völlig verworrene Zustände herrschten, die jedes Eingreifen zum Problem machten. Griechen standen gegen Lateiner, Türken gegen Christen, Venedig gegen Byzanz, ganz zu schweigen von den Rivalitäten der Völker und Nationen, die jede Maßnahme Sigismunds von vornherein aussichtslos machten. Dennoch wird der Kaiser von der modernen Forschung als weitblickender und hartnäckiger Verteidiger des Abendlandes gegen die Türken gewürdigt. Die Ansicht, der Islam hätte in jenen Jahren eine große Gefahr bedeutet, vermag aber nicht ganz zu überzeugen, trotz mancher türkischer Erfolge. War aber dann der Türkenkrieg des Königs wirklich notwendig?

Wichtiger als eine klare Antwort auf diese Frage ist aber vielleicht die Tatsache, daß es Sigismund damals bereits gelingt, das Reich aus dem Osten, aus Ungarn, zu regieren. Das ist zum Teil dem Botensystem und den Handelsverbindungen zu verdanken, die von den süddeutschen Städten unterhalten werden. Es ist aber auch das Ergebnis der Reformen von 1417 und der Verbesserung des Schrift- und Urkundenwesens als einer zunehmend wichtigeren Voraussetzung für die Entwicklung einer neuzeitlichen Verwaltung und einer modernen Diplomatie. Gerade in diesen Jahren zeigt es sich, wie bewußt und erfolgreich Sigismund das Schriftwesen als Instrument fortschrittlicher Regierungstätigkeit gefördert hatte.

Doch gerade diese Erfolge trugen dazu bei, den Ruf nach einer allgemeinen Reform wieder lauter werden zu lassen. In deren Rahmen wurde zu dieser Zeit auch in der Kirche ein straffer Zentralismus eingeführt, der die Zeitgenossen stets mit neuen Problemen konfrontierte. Es war auf diese Weise in erster Linie die Reform selbst, die immer wieder eine neuerliche Reform notwendig machte. Da aber die Zustände in Böhmen nach wie vor verworren und auch durch die Kriege gegen die Hussiten nicht zu bereinigen waren, wurde von vielen verlangt, ein neues Konzil sollte sich wieder mit allen diesen Fragen befassen.

Sigismund, vor allem an der böhmischen Frage interessiert, griff diese Gedanken früh auf. Bereits 1424 hatte er darauf gedrungen, ein neues Konzil einzuberufen, da die in diesem Jahr zu Siena zusammengetretene Kirchenversammlung von dem Papst allzu rasch aufgelöst worden war und eiligst auseinanderging. Papst Martin begegnete allen Plänen der Konziliaristen mit Mißtrauen und war daher nur nach längerem Zögern bereit, zu Beginn des Jahres 1431 abermals zum Hussiten-Kreuzzug aufzurufen und nach Basel zu einem Konzil einzuladen. Sigismund selbst war schon im Jahr zuvor mit der festen Absicht nach Deutschland gekommen, die allgemein gewünschte Kirchenversammlung nach Kräften zu fördern, zumal auch bekannt geworden war, daß selbst die Hussiten des Kampfes müde seien und unter Umständen sogar bereit wären, auf einem Konzil zu verhandeln.

Inzwischen war Papst Martin gestorben und hatte in Eugen IV. einen Nachfolger gefunden, der weitaus mehr an der Union mit den Griechen als an der Kirchenreform interessiert war, die in erster Linie von den Deutschen gefordert wurde. Nur ungern tolerierte daher der neue Papst die Eröffnung des bereits ausgeschriebenen Konzils am 14. Dezember 1431, begann jedoch sofort – die Dokumente sind leider unklar formuliert – die Auflösung und Verlegung des Konzils einzuleiten. Sigismund unterstützte demgegenüber die Kirchenversammlung mit ihrem Beschluß, in Basel weiter zu tagen. Er verhandelte mit dem Papst, um dessen endgültige Zustimmung zum Konzil zu erreichen, aber auch wegen seiner Kaiserkrönung in Rom. Diese war ihm so wichtig, daß er zunächst nicht nach Basel fuhr, sondern sich schon 1432 nach Italien begab, wo er nach manchen Widerständen doch am 30. Mai 1433 zu Rom die begehrte imperiale Würde erhielt.

Diese Kaiserkrönung bewegte die Zeitgenossen sehr, geriet aber später in Vergessenheit und wird von der modernen Forschung kaum beachtet. Meistens wird sie als Nebenfrucht der Verhandlungen angesehen, die Papst und Konzil wieder aussöhnen sollten. Wenn dem so wäre, dann könnte dem Luxemburger die höchste Würde in der abendländischen Christenheit nicht viel bedeutet haben. Verläßliche Nachrichten über die Beweggründe des Kaisers gibt es jedoch nicht. Wir müssen daher aus Begleitumständen die Motive Sigismunds rekonstruieren, um von hier aus vorsichtige Vermutungen anzustellen, weshalb die Romfahrt wirklich angetreten worden war.

Es kann kaum einen Zweifel geben, daß abgesehen von dem Wunsch, Prag und Böhmen wiederzugewinnen, für Sigismund nach 1430 die Reform in Kirche und Reich wichtigstes Anliegen war. Vergessen dürfen wir auch nicht, daß Karl IV. zunächst auch die Kaiserkrone erlangt und unmittelbar darauf die Goldene Bulle im Jahre 1356 erlassen hatte, die nicht nur als grundlegendes Reichsgesetz, sondern im 15. Jahrhundert auch als fundamentaler Text eines umfangreicheren Reformschrifttums angesehen worden war. Diese Zusammenhänge drängen uns den Schluß auf, das Streben Sigismunds nach der Kaiserkrone als Teil eines Reformprogrammes anzusehen, für das es überdies gerade aus diesen Jahren eine fast verwirrende Fülle von Belegen und Unterlagen gibt. Die Jahre 1433/1434 sind im Abendland durch einen Reformwillen und eine Reformbegeisterung gekennzeichnet, wie sie mit vergleichbarer Intensität dann erst wieder im 16. Jahrhundert nachzuweisen ist.

Wir würden uns in dem Wust der Pläne und Vorschläge von 1433/34 kaum zurechtfinden und die Absichten Sigismunds nicht erfahren, wenn nicht in diesen Jahren Johannes Schele, Bischof von Lübeck, ein besonderer Vertrauter des Kaisers, vermutlich auf dessen Weisung einen Traktat verfaßt hätte, der offensichtlich den Willen des Luxemburgers enthält. Darin wird vorgeschlagen, analog zum Kirchenstaat, der Machtbasis des Papsttums sein solle, Böhmen als ständige und ausreichende Grundlage kaiserlicher Macht einzurichten. Der Gedanke war nicht neu und geht zweifellos auf Karl IV. zurück, doch hatte dieser derartige Absichten nie so klar ausgesprochen, zumal gleichzeitig andere und ältere Mittelpunkte des Reiches – Mainz, Frankfurt, Nürnberg, um die wichtigsten zu nennen – ausgeschaltet werden mußten. Nun gab es aber damals auch Reformer, die verlangten, das Reich nach dem Mittelrhein und dem Gebiet um den Unterlauf des Mains zu strukturieren. Kein geringerer als Nikolaus von Kues sprach sich daher für einen Vorrang von Frankfurt aus. Scheles Vorschlag mußte schon aus diesem Grunde geheimgehalten werden.

Obwohl sich demnach Sigismund in der Öffentlichkeit nie klar äußerte, muß er nach Zeugnis von Schele ein eindeutiges Reformprogramm gehabt haben, dem er dann offensichtlich auch alle Maßnahmen der letzten Regierungsjahre unterordnete und das auf eine Prag- und Böhmenpolitik hinauslief. Damit entsprach er aber nicht nur luxemburgischer Tradition, sondern auch der Konstellation zu dieser Zeit. Einerseits suchte damals der Ordensstaat gegen Polen Rückhalt im Reich – es kommt daher zu engeren Bindungen Sigismunds zu Preußen –, andererseits ist Ungarn nach wie vor wichtiger Stützpunkt luxemburgischer Macht. Es lag nahe, unter diesen Gegebenheiten die Reichsreform räumlich nach Böhmen und Prag auszurichten, und dem entspricht auch die Regierungstätigkeit Sigismunds in dessen letzten Lebensjahren.

Noch im Oktober des Jahres 1433 kam der Kaiser auf das Konzil nach Basel, wo nun die ersten Fortschritte erzielt wurden. Man einigte sich bald über Reformstatuten, erreichte aber auch einen ersten Ausgleich mit den Hussiten, mit denen noch vor Jahresende ein Vorvertrag geschlossen werden konnte. Wenig später errangen dann in Böhmen die gemäßigten Hussiten einen Sieg über die radikalen und schufen so die Voraussetzung für weitere Annäherungen der einzelnen Parteien, die sich 1435 besser verständigten. Im Sommer 1436 kam es dann zur endgültigen Anerkennung der Vereinbarungen, der sogenannten Prager Kompaktaten, die es Sigismund endlich gestatteten, wenig später in der Goldenen Stadt als Kaiser und König von Böhmen einzuziehen. Er war am Ziele seiner Wünsche.

Er befand sich aber auch am Ende seines Lebens; dennoch hat er sich bis zuletzt der Reform gewidmet. 1437 wurde auf einem Reichstag zu Eger die Reform des Reiches nochmals diskutiert, aber auch das königliche Hofgericht zur Geltung gebracht, wie etwa 80 Achterklärungen, an einem Tag in diesem Jahr erlassen, eindeutig beweisen. Doch in Böhmen konnte Sigismund nicht mehr viel erreichen. Fehlte ihm schon die Spannkraft? Oder waren vielleicht die Zustände nach wie vor ungeeignet, die gehegten Pläne zu verwirklichen? Die Quellen verraten es nicht. Vielleicht verließ der Luxemburger wegen einiger Mißerfolge im Herbst des Jahres Böhmen und trat die Reise nach Ungarn an. Er hatte jedenfalls die Absicht, wenigstens hier die Nachfolge seinem Schwiegersohn zu sichern. Doch er erreichte sein Ziel nicht mehr. Am 9. Dezember 1437 ist der ruhelose Kaiser, eingehüllt in den kaiserlichen Ornat, in Znaim gestorben.

Die Wünsche Sigismunds gingen aber doch in Erfüllung. Albrecht wurde wenig später als König von Ungarn anerkannt, bald darauf als zweiter seines Namens zum römisch-deutschen König gewählt, und er vermochte sich auch in Böhmen durchzusetzen. Damit war jenes Reich geschaffen, das bis 1918 bestand und das nach österreichischer Darstellung in erster Linie den Heiratsverträgen des 14. Jahrhunderts seine Existenz verdankt haben soll. Es wäre an der Zeit, diese weitverbreitete These zu korrigieren und festzustellen, daß die habsburgische Monarchie wohl eher als Werk Sigismunds angesprochen werden sollte. Wohl aber müssen wir dazu bemerken, daß dieser nicht daran dachte, Wien oder Preßburg als Zentrum aufzubauen, wie es dann unter Albrecht II. geschah. Diese Wende, sich Österreich als zentrale Landschaft einzurichten, ist erst ein Ergebnis der Politik des Habsburgers, der dann auch den Begriff ‹Haus Österreich› in den offiziellen Sprachgebrauch einführte.

Sigismund selbst hat sich aber noch eindeutig nach Prag orientiert, und damit kam zuletzt eine ganz konsequente Linie in das vorher bisweilen sprunghafte Handeln des Luxemburgers. Der früher immer wieder erhobene Vorwurf, er habe sich verzettelt, ist durch das klare Programm, das er nach 1419 verfochten und durchgesetzt hat, widerlegt. Es wäre auch an der Zeit, sich zu erinnern, daß diese Politik einerseits – wenn sie so weitergeführt worden wäre – die Spaltung Deutschlands in einen nördlichen und südlichen Teil hätte verhindern können, daß damit andererseits aber auch den Schwerpunktsverlagerungen des 14. Jahrhunderts nach dem Osten entsprochen worden war. Vielleicht wäre die Geschichte glücklicher verlaufen, wenn Prag seine Funktion hätte behalten können und sie nicht nach Wien und Regensburg, Frankfurt und Berlin abgegeben hätte.

So wohlüberlegt demnach das Konzept der Luxemburger und Sigismunds war, es wurde bald von der Geschichte überholt. Zwei Jahre nach seinem Tode wurde der Kaiser in einer Schrift, die ein Anonymus in Basel verfaßte, zwar noch als vorbildlicher, reformfreudiger und tatkräftiger Herrscher gepriesen, die Bedeutung Böhmens und Prags ist in diesem Dokument jedoch nicht mehr erwähnt; die Böhmen-Politik geriet somit bald in Vergessenheit. In diesem Traktat, der als Reformation Kaiser Sigismunds bezeichnet wurde, hat man vielmehr das Eintreten des Luxemburgers für eine radikale Erneuerung des Reiches in Deutschland hervorgehoben, für ein neu zu schaffendes Rittertum, für eine entscheidende Machterweiterung des Bürgertums und anderes mehr. Ob sich Sigismund tatsächlich mit solchen Gedanken trug, ist schwer zu entscheiden. Als gewiegter Diplomat wußte er wohl genau um die Grenzen der Möglichkeiten, die von allen Reformern zu beachten waren. Die Vorschläge des Traktats gehen jedoch über alles, was zu erreichen gewesen wäre, weit hinaus. Daß Sigismund aber gelegentlich bereit gewesen wäre, kühn zu experimentieren, ist nicht auszuschließen.

Die Forschung des 19. Jahrhunderts glaubte dann, die Erinnerung des späteren 15. Jahrhunderts, nach der Sigismund ein reformfreudiger Herrscher gewesen war, auslöschen zu müssen. Zu sehr war man ja auch von der Vorstellung beherrscht, daß die grundlegenden Neuerungen und Veränderungen erst im 16. Jahrhundert geglückt waren. Deshalb rückte man aus der Epoche Sigismunds andere Fakten in den Vordergrund, die verlorenen Kriege, den chronischen Geldmangel, die Leichtlebigkeit des Kaisers, kurz alle jene Tatsachen, die Anlaß gaben, den Kaiser abzukanzeln. Dem ist derzeit manches entgegenzuhalten. Auf die Misere in der Kriegsführung wurde bereits verwiesen; sie ist kaum dem Luxemburger anzulasten. Zur schlechten Finanzlage wäre festzuhalten, daß es bei der Einstellung und dem Zahlungsunwillen des 15. Jahrhunderts für Sigismund ganz unmöglich war, eine entscheidende Neuordnung durchzuführen; er wäre mit jedem Versuch, die kaiserlichen Einkünfte zu sanieren, ganz gewiß gescheitert. Die Forschung wird in Zukunft zwar manche Fehler aufdecken können, die im 15. Jahrhundert gemacht wurden und die auch Sigismund beging, aber auch eine Vorstellung davon vermitteln, wie schwer es die Herrscher dieser Epoche hatten. Daß dennoch unermüdlich und immer wieder um Verbesserungen gerungen wurde, Verbesserungen, die durchaus neben den Reformen des 16. Jahrhunderts bestehen können, müssen wir den Führenden jener Epoche hoch anrechnen.

So finden wir derzeit wieder zu dem Urteil zurück, das bereits die Generation unmittelbar nach dem Tode Sigismunds fällte. Diese sah in dem Kaiser einen beharrlichen Kämpfer für Recht und Ordnung, der Neuerungen aufgeschlossen gegenüberstand. Es verdient Anerkennung, daß sich Sigismund entsprechend den Forderungen seiner Zeit stets für Reformen engagierte, dabei aber immer maßvoll war und wußte, wie weit er gehen konnte.

Den Höhepunkt in seinem von kluger Diplomatie bestimmten Leben bildeten zweifellos das Konzil zu Konstanz und die hier erreichten Erfolge. Auf dieser Versammlung hatte Sigismund auch mit härteren Maßnahmen Glück, das ihn wieder verführte, weiterhin in gleicher Weise zu verfahren. Es entsteht der Eindruck, daß der Luxemburger hauptsächlich aufgrund dieser Erfahrung in Böhmen nach 1419 zu scharf durchgriff. Er könnte damals – dieser Vorwurf sei mit aller Vorsicht gewagt – den gemäßigten Anhängern des Hus zu schroff entgegengetreten sein, das heißt aber, er hätte jene Maßnahmen, die er dann nach 1431 ergreifen mußte, vielleicht schon 1419/20 überlegen und vielleicht durchsetzen sollen. Dann hätten unter Umständen die Niederlagen von 1421, 1422 und 1427 in ihrem ganzen Ausmaß vermieden werden können. Der politische Fehler, der in der 1419 eingeschlagenen harten Gangart vielleicht zu erblicken sein mag, berechtigt jedoch nicht, Sigismund als Herrscher rundweg abzuurteilen, wie es die ältere Forschung tat. Im Gegenteil, Sigismund hat sich in Ungarn und in Deutschland, in Konstanz und in Basel eindeutig als eine überragende politische Persönlichkeit erwiesen. Er verdient es nicht, vergessen oder gar verurteilt zu weden; zu viele seiner Leistungen und Erfolge – seine Kämpfe gegen die Türken, sein Eintreten für die Konzile und endlich seine Bemühungen um die Reform im Reich – verpflichten uns vielmehr auch in der Gegenwart, des Luxemburgers dankbar zu gedenken.

Friedrich III.
1440-1493

Von Roderich Schmidt

Von allen deutschen Kaisern hat der Habsburger Friedrich III. am längsten geherrscht, 58 Jahre in seinen Stammlanden, 53 Jahre – von 1440 bis 1493 – an der Spitze des Reiches. Hat er dieses ‹regiert› wie die beiden Staufer, die vor ihm den Namen Friedrich führten? Welches war sein Anteil an den Ereignissen seiner Zeit, worin bestand seine Leistung, welches war seine historische Bedeutung?

Diese Fragen haben schon die Zeitgenossen gestellt, und sie haben darauf ebenso wie die Historiographen und Panegyriker des mit dem Namen seines Sohnes Maximilian verbundenen Zeitalters und wie die Historiker späterer Jahrhunderte sehr unterschiedliche Antworten gegeben. Das Bild, das die Zeugnisse des 15. und 16. Jahrhunderts von Person und Handeln Friedrichs III. spiegeln, schwankt zwischen Lobpreis, Schmähung und Haß. Selbst die ihm zuerkannten Tugenden – Friedfertigkeit, Nachsicht, Bedachtsamkeit, Zurückhaltung, Sparsamkeit, Genügsamkeit, Frömmigkeit – wurden ihm eher negativ angelastet als gewürdigt. Sein Sekretär und Berater Eneas Silvio Piccolomini, der spätere Papst Pius II., dessen Beschreibungen wir nicht wenige Charakteristika des Herrschers verdanken, die von späteren Autoren übernommen worden sind, legte ihm schon 1443 in der Schrift ‹Pentalogus de rebus ecclesiae ac imperii› ein bezeichnendes Selbstbekenntnis in den Mund: Er sei ein Feind des Krieges und liebe den Frieden. Er könne es deshalb nicht verantworten, daß er das Heil seiner Seele verliere, wenn er Städte zerstöre und Menschen umbringen lasse. Im übrigen kosteten solche Unternehmungen zu viel und ließen ihn seine Stammlande vernachlässigen, die ihm doch vor allem wichtig sein müßten. Seine fiktiven Gesprächspartner, zu denen nicht nur Eneas, sondern auch der Kanzler Kaspar Schlick gehörten, spornten ihn zu größerer Aktivität an, zu der er als Reichsoberhaupt verpflichtet sei, sie forderten von ihm ein stärkeres königliches Auftreten, mehr Macht- und Prachtentfaltung und die Pflege von Kunst und Wissenschaft. Eneas bescheinigte ihm alle Hausvatertugenden, vermißte aber das Wesen und das Handeln eines Imperators. In dem ‹Tractatus de fortuna› (1444) überliefert Eneas das Erscheinungsbild des jungen Königs, das zugleich auf sein Wesen hindeutet: mehr als

Deckplatte der Tumba Kaiser Friedrichs III. Niclaus Gerhaert van Leyden, um 1470. – Wien, Apostelchor von St. Stephan (Foto: Österreichische Nationalbibliothek).

mittelgroß, breitschultrig, blondes glattes Haar, bedächtiger Schritt, selten lächelnd, wortkarg. Durch die Schilderung einer Traumszene wird die Persönlichkeit noch deutlicher bezeichnet: Im Hain der Fortuna befindet sich Friedrich unter ihren Lieblingen; doch er entflieht ihr, weshalb sie ihm zu zürnen droht. Der humanistische Poet Petrus Bonomus handelt in einem seiner Gedichte von der Menschenscheu des Kaisers, der am liebsten allein sei. Er war kein strahlender Held, er begeisterte seine Mitmenschen nicht, er gewann nicht ihre Herzen. Insofern war ihm das Glück nicht hold, er vermochte es nicht zu fassen, sondern wandte sich selbst von ihm ab. Hier liegt der Schlüssel zum Verständnis der Person Friedrichs und zu der Abneigung, die aus so vielen Zeugnissen spricht.

Friedrich wurde am 21. September 1415 in Innsbruck geboren. Sein Vater, Herzog Ernst der Eiserne aus der Leopoldinischen Linie der Habsburger, herrschte in den innerösterreichischen Landen: Steiermark, Kärnten und Krain mit der Windischen Mark, Istrien und Trient. Tirol und die Vorderen Lande am Oberrhein waren an seinen Bruder Friedrich IV. gefallen. Ernst hatte in erster Ehe eine Tochter des Pommernherzogs Bogislaw V., eine Enkelin König Kasimirs III. von Polen, geheiratet. Ihre Schwester Elisabeth war die vierte Gemahlin Kaiser Karls IV. und Mutter König Sigismunds, der seit 1387 König von Ungarn und 1411 zum deutschen König gewählt worden war und 1419 seinem Bruder Wenzel als König von Böhmen folgte. Als Vormund Herzog Albrechts V. aus der Albertinischen Linie der Habsburger gebot Sigismund auch über Österreich ob und nieder der Enns. Der Gegensatz zwischen den beiden seit 1379 getrennten Linien der Habsburger und ihren Ländern, der sich zunehmend verschärfte und zu Auseinandersetzungen führte, mit denen auch Friedrich während seiner Regierungszeit immer wieder zu kämpfen hatte, brachte die Brüder Ernst und Friedrich IV. auch in Gegensatz zu König Sigismund. Auf diesem Hintergrund ist die zweite, 1411 geschlossene Ehe Ernsts mit Cimburgis, einer Tochter Herzog Ziemowits IV. von Masowien und Nichte König Wladislaws II. Jagiello von Polen, des Gegenspielers Sigismunds, zu verstehen. Sie ist die Mutter Friedrichs, seiner fünf Brüder und drei Schwestern. Herzog Friedrich IV. geriet mit König Sigismund auf dem Konstanzer Konzil in Konflikt, als er 1415 dem Pisanerpapst Johann XXIII. die Flucht aus Konstanz ermöglichte und ihn bei sich aufnahm. Der Papst wurde gefangengenommen und abgesetzt. Friedrich, über den Sigismund die Reichsacht verhängt hatte, mußte sein Land verlassen. Um es für Habsburg zu sichern, begab sich Herzog Ernst mit seiner Gemahlin nach Tirol, und so kam sein Sohn Friedrich in Innsbruck zur Welt.

Über die Kindheit Friedrichs – der Zählung nach der Fünfte – ist kaum etwas überliefert. Er hat sie wohl in Wiener Neustadt, der bevorzugten

Residenz seiner Eltern, verlebt. 1424 starb der Vater, 1429 die Mutter. Das phlegmatisch-nachdenkliche Temperament Friedrichs scheint ein Erbteil seiner Mutter gewesen zu sein, während sein Bruder Albrecht VI. (geb. 1418) das hitzige, aber auch gewinnende Wesen vom Vater mitbekommen haben dürfte. Die Vormundschaft über Friedrich V. und seine Geschwister und damit die Regierung in den Ländern Herzog Ernsts übernahm Friedrich IV. von Tirol. Um das eigene Regiment mußte der junge Friedrich, nachdem er 1431 und sein Bruder Albrecht 1434 volljährig geworden waren, erst kämpfen. Durch Schiedsspruch des österreichischen Vetters Albrecht V. wurde es ihm 1435 übertragen, auf sechs Jahre auch für den jüngeren Bruder. Um dessen Beteiligung an der Regierung brachen dann immer wieder Streitigkeiten zwischen den beiden ungleichen Brüdern aus. Zunächst ging es Friedrich um die Herausgabe der Schätze des Vaters durch den Tiroler Oheim, um die Kleinodien, das Silber, die Bücher, aber auch um das von jenem in Besitz genommene Kriegsmaterial sowie um die schriftlichen Verwaltungsunterlagen. Die Hartnäckigkeit, mit der Friedrich die Rückgabe durchsetzte, ist bezeichnend für ihn und läßt sein auf bestimmte Sachbereiche und Gegenstände gerichtetes Interesse früh erkennen. Auch seine ersten Regierungshandlungen deuten darauf hin, daß ihm ein ausgeprägter Sinn für Besitz und Geld, auch für Macht, gepaart mit einer administrativen Begabung, von Anfang an eignete. Doch bevor er sich der Regelung der inneren Verhältnisse seines Landes intensiver zuwandte, verließ er es, um ganz im Stile der Zeit und wie sein Vater es 1414 getan hatte, eine Reise ins Heilige Land zu unternehmen. Am 9. August 1436 segelte Friedrich, nachdem er von Papst Eugen IV. die Erlaubnis zum Besuch der Heiligen Stätten und vom Dogen die Genehmigung des freien Durchzugs durch venezianische Gebiete erhalten hatte, von Triest aus ab, begleitet vom dortigen Bischof und 50 Adligen. Höhepunkt der Reise war der Besuch von Jerusalem, wo Friedrich in der Nacht vom 8. zum 9. September zum Ritter des Heiligen Grabes geschlagen wurde. Auf der Rückfahrt machte er auf Zypern Station. Ob er zuvor auch in Ägypten gewesen ist, wie später berichtet, muß bezweifelt werden. Am Jahresende traf er wieder in Venedig ein, wo er große Einkäufe – Tuche, Geschmeide und anderes mehr – tätigte. Die gefahrvolle und abenteuerliche Reise hat die Phantasie angeregt und in einem Gedicht ‹Kayser Fridrichs moerfart›, aber auch in der ‹Historia Friderici III. et Maximiliani I.›, die Joseph Grünpeck im Dienste Maximilians für den jungen Karl V. verfaßte, Ausschmückungen gefunden. Grünpeck läßt Friedrich, dem alle widrigen Zufälle nur ein Lächeln abgenötigt hätten, Gefahren, Überfälle und Verfolgungen mutig überstehen, so daß er «gleich einem Sieggekrönten» die heimatlichen Gestade wieder erreichte. Nüchterner, aber durchaus aussagekräftig, sind die wenigen Angaben, die Friedrich selbst hinterlassen hat. Es handelt sich um eigenhändige Vermerke in seinem Notizbuch.

Dieses ‹Notizbuch› ist ein einzigartiges Zeugnis, das bemerkenswerte Einblicke in die Gedankenwelt des jungen Herrschers bietet. Die Eintragungen beginnen am 27. April 1437 und reichen auf den ersten Blättern bis 1440, in der Mehrzahl bis 1448, einige bis 1456. Danach ist es dem Kaiser abhanden gekommen, vielleicht sogar gestohlen worden. Erst 1621 tauchte es wieder auf, Petrus Lambeck, Präfekt der Wiener Hofbibliothek, hat es 1666 für diese erworben, wo es sich noch heute befindet. Der Inhalt des Büchleins ist so bunt gemischt wie das Leben. Notizen über Personen, Ereignisse, finanzielle Angelegenheiten, Wissenswertes und beiläufig Vermerktes mischen sich mit Sprüchen und Maximen in lateinischer und deutscher Sprache sowie mit Reflexionen Friedrichs, die als Ausdruck eigener Lebenserfahrung verstanden werden können. Sieben verschiedene Alphabete, Geheimzeichen und -schriften gehören zu den Erträgnissen der Palästina-Reise. Wie sehr sich Friedrich mit solchen Dingen beschäftigte, ergibt sich aus den Schlüsseln einer Zahlen- und einer Buchstabengeheimschrift mit dem Zusatz «hab ich selbs gedacht». Im Zusammenhang mit der Morgenlandfahrt steht auch das mehrfach verwendete Monogramm, gebildet aus drei Jerusalemkreuzen unter Hinzufügung der fünf Buchstaben ‹fihmf›, die als «Fridericus iunior Hierosolyme miles factus» aufgelöst worden sind.

Friedrichs eigentliches Signum aber sind die fünf Vokale ‹A E I O U›, meist mit einer Schlinge versehen, die er Zeit seines Lebens als seine ‹Marke›, vielleicht auch als seine ‹Devise› benutzt und geführt hat. Dieses Vokalzeichen kommt wiederholt im Notizbuch vor. Unter dem Eröffnungseintrag vom 27. 4. 1437 auf dem ursprünglich ersten Blatt ist heute die bekannte Deutung der Vokale zu lesen: «Als [Alles] erdreich ist osterreich underthan» und «austriae est imperare orbi vniuerso». Sie stammen indes nicht von der Hand Friedrichs, sondern sind später, erst nach seiner Kaiserkrönung, wahrscheinlich aber nachdem ihm das Büchlein verlorengegangen war, von anderer Hand, wenn auch noch im 15. Jahrhundert, hinzugefügt worden. Die Zahl der insgesamt bekannt gewordenen Deutungen läßt sich kaum übersehen. Welchen Sinn hat Friedrich selbst den Vokalen beigelegt? An einer Stelle des Notizbuches findet sich der Eintrag: «En, amor ellectis, iniustis ordinor ultor, sic Fridericus ego regna mea rego». In dem von Friedrich übernommenen Hexameter sind die Vokale im Anlaut der Wörter enthalten. Aus dem Pentameter ergibt sich aber, daß diese Interpretation erst in einer Zeit erfolgt sein dürfte, in der Friedrich über mehrere regna gebot, und das war erst seit 1440 der Fall. Die älteste Eintragung der Vokale und das erste Zeugnis für den Gebrauch durch Friedrich befindet sich ebenfalls auf dem ersten Blatt. Hinzugefügt sind die Jahreszahl «1437» und die

Worte «omnia tempora tempus [h] abent». Es sind dies Worte aus dem ‹liber ecclesiastes› (3,1) des Alten Testaments, die dem König Salomo (mit dem Friedrich verglichen wird) zugeschrieben wurden. In der mittelhochdeutschen Dichtung werden die Vokale ebenfalls als ein ‹Spruch› Salomos bezeichnet, und zwar als die Quintessenz des Buches Salomo (1,2): «Vanitas vanitatum et omnia vanitas». Beide Sätze bergen die Vokale in sich und verleihen ihnen den Sinn. Überblickt man die ältesten Eintragungen Friedrichs insgesamt, so läßt sich feststellen, daß sie in erstaunlichem Maße Ausdruck früher negativer Erfahrungen im persönlichen wie im politischen Leben sind und in verschiedener Weise den mittelalterlichen Vanitas-Gedanken widerspiegeln. Die das Notizbuch durchziehende Grundempfindung ist die aus Weltschmerz und Enttäuschung geborene Einsicht in die Unzulänglichkeit der menschlichen Natur und der menschlichen Beziehungen. Es gibt noch einen anderen Frühbeleg für das Vokalzeichen, ebenfalls aus dem Jahre 1437. Die von Herzog Ernst begonnene und zur Grablege bestimmte Gottesleichnamkapelle in der Burg zu Wiener Neustadt hat Friedrich vollenden lassen. In dem Schlußstein des Turmgeschosses ist die Inschrift eingemeißelt: «1437 a e i o v vincula pec». Die letzten Worte von den Fesseln der Sünde beziehen sich wohl auf die Androhung des göttlichen Gerichts in Jesaja 5, 18: «Vae, qui trahitis iniquitatem in funiculis vanitatis et quasi vinculum plaustri peccatum», und weisen in eine ähnliche gedankliche Richtung wie die frühen Notizen Friedrichs.

An der Jahreswende 1436/37 war Friedrich nach Hause zurückgekehrt. Nun galt es, nicht nur die Schwierigkeiten im eigenen Herrschaftsbereich zu bewältigen, sondern sich auch in der großen Politik zu orientieren, aus der sich die Habsburger nicht heraushalten konnten und wollten. 1421 hatte Herzog Albrecht V. Elisabeth, die Tochter König Sigismunds, geheiratet und war seitdem noch enger mit der Politik des Luxemburgers verbunden, der 1433 Kaiser geworden war und 1436 nach Ausgleich in der Hussitenfrage Böhmen zurückgewonnen hatte. Als der Kaiser am 9. Dezember 1437 verstarb, galt Albrecht V. von Österreich als sein designierter Nachfolger. Bereits am 18. Dezember wurde er in Ungarn zum König gewählt und am 1. Januar 1438 gekrönt. Am 18. März desselben Jahres folgte die Wahl zum deutschen König, als welcher er sich Albrecht II. nannte. In Böhmen kam es über die Nachfolgefrage zur Spaltung. Die Mehrheit der Stände hatte sich am 27. Dezember 1437 für Albrecht entschieden, doch erst am 29. Juni 1438 konnte er gekrönt werden. Die hussitisch-nationale Partei hatte zuvor den Bruder des Polenkönigs Wladislaw II., Kasimir, gewählt. Nachdem Albrecht sich durchgesetzt hatte, eilte er nach Ungarn, das von den Türken bedroht wurde. Sein plötzlicher Tod am 27. Oktober 1439 veränderte erneut die Situation. Am 22. Februar 1440 brachte seine Witwe einen Knaben zur Welt, Ladislaus Postumus. Als nächster männlicher Verwandter übernahm Friedrich einer Verfügung Albrechts gemäß die Vormundschaft. Im Jahr zuvor, am 24. Juni 1439, war der ältere Friedrich IV. von Tirol verschieden, und auch über dessen Sohn, den zwölfjährigen Sigmund, fiel Friedrich V. die Vormundschaft zu. Damit war der damals 24 Jahre alte Fürst plötzlich zum Senior des Hauses Österreich geworden, alle Länder der Habsburger waren – jedenfalls für die nächste Zeit – wieder in einer Hand vereinigt, und auf Ungarn und Böhmen bestand ein begründeter Anspruch für den Vormund des kleinen Ladislaus.

Bei dieser Sachlage setzte sich die Mehrheit der deutschen Kurfürsten für den Habsburger ein, und so wurde Friedrich am 2. Februar 1440 in Frankfurt am Main zum deutschen König gewählt. Am 9. Februar erhielt er die Nachricht von der Wahl, am 31. März wurde ihm die förmliche Mitteilung durch eine Gesandtschaft der Kurfürsten nach Wiener Neustadt überbracht. Friedrich hat – wie er in seinem Notizbuch vermerkte – «das aufgenommen ... mit der czirheit die darzue gehört». Aber er zögerte, sich zu erklären. Erst am 6. April ließ er die Annahme durch eine wohlgesetzte Rede seines Beraters, des Wiener Universitätstheologen Dr. Thomas Ebendorfer, verkünden. Als König hat sich Friedrich als der Dritte bezeichnet und damit unter auffälliger Auslassung Friedrichs des Schönen, des habsburgischen Gegenkönigs zum Luxemburger Heinrich VII., an die beiden Stauferkaiser angeknüpft. Hatten die königlichen Gesandten von Ursprung und Bedeutung des Königtums gesprochen, so legte Thomas Ebendorfer ausgehend von der Zweilichterlehre das Wesen des Kaisertums dar und behandelte anknüpfend an Cicero die Aufgaben, die sich dem Herrscher stellten, nämlich die Rechte des Reiches zu wahren, aber auch die Kirche bei der Überwindung des Schismas zu unterstützen und ihr – notfalls unter Anwendung des weltlichen Schwertes – gegen Glaubensfeinde behilflich zu sein. Die Rede, in der auch aus der Goldenen Bulle Kaiser Karls IV. zitiert wird, ist unter Benutzung der Briefsammlung des Petrus de Vinea, des Leiters der Kanzlei Kaiser Friedrichs II., formuliert und läßt damit erkennen, von welchen Idealvorstellungen sich Friedrich und seine Umgebung leiten ließen. Die Tageswirklichkeit sah anders aus.

Mit einem Schlage stellten sich dem jungen Herrscher Aufgaben und Probleme, die schon je für sich schwer zu bewältigen waren: in Österreich, in Tirol, in Ungarn, in Böhmen und im Reich. Alle zusammen mußten die Kraft einer Natur, wie Friedrich sie verkörperte, und die Möglichkeiten, die ihm gegeben waren, wohl von vornherein überfordern. Zunächst war es sein Bruder Albrecht VI., der gegen ihn opponierte und an der vormundschaftlichen Regierung in Tirol und Österreich zumindest beteiligt zu werden verlangte. Friedrich konnte dies abwehren, in Tirol aber nur dadurch, daß er den Ständen weitgehende

Zugeständnisse bezüglich der Selbstverwaltung des Landes machte. Aus Opposition zum Bruder verband sich Albrecht auch mit den Grafen von Cilli, die durch Kaiser Sigismund, dessen Gemahlin aus dem Hause Cilli stammte und die ihren Gatten in seiner Abneigung gegen die Leopoldiner bestärkt hatte, 1436 zu Reichsfürsten erhoben worden waren und Friedrich in seinem engeren Herrschaftsbereich feindlich gegenübertraten. In Österreich verhielten sich die Stände von Anfang an reserviert gegen Friedrich. Man sah hier und besonders in Wien mit einem gewissen Hochmut auf die Steirer herab.

Erst nach Verhandlungen hatte Friedrich in Wien einrücken und am 6. Dezember 1439 die Burg in Besitz nehmen können. Einer chronikalischen Nachricht des 15. Jahrhunderts zufolge hat Friedrich damals oder bald danach an der Burg sein Vokalzeichen ‹A E I O V› anbringen lassen. Da habe einer dem König zur Schmach darüber geschrieben: «Aller Erst Ist Osterreich Verdorben». Der eigentliche Grund für die Auseinandersetzungen zwischen Friedrich und den österreichischen Ständen war finanzieller Natur. König Albrecht II. hatte große Schulden an Söldnerführer hinterlassen, die er zur Durchführung seiner Großmachtpolitik angeworben hatte. Sie zogen nun mit ihren Scharen plündernd durch das Land. Die Stände verlangten, daß Friedrich die Soldrückstände in vollem Umfang und allein bezahlen solle. Denn er galt nach verbreiteter Meinung als reich. Ein kastilischer Edelmann, Pero Tafur, der 1439 den Hof König Albrechts II. in Wien und anschließend Wiener Neustadt besucht hatte, bemerkt in seinem Reisebericht, Friedrich sei im Vergleich mit seinem königlichen Vetter nicht eben ein so großer Herr, aber er sei außerordentlich reich und verstehe es, sein Vermögen beisammen zu halten. Immerhin hat Friedrich, wie sich aus seinen Notizen ergibt, für die Solderstattung die stattliche Summe von 79000 Gulden zur Verfügung gestellt. Doch nach Meinung der Stände war dies nicht genug. Infolgedessen nahmen die Spannungen zu. Bei einer Zusammenkunft, die im Sommer 1441 im Augustinerkloster in Wien stattfand, kam es zu erregten Tumulten, in deren Verlauf Friedrich als «König der Juden» beschimpft wurde, man versuchte, ihn zu ergreifen und rief «Kreuziget ihn!». Friedrich bestätigt dies in seinem Notizbuch. Und er fügte eine für sein Herrscherverständnis erhellende Bemerkung hinzu: Die Österreicher seien viel böser als die Ungarn oder die Böhmen, denn diese handelten nur gegen ihre erwählten Herren, die Österreicher aber gegen ihre erbliche Herrschaft.

Ungarn und Böhmen waren Wahlreiche; jedenfalls nahmen die Land- bzw. Reichstage das Wahlrecht für sich in Anspruch, unbeschadet des Erbanspruchs der königlichen Familien. Nach dem Tode König Albrechts hat seine Witwe, Königin Elisabeth, die Tochter Kaiser Sigismunds, rasch gehandelt. Am 22. Februar 1440 war Ladislaus Postumus zur Welt gekommen. Bereits am 15. Mai ließ sie ihn in Stuhlweißenburg zum König von Ungarn krönen. Aber damit war seine Anerkennung im Lande keineswegs gesichert, und sie sah sich veranlaßt, ihren Sohn und die Stephanskrone dem Vormund Friedrich zu übergeben. Die nationale Partei in Ungarn entschied sich gegen die Habsburger für den Polenkönig Wladislaw III., der am 7. August 1440 zum König von Ungarn gekrönt wurde und sich faktisch durchsetzte, vollends nach dem Tode der Königin Elisabeth im Dezember 1442. Friedrich trug den Realitäten Rechnung und vereinbarte mit Wladislaw im Sommer 1443 einen Waffenstillstand. Als dieser im Jahre darauf bei Warna im Kampf gegen die Türken fiel, wurden die Rechte des Ladislaus allgemein anerkannt. Man verlangte nun aber, daß er in Ungarn aufwachse und dort erzogen würde. Friedrich lehnte dies ab. Daraufhin wurde, vor allem wegen der notwendig gewordenen Türkenabwehr, ein Mann aus einer der führenden Adelsfamilien des Landes, Johann Hunyadi, zum Reichsverweser gewählt. 1446 erschien er mit einem Heer vor Wiener Neustadt, um die Herausgabe Ladislaus' zu erzwingen; im Dezember des Jahres brach er die Belagerung wegen der immer bedrohlicher werdenden Türkengefahr ab und schloß mit Friedrich einen Waffenstillstand.

Die Böhmen hatten nach dem Tode König Albrechts zunächst Herzog Albrecht von Bayern-München die Königswürde angetragen. Als dieser sich versagte, wählten sie Friedrich; aber auch er lehnte mit Rücksicht auf die Ansprüche Ladislaus' ab. In der Folge gewann die nationale utraquistische Partei immer mehr die Oberhand gegenüber der katholischen, zu Habsburg neigenden. Ihr führender Kopf war Georg Podiebrad (geb. 1420), so benannt nach seinem Geburtsort, aus dem Geschlecht derer von Kunstadt. 1448 bemächtigte er sich der Hauptstadt Prag. Im Frühjahr 1452 erreichte er es, auf dem böhmischen Landtag zum Verweser des Königreiches, wenn auch zunächst nur für zwei Jahre, gewählt zu werden. Bereits im Oktober 1451 hatte Friedrich ihm im Namen Ladislaus' die Verwaltung Böhmens bis auf Widerruf bestätigt. So gingen Ungarn und Böhmen, bald nachdem Friedrich deutscher König geworden war, ihre eigenen Wege, wenn dieser auch die Rechtsansprüche seines Mündels Ladislaus und damit auch die Machtansprüche Habsburgs nicht aufgegeben hatte.

Die Vorgänge in Ungarn und Böhmen sowie auch in Österreich, wo die Adelspartei in ähnlicher Weise nach Eigenständigkeit und Unabhängigkeit strebte, waren offenkundig der Grund dafür, daß Friedrich die Reise zur Krönung in Aachen hinauszögerte. Erst zwei Jahre nach seiner Wahl zum König, fast auf den Tag genau, hat er sie von Graz aus angetreten. Am 17. Juni 1442 wurde ihm dann im Aachener Münster die Reichskrone aufs Haupt gesetzt. Es ist merkwürdig, vielleicht aber auch bezeichend, daß er darüber nichts in seinem Notizbuch vermerkt hat. Zu den ungelösten Problemen, mit denen er sich nun konfrontiert sah, gehörte auch die Frage einer Reichsreform, mit der sich schon Sigismund und Albrecht II. ohne rechten Erfolg befaßt hatten. Friedrich ist dieser Aufgabe zunächst nicht ausgewichen. Auf dem Reichstag zu Frankfurt am Main wurde vielmehr am 14. August 1442 ein Reformgesetz, die sogenannte Reformation Friedrichs III., erlassen. Freilich blieben so wichtige Komplexe wie die Gerichtsordnung und die Kreiseinteilung des Reiches auch hier ausgeklammert. Wohl enthielt das Gesetz Bestimmungen zur Einschränkung der Fehden, über die Beseitigung heimlicher Gerichte, zur Sicherheit der Straßen oder zur Abstellung von Mißständen im Münzwesen. Aber in allen diesen Punkten zeigte sich auch die Wirkungslosigkeit reichsgesetzlicher Anordnungen, weil es an Mitteln gebrach, sie wirksam durchzusetzen. Ein Reichstag zu Nürnberg hat sich 1444 noch einmal mit solchen Fragen beschäftigt, doch ebenfalls ohne rechten Erfolg. Man hat es Friedrich verübelt, daß er sich fortan für lange Zeit nicht mehr der Reichsreform angenommen hat. Aber er war doch wohl Realpolitiker genug, um sich nicht mit Vorhaben zu beschäftigen, die seiner Meinung nach nicht zu verwirklichen waren. Denn es war nicht zu übersehen, daß den Kurfürsten nicht daran gelegen war, die Stellung des Reichsoberhauptes zu stärken; vielmehr wollten sie ihre eigenen territorialen Rechtspositionen ausbauen. Um Befestigung und Erweiterung seiner Hausmacht ging es auch Friedrich, einmal weil er sich in einer den Kurfürsten vergleichbaren Lage als Territorialherr befand, zum andern weil die Stärkung dieser Position bei Lage der Dinge die Voraussetzung für eine einigermaßen wirkungsvolle Ausübung der Reichsgewalt war. Erst nach 27 Jahren, im Jahre 1471, hat Friedrich III. wieder einen Reichstag, diesmal in Regensburg, besucht. Diese Abwendung von den Reichsangelegenheiten ist einer der Gründe dafür, daß von den Zeitgenossen wie von späteren Kritikern der Vorwurf der Versäumnisse und der Pflichtvergessenheit gegen ihn erhoben worden ist.

Wie sehr Friedrich auch als Reichsoberhaupt die Interessen seines Hauses im Auge hatte, beleuchtet die Tatsache, daß er schon am Tage nach der Krönung ein Bündnis mit der Stadt Zürich schloß, das gegen die Schweizer Eidgenossenschaft gerichtet war. Er hoffte, auf diese Weise die seit dem 14. Jahrhundert eingetretenen Verluste der Habsburger wenn nicht rückgängig zu machen, so doch wenigstens durch Wiedergewinnung des 1415 von den Schweizern eroberten Aargaus, des Stammlandes der Habsburger, revidieren zu können. Friedrich schwebte vor, einen die habsburgischen Besitzungen am Oberrhein, die Nordschweiz, Vorarlberg und Schwaben umfassenden Bund der Eidgenossenschaft gegenüberzustellen. Als die Kämpfe für Zürich unglücklich verliefen, tat Friedrich einen folgenschweren Schritt, indem er sich an den französischen König Karl VII. mit der Bitte wandte, Söldner zur Verfügung zu stellen. Frankreich ging nur zu bereitwillig auf diesen Wunsch ein und setzte ein Heer von Armagnaken mit dem Dauphin an der Spitze gegen Basel in Marsch und unternahm gleichzeitig unter Führung des Königs einen militärischen Vorstoß gegen die Reichsbistümer Metz, Toul und Verdun mit dem Ziel, diese vom Reich zu trennen und Frankreich einzuverleiben. Durch dieses Unternehmen bekam die Angelegenheit einen anderen, sehr viel weiterreichenden, nationalen Charakter. Militärisch auf sich gestellt, gelang es den Schweizern trotz der Niederlage bei St. Jakob an der Birs (1444), die Franzosen zum Abzug zu veranlassen (1445). Friedrichs Pläne in diesem Raum waren damit gescheitert. Er blieb seitdem mit dem Odium behaftet, die Rechte des Reiches nicht verteidigt, sondern verraten zu haben. Die für ihn negative Entwicklung suchte er gleichwohl zu nutzen; er übertrug 1444 die Verwaltung der österreichischen Vorlande seinem Bruder Albrecht VI., so daß es diesem überlassen blieb, die entstandenen Schäden zu heilen, und zugleich hoffte er, dadurch in Österreich freieren Spielraum zu gewinnen. Die eingetretene Schwächung seiner Stellung blieb auch nicht ohne Auswirkung auf Tirol. Die Stände verlangten die Beendigung der vormundschaftlichen Regierung, nachdem Herzog Sigmund 1443 volljährig geworden war, und die Auslieferung ihres Herrn, die Friedrich nach einigem Zögern 1446 gewähren mußte.

Während Friedrich mit seinen Bemühungen um die Reichsreform und mit seiner Politik in den habsburgischen Stammlanden erfolglos geblieben war, gelang ihm in der Kirchenpolitik ein Durchbruch, der freilich im Sinne der lange erstrebten Reform auch einschränkend beurteilt werden kann. Reform war das Schlagwort der Zeit nicht nur im Hinblick auf das Reich, sondern vor allem in bezug auf die Kirche und das Papsttum. Das Konstanzer Konzil hatte das päpstliche Schisma beseitigt, die Frage der Stellung des Papstes im Verhältnis zum Konzil aber nicht entschieden. Als die Mehrheit des Basler Konzils 1439 die Theorie der konziliaren Superiorität über den Papst zum Dogma erhoben und Papst Eugen IV., der dem Konzil den Rücken gekehrt und es verlassen hatte, für abgesetzt erklärte, kam es erneut zur Spaltung. Der Gegenpapst Felix V. konnte sich zwar nicht durchsetzen. Aber der Riß in der Kirche bestimmte weiterhin und in zunehmendem Maße die Politik der Mächte. Die deutschen Kurfürsten hatten sich im Streit zwischen Papst und Konzil für neutral erklärt, König Albrecht II. hatte diese Linie beibehalten, und auch Friedrich III. war zunächst nicht von ihr abgewichen. Daß es zu seinen Aufgaben gehörte, auf die Überwindung der Kirchenspaltung hinzuwirken, hatte er allerdings in der Rede zur Annahme der deutschen Königswürde zum Ausdruck bringen lassen. Inzwischen hatte das Konzil immer mehr an Gewicht und Bedeutung verloren, während Papst Eugen IV. seine Stellung in Rom seit 1443 befestigt hatte. Durch Vermittlung des Konzilschreibers Eneas Silvio Piccolomini, nunmehr im Dienste Friedrichs III., aber auch des königlichen Kanzlers Kaspar Schlick wurden Verhandlungen zwischen Friedrich III. und Eugen IV. aufgenommen. Der Papst stellte dem König die Kaiserkrönung und eine finanzielle Beteiligung am Romzug in Aussicht. Friedrich war zur Anerkennung bereit um den Preis des lebenslänglichen Nominationsrechtes für sechs österreichische Bistümer und weiterer Vorrechte kirchlicher Natur in seinen Erblanden, darunter das Recht der Visitation der Klöster. Die Verhandlungen des Königs riefen die Opposition der Kurfürsten hervor, besonders der Erzbischöfe von Köln und Trier. Als der Papst sie absetzte und bannte, war die Folge, daß von seiten der Kurfürsten die Anerkennung der Beschlüsse von Konstanz und Basel durch Eugen IV. verlangt wurde. Als er die Bereitschaft erkennen ließ, auf diese Forderung einzugehen, und als er die Absetzung der Erzbischöfe von Köln und Trier aufhob, war der Weg zur Verständigung geebnet, die dann in den sogenannten Fürstenkonkordaten vom Februar 1447 fixiert wurde. Der Papst erkannte die Mehrzahl der Basler Reformdekrete an, und eine Reihe deutscher Reichsstände, darunter die Kurfürsten von Mainz, Brandenburg und Sachsen, der Deutsche Orden und Friedrich III. für Österreich und Böhmen, leisteten ihm Obödienz. Eugen IV. hat die Abmachungen allerdings kurz vor seinem Tode (23. Februar 1447) wieder in Frage gestellt. Neue Verhandlungen mit seinem Nachfolger Nikolaus V. wurden erforderlich. Auf dem Aschaffenburger Fürstentag im Juli 1447 erhielt dieser die Anerkennung. Und nach weiteren Verhandlungen zwischen Friedrich III. und einem päpstlichen Beauftragten in Wien kam hier eine endgültige Vereinbarung zustande, die am 17. Februar 1448 von Friedrich III. als Reichsoberhaupt für die Deutsche Nation besiegelt, jedoch am 19. März durch Nikolaus V. einseitig als päpstliches Privileg publiziert wurde. Entgegen den Basler Beschlüssen behielt der Papst unter anderem das Recht, die Wahl von Bischöfen durch die Domkapitel zu verwerfen und die Besetzung von Bischofsstühlen auf dem Wege der Provision vorzunehmen. Auch wurde ihm die Besetzung bestimmter niederer Pfründen in den ungeraden – den sogenannten päpstlichen – Monaten zugestanden. Gesonderte Regelungen zwischen der Kurie und den einzelnen Reichsständen waren zugelassen und sind in der Folge auch abgeschlossen worden, wodurch die Entwicklung in Richtung auf ein landesherrliches Kirchenregiment in Deutschland gefördert wurde. Obwohl das Wiener Konkordat nicht als Reichsgesetz verkündet worden ist, erlangte es eine langandauernde Bedeutung, indem es die Grundlage für die Beziehungen zwischen dem römischen Stuhl und dem Reich bis zu seinem Ende im Jahre 1806 bildete.

Durch die Verständigung mit Papst Eugen IV. und seinem Nachfolger

Nikolaus V. und die Regelung der Kirchenfrage war der Weg zur Kaiserkrönung für Friedrich geebnet. Bevor er den Romzug antreten konnte, mußten allerdings die Beziehungen zu den Ländern, auf die sein Mündel Ladislaus Postumus Anspruch hatte, so gut es ging geregelt werden. Friedrich erreichte dies im Verhältnis zu Ungarn und Böhmen dadurch, daß er die dort faktisch regierenden Machthaber Johann Hunyadi und Georg von Podiebrad 1451 als Gubernatoren anerkannte. Weit schwieriger gestaltete sich die Lage in Österreich. Hier hatte sich der Leiter der landesfürstlichen Güter- und Finanzverwaltung, der Hubmeister Ulrich von Eytzing, an die Spitze einer Adelsfronde gesetzt, die sich im Oktober 1451 in Mailberg zu einem Bunde zusammenschloß, dem im Dezember auf einer eigenmächtig in Wien zusammengetretenen Landesversammlung nicht nur zahlreiche Adlige, sondern auch Prälaten und Städte beitraten. Sie forderten von Friedrich ultimativ die Herausgabe des Ladislaus, ihres ‹dominus naturalis›. Da auch die Ungarn und die Böhmen auf Auslieferung des Ladislaus beharrten, entschloß sich Friedrich, sein Mündel nach Italien mitzunehmen, um sich seiner so am besten zu versichern. Es geschah dies in aller Heimlichkeit, niemanden hatte der König in seine Absicht eingeweiht. Die Empörung war groß; man sprach von Entführung.

Im Dezember 1451 hatte Friedrich die Reise von Graz aus angetreten, nicht mit einem stattlichen Heer, sondern mit einem würdigen Gefolge, darunter auch seinem Bruder Albrecht VI. Treviso, Padua, Ferrara, Bologna, Florenz waren die ersten Stationen, auf denen er mit prächtigen Festen ganz im Stile der Renaissance empfangen und gefeiert wurde. Die Erlangung der Kaiserwürde war indes nicht das einzige Ziel, das Friedrich erstrebte. Hier in Italien wollte er auch seine künftige Gemahlin treffen, und in Rom wollte er mit ihr vermählt werden. Das Eheprojekt reicht bis ins Jahr 1447/48 zurück. Von Herzog Philipp III. von Burgund war Friedrich auf dessen Nichte, die portugiesische Infantin Eleonore, aufmerksam gemacht worden. Sie war die Tochter König Eduards von Portugal und seiner Gemahlin aus dem Hause Aragon. Die Schwester König Eduards, Isabella, war mit Philipp von Burgund verheiratet, und dieser hoffte, sich durch das Eheprojekt den künftigen Kaiser für seinen Plan, Burgund zum Königreich zu erheben, verpflichten zu können. Im Februar 1448 schickte Friedrich zwei Beauftragte und einen Maler zur Brautschau an den Hof nach Lissabon. Nachdem diese voll des Lobes über die Infantin zurückgekehrt waren, entschloß er sich zur förmlichen Werbung. Inzwischen war ein weiterer Bewerber aufgetreten, der französische Dauphin, der spätere König Ludwig XI. von Frankreich. Vor die Wahl gestellt, soll sich Eleonore für Friedrich als den künftigen Kaiser entschieden haben. Sie war damals etwa 15 Jahre alt, Friedrich stand im 35. Lebensjahr. Die eigentlichen Heiratsverhandlungen sind am Hofe von Neapel beim Mutterbruder Eleonores, König Alfons V. von Aragon-Sizilien, geführt worden. Im Dezember 1450 kam der Ehevertrag zustande. Außer wertvollem Schmuck wurde eine Mitgift von 60000 Gulden vereinbart. Die Ehe sollte zunächst per procurationem in Portugal geschlossen, die eigentliche Eheverbindung mit der Kaiserkrönung in Rom verbunden werden. Am 18. Januar 1451 fand die Trauung durch einen Prokurator Friedrichs in Lissabon statt. Mitte November trat die ‹regina Romanorum› die Reise nach Italien auf dem Seewege an. Von Piraten überfallen, von Seekrankheit erschöpft, kam sie nach 82 Tagen Seefahrt in Livorno an, wo sie von Gesandten Friedrichs empfangen wurde. Unter ihnen befand sich auch Eneas Silvio Piccolomini, der wesentlich am Zustandekommen der Eheverbindung mitgewirkt hatte und vor kurzem Bischof von Siena geworden war. In Siena fand dann am 24. Februar 1452 die erste Begegnung des Paares statt. Eneas beschreibt Eleonore als zierlich, makellos schön, mit dunklen Augen und Haaren und außerordentlich anmutig. Am 9. März traf man in Rom ein, am 16. März wurde Friedrich mit der Eisernen Krone der Lombarden von Papst Nikolaus V. gekrönt, am selben Tage traute er das Königspaar, und am 19. März fand die Kaiserkrönung statt, bei der Eleonore mit der Krone der Gemahlin Kaiser Sigismunds, Barbaras von Cilli, geschmückt wurde. Keiner der Anwesenden konnte voraussehen, daß dies die letzte von einem Papst in Rom vollzogene Kaiserkrönung sein würde. Von Rom aus ging die Reise nach Neapel. Hier erst wurde die Ehe vollzogen. Getrennt begab man sich nach Venedig, und von hier aus trat man gemeinsam die Rückreise in Friedrichs Erblande an.

Unterwegs erreichte den Kaiser die Nachricht, daß die österreichischen Stände unter Führung Ulrichs von Eytzing und des Grafen Ulrich von Cilli ihm den Gehorsam aufgekündigt hatten. Friedrich ließ seine Gemahlin in Graz zurück und begab sich nach Wiener Neustadt, das bald von den Aufständischen eingeschlossen und belagert wurde. Der Kaiser sah sich zu Verhandlungen genötigt, und am 4. September 1452 wurde Ladislaus dem Grafen von Cilli übergeben. Damit hatten Österreich, Ungarn und Böhmen ihren angestammten Herrscher wieder, während sich Friedrich nunmehr auf die Steiermark, auf Kärnten und auf Krain beschränkt sah. Die Anerkennung Ladislaus' blieb überall eine bloß formale. In Österreich stritten sich Ulrich von Eytzing und Ulrich von Cilli um die Macht. In Böhmen blieb Georg von Podiebrad der eigentliche Herrscher. Ladislaus wurde zwar, nachdem er anerkannt hatte, daß er nicht kraft Erbrechts, sondern durch Wahl König sei, am 28. Oktober 1453 in Prag gekrönt, doch ließ sich Georg zugleich für weitere sechs Jahre als Gubernator bestätigen. Johann Hunyadi hatte nach der Freigabe Ladislaus' das Amt des Gubernators in Ungarn zwar formal niedergelegt, die tatsächliche Macht aber behalten. Als er 1456 starb, spitzten sich die Verhältnisse zu. Ladislaus Hunyadi, der älteste Sohn des Gubernators, ließ Ulrich von Cilli, den Ratgeber König Ladislaus', ermorden, was zur Folge hatte, daß der König ihn hinrichten ließ, aber auch, daß sich nun ein Aufstand gegen ihn erhob. Der plötzliche Tod Ladislaus' am 23. November 1457 zu Prag, der zu viel Geraune Anlaß gab, schuf eine neue Situation. Mit ihm war die Albertinische Linie der Habsburger im Mannesstamm erloschen. Würde der Leopoldiner Friedrich die von den Luxemburgern ererbten Ansprüche auf Böhmen und Ungarn seinem Hause sichern können oder würden diese Länder nun endgültig eigene Wege gehen? Die Großen handelten schnell. Am 24. Januar 1458 wählten die Ungarn den jüngeren Sohn des Johannes Hunyadi, Matthias Corvinus, am 2. März die Böhmen Georg von Podiebrad zum König. Durch einen militärischen Einfall nach Österreich zwang der neue Böhmenkönig den Kaiser zur Anerkennung. Im Juli 1459 wurde Georg zu Brünn von Friedrich mit Böhmen und seinen Nebenländern belehnt. Das von Anfang an straffe Regiment des Matthias Corvinus bewirkte, daß eine Minderheit der Ungarn am 17. Februar 1459 Friedrich zu ihrem König wählte. Am 4. März ließ er sich in Wiener Neustadt zum ungarischen König krönen. Nach militärischen und diplomatischen Verwicklungen verständigten sich Matthias und der Kaiser 1462/63 in der Weise, daß Friedrich den Titel eines Königs von Ungarn behielt, die Stephanskrone aber Matthias für 80000 Gulden auslieferte, so daß dieser im März 1464 in aller Form gekrönt werden konnte. Durch den Abschluß eines Vertrages über die Eventualsukzession in Ungarn suchte Friedrich seine Ansprüche und die seines Hauses zu wahren. Schwierigkeiten gab es aber auch im Herzogtum Österreich, und sie trugen dazu bei, daß Friedrich nicht entschiedener in die Entwicklung in Ungarn und Böhmen eingreifen konnte. Als Ältester des Hauses betrachtete Friedrich sich als der alleinige Erbe Ladislaus'. Aber Ansprüche machten auch sein Bruder Albrecht und sein Vetter Sigmund von Tirol geltend. Die Auseinandersetzungen, besonders zwischen den Brüdern, führten im Sommer 1461 zum offenen Kampf. Albrecht bedrohte Wien, die Bürger der Stadt schlossen sich ihm an, der Kaiser und seine Familie wurden 1462 in der Hofburg belagert und aus ihrer bedrängten und schmählichen Lage nur durch das militärische Eingreifen Georgs von Podiebrad gerettet, der sich der Unterstützung des Kaisers in seiner Auseinandersetzung mit der katholischen Kirche zu versichern suchte. Der Tod Herzog Albrechts VI. am 2. Dezember 1463 befreite den Kaiser von einem schwierigen und nicht ungefährlichen Gegner, beseitigte aber nicht die Probleme, mit denen er in Österreich weiterhin zu kämpfen hatte.

Bei der Belagerung in der Wiener Hofburg hatte sich die Kaiserin tapfer und standhaft gezeigt. Für das Zögern und Zagen, das Lavieren und Nachgeben ihres Gemahls zeigte sie wenig Verständnis. Die unterschiedlichen Charaktereigenschaften und Wesenszüge des Kaiserpaares traten mit der Zeit immer deutlicher in Erscheinung. Zunächst hatten die beiden Gatten, nachdem Friedrich sein Mündel Ladislaus ausgeliefert hatte, äußerlich ruhige Jahre in Wiener Neustadt verlebt, das sich zwar in seiner baulichen Gestaltung wie in seinem Lebenszuschnitt nicht mit Lissabon messen konnte, das sich unter Friedrich aber doch zu einer respektablen Residenz entwickelte. Die Förderung der Kirchen, Klöster und geistlichen Stiftungen sowie die rege Bautätigkeit, die zahlreiche Handwerker und Künstler anzog, gaben der Stadt zunehmend ein ansehnliches Gepräge. Zugleich sorgte der Kaiser aber auch für die Befestigung. Seine besondere Liebe galt dem Tiergarten, den er bei der Burg anlegen ließ, sowie dem parkartigen Tannengarten und einem Obstgarten, an denen sich der Gartenliebhaber Friedrich erfreute. In der Burg ließ er einen zweischiffigen Thronsaal neu erbauen, der im Jahre 1461 vollendet wurde. Im Westtrakt der Burg entstand die ‹Kirche ob dem Tor›, die später den Namen Georgskirche erhielt. An der dem inneren Hofraum der Burg zugewandten Ostseite dieser Kirche ließ Friedrich die berühmte Wappenwand anbringen. In ihr sind 107 Wappen neben- und untereinander angereiht, 14 Wappen der habsburgischen Länder und 93 Phantasiewappen. In zwei weiteren Feldern befindet sich je ein Engel mit einem Spruchband; das eine mit der Jahreszahl ‹1453›, das andere mit der Devise ‹AEIOV›. In der Mitte dieser Schauwand befindet sich unter einem Baldachin das Standbild des Kaisers mit Krone und Szepter. Das Ganze ist eine Manifestation der Würde und des Selbstverständnisses des Herrschers als des Hauptes des ‹Hauses Österreich›, ein Begriff, den Friedrich III. übernommen hat und der zunächst dynastisch zu verstehen ist, der aber zugleich und darüber hinaus den Anspruch der Habsburger auf die Kaiserwürde unterstreichen und ihre Erblande als die Basis dieses Kaisertums und damit des Reiches bezeichnen sollte. Der Ausbau von Wiener Neustadt als Residenz durch Friedrich III. ist als das Bestreben zu verstehen, einen Mittelpunkt für das habsburgische Kaisertum zu schaffen. Die gleich nach der Kaiserkrönung errichtete Wappenwand gewinnt vor diesem Hintergrund ihre tiefere Bedeutung.

In diesen Zusammenhang ist auch die Bestätigung von Privilegien zu stellen, die Friedrich III. nach seiner Kaiserkrönung am 6. Januar 1453 in Wiener Neustadt vornahm. Es handelt sich um die von Herzog Rudolf IV., dem Stifter, 1358/59 veranlaßten sogenannten Österreichischen Hausprivilegien, Fälschungen und Verfälschungen echter Urkunden, wie des von Kaiser Friedrich Barbarossa 1156 gewährten ‹Privilegium minus›, durch das Österreich zum Herzogtum erhoben und mit weitgehenden Vorrechten bedacht worden war, zum ‹Privilegium maius›, das die Sonderstellung Österreichs noch stärker herausstellte, indem es die

Rechte erweiterte. Rudolf IV., der sich durch die in der Goldenen Bulle Kaiser Karls IV. 1356 festgelegte Zahl der Kurfüstentümer übergangen sah, suchte durch die Fälschungen seinem Land Österreich etwa dieselbe Position innerhalb der Verfassung des Reiches zu verschaffen, «wie sie dem regnum Bohemiae zukam. Daher kam es ihm darauf an, Österreich, und zwar das Land als auch seinen Fürsten, zum Träger königsähnlicher Rechte, Ehren und Herrschaftszeichen zu machen» (Appelt). In Parallele zu den Erzämtern der Kurfürsten wurde der Titel ‹Pfalzerzherzog› erfunden, und zum Beweis für die besondere Stellung Österreichs und seiner Fürsten führte man deren Rechte bis auf die römischen Kaiser Cäsar und Nero zurück. Durch Hinzufügung der Steiermark in den Urkundentexten wurde erreicht, daß «als Träger der Vorrechte nicht mehr bloß das Land Österreich, sondern der Herrschaftsbereich der österreichischen Dynastie (‹dominium Austrie›)» erscheint (Appelt). Dementsprechend wurde auch die Unteilbarkeit der habsburgischen Lande und der Grundsatz der Primogenitur festgelegt. Kaiser Karl IV. hatte die Bestätigung der von Rudolf IV. vorgelegten Privilegien, nicht zuletzt aufgrund einer die Echtheit bezweifelnden Stellungnahme Petrarcas, abgelehnt. Friedrich III., der sich auch sonst an Rudolf IV. als Vorbild orientierte, bestätigte sie nunmehr und erweiterte sie um die Bestimmung, daß fortan auch die Angehörigen der Steierischen Linie der Habsburger den Titel ‹Erzherzog›, den sein Vater bereits geführt hatte, tragen sollten. Erst dadurch, daß Friedrich III. «das bis auf Justinian zurück verfolgbare Recht, eine ‹sanctio pragmatica› zu erlassen», wahrnahm und mit der Bestätigung «in aller Stille» einen «Staatsakt» vollzog, «sind jene Urkunden rechtsgültig geworden und haben für Jahrhunderte die Präponderanz des Hauses Österreich gesichert» (Lhotsky).

Für den Fortbestand des Hauses Österreich und für den Anspruch, den es auf das Kaisertum erhob, war die Frage der Nachkommenschaft von entscheidender Bedeutung. Im Jahre 1455 wurde dem Kaiserpaar ein Sohn geboren, der den Namen Christoph erhielt, der aber nach wenigen Monaten starb. Zwei Jahre später, am 23. März 1459, kam der Thronfolger zur Welt. Er erhielt den Namen Maximilian. Zunächst hatte man an zwei andere beziehungsreiche Namen gedacht. Nach dem Wunsch des Vaters sollte er Georg, nach dem der Mutter Konstantin heißen. Für solche Überlegungen war gewiß ein die damalige Welt erschütterndes Ereignis bestimmend gewesen, die Eroberung Konstantinopels durch die Türken im Jahre 1453. Dem heiligen Georg als dem Patron der Kreuzritter und Helfer gegen die Heiden fühlte sich Friedrich spätestens seit seiner Reise ins Heilige Land persönlich eng verbunden. Nach seiner Königswahl hatte er für die Gottesleichnamskapelle in der Burg zu Wiener Neustadt einen Georgsaltar gestiftet, von dem vermutlich auch das Bronzestandbild des Heiligen stammt, das dann in der nach 1449 begonnenen ‹Kirche ob dem Tor›, der Georgskirche, seinen Platz fand. Damals bestätigte er auch die schwäbische ‹Rittergesellschaft mit St. Jörgensschild› und wurde ihr oberster Schutzherr. Vermutlich waren ihm auch die im 15. Jahrhundert bereits zahlreich vorhandenen Georgslegenden, wie die des Reinbot von Durne, bekannt. Daß er sich nicht für den Namen Georg entschied, mag wegen des ‹Ketzers› Georg, nämlich des Böhmenkönigs, geschehen sein. Der statt dessen zum Namenspatron gewählte Maximilian war ein speziell im Blick auf die habsburgischen Lande ausgesuchter Heiliger, der hier in Cilli 248 als Bischof von Lorch den Märtyrertod erlitten hatte. Nach Maximilian hat die Kaiserin noch drei weitere Kinder zur Welt gebracht, von denen aber nur die Tochter Kunigunde heranwuchs. Im Jahre 1467, am 3. September, ist Eleonore im Alter von etwa 30 Jahren verstorben. Sie wurde in der Kirche des 1444 von Friedrich gegründeten Zisterzienserklosters in Wiener Neustadt beigesetzt. Hier hatten auch die verstorbenen Kinder des Kaiserpaares ihre Ruhestätte gefunden. Friedrich ließ seiner Gemahlin ein prunkvolles Grabdenkmal aus rotem Marmor errichten, das der Straßburger Bildhauer Niklaus Gerhaert van Leyden geschaffen hat. Auf der Grabplatte ist die Kaiserin in voller Lebensgröße, mit Krone, Szepter und Reichsapfel, unter einem Baldachin stehend dargestellt. Kurz vor ihrem Tode hatte sie den Besuch eines böhmischen Adligen, Leo von Rožmital, eines Schwagers Georgs von Podiebrad, erhalten. Dieser hatte eine Reise durch West- und Südeuropa unternommen und überbrachte ihr Grüße aus Portugal. Die Reise ist von einem seiner Begleiter beschrieben. Aus diesem Bericht erfährt man auch Einzelheiten über den Besuch in Wiener Neustadt. Es waren fröhliche Tage mit Musizieren und Tanzen. Besonders entzückt zeigte sich die Kaiserin über die Mohren und Affen, die ihr königlicher Bruder der Reisegesellschaft geschenkt hatte. Eleonore wird von den Zeitgenossen als eine Frau von großer Frömmigkeit geschildert, was ihren Sohn Maximilian zu der Annahme veranlaßte, daß sie gewiß zu den Seligen zu zählen sei. Sie war ihrem Gemahl in ihrer Frömmigkeit verbunden, doch scheint diese von einer empfindsameren Art gewesen zu sein als die des Kaisers. Wie er besaß sie einen ausgeprägten Sinn für die Würde des Herrscheramtes, nur daß sie es, obwohl sie höchst selten in die politischen Handlungen eingriff, nachdrücklicher und tatkräftiger zur Geltung gebracht wissen wollte, als es durch den Kaiser geschah.

Im Jahr 1468 begab sich der Kaiser ein zweites Mal nach Rom. Vielleicht war der Tod Eleonores der Anlaß, vielleicht bestimmten ihn aber auch politische Probleme, die er mit Papst Paul II., dem Nachfolger des als Pius II. auf den Stuhl Petri gelangten Eneas Silvio (gest. 1464), zu besprechen wünschte. Anlässe gab es genug, etwa die Verhältnisse in Böhmen, dessen König als Ketzer verurteilt worden war, die immer gespannter werdenden Beziehungen zum Ungarnkönig Matthias Corvinus, nicht zuletzt das Türkenproblem, vielleicht auch die Verhältnisse im Reich. Greifbare Ergebnisse der Romreise waren die Erhebung von Wien und Wiener Neustadt zu Bistümern und die Genehmigung zur Gründung des St. Georgs-Ritterordens. Die Bemühungen um ein selbständiges Bistum Wien reichten bis in die Babenbergerzeit zurück, auch Herzog Rudolf IV., der Stifter, hatte einen solchen Plan verfolgt, wenn auch vergeblich. Immerhin war von ihm mit der Errichtung eines Kollegiatkapitels bei St. Stephan 1365 eine wichtige Voraussetzung geschaffen worden. Friedrich III. gründete 1459 ein Kollegiatkapitel an der Liebfrauenkirche in Wiener Neustadt. Unter dem 18. Januar 1469 bestätigte Paul II. nunmehr die Errichtung von Bistümern in Wien und Wiener Neustadt und genehmigte zugleich ihre Loslösung vom Bistum Passau. Friedrich und seine Nachfolger sollten berechtigt sein, den jeweiligen Bischof zu ernennen, unabhängig vom Erzbischof von Salzburg. Wenn die neuen Bistümer auch sehr klein waren und wenn es wegen der Errichtung auch Schwierigkeiten mit Passau gab, die sich längere Zeit hinzogen, so war doch ein weiterer Schritt auf dem Wege der Territorialisierung der Kirche in den österreichischen Landen erreicht. Bereits am 1. Januar 1469 hatte der Papst den St. Georgs-Ritterorden bestätigt, dessen wichtigste Aufgabe der Kampf gegen die Türken sein sollte. Zum Sitz des Ordens bestimmte der Kaiser das Benediktinerkloster Millstatt in Kärnten, dessen Vogt er war. Die Erwartungen, die mit der Ordensgründung verbunden waren, erfüllten sich jedoch nicht recht, und nachdem Millstatt 1478 von den Türken gebrandschatzt worden war, verlegte Friedrich den Sitz des Ordens nach Wiener Neustadt und verband ihn mit dem dortigen Bistum. Als Sitz wurde ihm jetzt die Burgkirche über dem Tor, nunmehr St. Georgskirche, zugewiesen.

Seit 1444 hatte Friedrich III. sich nicht mehr ins Reich begeben. «In den folgenden Jahrzehnten kann man von einer einheitlichen Reichsgeschichte nicht mehr sprechen. Das historische Geschehen löst sich auf in eine Reihe von Einzelabläufen, die höchstens noch durch lockere Fäden miteinander verbunden sind» (Baethgen). Zu den tatkräftigsten Fürsten gehörte der zollersche Markgraf Albrecht Achilles von Ansbach. Seit den vierziger Jahren verfolgte er das Ziel, die fränkischen Besitzungen seines Hauses zu einem Herzogtum Franken auszubauen. Er stieß dabei auf den Widerstand der Städte, besonders Nürnbergs, aber auch der benachbarten geistlichen Fürsten und geriet vor allem in Gegensatz zu den Wittelsbachern in Bayern und in der Pfalz. Der Konflikt nahm kriegerische Formen an, als die Wittelsbacher 1458 die Stadt Donauwörth besetzten. Dies veranlaßte den Kaiser, einen Reichskrieg zu verfügen, mit dessen Durchführung er den Markgrafen Albrecht Achilles und Herzog Wilhelm von Sachsen beauftragte. Der Streit rief aber auch den benachbarten Böhmenkönig Georg von Podiebrad auf den Plan, der sich nach einigem Schwanken auf die Seite der Wittelsbacher schlug und damit auf die Seite der reichsständischen Opposition gegen den Kaiser, während Albrecht Achilles als Vertreter der kaiserlichen Partei gelten konnte. Der Krieg verlief ungünstig für den Ansbacher, so daß der Kaiser sich um eine friedliche Beilegung bemühte. Die Friedensvermittlung übertrug er König Georg, der im August 1463 zu Prag einen Kompromißfrieden zustande brachte. Überhaupt hatte Georg von Podiebrad einen zunehmenden Einfluß auf die Verhältnisse im Reich gewonnen. Schon lange war der Gedanke aufgekommen, auch im Kreise der Kurfürsten, Friedrich einen oder mehrere Statthalter an die Seite zu stellen. Nach der Kaiserkrönung wurde auch die Möglichkeit ventiliert, einen neuen römischen König zu wählen, wobei man zunächst an den wittelsbachischen Pfalzgrafen Friedrich gedacht hatte. Als Anwärter empfahl sich aber auch der Böhmenkönig. Am Ende der sechziger Jahre betrieb Georg von Podiebrad dann die Wahl Karls des Kühnen von Burgund zum römischen König, der nach dem Tode von dessen Vater, Herzog Philipp III. (gest. 1467), als neue Figur in den Kreis der agierenden Persönlichkeiten eintrat.

Wenn Georg von Podiebrad trotzdem Friedrich III. 1462 beistand und ihn aus der Bedrängnis in Wien befreite, so wegen seiner Verwicklungen mit der Kirche, durch die auch ein römisches Königtum für ihn faktisch unmöglich wurde. Als Repräsentant der Utraquisten aufgestiegen, hatte er vor seiner Königskrönung gelobt, die Einheit mit der katholischen Kirche in Böhmen wieder herzustellen. Als dies nicht geschah, hob Papst Pius II. 1462 die bisherigen Regelungen mit den Utraquisten auf und eröffnete gegen König Georg den Ketzerprozeß, der 1466 mit seiner Absetzung endete. Die Vollstreckung übernahm König Matthias Corvinus mit der Absicht, die unter Kaiser Sigismund und König Albrecht II. bestehende Vereinigung von Böhmen und Ungarn wiederherzustellen. Er fand dabei Unterstützung bei den Katholiken in Böhmen, aber auch bei den schlesischen Ständen. Matthias brachte Schlesien und Mähren in seine Gewalt und wurde am 3. Mai 1469 von den Gegnern Georgs zum König von Böhmen gewählt. Georg dagegen fand die Unterstützung des Polenkönigs Kasimir II., der mit einer Tochter König Albrechts II., mithin einer Schwester des Ladislaus Postumus, verheiratet war und daraus Erbansprüche auf Böhmen für sich und seine Nachkommen ableitete. Zudem war er schon 1437 zum König von Böhmen gegen Albrecht von Österreich gewählt worden. Kasimir verhandelte zugunsten Georgs in Rom, und auch Friedrich III. setzte sich für ihn ein. Gegenüber dem Ungarnkönig konnte sich Georg erfolgreich behaupten, so daß dieser ihm zu Beginn des Jahres 1471 eine Friedensregelung vorschlug. Bevor es dazu kam, ist Georg am 12. März 1471 plötzlich verstorben. Er hatte zuvor einen Sohn Kasimirs II. von Polen, Wladislaw, zu seinem Nachfolger bestimmt. Im Mai 1471 wurde dieser auf dem Landtag zu Kuttenberg zum König gewählt. Er konnte sich jedoch nur im eigentlichen Böhmen durchsetzen und verständigte sich schließlich mit Matthias dahingehend, daß beide den böhmischen Königstitel führten und der Ungarnkönig die böhmischen Nebenlande, Mähren, Schlesien und die Lausitzen, behielt. Nach dem Tode eines der beiden sollten alle Länder der böhmischen Krone wiedervereinigt werden. Vom Kaiser war hierbei nicht die Rede. Friedrich hat nach einigem Zögern Wladislaw als König von Böhmen anerkannt und mit ihm 1474 ein Bündnis geschlossen. Denn sein Hauptgegner wurde immer entschiedener Matthias Corvinus, der zur beherrschenden Gestalt im südöstlichen Mitteleuropa aufstieg.

So wie einst Georg von Podiebrad nach der deutschen Königskrone gestrebt und sogar von der erneuerten Würde eines oströmischen Kaisers geträumt hatte, so hegte Matthias Corvinus ähnliche Pläne. Im Jahre 1470 hat er den Rang und die Würde eines ‹rex Romanorum› für sich gefordert, was von Friedrich III. allerdings ebenso förmlich abgelehnt wurde. Zudem hatte er sich im Heidenkampfe bewährt, war wie schon sein Vater mehrfach und erfolgreich gegen die herandrängenden Türken zu Felde gezogen, so daß er – anders als Friedrich III., der in dieser Hinsicht bisher so gut wie nichts unternommen hatte – als ruhmvoller Vorkämpfer der Christenheit gegen sie gelten konnte. Daraus ließen sich leicht Ansprüche auch auf das Kaisertum ableiten. Zunächst aber kam es dem Ungarnkönig darauf an, seine Stellung im mittleren Donauraum auszubauen und durch eine Hegemonie über Böhmen und Österreich abzusichern, um den Rücken für den Kampf gegen die Türken frei zu haben. So war der Konflikt mit Friedrich III. gewissermaßen unausweichlich. Für die zugespitzten Verhältnisse ist die Baumkircher-Affäre bezeichnend. Andreas Baumkircher, ein aus krainischem Rittergeschlecht stammender Söldnerführer, hatte lange Jahre im Dienste Friedrichs III. gestanden; 1455 wurde er Burghauptmann zu Preßburg, nach dem Tode des Grafen Ulrich von Cilli war er mit reichem Besitz aus dessen Erbe bedacht worden. Als Friedrich III. 1462 durch seinen Bruder Albrecht und dessen Anhänger in Wien belagert wurde, war er es, der das Entsatzheer des Georg von Podiebrad herangeholt hatte. Dann aber war er zu Matthias Corvinus übergegangen und agierte in Österreich und in der Steiermark gegen Friedrich. Er zettelte eine Adelsverschwörung gegen den Landesherrn an und eroberte eine Reihe von Städten. Zu Verhandlungen geladen, wurde er festgenommen und auf Anordnung Friedrichs in Graz am 23. April 1471 enthauptet. Der entscheidende Grund für diese ungewöhnliche Maßnahme Friedrichs, der sonst eher geneigt war, Gegnern zu verzeihen oder doch Milde gegen sie walten zu lassen, wird darin zu suchen sein, daß sich Baumkircher «allzu weit in Konspiration mit Matthias eingelassen hatte» (Lhotsky). Freilich war es

Friedrich selbst gewesen, der dem Ungarnkönig das Land geöffnet hatte. Als im Jahre 1468 böhmische Söldner nach Österreich eingefallen waren und es verwüsteten, rief der Kaiser, mit der Vorbereitung seiner zweiten Romfahrt beschäftigt, Matthias Corvinus zur Hilfe, um das Land von den Böhmen zu befreien. Als Lohn verschrieb er ihm die Einkünfte aus Österreich für ein Jahr.

Im Jahre 1471 begab sich Friedrich III. nach 27 Jahren zum ersten Male wieder ins Reich, und zwar zum Reichstag nach Regensburg. Zu den Beratungsgegenständen dieses Reichstages gehörten die Dauerthemen Reichsreform und Türkenabwehr. Welche die eigentlichen Beweggründe des Kaisers für seine Teilnahme waren, ist nicht bekannt. In Sachen Reichsreform wurde wieder einmal ein Reichslandfriede erlassen, der insofern etwas Neues brachte, als er jeden auf dem Wege der Fehde verfolgten Anspruch für nichtig erklärte und damit das Fehdewesen einschränkte. Der im Jahre 1467 ventilierte Gedanke eines nur für Landfriedensfälle einzurichtenden, vom Kaiser weitgehend unabhängigen Gerichts war nicht weiterverfolgt worden, zumal die Zuständigkeit des königlichen Kammergerichts 1465 auch auf Landfriedensfälle von reichsunmittelbaren Ständen ausgedehnt worden war und der Kaiser sich beharrlich weigerte, die Lösung eines obersten Friedensgerichts von seiner Person zuzulassen. Vielleicht war es wirklich die Sorge vor der inzwischen auch für die habsburgischen Lande akut gewordenen Türkengefahr, die den Kaiser veranlaßte, sich nach Regensburg zu begeben. Die vom Kaiser begehrte Reichshilfe gegen die Türken wurde zwar nicht verweigert, aber doch so beschränkt, daß keine Wirkung erzielt werden konnte.

Neben der Türkenfrage traten jetzt Probleme im Westen des Reiches unübersehbar in den Vordergrund. Wenn Friedrich sich ihnen nun zuwandte, so ist wieder schwer zu durchschauen, inwieweit dabei habsburgische oder Reichsinteressen ausschlaggebend waren. In der Grenzzone zwischen dem Reich und Frankreich hatte sich, ausgehend vom Herzogtum Burgund unter einer Nebenlinie des französischen Königshauses der Valois, seit 1363 ein eigenes Machtgebilde entwickelt, welches sich ständig erweiterte. Zwischen seinen südlichen Gebieten und den nördlichen in den Niederlanden klaffte eine Lücke, die die Herzöge zu schließen bestrebt waren. Was ihnen vorschwebte, war ein möglichst geschlossener, sich von Nord nach Süd erstreckender Territorialkomplex, vergleichbar dem Zwischenreich am Ende der Karolingerzeit. Während der Regierungszeit Friedrichs III. war das Herzogtum Luxemburg einverleibt worden (1451), danach richteten sich die Blicke auf Lothringen und das Elsaß. Damit war die habsburgische Interessensphäre berührt, wenn auch zunächst die des Tiroler Herzogs Sigmund. Doch die Pläne Herzog Philipps des Guten (1419–1467) reichten weiter. Mit einer Tochter von

Johann I. von Portugal, der führenden Seemacht der damaligen Zeit, vermählt und damit durch die Kaiserin Eleonore auch mit dem Kaiser in verwandtschaftlichen Beziehungen stehend, plante er als ‹Großherzog des Abendlandes› einen Kreuzzug gegen die Türken. Sein unmittelbares Bestreben aber war die Erhebung Burgunds zu einem Königreich, ein Ziel, das sein Sohn Karl der Kühne aufgegriffen und konsequent weiterverfolgt hat. Neben Habsburg war vor allem die Schweizer Eidgenossenschaft betroffen. Auch sie hatte sich weiter ausgedehnt und 1460 den Habsburgern den Thurgau entrissen, 1461 hatte Herzog Sigmund von Tirol den Verlust anerkennen und 1468 weitere Zugeständnisse, auch finanzieller Art, machen müssen. In dieser Situation wandte er sich an Karl den Kühnen, der 1469 Geld zur Verfügung stellte und Schutz gegen die Eidgenossen versprach, wofür ihm Sigmund das Elsaß und den Sundgau überließ. Ganz im Stile der Heiratspolitik der damaligen Zeit dachte Karl zunächst daran, seine Erbtochter Maria (geb. 1457) mit dem Herzog von Lothringen zu verloben, dann wurde ihm aber die Möglichkeit, sie dem Erben des Kaisers, Maximilian, anzutrauen, verlockender. Friedrich III. verfolgte diesen Plan in der Überlegung, daß sich das gesamte Problem Burgund mit allem, was damit zusammenhing, am besten lösen würde, wenn es gelänge, dieses territoriale Gebilde mit seiner Wirtschafts- und Finanzkraft für Habsburg zu gewinnen.

1473 begab sich der Kaiser ins Rheingebiet. Zu Basel traf er sich im Herbst mit seinem Vetter Sigmund, um diesen zum Einlenken gegen die Eidgenossen zu bewegen. Dann brach er nach Trier auf, wo er im September mit Karl dem Kühnen zusammenkam. Bei den Verhandlungen, die sich bis in den November hinzogen, hat Karl als Preis für die Verbindung Marias mit Maximilian die deutsche Königswürde mit der Anwartschaft auf das Kaisertum, auf jeden Fall die Erhebung Burgunds zum Königreich, gefordert, für das er dem Reich die Gesamthuldigung zu leisten bereit war. Friedrich schien einer solchen Regelung nicht abgeneigt. Im November wurde schon mit den Vorbereitungen für die Krönung Karls in Trier begonnen; doch dann zerschlug sich alles. Einmal konnte zwischen Friedrich und Karl keine Einigung über die Reihenfolge der Akte erzielt werden; der Kaiser verlangte die Verlobung vor der Krönung, während Karl erst gekrönt werden wollte. Zum andern widersetzten sich die anwesenden Kurfürsten von Trier, Mainz und Brandenburg dem Vorhaben überhaupt, und Friedrich sah sich wohl nicht imstande, seine Absichten ohne die Zustimmung der Kurfürsten durchzusetzen. So brach er die Verhandlungen kurzer Hand ab und verließ plötzlich Trier. Statt mit Burgund verständigte er sich jetzt mit den Eidgenossen. In der ‹Ewigen Richtung› von Konstanz im März 1474 erkannte Herzog Sigmund für das Haus Habsburg deren territorialen Besitzstand an und ermunterte sie im Kampf gegen Karl. Ein gleichzeitiger Aufstand im Elsaß machte hier der burgundischen Herrschaft ein Ende. Karl ging nun gegen Kurköln vor, dessen Erzbischof aus der pfälzischen Linie der Wittelsbacher mit dem Domkapitel in Streit lag. Er wandte sich an Karl, dieser übernahm die Schirmvogtei über das Erzstift, brach im Jahre 1474 in die Stiftslande ein und belagerte die Stadt Neuß. Der Vorgang weckte eine nationale Erregung nicht nur am Rhein, sondern in weiten Teilen Deutschlands. Der Kaiser befahl einen Reichskrieg gegen Karl und übernahm selbst die Führung eines mächtigen Heeres, das Neuß entsetzte und Karl veranlaßte, im Juni 1475 abzuziehen. Inzwischen hatten sich auch Lothringen und die Schweizer mit dem Kaiser verbündet. Karl besetzte daraufhin die lothringische Hauptstadt Nancy und wandte sich gegen die Schweizer, wurde aber von diesen 1476 bei Grandson und dann bei Murten besiegt und zum Rückzug nach Lothringen gezwungen. Bei Nancy erlitt er am 5. Januar 1477 eine weitere vernichtende Niederlage, und in dieser Schlacht fand er den Tod.

Friedrich III. hatte durch die Abwehr Burgunds und die Niederlage Karls des Kühnen im Reich an Ansehen gewonnen, obwohl er auch in dieser Auseinandersetzung vorsichtig zurückhaltend und abwägend taktiert hatte. Bezeichnend ist es aber auch, daß er das Eheprojekt keineswegs aufgab, sondern so rasch wie möglich in die Tat umzusetzen bemüht war. Er konnte sich dabei darauf berufen, daß Karl der Kühne nach der Niederlage von Grandson seine Zusage zu der Eheverbindung am 6. Mai 1476 urkundlich bestätigt hatte. Maximilian teilte seiner Braut Ende Januar 1477 schriftlich mit, daß er die Heiratsabmachung annehme. Es bestand durchaus die Gefahr, daß das uneinheitliche Staatsgebilde Burgund nach dem Tode Karls des Kühnen auseinanderbrach, zumal Frankreich sich anschickte, Teile desselben an sich zu bringen. Der Kaiser war an der Erhaltung Burgunds interessiert, weniger die Reichsfürsten, weil sie den Machtzuwachs Habsburgs im Westen des Reiches beargwöhnten. Am 12. Februar 1477 erließ Friedrich III. von Basel aus eine Proklamation an die burgundischen Lande, in der er sie zum Gehorsam gegen die Herzogin Maria und ihren Verlobten ermahnte und den Schutz des Reiches in Aussicht stellte. Zugleich warnte er den französischen König vor einem gewaltsamen Vorgehen. Maria hatte in der Hoffnung, so die Einheit des Staates zu bewahren, sich am 11. Februar veranlaßt gesehen, den Ständen im ‹Großen Privileg› die Autonomie der Landesteile zurückzugeben. Als die Lage für sie bedrohlicher wurde, wandte sie sich im März an ihren Verlobten um Hilfe. Um klare Verhältnisse zu schaffen, wurde die Ehe am 21. April per procurationem in Brügge geschlossen. Die Trauung erfolgte dann am 19. August 1477 in festlicher Form ebenfalls in Brügge. Am 19. April 1478 belehnte der Kaiser seinen Sohn und seine Schwiegertochter sowie deren künftige Erben mit Gesamtburgund von Reichs wegen. Ein Teil der Stände opponierte gegen die neue Herrschaft und suchte Unterstützung bei Frankreich. Im August 1479 errang Maximilian einen bedeutenden Sieg über die Franzosen bei Guinegate, doch konnte er nicht verhindern, daß einzelne Landesteile an Frankreich gelangten. Die weiteren Auseinandersetzungen um das burgundische Erbe und die Kämpfe, die Maximilian hierum, besonders nach dem Tode Marias im Jahre 1482, zu führen hatte, bis hin zum Frieden von Senlis 1493, durch den er den wesentlichen Bestand Burgunds für sich und das Haus Habsburg sichern konnte, sind hier nicht zu schildern, da Friedrich III. daran keinen unmittelbaren Anteil hatte.

In derselben Zeit, in der Friedrich sich und seinem Hause diesen Zuwachs im Westen des Reiches verschaffte, drohte ihm die Grundlage seiner Macht in Österreich verlorenzugehen. Die zeitweilige Abwendung vom Südosten war der Stellung des Ungarnkönigs Matthias Corvinus zugute gekommen. Friedrich glaubte, durch Zugeständnisse nach allen Seiten die Dinge in der Schwebe halten und Zeit gewinnen zu können. Im Juni 1477 übertrug er Böhmen dem Polen Wladislaw. Nachdem ihm Matthias Corvinus daraufhin den Krieg erklärt hatte, belehnte er im Dezember desselben Jahres diesen mit Böhmen, wohl in der Hoffnung, ihn damit zum Stillhalten zu veranlassen. Zugleich aber unterstützte er die Gegner des Matthias in Ungarn, so wie dieser die Gegner Friedrichs in Österreich ermunterte. Auf diese Weise schwelte der Konflikt weiter. Matthias erklärte, seine Maßnahmen richteten sich nicht gegen den Kaiser, sondern gegen Friedrich als den Herrn von Österreich. Im Februar 1480 kam es zum offenen Kampf, 1482 begann der Ungarnkönig Wien einzukreisen und Österreich sowie Teile der Steiermark zu erobern, was sich indes schwieriger als gedacht erwies. Doch konnte er 1484 mit der Belagerung Wiens beginnen und am 1. Juni 1485 in die Stadt als Sieger einziehen. Damals, so schreibt der Chronist Jakob Unrest, sind wahrgeworden «die funff vocales A E I O V, die etlich vor lanng ausgelegt haben: ‹Allererst ist Osterreich verloren›, wiewol sy in dem anfanckh nit in der maynung furgenommen sindt worden». Matthias machte Wien zu seiner Residenz und schaltete im Lande, als wenn er der Landesherr wäre. Im August 1487 fiel auch Wiener Neustadt nach langer Belagerung. Friedrich war nach Linz ausgewichen und hatte sich schließlich ins Reich begeben, um hier Unterstützung zur Behauptung seiner Erblande und zur Wiedererlangung der verlorenen Teile zu suchen. Daß er nicht energisch gegen den Ungarnkönig vorging, haben ihm die Landesbewohner verübelt.

Friedrich dachte auch hier in längerfristigen Dimensionen. Außerdem war er nunmehr in einem Alter, in dem sich auch für ihn, der stets seine Eigenständigkeit gewahrt und die Herrschaft mit niemandem hatte teilen wollen, die Nachfolgefrage stellte. Mochte er gegen seinen gänzlich anders gearteten temperamentvollen Sohn Maximilian auch Vorbehalte haben: Wenn die Zukunft des Hauses Habsburg gesichert werden sollte, so mußte Maximilian rechtzeitig ins Herrscheramt berufen werden. Hinzu kam die Überlegung, daß mit Unterstützung der reichen Niederlande am ehesten Hilfe im Kampf gegen Ungarn und Türken zu erhalten war, da die Reichsfürsten zu einer tatkräftigen Unterstützung nicht bereit waren. Deshalb ist die Frage, ob Friedrich die Königswahl seines Sohnes den Kurfürsten abgerungen hat oder ob sie ihm von diesen in Fortsetzung früherer Bestrebungen, ihm einen Reichsregenten an die Seite zu stellen, gewissermaßen aufgezwungen worden ist, letzten Endes müßig. Entscheidend ist, daß Maximilian am 16. Februar 1486 zu Frankfurt am Main einstimmig von sechs Kurfürsten, außer Böhmen, gewählt worden ist und am 2. April in Aachen die Krone empfing. Es war nicht das erste Mal, daß Friedrich sich einen Erfolg, wie es schien, hatte aufzwingen lassen. Was Karl IV. vor mehr als hundert Jahren am Ende seiner Regierung gelungen war, die Nachfolge im Reich seinem Sohn zu sichern, ist dem Habsburger ebenfalls geglückt oder zuteil geworden. Nun blieb nur zu hoffen, daß Maximilian glückhafter und erfolgreicher regieren würde als Karls Sohn Wenzel. Zunächst war Maximilian freilich vollauf in Burgund und in den Niederlanden beschäftigt und gebunden. Der Kaiser dachte auch keineswegs daran, ihn unmittelbar und wirksam an der Herrschaft zu beteiligen. Im Gegenteil, er ließ sich von Maximilian die eidliche Zusage geben, sich ohne die Einwilligung des Vaters nicht in die Regierungsgeschäfte einzumischen. Im Jahr 1490 mußte der Vater sogar dem Sohn zur Hilfe kommen, als ihn die Bürger von Brügge gefangengesetzt hatten, und ihn mit Reichstruppen befreien.

Im Jahre 1488 hat Friedrich auch in Tirol eingegriffen, einmal wegen der Klagen des Landes über die Wirtschaftsführung Herzog Sigmunds, zum andern weil dieser 1487 eine Heirat der Tochter Friedrichs, Kunigunde, mit Herzog Albrecht VI. von Bayern-München gegen den Willen des Vaters zustande gebracht hatte. Sigmund wollte Tirol sogar gegen eine ansehnliche Kaufsumme den Wittelsbachern überlassen. Friedrich befürchtete außerdem, daß aus der Ehe ein Erbanspruch auch auf Österreich abgeleitet werden könnte. 1490 legte Sigmund die Regierung nieder, und zwar zugunsten Maximilians, der sich 1489 aus den Niederlanden nach Tirol begeben hatte. 1492 verzichteten Kunigunde und ihr Gemahl auf alle Erbrechte, 1496 starb Herzog Sigmund. Damit war auch Tirol gesichert und ein weiterer Schritt auf dem Wege der Zusammenfassung der habsburgischen Macht getan. Für die Verbindung der einzelnen Teile des Besitzkomplexes gewann Schwaben zunehmend an Bedeutung, und so richtete sich der Blick Friedrichs auch auf diesen Raum. 1487 gab er auf dem Reichstag zu Nürnberg den Anstoß zur Bildung eines Landfriedensbundes. Unter wesentlicher Beteiligung kaiserlicher

Räte entstand 1488 der ‹Kaiserliche Bund in Schwaben›, in dem sich weltliche und geistliche Fürsten, Adel und Städte zusammenschlossen, um der Zersplitterung dieses Raumes Einhalt zu gebieten. Die eigentlich politische Zielsetzung war gegen Bayern und die Expansionsbestrebungen der Wittelsbacher gerichtet. Hier zeigte sich der Ansatz eines neuen Weges zur Reichsreform, der jedoch nicht weiterverfolgt worden ist. Denn Friedrich blieb auch dieser von ihm zumindest mitinitiierten Gründung gegenüber mißtrauisch, weil der Bund durch seine straffe Organisation und seine militärische Kraft eine Macht zu werden begann, die auch ihm gefährlich werden konnte. Gleichwohl ist zu erkennen, daß der Kaiser in den siebziger und achtziger Jahren sich durchaus um die Reichsangelegenheiten gekümmert hat, wobei es dahingestellt bleiben mag, ob dies vornehmlich zur Sicherung und Erweiterung seiner Hausmacht geschah oder nicht doch auch und zugleich im Interesse des Reiches, freilich unter Habsburgs Führung.

Auf dem Wahlreichstag 1486 wurde erneut ein Landfriede verkündet, diesmal für zehn Jahre, und es wurde ein allgemeines Fehdeverbot erlassen. Dieses setzte die Garantie eines gerichtlichen Austrages voraus und damit ein oberstes Friedensgericht. Die Absicht der Kurfürsten, ein solches zu einer Einrichtung der Reichsstände zu machen, scheiterte erneut am Widerstand des Kaisers. Ein solcher Plan lief auf eine Beseitigung der Landfriedensgewalt des Kaisers hinaus und damit auf eine Beeinträchtigung seiner Einflußmöglichkeiten auf die Verhältnisse im Reich. Sie sind im ganzen tatsächlich wohl größer gewesen, als meist angenommen. Die Mitwirkung Friedrichs an vielen einzelnen Vorgängen ist noch unzulänglich erforscht, obwohl die Bemühungen darum im Gange sind. Sie müssen in einer «Kombination von allgemeiner Geschichte und Landesgeschichte» erschlossen werden (Heinig). «Wahrscheinlich wird auch seine Reichspolitik nach der Bearbeitung des noch unerschlossenen Quellenmaterials günstigere Beurteilung finden» (Meuthen). Auch die Anteilnahme und der Einfluß Friedrichs auf den Arbeitsgang der Reichskanzlei war viel intensiver als man bisher gemeint hat (Koller). Wie sehr Friedrich als Kaiser auf die Verhältnisse im Reich eingewirkt hat, läßt auch seine ‹Universitätspolitik› erkennen, ein Kapitel in der Geschichte dieses Kaisers, welche «noch nicht geschrieben ist» (Schmidt). Nach der Gründung der Universität Prag durch Karl IV. 1346 und ihrer Bestätigung durch ihn als Reichsoberhaupt haben seine Nachfolger Wenzel, Sigismund und Albrecht ihre Anteilnahme verschiedenen Universitäten außerhalb des deutschen Königreiches erwiesen. Auch Friedrich III. hat italienischen Universitäten Bestätigungen erteilt. Er war dann aber der erste, der dies auch in Deutschland getan hat. Köln (1442), Greifswald (1456), Freiburg im Breisgau, die Gründung seines Bruders Albrecht VI. (1456), Lüneburg (1471) für das Kaiserrecht und Tübingen (1484) sind hier zu nennen. In die Angelegenheiten der Universität Wien hat er mehrfach eingegriffen.

Und was wurde aus Österreich? In Wien herrschte seit 1485 Matthias Corvinus in prunkvoller Hofhaltung. Der Tod des Ungarnkönigs am 6. April 1490 brachte die Wende. Wieder einmal fiel Friedrich III. ein Erfolg durch Abwarten zu. Dem herbeigerufenen Maximilian gelang es in kurzer Zeit, Wien und das besetzte Land zu befreien. Matthias hatte keinen legitimen Erben hinterlassen. Gestützt auf das 1463 erlangte Nachfolgerecht, rückte Maximilian in Ungarn ein, konnte sich jedoch nicht lange dort halten. Der ungarische Reichstag entschied sich am 15. Juli 1490 für König Wladislaw von Böhmen. So war Ungarn erneut mit Böhmen verbunden, nun in der Hand eines polnischen Herrschers aus jagiellonischem Hause. Immerhin erreichte es Maximilian im Vertrag zu Preßburg am 7. November 1491, daß das Erbrecht der Habsburger für den Fall des Todes Wladislaws und seiner männlichen Nachkommen bestätigt wurde und daß er weiterhin den Titel eines Königs von Ungarn führen konnte. Damit waren wenigstens die Ansprüche Habsburgs auf Ungarn und Böhmen erneut anerkannt. Der von den Luxemburgern übernommene Gedanke einer Verbindung von Böhmen, Ungarn und Österreich unter einem Kaiser, nun aus habsburgischem Hause, das sich als Nachfolger der Luxemburger betrachtete, blieb lebendig und ein Ziel der Politik. Daß er nach 35 Jahren Wirklichkeit werden würde, war damals nicht vorauszusehen. In der Regierungszeit Friedrichs III. und durch seine Politik aber waren dafür in entscheidener Weise die Voraussetzungen geschaffen worden.

Friedrich hat sich in seiner letzten Lebenszeit ganz nach Linz zurückgezogen und hier eher bescheiden als königlich gelebt. Zwar behielt er die Reichsgeschäfte im Auge und gab sie auch nicht eigentlich aus der Hand. Aber die Politik bestimmte nicht mehr ausschließlich seinen Tagesablauf. Er empfing weiter Fürsten, Gesandte und Boten, aber er pflegte auch Umgang mit Gelehrten und Dichtern. Vor allem aber kümmerte er sich um seine Sammlungen und ging seinen Neigungen nach. Über die Sonderbarkeiten des alten Kaisers ist manches berichtet. Joseph Grünpeck hat ihnen in seiner ‹Historia› sogar einige Kapitel gewidmet. So beschäftigte er sich, abgeschlossen von seiner Umgebung und bis spät in die Nacht hinein, mit den Gestirnen und ihrem Einfluß auf die Menschen, mit Physiognomik und Chiromantie. Er sammelte mit Leidenschaft Perlen und Gemmen und glaubte an die magischen Eigenschaften der Steine, besonders der Edelsteine. Er experimentierte mit Gold und anderen Metallen und versuchte sich in der Herstellung von Mixturen und heilkräftigen Wässern. Er war ein Gartenfreund und verstand etwas von Pflanzen. Die Heimlichkeit, in der er seinen Neigungen nachging, trug ihm den Verdacht der Zauberei und üble Nachrede ein. Aus besonderen Anlässen gab es auch an seinem Hofe festliche Veranstaltungen und Gastmähler, teils mit Rücksicht auf die notwendige Repräsentation, teils um mit seinem Reichtum zu prunken, wie Grünpeck anmerkt. Sonst lebte er ganz bescheiden und nährte sich hauptsächlich von Obst, Früchten und Suppen. Den Genuß von Wein lehnte er ab. Dem Tanz und allem modischen Wesen war er abhold. Einzig an Spaßmachern fand er Gefallen. Im Umgang mit Frauen war er äußerst zurückhaltend; offenbar hat er niemals Amouren gehabt. Gleichwohl war er kein Frömmler, wenn von ihm auch einmal gesagt worden ist, er eigne sich besser zum Mönch als zum Kaiser. Seine Kirchlichkeit war auf die Beachtung der Regeln gerichtet und verband sich mit seinem Sinn für die Wahrnehmung kaiserlicher Pflichten. Der Wiener Historiker Alphons Lhotsky, der sich im 20. Jahrhundert am eingehendsten mit der Person Friedrichs III. beschäftigt und durch seine eindringenden Studien über ihn zum vertieften Verständnis des Herrschers und seiner Umwelt beigetragen hat, bezeichnet das Individuum Friedrich als «rätselhaft», als eine «Doppelnatur». Vieles an ihm war Maske. Dahinter verbarg sich, daß der «früh vereinsamte, infolge seines unglücklichen Naturelles selbst von den Nächsten gemiedene Fürst ein eigenartiges Innenleben führte, daß hinter der für gewöhnlich so kalten, egalen und faden Erscheinung am Ende doch wohl eine Art Weltanschauung stand, zumindest ein beharrlicher Wille, der sich selbst vielleicht nur als Egoismus bewußt wurde, im nachhinein besehen sogar mehr gewesen sein könnte als eigensinnige Verbohrtheit in skurrile Ideen».

Die Persönlichkeit Friedrichs ist in den überlieferten Äußerungen der Zeitgenossen zu fassen sowie in ihren Taten und den von ihr veranlaßten Werken. Sie spiegelt sich aber auch in der Bibliothek, die der Kaiser zu seinen Schätzen zählte. Den Grundstock bildeten Handschriften der Luxemburger, die schon Kaiser Sigismund an Albrecht II. vererbt hatte und die Friedrich als Vormund des Ladislaus Postumus an sich genommen und nicht wieder herausgegeben hatte. Sie umfaßte etwa 150 Bände, von denen sich heute noch mehr als 60 nachweisen lassen. Viele von ihnen tragen als handschriftlichen Besitzvermerk Friedrichs Zeichen ‹a e i o v›, bei anderen ist es auf dem Einband oder auf den Schließen eingeprägt. Fast die Hälfte gehört in den geistlichen Bereich: Bibeln, Psalter, Andachts- und Gebetbücher, Legendare. Einige betreffen Mathematik, Astronomie und Medizin. Die Dichtung ist nur mit einer Handschrift des ‹Wilhelm von Orléans› von Rudolf von Ems vertreten. Die zweitgrößte Gruppe machen Staatsschriften und geschichtliche Werke aus, darunter die für König Wenzel hergestellte Abschrift der ‹Goldenen Bulle› Karls IV., Schriften des Dietrich von Niem, des Alexander von Roes und des Jordanus von Osnabrück. Zweifellos hat Friedrich für ‹Reichsliteratur› ein spezielles Interesse gehabt. Er war es, der Thomas

Ebendorfer zur Abfassung einer Kaiserchronik veranlaßte, Eneas Silvio und Peter von Andlau haben ihm ihre Traktate über das ‹Imperium› gewidmet. Joseph Grünpeck berichtet, daß er seinen Gästen bei Tisch gerne «von seinen Erlebnissen und von den Wechselfällen des Glücks erzählte» und daß er ihnen «Geschichten von seinen Vorfahren vortrug». Diesen Bezug zur Geschichte des eigenen Hauses wie zur eigenen Person geben schon die Notizbucheintragungen des jungen Friedrich deutlich zu erkennen.

Das Ende des Kaisers kam rasch. Eine Gelenkverletzung am Fuß und Knochenfraß am Unterschenkel machten eine Amputation eines Beines erforderlich. Als er das mit einer Säge abgetrennte Bein in Händen hielt, soll er, wie Grünpeck überliefert, «pathetisch oder doch ein wenig ironisch?» (Lhotsky) gesagt haben: «Nun ist dem Kaiser und dem Reich zugleich ein Fuß abgesägt. In Friderici imperatoris incolumitate salus imperii consistit». Am 19. August 1493 ist Friedrich III. nach kurzem Siechtum in seinem Stadthaus in Linz gestorben. Seine Intestina sind in der dortigen Stadtpfarrkirche bestattet. Der Leichnam wurde nach Wien gebracht und ist hier, nicht in Wiener Neustadt, wie der Kaiser es gewünscht hatte, zur Ruhe gebettet worden. Die Exequien wurden in St. Stephan mit feierlichem Gepränge abgehalten. Der an der Universität Wien lehrende Hofhumanist Bernhard Perger hat im Auftrag Maximilians die Totenrede gehalten. Darin stellte er die Taten Friedrichs als ebenbürtig mit denen Konstantins, Karls des Großen, der Ottonen, Heinriche und Friedriche hin. Seinem Sohne habe er ein nach außen vergrößertes, im Innern befestigtes und befriedetes Reich übergeben. Das war nicht nur rhetorisches Fürstenlob, sondern ebenso zutreffend wie die Feststellung, der Kaiser sei «animo quietus et pacificus» gewesen. Vielleicht war seine Gelassenheit letzten Endes eine Tugend, der er es verdankte, kaum etwas verloren und vieles nach geduldigem Abwarten und zähem Festhalten gewonnen zu haben. Als die Kaiserin Eleonore ihm den Vorwurf machte, seine Geduld öffne allen Übeltätern Tür und Tor, soll der Kaiser geantwortet haben: «Die Rache sei die Wirtschafterin der Zeit, sie lasse keine Schandtat straflos ausgehen, aber auch keine Tugend ohne Belohnung dahinsterben». Insofern war Friedrich III. ein Kaiser, der seinem Namen in seiner Lebensführung gerecht wurde. In seinem Notizbuch findet sich die frühe Eintragung: «Frid macht reichtum, reichtum macht hochfart, hochfart macht unainigung, unainigung macht krieg, krieg macht armut, armut macht diemutikait, diemutikait macht frid». Aus dieser Einsicht heraus hat er gelebt und regiert. Dabei hat er selbst viel erdulden müssen und wenig Anerkennung gefunden. Doch schon der junge Friedrich tröstete sich mit den Worten «Das du als ich mein leiden west, das wer zu freuden mir das pest».

Die Nachwelt hat den Kaiser vor Augen, wie er auf der Platte des

Grabmales aus gescheektem Marmor dargestellt ist, ein würdevoller Greis in voller Herrscherpracht. Dieses schon 1463 von ihm bei Niklaus Gerhardt in Auftrag gegebene Monument wurde, nachdem weitere Künstler es vollendet hatten, im Jahre 1513 im Apostelchor von St. Stephan aufgestellt. Dort befindet es sich noch heute. Von einer Balustrade umgeben, ruht die Grabplatte auf einer mächtigen Tumba. Der Bildschmuck mit seinen Wappen und Figuren bezieht sich auf die verschiedenen Würden und Werke des Kaisers und faßt gewissermaßen das zusammen, was er gewesen ist und was er gewirkt hat. So steht am Ende seines irdischen Daseins ein «repräsentatives Sinnbild des spätmittelalterlichen Kaisertums», das mit ihm zu Grabe getragen worden ist. Was blieb und sich in der Zeit nach ihm voll entfaltete, waren die Macht und die Größe des Hauses Habsburg und seines bald weltumspannenden Imperiums, zu dem Friedrich III. mit den Grundstein gelegt hat.

Maximilian I.

1486–1519

Von Hermann Wiesflecker

Das Bild dieses Kaisers unterlag zu allen Zeiten einander sehr widersprechenden Deutungen und Wertungen. Die Zeitgenossen haben ihn teils hoch gerühmt und Maximilian ‹den Großen› genannt; seine Feinde dagegen haben ihn bitter geschmäht. Das von ihm aufgebaute Weltreich, das er seinen Enkeln Karl und Ferdinand übergeben konnte, erregte eben nicht nur Bewunderung, sondern auch Neid. Der Kaiser selber verstand es, sich durch seine autobiographischen Werke ins hellste Licht zu setzen. Große Meister wie Dürer, Strigel, Holbein d. J. oder de Predis machten das Bild der kaiserlichen Majestät mit seinen zwar nicht schönen, aber markanten Zügen populär. Fuggers ‹Ehrenspiegel› setzte Maximilian ein farbenprächtiges literarisches Denkmal (1555), das der Dichter Sigmund Birken neu bearbeitet herausbrachte (1668). Nicht zuletzt dieses Werk hat jenes Maximilianbild geprägt, das bis in die Zeiten Leopold Rankes bestand. Diese überbelichteten, heroisierenden älteren Darstellungen erregten ganz natürlich den Widerspruch späterer kritischer Generationen. Hatte schon Ranke bei allem Maß, das diesem großen Universalhistoriker eigen war, der Person und dem politischen Werk des Kaisers sichtbare Schatten eingezeichnet, so hat die nachfolgende kleindeutsche Generation unter dem Eindruck des österreichisch-preußischen Kampfes um die Vorherrschaft das Bild Maximilians mitunter bis zur Unkenntlichkeit entstellt. Seither «schwankt sein Bild, von der Parteien Gunst und Haß verzerrt, in der Geschichte». Inmitten dieses Meinungsstreites konnte es auch Ulmann in seinem großen und verdienstvollen Werk über den Kaiser nicht gelingen, immer historische Gerechtigkeit walten zu lassen. Ulmanns Nachfolger schrieben sich immer leidenschaftlicher in die negativen Vorstellungen vom sprunghaften, unsteten Phantasten hinein, der «keinen großen Gesamtplan» entwickelt habe und nur vom Erbglück emporgetragen worden sei. Ganz allgemein galt das Bild vom Verderber des Reiches und der Reichsreform, vom ‹undeutschen› Kaiser, vom bedenkenlosen Vertreter österreichischer Hauspolitik, der das Reich nur als Anhängsel der zur Weltmacht strebenden Casa de Austria ausgebeutet habe. Man wollte ihm bestenfalls zugestehen, daß er ein interessanter Charakter, ein Mann von ungewöhnlichen Gaben, eine sprühende Persönlichkeit gewesen sei. In jenem Zeitalter eines übersteigerten Nationa-

Kaiser Maximilian I. im Kreise seiner Familie. Bernhard Strigel, um 1515. – Wien, Kunsthistorisches Museum (Foto: Kunsthistorisches Museum).

lismus waren die Antipathien gegen den habsburgischen Universalismus in der gesamten europäischen Geschichtsschreibung so allgemein, daß die Stimmen österreichischer, süddeutscher und rheinischer Historiker, die sich gegen diese überspitzten Abwertungen zur Wehr setzten, völlig untergingen. Maximilian sei «eines der ungerechtest behandelten Opfer der Ranke-Schule» meinte H. Friedjung.

Erst das Scheitern des extremen Nationalismus auf dem Boden des alten Europa eröffnete uns wieder die Einsicht, daß der Reichsuniversalismus des Mittelalters nicht mit den tagespolitischen, nationalistischen Argumenten des 19./20. Jahrhunderts abgetan werden könne. Freilich werden in der Beurteilung dieses rätselhaften Kaisers die Widersprüche nie ganz verstummen.

Am 22. März 1459 wurde Maximilian in der Burg zu Wiener Neustadt geboren; im Ostturm, der angeblich «auf ungarischem Boden stand»; denn er sei ein «geborener Ungar», betonte Maximilian später, wenn er es brauchte. Ein Horoskop, das der Vater angeblich selber stellte, sagte dem Knaben ein wechselvolles Schicksal, aber auch künftige Größe voraus. Maximilian war indes zeitlebens überzeugt, unter einem widrigen Gestirn geboren, von einem «spiritus adversus», von «Unfallo und Neidelhart» verfolgt zu sein. In der Taufe erhielt der Knabe den Namen des heiligen Maximilian von Lorch, den die frühmittelalterliche Legende zum Apostel des Ostens erhoben hatte. Auch an St. Georg oder an Konstantin, den großen Kaiser des Westens und Ostens, hatte man gedacht; denn im Osten schienen sich, seit 1453 Konstantinopel gefallen war, die großen Aufgaben der Zukunft vorzubereiten. Böhmen und Ungarn, eben noch hoffnungsvoll mit Österreich verbunden, waren durch den Tod des Ladislaus Postumus in die Hand nationaler Könige geraten und wandten ihre Waffen gegen Österreich anstatt gegen die Türken. Noch gefährlicher war der Erbstreit der habsburgischen Brüder und Vettern innerhalb der österreichischen Länder. Im Süden tobte der Cillier Erbstreit, der über das Schicksal der Untersteiermark, Krains und Kärntens entschied. In Wien widerfuhr Friedrich III. die größte Demütigung seines Lebens. Von seinem Bruder Albrecht VI. und dem Wiener Stadtvolk wurde er in der Hofburg belagert (1462). «Gehts gen Graetz!», schrie ihm der feindselige Pöbel nach, als er schmachvoll abziehen mußte. «Wüßte ich, mein Sohn, du würdest einst wie dein Vater, ich müßte bedauern, dich für den Thron geboren zu haben», sagte die empörte Mutter, die stolze Portugiesin Eleonore. Bereits als Kind hat Maximilian die demütigende Lage seines Vaters bitter empfunden, war es doch dem Kaiser mit den bescheidenen Mitteln Innerösterreichs kaum möglich, seine Erbländer in Ordnung zu halten, geschweige denn, das Reich zu regieren. So heißt es, schon von der Mutter sei in dem Knaben der Ehrgeiz geweckt worden, ein anderer zu werden als der Vater. Da war doch Onkel Albrecht VI., dessen Tod (1463) den Frieden in Österreich wiederherstellte, dessen Name in der Familie aber geächtet blieb, ein ganz anderer Mann; ein großzügiger Herr, Freund der Wissenschaften und Künste, Gründer der Universität Freiburg, wortgewaltig, zugleich ein Mann der Tat, in beständiger Bewegung, ein großer Jäger und ein noch größerer Verschwender. Friedrich III. dagegen war alles eher denn ein ‹Held›. Gleichwohl ist dessen beharrliche Zähigkeit, sein nicht zu erschütternder Erwählungsglaube, daß Österreich ewig stehen werde (‹AEIOU› = Alles Erdreich Ist Oesterreich Untertan) nicht ohne Einfluß auf den Knaben geblieben, der die großen Ziele seines Lebens – trotz allen Schwankens im Einzelnen – mit Beharrlichkeit verfolgen sollte. Von der Mutter hingegen, die er schwärmerisch verehrte und unter die Heiligen des Himmels versetzte, erbte der Sohn offenbar den lebhaften Sinn für das Weite und Große, für das ‹Phantastische›.

Der Kaiser bestellte dem Sohn strenge Lehrer, Männer der alten Schule und Nicht-Humanisten, und zwar fast durchaus Steirer, weil er den Niederösterreichern mißtraute. Sie haben dem Prinzen die Grundausbildung buchstäblich eingebleut, was er ihnen niemals vergessen sollte. Ein sauberes Latein hat er bei ihnen nie gelernt, sondern zeitlebens ein greuliches ‹Reuterlatein› gesprochen und geschrieben. Daneben wurde der junge Mann vor allem in der Regierungskunst ausgebildet – um nicht in die Abhängigkeit von seinen Sekretären zu geraten –, aber auch in die Handfertigkeiten des täglichen Lebens, wie Holz- und Steinbau, Waffenschmiede und Geschützguß, ja sogar in die Schwarze Kunst eingeführt. Aberglauben, Himmelszeichen und Zauber haben seinen sonst nüchternen Sinn stark beschäftigt. Nicht zufällig brachte die Sage den Kaiser später mit Dr. Faust zusammen. Der besondere Eifer des jungen Mannes gehörte dem Waffenhandwerk, wobei der Hang zur Tollkühnheit und zum halsbrecherischen Wagnis, sei es auf der Jagd, im Turnier, im Krieg, aber auch im hohen politischen Spiel immer mehr hervortrat. «Der großmächtige Weidmann», wie er sich im geheimen Jagdbuch selber nannte, wurde früh zum gewaltigen Nimrod, der sich nicht selten von wilder Beutelust fortreißen ließ. Zur nicht geringen Sorge des Vaters stürzte sich der Prinz in tolle Vergnügungen, über die sich Gerüchte bis nach Rom verbreiteten.

Die siebziger Jahre führten Maximilian in die große Welt. An der Seite des Vaters erlebte er den Regensburger Türkenreichstag, den großen ‹Christentag›, und schließlich die Zusammenkunft mit Karl dem Kühnen zu Trier. Diese Festtage und die Persönlichkeit des Burgunderherzogs wurden dem Prinzen zum unvergeßlichen Erlebnis. In Trier (1473) versuchte Kaiser Friedrich III., eine engere Verbindung mit dem Herzogtum Burgund vorzubereiten, das im 15. Jahrhundert zur westeuropäischen Großmacht aufgestiegen war. Der Kaiser gedachte seinen Sohn

Maximilian mit Herzogin Maria, der Erbin der burgundischen Länder, zu vermählen, um die schwache habsburgische Hausmacht im Osten mit der burgundischen Großmacht im Westen zu vereinigen und seine Stellung im Reich zu verstärken. Karl der Kühne hoffte dafür die Würde eines Römischen Königs, später die des Kaisers, oder doch wenigstens die eines Königs von Burgund zu erlangen. Aber der ungeduldig fordernde Burgunder wurde dem vorsichtigen Kaiser unheimlich. Friedrich III. reiste plötzlich ab.

Nachdem sich die ersten Verhandlungen zerschlagen hatten, kam 1477 unter dem Druck der burgundischen Niederlagen gegen die Eidgenossen, nach dem Schlachtentod Karls des Kühnen (Januar 1477) jene folgenreiche Heiratsverbindung zustande, welche die Rückkehr Habsburgs in die große Weltpolitik einleitete. Im August 1477 erschien Maximilian persönlich in Burgund, um die junge Herzogin und ihr Land gegen die französischen Eindringlinge in Schutz zu nehmen. In fünfzehn harten Kriegsjahren vermochte der junge Maximilian die Einheit der burgundischen Länder gegen die Angriffe Frankreichs zu verteidigen. Weilte er im Norden der Niederlande, eröffneten die Franzosen den Krieg im Süden; erschien er im Süden, so entfachten sie den Kriegsbrand im Norden oder in Geldern. Bei Guinegate (August 1479) hat Maximilian die Niederländer zum ersten Sieg gegen die Franzosen geführt und ihnen ihr Selbstvertrauen zurückgegeben. Als er seine Reiter nach dem ersten Zusammenprall fliehen sah, ließ er ‹nach österreichisch-böhmischer Art› die Wagen vorziehen, die verbliebenen Reiter vom Pferde steigen und zusammen mit den Fußtruppen die Wagenburg verteidigen, womit er die Schlacht rettete. Seine modernen Kritiker haben ihm Feldherrngaben abgesprochen. Die Zeitgenossen dagegen hielten ihn nach strategischer Phantasie, Organisationsgabe und persönlicher Tapferkeit für einen großen Kriegsmann. Wer dagegen die geringen Erfolge der späteren Italienkriege ins Treffen führt, darf nicht vergessen, daß der Kaiser meist gezwungen war, vom Reich völlig verlassen, seine Kriege fast ‹ohne Armee› zu führen.

Die neue habsburgische Dynastie schien gesichert, seit Maria ihrem Gemahl einen Sohn Philipp und eine Tochter Margarethe geboren hatte. Maximilian knüpfte in allem und jedem an burgundische Vorbilder an – so auch an die Namenreihe des burgundischen Geschlechtes. Hartnäckig versuchte Maximilian, auch am Gewaltsystem Karls des Kühnen festzuhalten, was den Österreicher auf die Dauer immer unbeliebter machte. Als Herzogin Maria auf der Falkenjagd verunglückte (März 1482), schien der Bestand des burgundischen Staates neuerdings erschüttert, denn sofort erhob sich die innere Opposition, die selbstbewußten Bürgerschaften von Gent und Brügge, sogar die Herren von Geblüt und Ritter des Ordens vom Goldenen Vlies, um den Einheitsstaat Karls des Kühnen zu zerschlagen und die Fortsetzung seines Gewaltsystems zu verhindern. Sie verbanden sich mit den Franzosen, forderten die Regentschaft für den Prinzen Philipp und lieferten die kleine Margarethe im Frieden von Arras (Dezember 1482) an Frankreich aus, um sie dem Dauphin zu verheiraten. Die schönsten Teile der südlichen Niederlande, vor allem das Herzogtum Burgund, wurden als Mitgift Margarethes an Frankreich abgetreten. Maximilian aber gab man zu verstehen, er solle nach Österreich heimkehren. Erst nach schweren, grausamen Kämpfen mit Flandern, Geldern, Utrecht, Holland, Seeland, den Städten Gent und Brügge vermochte Maximilian, die Stände zur Herausgabe seines Sohnes und zur Anerkennung seiner Vormundschaft zu zwingen. Wie ein Ungeheuer fraß dieser fürchterliche Krieg, der seit den Zeiten Karls des Kühnen nie ganz aufgehört hatte, die blühenden Niederlande ab und kam erst zur Ruhe, als der Wohlstand von Generationen vernichtet war. Die Niederländer haßten den ‹Ausländer› Maximilian, von dem sie sich für fremde Angelegenheiten mißbraucht fühlten. Daher war die habsburgische Herrschaft in den Niederlanden wenig populär. Erst 1485 vermochte Maximilian die Hauptrebellen, die stolzen Städte Gent und Brügge, zu unterwerfen und Prinz Philipp in die väterliche Vormundschaft zurückzugewinnen.

Inzwischen drängten weite Kreise im Reich auf die Wahl Maximilians zum Römischen König, weil man hoffte, daß er mit eigenen Kräften die schwierige Lage in Österreich meistern werde, wo die Ungarn Wien erobert hatten (1485). Am 16. Februar 1486 wurde Maximilian mit Unterstützung des Vaters in Frankfurt einstimmig gewählt und bald darauf zu Aachen gekrönt. Damit schien der schwierige Erbgang der Krone vom Vater auf den Sohn gesichert. Maximilian sah in der ‹Karlskrone›, entsprechend der mittelalterlichen Geschichtsvorstellung von den gottgewollten Weltreichen, welche die Christenheit bis zur Wiederkunft des Erlösers zu lenken hätten, das Symbol des universalen Reiches der altrömischen Kaiser, der Karolinger, Ottonen und Staufer. Als Stellvertreter Gottes auf Erden die christliche Welt zu einigen, darin erkannte er die Aufgabe seines künftigen Kaisertums.

Maximilian kehrte zunächst in die Niederlande zurück, wo er mit der Waffenhilfe Englands, Spaniens und der Bretagne neuen Angriffen Frankreichs und der rebellischen Stände zu begegnen hatte. Hier widerfuhr ihm eines der aufregendsten Abenteuer seines Lebens: Er wurde nach Brügge gelockt, von den Bürgern gefangengesetzt und 16 Wochen von Februar bis Mai 1488 in städtischen Gefängnissen festgehalten, mit der Auslieferung an Frankreich, ja mit der Hinrichtung bedroht. Mehrere seiner Räte wurden gefoltert und getötet. Der dreiundsiebzigjährige Kaiser mußte mit einem Reichsheer heranrücken, um den Sohn zu befreien. Der Vorfall offenbarte die scharfen Spannungen zwischen dem

Herzog und seinen reichen Städten und Landständen. Zeitlebens blieb er ein entschiedener Gegner stadtbürgerlicher und ständischer Selbstherrlichkeiten, wenn er auch mit den Bürgern leutselig verkehrte und sich scherzhaft ‹Bürgermeister von Augsburg› nennen ließ. Erst der Frankfurter Friede (1489) schloß den Erbfolgekrieg ab.

Abenteuer gehörten zum Wesen dieses Lebens, in dem hohe Wagnisse eine so bestimmende Rolle spielten. Größtes Aufsehen erregte der sogenannte ‹Brautraub von Britannien›. Um Frankreich einzukreisen, heiratete Maximilian (Dezember 1490) durch Stellvertretung Herzogin Anna von der Bretagne, vermochte sie aber, durch den Ungarnkrieg behindert, gegen den König von Frankreich nicht zu schützen. Karl VIII. ging sofort zum Gegenangriff über, eroberte die Bretagne und stellte die Herzogin vor die Wahl, entweder ihr Land zu verlieren oder ihm in die Ehe zu folgen. Anna entschloß sich, ihre Heirat mit Maximilian für null und nichtig zu betrachten, um dem König von Frankreich die Hand zum Ehebund zu reichen (Dezember 1491). Seine Verlobte Margarethe schickte Karl VIII. ihrem Vater zurück. Maximilian mußte sich von Karl doppelt gedemütigt fühlen: als Vater, dessen Tochter von ihrem Verlobten verstoßen wurde, und als Gatte, dessen ‹Gemahlin› der König von Frankreich heimführte. Um den Rachekrieg gegen die Franzosen zu beflügeln, erfand die königliche Propaganda den ‹Brautraub›. Aber Maximilian blieb allein. Nicht nur die Reichsstände, auch der Vater ließen ihn in diesem aussichtslosen Unternehmen im Stich. Mit eigenen Kräften konnte er die Freigrafschaft Burgund zurückgewinnen und zu Senlis einen recht günstigen Frieden schließen (Mai 1493), der auch den immer wieder aufflackernden niederländischen Erbfolgekrieg endgültig beilegte. Maximilian vermochte sich von diesem demütigenden Erlebnis innerlich nie ganz freizumachen; ein Stachel gegen Frankreich blieb.

In einem fünfzehnjährigen Krieg, den er gern mit Cäsars Bellum Gallicum verglich, hatte Maximilian die Aufteilung des niederländischen Staates durch die Nachbarn verhindert. Österreich zog damit freilich den ganzen Haß Frankreichs auf sich und hatte fortan durch Jahrhunderte die Hauptlast der Grenzkriege im Westen zu tragen. Die Verbindung mit Burgund führte Habsburg allerdings in die Reihe der europäischen Großmächte ein. Das Kaisertum, nunmehr vom burgundischen Reichtum getragen, konnte ganz anders vor das Reich und die Welt hintreten. Jetzt erst durfte Österreich hoffen, auch das Kaisertum zu behaupten und ihm die alte Kraft zurückzugeben.

Das burgundische Erlebnis hat den Prinzen entscheidend geprägt; als vollendeter Burgunder kehrte er ins Reich zurück: hochgebildet, vieler Sprachen mächtig, in seiner Muttersprache Meister, Freund und Förderer aller Wissenschaften und Künste. Die jahrelangen Feldzüge machten ihn durch und durch zum Kriegsmann: Er sah die Welt mit den Augen

Karls des Kühnen und gewöhnte sich daran, die Politik durch den Krieg zu gestalten. Eine Politik der Ehre und des Schwertes schien ihm für den künftigen Kaiser einzig angemessen. Der straff geordnete burgundische Fürstenstaat bot ihm außerdem das Vorbild intensiver moderner Staatlichkeit und vortrefflicher Verwaltung. Wir werden das burgundische Vorbild für die großen österreichischen Verwaltungsreformen weit höher einschätzen müssen, als dies bisher geschah. Burgund bestand wie Österreich aus einer bunten Welt von Ländern, welche durch die Dynastie zum Einheitsstaat zusammengefügt werden mußten. So hatte die burgundische Staatsidee in der österreichischen ihre natürliche Schwester. Burgundisches Staats- und Bündnisdenken beherrschten fortan alle politischen Kombinationen Maximilians, die in der Einkreisung, ja Niederwerfung Frankreichs mit Hilfe Englands, der Bretagne, Spaniens und des Reiches ihr oberstes Ziel, in der Kaiserkrönung und im Kreuzzug aber ihre Vollendung haben sollten. Wie man in den Chroniken des Molinet nachlesen kann, war hier die alte Kaiseridee womöglich noch lebendiger als im Reich. Die Persönlichkeit Karls des Kühnen, dessen Pathos und Tragödie, waren für Maximilian zeitlebens anfeuerndes, aber auch warnendes Vorbild. Erst das Erlebnis der burgundischen Kultur vermochte die hohen künstlerischen Anlagen des Prinzen zu wecken. Er war geblendet von der Pracht des burgundischen Hofes, vom feierlichen Zeremoniell, vom Orden des Goldenen Vlieses, in dem sich die burgundisch-habsburgische Erwählungsidee besonders sinnfällig ausdrückte. In Burgund lernte er, wahrhaft kaiserlich aufzutreten. Die literarische Tätigkeit, die burgundische Bibliothek mit ihren reichen Schätzen boten Maximilian viele Anregungen. Ohne sie wären seine eigenen Dichtungen – ‹Theuerdank›, ‹Weißkunig› und ‹Freydal› – und die graphischen Wunderwerke ‹Ehrenpforte› und ‹Triumphzug› kaum denkbar. Jenes Leben und Gestalten aus erhabenen Phantasien, das der Politik, dem Leben und der Kunst des Kaisers eigen war, jenes Schweben zwischen Idee und Wirklichkeit wäre ohne das burgundische Vorbild nicht zu verstehen.

Als Maximilian 1489 nach Österreich zurückkehrte, konnte er seinen Onkel Sigmund von Tirol, «einen Fürsten ohne Verstand und Ehre», eben noch daran hindern, Tirol und die Vorlande zum Schaden des Gesamthauses an Bayern zu verkaufen, und bewog ihn mit sanfter Gewalt zur sofortigen Abtretung seiner Länder. Tirol, im Schnittpunkt aller Längs- und Querstraßen Österreichs, Burgunds, des Reiches und Italiens, sollte fortan Mittelpunkt aller Unternehmungen des Königs sein. Innsbruck wurde die Hauptstadt der Regierung und Verwaltung der Erbländer und des Reiches, vor allem aber Sitz der Rüstungswerkstätten, Geschützgießereien, Plattnereien und eines Zeughauses; denn der Reichtum Tirols, die Silber- und Kupfergruben in Schwaz und Taufers sollten dem König das finanzielle Rückgrat bieten. Auch sonst war ihm dieses Land mit seinen Bergen, Jagdgründen und Fischweiden lieb. Maximilian hat Tirol um ein gutes Viertel vergrößert, ihm das untere Inntal, das Pustertal und die sogenannten welschen Konfinien zugewendet; er dachte sogar daran, dem Lande das Reichshofmeisteramt und damit die Kurwürde zu übertragen.

Von Tirol wandte sich Maximilian, da eben König Matthias Corvinus verstorben war (1490), nach Niederösterreich, eroberte das von Ungarn besetzte Wien zurück und bewarb sich um die Stephanskrone, worauf die Habsburger seit Ladislaus Postumus gewisse Ansprüche hatten. Mit rasch zusammengerafften ‹Landsknechten›, wie er sie nach dem Vorbild der Schweizer schon in den niederländischen Kriegen ausgebildet hatte, stieß Maximilian im Herbst 1490 in einem ebenso kühnen wie raschen Feldzug tief nach Ungarn vor, stürmte Stuhlweißenburg und stand bereits vor der Hauptstadt Ofen, als ihn die Söldner und ein überaus harter Winter zur Umkehr zwangen. Immerhin vermochte er sich im folgenden Preßburger Frieden (November 1491) das habsburgische Erbrecht auf die Stephanskrone nach dem Aussterben der Jagellonen und schon jetzt den Titel eines Königs von Ungarn zu sichern.

Im August 1493 folgte Maximilian seinem Vater als Alleinherrscher, entschlossen, dem Kaisertum wieder Inhalt und Kraft zu geben. Wenn er seine Kaiserrechte zu neuem Leben erwecken konnte, würde seine Macht schier grenzenlos sein, das wußte er. Zunächst brachte er die österreichische Verwaltung nach burgundischem Vorbild auf einen modernen Stand und wollte sich dann das viel schwierigere Problem einer Reichsreform vornehmen. Die Ohnmacht des König-Kaisers in einem Reich ohne Regiment und Regierungsorgane, ohne Steuern und ohne Truppen sollte ein Ende haben. So wie die anderen Königreiche und Fürstenstaaten sollte auch das Reich zu moderner Staatlichkeit fortschreiten. Wenn es die Veränderungen des europäischen Staatensystems als Großmacht überstehen wollte, bedurfte das Reich umfassender Reformen. So wie die großen Nachbarn – vor allem Frankreich – einer kraftvollen Einheit zustrebten, wollte Maximilian auch das Reich durch Stärkung der königlichen Gewalt, Sicherung des Landfriedens, Ordnung des Gerichtswesens, Einrichtung einer regelmäßigen Reichssteuer, Aufstellung eines stehenden Reichsheeres nach außen und innen kräftigen und den fortschreitenden Verfall aufhalten. Der König empfand die Wiederherstellung der alten karolingischen, ottonischen und staufischen Reichsherrlichkeit als seine große Aufgabe und fürchtete, daß die Kaiserkrone, die Reichsherrschaft über Italien und damit der Schutz der Kirche und des Papstes auf Frankreich übergehen könnten, wenn das Reich seine Aufgaben nicht mehr wahrzunehmen vermöge. ‹Römisches Reich Deutscher Nation›, ein Ausdruck, der seit dem 15. Jahrhundert immer allgemeiner wurde, sollte keine Einschränkung des Reiches auf die deutschen Länder bedeuten, sondern vielmehr den Anspruch der Deutschen auf die Reichsherrschaft und das Kaisertum vor allem Frankreich gegenüber für ewige Zeiten sicherstellen. Der Kaiser sollte wieder wie in alten Zeiten Herr der christlichen Welt sein. Für Maximilian schien sich in Italien die Wiederherstellung des Reiches zu entscheiden; denn hier ging es um die «höchste Würde der Deutschen Nation», um die römische Kaiserkrone. Damals konnte wahrhaftig noch niemand ahnen, daß die Kaiseridee keine echte Zukunft mehr hatte.

In entschiedenem Gegensatz zu diesen kaiserlichen Reformgedanken standen die Anschauungen der Kurfürsten, Fürsten und Reichsstände, die ganz den Sonderinteressen ihrer quasi-souveränen Länderstaaten verhaftet waren, die Reichsgewalt aus ihren Gebieten verdrängen und die Königsrechte möglichst beschränken wollten. Für das universale Reich, dessen Traditionen und aktuelle Aufgaben in einem Zeitalter des allgemeinen Umsturzes der Staatenwelt hatten sie wenig Verständnis. Reichsitalien war ihnen ebenso gleichgültig wie der Deutsche Orden in Preußen und Livland, wie die Eidgenossen oder Friesland. Wortführer der Ständepartei war Erzkanzler Berthold von Mainz. Während er zunächst eine vermittelnde Stellung einnahm, trat sein Gegensatz zum König, nicht ohne dessen Schuld, später immer schärfer hervor.

Auf dem großen Wormser Reformreichstag von März bis August 1495 drängten diese gegensätzlichen Auffassungen zur ersten Entscheidung. Während Maximilian ein kräftiges königliches Reichsregiment, eine allgemeine Reichssteuer, ein Reichsheer und eine wirksame Landfriedensordnung forderte, versuchten Kurfürsten und Fürsten vor allem das Reichsregiment an sich zu bringen, sich des Kammergerichtes zu bemächtigen und das Reich als kurfürstliche Oligarchie einzurichten. Gewährung oder Verweigerung der Reichssteuer benützten sie als Mittel der Erpressung, um den König ihren Wünschen zu unterwerfen. Als sich Maximilian von den fürstlichen Sonderverhandlungen ausgeschlossen und in seinen überlieferten Rechten bedroht sah, setzte er sich entschieden zur Wehr und erreichte schließlich nach zähen Verhandlungen einen Vergleich, der die unlösbaren monarchisch-oligarchischen Gegensätze klar erkennen läßt. Der Ewige Landfriede und das Kammergericht bedeuteten echte Fortschritte, sozusagen Neuzeit im Rechtswesen; weniger der Gemeine Pfennig, der niemals ganz eingehoben werden konnte und völlig versagte.

Bei den weiteren Reformverhandlungen, die sich von Worms (1495) bis zum Augsburger Tag (1500) hinzogen, verhinderte die Fürstenpartei jede Stärkung der königlichen Vollzugsgewalt. Wer sollte den Landfrieden wahren, wer die Kammergerichtsurteile vollstrecken? Er fühle sich «an Händen und Füßen gebunden und an den Nagel gehängt», klagte

Maximilian. Zwar versuchte er, seinen eigenen Hofrat und eine Hofkammer für die Regierung des Reiches und der Erbländer einzurichten (1497/98), aber durch beharrliche Steuerverweigerung vermochten die Stände jede Reichsregierung lahmzulegen. Der Landfriede blieb auf dem Papier, weil ihn niemand vollstreckte; das Kammergericht lief auseinander, weil die Bezahlung der Richter ausblieb. Es sei kein Ernst bei den Ständen, von oben bis unten ein wahrer Jammer; es müsse ein Zwingherr mit eiserner Rute kommen, klagte selbst Erzkanzler Berthold, der die Stände wohl zum Widerstand gegen den König sammelte, aber nicht die Kraft besaß, das königliche Regiment durch ein reichsständisches wirksam zu ersetzen. Diese offensichtlichen Mißstände wurden von Reichstag zu Reichstag fortgeschleppt; das Ausland aber lachte über die völlige Ohnmacht des Reiches.

Neuere Kritiker brachten die Reformverhandlungen auf den sehr einfachen Nenner: hier die reformfreudigen Stände – womit vor allem Berthold von Mainz gemeint war –, dort der reformfeindliche König, dem die Reichsreform abgekauft werden mußte. Man wollte im König den Vertreter der ‹Reaktion›, in den Ständen aber das ‹Parlament›, die demokratischen Vertreter der Nation und des Fortschritts, sozusagen eine national-liberale Partei des 15./16. Jahrhunderts, erblicken. Welch unhistorische Betrachtungsweise! Übrigens beobachtet man ganz allgemein, daß damals Reichsstände wie Landstände, die einen innerhalb des Reiches, die anderen innerhalb der Länder, eher den Rückschritt, die Verewigung des mittelalterlichen Lehensstaates verfochten. Tatsächlich war das königliche Reformprogramm, auf das Reich hin gesehen, in manchem fortschrittlicher als jenes der Stände. Maximilian wollte eine mäßige Verstärkung der königlichen Gewalt, königliche Behörden, um das Reich regierbar zu machen; er wollte die Fürstenstaaten durch ein festeres Einheitsband zusammenfassen und zum Schutz nach außen und innen ein Reichsheer aufstellen. Die Fürsten dagegen suchten ihre Privilegien, Libertäten und die souveräne Stellung ihrer Länderstaaten zu erhalten, wodurch sie das Fortschreiten des Reiches zu einer moderneren Staatsform verhinderten. Den sozialen Forderungen der Zeit, die binnen kurzem zur Revolution führen sollten, standen übrigens beide Teile verständnislos gegenüber. So haben auch beide Lager am Erfolg und Mißerfolg der Reichsreform ihren Anteil. Das Verdienst, Reichsverfassung und Behörden, Landfrieden und Kammergericht mitbegründet und mitgestaltet zu haben, wird man dem König im Ernst nicht absprechen können.

Den europäischen Aufgaben des Reiches versagten sich die Stände völlig; sie benützten die von ihnen geförderten außenpolitischen Niederlagen geradezu, um dem König die Regierungsgewalt auch im Inneren zu entziehen. Unter dem Eindruck des Verlustes der Eidgenossenschaft und Mailands mußte sich Maximilian auf dem Augsburger Tag (1500) zu äußersten Zugeständnissen bereitfinden, um eine Steuer- und Kriegshilfe zur Rettung Italiens gegen die Franzosen zu erwirken. Kurfürsten und Fürsten forderten dafür eine völlige Neuordnung des Reichsregimentes, wodurch sie die gesamte Regierung und die Aufstellung des Reichsheeres in ihre Hände brachten. Aber auch dieses ständische ‹Nürnberger› Regiment versagte und blieb ohne Steuerhilfe, denn Kurfürsten und Fürsten sprachen auf ihre eigene Regierung noch weniger an als auf die königliche. Daher wurde es weithin begrüßt, als Maximilian nach zwei Jahren ständischer Ohnmacht sein eigenes Regiment wiederherstellte. Zwar versuchten die Kurfürsten dagegen Widerstand zu leisten; sie spielten sogar mit dem Gedanken, den König abzusetzen. Maximilian aber verstand es, zunächst Erzkanzler Berthold von Mainz auszuschalten, dann die Opposition insgesamt im bayerisch-pfälzischen Krieg (1504–1505) niederzuwerfen. Auf dem Kölner Tag (1505) wurde ihm von den Ständen sogar sein persönliches Regiment zugestanden, indem sie versicherten, daß er «stets gut regiert habe». Nachdem die Erkenntnis gesiegt hatte, daß man den König nicht auszuschalten vermochte, nahm man sein Regiment hin, ohne aber die Politik des hinhaltenden Widerstandes aufzugeben. So hoben sich monarchische Aktionen und ständische Reaktionen immer wieder auf und bewirkten jene Unbeweglichkeit des Reichskörpers, die einer völligen Lähmung fast gleichkam. Die großen Entscheidungen des Jahrhunderts hatte der König mit den Hilfsmitteln seiner Erbländer und Verbündeten auszufechten.

Hauptziel der königlichen Außenpolitik blieb die Wiederherstellung der Reichsherrschaft in Italien, womit die Erneuerung des Imperiums gegeben schien. Schon durch seine zweite Heirat mit Bianca Maria Sforza von Mailand (1494) hatte Maximilian sein besonderes Interesse an Italien zu erkennen gegeben. Das Geld der Sforza und Ludovico Moros vermeintliche Machtstellung sollten die kaiserlichen Italienpläne unterstützen. Wenig ehrenvoll war freilich die Behandlung Bianca Marias. Nachdem der König ihre Verbindungen und ihr Geld verbraucht hatte, zeigte er ihr gegenüber die größte Rücksichtslosigkeit und ließ sie nicht selten ohne Geld als Schuldpfand in den Reichsstädten zurück, während ‹Schlafweiber› ihre Stelle einnahmen.

Italien erschien dem König nächst der Deutschen Nation als der wichtigste Teil des Imperiums und zugleich als natürliches Vorfeld seiner Erbländer. Als Karl VIII. gegen Rom und Neapel zog (1494/95), schloß Maximilian mit den europäischen Großmächten sofort die Heilige Liga von Venedig (März 1495) zur Vertreibung der Franzosen – die erste Reaktion des europäischen Staatenverbandes auf eine Störung seines Gleichgewichtes. An die Stelle der mittelalterlichen Idee der kaiserlichen und päpstlichen Universalmonarchie drängte sich nunmehr der Gedanke des Gleichgewichtes der Nationalstaaten – Einbruch der ‹Neuzeit› in die große Politik.

Maximilian hatte den Liga-Vertrag durch eine hochpolitische Doppelheirat mit Spanien ergänzt, die zunächst nur die Einkreisung Frankreichs zum Ziele haben sollte. Aber die 1496/97 abgeschlossenen Eheverbindungen zwischen Erzherzog Philipp und der Infantin Juana einerseits und dem spanischen Erbprinzen Juan und Erzherzogin Margarethe andererseits eröffneten den Habsburgern unerwartet die Erbfolge in Spanien und in der Neuen Welt. In dieser Heirat fanden sich Ideen des mittelalterlichen Kaisertums, des burgundischen Staatsgedankens und des katholischen Königtums Spaniens in einem neuen gesamtchristlichen Universalismus zusammen, der unter Karl V. zur vollen Entfaltung kommen sollte und die europäische Politik fast bis zum Spanischen Erbfolgekrieg (1700) mitbestimmte. Wir werden nicht übersehen dürfen, daß Frankreich fortan an allen Landfronten vom habsburgisch-spanischen Bündnis bedrängt wurde und sich, in seiner Existenz bedroht, dagegen nicht immer mit heiligen Allianzen zu sichern suchte.

Die Heilige Liga und die spanische Doppelheirat leiteten jenes Ringen um Italien ein, an dem sich das europäische Staatensystem durch Jahrhunderte orientieren sollte. Hatte der junge König eine andere Wahl? Hätte er dem Rat seiner modernen Kritiker folgen und den anderen Mächten freie Hand lassen, die traditionellen Rechte des Reiches preisgeben sollen, wo ihm Mailand in wenigen Jahren mehr Geld einbrachte als das Reich während seiner ganzen Regierungszeit? Hätte er Frankreich allein gewähren lassen, ihm den Weg nach Rom und zum Kaisertum öffnen sollen? Gerade der klügste Politiker seiner Zeit, König Ferdinand von Aragon, suchte dies um jeden Preis zu verhindern und Maximilian immer wieder für die habsburgisch-spanische Vorherrschaft in Italien zu gewinnen. Durch Monate bemühte sich der König vergebens, den Wormser Reichstag von der Notwendigkeit zu überzeugen, die Reichsrechte in Italien und die Kaiserkrone gegen Frankreich zu verteidigen. Er konnte Fürsten und Stände, die der wachsenden königlichen Macht mißtrauten, nicht zur Kriegshilfe bewegen, denn sie wußten so gut wie der König selbst, daß die Kaisermacht im Reich, einst durch Waffengewalt geschaffen, gerade durch erfolgreiche Waffentaten wiederhergestellt werden konnte, und sie wünschten nichts weniger als dies.

Durch trügerische Angebote der Heiligen Liga ließ sich Maximilian hinreißen, im Sommer 1496 fast ohne eigene Mittel den Romzug zu wagen, um die Halbinsel gegen die Franzosen zu sichern, Reichsitalien wiederherzustellen und sich vom Papst in Rom zum Kaiser krönen zu lassen. Mit kaum 2000 Mann eigener Truppen, im Vertrauen auf die Hilfe der Bundesgenossen, durchzog er die Lombardei, bestieg in Genua die Schiffe, fuhr durch die Herbststürme vor das feindliche Livorno, belagerte die Stadt, lieferte einer französischen Flotte ein Seegefecht, vermochte aber die widerstrebenden Bundesgenossen nicht mitzureißen. Nachdem ihn schon die Reichsstände völlig im Stich gelassen hatten, verließen ihn auch Venedig und der Papst auf halbem Wege und entzogen ihm ihre Hilfsgelder, Truppen und Schiffe. Der einbrechende Winter tat das übrige. Enttäuscht mußte Maximilian über die verschneiten Alpen nach Tirol heimziehen (Dezember 1496), fest entschlossen, bei nächster Gelegenheit nach Italien zurückzukehren.

Je offensichtlicher die Schwächen des Reiches nach außen hin in Erscheinung traten, desto entschiedener wandten sich die Mächte von Maximilian ab und schlossen sich Frankreich an. Die Eidgenossen lösten sich im Schweizerkrieg (1499) aus der Untertänigkeit des Reiches. Vom Reichstag und den Ständen verlassen, mußte der König nachgeben und im Baseler Frieden (September 1499) die Schweizer praktisch aus der Reichsgemeinschaft entlassen. Während die kaiserliche Macht in der Schweiz gebunden war, besetzten die Franzosen das Herzogtum Mailand (1499–1500) und führten Herzog Ludovico Moro, Maximilians ‹Bankier›, samt seinen Geldtruhen als Gefangenen nach Frankreich weg. Spanier und Franzosen vereinbarten die Aufteilung Italiens, besetzten Neapel und Sizilien, ohne sich zunächst um das Reich zu kümmern. Der König von Ungarn führte eine französische Prinzessin heim, wodurch die Einkreisung des Reiches auch vom Osten her eingeleitet war. Maximilian und das Reich hatten jedes Ansehen eingebüßt. Papst Alexander VI. sprach es offen aus, daß die Kaiserkrone eigentlich den Franzosen gebühre. Mitten in diese allgemeine Zwietracht der Christenheit führten die Türken einen wuchtigen Angriffsstoß zu Lande und zur See gegen Friaul und Venedig (1500–1502), ohne das daß Reich dagegen etwas hätte unternehmen können.

So durchlebte Maximilian seit 1499 seine tiefste politische Erniedrigung: der Eidgenossenschaft verlustig, aus Italien verdrängt, durch die Reichsstände seiner Regierungsgewalt entsetzt, vom Papst und den christlichen Mächten geringgeschätzt, stand er nur mehr am Rande des europäischen Geschehens. Er mußte erkennen, daß ihn nur ein völliger Wechsel seiner Außenpolitik in den Kreis der großen Mächte zurückführen konnte. Hoffnung inmitten dieser Niedergeschlagenheit gewährte ihm nur die überraschende Aussicht auf das große spanische Erbe, die sich seit 1500 eröffnete. Dazu kam das allerdings viel kleinere Görzer Erbe an der Drau, am Isonzo und in Friaul, das ihm nach dem Tod des letzten Grafen Leonhard (1500) zufiel und seine Stellung gegenüber Venedig verstärkte.

Eine längere Ruhepause, die nötige Folge der schweren Rückschläge der letzten Jahre, benützte Maximilian zu einschneidenden inneren Reformen. Er wollte seine verschiedenen Länder zu einem handlungsfähigen Gesamtstaat zusammenfassen. Ernsthaft dachte Maximilian daran, die österreichischen Länder zu einem Königreich zu erheben, ein Plan, den er zeitlebens verfolgte. Mit der Steuerkraft und Truppenhilfe Österreichs sollten die großen Aufgaben Europas gemeistert werden. Es ging daher vor allem um immer neue Geldquellen und die Aufstellung einer erbländischen Armee (Ordonnanz) nach burgundischem Muster. Hatten die seit 1490 in wechselnden Phasen durchgeführten österreichischen Verwaltungsreformen nicht den gewünschten finanziellen Ertrag gebracht, so verpachtete Maximilian nun die gesamte Finanzverwaltung an Jörg Gossembrot, einen gewandten ‹Finanzer›, und versuchte durch Kreditverbindungen mit den großen süddeutschen Handelshäusern, vor allem den Fuggern, eine starke Finanzbasis gegen innere und äußere Feinde zu schaffen. In all diesen Reformen zeigte sich der König von den fortgeschrittenen, aber harten Finanzpraktiken der burgundischen Verwaltung beeinflußt, wenn er auch da und dort an vorhandene österreichische Einrichtungen anknüpfen konnte. Es ist oft gesagt worden, das Reich habe Maximilians Politik und den Aufstieg des Hauses Österreich bezahlen müssen. Tatsächlich konnte er aus dem Reich nur ganz geringe Steuer- und Truppenhilfen herausholen; dagegen hat er seine eigenen Erbländer bis an die Grenze des Erträglichen ausgepreßt. Fast das gesamte Kammergut wurde verpfändet und die Hypotheken auf die Schultern der nachfolgenden Geschlechter überwälzt. Als er starb, waren etwa zehn volle Jahreserträge durch Anleihen, Verpfändungen etc. vorweggenommen. Die ungeheure Schuldenlast, die er hinterließ, bewegte sich gegen sechs Millionen Gulden, deren volle Abzahlung sich bis Ende des Jahrhunderts hinzog. Der König trieb eben Weltpolitik auf Vorschuß, denn seine eigene Großmacht war noch nicht vorhanden. Hätte er allerdings die Ziele nach seinen Mitteln ausrichten wollen, so hätte er sich, ähnlich seinem Vater, auf die Erbländer zurückziehen und auf jede Kaiserpolitik verzichten müssen. Der ständige Mangel ausreichender Mittel war gewiß in Maximilians übermäßigen politischen und militärischen Unternehmungen begründet, auch in seiner sprichwörtlichen Verschwendung, vor allem aber darin, daß die Wirtschaftskraft seiner Länder, auch die reichen Einnahmen der Tiroler Bergwerke, in keinem Verhältnis standen zur Größe seiner weltpolitischen Pläne. Seine ständige Geldnot war das eigentliche Verhängnis seiner Politik. Daher dieses Lavieren, daher, daß er inmitten hoffnungsvoller Unternehmungen steckenblieb, daß «immer neue Pläne die alten umstießen», daß er durch wechselnde Koalitionen zu ersetzen suchte, was ihm an eigenen Mitteln fehlte.

Da der König seit Jugendtagen im Krieg das eigentliche Mittel seiner Politik sah, wandte er dem Kriegswesen größte Aufmerksamkeit zu. Um von den Schweizer ‹Reisläufern› – den unter den Eidgenossen angeworbenen Söldnern – unabhängig zu sein, die meist den besser zahlenden Franzosen nachliefen, schuf er die deutschen ‹Landsknechte›. Die Reichsstände konnten allerdings verhindern, daß er daraus ein stehendes Reichsheer schuf. In Österreich wenigstens stellte er nach französisch-burgundischem Vorbild eine stehende Reitertruppe, sogenannte ‹Ordonnanzen› auf, die das Rückgrat des erbländischen Aufgebotes bilden sollten. Wenigstens in seinen eigenen Ländern wollte er die auf dem Augsburger Reichstag (1500) beschlossene Kriegsordnung durchführen. Ganz Neues schuf er im Waffenwesen, vor allem in der Artillerie, der seine ganze Liebe gehörte.

Große Geldsummen widmete Maximilian auch den Wissenschaften und Künsten; er beschäftigte viele Gelehrte und Künstler mit der Ausführung seiner Ideen: die Genealogen Mennel und Suntheim bearbeiteten die habsburgische Familiengeschichte; Grünpeck, Treitzsaurwein und Pfintzing waren mit der Redaktion der autobiographischen Entwürfe betraut. Die Humanisten Celtis, Cuspinian, Peutinger, Pirkheimer, Brant und viele andere genossen des Königs hohe Gunst. Maler, Graphiker und Holzschneider, unter ihnen Strigel, Altdorfer und der große Dürer, waren mit des Kaisers Bildwerken beschäftigt. Plastiker und Kupfergießer wie Vischer, Sesselschreiber und Godl arbeiteten für das Kaisergrabmal in der Innsbrucker Hofkirche. Über alles liebte der König die Musik, die ihm das Tiefste auszudrücken schien. Seine Hofkapelle und sein Organist Paul Hofheimer gaben den höfischen Festen Glanz und Klang. Mensch der alten oder neuen Zeit, letzter höfischer Epiker oder erster ‹Renaissancekaiser› – was war er eigentlich? Er plante, dachte und dichtete wie ein mittelalterlicher Mensch, war aber auch dem Neuen aufgeschlossen und öffnete den Humanisten Möglichkeiten, als wäre er einer der Ihrigen gewesen. Aber keinen dieser Typen verkörperte er ganz; er war ein Mensch des Übergangs.

Um 1502 hatte sich der König so weit erholt, daß er den Verfassungskampf wieder aufnehmen und die kurfürstlich-fürstliche Oligarchie zurückdrängen konnte. Er löste das Nürnberger Reichsregiment, das vollkommen versagt hatte, einfach auf; der Gelnhäuser Kurverein (1502), der sogar mit dem Gedanken einer Absetzung Maximilians gespielt haben soll, vermochte ihm nicht mehr gefährlich zu werden. Als ihm die Reichsstände wie meist die Steuern wieder verweigerten, brachte er mit nicht gerade sauberen Praktiken die sehr reich fließenden Kreuzzugsgelder an sich.

Außerdem versuchte der König, wie er dies oft tat, das innere Reichsproblem von außen her zu lösen. Ein unerwarteter Umsturz der Bündnisse, eine allmähliche Annäherung an Frankreich, die niemand für möglich gehalten hätte, wurden eingeleitet. Der Krieg zwischen Frankreich und Spanien um Unteritalien gab Maximilian die Möglichkeit, sich als

Friedensvermittler einzuschalten und sich allmählich wieder in das Spiel der europäischen Mächte zu bringen. In langwierigen Verhandlungen zu Trient (1501), Lyon und Blois (1503/04) wurden die Gegensätze so weit abgebaut, daß in Hagenau ein aufsehenerregender Friede mit Frankreich unterzeichnet werden konnte (April 1505). Eine französische Heirat sollte das habsburgisch-spanische Heiratsbündnis ergänzen. Man träumte von der Einheit aller christlichen Mächte gegen den Halbmond. Welch große Täuschung! Denn schon binnen Jahresfrist kündigte Fankreich diesen Vertrag, als es sein Nahziel, die Belehnung mit Mailand, erreicht hatte. Doch sicherte dieser kurze Friede dem Römischen König die Neutralität Frankreichs, während er seine fürstlichen Gegner im Reich im bayerischen Erbfolgekrieg entscheidend schlagen konnte. In diesem Feldzug, der weite Gebiete Süddeutschlands greulich verwüstete, wurden die pfälzische Partei und der reichsfürstliche Widerstand niedergeworfen. Maximilian hatte persönlich die Waffen ergriffen und am Wenzenberg bei Regensburg, in vorderster Reihe kämpfend und verwundet, das pfälzische Aufgebot geschlagen (September 1504). Mit seiner berühmten Artillerie eroberte er die bayerische Grenzfestung Kufstein (Oktober 1504). Im Kölner Spruch (Juni 1505) konnte er seinen Gegnern den Frieden diktieren. Er nahm das Schiedsrichteramt entschlossen an sich, sprach das Landshuter Erbe den oberbayerischen Wittelsbachern zu, mit denen er nahe verwandt war, und behielt für sich selber ansehnliche Teile, wie das Unterinntal (Rattenberg, Kufstein, Kitzbühel) und Grenzgebiete ob der Enns (Mondsee, St. Wolfgang, Neuhaus am Inn und Rannariedl), als sein ‹Interesse› zurück. Maximilian war seither so mächtig unter den deutschen Fürsten, daß ihm keiner zu widersprechen wagte, berichteten ausländische Gesandte. Der König befand sich auf dem Höhepunkt seiner Macht.

Die Verständigung mit Frankreich ermöglichte ihm auch einen raschen Feldzug gegen Ungarn (1506), wo eine nationale Partei unter Zapolya seine Erbrechte hatte in Zweifel ziehen wollen. Dort vermochte er jene Verhandlungen zu erzwingen, die 1515 zur ungarischen Doppelheirat führten; ein Erfolg, der auch seine Fernwirkung auf das jagellonische Polen nicht verfehlte.

Binnen weniger Jahre war Maximilian aus tiefster Erniedrigung wieder zu europäischer Machtstellung aufgestiegen. Sein Sohn, König Philipp, bereitete sich vor, sein Königreich Kastilien zu übernehmen, und Maximilian hoffte, gemeinsam mit ihm die ‹Herrschaft über Europa, Afrika und Asien› aufzurichten. Im Hochgefühl jener Tage gab Maximilian seinen Triumphzug in Auftrag, in dem sogar die Banner der Neuen Welt, des ‹Reiches der 1200 Inseln› mitgeführt wurden. ‹Phantastereien› sagen seine modernen Kritiker. Zweifellos war viel Phantasie dabei, ohne die es aber keine größere politische Gründung gibt. In einem kastilisch-deutschen Flottenunternehmen sollte Rom erreicht und die Kaiserkrone dem Hause Habsburg gesichert werden. Die universalkaiserliche Aufgabe, der sich die Reichstage versagten, wollte Maximilian mit Hilfe der österreichisch-burgundisch-spanischen Hausmacht lösen.

Aber der tragische Tod König Philipps in Spanien (September 1506) hat diesen Versuch jäh vereitelt. Alles schien nun wieder in Frage gestellt. «Mein Gott, warum hast Du mich verlassen! Auf die Kaiserkrone bleibt mir nur mehr eine schwache Hoffnung», klagte er tief erschüttert. Würde überhaupt noch ein Habsburger sich als Kaiser durchsetzen können? Frankreich, durch das unheimliche Anwachsen der habsburgischen Hausmacht erschreckt, hatte inzwischen das Bündnis von Hagenau verlassen. Auch Ferdinand der Katholische wandte sich Frankreich zu, um in einer neuen französischen Heirat vielleicht Kinder und Erben zu gewinnen, denen er gerne das ganze spanische Erbe übertragen hätte. Würde es möglich sein, die spanischen Ansprüche Karls (V.) durchzusetzen? Für seine Enkel Karl und Ferdinand die ‹Universalmonarchie› gegen den Widerstand Frankreichs und die zeitweilige Sonderpolitik Ferdinands zu retten, gehörte zu den schwierigsten Aufgaben Maximilians.

Wenn auch nach dem Tod des Sohnes vorübergehend eine Kaiserkrönung in Deutschland erwogen wurde, so hielt Maximilian am Gedanken des Romzuges doch beharrlich fest; denn je weiter seine universalen Pläne ausgriffen, desto mehr schienen sie ihm der Weihe durch die Kaiserkrone zu bedürfen. Aber immer klarer zeigte sich, daß Venezianer und Franzosen einen Durchbruch des Königs nach Rom nicht gestatten würden. Zwar versprach ihm der Konstanzer Reichstag (1507) eine größere Steuer- und Truppenhilfe; aber wie stets wurden die Versprechungen nicht eingehalten. Da Maximilian die Grenzsperren der Venezianer und Franzosen entlang den Alpen nicht durchbrechen konnte, ließ er sich am 4. Februar 1508 im Trienter Dom von seinem ersten Rat, Bischof Matthäus Lang, zum ‹Erwählten Römischen Kaiser› ausrufen. Dies bedeutete ohne Zweifel einen Bruch der altkaiserlichen Überlieferungen, war aber von Maximilian am allerwenigsten verschuldet, der – mehr als irgendein anderer – ein vom Papst gesalbter und gekrönter Kaiser sein wollte. Die Trienter Proklamation sollte nur eine vorläufige Sicherung des Kaisertitels gegen den Zugriff Frankreichs bedeuten, falls eine Krönung in Rom unerreichbar bliebe.

Mit dem Aufmarsch der kaiserlichen Truppen an den venezianischen Grenzen begann der große Venezianerkrieg (1508–1516), einer der verwirrendsten, die je geführt wurden. Keine Macht konnte der anderen trauen, und die Bündnisse wechselten wie die Laufbilder. Um die Verluste gegen Venedig in Friaul und Istrien und seine militärische Schwäche auszugleichen, schloß Maximilian mit dem Papst, Frankreich und Spanien die Liga von Cambrai (Dezember 1508). Der Papst sollte sein Kirchengut in der Romagna zurückerhalten, die Franzosen ihre Besitzungen in der Lombardei vergrößern, der Kaiser aber das Reichs- und Hausgut in Istrien, Friaul, Verona, Vicenza und Padua bekommen. «Die Fische sollten ins Meer zurückgeworfen werden». Obwohl vom Reich völlig im Stich gelassen, konnte der Kaiser dank französischer Waffenhilfe im ersten Anlauf Verona, Triest, Görz und vorübergehend auch Padua besetzen, vermochte diese Städte aber nicht zu halten, weil ihm das Reich in diesem Jahr nicht einen einzigen Fußknecht zu Hilfe schickte. Nur mit knapper Not wurde Verona behauptet. Ständige Geldnot und Truppenmangel machten aus dem Kaiser einen schwachen, ‹unzuverlässigen› Bundesgenossen. Die Mittel seiner österreichischen Erbländer – vor allem Tirols –, aus denen er das Letzte herauspreßte, reichten für einen so großen Krieg nicht aus. Inzwischen war der Papst von der Liga abgefallen und hatte zur ‹Vertreibung der Barbaren› aus Italien aufgerufen. Der Kaiser blieb indes an der Seite Frankreichs. Als Papst Julius II. schwerer Krankheit verfiel, faßte Maximilian sogar den kühnen Plan, sich selbst der päpstlichen Würde zu bemächtigen (September 1511) – und sei es als Gegenpapst! –, wozu ihn die schismatischen Kardinäle des Gegenkonzils in Pisa aufforderten. Kaum kann der Kaiser damit gerechnet haben, die päpstliche Gewalt über die gesamte Kirche an sich zu bringen, aber als Gegenpapst hätte er sich in der deutschen Kirche wohl durchsetzen können. Die Verwaltung der deutschen Kirchengelder, woran ihm vor allem gelegen war, hatte er bereits dem Bankhaus Fugger zugedacht. Auch andere rationale und irrationale Gründe mögen in bewogen haben: Erforderten nicht die Kaiserpolitik, der Kampf um Italien und der Kreuzzug größeren Einfluß auf die päpstliche Kurie? Stets wollte Maximilian ein priesterlicher Kaiser sein, dem die ‹Reformatio Sigismundi› die Herrschaft der Welt prophezeite. Was einem Herzog Amadeus von Savoyen vor kaum 80 Jahren möglich war, der sich als Felix V. zum Gegenpapst hatte wählen lassen, wäre einem Maximilian mit Unterstützung des schismatischen Konzils von Pisa und des Königs von Frankreich sicher möglich gewesen. Zeitgenossen zitterten vor der Gefahr dieses neuen Schismas, von dem ihn Ferdinand der Katholische abgebracht zu haben scheint. Nur die neuere Kritik begann in völliger Verkennung dieses Planes über das ‹Hirngespinst› zu lächeln. Sogar Fabers Leichenrede wußte es zu würdigen, daß der Kaiser diesen gefährlichen Plan freiwillig aufgegeben hatte.

Die Spanier vermochten den Kaiser schließlich aus dem französischen Bündnis zu lösen und in eine neue Heilige Liga mit dem Papst, den Engländern und den Eidgenossen zurückzuführen (1512). Alles sah zunächst nach Erfolgen aus: die Franzosen wurden von den Eidgenossen aus der Lombardei vertrieben; gemeinsam mit den Engländern schlug der Kaiser die Franzosen bei Guinegate in Flandern. Die Sforza wurden nach Mailand und die Medici nach Florenz zurückgeführt. In einem grausamen Brand- und Plünderzug ließ der Kaiser das venezianische Festland verwüsten und vermochte mit seiner Artillerie sogar nach Venedig hineinzuschießen. Fast schien die Wiederherstellung der Reichsherrschaft in Italien zu gelingen, als 1515 der junge Franz I. von Frankreich die Alpen überschritt, die Eidgenossen bei Marignano (September 1515) vernichtend schlug und seine Vorherrschaft in der Lombardei wiederherstellte. Rasch unterwarf sich der Papst einem demütigenden Konkordat. Würden die Franzosen nun ganz Italien, vielleicht auch die Kaiserkrone gewinnen? Als der alternde, bereits kränkliche Kaiser 1516 noch einmal sein Waffenglück versuchte, mußte er vor dem festen Mailand aufgeben. Eine offene Feldschlacht lehnten die Franzosen ab; eine lange Belagerung, gar einen Häuserkampf hätte der Kaiser niemals wagen können, zumal die Soldgelder ausblieben und die unbezahlten Knechte zu meutern begannen. Man erzählt, der Kaiser habe sich vom Schatten Karls des Kühnen gewarnt gefühlt. Von deutschen und Schweizer Knechten des Soldes wegen als ‹Strohkönig› gescholten, sogar mit Mord bedroht, mußte Maximilian den Feldzug mit einem weithin sichtbaren Mißerfolg abbrechen. Die Eidgenossen und England waren enttäuscht. Der Papst wandte sich Frankreich zu, und selbst König Karl empfahl sich den Franzosen als Friedensvermittler.

Inzwischen war der Waffenstillstand von Brüssel (Dezember 1516) abgeschlossen worden, der dem Lande Tirol einige bescheidene Grenzgebiete (Rovereto, Ala, Cortina) einbrachte und dem Kaiser eine Kriegsentschädigung von 525000 Sonnenkronen sicherte – einen Bruchteil dessen, was ihn der Krieg gekostet hatte. Wegen dieses kläglichen Ergebnisses eines langen Krieges hat die neuere Kritik den Kaiser oft und hart getadelt. Ganz zu Recht? Schwerlich durfte der Kaiser Italien kampflos preisgeben, zu einer Zeit, da sich die Verteilung des europäischen Gleichgewichts in Italien zu entscheiden begann, da sich sogar kleine Mächte wie die Eidgenossen in der Lombardei festzusetzen suchten. Hätte der Kaiser die Reichtümer der italienischen Handelsstaaten, ihre Häfen und Manufakturen den Franzosen und Spaniern allein überlassen und die Abdankung des Reiches vor den europäischen Mächten offenkundig machen sollen? Zwar konnte Maximilian Reichsitalien nicht wiederherstellen, aber er vermochte doch den Rechtsanspruch des Reiches festzuhalten und an Karl V. weiterzugeben. Neben Frankreich konnte Habsburg seinen Einfluß auf die Halbinsel behaupten, bis das junge Italien im 19. Jahrhundert stark genug war, sein politisches Schicksal selbst zu bestimmen.

Der Kaiser hätte besser dem Deutschen Orden in Preußen und Livland helfen sollen, statt seine Kräfte in Italien zu vergeuden, tadelte man immer wieder. In der Tat hatte sich der Kaiser auf vielen Reichstagen bemüht, dem Orden zu helfen. Zeitweilig hatte er eine große Koalition zum Schutze des Ordens zustande gebracht, und nicht zuletzt des Ordens wegen waren kaiserliche Gesandte nach Rußland gegangen. Aber Reichshilfe war auch für die Deutschherrn niemals zu erhalten. Selbst die benachbarten Kurfürsten von Brandenburg und Sachsen, die nach altem Reichsbrauch in erster Linie dazu verpflichtet gewesen wären, rührten keinen Finger. Die Stände behandelten den Orden nicht anders als den Romzug oder Reichsitalien oder die Eidgenossen. Wenn der Kaiser die Ostpolitik richtig beurteilte, durfte er das Königreich Böhmen als altes Kurfürstentum des Reiches nicht geringer einschätzen als Preußen und Livland, zumal Böhmen und Ungarn zusammen eine Vormauer der Christenheit gegen die Türken bildeten.

Während in Italien alles fehlzuschlagen schien, erfüllten sich gewisse Hoffnungen im Osten: Maximilian hatte durch wiederholte Gesandtschaften den Großfürsten von Moskau in das europäische Bündnissystem eingeführt, ihm sogar erstmals den Titel eines Zaren zugebilligt. Durch russischen Druck hatte er die Jagellonen willfähriger gemacht und Böhmen, Polen und Ungarn in langwierigen Verhandlungen für einen Erbvertrag und eine Doppelheirat zwischen den ungarischen Königskindern und den eigenen Enkeln gewinnen können. Am 22. Juli 1515 wurde zu St. Stephan in Wien in Anwesenheit der Könige von Ungarn und Polen, vieler deutscher Fürsten und europäischer Gesandtschaften die Doppelheirat unter glänzenden Feierlichkeiten abgeschlossen.

Hauspolitik auf Kosten des Reiches, sagten die Kritiker: der Deutsche Orden sei für Böhmen und Ungarn geopfert worden. Tatsächlich versprach der Kaiser Neutralität in der Ordensfrage nur für seine Person, nicht für seinen Nachfolger. Dem Reichstag, dem Kurverein und dem Kammergericht blieben weiterhin alle Möglichkeiten offen, dem Orden zu helfen. Die polnische Geschichtsschreibung wundert sich, wie für ein derartiges ‹Linsengericht› König Sigismund den Wiener Verträgen habe zustimmen können. In der Tat griff der Kaiser während seiner letzten Jahre niemals *gegen* den Orden ein, eher als Vermittler *für* den Orden. Es war schließlich der Hochmeister Albrecht von Brandenburg selbst, dem ein weltliches Fürstentum unter polnischer Lehenshoheit lieber war als ein geistlicher Ordensstaat unter Papst und Kaiser.

«Laß andere Kriege führen, du glückliches Österreich heirate», sagte man etwas einfältig, als ob Habsburgs Glück im Ehestiften alles gemacht habe. Tatsächlich bedurfte es mehrerer Feldzüge und lebenslanger, zielstrebig verfolgter Verhandlungen, um die folgenreiche ungarische Doppelheirat abzuschließen, wobei niemand ahnen konnte, daß schon elf Jahre später (1526) der ungarisch-böhmische Erbfall eintreten und die geschichtlich dauerhafteste Planung Maximilians, die Donaumonarchie, begründen werde. Hat Maximilian seine Hausmacht zum einzigen Ziel seiner politischen Unternehmungen gemacht? Gewiß war für ihn das Haus Österreich-Burgund Ausgangspunkt aller großen Pläne, aber doch nicht das letzte Ziel. Die Hausmacht, die er wie alle anderen Dynastien bei jeder sich bietenden Gelegenheit stärkte, aber auch rücksichtslos für seine Kaiserpolitik ausbeutete, war ihm nur Mittel für etwas – wie ihm schien – Größeres, für das universale Imperium. Österreich, das Reich und das Imperium erschienen ihm als eine kaum trennbare Gesamtaufgabe. Gewiß wäre die österreichisch-spanische Weltmonarchie ohne die römische Kaiserkrone und ohne Anlehnung an das Reich kaum zustande gekommen. Aber umgekehrt hat die habsburgische Großmacht auch dem Reich das Selbstbewußtsein einer großen Nation und den Anschein eines gesamtchristlichen Imperiums zurückgegeben. Daß dieser fast wunderbare Aufstieg Habsburgs nicht nur bei den europäischen Großmächten, sondern vor allem bei den deutschen Fürsten Unbehagen erweckte, ist verständlich.

Die inneren Anliegen des Reiches traten seit dem Ende der Verfassungskämpfe und während der langen Kriege immer mehr zurück. Der Landfriede wurde allenthalben gebrochen. Der Handel litt unter der steigenden Unsicherheit der Straßen. Entlassene Landsknechte machten die Länder unsicher. Ehrlicher Arbeit entwöhnt, schlossen sie sich nicht selten zu Räuberbanden zusammen und führten, von aufsässigen Rittern wie Franz von Sickingen oder Götz von Berlichingen angeworben, Fehde gegen die Reichen und Mächtigen. Wenn Städte und Kaufleute beim Kaiser Hilfe suchten, hielt er ihnen mit Recht entgegen, daß er selber an Händen und Füßen gebunden und innerhalb des Reiches machtlos sei. In den Städten erhoben sich sogar die wohlhabenderen bürgerlichen Oberschichten gegen ihre alten, zumal geistlichen Stadtherrschaften oder gegen ihre hochfürstlichen Nachbarn. Derartige Kämpfe gab es in Worms, Köln, Nürnberg, Erfurt, Konstanz, Straßburg und Salzburg, um nur die bekanntesten zu nennen. Die Bauern auf dem flachen Lande hingegen wehrten sich gegen die beständige Steigerung ihrer Leistungen durch die Grundherrschaften und die üblen Finanzpraktiken ihrer Landesfürsten, des Reiches und der Kirche. Manche Bauern hatten vorübergehend in Italien gedient, brachten einen tiefen Haß gegen die römische Kurie und den Papst mit nach Hause; sie verstanden sich auf das Kriegshandwerk und waren bereit, die Waffen auch gegen ihre Herren zu gebrauchen. Neuerdings gingen sogar Reichsfürsten, wie der tolle Ulrich von Württemberg, der seinen Kammerherrn Hans von Hutten eines Eifersuchtshandels wegen ermordet hatte, unter die Rebellen; ein übles Beispiel der allgemeinen Auflösung aller Gesellschaftsschichten in Städten, Ländern, Reich und Kirche. Die so nötige Reform der Kirche scheiterte nicht nur an den diesseitsfrohen Renaissance-Päpsten in Rom, sondern nicht minder an den ‹Junkern Gottes› in den deutschen Bistümern, Domkapiteln und Abteien und an den ganz ungebildeten Gesellpriestern der lokalen Pfarren; nicht zuletzt am Landeskirchentum mit seinen zahllosen Mißständen. So lag dem an sich frommen Kaiser nichts ferner, als sich etwa über die kirchlichen Ablässe zu ärgern, mit deren Hilfe er teilweise sogar die Reichssteuern hereinzubringen versuchte. Auch die Reichsreform war während des letzten Jahrzehnts fast ganz zum Stillstand gekommen. Da die Reichsfürsten die Entmachtung des Kaisers nicht hatten durchsetzen können, straften sie ihn durch hinhaltenden Widerstand und beharrliche Steuerverweigerung. Zu einer Mitwirkung im Reichshofrat, die eine Unterstützung der kaiserlichen Politik bedeutet hätte, fanden sie sich zunächst nicht bereit. Wenn sie ihm Reichssteuern überhaupt bewilligten, wurden sie nachher meist nicht bezahlt. Das Kammergericht versagte, weil seine Urteile, vor allem gegen Mächtige, nicht vollstreckt werden konnten, und weil die Richter nicht selten gezwungen waren, mangels Bezahlung ihren Dienst einzustellen. Ein gewisser Fortschritt war die Einrichtung der zehn Reichskreise zur Sicherung des Landfriedens. Dieser Beschluß des Kölner Reichstages von 1512 wurde allerdings erst in späteren Jahrzehnten fruchtbar. Der Versuch des Kaisers, innerhalb dieser Reichskreise eine Art ritterlicher Reichsmiliz einzurichten, die unter ihren Kreishauptleuten das Rückgrat eines stehenden Reichsheeres hätte bilden sollen, außerdem dem Ritterstand eine neue Aufgabe gegeben hätte, scheiterte am beharrlichen Widerspruch der Fürsten, die jeden Eingriff in ihre Landeshoheit zurückwiesen. Der Rückzug des Reiches aus den Ländern schritt unaufhaltsam fort.

Das Reich, dessen politische Organisation unhaltbar zerrüttet war, bot dem maximilianischen Universalismus keine verläßliche Grundlage mehr. Das Kaisertum sollte sich fortan vorzüglich auf die habsburgische Hausmacht in Österreich, Burgund und Spanien stützen. Diese neue Machtbildung entsprang gewiß nicht den ursprünglichen Vorstellungen des Kaisers und war sozusagen ein Nebentreffer in einem hohen politischen Spiel. Maximilian hatte das universale Kaisertum erneuern wollen, tatsächlich aber den Grundstein für das spanisch-österreichische Imperium gelegt, wie denn bei Gründerpersönlichkeiten ihre Nachwirkung öfters in eine andere Richtung geht, als sie selber es ursprünglich planten. Dieser neue Machtkoloß brachte naturgemäß allen seinen Teilen Aufgaben und Pflichten, die nicht immer den ursprünglichsten Interessen der einzelnen Territorien entsprachen; das galt für Österreich und Spanien ebenso wie für das Reich.

Als 1516 Ferdinand der Katholische starb und das gesamte spanische Erbe an Karl V. überging, begann sich die Universalmonarchie der Habsburger bereits in Umrissen abzuzeichnen. Die letzten Lebensjahre waren gekennzeichnet von der rastlosen Tätigkeit dessen, der sein Lebenswerk zu einem guten Ende bringen wollte. Obwohl der Kaiser manchmal zweifelte, ob er seinem Enkel mit der Kaiserkrone etwas Gutes tue, wollte er doch noch zu seinen Lebzeiten die Wahl Karls zum Römischen König durchsetzen, damit ihm dieser im Kaisertum nachfolge und mit den vereinigten Mitteln Spaniens, Österreichs und des Reiches die Universalmonarchie vollende, die ihm, Maximilian, das Schicksal versagt hatte. Aber die Kurfürsten erfüllten ihm diese Hoffnung nicht mehr. Zwar waren die meisten von ihnen bereits gekauft; aber die spanischen Bestechungsgelder ließen auf sich warten. Der König von Frankreich, vor allem aber der Papst machten Schwierigkeiten und hätten die römische Krone lieber dem viel schwächeren Kurfürsten Friedrich dem Weisen zugewendet. «Kein Papst, solange ich gelebt, hat mir die Treue gehalten», klagte Maximilian angeblich. Wie sehr er sich zeitweilig auch papstfeindlichen Regungen hingab, sich für das Auftreten Luthers interessierte – und angeblich in seiner Umgebung äußerte, dieser Mönch mit den glühenden Augen sei nicht zu unterschätzen –, im Grunde blieb er doch bis ans Ende ein entschiedener Anhänger des mittelalterlichen Universalismus in Reich und Kirche, der die reichsfürstlichen Landeskirchen der Reformation gewiß abgelehnt haben würde.

Das letzte große Anliegen an den Augsburger Reichstag (1518) war ein Türkenkreuzzug aller christlichen Mächte unter Führung des Kaisers und des Papstes. Zeitlebens hatte Maximilian das richtige Gefühl, daß für die Kaiserpolitik nichts förderlicher sei als die unter dem Druck des Islam wieder erstarkende Idee der Christenheit und des Kreuzzuges. Die Kaiserkrönung sollte den Auftakt zum großen Unternehmen geben und die Königswahl Karls (V.) folgen. Drei christliche Heere sollten innerhalb von drei Jahren Konstantinopel erobern, die Mittelmeerküsten, Nordafrika und Ägypten besetzen und womöglich Jerusalem erreichen. Der Kaiser plante längst nicht mehr im engen erbländisch-deutschen Rahmen, sondern sah die Ereignisse bereits in den weltweiten Zusammenhängen Spaniens. Gelang es ihm, zusammen mit den Spaniern sich des Mittelmeeres zu bemächtigen, dann wäre das Reich der Römer wiederhergestellt.

Wurde nicht gerade der Kreuzzug als eine irreale Phantasie des Kaisers mit Recht getadelt? Man wird nicht übersehen dürfen, daß erst 1453 Konstantinopel gefallen war, und daß die Türken bereits Wien, Venedig und Rom ins Auge faßten. War es da irreal, zur eigenen Sicherheit den Gegenstoß zur Wiedereroberung Konstantinopels zu versuchen? Vertraten damals nicht alle europäischen Mächte solche Pläne? Waren die Spanier, die den Ozean überwunden hatten, nicht schon lange im Begriffe, sich auch entlang der nordafrikanischen Küste in die Levante vorzukämpfen?

Als Kardinal Cajetan dem Kaiser zum Dank für seinen Kreuzzugseifer den geweihten Hut und das Schwert übergab, antwortete Maximilian, er sei zwar nicht mehr der Jüngste, aber dennoch bereit, persönlich mitzuziehen, ja wenn es sein müsse, sein Leben im Glaubenskampf hinzugeben; mag sein, daß ihm der Tod seines verehrten Vorbildes, des Kaisers Barbarossa, vor Augen stand. Aber auch der Kreuzzug scheiterte am Mißtrauen der Großmächte und am heftigen Widerstand der Reichsstände, die den Ernst der Lage im Osten nicht glauben wollten. Es bedurfte der Ereignisse von 1526/29, um dem Reich die Türkengefahr klar zu machen.

Enttäuscht, kränklich und von Todesahnungen erfaßt, hatte Maximilian Augsburg verlassen und wandte sich über Innsbruck, wo – zu seinem größten Ärger – die Wirte alter Schulden wegen seinem Troß das Quartier verweigerten, innabwärts nach Österreich. Noch einmal wollte er sich auf der Jagd mit Wasser, Luft und Bewegung kurieren, obwohl er bereits von Todeskrankheit gezeichnet war. Darmkrebs, Gelbsucht und Lungenentzündung warfen ihn zu Wels im Lande ob der Enns auf das Krankenlager. Völlig weltabgewandt beschränkte sich der sterbende Kaiser auf die letzten Dinge und überließ die Geschäfte des Weltreiches seinen Nachfolgern. Zusammen mit seinem Beichtvater bestimmte er die kleinsten Einzelheiten seiner Beisetzung, die Aufstellung seines Grabmales, die Gründung von acht Spitälern im Reich und in den Erbländern, die Giebigkeiten an die Pfründner, die an seinem Grabe beten und dafür lebenslangen Unterhalt empfangen sollten. Im ganzen ein mildtätiges, kein politisches Testament. Er bezeichnete Karl und Ferdinand als seine Erben, ließ ihnen aber für die großen weltpolitischen Entscheidungen freie Hand. Angesichts des aufsteigenden politischen Ungewitters fügte er noch den Befehl hinzu, daß der neue Hofrat und die alten Regimente bis zur Ankunft der Erben im Amte bleiben sollten. Bis zum letzten Augenblick hellwach, aber völlig entkräftet, beschloß er in der Frühe des 12. Januar 1519 sein unruhiges Leben. Ein Welser Meister malte des Kaisers Totenbild, dessen herber Naturalismus tief erschüttert. Nichteinmal das Bargeld für das Begräbnis war vorhanden; alle Mittel waren in die Wahlwerbung für Karl (V.) geflossen. «Unglaublich» waren die Schulden, die er hinterließ. Mit geborgtem Gelde wurde der Begründer eines Weltreiches in der St. Georgskirche zu Wiener Neustadt beigesetzt. Sein Grabmal, ein Kunstwerk höchsten Ranges, wurde erst viel später, seinen Plänen entsprechend, in Innsbruck errichtet – «das großartigste Kaisergrab des Abendlandes».

Als der Kaiser starb, waren seine universalen Entwürfe gesichert, zumal Karl (V.) dank den sorgfältigen Vorbereitungen seines Großvaters im Juni 1519 zum Römischen König und Kaiser gewählt wurde. Maximilian hatte seinem Enkel Idee und Wirklichkeit eines Weltreiches vererbt. Karls erster Großkanzler, Gattinara, der aus den Diensten des alten Kaisers kam, konnte mit Recht sagen, sein Herr sei auf dem Wege zur

Weltmonarchie und zur endlichen Sammlung der Christenheit unter einem Hirten.

«Maximilian gehört nicht zu den Großen der Weltgeschichte», versichern seine Kritiker und fordern damit den Vergleich mit anderen ‹Großen› geradezu heraus, selbst in einem Zeitalter wie dem unseren, das großartige Beinamen wenig schätzt. Unbestritten bleiben stets die großen, heute noch lebendigen kulturellen Leistungen. In der tausendjährigen Reihe der deutsch-römischen Kaiser gibt es keinen, der als Kunstfreund, Förderer und schöpferischer Künstler so hervorgetreten ist wie Maximilian. Das Urteil über seine Politik freilich wird stets davon abhängen, wie man seine Gründungen, die spanisch-österreichische Weltherrschaft und die Donaumonarchie, einschätzt. Wer darin ein Unglück für das Reich und Europa sieht, für den steht auch das Urteil über Maximilian von vornherein fest. Aber wer möchte die welthistorischen Folgen des habsburgischen Universaldominats übersehen? Hat nicht auch das Reich aus dieser Verbindung an Weite des Gesichtskreises, an kulturellen Anregungen, wirtschaftlichen Beziehungen und nicht zuletzt an politisch-militärischer Bundeshilfe durch Jahrhunderte viel gewonnen? So lange dauernde geschichtliche Abläufe vollziehen sich ohne Zweifel sinnvoll, es sei denn, man wollte ganze Generationenreihen und Jahrhunderte eines geschichtlichen Irrweges bezichtigen. Gleichwohl wird man verstehen, daß der Begründer des habsburgischen Universaldominats und der Donaumonarchie, von politischen Antipathien und einer gezielten ‹schwarzen Legende› umfehdet, im Kreuzfeuer der Widersprüche bleiben wird. Nicht zuletzt dies bezeugt seine Bedeutung. Auch geben manche Seiten seines Charakters Anlaß genug zu Verwunderung und Tadel. Aber angesichts dessen, was dieser Kaiser übernahm und was er seinem Enkel Karl übergeben konnte, wird sich die Erkenntnis durchsetzen, daß hier eine Persönlichkeit von außergewöhnlicher politischer Gestaltungskraft eine weltgeschichtliche Wende von langer Nachwirkung eingeleitet hat.

Literaturverzeichnis

Karl der Große
(S. 9–27)

Eine umfassende, den heutigen wissenschaftlichen Ansprüchen genügende Biographie Karls des Großen steht noch aus.

Quellen

Im einzelnen verzeichnet bei W. *Wattenbach,* W. *Levison* u. H. *Löwe,* Deutschlands Geschichtsquellen im Mittelalter. Vorzeit und Karolinger, Heft 1–3, Weimar 1952/53; Beiheft: Die Rechtsquellen, bearb. v. R. *Buchner,* Weimar 1953; Hauptquelle: Einhardi vita Karoli Magni, post G.H. *Pertz* rec. G. *Waitz,* editio sexta, cur. O. *Holder-Egger,* Monumenta Germaniae historica, Scriptores rerum Germanicarum, Hannover-Leipzig 1911 (Nachdruck 1947). Karolus Magnus et Leo Papa. Ein Paderborner Epos vom Jahre 799, mit Beiträgen von H. *Beumann, F. Brunhölzl* u. W. *Winkelmann,* Paderborn 1966

Monographien und Einzeluntersuchungen

Karl der Große. Lebenswerk und Nachleben, hrsg. v. W. *Braunfels,* 4 Bde. mit Registerband, Düsseldorf 1965–1967, mit 74 Beiträgen internationaler Provenienz [das Werk repräsentiert den heutigen Forschungsstand]

H. *Beumann,* Nomen imperatoris. Studien zur Kaiseridee Karls des Großen, Historische Zeitschrift 185, 1958, S. 515–543, abgedruckt in *ders.,* Wissenschaft vom Mittelalter. Ausgewählte Aufsätze, Köln-Wien 1972, S. 255–289

D.A. *Bullough,* The Age of Charlemagne, London 1965; deutsch unter dem Titel ‹Karl der Große und seine Zeit›, Wiesbaden 1966

P. *Classen,* Romanum gubernans imperium. Zur Vorgeschichte der Kaisertitulatur Karls des Großen, Deutsches Archiv 9, 1951/52, S. 103–121, Neudruck in: Zum Kaisertum Karls des Großen, hrsg. v. G. *Wolf* (Wege der Forschung 38), Darmstadt 1972, S. 4–29

H. *Fichtenau,* Das Karolingische Imperium, Zürich 1949

J. *Fleckenstein,* Die Bildungsreform Karls des Großen als Verwirklichung der norma rectitudinis, Bigge/Ruhr 1953

K. *Hauck,* Paderborn, das Zentrum von Karls Sachsenmission 777, in: Adel und Kirche. Gerd Tellenbach zum 65. Geburtstag dargebracht von Freunden und Schülern, hrsg. von J. *Fleckenstein* und K. *Schmid,* Freiburg-Basel-Wien 1968, S. 92–140

H. *Pirenne,* Mahomed et Charlemagne, Brüssel 1936, deutsch von P.E. *Hübinger* unter dem Titel ‹Geburt des Abendlandes›, Stuttgart o.J. (Fischer Bücherei Nr. 553, Frankfurt am Main 1963)

P. Riché, Les Carolingiens. Une famille qui fit l'Europe, Paris 1963

Zum Kaisertum Karls des Großen. Beiträge und Aufsätze, hrsg. v. G. Wolf (Wege der Forschung 38), Darmstadt 1972

Ludwig der Fromme
(S. 28–49)

Quellen

Erzählende und biographische Texte

Annales Bertiniani [830 beginnend], hrsg. v. F. Grat, J. Vielliard u. S. Clémencet, Paris 1964, S. 1–36

Annales regni Francorum [bis 829 reichend], hrsg. v. F. Kurze, Monumenta Germaniae Historica, Scriptores rerum Germanicarum in usum scholarum, Hannover 1895, S. 140–178

[Astronomus], Vita Hludowici imperatoris, Monumenta Germaniae Historica, Scriptores (in fol.) 2, Hannover 1829, S. 607–648

Epitaphium Arsenii (Vita Walae), hrsg. v. E. Dümmler, Abhandlungen der Preußischen Akademie der Wissenschaften, phil.-histor. Klasse, Jahrgang 1900 Nr. 2

Ermoldus Nigellus, In honorem Hludowici ... elegiacum carmen [lateinisches Versepos, bis 827 reichend], hrsg. v. E. Faral, Les classiques de l'histoire de France 14, Paris 1932 [mit französischer Übersetzung]

Thegan, Vita Hludowici imperatoris, Monumenta Germaniae Historica, Scriptores (in fol.) 2, Hannover 1829, S. 589–603

Die genannten Quellen erschienen zum Teil in neuerer Ausgabe mit deutscher Übersetzung in:

R. Rau, Ausgewählte Quellen zur deutschen Geschichte des Mittelalters (Frhr.-vom-Stein-Gedächtnis-Ausgabe) 5, Darmstadt 1955; Nachdruck 1980, S. 105–155 (Annales regni Francorum), S. 258–381 (Astronomus, Vita Hludowici) und S. 216–253 (Thegan, Vita Hludowici) und

ders., Ausgewählte Quellen zur deutschen Geschichte des Mittelalters (Frhr.-vom-Stein-Gedächtnis-Ausgabe) 6, Darmstadt 1958; Nachdruck 1980, S. 12–53 (Annales Bertiniani)

Legislative Texte

Corpus Consuetudinum monasticarum 1, hrsg. v. K. Hallinger, Siegburg 1963, S. 425–561

Monumenta Germaniae Historica, Capitularia 1, hrsg. v. A. Boretius, Hannover 1883, S. 261–381

Monumenta Germaniae Historica, Capitularia 2, hrsg. v. A. Boretius u. V. Krause, Hannover 1897, S. 2–59

Monumenta Germaniae Historica, Concilia 2, hrsg. v. A. Werminghoff, Hannover-Leipzig 1906/09, S. 307–783

Alle Quellen, auch die noch nicht in kritischer Ausgabe vorliegenden Urkunden Ludwigs des Frommen, sind aufgearbeitet in:

J. F. Böhmer, E. Mühlbacher und *J. Lechner,* Die Regesten des Kaiserreiches unter den Karolingern 1, 2. Aufl., Innsbruck 1908; um Vorwort, Konkordanztabellen und Ergänzungen vermehrter Neudruck, besorgt v. *C. Brühl* u. *H. H. Kaminsky,* Hildesheim 1966

Monographien und Einzeluntersuchungen

H. Beumann, Unitas ecclesiae – unitas imperii – unitas regni. Von der imperialen Reichseinheitsidee zur Einheit der regna, in: Nascita dell'Europa ed Europa carolingia: un'equazione da verificare (Settimane di studio del Centro Italiano di Studi sull'Alto Medioevo 27), Spoleto 1981, S. 531–571

B. Bischoff, Die Hofbibliothek unter Ludwig dem Frommen, in: Mittelalterliche Studien 3, Stuttgart 1981, S. 171–186

K. Brunner, Oppositionelle Gruppen im Karolingerreich (Veröffentlichungen des Instituts für Österreichische Geschichtsforschung 25), Wien-Köln-Graz 1979

P. Classen, Karl der Große und die Thronfolge im Frankenreich, in: Festschrift für Hermann Heimpel zum 70. Geburtstag 3 (Veröffentlichungen des Max-Planck-Instituts für Geschichte 36, 3), Göttingen 1972, S. 109–143

A. M. Drabeck, Die Verträge der fränkischen und deutschen Herrscher mit dem Papsttum von 754 bis 1020 (Veröffentlichungen des Österreichischen Instituts für Geschichtsforschung 22), Wien 1976

J. Fleckenstein, Das Großfränkische Reich. Möglichkeiten und Grenzen der Großreichsbildung im Mittelalter, in: Historische Zeitschrift 233 (1981), S. 265–294

W. H. Fritze, Papst und Frankenkönig. Studien zu den päpstlich-fränkischen Rechtsbeziehungen von 754 bis 824 (Vorträge und Forschungen, Sonderband 10), Sigmaringen 1973

A. Hahn, Das Hludowicianum. Die Urkunde Ludwigs des Frommen für die römische Kirche von 817, in: Archiv für Diplomatik, Schriftgeschichte, Siegel- und Wappenkunde 21 (1975), S. 15–135

S. Konecny, Eherecht und Ehepolitik unter Ludwig dem Frommen, in: Mitteilungen des Instituts für Österreichische Geschichtsforschung 85 (1977), S. 1–21

P. R. Mc Keon, 817: Une année désastreuse et presque fatale pour les Carolingiens, Le Moyen Age 84 (1978), S. 5–12

P. R. Mc Keon, The Empire of Louis the Pious. Faith, politics and personality, Revue Bénédictine 90 (1980), S. 50–62

R. Mc Kitterick, The Frankish kingdoms under the Carolingians, 751–987, London-New York 1983, S. 106–168 u. ö.

T. F. X. Noble, Louis the Pious and his piety re-considered, Revue Belge de philologie et d'histoire 58 (1980), S. 297–316

Th. Schieder, (Hrsg.) Handbuch der europäischen Geschichte, Bd. 1: Europa im Wandel von der Antike zum Mittelalter, Stuttgart 1976, S. 551 f., 560–596, 1009 ff. u. ö. [Gesamtdarstellung unter kritischer Sichtung und Verwertung der gesamten Literatur bis ca. 1975]

R. Schieffer, Von Mailand nach Canossa, Deutsches Archiv für Erforschung des Mittelalters 28 (1972), S. 333–370

R. Schieffer, Ludwig ‹der Fromme›. Zur Entstehung eines karolingischen Herrscherbeinamens, Frühmittelalterliche Studien 16 (1982), S. 58–73

J. Semmler, Iussit ... princeps renovare praecepta. Zur verfassungsrechtlichen

Einordnung der Hochstifte und Abteien in die karolingische Reichskirche, in: Consuetudines monasticae. Eine Festgabe für Kassius Hallinger aus Anlaß seines 70. Geburtstag (Studia Anselmiana 85), Rom 1982, S. 97–124

J. Semmler, Benedictus II: una regula – una consuetudo, in: Benedictine Culture, 750–1050 (Mediaevalia Lovaniensia. Series 1, Studia XI), Löwen 1983, S. 1–49

B. v. Simson, Jahrbücher des fränkischen Reiches unter Ludwig dem Frommen, 2 Bde., München 1874; Neudruck Berlin 1969 [für die reine Faktengeschichte nach wie vor unentbehrlich]

J. M. Wallace-Hadrill, The Frankish Church (H. u. O. Chadwick, Hrsg., Oxford History of the Christian Church), Oxford 1983, S. 226–241 und 263–268 sowie passim

Otto der Große
(S. 50–72)

Quellenerschließendes Hilfsmittel

Regesta Imperii II, 1: Die Regesten des Kaiserreichs unter Heinrich I. und Otto I. 919–973, neubearbeitet v. E. v. Ottenthal, Innsbruck 1893; Nachdruck mit Ergänzungen v. H. H. Kaminsky, Hildesheim 1967; II, 5: Papstregesten 911–1024, bearbeitet v. H. Zimmermann, 1969

Monographien und Einzeluntersuchungen

G. Althoff, Zur Frage nach der Organisation sächsischer coniurationes in der Ottonenzeit, in: Frühmittelalterliche Studien 16, 1982

Das Kaisertum Ottos des Großen. Zwei Vorträge v. H. Beumann u. H. Büttner (Vorträge und Forschungen, Sonderband 1), Sigmaringen 1963 (2. Aufl. 1975)

H. Beumann, Laurentius und Mauritius. Zu den missionspolitischen Folgen des Ungarnsieges Ottos des Großen, in: Festschrift für W. Schlesinger, Bd. 2, Köln-Wien 1974

ders., Die Bedeutung des Kaisertums für die Entstehung der deutschen Nation im Spiegel der Bezeichnungen für Reich und Herrscher, in: Nationes Bd. I, Sigmaringen 1978

H. Büttner, Heinrichs I. Südwest- und Westpolitik (Vorträge und Forschungen, Sonderband 2), Sigmaringen 1964

C. Erdmann, Forschungen zur politischen Ideenwelt des Frühmittelalters, Berlin 1951

ders., Ottonische Studien, hrsg. u. eingeleitet v. H. Beumann, Darmstadt 1968

J. Fleckenstein, Die Hofkapelle der deutschen Könige, Bd. 2 (Schriften der Monumenta Germaniae Historica 16/II), Stuttgart 1966

ders., Grundlagen und Beginn der deutschen Geschichte (Deutsche Geschichte, hrsg. v. J. Leuschner, Bd. 1), Göttingen 1974

E. Hlawitschka (Hrsg.), Königswahl und Thronfolge in ottonisch-frühdeutscher Zeit (Wege der Forschung, Bd. 178), Darmstadt 1971

R. Holtzmann, Geschichte der sächsischen Kaiserzeit, 900–1024, 3. Aufl., München 1955 (u. ö.), mit Nachwort v. W. Holtzmann

H. Keller, Reichsstruktur und Herrschaftsauffassung in ottonisch-frühsalischer Zeit, in: Frühmittelalterliche Studien 16, 1982

R. *Köpke* u. E. *Dümmler,* Kaiser Otto der Große (Jahrbücher der deutschen Geschichte), Leipzig 1876; Neuauflage Darmstadt 1962
K. J. *Leyser,* Rule and Conflict in an Early Medieval Society. Ottonian Saxony, London 1979
E. *Müller-Mertens,* Die Reichsstruktur im Spiegel der Herrschaftspraxis Ottos des Großen, Wien-Köln-Graz 1980
Th. *Schieffer* (Hrsg.), Handbuch der europäischen Geschichte Bd. 1: Europa im Wandel von der Antike zum Mittelalter, Stuttgart 1976 (vgl. u. a. den Beitrag v. K. *Reindel,* S. 665 ff., mit reichen Quellen- und Literaturangaben)
W. *Schlesinger,* Die Königserhebung Heichrichs I., der Beginn der deutschen Geschichte und die deutsche Geschichtswissenschaft, in: Historische Zeitschrift 221, 1975
H. *Zimmermann,* Das dunkle Jahrhundert, Graz-Wien-Köln 1971
ders. (Hrsg.), Otto der Große (Wege der Forschung, Bd. 450), Darmstadt 1976

Otto III.
(S. 73–97)

Der vorliegende Beitrag über Otto III. wurde erstmals veröffentlicht in: Das Evangeliar Ottos III., Textband zur Faksimileausgabe, Frankfurt 1978, S. 137–153.
Bereits in den Literaturnachweisen zu Otto dem Großen (S. 362 f.) angeführte Titel, die auch für Otto III. heranzuziehen sind, werden hier nicht nochmals genannt.

Quellenerschließendes Hilfsmittel
Regesta Imperii II, 3: Die Regesten des Kaiserreiches unter Otto III. 980 (983) – 1002, neubearbeitet v. M. *Uhrlirz,* Graz-Köln 1956

Monographien und Einzeluntersuchungen
H. *Appelt,* Die angebliche Verleihung der Patriciuswürde an Boleslaw Chrobry, in: Geschichtliche Landeskunde und Universalgeschichte, Festgabe für H. Aubin, Hamburg 1950
H. *Beumann* u. W. *Schlesinger,* Urkundenstudien zur deutschen Ostpolitik unter Otto III., in: Archiv für Diplomatik 1, 1955. Mit Ergänzungen nachgedruckt in: W. *Schlesinger,* Mitteldeutsche Beiträge zur deutschen Verfassungsgeschichte des Mittelalters, 1961
H. *Beumann,* Grab und Thron Karls des Großen zu Aachen, in: Karl der Große, Lebenswerk und Nachleben; 4: Das Nachleben, hrsg. v. W. *Braunfels* u. E. *Schramm,* Düsseldorf 1967. Nachgedruckt in: H. *Beumann,* Wissenschaft vom Mittelalter, Köln-Wien 1972
C. *Brühl,* Die Kaiserpfalz bei St. Peter und die Pfalz Ottos III. auf dem Palatin, in: Quellen und Forschungen aus italienischen Archiven und Bibliotheken 34, 1954
J. *Fleckenstein,* Rex canonicus. Über Entstehung und Bedeutung des mittelalterlichen Königskanonikates, in: Festschrift für P. E. Schramm, Wiesbaden 1964

H. *Fuhrmann*, Rex canonicus – Rex clericus?, in: Institutionen, Kultur und Gesellschaft im Mittelalter, Festschrift f. J. Fleckenstein, Sigmaringen 1984
H. *Ludat*, An Elbe und Oder um das Jahr 1000, Köln-Wien 1971
P. E. *Schramm*, Kaiser, Rom und Renovatio, 2 Bde., Leipzig 1929, Bd. 1, 2. Aufl. Darmstadt 1957 [Grundlegend zur Kaiseridee]
ders., Kaiser Otto III., seine Persönlichkeit und sein ‹byzantinischer Hofstaat›, in: ders., Kaiser, Könige und Päpste Bd. 3, Stuttgart 1969
M. *Uhlirz*, Otto III. 983–1002 (Jahrbücher des Deutschen Reiches unter Otto II., und Otto III., Bd. 2), Berlin 1954 [maßgebliche Gesamtdarstellung]

Heinrich III.
(S. 98–115)

Quellen

Adam von Bremen, Gesta Hammaburgensis ecclesiae pontificum, hrsg. v. B. *Schmeidler*, Monumenta Germaniae Historica, Scriptores rerum Germanicarum, 3. Aufl., Hannover-Leipzig 1917
Annales Altahenses maiores, hrsg. v. E. v. *Oefele*, Monumenta Germaniae Historica, Scriptores rerum Germanicarum, 2. Aufl., Hannover 1891
Gesta episcoporum Cameracensium, hrsg. v. L. C. *Bethmann*, in: Monumenta Germaniae Historica, Scriptores 7, Hannover 1846, S. 393–525
Hermann von Reichenau, Chronica, hrsg. v. G. H. *Pertz*, in: Monumenta Germaniae Historica, Scriptores 5, Hannover 1844, S. 67–133
Raoul Glaber, Les cinq livres de ses histoires, hrsg. v. M. *Prou*, Paris 1886
Die Urkunden Heinrichs III., hrsg. v. H. *Bresslau* u. P. *Kehr*, Monumenta Germaniae Historica, Diplomata regum et imperatorum Germaniae 5, Berlin 1931

Monographien und Einzeluntersuchungen

H. H. *Anton*, Bonifaz von Canossa, Markgraf von Tuszien, und die Italienpolitik der frühen Salier, in: Historische Zeitschrift 214, 1972, S. 529–556
H. *Appelt*, Heinrich III., in: Neue Deutsche Biographie 8, Berlin 1969, S. 313–315
H. *Beumann*, Reformpäpste als Reichsbischöfe in der Zeit Heinrichs III. Ein Beitrag zur Geschichte des ottonisch-salischen Reichskirchensystems, in: Festschrift F. Hausmann, Graz 1977, S. 21–37
E. *Boshof*, Lothringen, Frankreich und das Reich in der Regierungszeit Heinrichs III., in: Rheinische Vierteljahrsblätter 42, 1978, S. 63–127
ders., Das Reich in der Krise. Überlegungen zum Regierungsausgang Heinrichs III., in: Historische Zeitschrift 228, 1979, S. 265–287
M. L. *Bulst-Thiele*, in: B. Gebhardt, Handbuch der deutschen Geschichte, hrsg. v. H. Grundmann, Bd. 1, 9. Aufl., Stuttgart 1970, S. 307–321
J. *Fleckenstein*, Die Hofkapelle der deutschen Könige 2, Stuttgart 1966, S. 234 ff.
H. *Fuhrmann*, Deutsche Geschichte im hohen Mittelalter, Göttingen 1978, S. 51 ff.
P. *Kehr*, Vier Kapitel aus der Geschichte Kaiser Heinrichs III., Abhandlungen der Preußischen Akademie der Wissenschaften 1930, phil.-hist. Kl. Nr. 3, Berlin 1931

G. Ladner, Theologie und Politik vor dem Investiturstreit. Abendmahlsstreit, Kirchenreform, Cluni und Heinrich III., Baden b. Wien-Leipzig 1936, S. 60 ff.
D. Lück, Die Kölner Erzbischöfe Hermann II. und Anno II. als Erzkanzler der Römischen Kirche, in: Archiv für Diplomatik 16, 1970, S. 1–50
K. Reindel, in: Handbuch der europäischen Geschichte, Bd. 1: Europa im Wandel von der Antike zum Mittelalter, hrsg. v. *Th. Schieder,* Bd. 1, Stuttgart 1976, S. 723–730
Th. Schieffer, Kaiser Heinrich III., 1017–1056, in: Die Großen Deutschen 1, Berlin 1956, S. 52–69
K. Schmid, Heinrich III. und Gregor VI. im Gebetsgedächtnis von Piacenza des Jahres 1046, in: Verbum et signum 2. Beiträge zur mediävistischen Bedeutungsforschung. Studien zur Semantik und Sinntradition im Mittelalter, München 1975, S. 79–97
P. G. Schmidt, Heinrich III. – Das Bild des Herrschers in der Literatur seiner Zeit, in: Deutsches Archiv 39, 1983, S. 582–590
K. Schnith, Recht und Friede. Zum Königsgedanken im Umkreis Heinrichs III., in: Historisches Jahrbuch 81, 1962, S. 22–57
E. Steindorff, Jahrbücher des Deutschen Reiches unter Heinrich III. 1–2, Leipzig 1874–1881
G. Tellenbach, Libertas. Kirche und Weltordnung im Zeitalter des Investiturstreites, Stuttgart 1936, S. 104 ff., 118 ff. u. ö.
H. Thomas, Zur Kritik an der Ehe Heinrichs III. mit Agnes von Poitou, in: Festschrift H. Beumann, Sigmaringen 1977, S. 224–235
ders., Abt Siegfried von Gorze und die Friedensmaßnahmen Heinrichs III. vom Jahre 1043, in: Chronik 1976 des Staatl. Regino-Gymnasiums Prüm, S. 125 ff.
H. Vollrath, Kaisertum und Patriziat in den Anfängen des Investiturstreites, in: Zeitschrift für Kirchengeschichte 85, 1974, S. 11–44

Heinrich IV.
(S. 116–134)

Abschluß des Manuskripts im Dezember 1978

Quellen

D. v. Gladiss u. *A. Gawlik,* Die Urkunden Heinrichs IV., Monumenta Germaniae Historica, Diplomata regum et imperatorum Germaniae, Bd. 6, 1–3, Hannover 1941–1978; Nachdruck Hannover 1978
F. J. Schmale u. *I. Schmale,* Quellen zur Geschichte Kaiser Heinrichs IV. (Ausgewählte Quellen zur deutschen Geschichte des Mittelalters, Freiherr vom Stein – Gedächtnisausgabe, hrsg. v. *R. Buchner,* Bd. 12), Darmstadt 1968

Monographien und Einzeluntersuchungen

H. Beumann, Zur Handschrift der Vita Heinrici IV., in: *H. Beumann,* Wissenschaft vom Mittelalter. Ausgewählte Aufsätze, Köln-Wien 1972, S. 459–478
ders., Zur Verfasserfrage der Vita Heinrici IV., in: Institutionen, Kultur und Gesellschaft im MA, Festschrift für J. Fleckenstein, Sigmaringen 1984, S. 305 ff.

ders., Tribur, Rom und Canossa, in: Investiturstreit und Reichsverfassung, hrsg. v. *J. Fleckenstein* (Vorträge und Forschungen, Bd. 17), Sigmaringen 1973, S. 33–60

E. Boshof, Heinrich IV. Herrscher an einer Zeitenwende (Persönlichkeit und Geschichte, Bd. 108/109), Göttingen 1979

J. Fleckenstein, Heinrich IV. und der Episkopat in den Anfängen des Investiturstreites. Ein Beitrag zur Problematik von Worms, Tribur und Canossa, in: Adel und Kirche, G. Tellenbach zum 65. Geburtstag, hrsg. v. *J. Fleckenstein* u. *K. Schmid*, Freiburg i. Br. 1968, S. 221–236

ders. (Hrsg.), Investiturstreit und Reichsverfassung (Vorträge und Forschungen, Bd. 17), Sigmaringen 1973

A. Gawlik, Intervenienten und Zeugen in den Diplomen Kaiser Heinrichs IV. (1056–1105). Der Übergang von der Interventions- zur Zeugenformel (Münchener Historische Studien, Abteilung Geschichtliche Hilfswissenschaften, Bd. 7), Kallmünz 1970

H. Gericke, Die Wahl Heinrichs IV. Eine Studie zum deutschen Königswahlrecht, in: Zeitschrift für Geschichtswissenschaft 3, Berlin 1955, S. 735–749

L. L. Ghirardini, ‹Madonna della Battaglia›: lo scontro decisivo della lotta per le investiture (ottobre 1092), in: Bollettino storico reggiano 4, Reggio-Emilia 1971, S. 1–22

H. F. Haefele, Fortuna Heinrici IV. Imperatoris. Untersuchungen zur Lebensbeschreibung des dritten Saliers (Veröffentlichungen des Instituts für Österreichische Geschichtsforschung, Bd. 15), Graz-Köln 1954

K. Hampe, Heinrich IV., in: *K. Hampe*, Herrschergestalten des deutschen Mittelalters, Darmstadt 1927 u. 1967, S. 102–146

ders., Heinrich IV., in: *W. Andreas* u. *W. v. Scholz*, Die Großen Deutschen. Neue Deutsche Biographie, Bd. I, Berlin 1935, S. 76–93

S. Hellmann, Die Vita Heinrici IV. und die kaiserliche Kanzlei, in: *S. Hellmann*, Abhandlungen zur Historiographie und Geistesgeschichte des Mittelalters, hrsg. v. *H. Beumann*, Darmstadt 1961, S. 231–292

H. Kämpf (Hrsg.), Canossa als Wende. Ausgewählte Aufsätze zur neueren Forschung (Wege der Forschung, Bd. 12), Darmstadt 1963 (3. Aufl. 1976)

R. Kottje, Zur Bedeutung der Bischofsstädte für Heinrich IV., in: Historisches Jahrbuch 97–98, 1978, S. 131–157

F. Lotter, Zur literarischen Form und Intention der Vita Heinrici IV., in: Festschrift für H. Beumann zum 65. Geburtstag, hrsg. v. *K. U. Jäschke* u. *R. Wenskus*, Sigmaringen 1977, S. 288–329

G. Meyer v. Knonau, Jahrbücher des deutschen Reiches unter Heinrich IV. und Heinrich V., 7 Bde., Leipzig 1890–1909; Nachdruck Berlin 1964–1965

H. L. Mikoletzky, Der fromme Kaiser Heinrich IV., in: Mitteilungen des Instituts für Österreichische Geschichtsforschung 78, L. Santifaller gewidmet zum 70. Geburtstag, Graz-Köln 1960, S. 250–265

W. E. Mildenberger, Herrscher im härenen Hemd. Das wildbewegte Leben Kaiser Heinrichs IV., ein Roman, Schaffhausen 1983

A. Nitschke, Die Ziele Heinrichs IV. Beobachtungen zum Wandel einer Staatsform, in: Wissenschaft, Wirtschaft und Technik. Studien zur Geschichte,

W. Treue zum 60. Geburtstag, hrsg. v. *K.H. Manegold,* München 1969, S. 38–63

R. *Schieffer,* Die Entstehung des päpstlichen Investiturverbots für den deutschen König (Schriften der Monumenta Germaniae Historica, Bd. 28), Stuttgart 1981

E. *Schirmer,* Die Persönlichkeit Kaiser Heinrichs IV. im Urteil der deutschen Geschichtsschreibung vom Humanismus bis zur Mitte des 18. Jahrhunderts, Jena 1931

M. *Schluck,* Die Vita Heinrici IV. Imperatoris. Ihre zeitgenössischen Quellen und ihr besonderes Verhältnis zum Carmen de bello Saxonico (Vorträge und Forschungen, Sonderband 26), Sigmaringen 1979

B. *Schmeidler,* Heinrichs IV. Absetzung 1105/06 kirchenrechtlich und quellenkritisch untersucht, in: Zeitschrift der Savigny-Stiftung für Rechtsgeschichte, kanonistische Abteilung 12, Weimar 1922, S. 168–221

ders., Kaiser Heinrich IV. und seine Helfer im Investiturstreit. Stilkritische und sachkritische Untersuchungen, Leipzig 1927 (Nachdruck Aalen 1970)

Chr. *Schneider,* Prophetisches Sacerdotium und heilsgeschichtliches Regnum im Dialog 1073–1077. Zur Geschichte Gregors VII. und Heinrichs IV. (Münsterische Mittelalter-Schriften, Bd. 9), München 1972

C. *Servatius,* Kirche und Staat im Mittelalter, Auf dem Wege nach Canossa, in: G. *Denzler,* Kirche und Staat auf Distanz. Historische und aktuelle Perspektiven, München 1977, S. 42–65

J. *Vogel,* Zur Kirchenpolitik Heinrichs IV. nach seiner Kaiserkrönung und zur Wirksamkeit der Legaten Gregors VII. und Clemens (III.) im deutschen Reich 1084/85, in: Frühmittelalterliche Studien 16, 1982, S. 161–192

ders., Gregor VII. und Heinrich IV. nach Canossa. Zeugnisse ihres Selbstverständnisses (Arbeiten zur Frühmittelalterforschung Bd. 9), Berlin 1983

H. *Zimmermann,* Wurde Gregor VII. 1076 in Worms abgesetzt?, in: Mitteilungen des Instituts für Österreichische Geschichtsforschung 78, H. Appelt zum 60. Geburtstag gewidmet, Wien-Köln-Graz 1970, S. 121–131

ders., Der Canossagang von 1077. Wirkungen und Wirklichkeit (Akademie der Wissenschaften und der Literatur, Abhandlungen der geistes- und sozialwissenschaftlichen Klasse, Jahrgang 1975, Nr. 5), Mainz-Wiesbaden 1975

ders., Canossa 1077. Storia e attualità, Bologna 1977

ders., Canossa 1077 und Venedig 1177 und Jahrhunderte danach, in: Studi Matildici, Atti e Memorie del III Convegno di Studi Matildici, Reggio-Emilia 7-8-9 ottobre 1977 (Deputazione di storia patria per le antiche provincie modenesi, Biblioteca-Nuova Serie n. 44), Modena 1978, S. 183–216

Heinrich V.
(S. 135–154)

Abschluß des Manuskripts im September 1979

Monographien und Einzeluntersuchungen

H.B. *v. Bazan,* Die Persönlichkeit Heinrichs V. im Urteil der zeitgenössischen Quellen, Phil. Diss. Berlin 1927

J. *Beumann*, Sigebert von Gembloux und der Traktat de investitura episcoporum (Vorträge und Forschungen, Sonderband 20), Sigmaringen 1976

K. *Bosl*, Die Reichsministerialität der Salier und Staufer. Ein Beitrag zur Geschichte des hochmittelalterlichen deutschen Volkes, Staates und Reiches. Teil 1–2 (Schriften der Monumenta Germaniae Historica 10), Stuttgart 1950–1951

ders., Staat, Gesellschaft, Wirtschaft im deutschen Mittelalter, in: *B. Gebhardt*, Handbuch der deutschen Geschichte, hrsg. v. *H. Grundmann*, Bd. 1, 9. Aufl., Stuttgart 1970, bes. S. 749–785

H. *Büttner*, Erzbischof Adalbert von Mainz, die Kurie und das Reich in den Jahren 1118 bis 1122, in: Investiturstreit und Reichsverfassung, hrsg. v. *J. Flekkenstein* (Vorträge und Forschungen 17), Sigmaringen 1973, S. 395–410

P. *Classen*, Das Wormser Konkordat in der deutschen Verfassungsgeschichte, in: Investiturstreit und Reichsverfassung, hrsg. v. *J. Fleckenstein* (Vorträge und Forschungen, Bd. 17), Sigmaringen 1973, S. 411–460

L. *Fenske*, Adelsopposition und kirchliche Reformbewegung im östlichen Sachsen. Entstehung und Wirkung des sächsischen Widerstandes gegen das salische Königtum während des Investiturstreits (Veröffentlichungen des Max-Planck-Instituts für Geschichte 47), Göttingen 1977

J. *Fried*, Der Regalienbegriff im 11. und 12. Jahrhundert, in: Deutsches Archiv für Erforschung des Mittelalters 29, 1973, S. 450–528

H. *Fuhrmann*, Deutsche Geschichte im hohen Mittelalter von der Mitte des 11. bis zum Ende des 12. Jahrhunderts, (Deutsche Geschichte Bd. 2, hrsg. v. *J. Leuschner*), Göttingen 1978

R. *Gaettens*, Das Geburtsjahr Heinrichs V. 1081 oder 1086. Rechtsgeschichtliche und numismatische Erörterungen, in: Zeitschrift der Savigny-Stiftung für Rechtsgeschichte, Germanistische Abteilung 79, 1962, S. 52–71

A. *Gawlick*, Das Diplom Kaiser Heinrichs V. Stumpf Reg. 3150 für das Kloster St. Arnulf bei Metz, in: Deutsches Archiv für Erforschung des Mittelalters 37, 1981, S. 605–638

K. *Hampe*, Deutsche Kaisergeschichte in der Zeit der Salier und Staufer, 12. Aufl., bearb. v. *F. Baethgen*, Darmstadt 1969

F. *Hausmann*, Reichskanzlei und Hofkapelle unter Heinrich V. und Konrad III. (Schriften der Monumenta Germaniae Historica 14), Stuttgart 1956

H. *Jakobs*, Die Hirsauer. Ihre Ausbreitung und Rechtsstellung im Zeitalter des Investiturstreites (Kölner Historische Abhandlungen 4), Köln-Graz 1961

K. *Jordan*, Investiturstreit und frühe Stauferzeit 1056–1197, in: *B. Gebhardt*, Handbuch der deutschen Geschichte, hrsg. v. *H. Grundmann*, Bd. 1, 9. Aufl., Stuttgart 1970, S. 323–367

G. *Koch*, Auf dem Wege zum Sacrum Imperium. Studien zur ideologischen Herrschaftsbegründung der deutschen Zentralgewalt im 11. und 12. Jahrhundert, Wien 1972

K. *Leyser*, England and the Empire in the early 12th Century, in: Transactions of the Royal Hist. Society, 5th ser., vol 10, London 1960, S. 61–83

G. *Meyer v. Knonau*, Jahrbücher des Deutschen Reiches unter Heinrich IV. und Heinrich V., Band 5–7, Berlin-München 1904–1909

M. *Minninger*, Von Clermont zum Wormser Konkordat. Die Auseinandersetzungen um den Lehnsnexus zwischen König und Episkopat (Forschungen zur Kaiser- und Papstgeschichte des Mittelalters, Beihefte zu J. F. Böhmer, Regesta Imperii 2), Köln-Wien 1978

Th. *Schieffer,* Nochmals die Verhandlungen von Mouzon (1119), in: Festschrift für E. E. Stengel, Münster-Köln 1952, S. 324–341

ders., Heinrich V., Kaiser, in: Neue Deutsche Biographie Bd. 8, Berlin 1969, S. 320–323

ders., Die deutsche Kaiserzeit 900–1250 (Deutsche Geschichte Bd. 1/1, hrsg. v. W. *Hubatsch*), 2. Aufl., Frankfurt-Berlin 1981

B. *Schmeidler,* Kaiser Heinrich IV. und seine Helfer im Investiturstreit. Stilkritische und sachkritische Untersuchungen, Leipzig 1927

C. *Servatius,* Paschalis II. (1099–1118). Studien zu seiner Person und seiner Politik (Päpste und Papsttum 14), Stuttgart 1979

M. *Stroll,* New Perspectives on the Struggle between Guy of Vienne and Henry V, in: Archivum Historiae Pontificiae 18, 1980, S. 97–115

H. J. *Stüllein,* Das Itinerar Heinrichs V. in Deutschland, Phil. Diss. München 1971

A. *Waas,* Heinrich V., Gestalt und Verhängnis des letzten salischen Kaisers, München 1967

M. J. *Wilks,* Ecclesiastica and Regalia: Papal Investiture Policy from the Council of Guastalla to the first Lateran Council, 1106–1123, in: Councils and Assemblies (Studies in Church History 7), Cambridge 1971

H. *Zimmermann,* Das Mittelalter, 1. Teil. Von den Anfängen bis zum Ende des Investiturstreits, Braunschweig 1975

Lothar von Süpplingenburg
(S. 155–176)

Monographien und Einzeluntersuchungen

J. *Bauermann,* Die Frage der Bischofswahlen auf dem Würzburger Reichstag von 1133, 1933, in: J. *Bauermann,* Von der Elbe bis zum Rhein, Münster 1968, S. 113–133

R. L. *Benson,* The Bishop-elect. A study in medieval ecclesiastical office, Princeton 1968

W. *Bernhardi,* Lothar von Supplinburg (Jahrbücher der Deutschen Geschichte), Leipzig 1879 (Nachdruck Berlin 1975)

H. *Beumann,* Das päpstliche Schisma von 1130, Lothar III. und die Metropolitanrechte von Magdeburg und Hamburg in Polen und Dänemark, 1971, in: H. *Beumann,* Wissenschaft vom Mittelalter, Köln-Wien 1972, S. 479–500

H. *Büttner,* Erzbischof Adalbert von Mainz, die Kurie und das Reich in den Jahren 1118 bis 1122, in: Vorträge und Forschungen 17, Sigmaringen 1973, S. 395–410

P. *Classen,* Das Wormser Konkordat in der deutschen Verfassungsgeschichte, in: Vorträge und Forschungen 17, Sigmaringen 1973, S. 411–460

M.-L. *Crone,* Untersuchungen zur Reichskirchenpolitik Lothars III., 1125 bis

1137, zwischen reichskirchlicher Tradition und Reformkurie (Europäische Hochschulschriften, Reihe 3: Geschichte und ihre Hilfswissenschaften 170), Frankfurt am Main-Bern 1982

O. *Engels,* Beiträge zur Geschichte der Staufer im 12. Jahrhundert, in: Deutsches Archiv für die Erforschung des Mittelalters 27, 1971, S. 373–456

K. *Hampe* u. F. *Baethgen,* Deutsche Kaisergeschichte in der Zeit der Salier und Staufer, 12. Aufl., Heidelberg 1968

J. *Herrmann* (Hrsg.), Die Slawen in Deutschland. Geschichte und Kultur der slawischen Stämme westlich von Oder und Neiße vom 6. bis 12. Jahrhundert, 2. Aufl., Berlin (DDR) 1972

R. *Holtzmann,* Der Kaiser als Marschall des Papstes, Berlin-Leipzig 1928

W. *Hoppe,* Markgraf Konrad von Meißen, der Reichsfürst und der Gründer des wettinischen Staates, 1919, in: W. *Hoppe,* Die Mark Brandenburg, Wettin und Magdeburg, Köln-Graz 1965, S. 153–206

K. *Jordan,* Sachsen und das deutsche Königtum im hohen Mittelalter, in: Historische Zeitschrift 210, 1970, S. 529–559

H.-D. *Kahl,* Slawen und Deutsche in der brandenburgischen Geschichte des zwölften Jahrhunderts (Mitteldeutsche Forschungen 30, Bd. 1–2), Köln-Graz 1964

H. *Kalbfuß,* Zur Entstehung der Narratio de electione Lotharii, in: Mitteilungen des Instituts für Österreichische Geschichtsforschung 31, 1910, S. 538–557

G. B. *Ladner,* Die Papstbildnisse des Altertums und des Mittelalters Bd. II, Città del Vaticano 1970

U. *Lange,* Grundlagen der Landesherrschaft der Schauenburger in Holstein, in: Zeitschrift der Gesellschaft für Schleswig-Holsteinische Geschichte 99, 1974, S. 9–93

W. *Maleczek,* Das Kardinalskollegium unter Innozenz II. und Anaklet II., in: Archivum Historiae Pontificiae 19, 1981, S. 27–78

Mario da Bergamo (= L. *Pellegrini*), Osservazioni sulle fonti per la duplice elezione papale del 1130, in: Aevum 39, 1965, S. 45–65

M. *Minninger,* Von Clermont zum Wormser Konkordat. Die Auseinandersetzung um den Lehnsnexus zwischen König und Episkopat, Köln-Wien 1978

W. *Petke,* Kanzlei, Kapelle und königliche Kurie unter Lothar III., 1125–1137, Köln-Wien 1985

T. *Reuter,* Zur Anerkennung Papst Innozenz' II. Eine neue Quelle, in: Deutsches Archiv für die Erforschung des Mittelalters 39, 1983, S. 395–416

F. J. *Schmale,* Die Bemühungen Innozenz' II. um seine Anerkennung in Deutschland, in: Zeitschrift für Kirchengeschichte 65, 1953/54, S. 240–269

ders., Lothar III. und Friedrich I. als Könige und Kaiser, in: Vorträge und Forschungen 12, Sigmaringen 1968, S. 33–52

ders., Studien zum Schisma des Jahres 1130, Köln-Graz 1961

L. *Speer,* Kaiser Lothar III. und Erzbischof Adalbert I. von Mainz. Eine Untersuchung zur Geschichte des deutschen Reiches im frühen zwölften Jahrhundert (Dissertationen zur mittelalterlichen Geschichte 3), Köln-Wien 1983

H. *Stoob,* Gedanken zur Ostseepolitik Lothars III., in: Festschrift Friedrich Hausmann, Graz 1977, S. 531–551

ders., Die Königswahl Lothars von Sachsen im Jahre 1125, in: Historische Forschungen für W. Schlesinger, hrsg. v. *H. Beumann,* Köln-Wien 1974, S. 438-461

ders., Westfalen und Niederlothringen in der Politik Lothars III., in: Tradition als historische Kraft (Festschrift Karl Hauck), hrsg. v. *N. Kamp* u. *J. Wollasch,* Berlin-New York 1982, S. 350-371

H. W. Vogt, Das Herzogtum Lothars von Süpplingenburg (Quellen und Darstellungen zur Geschichte Niedersachsens 57), Hildesheim 1959

E. Wadle, Reichsgut und Königsherrschaft unter Lothar III., Berlin 1969

Friedrich Barbarossa
(S. 177-198)

Quellen
Monumenta Germaniae Historica, Diplomata X 1, Die Urkunden Friedrichs I., Teil 1: 1152-1158, Hannover 1975; Teil 2: 1158-1167, 1979; Teil 3: 1168-1180 und Teil 4: 1181-1190 sind in Vorbereitung, ebenso die Aufbereitung des gesamten urkundlichen und historiographischen Quellenmaterials zur Geschichte des Kaisers in den ‹Regesta Imperii› Friedrich Barbarossas, deren erste Lieferung, 1152-1158, Wien-Köln-Graz 1980 erschienen ist.

Monographien und Einzeluntersuchungen
H. Grundmann, Der Cappenberger Barbarossa-Kopf und die Anfänge des Stiftes Cappenberg, Köln-Graz 1959

K. Hampe, Deutsche Kaisergeschichte in der Zeit der Salier und Staufer, 12. Aufl., bearbeitet v. *F. Baethgen,* Heidelberg 1968, S. 142ff.

ders., Herrschergestalten des deutschen Mittelalters, Heidelberg 1955, S. 147-193

H. Heimpel, in: Neue Deutsche Biographie 5, Berlin 1961, S. 459ff.

K. Jordan, Friedrich Barbarossa, Kaiser des christlichen Abendlandes (Persönlichkeit und Geschichte 13), 2. Aufl., Göttingen 1967

P. Munz, Frederick Barbarossa. A study in medieval politics, London 1969

M. Pacaut, Frédéric Barberousse, Fayard, Paris 1967

G. Wolf (Hrsg.), Friedrich Barbarossa, (Wege der Forschung 390), Darmstadt 1975

Friedrich II.
(S. 199-239)

Quellen
H. Conrad, Th. v. d. Lieck-Buyken u. *W. Wagner* (Hrsg. u. Übers.), Die Konstitutionen Friedrichs II. von Hohenstaufen für sein Königreich Sizilien, nach einer Handschrift des 13. Jh., Köln 1973

K. J. Heinisch (Hrsg. u. Übers.), Kaiser Friedrich II. in Briefen und Berichten seiner Zeit, Darmstadt 1968

W. v. d. Steinen, Das Kaisertum Friedrichs II. nach den Anschauungen seiner Staatsbriefe, Berlin-Leipzig 1922

C. A. *Willemsen* (Hrsg.), Friderici imperatoris secundi ‹De arte venandi cum avibus›, 2 Bde., Leipzig 1942

Monographien und Einzeluntersuchungen

D. *Abulafia*, Kantorowicz and Frederick II., in: History 62 (1977) 205, S. 193–210

T. C. v. *Cleve*, The Emperor Frederick II. of Hohenstaufen, Oxford 1972 [enthält ein breites neueres Literaturverzeichnis]

H. *Dilcher*, Die sizilianische Gesetzgebung Kaiser Friedrichs II. Quellen der Constitutionen von Melfi und ihrer Novellen, Köln 1975

G. *Fasoli*, Federico II e la Lega lombarda, in: Ann. Ist. stor. ital.-germ. in Trento, Bologna, 2, 1976, veröffentlicht 1977, S. 39–74

J. *Fleckenstein* (Hrsg.), Probleme um Friedrich II. (Vorträge und Forschungen Bd. 16), Sigmaringen 1974 [Überblick über den modernen Forschungsstand]

E. *Grünewald*, Ernst Kantorowicz und Stephan George, Beiträge zur Biographie des Historikers bis zum Jahre 1938 und zu seinem Jugendwerk ‹Kaiser Friedrich II.›, Wiesbaden 1982

K. *Hampe*, Kaiser Friedrich II. in der Auffassung der Nachwelt, Stuttgart-Berlin-Leipzig 1925 [Zur Geschichte des Geschichtsbildes]

E. *Horst*, Friedrich der Staufer, eine Biographie, Düsseldorf 1975 [anschaulich erzählend]

N. *Kamp*, Die sizilianische Verwaltungsreform Kaiser Friedrichs II. als Problem der Sozialgeschichte, in: Quellen und Forschungen aus italienischen Archiven und Bibliotheken 62, 1982, S. 119–142

E. *Kantorowicz*, Kaiser Friedrich II., 2. fotomechanischer Nachdruck der 4. Aufl. 1936, Düsseldorf und München 1964 (1. Aufl. Berlin 1927, Erg. Bd. Berlin 1931) [bestimmte maßgeblich die neuere Forschung]

W. *Kirsch*, Kaiser Friedrich II. – ein neuer Alexander, in: Archiv für Kulturgeschichte 56, 1974, S. 217–220

W. *Lammers*, Bild und Urteil in der Geschichtsschreibung, Beobachtungen an Darstellungen Friedrichs II. von Hohenstaufen, in: Vestigia Mediaevalia, Ausgewählte Aufsätze zur mittelalterlichen Historiographie, Landes- und Kirchengeschichte, Wiesbaden 1979, S. 109ff.

ders., Der Falkner. in: Festschrift der Wissenschaftlichen Gesellschaft an der Johann Wolfgang Goethe-Universität, Frankfurt am Main-Wiesbaden 1981, S. 221 ff.

H. E. *Mayer*, Das Pontifikale von Tyrus und die Krönung der lateinischen Könige von Jerusalem. Zugleich ein Beitrag zur Forschung über Herrschaftszeichen und Staatssymbolik. Dumbarton Oaks Papers, Nr. 21, 1967, S. 220ff.

H. *Nette*, Friedrich II. von Hohenstaufen in Selbstzeugnissen und Bilddokumenten, Hamburg 1975

G. *Pepe*, Lo stato ghibellino di Federico II, Bari 1951 (1. Aufl. 1938)

H. M. *Schaller*, Die Briefsammlung des Petrus v. Vinea, in: Deutsches Archiv 12, 1956 u. 15, 1959

ders., Die Kanzel von Bitonto, in: Archiv für Kulturgeschichte 45, 1963

ders., Die Kanzlei Friedrichs II., in: Archiv für Diplomatik 3. u. 4, 1957

ders., Kaiser Friedrich II., Verwandler der Welt, Göttingen, Berlin u. Frankfurt 1971 (1. Aufl. 1964)

C. A. Willemsen, Das Falkenbuch Kaiser Friedrichs II., in: Kosmos 47. Jg. 1951
ders., Die Falkenjagd. Bilder aus dem Falkenbuch Kaiser Friedrichs II., Leipzig 1943
ders., Castel del Monte, Wiesbaden 1955
ders., Kaiser Friedrich II. und sein Dichterkreis. Stauf.-siz. Lyrik in freier Nachdichtung, Krefeld 1947
G. Wolf (Hrsg.), Stupor mundi. Zur Geschichte Friedrichs II. von Hohenstaufen (Wege d. Forschung Bd. 101), Darmstadt 1966, 2., völlig neu bearbeitete Auflage Darmstadt 1982 [enthält wichtige Aufsätze zu Einzelthemen]

Heinrich VII.

(S. 240–256)

Monographien und Einzeluntersuchungen
F. Bock, Reichsidee und Nationalstaaten, München 1943
W. M. Bowsky, Florence and Henry of Luxemburg, in: Speculum 33, 1958, S. 177–203
ders., Clement V. and the Emperor-Elect, in: Medievalia et Humanistica 12, 1958, S. 52–69
ders., Henry VII in Italy, Lincoln 1960
P. Browe, Die angebliche Vergiftung Kaiser Heinrichs VII., in: Historisches Jahrbuch 49, 1929, S. 479–488
G. Colsman, Die Denkmale der deutschen Kaiser und Könige im 14. Jahrhundert, Phil. Diss. Göttingen 1955, 2. Teil, S. 19–83
A. Dieckmann, Weltkaisertum und ‹Districtus imperii› bei Kaiser Heinrich VII. Phil. Diss Göttingen 1956
H. E. Feine, Die Approbation der Luxemburgischen Kaiser, 1938; Nachdruck in: *ders.,* Reich und Kirche, Aalen 1966
A. Gerlich, in: Neue Deutsche Biographie 8, Berlin 1969, S. 329–334
H. Grundmann u. a., Dante und die Mächtigen seiner Zeit, München 1960
H. Grundmann, in: *B. Gebhardt,* Handbuch der deutschen Geschichte, Bd. 1, 9. Aufl., Stuttgart 1970, S. 507–517
J. Haller, Das Papsttum 3, 1, Stuttgart 1945, und in der Taschenbuch-Ausgabe 5., Reinbeck 1965, S. 184–213
H. Heimpel, in: Handbuch der deutschen Geschichte, neu hrsg. v. *L. Just,* 1, 5, Konstanz 1957, S. 42–47
M. Hellmann, Kaiser Heinrich VII. und Venedig, in: Historisches Jahrbuch 76, 1957, S. 15–33
F.-J. Heyen, Kaiser Heinrichs Romfahrt, Boppard 1965 u. München 1978 [enthält die im Text erwähnte Bilderchronik]
E. Lawrenz, Die Reichspolitik des Erzbischofs Balduin von Trier, Privatdruck o. J. [1975]
A. Lhotsky, Geschichte Österreichs seit der Mitte des 13. Jahrhunderts, Wien 1967
H. Löwe, Dante und das Kaisertum, in: Historische Zeitschrift 190, 1960, S. 517–552

F. Schneider, Die Öffnung des Grabmals Kaiser Heinrichs VII. in Pisa 1920/21, in: Mitteilungen des Österreichischen Instituts für Geschichtsforschung 41, 1926

ders., Kaiser Heinrich VII., Graz und Leipzig 1924–1928

ders., Kaiser Heinrich VII., Dantes Kaiser, Stuttgart, Berlin 1940

F. Seibt, in: Handbuch der Geschichte der böhmischen Länder, hrsg. v. *K. Bosl*, Bd. 1, Stuttgart 1967, S. 356–361

E. E. Stengel, Avignon und Rhens, Weimar 1930

ders., Baldewin von Luxemburg, 1936; Neudruck in: *ders.*, Abhandlungen und Untersuchungen zur mittelalterlichen Geschichte, Köln, Graz 1960, S. 180–215

Ch. Tank, Die Italienpolitik Heinrichs VII., Magisterarbeit Kiel 1972

F. Trautz, Die Reichsgewalt in Italien im Spätmittelalter, in: Heidelberger Jahrbücher 7, 1963, S. 45–81

K. F. Werner, Das Imperium und Frankreich im Urteil Dantes, in: Geschichtsschr. u. geistiges Leben im MA. Festschr. f. H. Löwe, Köln, Wien 1978, S. 546–564

Karl IV.
(S. 257–276)

Abschluß des Manuskripts im Februar 1980

Monographien und Einzeluntersuchungen

H. Friedjung, Kaiser Karl IV. und sein Antheil am geistigen Leben seiner Zeit, Wien 1876

F. Graus, Kaiser Karl IV. Betrachtungen zur Literatur eines Jubiläumsjahres (1378/1978), in: Jahrbücher für Geschichte Osteuropas 28, 1980, S. 71 ff.

K. Hampe, Karl IV., in: *K. Hampe*, Herrschergestalten des deutschen Mittelalters. 7. Aufl., Heidelberg 1967

H. Heimpel, Deutschland im späteren Mittelalter, in: *B. Gebhardt*, Handbuch der deutschen Geschichte, hrsg. v. L. Just, Bd. 1, 2. Aufl., Konstanz 1957

E. Hillenbrand, Die Autobiographie Karls IV., Einführung, Übersetzung, Kommentar, Stuttgart 1979

P. Moraw, Kaiser Karl IV. 1378–1978. Ertrag u. Konsequenzen eines Gedenkjahres, in: Politik, Gesellschaft, Geschichtsschreibung. Gießener Festgabe für F. Graus z. 60. Geb., hrsg. *H. Ludat* u. *R. C. Schwinges*, Köln-Wien 1982, S. 224 ff.

H. Patze (Hrsg.), Kaiser Karl IV. 1316–1378, Forschungen über Kaiser und Reich, Neustadt/Aisch, 1978; vgl. insbes. die Beiträge v. *H. Angermeier, E. Hillenbrand, W. Janssen, R. Schneider* u. *H. Thomas*

ders. (Hrsg.), Der deutsche Territorialstaat im 14. Jahrhundert (Vorträge und Forschungen 13 u. 14), Sigmaringen 1970/71

F. M. Pelzel, Geschichte Kaiser Karls des Vierten, Königs in Böhmen, 2 Bde., 2. Aufl., Dresden 1783

E. L. Petersen, Studien zur goldenen Bulle von 1356, in: Deutsches Archiv 22, 1966, S. 227 ff.

B. Schmeidler, Das spätere Mittelalter von der Mitte des 13. Jh. bis zur Reformation, Leipzig-Wien 1937 (Nachdruck Darmstadt 1962)

R. Schneider, Karls IV. Auffassung vom Herrscheramt, in: Historische Zeitschrift Beiheft NF 2, 1973, S. 122 ff.

E. Schubert, König und Reich. Studien zur spätmittelalterlichen deutschen Verfassungsgeschichte, Göttingen 1979
F. Seibt (Hrsg.), Kaiser Karl IV. Staatsmann und Mäzen, München 1978
ders., Karl IV. Ein Kaiser in Europa. 1346 bis 1378, München 1978
ders., Die Zeit der Luxemburger und der hussitischen Revolution, in: Handbuch der Geschichte der böhmischen Länder, hrsg. v. *K. Bosl,* Bd. 1, Stuttgart 1967
J. Spěváček, Karl IV. Sein Leben und seine staatsmännische Leistung, Prag-Wien, Köln, Graz 1978
J. Šusta, Karel IV. I: Otec a syn, 1333–1346; II: Za císařskou korunou, 1346–1355, Prag 1946/48
H. Thomas, Zwischen Regnum und Imperium. Die Fürstentümer Bar und Lothringen zur Zeit Kaiser Karls IV., Bonn 1973
E. Werunsky, Geschichte Kaiser Karls IV. und seiner Zeit, 3 Bde., Innsbruck 1880–1892 (Nachdruck New York 1961)

Sigismund
(S. 277–300)

Quellen
Acta concilii Constanciensis, hrsg. v. *H. Finke,* Bde. 1–4, 1896–1928
Concilium Basiliense, Studien und Quellen zur Geschichte des Concils von Basel, Bde. 1–8, 1877–1936
Decreta Regni Hungariae – Gesetze und Verordnungen Ungarns 1301–1457 (Publicationes Archivi Nationalis Hungarici II, Fontes, Bd. 11), 1976
Reformation Kaiser Siegmunds, hrsg. v. *H. Koller,* Monumenta Germaniae Historica, Staatsschriften des Späteren Mittelalters Bd. 6, 1964
Deutsche Reichsakten, Bde. 7–12, 1877–1901
Die Urkunden Kaiser Siegmunds (1410–1437), verz. v. *W. Altmann,* in: *J. F. Böhmer,* Regesta Imperii Bd. 11, 1896–1900

Monographien und Einzeluntersuchungen
J. Aschbach, Geschichte Kaiser Siegmunds, Bde. 1–4, 1838–1845
H. Boockmann, Zu den Wirkungen der ‹Reform Kaiser Siegmunds›, in: Studien zum städtischen Bildungswesen des späten Mittelalters und der frühen Neuzeit, hrsg. v. *B. Moeller, H. Patze* u. *K. Stackmann,* red. v. *L. Grenzmann,* 1983, S. 112 ff.
P. Engel, Király hatalom és aristokrácia viszonya a Zsigmond-korban, 1977
F. B. Fahlbusch, Städte und Königtum im frühen 15. Jahrhundert. Ein Beitrag zur Geschichte Sigmunds von Luxemburg, 1983
P.-J. Heinig, Reichsstädte, Freie Städte und Königtum 1389–1450. Ein Beitrag zur deutschen Verfassungsgeschichte, 1983
B. Kéry, Kaiser Sigismund, Ikonographie, 1972
E. R. Knauer, Kaiser Sigismund. Eine ikonographische Nachlese, in: Festschrift für Otto von Simson zum 65. Geburtstag, hrsg. v. *L. Grisebach* u. *K. Renger,* 1977, S. 173 ff.
E. Málysz, Die Zentralisationsbestrebungen König Sigmunds in Ungarn (Studia Historica Acad. Scient. Hung. Bd. 50), 1960

E. *Schubert*, König und Reich, Studien zur spätmittelalterlichen deutschen Verfassungsgeschichte, 1979

E. *Werner*, Die Geburt einer Großmacht – Die Osmanen (Forschungen zur mittelalterlichen Geschichte Bd. 13), 1978

Friedrich III.
(S. 301–331)

Quellenerschließende Hilfsmittel

J. *Chmel*, Regesta chronologico-diplomatica Friderici III. Romanorum imperatoris (regis IV.), Wien 1839 u. 1859) (Neudruck Hildesheim 1962)

Deutsche Reichstagsakten, ältere Reihe, 15. Bd. (1440–1441), hrsg. v. *H. Herre*, Gotha 1912 u. 1914; 16. Bd. (1441–1442), 1. Hälfte, hrsg. v. *H. Herre*, 2. Hälfte, hrsg. v. *L. Quidde*, Stuttgart-Gotha 1928; 17. Bd. (1442–1445), hrsg. v. *W. Kaemmerer*, Göttingen 1963; 19. Bd., 1. Hälfte (1453–1454), hrsg. v. *H. Weigel* u. *H. Grüneisen*, Göttingen 1969; 22. Bd., 1. Hälfte (1468–1470), hrsg. v. *I. Most-Kolbe*, Göttingen 1973; mittlere Reihe, 3. Bd. (Deutsche Reichstagsakten unter Maximilian I., 1488–1490), bearb. v. *E. Bock*, Göttingen 1972 u. 1973

Kommission für die Neubearbeitung der Regesta Imperii b. d. Österr. Akademie der Wissenschaften und Deutsche Kommission für die Bearbeitung der Regesta Imperii b. d. Akademie der Wissenschaften u. d. Literatur zu Mainz: Regesten Kaiser Friedrichs III. (1440–1493) nach Archiven und Bibliotheken geordnet, hrsg. v. *H. Koller*. Heft 1: Die Urkunden und Briefe aus Stadtarchiven im Bayerischen Hauptstaatsarchiv (München) (mit Ausnahme von Augsburg und Regensburg), bearb. v. *H. Koller*, Wien-Köln-Graz 1982; Heft 2: Urkunden und Briefe aus Klosterarchiven im Bayerischen Hauptstaatsarchiv (München), bearb. v. *Ch. E. Janotta*, Wien-Köln-Graz 1983; Heft 3: Die Urkunden und Briefe aus den Archiven und Bibliotheken des Regierungsbezirks Kassel (vornehmlich aus dem Hessischen Staatsarchiv Marburg/L.), bearb. v. *P.-J. Heinig*, Wien-Köln-Graz 1983

A. *Lhotsky*, Quellenkunde zur mittelalterlichen Geschichte Österreichs (Mitteilungen des Instituts für Österreichische Geschichtsforschung, Ergänzungsband 19), Graz-Köln 1963

Handbücher und allgemeine Darstellungen (mit Hinweisen auf ältere Literatur)

F. *Baethgen*, Schisma- und Konzilszeit, Reichsreform und Habsburgs Aufstieg, in: *B. Gebhardt*, Handbuch der deutschen Geschichte, 9. Aufl. hrsg. v. *H. Grundmann*, Bd. 1, Stuttgart 1970

E. *Meuthen*, Das 15. Jahrhundert (Oldenbourg Grundriß der Geschichte, Bd. 9), München Wien 1980

W. *Schaufelberger*, Spätmittelalter, in: Handbuch der Schweizer Geschichte, Bd. 1, Zürich 1972

Th. *Schieder* (Hrsg.), Handbuch der europäischen Geschichte, Bd. 3, hrsg. v. *J. Engel*, Stuttgart 1971. Darin : *J. Engel*, Von der spätmittelalterlichen res publica christiana zum Mächte-Europa der Neuzeit, *E. W. Zeeden*, Deutschland von der Mitte des 15. Jahrhunderts bis zum Westfälischen Frieden,

G. *Rhode,* Polen-Litauen (1444–1669), Ungarn (1444–1699), Böhmen (1458–1526), *H. Jansky,* Das Osmanische Reich (1453–1648)

F. *Seibt,* Das Zeitalter Georgs von Podiebrad, in: Handbuch der Geschichte der böhmischen Länder, hrsg. v. *K. Bosl,* Bd. 1: Die böhmischen Länder ... bis zum Ausgang der hussitischen Revolution, Stuttgart 1967

H. *Thomas,* Deutsche Geschichte des Spätmittelalters 1250–1500, Stuttgart 1983, Friedrichs III. S. 448–524

H. *Zimmermann,* Das Mittelalter, II. Teil: Von den Kreuzzügen bis zum Ende der Großen Entdeckungsfahrten, Braunschweig 1979

Zur Person und zur Umwelt Friedrichs III.
Ausstellung ‹Friedrich III. Kaiserresidenz Wiener Neustadt› (Katalog des Nieder-Österreichischen Landesmuseums, N. F. 29), (Wien) 1966 (mit zahlreichen Beiträgen u. Lit.)

A. *Lhotsky,* Aufsätze und Vorträge. Ausgewählt u. hrsg. v. *H. Wagner* u. *H. Koller,* 5 Bde., München 1970–1976 (darin zahlreiche Aufsätze über Friedrich III. und seine Zeit)

A. *Lhotsky,* Friedrich III., in: Neue Deutsche Biographie, Bd. 5, Berlin 1961, S. 484–487

A. *Lhotsky,* Kaiser Friedrich III. Sein Leben und seine Persönlichkeit, in: Friedrich III. Kaiserresidenz Wiener Neustadt, S. 16–47, sowie in: Aufsätze und Vorträge, Bd. 2, Wien 1971, S. 119–163

Monographien und Aufsätze zu einzelnen Themenbereichen (ab 1965)
H. *Angermeier,* Königtum und Landfriede im deutschen Spätmittelalter, München 1966

H. *Appelt,* Anregungen zu einem Kommentar der österreichischen Hausprivilegien, in: Festschrift Berthold Sutter, Graz 1983, S. 9–16

V. *Fliedner,* Stephansdom und Wiener Bistumsgründung, Wien 1968

B. *Haller,* Kaiser Friedrich III. im Urteil der Zeitgenossen, phil. Diss. Wien 1965

dies., Kaiser Friedrich III. und die Stephanskrone, in: Mitteilungen des österreichischen Staatsarchivs 26, 1973, S. 94–147

H. *Heimpel,* Königlicher Weihnachtsdienst im späteren Mittelalter, in: Deutsches Archiv für Erforschung des Mittelalters 39, 1983, S. 131–206, hier S. 185–202: Friedrich III. in Rom 1468

P. J. *Heinig,* Kaiser Friedrich III. und Hessen, in: Hessisches Jahrbuch für Landesgeschichte 32, 1982, S. 63–101

E. *Hertlein,* Das Grabmal Kaiser Friedrichs III. (1415–1493) als habsburgisches Denkmal, in: Pantheon 35, 1977, S. 294ff.

H. *Hesslinger,* Die Anfänge des Schwäbischen Bundes. Ein Beitrag zur Geschichte des Einungswesens und der Reichsreform unter Kaiser Friedrich III. (Forschungen zur Geschichte der Stadt Ulm 9), Ulm 1970

F. G. *Heymann,* George of Bohemia. King of Heretics, Princeton 1965

G. *Hödl,* Albrecht II. Königtum, Reichsregierung und Reichsreform 1438–1439 (Forschungen zur Kaiser- und Papstgeschichte des Mittelalters. Beihefte zu J. F. Böhmer, Regesta Imperii, Bd. 3), Wien-Köln-Graz 1978

G. *Koller,* Das Kaisertum Friedrichs III., in: Österreich in Geschichte und Literatur 9, 1965, S. 523ff.

H. Koller, Das ‹Königreich› Österreich (Kleine Arbeitsreihe des Instituts für Europäische und Vergleichende Rechtsgeschichte an der Rechts- und Staatswissenschaftlichen Fakultät der Universität Graz 4), Graz 1972

ders., Beiträge zum Kaisertum Friedrichs III., in: Geschichtsschreibung und geistiges Leben im Mittelalter. Festschrift für Heinz Löwe zum 65. Geburtstag, Köln 1978, S. 585–599

ders., Der St. Georgs-Ritterorden Kaiser Friedrichs III., in: Die geistlichen Ritterorden Europas, hrsg. v. *J. Fleckenstein* und *M. Hellmann* (Vorträge und Forschungen 26), Sigmaringen 1980, S. 417–429

ders., Zur Herkunft des Begriffs ‹Haus Österreich›, in: Festschrift Berthold Sutter, Graz 1983, S. 277–288

P. F. Kramml, Kaiser Friedrich III. und die Reichsstadt Konstanz (1440–1493), phil. Diss. Salzburg 1982 (masch.)

K. Krimm, Baden und Habsburg um die Mitte des 15. Jahrhunderts. Fürstlicher Dienst und Reichsgewalt im späten Mittelalter (Veröffentl. der Kommission für geschichtliche Landeskunde in Baden-Württemberg, Reihe B, Bd. 89), Stuttgart 1976

J. Maček, Der Konziliarismus in der bömischen Reformation, besonders in der Politik Georgs von Podiebrad, in: Zeitschrift für Kirchengeschichte 80, 1969, S. 312–330

K. Nehring, Matthias Corvinus, Kaiser Friedrich III. und das Reich. Zum hunyadisch-habsburgischen Gegensatz im Donauraum (Südosteuropäische Arbeiten 72), München 1975

A. Niederstätter, Kaiser Friedrich III. und Lindau. Untersuchungen zum Beziehungsgeflecht zwischen Reichsstadt und Herrscher in der zweiten Hälfte des 15. Jahrhunderts, phil. Diss. Salzburg 1980 (masch.)

W. Paravicini, Zur Königswahl von 1438, in: Rheinische Vierteljahrsblätter 39, 1975, S. 99–115

ders., Karl der Kühne. Das Ende des Hauses Burgund, Göttingen 1976

S. Runciman, Die Eroberung von Konstantinopel 1453, 3. Aufl., München 1977

K. Schelle, Karl der Kühne. Burgund zwischen Lilienbanner und Reichsadler, Stuttgart 1977

P. Schleicher, Die Bistumsgründungen Kaiser Friedrichs III., theol. Diss. Graz 1969 (masch.)

R. Schmidt, a e i o v. Das ‹Vokalspiel› Friedrichs III. von Österreich. Ursprung und Sinn einer Herrscherdevise, in: Archiv für Kulturgeschichte 55, 1973, S. 391–431

ders., Begründung und Bestätigung der Universität Prag durch Karl IV. und die kaiserliche Privilegierung von Generalstudien, in: Kaiser Karl IV. 1316–1378. Forschungen über Kaiser und Reich, hrsg. v. *H. Patze,* Neustadt/Aisch 1978, zugleich in: Blätter für Deutsche Landesgeschichte 114, 1978, S. 695–719

ders., Rostock und Greifswald. Die Errichtung von Universitäten im norddeutschen Hanseraum, in: Beiträge zu Problemen deutscher Universitäts-Gründungen der frühen Neuzeit, hrsg. v. *P. Baumgart* und *N. Hammerstein* (Wolfenbütteler Forschungen, hrsg. v. d. Herzog August Bibliothek, Bd. 4), Nendeln 1978, S. 75–109

E. Schubert, König und Reich. Studien zur spätmittelalterlichen deutschen Verfassungsgeschichte (Veröffentl. d. Max Planck-Instituts für Geschichte 63), Göttingen 1979

J. W. *Stieber*, Pope Eugenius IV, the Council of Basel and the Secular and Ecclesiastical Authorities in the Empire, Leiden 1978

Maximilian I.
(S. 332–357)

Maximilians eigene Werke
Die geverlicheiten und eins teils der Geschichten des löblichen und hoch berühmbten Helds und Ritters Tewrdanncks, 2 Bde., Plochingen 1967, Faksimile der Ausgabe Nürnberg 1517; ebenso: hrsg. v. *S. Laschitzer*, in: Jahrbuch der Kunsthistorischen Sammlungen, 8. Bd., Wien 1888
Des Kaisers Maximilian I. Turniere und Mummereien (Freydal), hrsg. v. *Q. v. Leitner*, Wien 1880–1882
Weißkunig. Nach den Dictaten und eigenhändigen Aufzeichnungen Kaiser Maximilian I. zusammengestellt von *Marx Treitzsauerwein von Ehrentreitz*, hrsg. v. *A. Schultz*, in: Jahrbuch der Kunsthistorischen Sammlungen, 6. Bd., Wien 1888, Neudruck Graz 1966 (S. 421–446: Fragmente einer lateinischen Autobiographie Kaiser Maximilians I.)
Kaiser Maximilian I. Weißkunig, 2 Bde., hrsg. v. *H. Th. Musper* in Verbindung mit *R. Buchner, H. O. Burger* und *E. Petermann*, Stuttgart 1956
Kaiser Maximilians I. geheimes Jagdbuch und ‹Von den Zeichen des Hirsches›, eine Abhandlung des vierzehnten Jahrhunderts, hrsg. v. *Th. v. Karajan*, Wien 1858

Quellen und wichtigste Quellenschriften
Urkunden, Briefe und Actenstücke zur Geschichte Maximilians I. und seiner Zeit, hrsg. v. *J. Chmel*, Stuttgart 1845 (Bibliothek des literarischen Vereins in Stuttgart 10)
Monumenta Habsburgica. Sammlung von Actenstücken und Briefen zur Geschichte des Hauses Habsburg in dem Zeitraum von 1473–1576, Abteilung 1: Das Zeitalter Maximilians I., 3 Bde. hrsg. v. *J. Chmel*, Wien 1854, 1855 und 1858
Deutsche Reichstagsakten. Mittlere Reihe, Bde. 3/1 und 3/2, bearbeitet v. *E. Bock*, Göttingen 1972/73; Bd. 5, bearbeitet v. *H. Angermeier*, Göttingen 1981. Jüngere Reihe, Bd. 1, bearb. v. *A. Kluckhohn*, Gotha 1893
Maximilian I. vertraulicher Briefwechsel mit Sigmund Prüschenk, Freiherrn zu Stettenberg, nebst einer Anzahl zeitgenössischer das Leben am Hofe betreffender Briefe, hrsg. v. *V. v. Kraus*, Innsbruck 1875
Correspondance de l'empereur Maximilian Ier et de Marguerite d'Autriche, sa fille, gouvernante des Pays-Bas, de 1507 à 1519. hrsg. v. *A. J. G. Le Glay*, Paris 1839 (Nachdruck London-New York 1966
Des Heil. Römischen Reichs, Teutscher Nation, Reichs-Tags-Staat, von anno MD biß MDIIX. So wohl unter Kaysers Maximiliani I selbsteigener höchsten Regierung, hrsg. v. *J. J. Müller*, Jena 1709

Des Heil. Römischen Reichs, Teutscher Nation, ReichsTags-Theatrum, wie selbiges, unter Keyser Maximilians I. allerhöchsten Regierung gestanden, 2 Teile, hrsg. v. *J.J. Müller*, Jena 1718 und 1719

Neue und vollständige Sammlung der Reichs-Abschiede, welche von den Zeiten Kayser Conrads des II., bis jetzo auf den Teutschen Reichs-Tägen abgefasst worden ..., 4 Teile, hrsg. v. *J.J. Schmauss* u. *H.C. Senckenberg*, Frankfurt am Main 1747

Von den alten Darstellungen sind außer Maximilians autobiographischen Werken zu erwähnen:

Gerardus de *Roo*, Annales rerum belli domique, ab Austriacis Habsburgicae gentis principibus, a Rudolpho I usque ad Carolum V, Innsbruck 1592

Johann Jakob *Fugger*, Spiegel der Ehren des Hochlöblichsten Kaysers- und Königlichen Erzhauses Oesterreich ... aus dem Original umgesetzt ... durch Sigmund von *Birken*, Nürnberg 1668

Monographien und Einzeluntersuchungen

W. *Andreas*, Deutschland vor der Reformation, Stuttgart 1948

A. *Bachmann*, Deutsche Reichsgeschichte im Zeitalter Friedrich III. und Max I., 2 Bde., Leipzig 1884–1894

R. *Buchner*, Maximilian I. Kaiser an der Zeitenwende, in: Persönlichkeit und Geschichte, Bd. 14, Göttingen-Berlin-Frankfurt am Main 1959

Friedrich III. Kaiserresidenz Wiener Neustadt (Ausstellungskatalog), Wien 1966

C. *Hare*, Maximilian the Dreamer: Holy Roman Emperor, 1459–1519, London 1913

D.H. *Hegewisch*, Geschichte der Regierung Kaiser Maximilians des Ersten, 2 Teile, Hamburg-Kiel 1782f.

E. *Heyck*, Kaiser Maximilian I., in: Monographien der Weltgeschichte, Bd. 5, Bielefeld-Leipzig 1898

M. *Jansen*, Kaiser Maximilian I. (Auflösung des Reiches. Neues Kulturleben), in: Weltgeschichte in Charakterbildern, Abteilung 3: Übergangszeit, München 1905

J. *Janssen*, Geschichte des deutschen Volkes seit dem Ausgang des Mittelalters, Bd. 1, 5. Aufl., Freiburg 1897

K. *Kaser*, Kaiser Maximilian I., in: Deutsche Nationalbibliothek, Bd. 12, Berlin 1864

Maximilian I. 1459–1519 (Ausstellungskatalog), Wien 1959

Maximilian I (Ausstellungskatalog), Innsbruck 1969

L. v. *Ranke*, Geschichten der romanischen und germanischen Völker von 1494 bis 1514, Leipzig 1824

L. v. *Ranke*, Deutsche Geschichte im Zeitalter der Reformation, Leipzig 1868

H. *Wiesflecker*, Kaiser Maximilian I. Das Reich, Österreich und Europa an der Wende zur Neuzeit, bisher 4 Bde., Wien 1971–1977 (dort eine reichhaltige Bibliographie der Quellen und Literatur und die Spezialuntersuchungen des Autors über Persönlichkeit und Politik des Kaisers, die während seiner langjährigen Arbeit an den Regesten Maximilians I., Regesta Imperii XIV, entstanden sind. Eine Kurzdarstellung ist auch im 4. Band der Enzyklopädie ‹Die Großen der Weltgeschichte›, Zürich 1973, erschienen)

Personenregister

Aufgenommen wurde nur eine Auswahl der wichtigeren
oder interessanteren Personen

B. = Bischof Eb. = Erzbischof Gem. = Gemahlin Gf. = Graf
Hz. = Herzog Kg. = König Ks. = Kaiser Mgf. = Markgraf

Adalbert, Eb. v. Bremen-Hamburg 110, 120
Adalbert, Eb. v. Magdeburg 68–71, 79
Adalbert v. Saarbrücken, Eb. v. Mainz 141, 143–145, 149, 151–156, 158–160, 162, 166–168
Adalbert (Hl.), B. v. Prag 81, 89–91, 94, 101
Adalhard, Abt v. Corbie 32, 39f., 43
Adelheid, 2. Gem. Ks. Ottos d. Gr. 59, 61f., 65, 67, 75f., 81, 89
Adolf v. Nassau, dt. Kg. 243
Agapet II., Papst 60, 63, 67
Agnes v. Poitou, 2. Gem. Ks. Heinrichs III. 103–105, 107, 113, 120
Albrecht I., dt. Kg. 241, 243–245
Albrecht II., dt. Kg. 293, 298, 303f., 306–308, 311, 329
Albrecht VI., Hz. v. Bayern-München 326
Albrecht VI., Hz. v. Österreich 304, 307f., 311, 313, 315, 327, 334f.
Albrecht d. Bär, Mgf. 170–172
Albrecht Achilles, Mgf. v. Ansbach 319f.
Alcuin 17, 22f.
Alexander d. Gr. 92f.
Alexander II., Papst 123
Alexander III., Papst 181, 184, 186–191, 193, 197
Alexander VI., Papst 345
Anaklet II., Papst 162–165, 173, 175
Anno, Eb. v. Köln 120
Aristoteles 221, 223
Arnold v. Brescia 181

Arnulf v. Kärnten, dt. Ks. 59f.
Arnulf, Hz. v. Bayern 53–58
Augustus, röm. Ks. 92f.

Balduin v. Luxemburg, Eb. v. Trier 241, 248, 255, 259f.
Barbara v. Cilli, 2. Gem. Ks. Sigismunds 286f., 308, 314
Basileios II., byzant. Ks. 76f., 85
Beatrix v. Burgund, Gem. Ks. Friedrichs I. Barbarossa 183f.
Benedikt IX., Papst 106f., 110
Benedikt XII., Papst 259
Benedikt v. Aniane (Witiza) 30–32, 39
Benedikt v. Nursia (Hl.) 31, 33, 49
Berengar v. Ivrea 61f., 65, 67f.
Bernhard, Enkel Ks. Karls d. Gr., Kg. v. Italien 31–33, 37
Bernhard v. Clairvaux 162, 164, 169
Berta v. Turin, 1. Gem. Ks. Heinrichs IV. 113, 120
Berthold v. Henneberg, Eb. v. Mainz 341–343
Bianca Maria Sforza v. Mailand, 2. Gem. Ks. Maximilians I. 343
Boleslaw Chrobry, Kg. v. Polen 73, 80, 90–92, 95
Bonifaz, Mgf. v. Tuszien 110, 113
Bonifaz VIII., Papst 245
Brun, Eb. v. Köln 56, 63–67
Bruno, Eb. v. Trier 138f., 147

Caesar 92f., 317, 338
Calixt II., Papst 151

Clemens II., Papst 107f., 110
Clemens III., Papst 119, 127, 129f., 133f.
Clemens V., Papst 241, 245, 250
Clemens VI., Papst 259f.
Cölestin IV., Papst 232
Cyrill und Methodius, Slawenapostel 260

Damasus II., Papst 110f.
Dante Alighieri 247
David, alttestamentl. Kg. 22, 44, 219, 238
Desiderius, Kg. der Langobarden 15

Eberhard, Bruder Kg. Konrads I., Hz. v. Franken 53f., 56–58
Edgith, 1. Gem. Ks. Ottos d. Gr. 50, 56, 59, 61
Einhard 14, 17, 20, 22, 24f., 50, 88
Ekkehard v. Aura 140
Ekkehard v. Meißen, Mgf. 80
Eleonore v. Portugal, Gem. Ks. Friedrichs III. 313–318, 323, 330, 334
Elisabeth, Tochter Ks. Sigismunds, Gem. Kg. Albrechts II. 287, 293, 306, 308
Elisabeth v. Thüringen (Hl.) 226, 228f.
Eneas Silvio Piccolomini s. Pius II.
Engelbert, Eb. v. Köln 210
Enzio, Sohn Friedrichs II., 236
Eugen II., Papst 41f.
Eugen III., Papst 181
Eugen IV., Papst 296, 304, 311f.

Felix V., Papst (Hz. Amadeus v. Savoyen) 311, 350
Ferdinand I., dt. Ks. 349, 356
Ferdinand d. Katholische, Kg. v. Aragon 344, 349, 354
Franz I., Kg. v. Frankreich 351
Franz v. Sickingen 353
Friedrich I. Barbarossa, dt. Ks. 137, 165f., *177ff.*, 237, 247, 252f., 316, 356
Friedrich II., dt. Ks. *199ff.*, 262, 307

Friedrich III., dt. Ks. 251, 292, *301ff.*, 334–336
Friedrich v. Hohenzollern, Burggf. v. Nürnberg, Kurfürst v. Brandenburg 289
Friedrich I. d. Schöne, Hz. v. Österreich, Gegenkg. 241, 243f., 307
Friedrich IV., Hz. v. Österreich 303f., 307
Friedrich d. Weise, Kurfürst v. Sachsen 355
Friedrich II., Hz. v. Schwaben 154–156, 158f., 166–168
Friedrich, Eb. v. Köln 150, 155, 163
Friedrich, Eb. v. Mainz 57f., 61f., 66

Gelasius I., Papst 83
Gelasius II., Papst 151
Georg Podiebrad, Kg. v. Böhmen 309, 313–315, 319–321
Gerberga, Schwester Ks. Ottos d. Gr., Gem. Hz. Giselberts v. Lothringen, nach dessen Tod Gem. Kg. Ludwigs IV. v. Frankreich 54, 57–59, 64
Gerbert v. Aurillac s. Silvester II.
Gero, Mgf. 57, 62, 69
Gisela, Gem. Ks. Konrads II. 98
Giselbert, Hz. v. Lothringen 54, 56–59
Giselher, Eb. v. Magdeburg 81f., 88f., 92
Götz v. Berlichingen 353
Gottfried d. Bärtige, Hz. v. Oberlothringen 104, 109, 113
Gregor IV., Papst 42, 45
Gregor V., Papst 83f.
Gregor VI., Papst 106f.
Gregor VII., Papst 107, 111, 114, 116, 119, 123–128, 131f., 134
Gregor IX., Papst 216, 220, 226, 231f.
Günther v. Schwarzburg, Gegenkg. 261
Gunhild v. Dänemark, 1. Gem. Ks. Heinrichs III. 100f.

Hadrian I., Papst 15, 28
Hadrian IV., Papst 165, 181f., 184, 186, 252

Hadwig, Schwester Ks. Ottos d. Gr., Gem. Hz. Hugos v. Franzien 59, 64
Hatheburg, 1. Gem. Kg. Heinrichs I. 56
Heinrich I., dt. Kg. 51–55, 57–61, 64, 79
Heinrich II., dt. Ks. 64, 96–98
Heinrich III., dt. Ks. 97, *98ff.*, 120, 131
Heinrich IV., dt. Ks. 104, 112f., *116ff.*, 137, 139–144, 150
Heinrich V., dt. Ks. 129f., *135ff.*, 155, 157
Heinrich VI., dt. Ks. 190, 193–195, 199f., 248
Heinrich VII., dt. Ks. *240ff.*, 258, 265
Heinrich Raspe, Landgf. v. Thüringen, Gegenkg. 235
Heinrich, Sohn Ks. Friedrichs II., als dt. Kg. von diesem wieder abgesetzt 206, 209, 224–227
Heinrich II., Kg. v. England 187f., 192
Heinrich I., Kg. v. Frankreich 103, 109, 113
Heinrich, Bruder Ks. Ottos d. Gr., Hz. v. Bayern 56–58, 61–65
Heinrich Jasomirgott, Hz. v. Österreich 183
Heinrich d. Löwe 170, 179–181, 183, 189–192, 204, 227
Heinrich d. Schwarze, Hz. v. Bayern 159
Heinrich d. Stolze, Hz. v. Bayern 159, 162, 166–169, 175f.
Heinrich d. Zänker, Vater Ks. Heinrichs II., Hz. v. Bayern 75f., 96
Hermann v. Salm, Gegenkg. 127
Hermann I., Hz. v. Schwaben 54–56, 58
Hermann Billung, Mgf. 57, 63, 67, 70f.
Hermann v. Salza, Deutschordenshochmeister 214, 217, 220, 231
Hildegard, Gem. Ks. Karls d. Gr. 28
Honorius II., Papst 163, 168
Honorius III., Papst 209, 214, 216

Hugo, Hz. v. Franzien, Vater des Hugo Capet 57, 59–61, 64
Hugo v. d. Provence, Kg. d. Langobarden 55, 59–61
Hugo v. Tours, Gf. 39, 43, 46
Hugo, Abt v. Cluny 105, 121, 125, 131f.
Hugo Capet, Hz. v. Franzien, Kg. v. Frankreich 77f.
Hus, Johannes (u. Hussiten) 290–295, 298, 300

Innozenz II., Papst 161–166, 173–176
Innozenz III., Papst 201–209, 245
Innozenz IV., Papst 232–236
Irmingard, 1. Gem. Ks. Ludwigs d. Frommen 28, 30, 35, 39
Isabella v. Brienne, 2. Gem. Ks. Friedrichs II. 214f.
Isabella v. England, 3. Gem. Ks. Friedrichs II. 227

Jagiello v. Litauen, Kg. v. Polen (Wladislaw II. Jagiello) 281, 303
Jobst siehe Jost
Johann v. Luxemburg, Kg. v. Böhmen 244, 246, 257–260, 283
Johann, Kg. v. England 208
Johann Hunyadi, Herrscher v. Ungarn 309, 313f.
Johannes XII., Papst 67f.
Johannes XIII., Papst 51, 65, 68–70, 78
Johannes XV., Papst 77, 83
Johannes XVI., Papst (Johannes Philagathos) 85f.
Johannes (XXIII.), Papst 289–291
Johannes v. Gorze 64, 68
Johannes Schele, B. v. Lübeck 297
Johannes Komnenos, byzant. Ks. 175
Johannes Philagathos (Papst Johannes XVI.) 85f.
Johannes Tzimiskes, byzant. Ks. 70, 76
Jost (Jobst) v. Mähren, Gegenkg. 274, 288f.
Juana (Johanna d. Wahnsinnige) v. Kastilien, Mutter Ks. Karls V. 344

Judith, 2. Gem. Ks. Ludwigs d. Frommen 39, 44f.
Judith, Tochter Hz. Arnulfs v. Bayern, Gem. Hz. Heinrichs v. Bayern, des Bruders Ks. Ottos d. Gr. 57f., 64
Julius II., Papst 350

Karl I. d. Gr., Ks. 7, *9ff.*, 28, 30f., 33, 36, 48–52, 56, 60f., 73, 76, 84–86, 88, 92, 189, 209, 330
Karl II. d. Kahle, Ks. 44–47
Karl IV., dt. Ks. 249, 251, 255, *257ff.*, 277, 279f., 307, 317, 327
Karl V., dt. Ks. 304, 349, 351, 354–356
Karl III. d. Einfältige, Kg. v. Frankreich 54
Karl VII., Kg. v. Frankreich 310
Karl VIII., Kg. v. Frankreich 338, 343
Karl d. Kühne, Hz. v. Burgund 320, 323f., 335f., 339, 351
Karl Martell 11–13
Karlmann, Bruder Ks. Karls d. Gr. 12, 14f.
Knut d. Gr., Kg. v. Dänemark 100
Konrad I., dt. Kg. 52f.
Konrad II., dt. Ks. 98, 100f., 142
Konrad III., dt. Kg. 156, 166, 168f., 175–177, 179
Konrad IV., Sohn Ks. Friedrichs II., dt. Kg. 215, 229, 237
Konrad, Sohn Ks. Heinrichs IV., als dt. Kg. von diesem wieder abgesetzt 123, 129, 135, 165
Konrad, Kg. v. Burgund 59–61
Konrad d. Rote, Hz. v. Lothringen 58, 62f., 98
Konrad v. Wettin, Mgf. v. Meißen 158, 170, 172
Konrad, Eb. v. Salzburg 158f., 161f., 164, 167
Konrad, B. v. Utrecht 135
Konstantin d. Gr. 51, 68, 79, 90, 93–95, 200, 289, 330, 334
Konstanze v. Aragon, 1. Gem. Ks. Friedrichs II. 203f., 206, 210, 214f., 237

Konstanze v. Sizilien, Gem. Ks. Heinrichs VI. 194, 199–201
Kunigunde, Tochter Ks. Friedrichs III., Gem. Hz. Albrechts VI. v. Bayern-München 326

Ladislaus Postumus, Sohn Kg. Albrechts II., Kg. v. Ungarn 307–309, 313–315, 329, 334, 340
Lampert v. Hersfeld 133
Laurentius (Hl.) 63, 67
Leo III., Papst 24f., 33f., 61, 67
Leo VIII., Papst 68
Leo IX., Papst 111f.
Leo v. Vercelli 86, 93f.
Leopold III., Mgf. v. Österreich 159
Liudgard, Tochter Ks. Ottos d. Gr., Gem. Hz. Konrads d. Roten 58
Liudolf, Sohn Ks. Ottos d. Gr., Hz. v. Schwaben 58, 61–63, 65–67, 71
Lothar I., Sohn Ks. Ludwigs d. Frommen, Ks. 32, 37, 39–47
Lothar III. v. Süpplingenburg, dt. Ks. 143–145, 149f., 153f., *156ff.*, 251
Lothar III., Kg. v. Frankreich 64, 75, 77
Lucius III., Papst
Ludovico Moro Sforza, Hz. v. Mailand 343, 345
Ludwig I. d. Fromme, Ks. *28ff.*, 76
Ludwig II., Sohn Ks. Lothars I., Ks. 47
Ludwig d. Deutsche, Sohn Ks. Ludwigs d. Frommen, dt. Kg. 44–47
Ludwig IV. d. Bayer, dt. Ks. 249, 258, 260f., 265, 271
Ludwig IV. d. Überseeische, Kg. v. Frankreich 56, 59–61, 64
Ludwig V., Kg. v. Frankreich 77
Ludwig VI., Kg. v. Frankreich 147
Ludwig VII., Kg. v. Frankreich 187
Ludwig VIII., Kg. v. Frankreich 207
Ludwig IX., Kg. v. Frankreich 313
Ludwig v. Anjou, Kg. v. Ungarn 279f.
Ludwig, Landgf. v. Thüringen 216
Luther, Martin 355

Magnus, Kg. v. Dänemark 173f.
Manegold v. Lautenbach 132
Manfred, Sohn Ks. Friedrichs II. 236f.
Margarethe, Gem. Ks. Heinrichs VII. 249
Margarethe, Tochter Ks. Maximilians I. 336–338, 344
Maria v. Anjou, 1. Gem. Ks. Sigismunds 280–282, 285
Maria v. Burgund, 1. Gem. Ks. Maximilians I. 323–325, 336
Martin V., Papst 291, 296
Mathilde, 2. Gem. Kg. Heinrichs I. 55–57
Mathilde v. England, Gem. Ks. Heinrichs V.
Mathilde, Markgräfin v. Tuszien 113, 116, 124f., 128f., 146, 151, 165, 180, 191
Mathilde, Tochter Ks. Ottos d. Gr., Äbtissin v. Quedlinburg, Reichsverweserin 86
Matthias Corvinus, Kg. v. Ungarn 315, 318–322, 325, 328, 340
Mauritius (Hl.) 54, 59, 63, 67, 82, 91
Maximilian I., dt. Ks. 304, 317f., 323–326, 328, *332ff.*
Mieszko I., Kg. v. Polen 69–71, 76, 79–81, 92
Mieszko II., Sohn Kg. Boleslaw Chrobrys, Kg. v. Polen 92

Nikolaus II., Papst 122
Nikolaus V., Papst 312–314
Nikolaus v. Cues 297
Norbert v. Xanten, Eb. v. Magdeburg 162, 164, 167, 173f.
Notker der Stammler v. St. Gallen 24

Ockham (Occam), Wilhelm v. 260
Olga, Großfürstin v. Kiew 68
Otto I. d. Gr., dt. Ks. 7, *50ff.*, 73, 76, 78f., 83–85, 89, 93
Otto II., dt. Ks. 65, 67, 70f., 73, 75f., 78, 80f., 89
Otto III., dt. Ks. *73ff.*
Otto IV., Sohn Heinrichs d. Löwen, dt. Ks. 204–209

Otto v. Northeim, Hz. v. Bayern 121f., 128
Otto v. Wittelsbach, Hz. v. Bayern 192
Otto, B. v. Bamberg 172
Otto, B. v. Freising 52, 183, 196–198

Paschalis I., Papst 35, 40f.
Paschalis II., Papst 128, 130–132, 138, 143, 145–152
Paschalis III., Papst 188
Paul II., Papst 318f.
Paulinus v. Aquileja 22
Paulus Diaconus 22f.
Peter I., Kg. v. Ungarn 101, 108
Peter Aspelt, Eb. v. Mainz 242, 244, 246
Petrarca 264, 317
Petrus (Hl. Apostel) 12, 93, 125
Petrus de Vinea 222, 229, 236, 307
Petrus Damiani 106
Petrus Venerabilis, Abt v. Cluny 164
Philipp v. Schwaben, Bruder Ks. Heinrichs VI., dt. Kg. 201, 204f.
Philipp I., Kg. v. Frankreich 131, 147
Philipp II. August, Kg. v. Frankreich 194, 205
Philipp IV. d. Schöne, Kg. v. Frankreich 241f., 245, 252, 254
Philipp I. d. Kühne, Hz. v. Burgund 284
Philipp III. d. Gute, Hz. v. Burgund 313, 322f.
Philipp I., Sohn Ks. Maximilians I., Kg. v. Kastilien 336f., 344, 348f.
Philipp v. Heinsberg, Eb. v. Köln 190, 192, 194
Pippin d. Jüngere, Vater Ks. Karls d. Gr. 12–15, 19f., 18, 86
Pippin I., Sohn Ks. Ludwigs d. Frommen, Kg. v. Aquitanien 32, 44–47
Pius II., Papst (Eneas Silvio Piccolomini) 283, 301, 312, 314, 318, 320, 330
Pontius, Abt v. Cluny 150f.
Praxedis-Adelheid, 2. Gem. Ks. Heinrichs IV. 129

Rainald v. Dassel, Eb. v. Köln 182, 184–190, 197f.
Rainulf v. Aversa, Normannenführer 108
Richenza v. Northeim, Gem. Ks. Lothars III. v. Süpplingenburg 157
Richeza, Nichte Ks. Ottos III., Gem. Kg. Mieszkos II. v. Polen 92, 101
Robert v. Anjou, Kg. v. Neapel 246, 250–254
Roger II., Kg. v. Sizilien 164, 175f.
Roland, Mgf. der bretonischen Mark 18
Romuald v. Camaldoli 91, 94, 96
Rudolf I. v. Habsburg, dt. Kg. 242, 244, 246
Rudolf v. Rheinfelden, Hz. v. Schwaben, Gegenkg. 121, 126
Rudolf II., Kg. v. Burgund 54f., 59
Rudolf III., Kg. v. Burgund 103
Ruprecht v. d. Pfalz, dt. Kg. 288

Sigismund, dt. Ks. 249, 251, 274, 277ff., 303, 306, 314, 329
Sigmund v. Tirol, Sohn Hz. Friedrichs IV. v. Österreich 307, 311, 322f., 326, 339
Silvester I., Papst 79
Silvester II., Papst (Gerbert v. Aurillac) 78, 87–91, 93–95
Silvester III., Papst 106f.
Sobeslaw I., Hz. v. Böhmen 167f., 174
Stephan I. (Hl.), Kg. v. Ungarn 94, 101, 280
Stephan II., Papst 12, 67, 86
Stephan IV., Papst 34f.
Stephan VIII., Papst 59
Suger, Abt v. St. Denis 164

Tassilo, Hz. v. Bayern 17
Thaddaeus v. Suessa 234, 236
Thankmar, Sohn Kg. Heinrichs I. 56f.

Theodosius I. d. Gr., röm. Ks. 44
Theodulf, B. v. Orléans 22, 24
Theophanu, Gem. Ks. Ottos II. 71, 73, 75–78, 81, 85, 89
Thietmar, B. v. Merseburg 73, 92

Unger, B. v. Posen 81, 91
Urban II., Papst 128f.
Urban III., Papst 194

Viktor II., Papst 112–114, 120
Viktor III., Papst 128
Viktor IV., Papst 186–188
Vitus (Hl.) 79f.
Vizelin, Slawenprediger 170

Wala, Abt v. Corbie 32, 39f., 43, 46
Waldemar II., Kg. v. Dänemark 208
Wazo, B. v. Lüttich 114
Wenzel v. Böhmen, dt. Kg. 264, 273f., 280, 283, 286, 288f., 292f.
Wenzel (Hl.), Hz. v. Böhmen 55, 79, 270
Wenzel II., Kg. v. Böhmen 244, 257
Wibald, Abt v. Stablo 196, 198
Widukind, westfälischer Edeling 16
Widukind v. Corvey 50f., 55, 71, 93
Wilhelm v. Holland, Gf., Gegenkg. 235, 237
Wilhelm, Sohn Ks. Ottos d. Gr., Eb. v. Mainz 63, 65–69
Willigis, Eb. v. Mainz 75f., 78, 80, 82f., 89, 96
Wipo, Hofkapellan Ks. Konrads II. 98, 102
Wladislaw, Sohn Kg. Kasimirs II. v. Polen, Kg. v. Böhmen u. Ungarn 320f., 325, 328
Wladislaw II. Jagiello (Jagiello v. Litauen), Kg. v. Polen 281, 303

Zacharias, Papst 12, 84

Zur Geschichte des Mittelalters

Hartmut Boockmann
Einführung in die Geschichte des Mittelalters
2., verbesserte Auflage. 1981
164 Seiten mit 25 Abbildungen. Broschiert
(Beck'sche Elementarbücher)

Edith Ennen
Frauen im Mittelalter
3. Auflage. 1985. 300 Seiten mit 24 Abbildungen, einer Karte
und 2 Tabellen. Leinen

Friedrich Prinz
Böhmen im mittelalterlichen Europa
Frühzeit, Hochmittelalter, Kolonisationsepoche
1984. 238 Seiten. Leinen

Michel Mollat
Die Armen im Mittelalter
Aus dem Französischen von Ursula Irsigler
1984. 299 Seiten. Broschiert

Werner Rösener
Bauern im Mittelalter
1985. 335 Seiten mit 42 Abbildungen. Leinen

Aaron J. Gurjewitsch
Das Weltbild des mittelalterlichen Menschen
Aus dem Russischen von Gabriele Loßack
Unveränderter Nachdruck. 1982
423 Seiten mit 39 Abbildungen. Leinen
(Beck'sche Sonderausgaben)

Verlag C. H. Beck München

Neue Deutsche Geschichte

Herausgegeben von Peter Moraw, Volker Press und Wolfgang Schieder

Die Gliederung des Gesamtwerkes

Band 1: Grundlagen und Anfänge
Deutschland bis 1056. Von Friedrich Prinz

Alfred Haverkamp
Band 2: Aufbruch und Gestaltung
*Deutschland 1056–1273. 1984. 356 Seiten mit einer Karte
Broschiert*

Band 3: Wahlreich und Territorien
Deutschland 1273–1500. Von Peter Moraw

Band 4: Reich und Glaubensspaltung
Deutschland 1500–1600. Von Horst Rabe

Band 5: Kriege und Krisen
Deutschland 1600–1715. Von Volker Press

Band 6: Das Reich, Österreich und Preußen
Deutschland 1715–1806. Von Grete Klingenstein

Band 7: Staatenbund und Revolution
Deutschland 1806–1866. Von Volker Sellin

Band 8: Machtstaat und Industriegesellschaft
Deutschland 1866–1918.

Band 9: Republik und Diktatur
Deutschland 1918–1945. Von Wolfgang Schieder

Band 10: Teilung und Wettbewerb
Deutschland seit 1945. Von Hartmut Soell

Verlag C. H. Beck München